2022

仙游年鉴

中共仙游县委党史研究和地方志编纂办公室 编

方志出版社
Publishing House of Local Records

图书在版编目（CIP）数据

仙游年鉴. 2022 / 中共仙游县委党史研究和地方志编纂办公室编. —北京 ：方志出版社，2022.12
ISBN 978-7-5144-5499-4

Ⅰ. ①仙… Ⅱ. ①中… Ⅲ. ①仙游县－2022－年鉴
Ⅳ. ①Z525.74

中国版本图书馆CIP数据核字(2022)第242589号

责任编辑：王娜
责任校对：刘玉霞
责任印制：梅中英
出 版 者：方志出版社
地　　址：北京市朝阳区潘家园东里9号（国家方志馆4层）
邮　　编：100021
网　　址：http://www.zgfzcb.cn
发　　行：方志出版社图书营销中心（010-67110500）
印　　刷：福州奔翔彩印有限公司
开　　本：889毫米×1194毫米　1/16
印　　张：21.25
字　　数：724千字
版　　次：2022年12月第1版
印　　次：2022年12月第1次印刷
定　　价：288.00元

《仙游年鉴（2022）》编纂委员会名单

顾　　问：吴文恩　黄一敏　林志良

主任委员：陈志挺

副主任委员：沈国林　李振海

委　　员：林金涛　练光灿　黄志雄　林茂钎　刘元良　黄智光　林黎明　李良秋
陈志斌　郑玉华　张向党　林有记　陈德春　吕清水　刘文兴　郑志忠

《仙游年鉴（2022）》编纂人员名单

主　　编：陈志斌（兼）

副 主 编：黄文权

执行副主编：陈淑梅

责任编辑：陈开枝　陈淑梅　黄莹莹

图片征编：张　力　郑志忠　杨莉娜

编辑说明

一、《仙游年鉴》是由中共仙游县委员会、仙游县人民政府主办，中共仙游县委党史研究和地方志编纂办公室编纂的年度资料文献。自2011年起，逐年编辑出版，以出版年份为卷次名称。

二、《仙游年鉴（2022）》以马克思列宁主义、毛泽东思想、邓小平理论、“三个代表”重要思想、科学发展观、习近平新时代中国特色社会主义思想为指导，坚持辩证唯物主义和历史唯物主义的立场、观点和方法，旨在全面、系统地记载2021年仙游县自然、政治、经济、文化、社会等方面的情况，为读者了解和研究仙游提供信息资料。

三、《仙游年鉴（2022）》卷首征集彩色照片61帧，文中再附有131帧图片。主体部分设类目、分目、条目3个层次。个别分目设有次分目，条目为记述内容基本单位，一般一事一目，标题以【】标示。前设特载，载入年度大事、要事、专记，主体部分分设大事记、县情概览、中共仙游县委员会、仙游县人民代表大会、仙游县人民政府、政协仙游县委员会、纪检监察、民主党派 工商联、群众团体、法治、军事、外事侨务 港澳台事务、城乡建设与管理、生态环境、经济管理与监督、金融、农业 农村、工业、交通、邮政 通信、商贸 旅游、教育 科技、文化、卫生健康与体育、社会民生、街道 乡镇、园区 新区、人物 荣誉。后殿附录和索引，附录选录2021年度中央（国家级）媒体报道仙游文章。

四、《仙游年鉴（2022）》人物荣誉部分，分别设“人物表”“人物录”“荣誉榜”三类。“人物表”设处级领导干部名表和高级职称人员名表。“人物录”收录2021年受到省委、省政府及以上机关单位表彰的先进人物。“荣誉榜”收录2021年受到市级及以上机关单位表彰的集体和个人。

五、《仙游年鉴（2022）》资料由各单位提供，经主要领导审阅确认。撰稿人姓名附在文字之后。县统计局提供的统计资料纳入有关篇目。如各单位的数据与县统计局数据相异的，编纂时一律以县统计局数据为准。

六、《仙游年鉴（2022）》采用现代语体文记述。文字、标点符号、计量单位以现行国家标准为准。附录等部分内容基于习惯，保留使用计量单位“亩”“公里”“公斤”。

仙游县地图

比例尺 1：210 000

编制单位：福建省地图出版社　审图号：莆S〔2022〕29号　资料截至2021年12月

城市名片

世界中式古典家具之都
中国古典工艺家具之都
中国产业百强县
中国最具投资潜力特色示范县
2010·CCTV 中国年度品牌城市
全国红木古典家具产业知名品牌创建示范区
中国仙作红木家具产业基地
中国古典家具收藏文化名城
中国家具先进产业集群奖
中国民间文化艺术之乡
中国工艺美术之乡
中国国画之乡
中国戏曲之乡
中国最美县域
国家园林县城
中国田径之乡
中国武术之乡
全国首批体育先进县
中国梦文化之乡
中国面点师之乡
全国科技进步先进县
国家知识产权强县工程试点县
中国生态旅游大县
国家全域旅游示范区首批创建单位
中国深呼吸小城 100 佳
国家现代农业示范区
国家义务教育发展基本均衡县
全国责任督学挂牌督导工作创新县
国家级妇幼健康优质服务示范县
国家农产品质量安全县
全国电商百强县
国家级农村集体产权制度改革试点县
国家级台湾农民创业园
中央财政产粮（油）大县
中国技能大赛——轻工大赛突出贡献奖
全国农村承包地确权登记颁证工作典型地区
全国首家大面积停电事件应急体系建设示范县
福建省十大空中最美家园
福建省十大新兴旅游县
省级服务业综合改革试点
省级农村电子商务示范县
福建省可持续发展实验区
福建省教育工作先进县
省级农业科技园区
省级农村创业示范基地
省级园林县城
省级生态县
省级人口计生优质服务先进县
省级平安先行县
省级食品安全示范县
木兰溪源省级自然保护区
福建省全域生态旅游示范县（市、区）
省级节水型社会建设达标县

数字仙游2021

总面积：1851.5 平方千米

地区生产总值：558.34 亿元

第一产业增加值：22.86 亿元

第二产业增加值：274.92 亿元

第三产业增加值：260.56 亿元

人均地区生产总值：61593 元

年末常住人口：90.8 万人

年末户籍人口：117.97 万人

一般公共预算总收入：43.29 亿元

地方级税性收入：19.83 亿元

农林牧渔业总产值：43.07 亿元

粮食产量：8.44 万吨

肉蛋奶总产量：3.74 万吨

水产品产量：1.59 万吨

工业增加值：231.01 亿元

规模以上工业企业利润总额：61.59 亿元

社会消费品零售总额：343.64 亿元

交通运输、仓储和邮政业增加值：12.78 亿元

公路通车里程：3193 千米

货物周转量：10.28 亿吨千米

客运量：22.57 万人次

旅客周转量：1.22 亿人千米

年末汽车保有量：9.3 万辆

电信业务总量：7.13 亿元

接待游客人数：412.61 万人次

年末金融机构本外币各项存款余额：488.31 亿元

居民人均可支配收入：27562 元

农村居民人均可支配收入：20643 元

城镇居民人均可支配收入：37870 元

农村居民人均生活消费支出：19643 元

城镇居民人均生活消费支出：24132 元

1月9日，仙游县第十七届人民代表大会第五次会议在县委党校开幕　　（朱彬颖　郑　丽　摄）

1月8日，中国人民政治协商会议第十三届仙游县委员会第五次会议在县委党校开幕　　（张　颖　摄）

7 月 28 日，中国共产党仙游县第十四次代表大会在县委党校开幕 （郑 丽 摄）

12 月 23 日，仙游县第十八届人民代表大会第一次会议在县委党校开幕 （郑 丽 摄）

12 月 22 日，中国人民政治协商会议第十四届仙游县委员会第一次会议在县委党校开幕　（朱彬颖　摄）

2 月初，县行政中心勤政广场布置新春花坛　（刘燕钦　摄）

6 月 26 日，莆田市女摄影家协会、仙游县摄影家协会联手仙游度尾镇干部 200 余人，前往莆田市海拔最高村——西苑乡前溪村开展唱红歌、颂党恩摄影创作活动
（张　颖　摄）

12 月 18 日，2021 年第九届中国（仙游）红木艺雕精品博览会在仙游抖音电商直播基地开幕。在开幕式上，主办方分别为福建省“仙艺杯”手工木工职业技能竞赛获奖选手、抖音好物•仙作直播挑战赛获奖企业代表和主播、新国潮•新生活短视频创作比赛“十佳视频创作”获奖选手颁奖　（唐　伟　摄）

京东（仙游）数字经济产业园（2021）　（郑　丽　摄）

3 月 19 日，莆田市第二届云端枇杷节在书峰乡书峰村枇杷公园拉开帷幕。图为专家讲解　（唐　伟　摄）

1 月，京东智联云联合仙游县举办的首届中国（仙游）跨界时尚秀在仙游油画城登场　（郑　丽　摄）

9 月 3 日，钟山镇举行农民丰收节活动　　　　（刘燕钦 摄）

9 月 3 日，京东（仙游）数字经济产业园作为福建省唯一一家入选园区，跻身国家电商示范基地。图为县长吴海端（左三）应邀参加大会并上台接受商务部颁发的“2021 年增补国家电子商务示范基地”荣誉牌匾　　　　（郑 丽 摄）

12 月 3 日，第五届福建省“仙艺杯”手工木工职业技能竞赛在博览城正式开幕。图为选手在创作木雕作品　　　　（林 群 摄）

仙港工业园瑞峰片区（2021）（张 力 摄）

华峰绿色纤维产业园（2021）（薛燕辉 摄）

赛隆绿色纤维产业园（2021）（唐 伟 摄）

仙游县鞋服标准化厂房项目建设现场（2021）
（唐 伟 摄）

鲤南金凤桥段（2021）（唐 伟 摄）

城关大桥新旧桥同框（2021）（余立凡 摄）

2月24日，盖尾镇仙潭村湖坂仙潭木兰溪大桥项目现场　（唐　伟　摄）

鲤北方圆荟天桥（2021）　（唐　伟　摄）

海峡艺雕旅游城（2021）　（黄剑普　摄）

度尾洋坂工艺街（2021）　（唐　伟　摄）

石鼓山公园（2021） （张 力 摄）

盖尾镇湖坂村生态公园（2021） （唐 伟 摄）

仙水溪新景观（2021） （唐伟摄）

枫亭塔斗山公园（2021） （唐伟摄）

蜚山步行栈道（2021）　　（彭丽程 摄）

郊尾镇伍狮村白埕新村（2021）　　（张 力 摄）

晾晒线面（2021）　　（张 颖 摄）

4 月 23 日，金凤桥正式通车　　（兰希元 摄）

6月11日，“全福游·有全福·书峰拾‘遗’”暨2021年仙游县“文化和自然遗产日”系列活动在书峰乡兰石村举行。图为旗袍秀
（彭丽程 摄）

3月10—12日，由莆仙戏鲤声艺术传承保护中心复排的莆仙戏《目连》上演，这是中国戏曲中最古老的传统剧目之一
（彭丽程 摄）

枫亭九社村西明寺（2021）（薛燕辉 摄）

闽中南兴泰民居——钟山东坑古厝（2021）（郑 丽 摄）

钟山镇朗桥村的“乡村振兴 钟山先行”彩色水稻（2021）（张 力 摄）

9月3日，仙游籍运动员陈洲理（左一）获第十四届全运会男子太极拳、太极剑全能银牌（彭丽程 摄）

省级非物质文化遗产——麟山宫皂隶舞（2021）
（钱小燕 摄）

园庄土楼与莆仙戏（2021）
（张 颖 摄）

做红团，迎新春（2021）（郑金相 摄）

3月2日，县司法局、县委文明办、县禁毒办、县卫健局等十余个单位联合行动，前往市协诚鞋业有限公司开展“强产业兴城市·建设美丽仙游”“关爱职工——娘家人在行动”等志愿服务活动。图为禁毒宣传 （唐 伟 摄）

3月，司法部、民政部公布第八批“全国民主法治示范村（社区）”。其中，福建省28个村（社区）榜上有名，仙游县钟山镇湖亭村也名列其中。图为钟山镇湖亭村
（张 力 摄）

11月，农业农村部办公厅正式公布2021年中国美丽休闲乡村名单，石苍乡济川村上榜。图为济川风光（唐 伟 摄）

西苑乡前溪村（2021） （刘燕钦 摄）

九鲤湖（2021） （张 力 摄）

新金凤桥夜景（2021） （张 力 摄）

蜚山绿道（2021） （张 力 摄）

凤山石人头（2021）
（张 力 摄）

仙水洋嬉戏（2021） （陈庆合 摄）

上宫支部(2021)（张 力 摄）

仙游县革命烈士陵园（2021）
（张 力 摄）

王于洁烈士纪念馆（2021） （张 力 摄）

红军第108团旧址（2021） （张 力 摄）

大类战斗遗址（2021）（张 力 摄）

中共闽中特委机关遗址（2021）（张 力 摄）

闽中南兴泰民居——钟山东坑古厝（2021）　（郑 丽 摄）

中共福建省委上湖底旧址（2021）　　（张 力 摄）

东湖中共福建省委旧址（2021）　　（刘燕钦 摄）

中共福建省委高阳驻地旧址（2021） （黄剑普 摄）

中共闽中特委旧址——罗木坑交通站外景（2021） （张 力 摄）

目录

特载

大事记

县情概览

中共仙游县委员会

仙游县人民代表大会

仙游县人民政府

政协仙游县委员会

纪检监察

民主党派 工商联

群众团体

法治

军 事

外事侨务 港澳台事务

城乡建设与管理

生态环境

经济管理与监督

金 融

农业 农村

工 业

交 通

邮政 通信

商贸 旅游

教育 科技

文 化

街道 乡镇

园区 新区

人物 荣誉

附 录

索 引

中国共产党仙游县第十四次代表大会开幕

7月28日，中国共产党仙游县第十四次代表大会在县委党校礼堂开幕。会议由吴文恩、吴海端、黄一敏、林志良、陈志挺、苏劭华、陈锋、吴智群、黄少敏、陈剑波、杨碧静、林宗储、郑秉忠、谈振军担任大会执行主席，并在主席台前排就座。大会应到代表316名，因事请假1名，实到代表315名，符合规定人数。大会由吴海端主持。

吴文恩代表中国共产党仙游县第十三届委员会向大会作题为《加快融合发展 打造美丽仙游 为谱写全面建设社会主义现代化国家福建篇章作出仙游贡献》的报告。报告全文分4个部分："过去五年的工作回顾""今后五年的战略目标""今后五年的工作举措""全面加强党的建设"。

吴文恩在报告中说，县第十三次党代会以来，在省委、市委坚强有力的领导下，县委团结带领全县广大党员和干部群众，坚持以习近平新时代中国特色社会主义思想为指导，深入学习贯彻党的十九大和十九届二中、三中、四中、五中全会精神，认真贯彻落实党中央和省委、市委的各项决策部署，统筹推进疫情防控和经济社会发展工作，大力实施强产业、兴城市"双轮"驱动，全方位推进高质量发展超越，决战脱贫攻坚、决胜全面建成小康社会圆满收官。主要体现在：着力稳增长、扩体量，综合实力大幅跃升；着力调结构、促转型，产业发展提质升级；着力抓招商、攻项目，发展后劲不断增强；着力优功能、提品质，城乡面貌日新月异；着力破瓶颈、激活力，改革开放深入推进；着力补短板、强弱项，民生福祉显著改善；着力防风险、守底线，社会大局和谐稳定；着力扛主责、严作风，党的建设全面加强。

吴文恩在报告中说，五年砥砺前行，成绩来之不易。站在新的历史起点上，全县各级党组织和广大党员干部要充分认识新使命，准确把握新形势，既要立足仙游，更要面向莆田、放眼全省乃至全国，在大局中找坐标、找定位，坚持以深化改革激发动力、以创新机制增添活力、以系统观念协同发力、以党建创优凝聚合力，顺势而为、乘势而上，真抓实干、主动作为，奋力推动仙游各项事业再上新台阶、勇攀新高峰。

吴文恩在报告中指出，今后五年的主要目标：综合实力更加强劲，"十四五"期间地区生产总值突破900亿元、年均增长8.0%以上；产业结构更加优化，现代化产业体系建设取得重大进展；改革开放更加深入，重点领域和关键环节改革取得新突破，台胞台企登陆的第一家园"桥头堡"建设取得积极成效；城乡发展更加融合，主城区"一溪两岸"总体框架基本形成，滨海新城产城融合成效凸显，乡村振兴战略全面推进；文明程度更加彰显，社会主义核心价值观深入人心，人民素质明显提高；生态环境更加优美，生态文明的木兰溪样本进一步巩固提升，生态安全屏障更加牢固；人民生活更加幸福，脱贫成果巩固拓展，教育、医疗、养老和公共文体服务等领域短板加快补齐；治理体系更加完善，防范化解重大风险体制机制不断健全，发展安全保障更加有力，社会更加安定和谐；管党治党更加严实，全面从严治党纵深推进，风清气正的政治生态持续巩固。

吴文恩在报告中指出，今后五年工作的指导思想是：高举习近平新时代中国特色社会主义思想伟大旗帜，深入贯彻党的十九大和十九届二中、三中、四中、五中全会精神，全面贯彻党的基本理论、基本路线、基本方略，深入学习贯彻习近平总书记系列重要讲话重要指示批示精神和到闽考察重要讲话精神，紧紧围绕统筹推进“五位一体”总体布局和协调推进“四个全面”战略布局，增强“四个意识”、坚定“四个自信”、做到“两个维护”，立足新发展阶段，贯彻新发展理念，积极服务并深度融入新发展格局，以全方位推进高质量发展超越为主题，以深化供给侧结构性改革为主线，以改革创新为根本动力，以满足人民日益增长的美好生活需要为根本目的，以全方位融合发展为路径，以全面从严治党为保障，突出开放招商、强化项目带动，大力实施“双轮”驱动，加快融合发展，打造美丽仙游，为建设发展更有活力、城乡更具特色、生活更加富美的融合发展示范区而努力奋斗。

吴文恩在报告中说，要推动产业跨界融合，打造品质仙游。全力推进“三转一市”工程，奋力实施“四换四名”工程，大力发展数字经济，加快产业平台建设，推进“二三产融合”、一产“接二连三”，打好产业转型升级、经济高质量发展的组合拳，建设宜业宜商之城。要推动城乡互动融合，打造活力仙游。聚焦打造现代化生态旅游城市定位，坚持城乡统筹、新城建设与旧城更新并重，提升城市功能品质，全面推进乡村振兴，发展全域特色旅游，到2025年，新增AAAAA级景区1个、AAAA级景区3个，实现功能完善、各具特色、优势互补、城乡融合的区域发展，建设宜居宜游之城。要推动改革开放融合，打造创新仙游。以思想破冰推动发展破题，优化营商环境，深化改革创新，扩大对外开放，切实在服务和融入新发展格局上展现更大作为，为仙游发展注入新动力，建设争先创优之城。要推动人文生态融合，打造文明仙游。深入学习贯彻习近平生态文明思想，坚定不移推进生态县建设，加强社会主义精神文明建设，倡导绿色低碳生活方式，促进人与自然和谐共生，建设文化绿色之城。要推动民生平安融合，打造和谐仙游。始终坚持以人民为中心的发展思想，顺应群众新期盼，办好民生实事，不断提升基层治理体系和治理能力现代化水平，建设平安幸福之城。

吴文恩在报告中说，实现今后五年的奋斗目标，关键在党，关键在人。必须全面贯彻新时代党的建设总要求，一以贯之、坚定不移推动全面从严治党向中心聚焦、向纵深发展、向基层延伸，以高质量党建引领保障高质量发展超越。要加强思想政治建设，铸就绝对忠诚的政治品格，激发干事创业的凝聚力；加强干部队伍建设，锻造引领发展的中坚力量，提升强产兴城的推动力；加强组织体系建设，构筑坚强有力的基层堡垒，增强党的组织战斗力；加强党的作风建设，弘扬精进笃行的务实风尚，强化贯彻落实的执行力；加强反腐倡廉建设，巩固风清气正的政治生态，夯实基层治理的保障力。

吴文恩最后说，宏伟蓝图已经绘就，美好愿景催人奋进，让我们更加紧密地团结在以习近平同志为核心的党中央周围，在省委、市委坚强有力的领导下，团结带领全县百万人民，以造福一方的使命感、勇挑重担的责任感、只争朝夕的紧迫感，同心同向、务实苦干，奋力开创“加快融合发展，打造美丽仙游”新局面，为谱写全面建设社会主义现代化国家福建篇章作出仙游贡献！

中共仙游县第十三届纪律检查委员会向大会作书面工作报告。

会议还邀请了不是代表的县处级领导、部分工业企业负责人、县老领导以及各民主党派、侨联主要负责人和无党派人士参加大会，不是代表的十三届县委委员、候补委员、县纪委委员以及直属单位和下一级党组织的主要负责同志列席大会开幕式。

（郑　丽）

2021 年仙游县党史学习教育

2021 年 3 月，仙游县按照“学史明理、学史增信、学史崇德、学史力行”的要求，结合开展“再学习、再调研、再落实”活动，聚焦主题、紧扣主线，创新方式、统筹安排，推进全县党史学习教育，被推荐参加省委宣传部举办的专项新闻通气会，向驻闽中央媒体和省级媒体通报仙游县党史学习教育开展情况。

加强统筹协调、系统规划、巡回指导，确保党史学习教育组织到位、人员到位、责任到位。第一时间召开全县动员大会进行全面部署，并成立县委书记担任组长的县委党史学习教育领导小组，先后召开县委常委会会议 3 次、领导小组会议 3 次，传达学习省委、市委有关精神，研究制定《实施方案》等。召开县第十四次党代会、县委十四届二次全会，对学习贯彻新思想、推动党史学习教育等工作作出部署。围绕党的十九届六中全会、党史学习教育动员大会以及习近平总书记到闽考察重要讲话、“七一”重要讲话精神等，先后举办县管干部专题研讨班、培训班、培训会等，开展县委理论学习中心组党史专题学习 36 次，研讨交流 6 次，现场教学 2 次，举办及组织收听收看报告会 11 次。县委常委带头到基层党支部联系点上专题党课，带队前往中共福建省委上湖底旧址、中共仙游上宫支部旧址等地开展现场教学，深入企业、农村、社区等基层一线开展党的十九届六中全会、党史学习教育和省市县党代会精神宣传宣讲，以“关键少数”带动“最大多数”。把组织开好专题组织生活会作为衡量前一阶段党史学习教育成效的重要内容，部署推动，强化统筹指导。县委、县政府主要领导以普通党员身份参加所在党支部专题组织生活会，县四套班子党员领导干部参加所在党支部专题组织生活会；全县处级以上领导所在支部及班子成员列出整改问题 248 个，整改完成率 100%。全县 1014 个党支部召开组织生活会，完成率 100%。组建 9 个巡回指导组，举办党史学习教育县委巡回指导组培训会，抓好“一把手”、把好“方案关”、开好“碰头会”，通过查阅资料、巡听旁听、实地调研、座谈交流、个别访谈等形式，沉下去全过程参与、全方位指导、全要素检查，完成对乡镇（街道）、县直各单位三轮全覆盖巡回指导。

3 月 24 日，县委书记郑亚木（领誓人）带领县四套班子及县直有关部门负责人前往钟山镇、游洋镇、石苍乡、西苑乡开展党史学习教育集体现场学习，并调研乡村振兴工作。图为县领导在中共仙游上宫支部旧址广场前重温入党誓词　　（郑　丽　摄）

坚持分众化、对象化、互动化，推动党史学习教育党史宣讲。实施“党史宣讲走心入心工程”，抓好“四史”宣传教育，组建县委宣讲团，开展集中宣讲 54 场，受众超 1 万人次；注重整合人才资源，广纳百姓宣讲员、宣讲志愿者、文艺人才、基层退休党员、乡村教师等多方力量，成立各类宣讲队伍 70 支，开展宣讲超 2400 场次，受众 12 万多人次。结合主题党日活动，激发中共仙游上宫支部旧址、木兰社区、“爱国爱企、担当作为”教育基地、三福集团 4 个全县首批主题党日活动基地“红色磁场”作用，创新“主题党日 +”学习模式。举办“方寸映春华，党史‘邮’我说”主题邮展活动，以“邮展 + 宣讲 + 趣味互动”的沉浸式形式，拓宽广大党员和群众的视野，加深对党史的了解。创新成立“共青团影院”，深化“学党史 强信念 跟党走”学习教育，引导全县广大青年铭记红色历史、传承红色基因、赓续红色血脉。指导各级党委（党组）紧扣自身实际，发掘可信、可敬、可学的身边“榜样”，通过“五老”人员忆党史，优秀共产党员、先进典型讲党史，时代青年说党史，军烈属讲革命英雄故事等方式，让党史知识可知可感，红色精神可敬可亲。针对“两新”组织、企业职工，邀请“两优一先”代表、劳模工匠进支部、进企业开展专题宣讲。

发挥红色文化资源优势，让红色文化资源成为党史学习教育的“活教材”。通过修缮提升、串点成线，为党史学习教育打造现场教学基地和红色文化传播高地。入选莆田市党史教育参观学习点10个，中共仙游上宫支部旧址、仙游县革命烈士陵园、王于洁烈士纪念馆列入全省参观学习点；策划推出党史学习教育参观学习点16个、参观学习路线4条，接待参访党员干部群众1381批次、6.5万多人次。鼓励创作党史题材的文艺作品，开展红色文化采风活动，出版专辑28篇10万多字；组织编写地方革命史书《仙游英烈》；改编史实上演大型红色题材现代莆仙戏《闽中英烈传》。以红色景点为核心，对社硎乡田利村中共闽中特委机关田利旧址、游洋镇兴山村中共仙游上宫支部旧址、钟山镇麦斜岩景区红军108团旧址等红色旅游景区进行提质升级，加快红色旅游基础设施建设。推进“红色旅游+”深度融合，打造“红色+乡村”“红色+文创”“红色+民俗”等红色旅游复合型产品，带动乡村旅游发展，助推乡村振兴。

把解决基层困难事、群众烦心事作为党史学习教育的立脚点和出发点，解决群众“急难愁盼”问题，增强人民群众的获得感、幸福感、安全感。全县梳理形成“我为群众办实事”实践活动项目清单979项，办结 970项。针对“看病难”问题，推进县总医院迁建项目建设；针对“上学难”问题，推进一批教育补短板项目，新增小学学位1620个，幼儿园学位2970个；针对“养老难”问题，建成各类养老服务机构268所，新建17所长者食堂；针对“饮水难”问题，推进城区第一水厂迁建、第二水厂扩建、度尾水厂等7个水厂建设；针对山区群众“出行难”，新增5条城乡公交线路，覆盖仙游北部环山区7个乡镇20万人群众，实现县域出行公交全覆盖。畅通群众诉求渠道，“12345”平台全年受理诉求3.14万件，办理2.85万件，回访满意率96.37%，网评满意率99.23%。创新信访工作机制，完善县处级领导接待群众来访工作机制，开展“四门四访”活动（对初信初访的，实行“开门接访”；对信访动态较不稳定的，进行“登门走访”；对久拖未决的，开展“进门约访”；对息后反弹的，落实“上门回访”），解决好群众合理诉求。以“党建+”邻里中心、“综治+”治理中心为载体，推行在职党员“双报到”制度，成立党员志愿服务队伍1377支，设立党员先锋岗、责任区616个。推进“放管服”改革，打造群众家门口派出所等便民利民举措，户籍业务实现“全县通办”，高频公安户籍业务事项实现“跨省通办”。在全市率先成立金融审判合议庭，搭建调立审执一站式金融纠纷解决平台，以支付令、诉前调解+司法确认模式化解金融纠纷，审结案件1318件，总金额2.47亿元。

6月底，县公安局开展庆“七一”系列活动，图为民警举党旗表白中国共产党（唐伟 摄）

围绕“庆祝建党百年”主题主线，营造同庆百年华诞、共铸历史伟业的浓厚氛围，兴起庆祝建党百年的高潮。用好各级各类主流媒体平台，仙游县在市级以上主流媒体刊播发相关新闻报道688篇，形成强大舆论声势。策划并协助《湄洲日报》仙游观察栏目采写“我为群众办实事”系列综述性报道，其中《度尾镇开展为群众办实事主题实践活动》《风雨保路畅 初心护民安》反响较好。县融媒体中心“报、台、网”开设并持续深化“奋斗百年路 启航新征程”“党史学习教育在仙游”“我为群众办实事”等专题专栏，推出一批深度报道、通讯综述、学习体会等。配合中央、省、市媒体做好《沿着高速看中国》《行走的风物》等栏目拍摄、红色记忆主题采访等，实施全县“记录小康工程”，展示党的百年光辉历程和仙游经济建设、社会事业发展的重大成就。组织策划创作一大批原创融媒体产品，拍摄建党百年微视频30多个，建党百年仙游篇微视频——《仙游，再出发》在县融媒体中心各新媒体平台及莆田电视台转播。开展“永远跟党走”群众性主题宣传教育活动，策划举办庆祝中国共产党成立100周年书画展、摄影展、“建党百年 巾帼”经典诗歌朗诵比赛、“百年党旗红 启航新征程”短视频大赛等系列活动。

党史学习教育开展以来，仙游县抓紧抓实中央规定内容的学习，注重用好“木兰溪治理”、丰富红色资源等特色资源，入选莆田市党史教育参观学习点10个，策划推出党史学习教育参观学习点16个、参观学习路线4条，打造一批加强党员干部群众党性修养、接受党的精神教育的重要实践场所。地方革命史书《仙游英烈》、莆仙现代戏《闽中英烈传》为全市首创。围绕“永远跟党走”主题，策划举办庆祝中国共产党成立100周年书画展、摄影展、征文比赛等系列活动；组织参加“颂歌献给党”——莆田市庆祝中国共产党成立100周年歌咏比赛，仙游县代表队获得金奖；参加莆田市“‘不忘初心 牢记使命’庆祝中国共产党成立100周年主题征文活动”，获奖篇数居各县区之首。突出青少年思政课堂主阵地，创新成立“共青团影院”，打造莆田市首家青年主题银行。

建立领导干部挂钩联系制度、周跟踪、月督查、季通报制度，县处级领导带头进农村、进社区、进企业开展调研，带动各级各部门通过实地走访、集体座谈、网络征集等形式，梳理形成“我为群众办实事”实践活动项目清单979项，其中88项县级项目清单由县处级领导挂钩推进，办结970项，其余9项推进中。8个实践活动案例（抖音电商直播基地建设；推进莆台融合发展，打造台胞台企登陆第一家园桥头堡；创新“一条龙”服务，助力退役士兵就业创业；创新服务模式保障母婴安全；公安工作“不打烊”，便民服务“不断档”，战“疫”助农推动文旦柚销售；推动规上工业企业复工复产）入选全市“我为群众办实事”实践活动典型案例，居全市第一。县司法局党组书记、局长郑武进被评为“平安中国建设先进个人”。

坚持围绕中心，服务大局，把开新局作为党史学习教育的落脚点，将党史学习教育与开展“再学习、再调研、再落实”活动、统筹疫情防控和经济社会发展等重点工作有机结合、相互促进，做到学习教育和中心工作两手抓、两促进。做好常态化疫情防控工作，突出快、严、实、细，在病毒第一个潜伏期内就有效控制疫情，用8天时间把每日新增病例控制在个位数，用10天时间实现社区阳性零新增，得到国家工作组“120分”的肯定，《人民日报》、《新华社》、中央电视台等20多家主流媒体纷纷聚焦仙游、传递关怀、点赞真情。做好“六稳”“六保”工作，推进“五促一保一防一控”重点工作。仙游县获批国家级电子商务进农村综合示范县、国家整县屋顶分布式光伏开发试点县，“仙作”写入《中华人民共和国年鉴（2020）》。京东（仙游）数字经济产业园成为全省唯一入选国家电子商务示范基地的园区，为仙游直播行业发展提供技术与人才双向支持；仙游抖音电商直播基地建设为全国十大抖音产业直播基地之一，位居全国第六大抖音珠宝文玩直播基地，入驻电商1832家，开设直播间2523间，累计销售额超25亿元，带动就业人口超5万人。

仙游县立足特色优势，开展党史学习教育与秉承弘扬好习近平总书记治理木兰溪的重要理念相结合，把对习近平总书记的深厚爱戴之情上升为忠诚核心、拥戴核心、维护核心的高度自觉。仙游革命先辈多、历史事件多、革命遗迹多，注重红色资源的挖掘保护利用，学好党在仙游的浴血奋战史、艰苦创业史、改革创新史，推动红色基因融入精神血脉、续写共产党人精神谱系，真正从党史学习中鼓舞斗志、明确方向、启迪智慧、提升能力、砥砺品格。传承弘扬党的初心使命，聚焦保持党同人民群众的血肉联系，大兴调查研究之风，始终从人民利益出发想问题、作决策、办事情，走好新时代党的群众路线。把党史学习教育成果转化为推动改革发展的强大动力，聚焦正在做的事情，凝心聚力、勇毅前行，推进高质量发展超越，开创“加快融合发展，打造美丽仙游”新局面。

5月29日，仙游一中操场上，3000名学子同声高唱红歌颂党恩（彭丽程 摄）

6月底，为庆祝中国共产党成立100周年，仙游县各界开展百校“唱红歌、颂党恩”师生合唱比赛、“十音八乐颂党恩”主题民俗文化活动等一系列活动。图为百校“唱红歌、颂党恩”师生合唱比赛（黄剑普 摄）

奋斗百年路　启航新征程

——看仙游百年风雨兼程砥砺前行

千年古县仙游，百年征程波澜壮阔。从1921年到2021年，百年来，仙游的沧桑巨变，是党带领仙游人民不懈奋斗取得的伟大成就。在党的百年华诞之际，仙游今报社通过查阅历史文献，分享百年来仙游人谱写的仙游大事记，从中汲取奋进新征程的强大动力。

1921年，仙游邮局开办镇、村投递业务。

1927年4月底，中共莆田特区区委书记陈国柱在兴泰里上宫（今游洋镇兴山村）吸收8名农民加入中国共产党，并在馨山书院成立县内第一个中共基层组织——中共上宫支部。11月，陈国柱在东乡（今榜头镇）吸收王于洁、林步云等加入中共组织，并建立中共仙游特别支部（中共东乡支部）。12月底，中共仙游县委成立，陈国柱任书记。下辖上宫、东乡、南区、城区等4个支部，有党员30多人。

1929年11月1日，黄碧清、郑赞化、戴启熊等人联营火力发电厂建成发电，为仙游县第一家发电厂（址在城内回龙庵）。

1930年10月，工农红军第108团在钟山麦斜岩成立。这是中共仙游临时县委领导的第一支工农武装队伍。

1931年12月，林其在模范街鲤湖饭店办电影放映场，是仙游县最早的电影业。

1934年，仙游县立中学改为省立仙游简易师范学校，向莆田、仙游、福清、永泰、大田、德化、永春、晋江、惠安、南安、同安11个县招生。

1936年9月1日，林筹主办的《仙游日报》创刊。

1942年，在仙游县城金石山创办国立海疆大学，设法商、师范2个专科，是县内第一所大专院校。民国34年，迁往南安九都。

1943年9月底，中共福建省委机关迁驻仙游石苍高阳南溪的后坑村。12月，迁驻仙游永泰交界的青溪山。

1947年12月9日，仙游青年电影院开业，是境内首家电影院。

1948年4月，陆财（今赖店镇山尾村人）在“南特号”水稻田埂边发现一株好稻苗，并将它培育为良种。1956年10月，该早稻良种被晋江专署、县人民委员会命名为“陆财号”。

1949年7月初，中共闽、浙、赣游击纵队闽中支队司令部在浔阳、古邑、鲤湖3个乡成立人民政府。这是共产党在仙游建立的第一批基层政权。8月25日，闽中游击队仙德大队第二中队进驻县城，仙游和平解放。9月9日，中共福建第五地委在泉州召开第一次扩大会议，正式宣布成立中共仙游县委员会，任命南下干部张德贞为仙游县委书记，成立仙游县人民政府（隶属福建省第五行政督察专员公署），任命高霆为县长。10月，全县举行庆祝中华人民共和国成立和仙游解放活动，城乡万众载歌载舞，盛况空前。

1953年7月1日零点，进行全国第一次人口普查。全县有82317户，362961人，其中男184269人，女178692人。

1955年3月，根据国务院发布的命令，县内开始发行新人民币，同时以新币1元兑换旧币1万元回收旧币。4月1日，旧人民币停止流通。

1956年8月，度尾中岳水电站动工，次年1月25日建成发电，是县内首座水电站。

1965年春，“陆财号”早稻种传到朝鲜、越南、古巴等国家；广东、湖南、广西、湖北、江西、浙江、江苏、安徽等省推广种植53.33万公顷；省内各县种植11.33万公顷。10月，国家科委向陆财颁发《发明证书》。

1968年8月，县政府机关由城内迁到西门兜（原仙游二中校址内，今八二五大街5号）。

1973年7月1日，仙游县城南门城关大桥建成，桥长179米。

1978年11月28日，杉尾大桥建成，桥长225米，为县内最长的桥梁。

1979年2月6日，仙游县鲤声剧团晋京献演《春草闯堂》，获创作和演出2项一等奖。

1983年9月9日，国务院批准设立莆田市（地级市），仙游县属之。

1984年3月，仙游县被国家田径协会和中华全国体育总会等单位联评为1983年度的“田径之乡”。同年，县塑料编织厂与香港迈荣发展有限公司合资成立“福建省兴华塑胶企业有限公司”，是县内首家合资企业。

1986 年 10 月 4 日，仙游籍运动员陈泽斌在韩国汉城参加第 10 届亚运会，夺得 10 项全能冠军。

1992 年 6 月 21 日，王慧玲在长春全国武术锦标赛中获女子南拳冠军。

1993 年 11 月 14 日，爱国华侨李文涛捐资 50 万美元兴建的道德中学竣工。

1995 年 12 月，鲤城城内街桔井阁在旧城改造拆迁中挖掘 1 块明嘉靖九年（1530 年）石碑，高 2.3 米，宽 0.77 米，厚 0.14 米，碑文为“仙游县石城碑”。其出土为仙游县城建设和变迁提供翔实证据。

1996 年 5 月，省希望工程办公室捐建园庄乡岭北希望小学，系仙游县第一所希望小学。

1998 年 5 月 16 日，从三明至郊尾的三郊公路全线贯通。从此，福建中部有了一条连接 324 和 205 国道的东西大干道。

2000 年 1 月，仙游一中被福建省教育厅确认为“福建省普通完中一级达标学校”。5 月，仙游县委在石苍乡老山村竖立“中共闽中省委活动旧址”石牌。是年，仙游县被文化部授予“中国民间艺术——戏剧之乡”称号。

2001 年 1 月 15 日，县委、县政府表彰获第五届亚洲武术锦标赛南棍冠军和全国武术比赛南拳冠军的仙游籍运动员陈帅及其少体校启蒙教练员。6 月 30 日，福建抽水蓄能电站正式定点仙游西苑境内。11 月，度尾蜜柚、大济无铅松花皮蛋和红心咸蛋获 2001 年中国国际农业博览会名牌产品。同年，枫亭“天中万寿塔”被批准为国家级重点文物保护单位。

2002 年 10 月 22 日，行政区划撤并调整，撤销凤山乡党委，其所属村支部改隶西苑乡党委；撤销鲤城镇党委，设立鲤城街道党工委；原鲤城镇下属各街道更名为社区后，设社区党委；城东镇党委改为鲤南镇党委。

2003 年 1 月，第一家台商莆田市山益现代化农业有限公司在钟山镇落地，在南兴、东溪、西林 3 个村开发山地 466.67 公顷，先后有 10 家台商在钟山镇种植台湾名优水果及甜柿，成为莆田市规模最大的台湾农民创业园。6 月 30 日，坐落在虎啸山的仙游县革命纪念馆举行开馆典礼。10 月 16 日，度尾文旦柚首次出口发运仪式在中源食品有限公司举行，首批 80 吨 1600 箱文旦柚通过检测检疫，直接出口加拿大。10 月 20 日，位于城区的木兰溪橡胶坝工程开工，为市内第一座橡胶坝。

2004 年 5 月，枫亭海安 300 吨杂货码头扩建工程开工。码头扩建后为 500 吨级，名陆岛码头。工程由民营企业承担，于翌年 2 月竣工。8 月 19 日，仙游籍运动员张国政在雅典第 28 届奥运会上的男子 69 公斤级举重比赛中夺得金牌；仙游籍运动员林桑获得女子射箭团体银牌。12 月，民营企业仙游县乡村客运有限责任公司成立。该公司开通 14 条乡镇客运线路。

2005 年 6 月，仙游县中医院撤销归并到仙游县医院。同年，度尾鼓吹乐、枫亭游灯习俗列入全省第一批非物质文化遗产。

2006 年 3 月 30 日，金钟水利枢纽工程正式开工。金钟水利枢纽工程位于石苍粗溪中游，总库容量 1.06 亿立方米，总投资 7.11 亿元，建设期 4 年。5 月 10 日，福厦铁路枫亭特大桥举行开工仪式。福厦铁路仙游段建设从此进入实质性阶段。5 月，九仙溪水电开发总公司梯级电站八台发电机组基本持续满负荷安全运行，发电量 4000 多万千瓦时，电费收入 1300 多万元。6 月，县城鲤中片区旧城改造工程全面启动。8 月，仙游抽水蓄能电站投资协议正式签订。该电站位于西苑境内，由国家电网新源控股有限公司、福建省电力公司、莆田市综合国有资产投资营运公司和仙游县国有资产投资营运中心共同出资建设，计划装机容量 120 万千瓦，设计年发电量 18.96 亿千瓦时，静态总投资 3.83 亿元，总工期 5 年 6 个月。12 月，仙游县获“中国古典工艺家具之都”称号。

2010 年 5 月 27 日，福建省海安橡胶有限公司生产的 6 条 40.00R57 全钢巨型工程机械子午线轮胎通过莆田市检验检疫局出口检验，销往美国，标志着国内首批 18 条、货值 41.2 万美元的巨型轮胎打入国际市场。

2011 年 11 月 30 日至 12 月 3 日，仙游鲤声剧团应法国巴黎中国文化中心邀请，参加在法国巴黎举行的第五届法国中国地方戏曲节，献演宋元名剧《白兔记》和折子戏《千里送》《三鞭回两锏》。剧目《白兔记》获得“最佳传统剧目奖”。11 月，仙游县被文化部评为 2011—2013 年度“中国民间文化艺术之乡”。

2013 年 4 月，仙游文庙、龙华双塔被评为“第七批全国重点文物保护单位”。6 月 8 日，《仙游今报》正式发行。该报由湄洲日报社和仙游县委主管、湄洲日报社主办，系福建省首份由市级党报和县区联合发行的县级报刊。9 月，第四届全国道德模范揭晓，仙游县“爱心老人”曾德梅获提名奖。12 月，度尾文旦柚获第11届中国国际农产品交易参展产品金奖。12月，仙游县创建省级园林县城通过省级验收。

2014年3月，石苍乡济川村获评中国历史文化名村，是莆田市首个获此殊荣的乡村。4月29日，九鲤湖旅游区获评国家AAAA级旅游景区。5月22日，新莆田24景名单对外正式公布。仙游九鲤飞瀑、菜溪幽壑、麦斜云岫、天马悬梯、凤顶无尘、仙洋戏水、塔斗夕霞、蜚山霜月等8个景区入选。11月8日，仙游县第十四届运动会开幕。12月，石苍乡济川村入选第三批中国传统村落名录，是莆田市唯一获得中国传统村落、国家级历史文化名村两大荣誉的村庄。

2015年2月4日7时36分，福州—厦门北D6203次动车组准点停靠在仙游火车站；7时37分动车组驶离站台正式开通运营。仙游县正式迈入"动车时代"。9月，黄文谦当选中国好人榜"助人为乐类"中国好人。12月1日，九鲤湖玉箸祭瀑布引水工程竣工通水，日引水量13.8万立方米，重现常年珠帘挂壁、玉箸双飞的壮观场面。

2016年2月1日，仙游县被国家旅游局列入首批创建"国家全域旅游示范区"。4月，度尾镇书潭珍藏坊名木艺品厂雕刻总设计师徐元宝被中华总工会授予"全国五一劳动奖章"，是当年全市唯一获此殊荣的劳动者。10月18日，为期6天的"世界中式古典家具之都"授牌仪式暨"2016中国（仙游）红木艺雕精品博览会"在海峡艺雕旅游城拉开帷幕。

2017年12月17日，木兰溪获评全国首届"最美家乡河"，是福建省唯一获评的河流。

2018年3月，"仙游甜柿"地理标志集体商标通过国家工商总局商标局审批。

2019年1月8日，经福建省人民政府批准，仙游县人民政府驻地由鲤城街道八二五大街919号迁移至鲤城街道清源东路1号。10月27日，2019美丽中国仙游国际马拉松赛开幕。

2020年4月7日，仙游县支援湖北的医疗队员黄萍萍从福州返回仙游。黄萍萍是福建省首批援鄂医疗队成员之一，也是仙游县首位报名驰援武汉的护士。

2021年3月12日，木兰溪综合治理正式纳入国家"十四五"规划。4月23日，金凤桥正式通车。

（文图：《仙游今报》记者 薛燕辉　通讯员　张力　张艺典　游心华）

2013年11月18日，首届中国中式家居文化高峰论坛暨红木古典家具精品博览会在仙游古典工艺博览城开幕

（张　力　张艺典　游心华　摄）

2018年，仙游县举行第十五届运动会

（张　力　摄）

1984年，县塑料编织厂与香港迈荣发展有限公司合资成立县内首家合资企业——“福建省兴华塑胶企业有限公司” （《仙游今报》供稿）

2008年10月10日，总投资2500万元的玉田大桥开工 （《仙游今报》供稿）

2014年3月21日，首届国际木文化节在仙游县开幕。图为仙游国际木文化学会为福建仙游中国古典工艺博览城授予“国际木文化研究与实践基地”称号 （《仙游今报》供稿）

2019年10月27日，2019美丽中国仙游国际马拉松赛开幕 （《仙游今报》供稿）

2014年3月，石苍济川村获评“中国历史文化名村”，是莆田市首个获该殊荣的乡村 （《仙游今报》供稿）

“六馆”（档案馆、科技馆、美术馆、文化馆、图书馆、博物馆）（2021） （《仙游今报》供稿）

仙游县城（2021） （《仙游今报》供稿）

大事记

1月

1日，仙游县人民调解员协会成立大会暨第一次会员大会举行，来自乡镇（街道）调委会、行业性专业性调委会的62名会员参加。该协会是莆田市首个县级人民调解员协会。

1日，京东智联云联合仙游县举办的首届中国（仙游）跨界时尚秀在仙游油画城举行。

7日，仙游县召开领导干部会议，宣布省委、市委关于县政府主要领导的任职决定。

7日，仙游县十七届人大常委会召开第三十一次会议。决定任命吴海端、朱建阳为仙游县人民政府副县长；决定吴海端代理仙游县人民政府县长职务。

8—9日，县政协十三届五次会议、县十七届人大五次会议陆续开幕。

10日，县十七届人大五次会议举行第三次全体会议，会议进行选举事项。吴海端当选县政府县长，吴智群当选县监察委员会主任，董金勇当选县法院院长，陈宗协当选县检察院检察长。

12日，仙游法院台胞权益保障法官工作室揭牌仪式暨涉台司法服务座谈会在仙游台创园举行。

13日，仙游县组织收听收看福建省、莆田市安全生产工作暨第一季度防范重特大生产安全事故视频会议，并召开2021年仙游县安全生产工作、第一季度防范重特大生产安全事故会议。

13日，县法院召开新闻发布会，向媒体和社会各界通报3年以来，扫黑除恶专项斗争开展情况和取得的成效，并通报相关典型案例。

15日，国网仙游县供电公司“爱国爱企、担当作为”教育基地举行揭牌仪式，该基地分别被授予“仙游县爱国主义教育基地”“仙游县社会科学普及基地”。

16日，“妈祖胜地·工艺莆田”全闽乐购·文化旅游专场带货直播活动在度尾海峡艺雕旅游城举行。仙游县30多个企业严选100多种产品在直播间推介，涵盖工艺品、油画等。

16日，县长吴海端主持召开县政府第一次全体成员（扩大）会议。

20日，仙游县2021年为民办实事项目出炉，涉及15个项目，总投资30多亿元。

20日，县侨联成立涉侨纠纷调解委员会，与县法院建立涉侨纠纷调解机制，在线快速多元化化解涉侨纠纷，涉侨调解员入驻最高人民法院调解平台。

21日，住房和城乡建设部通报表扬一批2020年度“强基础、转作风、树形象”专项行动表现突出单位，县城市管理局榜上有名。

25日，县委书记郑亚木主持召开县委领导干部述责述廉工作会议。

27日，县法院金融审判合议庭在大济人民法庭成立。

1月，新一批省、市非遗传承人名单先后公示和公布。其中，传统美术类别中，仙游彩绘技艺李俊伟，莆田木雕陈伟毅上榜；传统技艺类别中，仙游字画裱褙技艺黄步英，仙游古典家具制作技艺傅建灿、林锐群、黄福镇上榜；民俗类别中，吴圣天妃信俗林文光，枫亭水阁巡游陈建辉上榜。

1月，省绿化委员会、省林业局近日联合印发《关于命名2020年度福建省森林城镇和森林村庄的决定》，仙游县8个村（游洋镇天马村、菜溪乡菜溪村、枫亭镇沧溪村、盖尾镇岭头村、鲤城街道富洋村、钟山镇朗桥村和石苍乡济川村、石苍村）上榜“福建省森林村庄”。

1月，仙游县通过国家三类城

市语言文字工作评估验收。

2月

4日，仙游县召开2020年各级劳动模范座谈会。

4日，仙游县组织召开全县征兵工作会议暨2021年度县征兵工作领导小组会议。

5日，中共仙游县纪委十三届六次全会召开，研究仙游县全面从严治党工作。

7日，2021年度仙游县乡镇（街道）党政主要领导平安建设和生态环境保护目标责任书签订会举行。

7日，仙游县召开2020年度乡镇（街道）党（工）委书记抓基层党建工作述职评议会。

8日，市妇联、市女摄影家协会、莆田波斯特国际幼儿园开展“关爱老人、致敬英雄”活动，走访慰问县3名抗美援朝老兵（93岁的吴亚卯、94岁的林金魁、89岁的谢开胆）。

18日，县工信局批复划定10千伏宝灵线等45条架空电力线路保护区，标志着仙游县域内20条110千伏、15条35千伏输电线路及159条配电线路保护区划定批复工作完成。

22日，省文旅厅公布第五批省级非物质文化遗产代表性传承人名单，仙游县有8人上榜。其中，传统美术项目类别上榜2人（仙游彩绘技艺传承人李俊伟，木雕技艺传承人陈伟毅）；传统技艺项目类别上榜4人（仙游字画裱褙技艺传承人黄步英，仙游古典家具制作技艺传承人傅建灿、林锐群、黄福镇）；民俗项目类别上榜2人（吴圣天妃信俗传承人林文光、枫亭水阁巡游传承人陈建辉）。

23日，《福建日报》、省广播影视集团、东南网、《海峡都市报》、《湄洲日报》等省、市媒体到仙游县开展“推动早开工，实现开门红”联合采访。

24日，仙游农商银行赖店支行为赖店镇前埔村村民严金建发放仙游县首笔农村集体资产股权质押贷款。

25日，仙游县组织收听收看莆田市2020年“双轮”驱动项目攻坚表彰暨2021年“双轮”驱动、开放招商工作推进会。

26日，仙游县组织参加莆田市市管干部学习贯彻中共十九届五中全会精神轮训暨开展仙游县县管科级干部学习贯彻中共十九届五中全会精神轮训工作。

26日，仙游县十七届人大常委会第三十二次会议召开。

2月，县旅游开发总公司（九鲤湖景区）被市总工会、文旅局授予“莆田市第一批职工疗休养基地”称号。

2月，仙游县2021年春季大型网络招聘会启动。

2月，县残联、卫健局、行政服务中心联合出台《关于深化残疾人证办理改革工作的通知》，细化三大内容的改革事项，优化简化残疾人证办理。

3月

3日，仙游县党史学习教育动员大会召开。

5日，省委实施乡村振兴战略领导小组办公室对2020年度福建省乡村振兴重点特色乡（镇）、实绩突出村（含备选）进行公示，仙游县一镇一村榜上有名。其中，钟山镇入选2020年度福建省乡村振兴重点特色乡（镇）名单，书峰乡四黄村入选2020年度福建省乡村振兴实绩突出村名单。

6日，上海寿祺多糖科技转化中心书峰枇杷叶多糖产业孵化基地在书峰乡兰石村揭牌。书峰乡与上海寿祺多糖科技转化中心签订合作协议。

6日，公安部、全国妇联联合通报表扬100名成绩突出女民警、100名好警嫂、100名爱警母亲。县公安局政工室四级警长陈婧的母亲朱贞丽，获评全国公安系统爱警母亲。

9日，人行仙游县支行、银行业金融机构初审推荐，人行莆田市中心支行、莆田市台港澳办审核，仙游台创园的27家台商企业、19名台胞获颁第一批台商台胞金融信用证书。

10日，仙游县召开2021年度春季征兵定兵工作会议。

10—12日，莆仙戏鲤声艺术传承保护中心复排的莆仙戏《目连》上演，该戏是中国戏曲中最古老的传统剧目之一。《目连》戏的雏形最早可追溯到唐代，原版可演绎7天7夜，被称为莆仙戏之戏祖。

11日，仙游县党的工作会议召开。

12日，县法院在木兰溪流域设立生态环境巡回审判点后审理的首起案件宣判，是该院首次在涉生态刑事案件中适用速裁程序。

13日，仙游县政法队伍教育整顿动员部署会召开。省政法队伍教育整顿第六指导组副组长叶孝祖出席并讲话，县委书记、县政法队伍教育整顿领导小组组长郑亚木出席并作部署讲话。

15日，仙作龙头企业三福集团、鲁艺集团和凯丰里等集体亮相第45届国际名家具（东莞）展览会暨2021国际名家具机械材料展。

18日，县检察院检察服务中心沙溪站，在郊尾镇沙溪村“党建+”邻里中心、“综治+”治理中心揭牌成立。

19日，仙游县打击治理电信网络新型违法犯罪工作联席会议召开。

19日，仙游县打击走私工作会议召开，通报部署全县打击走私工作情况。

19日，莆田市第二届云端枇杷节在书峰乡书峰村枇杷公园开幕。

20日，仙游法院在鲤城街道南桥社区邻里中心设立莆田市首个以法官个人命名进驻邻里中心的工作室——陈建红法官家事修复工作室。

22日，县委书记、县委党史学习教育领导小组组长郑亚木主持召开县委常委会会议暨县委党史学习教育领导小组第一次会议。

23日，仙游县召开第五批驻村任职党员干部期满工作座谈会。

24日，县四套班子及县直有关部门负责人前往钟山镇、游洋镇、石苍乡、西苑乡开展党史学习教育集体现场学习，并调研乡村振兴工作。

24日，仙游县第一用电大户——福建省宏海装备制造有限公司签订“配电站房智能运维”合同，成为莆田市首家为厂房内电力设备投保的企业。

26日，仙游县政法队伍教育整顿县委书记讲党课活动在县委党校礼堂二楼会议室举行。

26日，十三届仙游县政协常委会第十九次会议召开。

28日，中国农工民主党仙游县总支委员会第六次党员代表大会在仙游县召开。

30日，仙游县第十一次归侨侨眷代表大会召开。

31日，仙游县组织收听收看党史学习教育省委宣讲团视频报告会。省委宣讲团成员，省委党校、行政学院党建教研部原副主任、教授李烈满作宣讲报告。

30—31日，海峡两岸十几名乡建乡创工作者走进仙游县，聚焦乡村振兴，考察交流、出谋划策。

3月，钟山镇湖亭村入选司法部、民政部公布的第八批“全国民主法治示范村（社区）”名单。

3月，仙游县以开展全民义务植树运动40周年和第43个植树节活动为契机，启动2021年全民义务植树活动。

3月，2021福建学雷锋活动示范点和岗位学雷锋标兵名单公布，县总医院医务人员黄萍萍获福建岗位学雷锋标兵称号。

3月，县检察院联合县妇联在县检察院挂牌成立“巾帼维权服务站”，并专设“巾帼维权服务岗”。

3月，省工信厅研究梳理并公布第一批153家福建省工业现有龙头企业和315家福建省工业龙头培育企业，仙游县福建省三福古典家具有限公司进入福建省工业现有龙头企业第一批名单。

4月

1日，仙游县组织收听收看省委全面依法治省工作视频会召开。

7日，省人大常委会副主任、民进省委会主委严可仕一行到仙游县调研民进工作。

8日，县委书记、县政法队伍教育整顿领导小组组长郑亚木带队深入县委政法相关单位督导调研政法队伍教育整顿工作。

8日，京东工艺美术产业带人才运营交流会在京东（仙游）数字经济产业园召开，会议以“仙作迎新‘数’标杆引转型”为主题，邀请国内行业专家共同探讨工艺美术与数字经济的融合发展。

9日，党史学习教育市委宣讲团走进仙游举行专场宣讲报告会。市委宣讲团成员、市委党史和地方志研究室主任林清华作宣讲报告。

10日，仙游县组织收听收看全省政法队伍教育整顿视频会议。

9—10日，北京专家一行到仙游县考察国储林项目，市人大常委会主任阮军、县长吴海端陪同。

9日，仙游县召开2021年“阳光1+1”（社会组织＋老区村）牵手行动工作推进会。12家社会组织与12个老区村签订协议形成帮扶对子。

9日起，党史学习教育县委宣讲团走进鲤南镇、县人社局等乡镇、部门进行宣讲。该次县委宣讲团成员9名，开展27场宣讲。

15日，县残联举办第三代残疾人证（智能化）第一批发放仪式，首批换发5036张卡。

15日，县法院在位于木兰溪源头的西苑乡仙溪村正式挂牌成立“仙游法院生态环境巡回审判点”。

16日，仙游县妇女第十三次代表大会召开。市妇联党组书记、主席庄怀冰到会致辞。

16日，仙游县政法队伍教育整顿工作推进会召开。

20日，全国人大常委会委员、民进中央副主席兼秘书长高友东到仙游调研民进仙游县支部工作成效。

21日，仙游县召开巩固拓展

脱贫攻坚成果同乡村振兴有效衔接暨农村建设品质提升会议，同时召开仙游县脱贫攻坚“十百千”专项巡察暨扶贫领域巡察“再回头”专项督导发现问题整改评估动员会。

22日，仙游县召开木兰溪流域系统治理推进会。

22日，全国人大常委会委员、教科文卫委员会副主任委员、民盟中央副主席、中国文联副主席张平带队到仙游县考察民盟思想政治建设和宣传工作。

23日，鲤城金凤桥正式通车。

23日，仙游县打击治理电信网络新型违法犯罪工作推进会召开。

23日，仙游县国土空间总体规划汇报会举行。

26日，县委宣传部、县直机关工委、县总工会联合举办的庆祝中国共产党成立100周年趣味文体活动在仙游县行政中心市民广场举行，近900名职工参加。

30日，仙游县召开打击治理电信网络新型违法犯罪工作推进会。

30日，县委书记、县委审计委员会主任郑亚木主持召开县委审计委员会第七次会议。

4月，鲤城街道上榜2021年省级生活垃圾分类示范片区创建名单，获得省级补助资金400万元。

4月，京东（仙游）数字经济产业园主办的“‘以梦为马，踔羚飞跃’京东（仙游）数字经济产业园毕业路演暨工艺品跨境电商交流会”在京东（仙游）数字经济产业园举行。

4月，2020年度福建省乡村振兴重点特色乡（镇）和实绩突出村名单公布，钟山镇和书峰乡四黄村榜上有名，分别获得1000万元和400万元奖励。

5月

1日起，市民一次花费50元购买九鲤湖门票，可以享受全年乐游九鲤湖景区。

7日，市诚信促进会、市发改委联合举办的“党建带诚建、献礼百年庆”启动仪式在仙游县闽中红色文化促进会举行。

9日，仙游县举行亚洲开发银行贷款木兰溪流域生态修复和小城镇发展项目启动仪式。

13日，仙游县召开政法队伍教育整顿领导小组第四次会议。

13日，仙游县组织收听收看福建省革命文物工作视频会议。

14日，“万家学党史·永远跟党走”家庭教育“十个百”系列实践活动暨全省首个家庭教育宣传周活动在园庄中心小学拉开帷幕。

15日，莆田市庆祝中国共产党成立100周年暨莆田市首届书法兰亭奖（凯特杯）的评选结果开始向社会公示，仙游县10件作品获奖，3件作品入展。

16日，仙游首届旗袍文化大赛颁奖典礼在中骏世界城举行。

20日，仙游农商银行向仙游县福临门果蔬农民专业合作社发放全省首笔“新农直通贷”50万元，标志着服务新型农业经营主体的“新农直通车”在仙游县正式落地。

21日，仙游县组织收听收看省管领导干部学习贯彻习近平总书记到闽考察重要讲话精神专题研讨班暨省级领导班子党史学习教育专题读书班。

21日，莆田市首家“青年主题银行”在仙游县揭牌。

24日，仙游县首家残疾人辅助性就业机构开始试运营。

26日，仙游县“森林110”启动仪式在县公安局举行，在全省首创推出24小时值守服务的“森林110”工作机制，实现森林资源和野生动植物资源保护由被动打击型向主动防范型转变。

26日，2021年第二季度莆田市“扫黄打非”工作推进会暨“扫黄打非”进基层现场会在仙游县召开。

27日，仙游县17个乡镇同步完成乡镇党委换届工作，选举产生新一届乡镇党委委员151名、纪委委员75名和乡镇出席县第十四次党代会代表205名。

28日，仙游县木兰大道度尾大济段工程项目涉及历史文化遗产认定结果公示，木兰大道度尾大济段工程项目涉及两处50年以上建筑。其中，溪口村厝尾22—2号厝尾厅祠评审建议为传统风貌建筑（B类），溪口村兰田6号兰田厅祠评审建议为一般建筑（C类）。

31日，仙游甜柿协会第二届换届选举暨新一届理事会、监事会第一次大会在钟山镇好柿多农庄召开。

5月，仙游县木兰溪流域生态环境综合治理入选亚洲开发银行贷款2020—2022年备选项目规划。

5月，新疆昌吉州玛纳斯县一行到仙游县开展“闽昌莆玛山海情红色文化润边疆”党史学习教育红色文化直播活动。新疆昌吉州玛纳斯县委副书记、莆田援疆指挥部指挥长陈锋出席活动。

6月

1日，县法院举行少年法庭揭牌仪式。

2日，仙游县组织收听收看莆田市安全生产工作暨“安全生产月”

动员部署视频会议。

3日，省立医院与县总医院合作帮扶项目启动签约授牌仪式暨现场交流座谈会在县总医院召开。

6—30日，仙游县集中开展新冠肺炎疫苗第二剂次接种工作。其间，暂停第一剂次的接种服务，重点保障已接种第一剂次的居民完成第二剂次接种。

7日，仙游县组织收听收看福建省第二季度重大项目视频连线集中开工活动。

7—9日，仙游县组织收听收看市管干部学习贯彻习近平总书记到闽考察重要讲话精神专题研讨班暨市级领导班子党史学习教育专题读书班视频会议。

9日，仙游县召开市管干部学习贯彻习近平总书记到闽考察重要讲话精神专题研讨班暨市级领导班子党史学习教育专题读书班研讨交流会。

9日，2021年度仙游县征兵工作推进会召开。

11日，“全福游·有全福·书峰拾‘遗’”暨2021年仙游县“文化和自然遗产日”系列活动在书峰乡兰石村举行。

15日，仙游县组织收听收看莆田市防止干预司法“三个规定”集中宣讲暨领导干部公开承诺大会视频会议。

16—18日，仙游县举办县管干部学习贯彻习近平总书记到闽考察重要讲话精神专题研讨班暨县级领导班子党史学习教育专题读书班。党史学习教育市委第一巡回指导组组长钟悦英一行到会指导。

22日，仙游县组织收听收看福建省民营经济发展视频会议。

22日，仙游农商银行第一批台湾农民创业园台企贷款授信仪式在仙游县台湾农民创业园管委会举行，现场为园内的3家台资企业授信150万元。

24日，十三届仙游县政协常委会第二十次会议召开。

28日，仙游县“两优一先”表彰大会召开，表彰一批优秀共产党员、优秀党务工作者和先进基层党组织。

30日，县工艺办牵头，怀古木业、东方古典等12家仙作企业参与的“仙作·中国行成都站”在第22届成都国际家具工业展览会上精彩亮相。

30日，庆祝中国共产党成立100周年·“初心向党 礼赞百年”暨莆田市第十四个民族团结进步宣传月活动在度尾镇砺山村召开。

6月，仙游著名剧作家陈仁鉴的《团圆之后》、郑怀兴的《傅山进京》入选中国剧协选编的《百部优秀剧作典藏》，献礼中国共产党百年华诞。

6月，仙游农商银行从18个乡镇（街道）325个村居中精心优选聘任首批163名“乡村振兴金融助理员”上任。

7月

3日，中国共产党仙游县第十三届委员会第十四次全体会议召开。

7日，仙游县学习贯彻习近平总书记在庆祝中国共产党成立100周年大会上的重要讲话精神座谈会召开。

16日，仙游县人武部党委第一书记任职宣布大会召开。莆田军分区政委许晓韧宣读吴文恩任仙游县人武部第一书记任职决定并颁发任命状。

19日，仙游县组织收听收看2021年全国医改工作电视电话会议。

20日，县委书记吴文恩主持召开鲤北新城、枫亭滨海新城城市设计汇报会。

21日，仙游县打击治理电信网络新型违法犯罪工作联席会议召开。

23日，仙游县组织收听收看2021年省委、省政府工作检查总结会暨全省上半年经济视频会议。

23日，团县委、县人社局联合主办的2021年“扬帆计划”返乡大学生座谈会暨暑期社会实践活动启动。

28日，中国共产党仙游县第十四次代表大会在县委党校礼堂开幕。

30日，中共仙游县第十四届委员会第一次全会召开，市委常委、组织部部长袁素玲到会指导。

30日，中国共产党仙游县第十四次代表大会举行第二次全体会议。选举产生第十四届县委委员、县纪委委员，出席市第八次党代会代表。

30日，中国共产党仙游县第十四次代表大会选举产生的中共仙游县纪律检查委员会举行第二次全体会议。选举产生县纪委常委和书记、副书记。

30日，中国共产党仙游县第十四次代表大会闭幕。

7月，仙游县福建赛隆科技有限公司入选福建省工业龙头企业名单。

8月

1日，仙游县组织收听收看莆田市疫情防控和疫苗接种工作视频会议。

3日，仙游县组织收听收看福建省村（社区）“两委”换届工作视频会议。

5日，仙游县组织收听收看莆田市政法队伍教育整顿总结大会，并召开全县政法队伍教育整顿总结大会。

5日，仙游县十七届人大常委会第三十五次会议召开。

14日，仙游县上半年经济工作会议召开，传达学习省委和省政府工作检查总结会暨全省上半年经济会议和上半年经济分析会暨开放招商领导小组会议精神，分析全县上半年经济形势，研究部署下半年经济工作。

14日，仙游县村（社区）“两委”换届工作会议召开。

18日，仙游县组织收听收看2021年莆田市市、县、乡三级人大换届选举工作视频会议。

23日，省人大常委会副主任、省总工会主席梁建勇到仙游县，调研就业形态群体工会组织建设、产业工人队伍建设改革等。

23日，仙游县组织收听收看福建省景区和非景区景点安全管理视频会议后，召开加强景区和非景区景点安全管理以及基层社会治理工作会议。

24日，县委审计委员会第八次会议召开。

24日，仙游县十七届人大常委会第三十六次会议召开。

26日，仙游县金融纠纷调处中心在县法院金融审判合议庭揭牌成立。

30日，仙游县第六批选派党员干部驻村任职暨“机关+农村”结对共建工作会议召开。

8月，海安橡胶集团股份公司获得“国家级专精特新‘小巨人’企业”称号。

8月，县检察院获评“国家版权局2020年度查处重大侵权盗版案件有功单位”，干警戴晓东获评“国家版权局2020年度查处重大侵权盗版案件有功个人”。

8月，仙游县旅游协会成立大会举行，选举产生第一届理事会理事、监事，并召开一届一次理事会。

8月，2021年度“‘美丽中国我是行动者’提升公民生态文明意识行动计划”先进典型遴选活动获奖名单公布。仙游人肖雄耀被评选为福建省最美生态环保志愿者，成为莆田市唯一上榜的志愿者。

9月

1日，在陕西咸阳举行的第十四届全国运动会武术套路比赛首日比赛中，仙游姑娘、“00后”小将张雅玲在女子南拳、南刀、南棍全能决赛中夺得金牌。该枚金牌也是该届全运会上福建省第一枚金牌。

2日，被命名为“2021年福建省示范性劳模工作室”的林玉镇劳模工作室正式授牌。

6日，钟山镇入选第二批全国乡村治理示范村镇名单。

7日，第二十一届中国国际投资贸易洽谈会暨莆田市分团项目（仙游县）签约仪式在厦门举行。

7日，县委书记吴文恩、县长吴海端在厦门集中会见参加第二十一届中国国际投资贸易洽谈会的企业负责人和高管，就项目对接合作进行洽谈交流。

10日，仙游县发现一起境外输入关联新冠病毒核酸检测阳性病例。

11日，国家卫健委副主任李斌率国务院联防联控机制综合组福建工作组抵闽指导莆田疫情防控工作。

9月，福建中裕新材料技术有限公司、福建鑫瑞新材料科技有限公司、福建益明纺织有限公司、给力机械（福建）集团有限公司、福建歌士玮集团有限公司、海安橡胶集团股份公司、福建省智胜矿业有限公司7家企业入选2021年省科技“小巨人”企业名单。

9月，西苑乡上榜2021年“清新福建·气候福地”首批“气候康养福地”名单，为莆田市唯一入选的避暑清凉胜地。

9月，仙游县首例非法买卖海洋野生动物制品案开庭审理，6名被告因非法买卖砗磲制品分别获刑。

9月，三福古典家具有限公司入选福建省文化改革发展工作领导小组发布第十届福建省“文化企业十强”及提名企业、第四届“最具成长性文化企业”名单。

10月

7日，仙游县召开创建无疫系列活动暨有序复工复产工作推进会，对创建无疫系列活动、复工复产复学进行再动员、再部署、再推进。

10日，仙游县举行“因为‘柚’你，莆田更甜”县长直播带货活动。当日累计浏览量超380万人次，销售量1156吨。

11日起，仙游县434所学校17.47万名学生、1.56万名教职员工分批次回归校园。

13日，仙游万佳温泉酒店隔离点5名隔离人员解除隔离。至此，县内隔离人员清零。

14日，仙游县召开农村乱占耕地建房专项整治行动推进会。

15日，仙游县十七届人大常委会第三十七次会议召开。

15日，菜溪岩、仙水洋风景区正式恢复对外开放。

15日，顺安建筑位列福建省创新型民营企业100强。

19日，县人武部召开宣布命令大会。莆田军分区大校司令员陈超宣读中央军委国防动员部命令和军分区党内任职通知，任命董晓光为县人武部部长、党委副书记。

20日，仙游县市、县、乡三级人大换届选举工作会议召开。

21日，仙游县交警、医疗、邮政三方联合推出“警医邮”便民服务——邮政网点代办交管业务，并公布首批5家“警医邮”便民服务网点。

21日，县民政局下达2021年度养老及救助专项政府购买服务资金52.2万元，用于推动18个乡镇（街道）养老及救助工作的开展，补助标准为每个乡镇（街道）2.9万元。

22日，仙游县组织收听收看全国、全省新冠肺炎疫情防控工作电视电话会议。

22日，中国古典工艺博览城、海峡艺雕城、环球工艺城、工艺产业园、艺雕智慧产业园等产业集聚区正常经营，仙游县工艺美术企业4000多家复工复产率100%。

22日，十三届县政协常委会第二十一次会议召开。

25日，仙游县巩固拓展脱贫攻坚成果同乡村振兴有效衔接暨农村建设品质提升工作会议召开。

25日，县委书记吴文恩主持召开农村污水管网建设巡视问题整改工作推进会议。

27日，县总工会十五届十四次全委会召开，选举县委常委、组织部部长陈剑波为县总工会主席。

29日，2021年仙游县经营性土地招商推介会举行。

10月，在莆田市普通初中教育教学管理评选中，仙游一中等7所学校获选为“初中教育教学优质管理奖”；现代中学等10所学校获选为“初中教育教学进步奖学校”；仙游一中陈萍等115名教师获选为“初中教育先进个人”。

10月，县检察院获评“国家版权局2020年度查处重大侵权盗版案件有功单位”。

10月，林玉镇获得中央文明办发布2021年8月“中国好人榜”——“诚实守信”好人称号。

10月，县农业农村局、财政局联合出台奖励、补贴措施，加强农业复工复产。

10月，仙游县烟草专卖局（分公司）首家“海丝新晟”核心终端正式开业。

10月，“仙游·仙作”入选由新华通讯社主管、新华出版社主办、中华人民共和国年鉴社编辑的《中华人民共和国年鉴（2020）》。

11月

1日，仙游县乡镇（街道、管委会）党政主要负责同志座谈会召开，传达学习代省长赵龙到莆田市调研精神和莆田市市、县、区（管委会）党政主要负责人座谈会精神，分析全县前3季度经济运行情况，研究部署“攻坚两个月、奋战六十天”具体任务举措。

3日，仙游县组织收听收看省委理论学习中心组召开学习会议。全国人大监察和司法委员会副主任委员、中国法学会副会长徐显明教授应邀到会，作题为“学习贯彻习近平法治思想，坚定不移走中国特色社会主义法治道路”的专题辅导报告。

3日，县森林防灭火指挥部、县应急管理局等单位，在福建省森林消防总队莆田市驻防分队驻地联合开展森林灭火培训、实火演练。

4日，市委书记刘建洋带队深入仙游县调研，并主持召开座谈会，共同谋划推动县域经济高质量发展的举措。

12日，“全民乐购·精彩莆田”消费季活动启动仪式在方圆荟·香港财富中心购物中心举行。

15日，仙游县召开打击治理电信网络诈骗重点整治领导小组第二次会议。

15日，仙游县召开“攻坚两个月、奋战六十天”项目推进汇报会，对“攻坚两个月、奋战六十天”重点工作再动员、再部署、再推进。

18日，仙游县公布第一批36家商贸服务业“无疫企业”名单。

20日，仙游县违法用地专项清理整治暨房屋结构安全隐患排查整治推进会召开，对整治工作再加压、再督促、再推进。

20日，仙游县宣讲党的十九届六中全会精神暨2021年度村（社区）党组织书记培训班开班。

20日，仙游县2021年村（社区）委会换届选举工作推进会召开。

22日，仙游县“攻坚两个月、奋战六十天”项目攻坚汇报会召开。

25日，仙游县举行申请廉租房、公共租赁配租选房工作，206户申请并通过审核，98套公租房廉租房配租选房完成。

26日，仙游县生活垃圾分类科普宣教中心暨福建省环保志愿者协会环保教育基地举行揭牌仪式。

27日，仙游县2021年度县级

河湖长制培训班开班。

29日，仙游县十七届人大常委会第三十八次会议召开。

11月，仙游县在万佳温泉度假酒店召开“2021年经营性土地推介会”，重点推介9宗地块，土地面积47.73公顷。

11月，仙游县林文榜等6名残疾人运动员在全国第十一届残疾人运动会暨第八届特殊奥林匹克运动会上斩获奖牌。

11月，第二实验小学和鲤南中心小学被教育部认定为第三批全国中小学中华优秀传统文化传承学校，传承项目为书法、莆仙戏。

11月，仙游经济开发区辖区福建歌士玮集团有限公司入选2021年福建省“专精特新”中小企业名单。

11月，仙游农商银行发放首笔绿色金融的“电桩贷”100万元。

11月，县政府公布仙游县第七批历史建筑名单。大济镇龙坂村新郑28号祖厝等132处历史建筑入选。

12月

2日，县委书记吴文恩主持召开全县村（居）委员会换届工作推进座谈会。

2日，仙游县组织收听收看学习贯彻党的十九届六中全会精神省委宣讲团报告会。省委宣讲团成员、省委党校副校长、福建行政学院副院长刘大可作宣讲报告。

7日，省委常委、市委书记刘建洋深入仙游县、城厢区、秀屿区的社区、农村，宣讲省第十一次党代会精神，调研“党建+”邻里中心建设情况，听取基层干部群众意见建议。

2日，仙游县打击治理电信网络新型违法犯罪工作集体约谈暨加温推进会召开。

6日，县委书记、县委审计委员会主任吴文恩主持召开县委审计委员会第九次会议。

10日，仙游县组织收听收看学习贯彻省第十一次党代会精神省委宣讲团报告会。省委宣讲团成员、省纪委常委梁玉华作宣讲报告。

10日，学习贯彻党的十九届六中全会精神市委宣讲团报告会在仙游县举行。市委宣讲团成员、市纪委副书记郭志诚作宣讲报告。

22日，政协仙游县第十四届委员会第一次会议在县委党校开幕。

23日，仙游县第十八届人民代表大会第一次会议在县委党校开幕。

24日，政协仙游县第十四届委员会第一次会议完成各项议程，闭幕。

25日，仙游县第十八届人民代表大会第一次会议举行第三次全体会议，会议进行选举事项。

25日，仙游县第十八届人民代表大会第一次会议举行第四次全体会议，完成各项议程后闭幕。

27日，市委书记付朝阳深入仙游县调研，强调要深入学习贯彻党的十九届六中全会精神，贯彻落实省委、省政府部署要求，立足县域实情，打开思路、放大格局，找准主攻方向，聚焦特色发力，推动县域经济高质量发展。

29日，仙游县组织收听收看省、市“两节”期间疫情防控工作部署会议。

31日，《仙游年鉴（2020）》被中国地方志指导小组表彰为第八届全国地方志优秀成果（年鉴类）二等奖。

12月，榜头镇于洁小学入选第二批省级乡村温馨校园建设典型案例学校。

12月，第十三届海峡论坛·妈祖文化活动周暨“深化两岸农业交流，助力推进乡村振兴”活动在钟山镇举行。

县情概览

自然环境

【地理位置】 仙游县位于福建省东南沿海中部，北纬 25° 09′—25° 43′，东经 118° 27′—118° 56′，东与莆田市城厢区、涵江区接壤，南与泉州市泉港区、洛江区毗邻，西与南安市、永春县、德化县相连，北与福州市永泰县交界。东西宽 48.4 千米，南北长 62.9 千米，总面积 1851.5 平方千米。东南濒临湄洲湾，海岸线长 5 千米。境内最东端为游洋镇霞峰村笔架山，最西端为度尾镇仙竹村尾洋蜈蚣岐山，最南端为园庄镇东坪村龙坪头，最北端为游洋镇里洋村石壁岭。

【地质地貌】 仙游县地处戴云山脉东坡，地势总体自西北向东南倾斜，地貌主体呈向东南开口的马蹄形。境内以中低山及丘陵为主，盆地、河谷错杂其间。各地海拔差别大，西北边境的石谷解海拔 1803.3 米，是仙游县最高峰；东南部枫亭海滨海拔 5 米，是仙游县最低点。境内分成 4 个不同地貌。山地主要分布于西北部、东北部及东、西、南部边境；丘陵主要分布于中部及南部盆地、谷地周围，海拔多在 500 米以下；山间盆地与河谷平原主要分布于中部；河谷平原主要分布于木兰溪干流上游及支流两岸，以及枫慈溪、粗溪、九鲤湖溪、九溪沿岸等。境内北部山岭受新华夏系构造影响，多呈北东—北北东走向；中部山岭由径流沿北西向张性、张扭性断裂侵蚀而成，多呈北西向展布；中南部受漳平—仙游纬向断裂影响，以东西走向为主；东北部在上述 3 组不同走向断裂互相交汇折冲下，呈多种复合的走向。

【气候】 2021 年，仙游县气温异常偏高，降水量、日照正常，年平均气温 22.4℃，全年降水量 1388.6 毫米，全年日照时数 1998.4 小时。季风明显，冬季以偏北风为主，夏季以偏南风为主。多雨湿润，夏无酷热，冬无严寒，无霜期长，达 352 天。灾害性天气主要有低温霜冻、强对流、暴雨、高温、干旱等。

2021 年，月平均气温在 12.4—30.5℃，极端最高气温和最低气温分别为 40℃（7 月 27 日）和 0.2℃（1 月 13 日）。年平均气温 22.4℃，较常年高 1.8℃，属异常偏高。其中，2 月、3 月、5 月、7 月、9 月、10 月均异常偏高，4 月、6 月偏高，1 月、8 月、11 月、12 月均正常。

2021 年，全年降水量 1388.6 毫米，较常年少 15%，属正常。月降水量分布在 0—556.5 毫米。其中，1 月异常偏少，2 月、3 月、4 月、7 月、10 月均显著偏少，6 月偏少，8 月、12 月均显著偏多，5 月、9 月、11 月均正常。

2021 年，全年日照时数 1998.4 小时，较常年多 153.8 小时，属正常。其中 8 月偏少，10 月显著偏少，1 月异常偏多，2 月、9 月显著偏多，其余月份均正常。

2021 年，无霜期日数 352 天。

资 源

【矿产资源】 2021 年，仙游县以非金属矿为主，金属矿资源相对匮乏。主要有高岭土、叶蜡石、花岗岩、石英石、伊利石、温泉及矿泉水等，储量多、品质好、分布广泛，境内高岭土储量 2000 万吨以上，花岗石储量 1 亿立方米，可形成规模开发和系列产品。境内矿产资源有饰面用石材、建筑用石料、建筑用砂、砖瓦用黏土、高岭土、叶蜡石、石英、钾长石、明矾石、地下热水、矿泉水、钼、金等，钾长石、高岭土2种被列入福建省矿产资源储量表（仙游郊尾镇东湖钾长石、钟山高岭土）；探明有资源储量，未列入福建省矿产资源储量表的有叶蜡石、石英、建筑用石料、砖瓦用黏土4种矿产。金属矿产铅、锌、金、银、钼等有一定的储量；能源矿产、地下热水储量较丰富，开发利用前景良好。已探明的矿产种类少、质量欠佳。除几种非金属矿产，以及少量金属矿外，其他的重要矿产很少。相对优势矿产中非金属矿居多，但无明显优势。资源分布不均，零星分布居多，开采难度大。

【水资源】 2021年，仙游县年降水量1688.6毫米，折合水量30.7亿立方米，属平水年。从西苑乡前县和仙游两个代表站来看，仙游县降水量年内分配不均，其中汛期（4至9月）降水量占全年降水量的比值为80.7%和87.4%，月降水量最大的是8月，最小的是1月。2021年，仙游县的地表水资源量位居全市各行政区之首，为12.13亿立方米，比上年增加30.6%，占全市地表水资源总量的51.2%；水资源总量居全市各行政区之首，为12.13亿立方米，比上年增加30.6%，占全市总水资源量的50.4%，人均拥有水资源总量1336立方米。地下水4.04亿立方米，比上年增加23.2%，占全市地下水总量的49.4%。

【森林资源】 2021年，仙游县林地面积13.32万公顷，占土地总面积的72.5%，乔木林面积10.37万公顷，经济林（乔木经济林加灌木经济林）面积1.37万公顷，竹林面积1.09万公顷。全县森林覆盖率71.43%，森林蓄积量935万立方米。仙游县野生动植物资源丰富，有维管束植物209科802属1772种，其中蕨类植物共有37科71属143种、裸子植物共有8科13属15种、被子植物164科718属1614种，其中双子叶植物137科549属1261种、单子叶植物27科169属353种。国家一级保护植物有水松、南方红豆杉2种，国家二级保护植物有蛇足石杉、闽浙马尾杉、金毛狗等31种。脊椎动物有48目147科511种，其中鱼类17目54科142种、两栖类2目7科34种、爬行类3目13科73种、鸟类18目46科195种、兽类8目21科59种。国家一级保护野生动物有穿山甲、黑嘴鸥、云豹等9种，国家二级保护野生动物有猕猴、赤狐、黑熊等50种。

人文历史

【建置沿革】 境内春秋战国时期属越国地，秦时属闽中郡，汉武帝至三国时属会稽郡、建安郡，南北朝时属梁南安郡。南朝陈光大二年（568年）起，属莆田县。隋开皇九年（589年）改丰州为泉州，仙游隶属泉州。隋大业三年（607年）起，属建安郡南安县。唐武德五年（622年）复属莆田县。唐圣历二年（699年），析莆田县西部，以俞潭（今盖尾镇仙潭村）为界设清源县，属武荣洲（今南安丰州）。景云二年（711年）清源县属泉州。唐天宝元年（742年），泉州改称清源郡，因郡县同名，清源县更名为仙游县，仙游县属清源郡。北宋乾德二年（964年），清源郡改称平海军，仙游县属于平海军。

太平兴国三年（978年），平海节度使陈洪进（今仙游县枫亭镇人），将漳泉二州和其所属的14个县（包括仙游县）正式纳入宋廷版图。太平兴国四年（979年），析莆田、仙游、永泰、福清四县之部分属地置兴化县，县治设在游洋（古邑），同时设太平军领莆田、仙游、兴化3个县，军治地设在游洋。太平兴国五年（980年）改太平军为兴化军，仙游属兴化军。南宋景炎二年（1277年），改兴化军为兴安州，仙游县属兴安州。元世祖至元十五年（1278年），改兴安州为兴化路，仙游县属兴化路。元皇庆二年（1313年）兴化县治从游洋迁往莆田县广业里湘溪村（今涵江区新县镇）。明洪武二年（1369年），改兴化路为兴化府，仙游县属兴化府。清沿明制，仙游县属兴化府。民国元年（1912年）仙游属南路道。民国3年（1914年），南路道改称厦门道，仙游县属厦门道。民国16年（1927年）废道，仙游县直属福建省。民国23年（1934年），仙游县属第四行政督察区（驻今仙游鲤城），直至1949年8月25日仙游解放。

1950年起，仙游县隶属福建省第五行政督察专员公署。之后，依次隶属晋江专员公署、晋江专区革命委员会、闽侯专区、闽侯地区、莆田地区。1983年9月至2021年底，隶属于福建省莆田市。

【行政区划】 2021年，仙游县辖区设1个街道办事处、12个镇、5个乡，55个居委会、271个村委会。

2021 年仙游县乡镇（街道）居民委员会和村民委员会名表

表 1

乡 镇	居民委员会	村民委员会
鲤城街道	洪桥、十字、城内、北宝峰、木兰、南桥、仙糖、坝垄、龙泉、东门、万福、玉井、来洋、蜚山、金井、白塔	富洋
鲤南镇	柳坑、仙安、大坂、西埔、玉田、圣泉、平原、霞苑	玉塔、象运、下楼、涵井、象林、象坂、温泉、横塘、 东山、瑞园
榜头镇	上墘、东桥、赤荷、下明、莲墘、紫泽、坝下、泉山、龙腾、溪东、溪尾、望厝、紫洋、上昆、下昆、灵山	后庄、洋山、何麓、仙水、南溪、昆仑、云庄、象山、梧店、后南溪、后坑、岭下、后坂、桃源、芦山、象塘、后堡、官舍、东宫、新郑、度顶、象洋、光埔
枫亭镇	学士、兰友、铺头、霞街、霞桥、湄工校	锦湖、秀峰、耕丰、辉煌、东宅、斗北、山头、下社、建国、溪南、九社、和平、溪北、麟山、上浒、荷珠、海安、海滨、沧溪
郊尾镇	郊尾	宝坑、阳谷、塘边、伍狮、染厝、西山、后面、古店、湖宅、梅塘、东湖、三埔、埕边、后沈、长安、新和、后溪、阮庄、长岭、沙溪
度尾镇	度峰、潭边、下洲	圣山、洋坂、中岳、帽山、霞溪、云水、后埔、埔尾、云居、砺山、中峰、湘溪、剑山、屏山、仙竹、东峰
大济镇	大济	阮里、垅溪、溪车、洋坑、尾坂、汾阳、乌石、北山、三会、溪口、蒲峰、文殊、古濑、虎垄、山岑、蒲山、坑北、钟峰、龙坂、东井、后林、西南
龙华镇	灯塔	金溪、金沙、金山、金建、建华、东方、红旗、爱和、团结、东岐、龙西林、新峰、貂峰、红星、林内
赖店镇	土山	罗峰、锦田、新周、龙兴、玉墩、玉山、岐山、赖店、 象岭、留仙、坂头、张埔、前埔、溪埔、樟林、山尾、潘硎、林田
盖尾镇	南宝峰	昌山、义店、石马、东井宫、后山、杉尾、芹林、 瑞沟、莲井、琼峰、仙华、盖尾、前连、湖坂、仙潭、仙溪、聚仙、岭头、星庄、后井、东许、斜尾、盖南、新宫
钟山镇		朗桥、麦斜、钟山、卓泉、湖亭、南湖、临水、新莲、天珠、梅洋、东溪、鸣和、西林、香山、南兴、汾山
游洋镇		兴山、石山、霞峰、游洋、梧椿、鲁头、金石、天马、双峰、里洋、桥光、龙溪、石里、河星、龙山、沽山、 五星
园庄镇	园庄	后蔡、高峰、土楼、枫林、霞山、六户、东坪、义路、岭北、东石、泗洋、塔兜、 大埔、宫兜、云峰、洋尾
西苑乡		仙山、仙东、仙西、西苑、广桥、半岭、凤顶、凤山、前县、白岩、顶东湖、前溪、柳园、岭峰、前洋、西墘
石苍乡		济川、高阳、老山、霞湖、 田坑、石苍、五湖、潭头、隔壁、石阳
社硎乡		社硎、湖洋、白硎、修园、卓林、仙头、田利、塘西、上早、田楼、厝洋、沈楼、白洋、半岭
书峰乡		书峰、锦峰、百松、兰石、鲤岭、四黄
菜溪乡		黄洋、园宅、溪边、菜溪、石满、象星、石峰、北象山

【人口状况】 2021年，仙游县有33.8万户，户籍人口117.9万人，比上年增加652人，净增率0.55‰。其中，年内出生人口1.14万人，年度出生率9.64‰（男性6071人，占53.37%；女性5304人，占46.63%）。死亡3704人，死亡率3.14‰（男性2250人，占60.75%；女性1454人，占39.25%）。户籍人口中，男性61万人，占51.8%；女性56.9万人，占48.2%。男性比女性多4.17万人。男女性别比为107∶100（女=100）。2021年底，仙游县城镇人口52.9万人，占总人口的44.87%。按年龄，18岁以下（不含18岁）25.58万人，占总人口的21.7%；18岁至35岁（不含35岁）29.28万人，占24.83%；35岁至60岁（不含60岁）43.43万人，占总人口的36.84%；60岁以上19.67万人，占总人口的16.69%。2021年，仙游县有19个民族，其中18个少数民族人口2.22万人，约占2%。

2021年，外来人口迁入仙游8130人（省内迁入6767人、省外迁入1363人），仙游人口迁出外地1.51万人（迁往省内1.29万人、迁往省外2217人）。

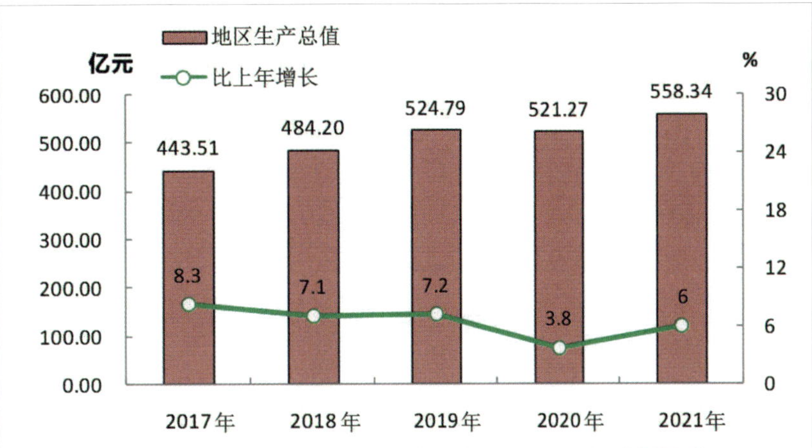

图1 2017—2021年地区生产总值（GDP）及其增长速度

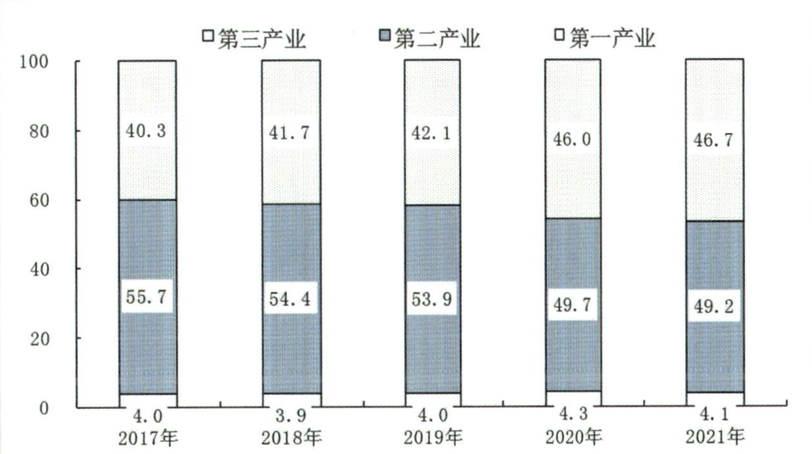

图2 2017—2021年三次产业增加值占地区生产总值比重

国民经济与社会发展

【概况】 2021年，仙游县实现地区生产总值558.34亿元，比上年增长6%。其中，第一产业增加值22.86亿元，增长5.4%；第二产业增加值274.92亿元，增长5.1%；第三产业增加值260.56亿元，增长7%。三次产业增加值占地区生产总值的比重，第一产业为4.1%，第二产业为49.2%，第三产业为46.7%。

2021年末，常住人口90.8万人，比上年末增加0.3万人。其中，城镇常住人口48.31万人，占总人口比重（常住人口城镇化率）53.2%，比上年底提高0.8个百分点。全年出生率8.91‰，死亡率6.69‰，自然增长率2.22‰。2021年末，户籍人口117.97万人，比上年末增加0.07万人。

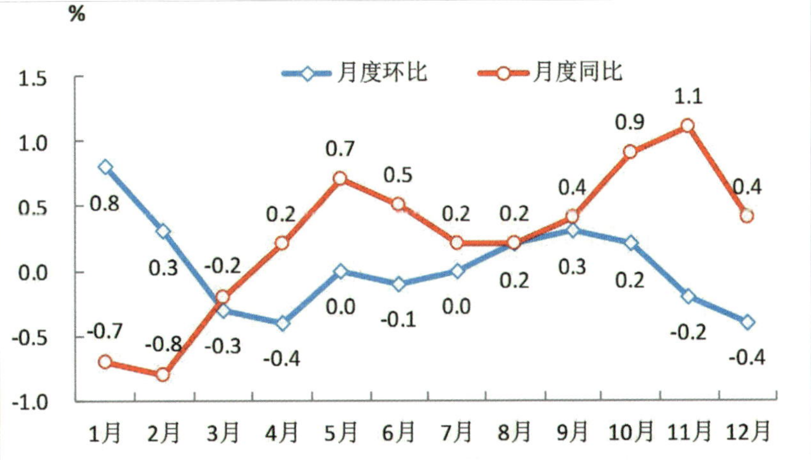

图3　2021年居民消费价格月度涨跌幅度

2021年，城镇新增就业2616人，720名城镇失业人员实现再就业。

2021年末，城镇登记失业率2.83%，比上年末下降0.3个百分点。

2021年，居民消费价格比上年上涨0.2%。

2021年居民消费价格比上年涨跌幅度表

表2

指　标	全县(%)
居民消费价格总水平	0.2
食品烟酒	-1.1
衣着	0.7
居住	0.9
生活用品及服务	-0.7
交通和通信	3.6
教育文化和娱乐	0.6
医疗保健	-0.7
其他用品和服务	—

2021年，新登记市场主体4.03万户，日均新登记企业32户，2021年末市场主体总数16.27万户。

【农业】 2021年，仙游县农林牧渔业完成总产值43.07亿元，比上年增长4.6%。粮食种植面积1.36万公顷，比上年增加1.13公顷，其中稻谷面积1.02万公顷，减少66.67公顷；油料种植面积2640公顷，增加66.67公顷；蔬菜种植面积5173.33公顷，增加186.67公顷。

2021年，粮食产量8.44万吨，比上年增加0.03万吨，增长0.3%。其中，稻谷产量6.84万吨，减少0.05万吨，下降0.8%。

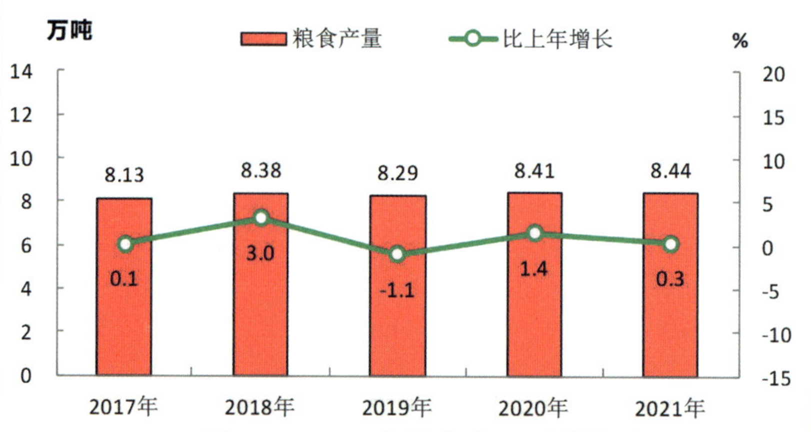

图4　2017—2021年粮食产量及其增长速度

2021年仙游县主要农产品产量

表3

产品名称	产量（万吨）	比上年增长(%)
粮食	8.44	0.3
春收	0.33	11.7
夏收	2.8	-0.7
秋收	5.32	0.4
油料	0.87	3.8

续表 3

产品名称	产量（万吨）	比上年增长 (%)
其中：花生	0.8	3.8
油菜籽	0.07	4
甘蔗	0.34	-18.8
茶叶	0.32	3.8
水果	12.49	4.5
蔬菜	13.05	6
食用菌	2.49	-3.3

2021 年，肉蛋奶总产量 3.74 万吨，比上年增长 3.5%。肉类总产量 2.51 万吨，增长 5.1%。其中，猪肉产量 1.29 万吨，增长 32.3%；主要禽肉产量 1.16 万吨，下降 14%；牛肉产量 0.02 万吨，增长 13.4%；羊肉产量 0.05 万吨，下降 5.3%。年末生猪存栏 11.24 万头，增长 15%；生猪出栏 15.95 万头，增长 33.9%。牛奶产量 0.04 万吨，下降 21.6%。

2021 年，水产品产量 1.59 万吨，比上年增长 4%。其中，淡水产品产量 1.11 万吨，增长 5.9%；海洋捕捞 189 吨，下降 1.6%；海水养殖 4592 吨，下降 0.1%。

【工业和建筑业】 2021 年，仙游县工业增加值 231.01 亿元，比上年增长 4.9%。规模以上工业增加值增长 5.6%。在规模以上工业中，分登记注册类型看，国有企业下降 24%，集体企业增长 42.2%，有限责任公司企业下降 2.3%，股份有限公司增长 100%，私营企业增长 5.4%，港澳台商投资企业增长 13.6%，外商投资企业增长 9%。分工业门类看，制造业增长 6.2%，电力、热力、燃气及水生产和供应业增长 7.9%。

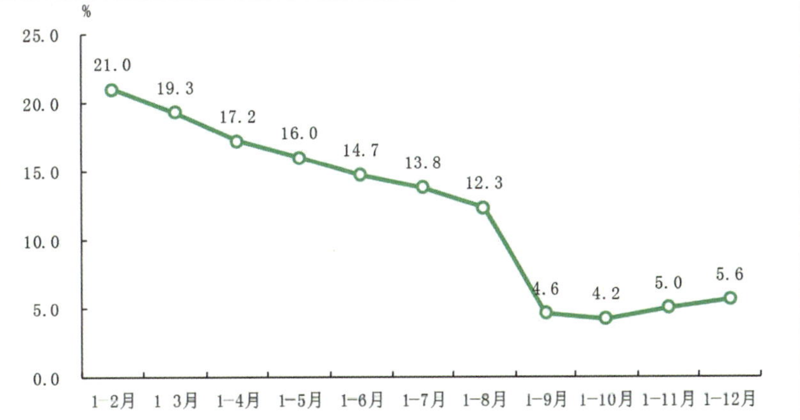

图5 2021年规模以上工业增加值增长速度（累计同比）

工业产品销售率 96%，比上年下降 1.5 个百分点。

规模以上工业的 30 个行业大类中有 17 个行业增加值增速实现正增长。其中，家具制造业比上年增长 114.6%；化学纤维制造业增长 21.1%；计算机、通信和其他电子设备制造业增长 97.6%；废弃资源综合利用业增长 58.1%；通用设备制造业增长 37.5%；酒、饮料和精制茶制造业增长 29.5%；食品制造业增长 25.7%；专用设备制造业增长 25.5%；木材加工和木、竹、藤、棕、草制品业增长 23.6%；纺织服装、服饰业增长 23.3%；汽车制造业增长 20.1%；铁路、船舶、航空航天和其他运输设备制造业增长 17.2%；金属制品业增长 10.7%；电力、热力生产和供应业增长 9.1%；橡胶和塑料制品业增长 7%；黑色金属冶炼和压延加工业增长 4.4%；皮革、毛皮、羽毛及其制品和制鞋业增长 3.9%；文教、工美、体育和娱乐用品制造业增长 0.8%。

规模以上工业中工艺美术、鞋服纺织、金属制品、化工新材料四大主导产业比上年增长 8.6%，其中工艺美术产业增长 2.3%，鞋服纺织产业增长 23.2%，金属制品产业增长 8.2%，化工新材料产业下降 3.7%。高技术产业下降 5.2%，占规模以上工业增加值的比重为 8.8%。

2021 年规模以上工业企业主要工业产品产量表

表 4

产品名称	单位	产量	比上年增长 (%)
精制食用植物油	吨	32.33	-35
速冻食品	吨	818	44.5
罐头	万吨	9.66	5.6
精制茶	万吨	2.42	-3.6
纱	万吨	11.04	-30.3
口罩	万个（只）	2.28	-99.9
化纤长丝机织物	万米	451	86.3
服装	万件	603.2	-5.5
鞋	万双	9685.5	-12.7
人造板	万立方米	48.1	-21.5
家具	万件	43.62	1.9
纸制品	万吨	2.66	-20.4
橡胶轮胎外胎	万条	0.59	5.4
初级形态塑料	万吨	5.97	-17.7
塑料制品	万吨	1.94	7.2
商品混凝土	万立方米	190.01	-9.2
水泥混凝土压力管	千米	24.77	-61.8
砖	万块	117	-17
玻璃包装容器	万吨	34.8	-10.3
钢材	万吨	16.02	-15.7
铸造机械	台	134	-8.2
电梯、自动扶梯及升降机	太	142	-38.3
阀门	吨	360.4	-12.6
混凝土机械	台	253	-5.9
电动机	万千瓦	45.16	27.2
工业仪表	万台（个）	80.68	-60.8
自来水生产量	万立方米	4789	-10.3

2021 年，规模以上工业企业实现利润总额 61.59 亿元，比上年增长 19.7%。分经济类型看，国有企业实现利润 0.1 亿元，与上年持平；集体企业实现利润 0.09 亿元，增长 80%；有限责任公司和私营企业实现利润 59.19 亿元，增长 17.5%；外商及港澳台商投资企业实现利润 0.97 亿元，增长 4.3%。规模以上工业企业资产负债率 49%，比上年减少 0.4 个百分点。规模以上工业企业每百元营业收入中的成本为 83.7 元，营业收入利润率 8.3%。

2021 年，全社会建筑业实现增加值 44.35 亿元，比上年增长 6.7%。具有资质等级的总承包和专业承包建筑业企业完成建筑业总产值 121.74 亿元，增长 0.9%。

【固定资产投资】 2021 年，仙游县固定资产投资 269.69 亿元，比上年增长 4.5%。其中，第一产业投资 6.56 亿元，增长 166.1%；

第二产业投资158.24亿元，增长32.2%，其中，工业投资158.24亿元，增长32.2%；第三产业投资104.89亿元，下降22.9%。基础设施投资38.88亿元，下降14.3%。民间投资115.15亿元，增长16.3%。高技术产业投资17.61亿元，下降50.7%。全年到位资金172.1亿元，增长44.3%。

图6　2017—2021年全社会固定资产投资增长速度

2021年分行业固定资产投资（不含农户）情况

表5

行　　业	绝对数（亿元）	比上年增长(%)
农、林、牧、渔业	6.56	166.1
采矿业	—	—
制造业	155.19	35.5
电力、燃气及水的生产和供应业	3.05	-41.4
建筑业	—	—
批发和零售业	0.28	-93.2
交通运输、仓储和邮政业	23.86	34.4
住宿和餐饮业	0.3	-15
信息传输、软件和信息技术服务业	—	—
金融业	—	—
房地产业	43.52	-36.4
租赁和商务服务业	0.06	-97.2
科学研究和技术服务业	—	—
水利、环境和公共设施管理业	13.98	-43.1
居民服务、修理和其他服务业	0.07	-90.3
教育	3.35	-12.7
卫生和社会工作	14.84	55.9
文化、体育和娱乐业	1.07	-61.2
公共管理、社会保障和社会组织	1.3	1242.1

2021年，房地产开发投资43.52亿元，比上年下降36.4%。年末商品房待售面积47.63万平方米，比上年底增加4.89万平方米。年末商品住宅待售面积16.4万平方米，比上年底减少1.41万平方米。

2021年，新开工建设城镇保障性安居工程住房3431套（户），基本建成城镇保障性安居工程住房3216套。

2021 年房地产开发和销售主要指标完成情况

表 6

指　标	单位	绝对数	比上年增长 (%)
投资完成额	亿元	43.52	-36.4
其中：住宅	亿元	33.89	-30.8
90 平方米及以下	亿元	3.5	-57.3
房屋施工面积	万平方米	608.49	3.0
其中：住宅	万平方米	380.06	3.4
房屋新开工面积	万平方米	58.76	-15.8
其中：住宅	万平方米	42.46	-51.3
房屋竣工面积	万平方米	50.23	157.5
其中：住宅	万平方米	37.53	165.8
房屋销售面积	万平方米	70.13	-17.3
其中：住宅	万平方米	62.94	-11.1
本年实际到位资金	亿元	95.8	28.2
其中：国内贷款	亿元	13.61	-7.4
个人按揭贷款	亿元	20.9	95.9
本年土地购置面积	万平方米	17.08	10.9
土地购置费	亿元	11.19	27.6

75 个在建省、市、县重点项目完成投资 141 亿元。全年建成或部分建成 86 个项目，新开工 95 个项目。

【国内贸易】 2021 年，仙游县社会消费品零售总额343.64亿元，比上年下降 1.5%。

在县统限额以上企业商品零售额中，通信器材类比上年增长120.6%，日用品类增长 26%，饮料类增长 10%，文化办公用品类增长 0.2%，家具类零售额比上年下降 8.8%，石油及制品类下降 15.6%，服装鞋帽针纺织品类下降 18.1%，粮油、食品类下降 28.9%。

图7　2017—2021年社会消费品零售总额及其增长速度

【对外经济】 2021 年，仙游县新设外商直接投资企业 5 家，比上年减少 4 家。实际利用外资 1.8 亿元。市商务局备案和核准对外直接投资项目 3 个，中方协议投资额 212.8 万美元。对外直接投资额 212.8 万美元。

【交通、邮电和旅游】 2021 年，仙游县交通运输、仓储和邮政业实现增加值 12.78 亿元，比上年增长 5.7%。公路通车里程 3193 千米，下降 0.3%。其中，海西高速公路网通车里程 108 千米，与上年持平。全年货运量 968.94 万吨。货物周转量 10.28 亿吨千米，增长 4.76%。

2021 年各种运输方式完成运输量情况表

表 7

指标	单位	绝对数	比上年增长 (%)
货运量	万吨	968.94	7.49
货物周转量	万吨千米	102837.61	4.76
旅客客运量	万人	22.57	-58.96
旅客周转量	万人千米	12201.55	-34.05

2021 年，客运量 22.57 万人，比上年下降 58.96%。旅客周转量 1.22 亿人千米，下降 34.05%。

2021 年末，汽车保有量 9.3 万辆，比上年末增长 7.5%，其中在仙游注册登记的小型轿车 3.3 万辆。

2021 年，完成电信业务总量 7.13 亿元，比上年增长 7.5%。年末电话用户总数 102.8 万户，增长 1.2%。其中，固定电话用户 13.2 万户，增长 6.1%；移动电话用户 89.6 万户，增长 0.5%。5G 手机终端用户 22.2 万户。（固定）互联网宽带接入用户 32.08 万户，增长 8.4%。其中，光纤宽带用户 30.27 万户，增长 10.4%。移动互联网用户 77.67 万户，下降 9.4%。

2021 年，累计接待游客人数 412.61 万人次，比上年增长 332.1%；主要景区门票收入 1533.02 万元，增长 18.3%。其中，九鲤湖景区接待游客人数 33.56 万人次，增长 7.2%，实现门票收入 1014.68 万元，增长 12.8%；菜溪岩景区接待游客人数 15.76 万人次，增长 32.4%，实现门票收入 323.59 万元，增长 44.7%；仙水洋景区接待游客人数 11.44 万人次，增长 17.8%，实现门票收入 194.74 万元，增长 13%。

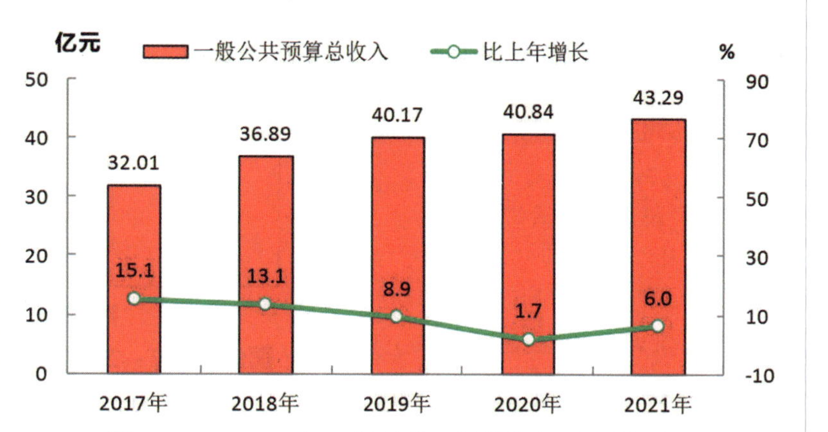

图8　2017—2021年一般公共预算总收入及其增长速度

【财政金融】 2021 年，仙游县一般公共预算总收入 43.29 亿元，比上年增长 6%。其中，地方一般公共预算收入 26.72 亿元，下降 1.9%；一般公共预算支出 54.8 亿元，下降 5.7%。全县地方级税性收入 19.83 亿元，增长 16.3%。

2021 年末，全县金融机构本外币各项存款余额 488.31 亿元，比上年末增长 8.9%；金融机构本外币各项贷款余额 349.24 亿元，增长 11.7%。

2021 年末，农村合作金融机构人民币各项贷款余额 114.42 亿元，比上年末增长 14.3%。

2021 年末仙游县金融机构本外币存贷款情况

表 8

指　　标	年末数（亿元）	比上年末增长 (%)
各项存款余额	488.31	8.9
其中：住户存款	387.48	7.9
非金融企业存款	38.83	0.8
其中：人民币存款	486.24	8.8
各项贷款余额	349.24	11.7
其中：短期贷款	107.9	1.4

续表 8

指　　标	年末数（亿元）	比上年末增长（%）
中长期贷款	239.95	16.5
其中：人民币贷款	349.12	11.7

【人民生活和社会保障】 2021年，仙游县居民人均可支配收入27562元，比上年增长8.2%。按常住地分，农村居民人均可支配收入20643元，比上年增长9.9%；城镇居民人均可支配收入37870元，比上年增长7.2%。城乡居民人均可支配收入比值1.83，比上年缩小0.05。

全县居民人均生活消费支出19643元，比上年增长10.7%。按常住地分，农村居民人均生活消费支出16921元，增长15.7%；城镇居民人均生活消费支出24132元，增长9.6%。

2021年末，参加城镇职工基本养老保险人数10.27万人，比上年末增加0.48万人。其中，参保职工8.23万人，离退休人员2.04万人。企业参加基本养老保险离退休人员1.2万人，实现养老金按时足额发放。全县参加基本医疗保险人数102.92万人，其中参保职工5.43万人，参保的城乡居民97.49万人。全县失业保险参保人数4.01万人，比上年末增加0.47万人。

2021年末，全县领取失业保险金人数5633人，比上年末增加595人；纳入城市最低生活保障的居民257人，比上年末增加3人；纳入农村最低生活保障的居民1.95万人，比上年末增加654人；城乡特困人员2065人。

2021年末，养老机构床位数增至3632张（不含在建），每千名老人拥有养老床位18张。建立社区服务中心（站）344个。

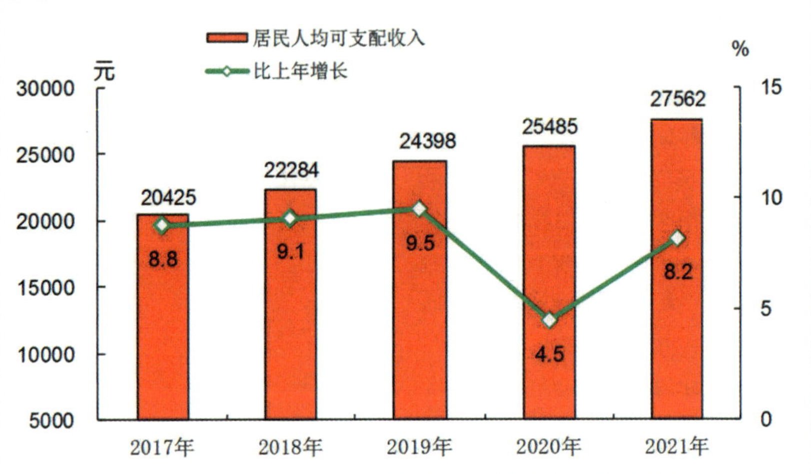

图9　2017—2021年居民人均可支配收入及其增长速度

【教育和科学技术】 2021年，仙游中等职业教育（不含技工校）招生0.34万人，在校生0.98万人，毕业生0.27万人。普通高中招生0.76万人，在校生2.29万人，毕业生0.48万人。初中招生1.27万人，在校生3.88万人，毕业生1.06万人。普通小学招生1.35万人，在校生7.94万人，毕业生1.26万人。特殊学校招生20人，在校生99人，毕业生25人。学前教育在园幼儿3.24万人。九年义务教育巩固率100%，高中阶段毛入学率96.2%。

全县拥有省级重点实验室1个、省级工程技术研究中心4个、建设省级众创空间3个、科技企业孵化器备案1家，孵化面积3588平方米，在孵化企业33家，在孵化企业员工总数295人。全县入库备案科技型中小企业34家、新认定国家级高新技术企业18家、总数26家；新认定科技“小巨人”企业24家，总数24家。全年共登记技术合同13项，成交额2777万元。省知识产权优势企业1家。全年专利授权980件，其中发明专利授权量18件，增长100%。有效发明专利108件，每万人口发明专利拥有量1.193件，增长18.9%。

2021年末，全县有4家机构通过检验检测资质认定，比上年增加4家，省级产品质量监督检验中心1个。累计获得368张产品及管理体系认证证书。全县有法定计量技术机构1个，全年强制检定工作计量器具1.64万台（件）。累计全县制修订国家标准4项、行业标准4项、地方标准6项。

2021年末，全县有地震监测台站7个，其中地下流体观测台1个，金钟水利枢纽地震监测台网1个，国家强地震监测台1个，地震烈度速报台3个；GPS（全球定位系统）基准站1个。

【文化、卫生和体育】 2021年底，仙游县文化系统有国有艺术表演团体1个，公共图书馆1个，文化馆1个，博物馆1个，非国有博物馆3个。文化系统各类演出209场，2021年度首演剧目1个，观众2万人次，其中政府采购公益性演出62场，观众1.4万人次；公共图书馆组织各类讲座2次，书刊文献外借13.38亿册，总流通人数1.72万人次；各级文化馆组织举办展览4个，组织文艺活动8次、培训班2期和公益性讲座2次，服务2万人次；博物馆举办3个基本陈列和9个临时展览，共10.39万人次，其中未成年人参观3.58万次。

2021年末有影院8个，银幕38块。广播电台1套，电视台1套。有线电视用户13.7万户。

2021年末，全县有各级各类档案馆1个。

2021年末，全县有各级各类医疗卫生机构419个，其中县直公立医疗机构3个，民营医院13个，乡镇卫生院17个，社区卫生服务中心1个，社区卫生服务站9个，村卫生所306个，门诊部12个，诊所56个，医务室2个。2021年末，全县有卫生技术人员4075人，其中执业（助理）医师1685人，注册护士2390人。2021年末，全县有医疗机构床位4219张。

2021年，仙游县获福建省全民健身模范县，仙游县文旅局获全国全民健身工作先进单位。人均体育占有面积2.48平方米。基本上实现15分钟体育生活圈，经常参加体育运动人数占40%。2021年，体育产业增加值40亿元，占GDP比重的8%，其中，体育制造业36亿元，体育休闲业2亿元，体育服务业2亿元。国家级比赛中，获得六金三银五铜。

【资源、环境和安全生产】 2021年，全社会用电量比上年增长8.2%。

2021年，全县年平均气温22.4℃，年总降水量1388.6毫米，年平均相对湿度70%。

2021年，植树造林总面积2179.47公顷，其中人工荒山造林7.33公顷；人工迹地更新面积844.07公顷，低产低效林改造1328.07公顷。商品材11.35万立方米。毛竹产量400万根。城市（县城）公园绿地面积447.23公顷，人均公园绿地面积14.76平方米。

2021年，全县森林覆盖率71.42%。全县建立省级自然保护区1个，自然保护区总面积1.82万公顷。省级风景名胜区2处。

2021年，木兰溪（仙游段）水质功能达标率100%，Ⅰ～Ⅲ类水质达标率100%，水质状况良好，与上年相比，水质功能达标率与Ⅰ～Ⅲ类水质达标率均保持不变。

2021年，环境空气质量达标率99.7%，空气质量指数2.43，二氧化硫、可吸入颗粒物等6项污染物指标均达到国家二级标准。其中细颗粒物（$PM_{2.5}$）浓度为19微克/立方米，臭氧浓度为112微克/立方米，与上年相比，环境空气质量基本保持稳定。

2021年，全县生活垃圾无害化处理率100%，污水处理率95.8%。

2021年，全县发生森林火灾2起；受害面积5.2公顷。全年未发生海洋灾害，未造成直接经济损失。未发（现）生海洋赤潮直接影响渔业生产。

2021年，全县发生生产安全事故5起、死亡4人，分别比上年增加1起和减少1人，没有发生较大及以上生产安全事故。亿元地区生产总值生产安全事故死亡数0.0072人，比上年下降25%。

（严　莉）

中共仙游县委员会

重要会议与活动

【十七届人大常委会第三十一次会议】 1月7日，仙游县十七届人大常委会召开第三十一次会议。会议表决通过人事任命事项。决定任命吴海端、朱建阳为仙游县人民政府副县长；决定吴海端代理仙游县人民政府县长职务。县人大常委会主任黄一敏出席会议。

【疫情防控工作会议】 1月14日，仙游县组织收听收看全国疫情防控工作电视电话会议，并召开全县新冠肺炎疫情防控工作会议。

【中共仙游县纪委十三届六次全会】 2月5日，中共仙游县纪委十三届六次全会召开。县委书记郑亚木出席会议并讲话。全会审议通过县纪委常委会工作报告，审议通过县纪委十三届六次全会决议。

【基层党（工）委书记抓党建述职评议会】 2月7日，仙游县召开2020年度基层党（工）委书记抓基层党建工作述职评议会。县委书记郑亚木主持会议，县长吴海端、县委副书记陈志挺等出席会议，市委组织部有关人员到会指导。

【党史学习教育动员大会及相关活动】 3月3日，仙游县召开党史学习教育动员大会。县委书记郑亚木作动员讲话，县委副书记、县长吴海端主持。

3月22日，县委书记、县委党史学习教育领导小组组长郑亚木主持召开县委常委会会议暨县委党史学习教育领导小组第一次会议，传达学习省委、市委党史学习教育领导小组第一次会议精神，听取近期全县党史学习教育进展情况汇报，研究《中共仙游县委关于开展党史学习教育的实施方案》等。

3月23日，郑亚木带领县直有关部门负责人深入党史学习教育学习点和“强产业”重点项目现场调研督导党史学习教育工作和项目建设进展情况。

3月24日，县委书记郑亚木、县人大常委会主任黄一敏、县政协主席林志良等带领县四套班子及县直有关部门负责人前往钟山镇、游洋镇、石苍乡、西苑乡开展党史学习教育集体现场学习，并调研乡村振兴工作。

3月31日，仙游县组织收听收看党史学习教育省委宣讲团视频报告会。省委宣讲团成员，省委党校、行政学院党建教研部原副主任、教授李烈满作宣讲报告。县领导郑亚木、吴海端、黄一敏、林志良在仙游分会场参加学习。

【党的工作会议】 3月11日，仙游县召开2021年党的工作会议。传达上级组织、宣传、统战、巡察工作会议精神，部署年度工作。

【政法队伍教育整顿工作】 3月13日，仙游县召开政法队伍教育整顿动员部署会。省政法队伍教育整顿第六指导组副组长叶孝祖出席并讲话，县委书记、县政法队伍教育整顿领导小组组长郑亚木出席并作部署讲话。

4月16日，全县政法队伍教育整顿工作推进会召开，总结前一阶段工作，研究部署下一阶段工作。

8月5日，仙游县组织收听收看全市政法队伍教育整顿总结大会，并召开全县政法队伍教育整顿总结大会。县委书记、县政法队伍教育整顿领导小组组长吴文恩出席会议。

【打击治理电信网络新型违法犯罪工作推进会】 4月30日，仙游县召开打击治理电信网络新型违法犯罪工作推进会，传达上级有关会议精神，通报有关工作情况，听取部分乡镇表态发言，并部署下一步工作。

【党史学习教育专题读书班】 6月16—18日，仙游县举办县管干部学习贯彻习近平总书记到闽考察重要讲话精神专题研讨班暨县级领导班子党史学习教育专题读书班。党史学习教育市委第一巡回指导组组长钟悦英一行到会指导。县委书记郑亚木在开班式上作动员讲话。

【中共仙游县委十三届十四次全会】 7月3日，中共仙游县委十三届十四次全体会议召开。全会由县委常委会主持，县委书记吴文恩讲话。全会听取吴文恩受县委常委会委托作的工作报告，审议通过《中共仙游县委关于学习贯彻习近平总书记到闽考察重要讲话精神 为谱写全面建设社会主义现代化国家福建篇章作出仙游贡献的实施意见》。

【学习贯彻习近平总书记在庆祝中国共产党成立100周年大会上的重要讲话精神座谈会】 7月7日，仙游县召开学习贯彻习近平总书记在庆祝中国共产党成立100周年大会上的重要讲话精神座谈会。县委书记吴文恩在会上讲话，县委副书记、县长吴海端主持。

【疫情防控警示教育专题会】 8月4日，仙游县召开疫情防控警示教育专题会议，传达习近平总书记关于疫情防控的重要指示和李克强总理批示精神。县委书记吴文恩主持会议。

【全县村（社区）“两委”换届工作会议】 8月14日，仙游县召开村（社区）“两委”换届工作会议。县委书记、县村（社区）“两委”换届工作领导小组组长吴文恩在会上讲话。

【复工复产复学推进会】 10月7日，仙游县召开创建无疫系列活动暨有序复工复产工作推进会，对创建无疫系列活动、复工复产复学进行再动员、再部署、再推进。

【“攻坚两个月、奋战六十天”重点工作部署会】 11月5日，仙游县召开“攻坚两个月、奋战六十天”重点工作部署会，对疫情防控和安全稳定等工作进行再部署、再压实、再推进。县委书记吴文恩讲话，县长吴海端主持并作具体部署。

【学习贯彻中共十九届六中全会精神】 11月20日，仙游县宣讲中共十九届六中全会精神暨2021年度村（社区）党组织书记培训班开班。县委书记吴文恩出席并授课。

【仙游高铁冠名列车正式首发】 12月31日，仙游县高铁冠名列车仙游至北京站正式首发。该冠名活动以“心动仙游——仙作·仙境·仙韵”为主题，由新华社民族品牌工程办公室和县委县政府联合发起，展示仙游的工艺美术、山水旅游和红色文化。副市长祝海辉、新华社福建分社副社长梅永存，县领导吴文恩、吴海端、黄一敏、林志良等出席首发仪式。

【中共仙游县委第十四届二次全会】 12月31日，中国共产党仙游县第十四届委员会第二次全体会议召开。全会由县委常委会主持，县委书记吴文恩讲话。全会讨论吴文恩受县委常委会委托作的工作报告，审议通过《中共仙游县委关于深刻领会党的百年奋斗重大成就和历史经验，汇聚加快融合发展打造美丽仙游强大精神动力的决定》。

【县委经济工作会议】 12月31日，仙游县召开县委经济工作会议，传达中央和省委、市委经济工作会议精神，总结2021年经济工作，部署2022年经济工作。

（黄莹莹）

组织工作

【概况】 2021年，中共仙游县委组织部（简称“县委组织部”）贯彻落实中央和省委、市委、县委决策部署，围绕服务保障“双轮”驱动、全方位推进高质量发展超越，开展“再学习、再调研、再落实”活动和党史学习教育，统筹推进疫情防控和组织工作。

【领导班子建设】 2021年，县委组织部贯彻落实《2019—2023全国党政领导班子建设规划纲要》和省、市贯彻落实若干措施，以县乡换届为契机，坚持党管干部原则和新时期好干部标准，更加突出以德为先、事业为上，人岗相适、人事相宜，优势互补、气质相融，选优配强科级领导班子。2021年，提拔79人、进一步使用35人、交流72人，其中选配乡镇党政正职33人、县政府组成部门正职1人、群团部门主要负责人1人。提名推荐新一届县人大代表380名、人大常委委员39名，县政协委员307名、政协常委57名，市人大代表84名，市政协委员29名。

【干部队伍建设】 2021年，县委组织部围绕疫情防控和经济社会发展大局，统筹推进干部“五大工作体系”建设，着力锻造一支政治过硬、具备领导现代化建设能力的高素质干部队伍。枫亭突发疫情后，抽调966名、发动5023名县直机关干部职工、公安民警、医护人员奔赴一线；制定《关于加强疫情防控期间干部队伍管理的通知》《关于认真落实关心关爱疫情防控一线基层党员干部和医务工作者措施的通知》，严管厚爱抗疫一线干部；启动疫情防控一线考核工作，发现掌握200多名表现突出的优秀干部。开展优秀干部服务一线“聚力保障行动”，选派68名优秀干部投身“双轮”驱动项目攻坚，制定《仙游县项目建设一线干部考核办法》，深化拓展一线考核、蹲点考核、关键节点考核工作机制，一线锤炼干部做法在省委组织部《组工信息》刊登交流。完善具体化政治素质考察办法，常态化开展干部“政治体检”，政治把关作用更加凸显。坚持重一线、重担当、重实绩，在乡镇（街道）和疫情防控、项目征迁等一线提拔重用干部80人，以正确导向引领干事创业导向。贯彻落实公务员职务与职级并行制度，为67名公务员晋升职级。推进干部档案数字化建设，启动首批2000卷干部人事档案数字化制作。

【干部日常监管】 2021年，县委组织部抓干部日常监督。规范干部在企业社团兼职行为；抓好干部因私出入国（境）的监督和因公出国（境）备案管理，更新备案登记信息61条；加强群众举报问题查核，受理群众反映问题84件；加强干部监督工作联席会议成员单位信息交流，收集干部立案和处分问责信息100余条；委托审计部门进行经济责任、自然资源资产责任审计22人次。加强干部选任监督。对干部选拔任用工作全程监督，2021年，进行任前公示167人次，对公示期间群众来电、来信、来访反映问题及时查核；抓好干部任前考试工作，组织干部任前党章知识测试8批122人次、任前廉政知识及法律知识测试7批93人次。抓好涉组涉干信访维稳工作。加强涉组涉干信访人员信息库滚动管理，启动应急处置预案，实施“零报告”制度，2021年涉组涉干信访人员无一例非访事件发生。

【县委换届选举】 2021年，仙游县成立县乡换届工作领导小组和县党代会筹备工作领导小组，统筹制定3月中旬至7月底107个具体环节的县乡党委换届工作安排，梳理制定筹备工作方案，确保县党代会有序推进。推进市县两级党代会代表推选工作，组织全县30个基层选举单位、1058个党（总）支部、42571名党员参与选举，产生316名县第十四次党代会代表和102名出席市第八次党代会代表候选人预备人选。完成大会期间“一个日程”（大会日程议程）、“两个报告”（代表资格审查报告、党费收缴使用情况报告）、“三大办法”（县党代会、县委和县纪委第一次全会）等相关材料起草。7月27—30日，县党代会选举产生新一届县委委员38名、候补委员7名，县纪委委员27名，出席市党代会代表87名。

【乡镇党委换届】 2021年，仙游县制发“选举办法+主持词”、“两个程序”（大会流程、代表选举）、“三项报告”、“四类报告单”等“样板”，从源头上规范换届程序。制定9个方面的代表候选人资格审查负面清单，倒排2个阶段27天的代表推选节点环节。采取县处级领导挂钩联系、指导组点对点进驻指导、党建小组专业化服务等方式，组织23名县处级领导和17名县乡换届领导小组成员，34名县纪委监委、县委组织部干部组成17个指导组，全过程参与乡镇党委换届各个重点环节。组织考察组成员和参加测评、推荐、谈话对象签订《遵守换届纪律承诺书》5000多份。5月27日，17个乡镇党委选举产生新一届党委委员151名、纪委委员75名和出席县第十四次党代会代表205名。

【村级组织换届】 2021年，仙游县开展“七个先行”工作，建立党建、致富、管理、调解等4类665名的农村“能人”储备库，通过“课堂+研讨、理论+案例、线上+线下”等形式分级开展19场1183人次的业务培训，抓好选前各项准备工作。建立“两方案一制度”（具体方案、联审方案、报告制度）工作体系，科学安排“8910”换届（8月率先完成首批试点，10月完成党组织换届，12中旬前完成“两委”换届）进程，制发“家书”和“仙游赞句”快板，开展换届示范观摩活动。统一印发党组织换届5个阶段26个环节和村（居）委会7个环节的“工作手册”、“1367”全程纪实留痕指导范例以及48个规范性“范本”，创新要求现任书记签订“两书一卡”。出台候选人任职条件联审工作方案，建立村（社区）预审、乡镇（街道）党（工）委初审、县资格审查小组联审等三级审查工作机制。12 月 15 日，325个村(社区)实现主干“一肩挑”，年龄学历“一降一升”，女性成员、35 岁及以下成员等“四个确保”和“两委”换届一次性成功率“两个 100%”。书峰乡、菜溪乡等 16 个村（社区）在全省全市率先完成党组织换届。

【党建引领城市治理】 2021 年，仙游县在巩固提升木兰、南桥等邻里中心的基础上，围绕“1+6+X”要求，完成洪桥、东门、金井、玉井、十字、龙泉等邻里中心建设，实现邻里中心县域中心全覆盖。开展小区党建“红帆领航”行动，创新“一小区一支部、一支部一客厅”的党建工作模式，完成 131 个小区党支部和 10 个“睦邻客厅”建设，补齐“一核多元融合共治”基层治理格局的最后一环。率先出台社区工作者职业化管理实施意见（全市唯一出台的县区）。木兰社区获评全国先进基层党组织。邻里中心做法在《城市先锋行》刊登，小区党建做法在《中国城市报》《城市先锋行》等媒体刊登。木兰、南桥社区获评市级“五星级”邻里中心，全市交叉互评分列第一名、第二名。

【抓党建促乡村振兴】 2021 年，仙游县组织召开 2020 年度乡镇（街道）党（工）委书记抓基层党建工作述职评议会议和全县基层党建重点任务推进会，部署推进建好村级干部队伍、壮大村级集体经济、建设乡村邻里中心、规范村级制度落实等工作。出台选派第六批驻村第一书记和开展“机关 + 农村”结对共建的《实施方案》，选派 33 名驻村第一书记（县派），同步组织驻村第一书记的派出单位（32 个县直单位）结对共建驻点村，完成组织共建、党员共管、活动共办、产业共谋、基础共筑、治理共促等六项任务，实现组织和人员“双结对”。围绕“党建 + 乡村振兴”主题，建设紫泽、光埔、乌石、泉山、临水、白洋、书峰、度峰、伍狮、沙溪、阮庄、新和、凤山、古濑、灯塔、圣泉、义店、济川 18 个乡村邻里中心，着力提升治理效能。

【庆祝中国共产党成立 100 周年系列活动开展】 2021 年，仙游县召开全县“两优一先”表彰大会，授予 80 人“全县优秀共产党员”称号，授予 60 人“全县优秀党务工作者”称号，授予 60 个基层党组织“全县先进基层党组织”称号。组织走访慰问近 10 年获得党内功勋荣誉表彰的党员、生活困难党员、老干部和烈士遗属、因公殉职党员干部家属等 1426 名，发放慰问金 171.6 万元，帮助解决实际生活困难问题 136 个，听取工作意见建议 165 条。采取专题会议颁发、分级全面颁发、走访慰问颁发等形式，组织全县各基层党组织在“七一”前完成纪念章颁发工作，颁发“光荣在党 50 年”纪念章 2955 枚。

【党员发展】 2021 年，仙游县从严落实谈心谈话、培养考察、集中培训、政治审查、入党宣誓等入党基本程序，强化对入党积极分子、发展对象和新党员的政治历练。落实发展党员月报制度和季度发展党员工作情况分析制度，根据计划执行情况和工作需要对全县指导性计划进行微调。2021 年，发展新党员 754 名。注重做好常态化疫情防控中的发展党员工作，指导性计划向医护人员、公安民警、基层网格员等疫情防控重点部门人员倾斜，着力把先进分子和优秀人才吸收到党内。2021 年，发展“疫”线新党员 36 名，其中援鄂人员 1 名。

6 月 28 日，全国“两优一先”表彰大会在人民大会堂举行。鲤城街道木兰社区党委被授予“全国先进基层党组织”称号。图为木兰社区“党建+”邻里中心 （唐 伟 摄）

抓好发展党员难点村工作，截至年底，全县无3年及以上未发展党员的村（社区）。聚焦建党百年，开展新党员代表宣传工作，度尾镇百岁老人新党员黄文谦被《人民日报》发稿宣传，援鄂护士新党员黄萍萍被《福建日报》发稿宣传；组织100名新党员代表在仙游革命烈士陵园开展入党宣誓活动。高标准、严要求开展农村发展党员违规违纪问题排查整顿工作，推动全面从严治党向基层延伸、向纵深发展。

【“两新”党建】 2021年，仙游县通过百场红色影片展播、“两新”领域党龄逢十党员党史学习教育专题培训示范班、开展“我为群众办实事”等方式，引导两新组织党员学党史、感党恩、听党话、跟党走。上门联系服务新成立企业和社会组织，推动两新组织“党建入章”全覆盖。实行非公企业和社会组织党组织书记、党务工作者县级备案管理，实现党组织书记、党务工作者轮训全覆盖。开展党建强企联合行动，建立巡回指导服务机制，推进“百家企业大走访·调研全覆盖”等活动，指导企业规范化开展党建工作，帮助企业解决实际困难和问题。引导“两新”党组织参与疫情防控，组织党员职工深入园区企业一线，帮助企业加快复能达产；开展“亮身份、亮承诺、比作为”活动，引导党员职工立足岗位做贡献。开展“红动仙游”“两新”组织党员志愿服务活动，开展“百企帮百户”走访慰问活动，向社会展示新时代“两新”组织的良好风貌和社会担当。巩固提升智慧产业园等已有党建品牌，创新打造仙游经济开发区等园区“党建+”邻里中心。开展快递物流、电商等新业态党组织覆盖“百日攻坚”行动，开展已建党组织“回头看”，抓好两新党组织按期换届，推动软弱涣散党组织整顿常态化长效化。

【人才工作】 2021年，仙游县实施“名校优生引进计划”“优秀台湾青年引进专项行动”等人才工程，引进教育系统和其他单位高层次人才14名，新落地台资农字号企业4家，与台湾弘光科技大学、兰阳科技学院、明道大学签约共建台湾高校学生农业实践基地，新增台湾青年创业就业人员8名。实施“仙游籍在外人才回归工程”，深化“扬帆计划”，接收大学生投递意向实践简历1702份，暑期社会实践最终确认正式上岗返乡大学生130人。围绕市对县绩效考核指标选树56个人才平台项目，加强跟踪管理，通过技术支持、项目合作等柔性引进方式，完成5个“名医师带徒”工作室挂牌工作。从北京等地引入优秀电子商务、数字化运营专家，支持指导鑫瑞、新万鑫、中裕新材料等10家企业与高校、科研院所开展科研项目合作，推荐海安橡胶等4家企业申报市级产教融合型企业。加大对本土专业人才的培训，组织推荐东亚机械等11家企业负责人参加莆田市企业家素质提升培训班，完成195名农村创新创业带头人培育。做好各级人才项目申报和补助兑现工作，是年累计发放各类人才资金及配套补助652万多元，高层次人才子女入转学保障率100%。完成京东（仙游）数字经济产业园人才驿站、三福集团人才驿站、仙游县大学生创业人才驿站、仙游经济开发区人才驿站等4个市级人才驿站建设。举办首届“仙游县青年人才论坛”，打造“莆田人才月·仙游篇章”系列活动品牌，举办“仙艺杯”“科技助力乡村振兴”“蜚山兰水计划认定”等27个人才主题活动。对接做好科技特派员选派工作，推荐选认省级科技特派员55名，市级科技特派员45名，县级科技特派员191名，实现乡镇（街道）科技特派员工作站全覆盖。

【老干部工作】 2021年，仙游县加强离退休干部思想政治建设，发动全县离退休干部关注使用离退休干部工作微信公众号、福建离退休干部微信公众号和福建省老干部App，提升离退休干部关注使用率。利用“福建省老干部”App线上学习资源，多次组织离退休干部线上观看学习“学党史悟思想增信念，砺初心担使命崇德力行”“世界遗产”等专题报告会。开展重大节日期间走访慰问老干部活动，组织离退休老干部健康体检，举办离退休干部庆祝中国共产党成立100周年文艺会演。加强离退休干部党组织建设，选派在职干部担任离退休干部党支部党建工作指导员。2021年起，提高离休干部生活补助标准，离休干部生活补贴由原来每人每年增发1个月标准提高到每人每年增发2个月标准。发放因生活完全不能自理离休、“5·12”退休干部护工补助费，每人每月500元；发放离休干部无工作遗偶医疗补助费，每人每月100元。

（陈雅玲）

【关工委工作】 2021年11月，仙游县关心下一代工作委员会领导班子调整，县人大常委会副主任张慧敏任主任，免去陈国华主任职务。保留徐春民兼任常务副主任，陈国峰、吴明堂、郑金盛3人担任副主任、21位县直有关部门单位领导任成员。下设办公室，为关工委日常办事机构，编制2人，副科级。全县18个乡镇(街道)、288个村(社区）都建立关工委组织，形成县、乡镇（街道）、村（社区）三级组织机构网络。

2021年，县关工委发动基层关工委“五老”自觉参与疫情防控阻击战。“五老”们佩戴党员徽章驻扎一线卡口，利用熟悉村情、了解村民的优势，发扬革命热情，分发宣传单、检查出入人员。

青少年思想道德教育 各级关工委抓住立德树人的根本任务，发挥五老的政治优势、经验优势、威望优势，以自身经历、人生感悟，向青少年现身说法，讲好中国故事、弘扬中国精神、传播中国好声音，加强青少年的社会主义核心价值观的培育和践行。5月、11月，县关工委思想道德教育报告团，分别深入部分中学作以“中国共产党成立100周年”为主题的党史教育巡回报告，引导青少年学生听党话，跟党走。基层乡镇关工委分别在闽中第一支部遗址——游洋上宫支部、王于洁革命烈士纪念馆（被省关工委列入省级红色基地）、麦斜岩红军第108团遗址等17个红色基地，为青少年的教育活动搭好实践平台，发挥红色基地作用，“传承红色基因，争做时代新人”等主题教育。

青少年法治教育 各级关工委开展“关爱明天、普法先行”青少年普法教育活动，开展法治实践活动，提升青少年法治素养和道德素养。11月22—24日，县委政法委、县教育局、县关工委等单位联合发文，组织法治教育报告团，巡回全县十几所中小学校，开展以“民法典”“未成年人保护法”“预防未成年人犯罪法”等法律法规为主题的法治教育报告会，受教育学生1万多人次。

帮困助学活动 8月，县关工委筹集10多万元资金举行第7期“帮你圆梦·助你成长·永丰同行”为主题的资助贫困学生圆梦活动，资助学生近百人。各乡镇关工委、基层奖教奖学基金会开展奖学助学活动。截至年底，全县乡镇（街道）、村（社区）设立奖学奖教联合会（基金会）81个，资金6000多万元。

（洪　新）

宣传教育

【概况】 2021年，中共仙游县委宣传部（简称“县委宣传部”）围绕“庆祝中国共产党成立100周年”主线，紧贴县委中心工作，落实意识形态工作责任制，推进党史学习教育。

【意识形态工作】 2021年，中共仙游县委贯彻落实《中国共产党宣传工作条例》和《党委（党组）意识形态工作责任制实施办法》，建立健全工作机制，推动各项工作落深落细落实。县委主要领导履行第一责任人职责，站在意识形态工作第一线，主持召开常委会、专题会等6次，分析研究部署意识形态工作、宣传思想文化工作。县委常委、宣传部部长作为意识形态工作直接责任人，协助县委主要领导抓好协调管理工作，班子其他成员落实“一岗双责”，对职责范围内的意识形态工作负领导责任。落实学习分析、工作报告、工作通报等制度，研究出台《突发事件敏感舆情舆论引导和舆情处置工作机制》，制定印发《仙游县落实党委（党组）意识形态工作责任制实施方案》《县委落实意识形态工作责任制任务清单》，向市委报告仙游县意识形态工作开展情况。定期分析研判仙游县意识形态工作领域情况，举办意识形态工作专题培训班，提升意识形态工作水平。开展由县委常委带队的全面从严治党主体责任与落实意识形态工作责任制联合检查，组织开展意识形态工作年度全覆盖专题督查，将意识形态工作纳入党建工作责任制，纳入领导班子、领导干部目标管理，纳入专项绩效考评及各级文明单位测评指标体系，将拟选拔任用领导干部落实意识形态工作责任制情况纳入考核，推动全县意识形态工作全面做深做实。

【理论武装】 2021年，县委宣传部坚持把学习宣传贯彻习近平新时代中国特色社会主义思想作为首要政治任务，结合开展党史学习教育、“再学习、再调研、再落实”活动，突出抓好中共十九届六中全会精神和习近平总书记到闽考察重要讲话等学习宣传贯彻，在学懂、弄通、做实上下功夫。制定印发《2021年县委理论学习中心组学习计划》，抓住“关键少数”，开展县委理论学习中心组学习48场次，研讨交流8次，现场教学2次，举办及组织收听收看专题辅导报告11次；举办县管干部学习贯彻习近平总书记到闽考察重要讲话精神专题研讨班暨县级领导班子党史学习教育专题读书班。抓好“学习强国”学习平台推广运用，全县党员学习覆盖率86.22%。围绕学习宣传贯彻中共十九届六中全会精神、党史学习教育等重大主题，结合学习宣传贯彻省、市、县党代会精神，实施“党史宣讲走心入心工程”，组建县委宣讲团，开展54场集中宣讲，受众超1万人次；成立各类宣讲队伍70支，深入乡镇、社区、机关、学校、企业等开展对象化分众化互动化宣讲超2400场次，受众超12万人次。

【党史学习教育】 2021年，县委宣传部聚焦主题、紧扣主线，创新谋划、系统推进，拓展党史学习教育的广度深度，在全县上下形成“学党史、悟思想、办实事、开新局”的生动局面，被市委宣传部推荐参加省委宣传部举办的专项新闻通气会，向驻闽中央媒体和省级媒体通报仙游县党史学习教育开展情况。发挥红色文化资源优势，建成10个党史学习教育基地，其中中共仙游上宫支部旧址等3个基地列入全省参观学习点；策划推出党史学习教育参观学习点16个、参观学习路线4条；鼓励创作党史题材的文艺作品，组织编写地方革命史书《仙游英烈》；改编史实上演大型红色题材现代莆仙戏《闽中英烈传》。推进“我为群众办实事”实践活动，实施重点民生项目清单管理，建立领导干部挂钩联系制度和周跟踪、月督察、季通报制度，梳理形成县级“我为群众办实事”项目清单88件，累计征集“我为群众办实事”实践活动项目清单979件，完成970件，解决一批群众“急难愁盼”问题。8个实践活动案例入选莆田市“我为群众办实事”实践活动典型案例，居全市第一。组建9个巡回指导组，分赴全县各乡镇（街道）、县直各单位先后开展3轮全覆盖巡回指导；依靠被指导单位党委（党组），抓好“一把手”、把好“方案关”、开好“碰头会”，推动全县各级党组织开好专题组织生活会和民主生活会。

【主题宣传】 2021年，县委宣传部坚持以“庆祝中国共产党成立100周年”为主线，做好“党史学习教育”“聚焦中共十九届六中全会”等11个重大主题宣传。组织市、县主流媒体开展“宣传贯彻县第十四次党代会”等主题联合采访8场。对接协助央视、新华社、省广电等媒体到仙游开展“百年看百村，奋进新征程”等主题采访、直播9个。开展红色文化采风活动，出版专辑28篇10万多字。开展“永远跟党走”群众性主题宣传教育活动，策划举办庆祝中国共产党成立100周年书画展、摄影展、征文比赛等系列活动。组织参加“颂歌献给党”歌咏比赛，仙游县代表队获得金奖；选送16篇作品参加市主题征文活动，获奖篇数位居各县区之首。

【抗疫宣传】 2021年，县委宣传部成立记者服务中心，“一对一”做好人民日报、新华社、央视等10余家进驻仙游的主流媒体的对接服务，抢抓宣传契机，主动发声、正面发声、权威发声，在各级各类媒体刊播相关正面报道3573篇（条）。协助市委宣传部召开18场“新闻发布会”，创新举办10场“新闻会客厅”线下活动。乡镇（街道）、县直各单位“十八般武艺齐上阵”，打通防疫抗疫宣传“最后一公里”。发挥媒体融合优势，开设《同心抗疫 勇毅前行》等专题专栏，全方位报道仙游县联防联控的措施成效，讲述抗疫一线感人故事；仙游县媒体采写的《福建：加强防控 坚决遏制疫情扩散》等20余篇（条）采访报道被央视、新华网、人民日报客户端等国家级媒体采用。组织县内文艺力量，创作推出莆仙方言喊话、歌曲、情景沙画抗疫视频、图文长卷等作品，开设摄影专栏和“抗疫”作品专栏，创作抗疫诗文300余篇，用作品记录战“疫”、用文艺传递温暖。

【融媒宣传】 2021年，县委宣传部有关仙游的新闻（疫情报道除外）在省级以上主流媒体刊播750多条，电视新闻在市级以上媒体播出数量居全市第一。“仙游广播电视台”微信公众号位居2021年度全国县级广电媒体微信号百强榜第五名。县融媒体中心所属微信公众号全年发布微信推文5600余篇，总阅读量超2800万人次，抖音号视频2100余条，阅读量6.3亿人次，发稿量和阅读量均居全市第一；推出微信公众号“10万+”产品11个，央媒矩阵（《人民日报》、新华社、学习强国）“30万+”产品7个，抖音“100万+”产品116个。策划拍摄制作4条仙游地方特色拜年视频、2条“我说新福建”短视频及1条“闽山闽水映深情”MV在全省展播；宣传视频《仙游：凝心聚力开启新征程 浓墨重彩描绘新蓝图》在全市展播；《仙水洋真美》获得2020年度省电视综艺三等奖，被评为福建省建党百年网络视听十佳作品。推出《寻味仙游》《遇见仙游》等电视栏目，25个短视频在新华社、学习强国学习平台等推出。

【对外宣传】 2021年，县委宣传部在中央媒体报道仙游新闻693条、《福建日报》382条、《湄洲日报》875条，展示仙游形象。邀请对接新华网等权威网络媒体到仙游开展系列采访报道，开展网络媒体“助推乡村振兴”和“壶兰”采风活动。《福建仙游：国家一级保护动物小灵猫现身木兰溪源》等4

条新闻在央视中文国际频道刊播。向《新华社》《人民日报》、学习强国客户端等推送优秀新闻作品，被采用稿件数量居全市前列。与华人头条客户端合作，打造《工艺名乡 美丽仙游》《招商引资》对外宣传专题，推送中文稿件1280余篇，总点击量超5730万人次。在海外“脸书”等主流网站注册5个账号，发稿量居全省前列，先后5次受到省委宣传部通报表扬。

【网络信息安全】 2021年，县委宣传部落实网络意识形态工作责任制，分级分类管理全县101个党政机关政务网络平台、35个新媒体账号。开展网络信息发布和舆情应对处置工作。依法管网治网，开展2021年“晴朗”“网上涉LSXW主义有害信息”等系列专项整治行动，开展全县网络安全大核查，重点督查有关单位6家并提出网络安全整改意见。

【社会宣传】 2021年，县委宣传部开展莆田市文化科技卫生“三下乡”活动，采取分散式下乡服务形式在龙华镇金溪、貂峰、金沙、红旗4个村同步开展慰问困难群众、新华书店捐赠图书、市委讲师团下乡宣讲等内容，助推乡村振兴。结合“党史上的今天”万屏联动宣传活动，组织开展“方寸映春华 党史‘邮’我说”主题邮展活动、“学党史、听党话、跟党走”主题报告会、“百年党旗红 启航新征程”短视频大赛、“百人话百年”活动、“建党百年、巾帼礼赞”诵读比赛、“奋斗百年路 启航新征程——庆祝中国共产党成立100周年暨五一国际劳动节职工文体趣味活动”等群众性主题宣传教育活动。围绕全县中心工作、重点工作，服务发展工作大局，做好疫情防控、国防教育、双拥、法治仙游、禁毒、征兵、安全生产、食品安全、预防未成年人违法犯罪等各项主题宣传工作。

【文旅产业宣传】 2021年，县委宣传部推进“产业+”跨界融合发展，工艺美术产业实现产值530亿元，比上年增长10.5%，被评为“2021年中国家具行业示范产业集群”。策划推出《艺都仙作》30期，仙作入编《中华人民共和国年鉴（2020）》，仙作作品入选第44届世界遗产大会定制工艺美术作品；发布4期仙作指数。以“心动仙游 仙作·仙境·仙韵”为主题冠名仙游至北京高铁列车，全年直接触达120万人次，间接覆盖超1000万人次。推进旅游产业发展，济川村创建全国旅游重点村，济川村风景区、三福红木文化产业园景区创建国家AAA级景区。围绕做好“仙作、仙境、仙韵”三篇文章，强化文化旅游康养开放招商。

（郑俊霞）

统一战线

【概况】 2021年，县委统战部组织全体部机关干部学习贯彻习近平总书记到闽考察重要讲话精神，学习“四史”指定教材和相关辅导教材，组织党员干部集中学习39场次。发挥政治引领功能，在统一战线开展中共十九届五中、六中全会精神进统一战线宣讲4场，开展《中国共产党统一战线工作条例》宣讲3场。指导各民主党派、各统战团体深入开展党史学习教育，开展“民建会员对党说”活动、“学习党史 重温盟史”活动、“共贺百年华诞，最美祝福献给党”祝福语征集等活动3场次。截至2021年9月28日，全县统一战线广大成员为疫情防控捐款捐物逾1亿元。

【民主党派工作】 2021年，县委统战部指导民革、民进、农工党、致公党仙游县支部（总支）完成换届。与县委统战部、县政协党组协商，做好第十四届县政协换届人选推荐工作。引导各民主党派围绕县委、县政府重点工作，建言资政、参政议政，撰写提案议案（社情民意）27件，承担省级调研课题1件、市级调研课题4件。其中，5件提案议案（社情民意）被市政协采用，1件提案议案（社情民意）被省政协采用。指导民进仙游县支部在度尾镇李耕故里举办庆祝中共百年华诞书画展，民进中央领导莅临指导，给予肯定；“民盟中央美术院莆田分院”“民盟中央美术院创作基地”在九鲤湖揭牌落成，民盟中央领导莅临指导，给予肯定；民建中央领导莅临兰溪书苑参加民建仙游县支部“会员之家”揭牌仪式，给予肯定。

【民营经济统战】 2021年，县委统战部开展国务院《优化营商环境条例》释义宣讲，指导民营经济代表人士学习贯彻习近平总书记到闽考察的重要讲话精神。落实上级文件精神，与相关部门（单位）沟通联系，完成280余位拟推荐省优秀民营企业家推荐人选和各级人大代表、政协委员推荐人选的综合评价工作。结合仙游县实际，建立仙游县民营经济统战工作协调机制，加强全县民营经济统战工作的统筹协调。

【新阶及党外人士】 2021年，县委统战部组织县新阶联参加“观影学党史·同心聚力量”活动，指导县新阶联、县知联会开展《中国共产党统一战线工作条例》学习会2场次；深入开展对外联谊，3—5月，与北京宋庄新阶联开展“两会”精神学习讨论会、“学中共党史 增文化自信”联谊交流会2场次，指导县新阶开展慈善帮扶活动，走访慰问6名困难学生，发放慰问品（慰问金）0.72万元；开展人才推荐工作，推荐报送莆田市青年岗位能手（标兵）1人、推荐参加省新阶联“同心向党”杯党史知识竞赛（莆田市选拔赛）1人。市政协委员、县知联会副会长陈勇红事迹被《莆田侨乡时报》宣传报道。

【港澳台统战】 2021年，县委统战部召开香港相关工作数据普查动员部署会议2场次，健全完善与在港乡亲联系机制，深入重点乡镇（街道）、村（社区）开展业务指导、入户走访10余次，推进有关数据核查工作，数据库日趋完善。开展两岸婚姻家庭及婚生子女普查登记工作，登记两岸婚姻家庭70对，两岸婚生子女74人；加强与台湾农业技术交流合作，县台创园入园台资农业企业78家，在仙台商122人。

【侨务统战】 2021年，县委统战部协助受理涉侨相关业务17件（《不具备华侨身份认定书》14份、《归侨身份证明》2份、《侨眷身份证明》1份），申请2021年“归侨退休职工生活补贴”1.92万元。联合县侨办、侨联、知联会在鲤城街道南桥社区开展仙游县2021年度“侨法宣传”暨“侨爱工程——送温暖医疗队”义诊活动，活动现场发放侨法宣传册、宣传品1000余份，义诊受惠300余人次。

（陈舒悦）

精神文明建设

【概况】 2021年，中共仙游县委精神文明建设指导委员会办公室（简称“县委文明办”）以群众性精神文明创建为抓手，聚焦举旗帜、聚民心、育新人、兴文化、展形象的使命任务，围绕开局“十四五”和县第十四次党代会精神，制订《仙游县省级文明县城常态化创建三年规划（2021—2023年）》，开展各类公民道德实践活动，深化群众性精神文明创建活动，推进未成年人思想道德建设和志愿服务制度化建设。

【新时代文明实践中心建设】 2021年，县委文明办推进新时代文明实践中心建设从试点地区向全县辖区拓展。指导龙华镇在貂峰村“侨胞之家”举办新时代文明实践活动暨第二届民俗文化节，吸引游客听文化、赏民俗、品美食。5月7日，组织鲤城街道、龙华镇新时代文明实践所及所辖各实践站40多名负责新时代文明实践建设的工作人员，开展新时代文明实践“宣讲+志愿服务”活动。邀请县委党校讲师陈静作题为《学百年党史，树立正确党史观》的专题宣讲，部署运用新时代文明实践中心（所、站）开展党史学习教育工作。

【文明县城创建】 2021年，县委文明办常态化开展文明县城创建。调研、制定《仙游县深化省级文明县城创建三年规划》（2021—2023年），完成新一届省级文明县城实地考察点申报工作，推动创城动态管理工作落细落实。常态化开展创建工作督查，下发督查通报12期，发现问题，督促整改。2021年，推动创建成效巩固提升，仙游县省级文明县城创建年度测评成绩名列全省文明县城创建第十八名（32个县）。10月，县委文明办与县邮政分公司录制《文明开花 魅力仙游》活动宣传片在文明仙游等微信公众号播放。

春节期间，貂峰村侨胞古厝改造的侨胞之家举行民俗活动（林 群 摄）

全国文明村镇、文明单位、文明家庭表彰 1月8日，福建省委文明办对仙游县鲤南镇玉塔村、大济镇尾坂村、龙华镇金溪村3个第六届全国文明村和仙游县烟草局第六届全国文明单位以及林洪英家庭第二届全国文明家庭进行通报表扬。

省级文明县城、文明村镇、文明单位、文明社区、文明校园表彰 4月22日，省委、省政府命名仙游县为第六届省级文明县城，命名仙游县菜溪乡等6个村镇为第十四届省级文明村镇，命名仙游县市场监督管理局等18个单位为第十四届省级文明单位，命名仙游县鲤城街道木兰社区等4个社区为第十四届省级文明社区，命名福建省仙游县第二中学等5所校园为第二届省级文明校园。

市级文明村镇、文明单位、文明社区、文明校园、文明家庭表彰 7月20日，市委、市政府决定授予仙游县钟山镇69个村镇第十五届市级文明村镇称号，授予中国农业银行股份有限公司仙游县支行等73个单位第十五届市级文明单位称号，授予仙游县度尾镇潭边社区等8个社区第十五届市级文明社区称号，授予仙游县鲤中实验幼儿园等30所校园第二届市级文明校园称号，授予仙游县麦斜岩风景区等3个风景旅游区第二届市级文明风景旅游区称号，授予姚婷婷家庭等13户家庭第一届市级文明家庭称号。

县级文明村镇、文明单位、文明社区、文明校园、文明家庭表彰 11月10日，县委、县政府决定授予西苑乡等90个村镇第十五届（2018—2020年度）县级文明村镇称号，授予县畜牧兽医局等31个单位第十五届（2018—2020年度）县级文明单位，授予龙华镇灯塔社区等10个社区第十五届（2018—2020年度）县级文明社区称号，授予仙游县沙溪初级中学等60所校园第二届（2018—2020年度）县级文明校园称号，授予张光伟家庭等14户家庭第一届（2018—2020年度）县级文明家庭称号。

鲤城街道新时代文明实践所（2021） （刘燕钦 摄）

指导新一届全国文明单位、省级文明单位（村镇、社区、校园）申报 2021年，县委文明办指导申报新一届全国文明单位（2个）、全国文明社区（1个），申报省级文明单位（32个）、省级文明村镇（18+2个）、省级文明社区（7个）、省级文明校园（11个）、省级文明风景区（3个）。

开展结对共建乡风文明示范村、乡村学校少年宫活动 2021年，县委文明办指导印发《关于开展文明单位与新时代文明实践站结对共建活动的通知》文件，组织省级、市级、县级文明单位与鲤城街道富洋村、鲤南镇横塘村、赖店镇赖店村等18个乡镇（街道）59个乡风文明示范村开展新时代文明实践站结对共建活动。

【未成年人思想道德建设】 2021年，县委文明办围绕庆祝中国共产党成立100周年，联合县委宣传部、县教育局、县关工委在华侨职中、蔡襄中学等学校开展以“学党史、听党话、跟党走”为主题的思想道德教育报告会。6月1日，盖山第一小学举行“学党史 颂党恩 跟党走”歌咏比赛，园庄中心小学隆重举行“红领巾心向党，争做新时代好队员”合唱比赛。

开展“童心向党”教育实践活动。 组织城西中心小学、山立学校、于洁小学等开展以“红领巾心向党”“红歌拉歌赛”“学党史、颂党恩、跟党走”为主题的党史学习教育系列活动。5月26日，在坝下中心小学举行“花儿向阳·童心向党”一年级新生入队仪式。

做好未成年人心理健康教育工作。 4月，关注未成年人等特殊群体的心理健康调适，牵头联合县教育局、县教师进修学校、县未成年人校外心理健康辅导站举办“关爱心灵 阳光成长”心理健康教育系列主题活动。11月29日，福建省未成年人心理健康成长指导中心评估专家黄亮一行到仙游县开展仙游县未成年人心理健康辅导示范站点省级评估工作。12月，仙游县未成年人校外心理健康辅导站被省委文明办评为“第二批福建省县级未成年人心理健康辅导示范站点”。

评选“新时代好少年”活动。6月11日，县委文明办联合县教育局、团县委、县妇联、县关工委等5家单位联合评选兰溪第一小学李梓渲等10名同学为2021年仙游县“新时代好少年”。实验小学六年级郑连熠和金石中学高二年级刘晓澂等2位同学被市委文明办、市委教育工委、共青团莆田市委、市妇联、市关工委5家单位联合评选为2021年莆田市“新时代好少年”。7月1日，牵头联合县教育局、县团委、县妇联、县关工委联合在县新时代文明实践中心举办庆祝中国共产党成立100周年“童心向党 永远跟党走”系列活动之2021年仙游县“新时代好少年”先进事迹发布会，宣传推广新时代好少年的先进事迹。

开展第二届“仙游香樟杯”书信大赛。牵头联合县教育局、团县委、县融媒体中心等单位，在全县中小学校发起第二届“仙游香樟杯”青少年书信大赛活动。以“党的故事我来写”“小餐桌，大文明”“写给我的‘家人’”等为话题，通过青少年的视角、青少年的声音，向全社会传递正能量，将“讲文明 懂感恩 树新风”在润物细无声中渗入仙游人民心中。10月28日，县委文明办、县教育局、团县委、县融媒体中心、县邮政分公司在兰溪公园举行第二届“仙游香樟杯”书信大赛系列活动之“兰溪有声图书馆揭牌仪式”。截至年底，县委文明办与县邮政分公司在仙游县新时代文明实践中心、南桥社区宋桥、县行政服务中心、兰溪公园设立4个有声图书馆，市民可通过现场扫描专属二维码进入“有声图书馆”。

召开全县乡村学校少年宫观摩会议。6月24日，组织全县20所乡村学校少年宫校长及辅导员在鲤南中心小学召开全县乡村学校少年宫现场观摩推进会活动，参观鲤南中心小学乡村学校少年宫功能室以及现场教学活动，提升全县乡村学校少年宫教学质量。

【道德建设】 2021年，县委文明办开展慰问道德模范和身边好人活动。1月12日，县委文明办郑玉华一行慰问中国好人陈文川，并送上中国好人证书、福建好人证书、莆田市好人卡；1月15日，陪同省委文明办未成年人思想道德建设中心副主任王小兰慰问福建省首届孝老爱亲类道德模范谢文良，送上慰问金3万元；陪同市委文明办副主任曾宗庆慰问福建省第六届孝老爱亲类道德模范吴美连，送上慰问金1万元；2月2日、3月17日，县委文明办郑玉华一行先后前往度尾镇中峰村，看望慰问道德模范爱心老人黄文谦，并送上慰问金1000元。12月4—5日，前往度尾镇中峰村吊唁道德模范爱心老人黄文谦，并送上帛金4201元。

县委文明办组织各级文明单位、文明校园、文明村镇、文明社区开展身边好人、道德模范推荐评选活动。7月，推荐林玉镇当选2021年度7月“福建好人榜”好人；8月，推荐林玉镇当选2021年度8月“中国好人榜”好人；9月，推荐刘伟雄参评2021年度9月“福建好人榜”好人；12月，推荐郑武进当选2021年度12月“福建好人榜”好人。

【志愿服务活动】 2021年，县委文明办开展疫情防控志愿服务活动。1月22日，组织30名义工到鲤南镇仙安临时市场开展疫情防控宣传活动，为商户和市民发放疫情防控倡议书300多份，发放口罩2500余个。2月5日，组织志愿者在爱晓宫市场及西门兜向商户及过往群众分发疫情防控期间移风易俗倡议书，提倡“戴口罩、勤洗手、勤通风、一米线、用公筷公勺、不随地吐痰”等健康文明的生活方式和行为习惯。9月、10月疫情防控期间，发出《关于号召全县广大志愿者、志愿服务组织积极有序参与疫情防控的倡议书》，修订下发《仙游县疫情防控应急志愿服务工作方案》，组织志愿者行动参与核酸检测、流调溯源、卫生防疫、物资搬运、卡点值守、社区防控、心理服务、救助救护等疫情防控辅助工作，招募疫情防控志愿者1.08万人，志愿服务9.7万人次。

1月28日，开展“迎新春”志愿服务活动。组织青年志愿者到汽车站，为旅客提供出行咨询、自助购票、运送行李、照顾老幼等服务。

春节期间，开展“做文明人，过文明节”主题志愿服务活动。组织志愿者在九鲤湖景区开展以“做文明人，过文明节”为主题的系列志愿服务活动。

3月5日，联合县委宣传部、县供电有限公司在榜头阳光敬老院开展仙游县2021年“3·5”学雷锋活动日之“我为群众办实事，志愿服务学雷锋”志愿服务活动。

5月20日，联合县志愿者协会举办仙游县2021年“文明实践我先行，助力仙游新跨越”新时代文明实践志愿服务专题培训。

【移风易俗专项整治行动】 2021年，县委文明办做好移风易俗宣传。

委托仙游移动公司推送短信10万条。县委文明办、县民政局联合下发《2021年清明节文明祭扫倡议书》，倡导文明祭扫、安全祭扫、环保祭扫，从简治丧、文明礼葬。依托“清明云上祭”闽政通信息服务平台进行网络祭扫等纪念活动。2月19日，组织志愿者深入鲤城街道木兰社区“党建+”邻里中心，开展以“红白喜事宜从简，疫情防控莫松弦”为主题的文明宣传引导志愿服务活动。3月2日，联合县总工会、团县委等10多家单位进企业（新协诚鞋业有限公司）开展移风易俗和文明创建宣传。持续开展殡葬整治、燃放烟花爆竹整治、禁赌整治，提倡文明祭扫、环保祭扫。推进爱国卫生运动，普及健康知识，倡导使用公筷公勺等文明规范宣传教育。

推进专项整治。各户均按规定操办婚事酒席不超过20桌，操办寿庆酒席桌数不超过8桌。查处违规燃放烟花爆竹案件39起，罚款39人，收缴烟花爆竹125件。立赌博刑事案件44起，破33起，查处治安赌博治安案件112起。累计抓获涉赌人员458人。围绕“三沿六区”（公路、铁路、河道沿线，水源保护区、文物保护区、风景旅游区、住宅区、开发区和坝区）违法违规私自建或翻新硬化的豪华墓、大墓、“活人墓”开展整治，2021年拆除27座“活人墓”，深埋18座，迁移1座，摧毁墓地雏形22座，生态整治30座，石材墓料加工厂1处，震慑辖区内各村（居）抢建“活人墓”歪风邪气。11月18日，赖店镇组织执法拆除5座“活人墓”，摧毁6座墓地雏形，深埋13座坟墓；游洋镇拆除1座住宅式坟墓。11月19日，盖尾镇组织执法拆除1座“活人墓”。在全市率先推广实施农村住宅“两层半”通用套图，突出规划引领、规范程序、严格执法，2021年拆除“两违”100宗，面积2.3万平方米。

（岳文杰）

机构编制管理

【概况】 2021年，中共仙游县委机构编制委员会办公室（简称“县委编办”）巩固和深化机构改革成果，做好机构改革“后半篇文章”，完成开发区管理机构清理规范工作，统筹推进行政体制改革，推进深化事业单位改革，进一步优化机构编制资源配置，落实好编委会“一支笔”审批和归口管理制度，推动机构编制工作更好地服务改革发展大局。

【行政体制改革】 2021年，县委编办理顺部门职责和权责清单，完善权责清单制度，强化同“三定”（定部门职责、定内设机构、定人员编制）规定的衔接，规范行政权力运行，梳理编制18个乡镇（街道）权责清单5288项，落实“属地管理”清单事项86项。

对接省、市相关配套政策，结合仙游各类开发区管理体制现状，理顺仙游经济开发区体制机制和机构设置，整合园区设置，对福建仙游经济开发区和仙港工业园开发区、仙游县工艺产业园实行“一区两园”整合托管方案，完成开发区管理机构清理规范工作，做好仙游经济开发区“三定”工作。

做好县法院检察院纪检监察机构行政编制划转工作，下达县法院派驻纪检监察机构行政编制3名、县检察院派驻纪检监察机构行政编制3名。

做好公安海防、森林公安设置和领导职数整改工作，在仙游县公安局设立森林警察大队，为仙游县公安局内设执法勤务机构；县公安局森林警察大队内设3个中队，机构规格为股级；仙游县公安局沧溪边防派出所更名为仙游县公安局沧溪海防派出所。

完成县扶贫开发和乡村振兴工作机构调整，在县农业农村局加挂“仙游县乡村振兴局”牌子，不再加挂“仙游县扶贫开发领导小组办公室”和“中共仙游县委实施乡村振兴战略领导小组办公室”的牌子，原承担的扶贫开发相关职责调整为负责巩固拓展脱贫攻坚成果、统筹推进实施乡村振兴战略有关具体工作。设立中共仙游县委扶贫开发成果巩固与乡村振兴工作领导小组，领导小组办公室设在县农业农村局。

【事业单位改革】 2021年，县委编办对部分股级单位进行更名，将仙游县招商局更名为仙游县商务发展促进中心；仙游县中医院更名为仙游县中医医院；中共仙游县委人才工作领导小组办公室更名为中共仙游县委人才服务中心；仙游县未成年人思想道德建设办公室更名为仙游县未成年人思想道德建设中心；仙游县劳动保障监察大队更名为仙游县劳动保障中心；仙游县水土保持委员会办公室更名为仙游县水土保持中心，对外加挂“仙游县水土保持试验站”牌子，撤销“仙游县水土保持试验站”建制；仙游县卫生计生监督所更名为仙游县卫生健康评估中心；仙游县流动人口计划生育管理站更名为仙游县流动人口健康服务中心；仙游县爱国卫生运动委员会办公室更名为仙游县爱国卫生发展中心。

对部分科级单位进行更名，将仙游县数字仙游建设领导小组办公室更名为仙游县数字仙游信息中心；仙游县粮食局更名为仙游县粮食和物资储备中心；仙游县工艺美术办公室更名为仙游县工艺美术中心；仙游县运输管理所更名为仙游县运输事业发展中心；仙游县人民政府水电站库区移民开发局更名为仙游县水利水电工程移民发展中心；仙游县农业机械管理总站更名为仙游县农业机械化发展中心；仙游县旅游事业局更名为仙游县旅游事业发展中心；仙游县金钟水利枢纽管理局更名为仙游县金钟水利枢纽运行维护中心；莆田市家具产品质量监督检验中心更名为莆田市家具产品质量检验中心。

优化配置学前教育布局，成立“仙游县大济镇第二中心幼儿园”“仙游县郊尾镇第二中心幼儿园”“仙游县榜头镇溪尾幼儿园”“仙游县榜头镇于洁幼儿园”“仙游县榜头镇第二中心幼儿园”“仙游县园庄镇云峰中心幼儿园”，镇属建制，分别隶属各中心小学。

优化机构编制资源配置，将县统计局数据管理中心更名为仙游县统计局数据网络中心，增加财政核拨事业编制9名，专供直派专职综合统计员使用；增加县退役军人服务中心1名财政核拨事业编制；核增仙游县乡村振兴发展中心事业编制5名，编制从县农业农村局下属事业单位中调剂解决。

【事业单位登记管理】 2021年，县委编办开展事业单位法人注销和双重法人登记清理工作，截至2021年5月31日，完成年检236家，变更登记18家；推动登记赋码服务水平升级，完成变更登记24家；做好年度报告公示和抽查监管，提升服务和监管水平。

（傅新发）

机关党建

【概况】 中共仙游县委县直机关工作委员会（简称“县直机关党工委”）系中共仙游县委派出机构，领导县直机关党的工作。仙游县直机关人民武装部为县直机关党工委挂靠单位。县直机关党工委下辖县直机关系统党委8个，其中基层党委12个，党总支11个，党支部294个，党员7291人。2021年，县直机关各级党组织聚焦机关党建“围绕中心、建设队伍、服务群众”的职责定位，发挥仙游机关工委作为“省直机关党建工作联系点”的作用，建立省、市、县三级机关工委共建助推驻村挂职书记工作机制；蔡襄廉政教育基地获评第一批省直机关主题党日活动基地；县供电公司“爱国爱企 担当作为”获批市党史学习教育基地；在新冠肺炎疫情防控期间，县直机关各级党组织和广大党员干部发挥战斗堡垒和先锋模范作用，站在疫情防控第一线，打头阵、作先锋，夺取疫情防控和经济社会发展双胜利。推进以政治建设为统领的机关党的各项建设，为全方位推进高质量发展超越提供坚强保证。

【机关组织建设】 2021年，县直机关党工委组织县直机关各级党组织和广大党员干部深入学习贯彻习近平总书记到闽考察重要讲话、“七一”重要讲话和党的十九届五中、六中全会精神。举办以“启航新征程、建功新时代”为主题的习近平总书记重要讲话精神系列专题宣讲会，邀请全国先进基层党组织代表和全省优秀共产党员等代表为全县300名机关党组织书记和优秀共产党员进行专题宣讲，引导机关党员忠诚拥护“两个确立”，坚决做到“两个维护”。兴起学习宣传贯彻省、市、县党代会精神热潮，引导党员干部深刻理解把握、深入贯彻落实市、县发展的总纲领总遵循和今后5年发展的总体要求、目标任务、重点举措。完成县委交办的政治任务，完成市第八次党代会代表推荐工作，召开县直机关党的代表会议，选举产生县直机关出席县第十四次党代会代表73名。发动县直机关党组织通过全领域全媒体多样式开展“党史上的今天”万屏联动宣传活动，在345个新媒体、网站、室内外屏幕宣发，累计播放60万余次，浏览点击率超3000万人次。结合开展“再学习、再调研、再落实”活动，推动机关党员党史学习教育，加强和推广主题宣传活动，组织机关党员干部学好用好指定书目和《习近平在福建》系列采访实录，依托“学习强国”福建学习平台、“党员e家”、微党课、微宣讲等新媒体平台，开展专题学习、主题党日活动和专题党课。下拨党建经费为县直机关党员干部购买党史学习教育图书2590套，保障党员干部的学习需要，提高党史学习教育成效。依托新媒体平台，创新形式开展清明祭英烈、经典诗歌朗诵比赛、趣味文体活动、党史知识竞答、志愿服务活动、参观红色基地和主题邮展等庆祝中国共产党成立100周年系列活动，推动党史学习教育走深走实。开展“我为群众办实事”实践活动，推动解决一批群众普遍关心的“急难愁盼”

问题。开展模范机关创建，开展在职党员“双报到”工作和党员志愿服务活动。配合县委做好“两优一先”表彰工作，推荐机关优秀共产党员、优秀党务工作者和先进基层党组织。配合选派多名优秀党员干部担任驻村第一书记，参与县委换届选举考察组和党史学习教育巡回指导组有关工作。

【党建水平提升】 2021年新冠肺炎疫情防控期间，县直机关党工委带头倡议“就地过年”、新冠肺炎疫苗接种；以常态化创建“无疫”系列为抓手，动员机关党员干部到社区报到参与无疫小区创建，组织县直机关各单位开展无疫单位创建活动，推进“无疫”仙游创建。县直机关组建436支党员先锋队、突击队、服务队，发动党员干部、公安民警、医护人员5023名助力抗疫一线。县直机关党工委抽调干部参与疫情防控各项工作，牵头做好疫情期间抗疫干部休整事宜。2021年，督促指导机关党组织按期换届，3个党委、3个总支和33个支部换届，9个支部补选委员，4个党委、17个支部任免职，1个总支、14个支部更名。指导基层党建工作，建立领导班子成员联系点工作开展情况记录簿。建强机关党支部，下拨党建经费支持基层党支部的党建阵地建设。组织开展“全面推动机关党的建设高质量发展，为奋进新征程提供坚强政治保证”机关党建课题调研活动和第四届“推进机制活、建设新福建”全省机关体制机制创新优秀案例征集评选活动。创新工作方式方法，深化“党建+”品牌培优，推进机关党建与业务工作在部署上相互配合、在实施中相互促进。推进抓党建促乡村振兴，落实“机关+农村”结对共建机制，将党建工作与业务工作、乡村振兴等深入融合，铸实基层党建品牌。

【全面从严治党】 2021年，县直机关党工委贯彻落实《中国共产党支部工作条例（试行）》，加强党支部标准化规范化建设，开展党支部“达标创星”活动，落实“三会一课”、主题党日活动、民主评议党员、组织生活会、谈心谈话等制度，坚持和完善新党员入党宣誓、重温入党誓词、过集体“政治生日”等仪式，开展“党员情相系、爱在夕阳红”主题党日活动，发放慰问品、慰问困难党员。在“七一”中国共产党建党节前夕，组织100名新党员代表在仙游革命烈士陵园举行入党宣誓活动。下发机关党建工作要点，制定落实机关党建责任清单，强化机关党建工作绩效考核结果运用，推动各项工作深抓实做。重点检查严格责任。按照县委统一部署，牵头组织对26家县直单位党组（党委）落实全面从严治党主体责任情况进行检查，跟踪督促落实问题整改，推动全面从严治党主体责任由“软约束”变成“硬任务”。县直机关纪工委严把案件质量关，提升审理时效。2021年，完成党员违纪案件审理34件39人次，予以留党察看处分2人，党内严重警告处分7人，党内警告处分29人，诫勉谈话1人。深化家风建设和廉政教育，组织县直机关党员干部观看《扫黑决战》电影和政法队伍教育整顿学习教育环节宣传片，推荐上报仙游县蔡襄纪念园入选省直机关廉政教育点，鼓励党员上廉政微党课，树立机关新风正气。

【党建带动群建工作】 2021年，县直机关党工委开展以“拥抱法治新时代、踏上平安新征程”之践行“习近平法治思想”为主题的进村入户宣传活动，提高群众对平安建设的参与度、知晓率、满意率和重视率。下拨党建经费支持园庄镇泗阳村开展平安宣传活动，推进挂钩村平安工作建设。将机关党建与普法宣传工作有机融合，组织开展以“美好生活·民法典相伴”为主题的普法宣传活动和2021年“宪法宣传周”宪法进机关主题日活动，组织机关党员干部观看中国共产党成立100周年宣传片和普法教育影片《十二公民》，推动“谁执法谁普法”普法责任制的落实。开展文明机关建设活动，组织开展党员干部植树活动、无偿献血、平安志愿者、垃圾分类、保护环境宣传等活动。把“党建带团建，团建促党建”作为一项重要工作来抓，改进工作方法，增强“带”的实效，推进和规范基层群团组织建设。

（李君申）

保密工作

【概况】 2021年，中共仙游县委保密委员会办公室、仙游县国家保密局（简称“县保密局”）坚持总体国家安全观，统筹发展和安全，加强党管保密、依法治密，突出精准施策，加强综合防范，强化新时代保密工作保党的长期执政地位、保国家安全、保人民幸福、保民族复兴的职责使命，推动保密工作取得显著成效，实现“十四五”良好开局。

【保密专项检查】 2021年，县保密局发挥保密检查“利剑”作用，重点围绕涉密人员、文件和信息设备保密管理情况等工作，抓好仙游县各机关、单位保密自查自评工作。疫情期间，做好保密工作，依法做到及时提醒、有力防范，确保疫情信息发布公开、透明、及时、准确，确保国家秘密、工作秘密、内部敏感信息安全，为疫情防控工作和社会安全稳定提供有力保障。抓好国家统一考试保密监管工作。与县公安局、各考试主办单位密切配合，完成中高考、二级建造师等国家考试的安全保密管理工作。

【保密宣传教育】 2021年，县保密局抓好保密法的宣传教育活动，抓住党委（党组）成员、涉密人员等“关键少数”和重点群体，进行保密常识和保密知识的普及宣传教育工作。发挥党校（行政学院）和干部培训机构在保密教育中的重要作用，推进保密教育培训常态化。建立健全保密宣传教育工作长效机制，发挥机关、单位的主体作用，坚持把“两识”（保密知识、保密意识）教育纳入日常性教育培训内容，常抓不懈。围绕庆祝中国共产党成立100周年活动做好保密宣传教育和服务保障工作，在全县组织开展庆祝中国共产党成立100周年保密知识竞赛活动。发挥保密信息上传下达的作用，向省、市保密局上报县保密工作动态和亮点。

（陈素雅）

党校教育

【概况】 2021年，中共仙游县委党校（简称“县委党校”）为中共仙游县委直接领导下的正科级机构，校长由县委副书记兼任，常务副校长全面主持工作。2021年，县委党校有7人次干部教师入选党史学习教育和中共十九届六中全会精神县委宣讲团，深入乡镇、系统、单位等宣讲46场次，受众4000余人次。

【干部教育培训】 2021年，县委党校举办主体班次培训班6期，培训学员326人。举办新提任领导干部廉洁从政教育专题班，培训学员83人；协助举办2期县处级领导干部读书班、2期全县科级领导干部专题班；协助相关部门举办闽台产业融合发展与乡村振兴、仙游县城乡品质与功能提升、生态保护、意识形态工作等9个专题培训班。挖掘县域现场教学资源，建立12个现场教学点。组织和管理好全县干部参与福建干部网络学院学习平台的线上培训。

【教学科研成果】 2021年，县委党校获全省校院系统课题立项2个、精品课比赛三等奖1个，全市校院系统优秀讲稿1篇，征文比赛获奖4篇，演讲三等奖1个，录制并选送中国干部网络学院基层党校党课视频1篇；在市级及以上刊物发表文章9篇，名列全市党校系统第一名。1名教师入选福建省首批新时代宣讲师。

（王懿劼）

党史研究和地方志编纂

【概况】 2021年，中共仙游县委党史研究和地方志编纂办公室（简称“县委党史方志办”）贯彻习近平总书记关于党史方志工作系列重要讲话、重要指示批示精神，落实国务院《地方志工作条例》。坚持以“政治建办、研究立办、制度治办”为主基调，以“资政、存史、育人”为根本任务，围绕全县工作大局，推进党史方志各项工作开展。参与全县党史学习教育，以党史宣讲为主责，为党立言，为国存史，为民立传。

11月，中共仙游县委党校为国网仙游县供电公司“爱国爱企 担当作为”教育基地颁授“中共仙游县委党校、仙游县行政学校现场教学点”牌子

（唐 伟 摄）

【党史资料编纂】 2021年，县委党史方志办组织编纂《仙游英烈》一书，庆祝中国共产党成立100周年，截至年底完成第四稿修正；完成《中共莆田市组织史资料（1995.11—2020.12）》、《中共莆田市党史人物（第三卷）》“仙游部分”后续校正补充编纂，并报送市委史志室；完成《仙游县革命遗址分布图》制图、《关于庆祝中国共产党成立100周年全国党史故事短视频网上展播活动》的征集拍摄、“红色文物故事”展示展播活动作品征集等工作，制作的《中共仙游上宫支部旧址》短视频于9月1日被“学习强国”平台红色景点栏目采用。

【革命遗址保护】 2021年底，仙游县普查确认革命遗址80处，立碑挂牌56处，其中立碑10处、挂牌46处。开展第三轮革命遗址立碑挂牌保护工作。组织人员梳理80处革命遗址点立碑挂牌保护情况，针对部分遗址石碑铜牌遗失情况，采取统一规范制作石碑铜牌，并发放至有关乡镇的方式进行整改。完善革命遗址保护制度，制作《仙游县革命遗址保护管理制度》宣传牌80张，发放至各革命遗址点，并悬挂上墙。开展党史革命遗址巡察活动，前往全县革命遗址点检查指导遗址的修缮保护、布馆展陈等工作，督促落实立碑挂牌及制度牌悬挂上墙情况。

【党史基地建设】 2021年，仙游县新建成中共福建省委高阳旧址、中共福建省委东湖旧址、大类战斗遗址3个县级党史教育基地。申报中共福建省委上湖底旧址、中共福建省委高阳旧址、中共福建省委东湖旧址、中共闽南（闽中）特委旧址4个党史教育基地为第四批市级党史教育基地。截至年底，全县建成党史教育基地11个，其中省级4个（仙游革命烈士陵园、中共仙游上宫支部旧址、中国工农红军第108团旧址、王于洁烈士纪念馆），市级1个（潘涛烈士纪念馆），县级6个［中共闽南（闽中）特委旧址、中共仙游县委革命活动据点旧址、中共福建省委上湖底旧址、中共福建省委高阳旧址、中共福建省委东湖旧址、大类战斗遗址］。中共仙游上宫支部旧址、仙游革命烈士陵园、王于洁烈士纪念馆列入全省党史学习教育参观学习点（130个）。其中，中共仙游上宫支部旧址被列为全省首批100个党史学习教育参观学习点之一，并入选省中小学生研学实践教育基地营地。

【红色遗产保护】 2021年，县委党史方志办协助县委宣传部开展经常性红色遗产保护工作，排查革命遗址和革命人物，排查革命遗址是否修旧如旧、存在扩建翻建等情况，排查认定的革命人物是否存在过度虚假宣传情况等。协助县档案局开展红色系列档案归档和整理，教育引导缅怀和追思先辈英雄事迹。开展抗日战争口述史料征集、整理与研究工作，完成收集抗日战争音像、影像资料，完成抗日战争口述史材料整理工作。

【苏区申报】 2021年，县委党史方志办协同县民宗局、老区办、档案局、文物局等单位，拜访革命老干部及其后代，学习其他县区申报苏区经验，开展仙游县申报苏区历史资料征集工作。截至年底，收集到仙游农会印章、农会号召成立仙游苏维埃政权等相关文字材料。

【志书编纂】 2021年，县委党史方志办指导有条件的部门、单位编纂志书。1月，《钟山镇志》《坝垄社区志》完成初稿；3月，《游洋镇志》启动修编；5月，《鲤城志》启动修编；10月，《仙游教育志》出版发行，游洋《桥光村志》出版发行；11月，《鲤南镇志》启动修编；12月，《西苑乡志》《仙游华侨志》《仙游档案志》完成初稿，《九鲤湖志》、游洋镇《五星村志》完成评审。

【年鉴编纂】 2021年1月，《仙游年鉴（2019）》获福建年鉴评选三等奖；3月，《仙游年鉴（2020）》获福建省精品年鉴（全省县区仅4部）；12月，《仙游年鉴（2020）》获第八届全国地方志成果（年鉴）二等奖；年底，《仙游年鉴（2021）》完成总纂交付印刷。

【地情资料编写】 2021年4月，《蔡襄文化丛书》暨《朱熹与仙游》出版发行；6月，《仙游郭氏志》出版发行；8月，《天马山隐士——三教辅教道人王家録》出版发行。

【网室建设】 2021年，县委党史方志办注重“志、鉴、库、网、刊、会”建设。因机构改革，“仙游地情网”更改为“仙游党史方志网”，每周搜集党史方志资料，更新网站内容。调整栏目设置，将“修志简讯”更改为“方志动态”、“动态要闻”更改为“党史方志要闻”；另外，将“村规民约”和“族规家训”合并为“村规族规”；设立新栏目“党史文献”，收集大量革命史实。做好图书资料征集、购置、交换、收藏与整理工作，加快推进方志资料室建设。

（陈开枝）

综 述

【概况】 2021年，仙游县人民代表大会常务委员会（简称“县人大常委会”）召开常委会会议9次、主任会议13次，开展执法检查4项、视察检查11次、专题调研4次、满意度测评4次，审议专项工作报告23项，依法作出决议决定12项、发出审议意见书15份，配合省、市人大常委会开展立法调研、执法检查、工作调研等活动11次。

【落实县委部署】 2021年，县人大常委会依法决定重大事项和人事任免。听取和审议计划和财政报告，批准新增地方政府债券分配、预算调整议案及财政决算等决定，强化对政府债务资金安排使用管理和风险防控措施，助推全县经济稳健发展。坚持党管干部原则和人大依法任免有机统一，落实《仙游县人民代表大会常务委员会任命国家机关工作人员实施办法》，加强与县委组织部门和“一府一委两院”的沟通联系和工作协同，强化拟任人员任前法律知识考试、供职发言、宪法宣誓等程序，强化任后履职监督，增强被任命人员的宪法意识和人大意识。2021年，依法任免国家机关工作人员89人次、人民陪审员69人次，接受县人大常委会组成人员、市县人大代表、“一府一委两院”领导人员辞职5人次。落实疫情防控部署，落细落实各项防控任务，在核酸检测、集中医学观察点、健康驿站建设、干部进村驻点等方面，以实际行动打赢疫情防控歼灭战。各级人大代表更投身抗疫一线、驰援前线、奉献爱心，累计捐款捐物1000多万元，先后有100多位各级人大代表投身疫情防控的先进事迹被宣传报道。助力推进乡村振兴，组织开展乡村振兴实施情况专题调研和乡村产业振兴推进情况视察检查，开展全域旅游、促进仙台融合发展情况专题调研，提出优化产业结构、落实相关政策、提升服务水平、制订产业发展规划、壮大产业基地等建议，促进惠民惠企惠台政策的落实。

【人大监督】 2021年，县人大常委会加强预决算的审查监督，听取和审议县政府关于2020年县本级决算和2021年上半年预算执行情况的报告、2020年度县本级预算执行及其他财政收支的审计工作报告及上一年度问题整改落实情况的报告，并开展满意度测评；听取和审议2020年度审计工作报告反映问题整改落实情况的报告；审查和批准2020年县本级决算及2021年县本级预算调整方案（草案），并对2021年预算执行情况和2022年预算草案进行调研，促进政府及有关部门全面落实积极财政政策，提升财政资源配置效率，提高财政资金使用绩效和政策实施效果，增强预算审查的针对性、有效性。听取和审议县政府关于仙游县2021年上半年计划（含重点建设项目）执行情况的报告，并对2021年计划（含重点建设项目）执行情况和2022年计划草案进行调研。组织开展《中华人民共和国中小企业促进法》《中华人民共和国传染病防治法》《中华人民共和国消防法》《福建省消防条例》《中华人民共和国水土保持法》《福建省水土保持条例》执法检查；听取和审议县政府关于贯彻实施《中华人民共和国台湾同胞投资保护法》执法检查审议意见的落实情况的报告。听取和审议县政府关于城乡医保实施情况、仙游县2020年度环境状况和环境保护目标完成情况的报告。开展关于仙游县职业教育工作情况、仙游县公园和绿道建设管理情况调研。

【法治建设】 2021年，县人大常委会坚持习近平法治思想，推进法治仙游建设，提升治理体系和治理能力现代化水平。听取和审议县法院关于员额法官制度实施情况和审判工作质效情况的报告、县检察院关于员额检察官制度实施情况和检察工作实效情况的报告，开展满意度测评，促进完善员额法官、员额检察官履职制度，提高司法审判和法律监督能力，健全职业保障机制。听取和审议县法院关于涉企涉贷债权债务执行工作情况的报告，督促法院平衡好保护金融债券和促进实体经济发展的关系，提升执行效率。听取和审议仙游县“七五”普法工作情况的报告，对全县“七五”普法宣传教育整体推进情况进行总体评估，对“八五”普法作出决议。开展宪法日宣传活动，受邀参加有关媒体的宪法宣传访谈。组织部分人大代表旁听法院庭审，支持县法院、县检察院依法独立行使审判权、检察权。加强规范性文件备案审查，聘请公、检、法机关的法律专业人员，建立规范性文件备案审查机制，提高审查质量。处理群众来信来访，受理群众来信 28 件，来访 46 人次，办理上级领导交办的信访案件 1 件，按期办结率 100%，终结率 100%。畅通群众反映诉求和意愿渠道，协助做好关键节点的信访维稳和打击电信诈骗等工作，引导群众通过法律途径解决矛盾纠纷，督促化解一批涉法涉诉信访问题。

【代表履职】 2021 年，县人大常委会高度重视代表工作，引导代表主动融入经济建设主战场，立潮头、当表率，涌现出一批纳税超千万元的代表企业。组织代表参与污染防治、脱贫攻坚、社会治理等工作，近年来，1367 名各级人大代表参与率 82.5%，人大结对帮扶 32 个贫困村、463 户贫困户、提供帮扶资金或助学金 3430 多万元，为脱贫攻坚和乡村振兴做贡献。县人大常委会深入一线工作指导，配合相关部门把好代表的素质关、结构关、比例关。依法做好登记选民、提名推荐和酝酿协商确定代表候选人、组织投票选举等各环节工作，选举产生县十八届人大代表 380 名、新一届乡镇人大代表 1476 名，完成县、乡（镇）两级人大代表换届选举工作任务。仙游县依法保障外来人员选举权和被选举权的做法被中央驻闽和省内媒体报道。

重要会议

【概况】 2021 年，县人大常委会召开常委会会议 9 次、主任会议 13 次。12 月 23 日，仙游县第十八届人民代表大会第一次会议开幕。

【县十八届人大一次会议】 12 月 23—25 日，仙游县第十八届人民代表大会第一次会议在仙游党校礼堂举行，应到代表 380 名，实到代表 372 名出席会议。大会举行四次全体会议。会议听取和审议县长吴海端所作的县人民政府工作报告、县人大常委会主任黄一敏所作的县人大常委会工作报告、县人民法院院长董金勇所作的县人民法院工作报告、县人民检察院检察长陈宗协所作的县人民检察院工作报告；书面审议县 2021 年国民经济和社会发展计划执行情况及 2022 年国民经济和社会发展计划草案的报告、县 2021 年预算执行情况及 2022 年预算草案的报告，并作出决议。会议选举产生黄一敏为仙游县第十八届人民代表大会常务委员会主任，王新奖、张慧敏、陈德建、林敬柏 4 名为仙游县第十八届人民代表大会常务委员会副主任，马丽娜（女）、田飞、吴丽娜（女）、陈丽君（女）、林茂钎、郑日欣、洪新（女）、黄桂福、董章华、谢建镇、王元忠、严华鸣、张志光、陈春泉、林金润、郑国金、黄文苍、黄海声、傅朝阳、戴石松、王良达、卢国海、李明清、连文峰、张毅劫、陈志忠、茅玉香（女）、林玉镇、林夏生、林清明、郑金辉、郑剑航、黄加成、黄杰、黄祥武、黄新梅、曾文山、曾庆定为仙游县第十八届人民代表大会常务委员会委员；选举产生仙游县第十八届人民代表大会财政经济委员会、监察和司法委员会、社会建设委员会组成人员；选举产生吴海端为仙游县人民政府县长，黄少敏、潘玉森、李振海、林宇家、蒋庆和、张志东、赖宇贞（女）为仙游县人民政府副县长，吴智群为仙游县监察委员会主任，董金勇为仙游县人民法院院长，陈宗协为仙游县人民检察院检察长；选举产生付朝阳等 117 人为莆田市第八届人民代表大会代表。县委书记吴文恩向新当选的县人大常委会主任、副主任、委员，县人民政府县长、副县长，县监察委员会主任、县人民法院院长颁发当选证书。新当选的县人大常委会主任、副主任、委员，县人民政府县长、副县长，县监察委员会主任、县人民法院院长、县人民检察院检察长，县第十八届人民代表大会财政经济委员会、监察和司法委员会、社会建设委员会组成人员向宪法进行宣誓。

【县十七届人大常委会第三十一次会议】 1月7日，县十七届人大常委会第三十一次会议召开，会期半天。县人大常委会组成人员33人，实到会32人。县人大常委会主任黄一敏，副主任黄新春、王新奖、张慧敏出席会议，副县长吴兰芳，县监委有关负责人、县人民法院院长曾奋乐、县人民检察院检察长黄国海列席会议。会议通过选举任命吴海端任县人民政府副县长、代理县长职务；朱建阳任县人民政府副县长；林有记任县财政局局长；林庆凡任县水利局局长；郑海福任县应急管理局局长；黄明华任县审计局局长；吴海端当选为市七届人大代表。会议还举行任命书颁发和宪法宣誓仪式。

【县十七届人大常委会第三十二次会议】 2月26日上午，县十七届人大常委会第三十二次会议召开，会期半天。县人大常委会组成人员33人，上午实到会30人。县人大常委会主任黄一敏，副主任黄新春、王新奖、张慧敏、陈德建出席会议。副县长吴兰芳，县法院院长董金勇、县检察院检察长陈宗协，县监委有关负责人列席会议。会议听取和审议县政府、县检察院关于办理2020年度县人大常委会审议意见书有关问题清单情况的报告，并开展满意度测评；书面传达省十三届人大五次会议、市七届人大五次会议精神；部署县人大常委会2021年度工作要点。会议对办理审议意见书情况的有关单位进行满意度测评，测评结果：县检察院、公安局、城市管理局、林业局为满意单位；县财政局、自然资源局、交通局、文旅局为基本满意单位。会议还审议通过有关人事任免事项。任命阮斌、吴劲榕、翁洲玲为仙游县人民法院审判员；陈建西、陈丽贞、陈少青等64人为仙游县人民法院人民陪审员。免去颜敏珊的仙游县人民法院审判员职务；免去杨宇斌、颜小龙的仙游县人民法院人民陪审员职务。因退休原因，免去黄家红的县十七届人大代表职务。会议举行任命书颁发仪式。

【县十七届人大常委会第三十三次会议】 4月28日，县十七届人大常委会第三十三次会议召开，会期半天。县人大常委会组成人员34人，实到会32人。县人大常委会主任黄一敏，副主任黄新春、王新奖、张慧敏、陈德建出席会议，副县长吴兰芳，县监委、法院、检察院有关领导列席会议。

会议听取和审议县政府关于仙游县医保工作情况的报告；听取和审议县人大常委会执法检查组关于仙游县贯彻实施《中华人民共和国中小企业促进法》情况的检查报告；听取和审议县人大常委会调研组关于仙游县乡村振兴工作情况的调研报告；书面听取和审议县人大常委会调研组关于仙游县公园绿道建设管理情况的调研报告。会议还审议表决通过免去陈利民县工信局局长职务、赵建晃仙游县人民法院刑事审判庭副庭长职务，审议表决通过县人大常委会关于接受傅玉苍辞去县十七届人大代表职务的请求；选举任命蔡雅妮为县人民法院刑事审判庭副庭长。根据大会主席团授权，对已通过市人大常委会第三十五次会议批准任命为仙游县人民检察院检察长的陈宗协进行宪法宣誓。

【县十七届人大常委会第三十四次会议】 6月25日，县十七届人大常委会第三十四次会议召开，会期一天。县人大常委会组成人员34人，实到会31人。县人大常委会主任黄一敏，副主任黄新春、王新奖、张慧敏、陈德建出席会议，副县长郑文炉，县监委、法院、检察院有关领导列席会议。会议听取和审议县人大常委会执法检查组关于仙游县贯彻实施《中华人民共和国传染病防治法》情况的检查报告；听取和审议县法院关于员额法官制度实施情况和审判工作质效情况的报告，并开展满意度测评；审议县人大常委会关于各乡镇人民代表大会代表名额的决定（草案）；听取和审议县政府关于2020年度环境状况和环境目标完成情况的报告；听取和审议县人大常委会执法检查组关于仙游县贯彻实施《中华人民共和国水土保持法》及《福建省水土保持条例》情况的检查报告。

【县十七届人大常委会第三十五次会议】 8月5日，县十七届人大常委会第三十五次会议召开，会期半天。县人大常委会组成人员34人，实到会31人。县人大常委会主任黄一敏，副主任王新奖、张慧敏、陈德建出席会议；副县长黄少敏，县监委、法院、检察院有关领导列席会议。会议补选朱子君、袁素玲为市七届人大代表。

【县十七届人大常委会第三十六次会议】 8月24日，县十七届人大常委会第三十六次会议召开，会期一天。县人大常委会组成人员34人，实到会30人。县人大常委会主任黄一敏，副主任王新奖、张慧敏、陈德建出席会议；县人大常委会领导林敬柏，县政府党组副书记黄少敏，县监察委员会有关负责人，县法院院长董金勇，县检察院副检察长官文仙列席会议。会议听取和审议县政府关于仙游县2021年上半年计划（含重点建设项目）执行情况的报告；听取和审议县政府关于仙游县2020年县本级决算和2021年上半年预算执行情况的报告，审查和批准2020年县本级决算；听取和审议县政府关于2020年度县本级预算执行及其他财政收支的审计工作报告，上一年度审计问题整改落实情况的报告，并开展满意度测评；听取县政府关于提请批准2021年新增地方政府债券预算调整方案（草案）的议案；书面听取县级上半年地方政府债务管理使用情况的报告；听取和审议县法院关于涉企涉贷执行工作情况的报告；听取和审议县人大常委会执法检查组关于仙游县贯彻实施《中华人民共和国消防法》和《福建省消防条例》情况的检查报告。会议表决通过《县人大常委会关于批准2020年县本级决算的决议》；表决通过《县人大常委会关于批准2021年新增地方政府债券预算调整方案（草案）的议案》；并对上一年度审计问题整改落实情况进行满意度测评。会议表决通过任命李振海、林宇家为县人民政府副县长，潘玉森为县公安局局长，姚世通、黄智光为县监察委员会副主任，李晨曦、翁泽、邱建军3名为县监察委员会委员，郑金辉为县人大常委会鲤城街道人大工作委员会主任；表决免去郑秉忠、谈振军县政府副县长职务，林建伟县公安局局长职务，林仁福、傅宗勇仙游县监察委员会副主任职务，朱琼仙、陈高庭仙游县监察委员会委员职务，张荣朗的仙游县人大常委会鲤城街道人大工作委员会主任职务，黄丽琴仙游县人民检察院检察员职务。会上，人大常委会主任黄一敏向新任命人员颁发任命证书，新任命人员进行宪法宣誓仪式。

【县十七届人大常委会第三十七次会议】 10月15日，县十七届人大常委会第三十七次会议召开，会期一天。县人大常委会组成人员34人，实到会31人。县人大常委会主任黄一敏，副主任王新奖、陈德建出席会议；县人大常委会领导林敬柏，县政府党组副书记黄少敏，县人民法院、县人民检察院领导列席会议。会议审议通过关于设立县和乡（镇）选举委员会及办公室、办事处的决定；听取和审议县选举委员会关于2021年仙游县人民代表大会代表换届选举工作方案的报告。会议决定，全县县、乡（镇）两级人民代表大会代表在2021年11月至12月中旬进行换届选举，选举日为2021年11月26日。会议表决通过任命蒋庆和、张志东为仙游县人民政府副县长，刘文鑫为仙游县统计局局长，吴丽、陈新发为仙游县人民法院审判委员会委员，朱义成为仙游县人民法院生态环境审判庭（综合审判庭）庭长，郑玉珍为仙游县人民法院民事审判一庭庭长，颜永武为仙游县人民法院鲤南人民法庭庭长，林少军为仙游县人民法院民事审判一庭副庭长，胡志铿为仙游县人民法院榜头人民法庭副庭长，林炜为仙游县人民法院家事少年审判庭副庭长，吴梅芳为仙游县人民法院郊尾人民法庭副庭长。表决通过免去朱建阳、吴兰芳仙游县人民政府副县长职务，陈晗丹仙游县统计局局长职务，黄智光仙游县人民政府办公室主任职务，黄文富仙游县卫生健康局局长职务；吴丽仙游县人民法院生态环境审判庭（综合审判庭）庭长职务，陈新发仙游县人民法院民事审判一庭庭长职务，郑玉珍仙游县人民法院鲤南人民法庭庭长职务，颜永武仙游县人民法院榜头人民法庭庭长职务，朱国忠仙游县人民法院民事审判一庭副庭长职务，林少军仙游县人民法院郊尾人民法庭副庭长职务，林炜仙游县人民法院榜头人民法庭副庭长职务，吴梅芳仙游县人民法院家事少年审判庭副庭长职务。会上，黄一敏向新任命人员颁发任命证书，会议还举行宪法宣誓仪式。

【县十七届人大常委会第三十八次会议】 11月29日，县十七届人大常委会第三十八次会议召开，会期半天。县人大常委会组成人员34人，实到会28人。县人大常委会主任黄一敏，副主任王新奖、张慧敏、陈德建出席会议；县人大常委会领导林敬柏，县政府副县长李振海，县监察委员会有关负责人，县法院院长董金勇，县检察院检察长陈宗协列席会议。会议传达学习贯彻中共十九届六中全会精神、中央人大工作会议精神及《中共中央关于新时代坚持和完善人民代表大会制度加强和改进人大工作的意见》；听取和审议县政府关于贯彻实施《中华人民共和国台湾同胞投资保护法》执法检查审议意见的落实情况的报告；听取和审议县检察院关于员额检察官制度实施情况和检察工作质效情况的报告，并开展满意度测评；听取和审议仙游县十七届人大五次会议代表建议意见办理情况的报告，并开展满意度测评；听取和审议县政府关于2021年县本级预算调整方案（草案）的议案；听取和审议仙游县人大常委会关于召开仙游县第十八届人民代表大会第一次会议的决定（草案）；书面听取和审议县人大常委会调研组关于仙游县职业教育工作情况的调研报告；书面听取县人大常委会主任会议关于接受县、乡镇选举委员会部分组成人员辞职情况的报告。会议表决通过《仙游县人民代表大会常务委员会关于批准 2021 年县本级预算调整议案的决定（草案）》、仙游县人大常委会关于召开仙游县第十八届人民代表大会第一次会议的决定（草案）。

【县十七届人大常委会第三十九次会议】 12 月 10 日，县十七届人大常委会第三十九次会议召开，会期半天。县人大常委会组成人员 34 人，实到会 31 人。县人大常委会主任黄一敏，副主任王新奖、张慧敏、陈德建出席会议。县人大常委会领导林敬柏，副县长张志东，县监委、县法院、县检察院有关负责人列席会议。会议听取和审议县政府关于 2021 年计划执行情况和 2022 年计划草案的报告；听取和审议县政府关于 2021 年预算执行情况和 2022 年预算草案的报告；听取和审议县政府关于 2020 年度县本级预算执行及其他财政收支的审计工作报告反映问题整改落实情况的报告，并开展满意度测评；听取和审议县人大常委会代表资格审查委员会关于仙游县第十八届人民代表大会代表的代表资格的审查报告；听取和审议县法院提请关于蔡耀海免职的议案；审议仙游县人大常委会工作报告；听取和审议县十八届人大一次会议的有关事项。会议表决通过《仙游县 2021 年国民经济和社会发展计划执行情况与 2022 年国民经济和社会发展计划（草案）》；表决通过《仙游县 2021 年财政预算执行情况和 2022 年财政预算的报告（草案）》；表决通过仙游县第十八届人民代表大会代表资格的审查报告；表决通过县人大常委会关于仙游县第八个五年法治宣传教育的决议（草案）；表决通过县人大常委会工作报告（草案）；表决通过县十八届人大一次会议的有关事项。会议还表决通过有关人事任免事项。免去蔡耀海的县法院刑事审判庭庭长、审判委员会委员、审判员的职务。会议对 2020 年度审计报告的有关问题整改落实情况进行满意度测评，县财政局、水利局、民政局被评为满意单位。

重大事项决议决定及人事任免

【概况】 2021 年，县人大常委会作出决议决定 12 项，其中人事 6 项、财政 3 项、其他 3 项。

【关于批准 2020 年县本级决算的决议】 8 月 24 日，县十七届人大常委会第三十六次会议听取县财政局局长林有记受县人民政府委托所作的《关于 2020 年决算草案和 2021 年上半年预算执行情况的报告》、县审计局局长黄明华受县人民政府委托所作的《关于 2020 年县级预算执行和其他财政收支的审计工作报告》，会议经过审议，决定批准县人民政府提出的 2020 年县本级决算。

【关于批准 2021 年县级政府新增地方政府债券预算调整方案（草案）的决议】 8 月 24 日，仙游县十七届人大常委会第三十六次会议听取仙游县人民政府提出的 2021 年新增地方政府债券预算调整方案（草案）。会议经过审议，决定批准这个议案。

【关于批准 2021 年县本级预算调整议案的决议】 11 月 29 日，县第十七届人民代表大会常务委员会第三十八次会议听取并审议仙游县人民政府《关于提请审议 2021 年县本级预算调整方案（草案）的议案》和县财政局《关于 2021 年县本级预算调整议案（草案）的相关说明》，会议决定批准县政府提出的 2021 年县本级预算调整议案。

【关于开展第八个五年法治宣传教育的决议】 12 月 10 日，仙游县第十七届人民代表大会常务委员会第三十九次会议审议通过关于开展第八个五年法治宣传教育的决议。

【关于吴海端代理仙游县人民政府县长职务的决定】 1 月 7 日，仙游县第十七届人民代表大会常务委员会第三十一次会议决定吴海端代理仙游县人民政府县长职务。

【关于接受代表辞去仙游县第十七届人民代表大会代表职务请求的决定】 2 月 26 日，县第十七届人民代表大会常务委员会举行三十二次会议审议通过决定接受黄家红辞去仙游县第十七届人民代表大会代表职务的请求。自决定通过之日起，黄家红的仙游县第十七届人民代表大会常务委员会委员职务和代表资格审查委员会委员职务相应终止。

4 月 29 日，县第十七届人民代表大会常务委员会举行第三十三次会议审议通过：决定接受傅玉苍辞去仙游县第十七届人民代表大会代表职务的请求。自决定通过之日起，傅玉苍的仙游县第十七届人民代表大会常务委员会委员职务和代表资格审查委员会委员职务相应终止。

【关于各乡（镇）人民代表大会代表名额的决定】 6月29日，县第十七届人民代表大会常务委员会举行第三十四次会议，根据《中华人民共和国全国人民代表大会和地方各级人民代表大会选举法》的规定，仙游县人民代表大会常务委员会对各乡（镇）人民代表大会的代表名额决定：鲤南镇87名，赖店镇91名，盖尾镇116名，郊尾镇102名，枫亭镇123名，园庄镇85名，榜头镇157名，钟山镇65名，游洋镇68名，石苍乡56名，龙华镇90名，书峰乡55名，社硎乡54名，菜溪乡52名，大济镇109名，度尾镇107名，西苑乡61名，报莆田市人民代表大会常务委员会备案。

【关于接受代表辞去莆田市第七届人民代表大会代表职务请求的决定】 8月24日，县第十七届人民代表大会常务委员会举行第三十六次会议审议通过，决定接受俞培宪因个人原因辞去莆田市第七届人民代表大会代表职务的请求，并报莆田市人民代表大会常务委员会备案、公告。

【关于撤销林丹青职务的决定】 10月15日，县第十七届人民代表大会常务委员会举行第三十七次会议，审议仙游县人民检察院关于提请撤销林丹青职务的议案。根据《中华人民共和国地方各级人民代表大会和地方各级人民政府组织法》第四十四条和《中华人民共和国各级人民代表大会常务委员会监督法》第八章的相关规定，决定撤销林丹青的仙游县人民检察院副检察长、检察委员会委员、检察员职务。

【关于设立仙游县县、乡（镇）选举委员会及办公室、办事处的决定】 10月15日，县第十七届人民代表大会常务委员会举行第三十七次会议，决定2021年底县、乡镇人民代表大会代表换届时，设立县、乡镇选举委员会，主持县、乡镇人民代表大会代表的选举。

【关于仙游县县、乡（镇）两级人民代表大会代表换届选举时间的决定】 10月15日，县第十七届人民代表大会常务委员会举行第三十七次会议决定：县、乡（镇）两级人民代表大会代表应在2021年11月至12月中旬进行换届选举，选举日统一为2021年11月26日。

监督工作

【概况】 2021年，县人大常委会听取和审议县政府工作计划、财政预算和审计工作报告3项、开展执法检查4项、视察检查11次、专题调研4次、满意度测评4次，审议专项工作报告23项，配合省、市人大常委会开展立法调研、执法检查、工作调研等活动11次。

【听取和审议执法检查报告】 3月，县人大常委会成立由常委会副主任张慧敏担任组长，财经工委、华侨工委以及部分常委会委员和人大代表组成的调研组，调研组深入县经济开发区、仙港工业区、仙作艺雕城、郊尾镇、盖尾镇等实地走访调研10家企业，集中听取县工信局、商务局等13个部门和8个管委会以及12家金融机构工作汇报并进行座谈。4月28日，县第十七届人大常委会第三十三次会议听取和审议张慧敏代表执法检查组所作的关于仙游县贯彻实施《中华人民共和国中小企业促进法》情况的执法检查报告，常委会组成人员进行审议并提出建议：完善和优化中小企业促进工作机制，跟进落实服务保障措施，进一步创新和改善金融环境。

5月中旬，县人大常委会成立以常委会副主任黄新春为组长，部分县人大常委会委员为成员的执法检查组，对仙游县贯彻实施《中华人民共和国传染病防治法》的情况开展执法检查。执法检查组在集中再学习《传染病防治法》等法律法规并进行具体业务培训辅导的基础上，分别听取县卫健局、教育局、财政局、农业农村局、市场监管局等8个部门（单位）的工作汇报。之后，先后深入仙游汽车站、华侨中学、大济乌石蛋鸭养殖场等传染病预防重点部位、区域、场所，以及仙游总医院、枫亭卫生院、滨海医院（民营）、县疾控中心等传染病防治救治医疗机构视察。采取实地查看、查阅资料、座谈讨论相结合的方式开展执法检查。6月25日，县第十七届人民代表大会常务委员会第三十四次会议听取和审议仙游县贯彻实施《中华人民共和国传染病防治法》情况的执法检查报告，常委会组成人员进行审议并提出建议：提高思想觉悟，加大宣传力度；

完善基础条件，加大保障力度；加强队伍建设，突出监管重点探索创新，完善防治机制。

5月下旬至6月上旬，县人大常委会执法检查组对仙游县贯彻实施《中华人民共和国水土保持法》和《福建省水土保持条例》（以下简称水土保持“一法一条例”）情况进行检查。执法检查组听取县人民政府和有关部门贯彻实施水土保持“一法一条例”的自查情况汇报，查阅有关资料，实地查看赤石溪水土保持生态清洁型小流域综合治理工程和九仙、东宫小流域水土流失综合治理项目、纵三线仙游境内段工程、正邦集团现代农业产业链项目（一期）、半岭矿区建筑用花岗岩（机制砂）生产项目、仙游国家基本气象站迁建工程等项目，对项目所涉及的水土保持设施建设情况开展检查，分析总结仙游县贯彻实施水土保持“一法一条例”的情况。6月25日，县第十七届人民代表大会常务委员会第三十四次会议听取和审议仙游县贯彻实施《中华人民共和国水土保持法》和《福建省水土保持条例》情况的执法检查报告，常委会组成人员进行审议并提出建议：加大宣传力度，强化水土保持的国策意识；注重治管并举，开展水土保持综合治理；做好预防工作，做到“未病先治”；采取有力措施，建立稳定的投入体系。

8月3—4日，县人大常委会组织执法检查组，采用集中学习、听取汇报、实地检查、查阅台账资料、座谈讨论等形式，对仙游县贯彻实施“一法一例”情况进行执法检查。8月24日，县第十七届人民代表大会常务委员会第三十六次会议听取和审议县人大常委会组织执法检查组关于《中华人民共和国消防法》和《福建省消防条例》贯彻实施情况的执法检查报告，常委会组成人员进行审议并提出建议：加大宣传力度，提高全民消防安全意识；全面落实消防安全责任制；深入排查和整治消防安全隐患；提升消防救援保障水平；加强消防救援队伍建设；打通消防监管“最后一公里”；加强探索实践，打牢农村火灾防控基础。

【听取和审议视察调查报告】 3—4月，县人大常委会组织以县人大常委会副主任陈德建为组长，成员由人大环城工委、社会建设工委和有关乡镇（街道）人大主席、人大代表组成的检查组，对仙游县公园绿道建设管理情况进行视察调查，视察调查组听取县住建局等15个部门（单位）的工作汇报后，实地查看城区公园、部分绿道和城乡接合部一些绿化建设情况，了解仙游县公园绿道建设管理情况。4月28日，县第十七届人民代表大会常务委员会第三十三次会议听取和审议关于仙游县公园绿道建设管理情况的视察调查报告，常委会组成人员进行审议并提出建议：规划先行，注重科学引领；明确职责，创新管理模式；攻坚克难，强化品质提升；文化建园，促进文化传承；精细管理，提高养护水平。

3月中旬，在县人大常委会副主任王新奖带领下，先后深入县总医院医保窗口、度尾镇、度尾卫生院等开展视察检查活动。听取县医保职能部门和相关单位的工作情况汇报，召开3场座谈会，与相关单位负责人、基层卫生院、基层村居支部书记、一线医生、患者家属进行深入座谈，听取意见建议。4月28日，县第十七届人民代表大会常务委员会第三十三次会议听取和审议关于仙游县医保工作情况的视察调查报告。常委会组成人员进行审议并提出建议：加大宣传力度；提升医保服务水平，加强医保基金监管力度，落实分级诊疗制度。

视察调查组由人大常委会副主任陈德建担任组长，环城工委、社会建设工委及部分人大代表担任成员，在听取县政府和仙游生态环境局等14个部门（单位）的工作汇报后，深入赖店、盖尾、枫亭、大济、度尾5个乡镇查看一些生态环保项目，重点了解2020年度仙游县环境状况和环境目标完成情况，了解部门（单位）党政领导生态环境保护目标责任书完成情况。6月25日，县第十七届人民代表大会常务委员会第三十四次会议听取和审议关于仙游县2020年度环境状况和环境目标完成情况的视察调查报告。常委会组成人员进行审议，并提出审议意见：学习贯彻习近平生态文明思想、推动生态环境治理认识再提升；持续打好污染防治攻坚战，集中攻克老百姓身边的突出生态环境问题；加快污水管网“最后一公里”建设，提升乡镇治污能力水平；加强部门联动，进一步形成监管合力。

8月上旬，由部分人大常委会委员和代表组成的县人大常委会视察调查组对仙游县2021年上半年国民经济和社会发展计划执行情况进行视察调查。8月24日，县第十七届人民代表大会常务委员会第三十六次会议听取和审议关于仙游县2021年上半年计划执行情况的视察调查报告。常委会组成人员进行审议，并提出审议意见：坚定信心，奋勇拼搏，确保完成全年目标任务；加快产业转型升级，推动高质量发展；加强项目建设和服务，增强经济发展后劲；加快城乡融合发展，提升城市功能品质；持续保障和改善民生，促进社会和谐稳定发展。

8 月 5 日，县人大常委会视察调查组召开由部分县人大常委会委员及相关部门单位领导参加的汇报座谈会，听取县财政局《关于 2020 年财政决算和 2021 年上半年预算执行情况》和县审计局《关于 2020 年县级预算执行和其他财政收支情况》的汇报。8 月 24 日，县第十七届人民代表大会常务委员会第三十六次会议听取和审议关于 2020 年县本级决算、预算执行情况审计和 2021 年上半年预算执行情况的视察调查报告。常委会组成人员进行审议，决定批准2020年本级决算，对 2021 年预算执行提出审议意见：固本培元，多方挖潜保障收入；强化监管，优化支出提质增效；严格管理，筑牢风险防控底线。

视察调查组由县人大常委会副主任、县人大监察和司法委员会主任委员王新奖担任组长，成员由监察和司法工委、环城工委主任和部分委员、企业界代表组成。视察调查组参观大济法庭金融审判合议庭和县人民法院诉讼服务中心、执行事务中心，召开县人民法院涉企涉贷案件执行工作情况汇报会、座谈会，深入了解县人民法院涉企涉贷案件执行工作的做法和成效，分析存在的困难和问题，探讨进一步提升执行工作质效的意见建议。8 月 24 日，县第十七届人民代表大会常务委员会第三十六次会议听取和审议关于县人民法院涉企涉贷案件执行工作情况的视察调查报告。常委会组成人员进行审议并提出建议：深化思想认识，提高站位；坚持以人民为中心思想，展现司法为民情怀；加强队伍建设，提升执行法官队伍的综合素质；加强协调配合，主动对接服务，形成整体合力。

视察调查组由县人大常委会副主任、县人大监察和司法委员会主任委员王新奖任组长，县人大常委会监察和司法工委、环城工委、人代室主任及部分委员、代表作为成员。视察调查组深入县人民检察院听取工作情况汇报，与部分员额检察官和检察官助理进行座谈，查阅相关材料，视察“12309”检察服务中心，参观检察院荣誉室。11 月 29 日，县第十七届人民代表大会常务委员会第三十八次会议听取和审议关于县人民检察院检察官员额制改革及检察工作质效情况视察调查报告。常委会组成人员进行审议并提出建议：完善检察官员额制管理，稳妥推进检察官员额制改革落地见效；以全面落实司法责任制为目标，持续提升检察工作质效；加强新时代基层检察院建设，推进检察队伍革命化、正规化、专业化、职业化建设；强化司法为民宗旨意识，深化司法民主和信息公开。

10 月下旬至 11 月上旬，由县人大常委会副主任张慧敏带领部分县人大常委会委员和部分县人大代表组成的视察调查组，对仙游县贯彻实施《中华人民共和国台湾同胞投资保护法》执法检查审议意见的落实情况进行视察调查。视察组就审议意见的落实情况、惠台政策的实施情况、仙台融合发展的意见建议等方面深入部分台企实地调研，与台商台企负责人座谈，听取县委台港澳办、台湾农民创业园等涉台部门及台企较集中的钟山、游洋、郊尾镇人民政府等 18 个单位情况汇报。11 月 29 日，县第十七届人民代表大会常务委员会第三十八次会议听取和审议关于仙游县贯彻实施《中华人民共和国台湾同胞投资保护法》情况执法检查审议意见落实情况的视察调查报告。常委会组成人员进行审议并提出建议：提高政治站位，自觉扛起促进仙台融合发展的责任；创造条件，合力解决发展中的问题；持续发挥优势，做强做大台湾农民创业园。

10 月下旬，成立以林敬柏为组长，部分县人大常委会委员和县人大代表为成员的视察调查组，对仙游县职业教育发展工作情况进行专题视察调研。视察调查组在学习职业教育法等法律法规，集中进行职业教育新时期新形势新政策等业务辅导培训基础上，分别听取县教育局、人社局等 6 个部门的有关工作情况汇报，先后深入仙游职专、华侨职业中学、湄职校等 5 所职业院校实地视察调查，召开 3 场相关人员参加的专题研讨座谈会。11 月 29 日，县第十七届人民代表大会常务委员会第三十八次会议听取和审议关于仙游县职业教育发展工作情况的视察调查报告。常委会组成人员进行审议并提出建议：切实提高思想认识，优化职业教育发展环境；继续加大投入力度，着力完善职业教育保障体系；不断优化师资结构，提升职业教育教学水平；创新改革突出特色，着力加快职业教育融合发展。

【听取和审议调查报告】 11 月下旬至 12 月上旬，县人大常委会视察调查组对仙游县 2021 年国民经济和社会发展计划执行情况及 2022 年计划草案进行调查。12 月 10 日，县第十七届人民代表大会常务委员会第三十九次会议听取和审议关于仙游县 2021 年国民经济和社会发展计划执行情况与2022年国民经济和社会发展计划草案的视察调查报告。常委会组成人员进行审议并提出建议：攻坚克难，狠抓落实，夯实经济基础；加快产业融合发展，壮大现代产业体系；培育消费热点，激发内需发展潜力；加快推进项目建设，增强高质量发展超越后劲；推动城乡互动协调发展，促进乡村振兴提质增效；提升民生福祉，促进社会和谐稳定。

11月下旬至12月上旬，县人大常委会视察调查组对仙游县2021年预算执行情况及2022年预算草案进行调查。12月2日，召开汇报座谈会，听取县财政局《关于仙游县2021年预算执行和2022年预算草案的报告》和有关部门的工作汇报，并进行座谈，征求意见。12月10日，县第十七届人民代表大会常务委员会第三十九次会议听取和审议关于仙游县2021年预算执行情况和2022年预算草案的视察调查报告。常委会组成人员进行审议并提出建议：科学谋划，精心组织财政收入；统筹规范，提升财政资源配置质效；强化监管，提高防范化解风险能力。

代表工作

【代表建议办理】 2021年，县人大常委会完善代表意见建议督办机制，推行全面督办、重点督办、联合督办和网络督办等做法，“问题清单式”监督和“分段跟进式”监督方式全面推行，开展代表建议办理情况专项视察调查，听取办理情况工作汇报。县十七届人大五次会议期间和闭会期间收到代表建议132件。会后，县人大常委会做好交办和督办工作，选择其中9件代表建议，作为重点督办件，交由常委会相关委室进行督办，并对重点单位办理情况进行满意度测评。132件代表建议全部办理并书面答复代表，代表建议办复率100%，满意率98%，推动建议办理由“答复型”向“落实型”转变。

【代表履职效力】 2021年，县人大代表230人次参与常委会视察调查、执法检查、专题调研等活动，100余名代表参加政府有关重大事项征求意见会、宪法宣传日、法院庭审旁听、检察院开放日等活动，调解法院民事案件64件，收集关于社会治理意见建议93条，得到落实77条，10名市人大代表、3条建议被市人大常委会表彰。开展“代表活动日”活动，发挥“代表联系群众活动室”作用，听民意、吸民智，密切代表同人民群众联系。

【代表履职服务】 2021年，县人大常委会做好代表服务保障工作，坚持常委会组成人员、县级领导干部中的代表联系代表制度，定期开展走访，帮助解决代表履职和工作生活中的实际困难和问题。组织代表培训，加强工作对接，为代表持证视察、依法约见提供方便。落实代表活动经费，为代表订阅相关刊物和学习资料。完善代表履职监督管理机制，制定实施《仙游县人大代表履职登记办法》。加强代表履职宣传，在《仙游今报》、仙游广播电视台等媒体报道代表履职风采，提升代表履职影响力。

（林全全）

仙游县人民政府

综 述

【概况】 2021年，仙游县实现地区生产总值558.34亿元，比上年增长6%；规模以上工业增加值221.89亿元，增长5.6%；全社会固定资产投资269.69亿元，增长4.5%；一般公共预算总收入43.29亿元，增长6%，其中地方一般公共预算收入26.72亿元；实际利用外资1.8亿元；外贸出口总额18.5亿元，增长14.5%；社会消费品零售总额343.64亿元；农林牧渔业总产值43.07亿元，增长4.6%；居民人均可支配收入27562元，增长8.1%。粮食安全行政首长责任制工作连续五年获得全市优秀等次，绩效考核实现全市四连冠，台湾农民创业园综合考评连续五年获全国优秀等次，省级农民创业园项目建设考评连续两年居全省第一，农村人居环境整治三年行动获评全省优秀等次。“五个一批”综合考评第一、二季度均居全市第一，是全市唯一“三看两评”强产业和兴城市综合评议均进入前3的县区；双拥工作、营商环境、水环境质量、环境空气质量优良率、河湖长制、绩效、民企对接（招商）等工作考评均居全市第一。

【项目攻坚】 2021年，仙游县深化“五个一批”项目攻坚，185个省、市、县重点项目均超序时完成投资，181个项目实现开竣工。华峰绿色纤维产业园、鑫瑞新型功能材料、县总医院迁建等重点项目加快推进，总投资40亿元的瑞声（福建）数码蓝牙项目列入全省第二季度重大项目集中开工活动视频连线点，仙游木兰抽水蓄能二期电站项目作为福建省“十四五”第一个核准开工项目，被列入国家抽水蓄能中长期发展规划。华峰服装产业园、青拓新材料产业园等31个项目实现签约，全年签约项目个数、投资额分别居全市第一、第二。获批林地17.4公顷、61.53公顷，完成征地127.27公顷、拆迁24.15万平方米。厦门“9·8”投洽会对接11个项目、总投资17.14亿美元，利用外资总额7.02亿美元，上台签约项目数、总投资额和利用外资总额均居全市第一。建立“一日一会商、三天一协调、一周一调度、半月一通报”工作机制。全面纾困惠企，营商环境考评居全市第一，为130家“白名单”企业办理政策性融资担保，笔数、金额均居全市第一。

【产业结构】 2021年，仙游县对接全市“343”产业发展计划，围绕“333”重点产业体系，实施“三转一市”“四换四名”“四个一批”工程，抓龙头、育链条、建集群，全县市场主体总量突破16万户，保持全市第一。全年减税降费超2亿元。三次产业结构调整优化为4.3∶49.1∶46.6。工业投资、制造业投资、技改投资增幅均居全市第一，新增“个转企”2951家、“下转上”27家，新增国家级“专精特新”小巨人企业2家、省级工业龙头企业8家、规模以上工业企业25家、海安橡胶集团被列入省重点上市后备企业库。战略性新兴产业产值占规模以上工业产值比重16.28%。推进园区体制机制改革，经济开发区管委会升格为副处级行政机构。完善“三房”“两体两中心”等公共服务和基础设施配套，加快建设鞋服标准化厂房、台湾农民创业园科技创新服务中心。新增规模以上服务业企业15家、限额以上商贸企业60家，限额以上批发零售业销售额增速连续9个月保持全市第一。平台经济、数字经济快速发展，形成抖音、淘宝、京东、快手四大直播基地，抖音电商直播基地入驻商家1483家，累计销售额21.33亿元。举办第九届红博会，仙作红木家具亮相第44届世界遗产大会。深化“全闽乐购”促消费活动，壮大商圈经济。注重旅游发展，加强顶层设计，推进全域旅游，全年接待游客412.61万人次，主要景区门票收入超1500万元。把住粮食安全主动权的战略要求，全年粮食播种面积1.36万公顷，新增高标准农田建设1683.67公顷，超额完成省市下达任务，粮食总产量8.44万吨。推进度尾文旦柚产业园、温室大棚蔬菜基地、金沙薏米基地建设，建成农产品产地初加工中心3个，建设优质农产品标准化示范基地8个。新增油茶134.13公顷、花卉苗木12.33公顷、中药材6.67公顷。新认证“三品一标”农产品20个。

2021年，书峰乡兰石村获评全国“一村一品”示范村镇。图为兰石之夜 （郑建东 摄）

【城乡建设】 2021年，仙游县坚持城乡统筹、新旧并重，做实、做优、做活、做旺城市，获评“省级文明城市”。出让经营性土地5宗，面积21.09公顷，出让金12.44亿元。推进205个城建固投项目，完成投资155.2亿元。推进七大重点片区改造，鲤城东片区、鲤城西片区、美食城片区、玉田片区4个片区成片开发方案得到省政府批复，可新增建设用地200公顷。建成区面积扩大至32平方千米，城镇化率提高到52.4%。9个3431套棚改项目动工并按序时推进，完成10个老旧小区改造，改造进度及开工率均位居全市第一。新改扩建市政道路15千米。建成口袋公园5个，新增绿地25公顷。实施乡村振兴战略，对接国家储备林项目，推进省级22个乡村振兴示范村建设，邀请5批台湾乡建乡创考察团到仙游谋深谋实乡村发展。钟山镇入选第二批全国乡村治理示范村镇名单，书峰乡兰石村获评全国“一村一品”示范村镇，石苍乡济川村入选2021年中国美丽休闲乡村名单，度尾镇湘溪村入选全国乡村特色产业亿元村，度尾镇获评省级“全域生态旅游小镇”。

【生态环境】 2021年，仙游县践行习近平生态文明思想和治理木兰溪的重要理念，打好污染防治攻坚战，继续推进蓝天、碧水、碧海、净土“四大工程”。推进木兰溪流域系统治理，加快推进木兰溪生态防洪景观工程建设，完成木兰溪防洪生态景观工程3.8千米，木兰溪流域6个国省考断面和8个省控小流域考核断面、12个集中式饮用水源地水质功能达标率均为100%，率先完成海漂垃圾清理任务。空气质量优良天数比例99.7%，保持全市第一。实施“林长制”，完成植树造林2120公顷，治理水土流失1133.33公顷，森林覆盖率居全市第一。确定金钟水库等41处1913.33公顷湿地为仙游县第一批一般湿地保护名录。新建污水管网500.28千米。坚持山水林田湖草系统治理，实施生物多样性保护、水土流失治理及农地生态功能提升、废弃矿山地质恢复和综合治理。

【民生保障】 2021年，仙游县民生投入占全县财政总支出的80%。结合“我为群众办实事”实践活动，办好为民办实事项目，15件为民办实事项目完成投资23.02亿元。在全省率先出台“留仙过年、过个好年”25条措施，在全市率先出台复工复产35条措施和“无疫”系列创建方案，用好省专项纾困资金，持续对接纾困企业融资需求，发放纾困专项贷款68家72笔4.32亿元，全县518家需复工复产企业、63个已开工在建项目、84处建筑工地不到两周时间基本实现复工复产。城镇新增就业2600人，城镇登记失业率控制在3%以内，城乡居民养老保险、医疗保险基本实现全覆盖。巩固拓展脱贫攻坚成果，落实过渡期“四个不摘”（摘帽不摘责任、摘帽不摘政策、摘帽不摘帮扶、摘帽不摘监管）要求，2021年，全县脱贫人口人均纯收入、脱贫村集体经济收入分别增长15.05%、8.05%。实施棚户区改造3431套，安置房竣工69.41万平方米。17个长者食堂建设完工，园庄镇、菜溪乡农村区域性养老服务中心主体工程建设完成。“四好农村公路”（建设好、管理好、保护好、运营好，下同）

12月14日，县总医院迁建项目全面封顶　（林　群　摄）

尽快建设，完成农村公路养护提升工程100千米，全年完成农村危桥改造9座、农村公路硬化20.33千米。推进山区农村客运线路公交化改造，实现63个建制村通客车任务。超额完成高标准农田建设任务。

【社会事业】　2021年，仙游县推进“教育强县”，实施校安工程8800平方米、高中提升工程7900平方米，建成小学、幼儿园8所，新增学位5940个。健康仙游加快建设，深化“三医联动”改革和分级诊疗工作，县总医院迁建项目实现主体封顶，推动福建省立医院与仙游县总医院医联体合作帮扶签约授牌仪式，借助省立医院先进的管理运营理念、雄厚的技术和人才优势，促进优质医疗资源下沉加快基层公共文化设施建设，建成莆阳文化驿站7个、莆阳书屋2个、红色图书角20个。完成全县历史文化遗产普查，保护好21处县级文物、94处传统风貌建筑和35处历史建筑。加强非物质文化遗产保护，新增第五批省级非遗传承人8人、第六批市级非遗传承人35人。选送莆仙戏剧目参加省第十五届水仙花比赛获得1金2银2铜。参加市第五届运动会，仙游县金牌数、总分、带分带牌均居全市第二。全县安全生产和自然灾害形势保持总体稳定，开展安全生产专项整治三年行动、“五清”行动，全县投用1680多个视频监控加强景区和非景区景点在线监管，在全省首推仙游“森林110”工作机制，推动18个乡镇消防应急救援专职队全覆盖，力促国家森林消防队伍定点驻防仙游县，实现全市森林消防队伍专业力量“零突破”，防灾减灾救灾工作实现“零伤亡、少损失”。推进“平安仙游”建设，开展扫黑除恶专项斗争，建立健全“党建+”“综治+”等社区治理机制。推进“治重化积”三年专项行动和矛盾纠纷大排查大化解大整治“百日攻坚”行动，开展禁毒工作和打击电信网络诈骗违法犯罪行为，推进信访维稳、人民调解工作。支持驻仙部队建设，加强国防动员、民兵预备役、人防、海防、拥军优属等工作，推动军民深度融合发展。人事、编制、保密、档案、物价、民族宗教、地方志、慈善、红十字会等工作，推进气象、外事侨务、港澳台事务、工青妇、老干部、老促会、关心下一代、残疾人等工作取得新进展。

重要会议

【县政府全体会议】　2021年1月16日，仙游县人民政府县长吴海端主持县政府2021年第一次全体会议。会议总结2020年全县工作“亮点”与“问题”，并就做好2021年政府工作提出意见。县领导朱建阳、吴兰芳、郑文炉、林建伟、郑秉忠、谈振军、陈国成、赫广楠，各乡镇（街道）、县直部门负责人等参加会议。

【县政府常务会议】　2021年，仙游县人民政府县长吴海端先后主持召开15次县政府常务会议，研究全县相关工作。

2021年仙游县人民政府常务会议纪要汇总表

表9

会议名称	会议内容	会议时间
第九十次常务会议	听取全县安全生产工作、禁毒工作情况汇报，研究部署下一步工作；研究废止《仙游县人民政府关于进一步加强建筑业税收管理的通知》有关事宜	1月26日

续表 9

会议名称	会议内容	会议时间
第九十一次常务会议	研究《关于进一步坚持依法实施征地拆迁工作的通知（送审稿）》《关于推进城镇低效产业用地再开发促进高质量发展的实施意见（试行）（送审稿）》有关事宜	2 月 24 日
第九十二次常务会议	研究《关于落实莆田市党政主要领导干部经济责任审计发现问题涉及仙游责任细化方案（送审稿）》有关事宜	3 月 11 日
第九十三次常务会议	研究《仙游县房屋结构安全专项治理三年行动方案（送审稿）》《关于切实抓好 2021 年造林绿化工作的通知（送审稿）》《仙游县全民所有制企业公司制改革工作实施方案（送审稿）》有关事宜	3 月 26 日
第九十四次常务会议	研究《仙游县木兰溪流域综合治理实施方案（送审稿）》《仙游县木兰溪流域系统治理突出问题整改攻坚方案（送审稿）》《关于促进道路货运企业发展的若干实施意见（送审稿）》等有关事宜	4 月 12 日
第九十五次常务会议	研究《关于全面推进乡村振兴加快农业农村现代化的实施意见（送审稿）》《仙游县街道社区工作者职业化管理实施意见（送审稿）》《仙游县创建省级文明县城常态化工作奖惩暂行办法（送审稿）》《仙游县创建省级文明县城常态化工作绩效奖励方案（送审稿）》和《仙游县精神文明创建活动管理办法（送审稿）》等有关事宜	5 月 17 日
第九十六次常务会议	研究《中共仙游县委关于贯彻落实党中央、省委和市委决策部署加强新时代公安工作的通知（送审稿）》，听取省管领导干部经济责任审计发现问题整改情况，研究部署下一步工作	7 月 1 日
第九十七次常务会议	研究《仙游县全面推行林长制实施方案（送审稿）》有关事宜	8 月 9 日
第九十八次常务会议	研究《关于构建现代环境治理体系的实施方案（送审稿）》、加强财政性投资建设项目资金管理、《全县安全生产“五清”行动实施方案（送审稿）》等有关事宜	10 月 9 日
第九十九次常务会议	研究《关于构建现代环境治理体系的实施方案（送审稿）》、加强财政性投资建设项目资金管理、《全县安全生产“五清”行动实施方案（送审稿）》等有关事宜	10 月 9 日
第一百次常务会议	研究《仙游县创建国家级电子商务进农村综合示范工作实施方案（送审稿）》有关事宜	11 月 8 日
第一百零一次常务会议	研究《仙游县改革完善社会救助制度实施方案（送审稿）》《仙游县“白名单”企业政策性融资担保工作方案（送审稿）》《仙游县“五水共治”三年行动计划和两年提升计划实施方案（2021—2025 年）（送审稿）》有关事宜	11 月 18 日
第一百零二次常务会议	研究《关于进一步强化农村建房审批与建设安全管理的通知（送审稿）》有关事宜	12 月 3 日
第一百零三次常务会议	研究《关于仙游县 2021 年国民经济和社会发展计划执行情况与 2022 年国民经济和社会发展计划草案的报告（送审稿）》、2022 年重点项目，《政府工作报告（送审稿）》，2022 年县委、县政府为民办实事项目，《仙游县 2021 年预算执行情况和 2022 年预算草案的报告（送审稿）》，听取 2021 年全县食品安全工作情况汇报，研究部署下一步工作	12 月 10 日
第一百零四次常务会议	研究《关于实现巩固拓展脱贫攻坚成果同乡村振兴有效衔接的实施方案（送审稿）》《仙游县深化“两违”综合治理专项行动实施意见（送审稿）》《仙游县水利改革发展“十四五”规划（送审稿）》《“健康仙游”行动实施方案（送审稿）》《关于在全县开展法治宣传教育的第八个五年规划（2021—2025 年）（送审稿）》《关于废止或宣告失效部分行政规范性文件的通知（送审稿）》等有关事宜	12 月 20 日

【县长办公会议】 2021年，仙游县人民政府县长吴海端先后主持召开15次县长办公会议，研究全县相关工作。

2021年县长办公会议纪要

表10

会议名称	会议内容	会议时间
第七十次办公会议	研究《仙游县鲤中文体绿化广场人防工程地下负一、二层对外公开招租方案（送审稿）》、2020年度纳税大户表彰有关事宜	1月16日
第七十一次办公会议	研究仙游县鲤东投资有限公司育英花园（1—6号楼）安置区项目融资有关事宜	2月4日
第七十二次办公会议	研究确定仙游县城南新区开发总公司、仙游县仙财国有资产投资营运有限公司企业债券承销商有关事宜	2月24日
第七十三次办公会议	研究建设鞋服标准化厂房、福建省莆田市大鹏古典家具有限公司土地收储有关事宜	3月2日
第七十四次办公会议	研究《县行政中心干部周转房和县委党校用餐点管理服务外包采购项目招标方案（送审稿）》《县行政中心干部周转房和县委党校用餐点副食品采购招标方案（送审稿）》，2020年度平安乡镇（街道）、平安单位评选表彰，2019—2020年度市级文明村镇、文明单位（社区、风景旅游区）、文明校园和文明家庭评选表彰有关事宜	3月11日
第七十五次办公会议	研究仙游县电子信息标准化厂房项目融资、拨付绿色纤维产业园项目设备补助及科研创新补助、莆田市鲤北投资有限公司股权并购融资、县第二医院与国德公司工程款讼争情况、历史文化资源普查甄别（第三批）技术服务有关事宜	3月26日
第七十六次办公会议	研究《数码蓝牙智能终端全产业链项目合同书（送审稿）》《华峰服装产业园项目合同书（送审稿）》《绿色纤维产业园项目补充合同（Ⅱ）（送审稿）》《元生智汇智能终端项目投资补充协议书（送审稿）》，福建省仙游县绿环工贸有限公司申请轻质循环油大宗贸易启动资金等有关事宜	4月12日
第七十七次办公会议	研究申报中国古典家具艺术之乡等有关事宜	5月17日
第七十八次办公会议	研究福建省迈腾建设工程有限公司流动性资金融资、拨付绿色纤维产业园项目设备补助及贴息补助等有关事宜	5月25日
第七十九次办公会议	研究污水处理厂扩建有关事宜	7月1日
第八十次办公会议	研究仙游经济开发区污水处理厂一期提标改造工程有关事宜	8月9日
第八十一次办公会议	研究《仙游县仙财国有资产投资运营有限公司不良资产包处置（债权转让）方案（送审稿）》有关事宜	8月31日
第八十二次办公会议	研究新冠肺炎疫情防控应急贷款、仙游县总医院迁建项目融资、拨付绿色纤维产业园项目支持资金等有关事宜	10月9日
第八十三次办公会议	研究2018—2020年度县级文明村镇、文明单位（社区）、文明校园和文明家庭评选表彰有关事宜	11月1日
第八十四次办公会议	研究仙游县境内公交运营和建制村通客车、《青拓（仙游）新材料产业园（一期）项目合同书》、《新能源材料生产项目合同书》、《郊尾镇再生循环经济产业园1号、2号钢结构厂房租赁合同》、物泊科技项目等有关事宜	11月8日

（陈俊彬）

扶贫工作

【概况】 截至2021年12月31日，全县5845户（1.92万人）脱贫户家庭人均收入由2015年2787.66元增加至2021年1.86万元，脱贫村村集体经济收入平均每村由2015年3.17万元增加至2021年33.15万元，分别增长566.7%、945.7%。

【防止返贫监测帮扶机制落实】 2021年，仙游县印发《中共仙游县委扶贫开发成果巩固与乡村振兴工作领导小组关于做好健全完善防止返贫动态监测和帮扶机制工作落实的通知》，加大防止返贫致贫监测帮扶力度，对脱贫不稳定户、边缘易致贫户，以及因病因灾因意外事故等刚性支出较大或收入大幅缩减导致基本生活出现严重困难（统称“监测帮扶对象”），通过各乡镇（街道）每月开展走访排查和各行业部门每月预警筛查，重点监测其收入支出状况、“两不愁三保障”及饮水安全状况，制定防范预案，落实帮扶举措，守住防止规模性返贫的底线。发挥“一键报贫”在线申报系统作用，建立农户主动申请、部门信息比对、基层干部定期跟踪回访相结合的易返贫致贫人口快速发现和响应机制，坚持预防性措施和事后帮扶相结合，精准分析返贫致贫原因，分层分类采取针对性措施进行帮扶。2021年，受理农户“一键报贫”在线申报1191户，涉及18个乡镇297个村，各地组织干部448人次开展核查，认定监测对象0户0人。

【脱贫人口“两不愁三保障”】 2021年，仙游县通过产业帮扶、就业帮扶、教育帮扶、健康帮扶、住房帮扶、饮水帮扶等措施，巩固脱贫攻坚成效。

产业帮扶　2021年下达产业发展补助资金870.5万元，为2254户脱贫户解决资金紧缺问题；对有发展产业的1854户脱贫户发放产业奖补资金185.4万元。全县现有产业扶贫基地131个，带动732户脱贫户入股，提供就业岗位688个。完善和强化产业与贫困群众脱贫利益联结机制，创新“龙头企业+脱贫户”等模式，鼓励支持脱贫户通过土地流转、资金入股、务工等形式参与产业发展，采取电商扶贫模式，解决扶贫产品流通难题，实现产业发展和群众增收的双赢。

就业帮扶　落实脱贫对象续聘公益性岗位政策，为589名脱贫户提供公益性岗位，公益性岗位脱贫人口覆盖率100%；落实生态护林员聘用脱贫对象19人。开展免费职业技能培训工作，累计落实脱贫户技能培训4.　人次。

教育帮扶　落实教育帮扶政策，健全脱贫家庭学生控辍保学工作机制，开展义务教育阶段脱贫对象辍学情况排查，全县脱贫家庭义务教育阶段适龄儿童无一人失学辍学。2021年，落实教育补助611.26万元，其中建档立卡学生助学金160.39万元，受助2820人次；发放脱贫对象学生高校补助资金197.5万元，补助395人（研究生以上学历补助对象有12人）；发放脱贫对象学生“雨露计划”补助资金158.7万元，补助530人。

健康帮扶　落实基本医保、医疗叠加保险、意外伤害及医疗补助保险等政策，推行脱贫人口“先诊疗后付费”“一站式”信息交换和即时结算模式，取消脱贫人口入院预付金。2021年，全县建档立卡多层次医疗保障体系落实待遇5.95万人次，医疗总费用4959.21万元，补偿4539.42万元，医疗费用总报销比例91.53%。对2020年10月至2021年9月，年累计医疗报销费后仍自费5000元以上的146户脱贫户，再予以补助47.75万元。组建家庭医生服务团队229个，覆盖率100%；完成289个村卫生所医保定点覆盖（其中38个脱贫村实现全覆盖），夯实农村三级卫生服务网络，困难群众看病就医有保证。

住房帮扶　脱贫户住房全部通过排查评定，不存在C、D级危房。2021年7月，县住建局牵头对脱贫户住房结构安全但存在漏雨透风等影响居住质量的情况进行排查，排查14户，予以补助24.17万元，由镇村负责组织修缮。县扶贫促进会对9户因住房问题而需要新建（翻建）的脱贫户，每户给予2万元的补助，累计补助18万元。

饮水帮扶　排查脱贫人口饮水安全情况，下达脱贫对象饮水补助资金59.05万元，全县所有脱贫户和38个脱贫村均实现饮水安全有保障。结合推进城乡供水一体化，对全县14个日供水千吨以上的供水厂进行整合，实现全县同质、同价、同服务的城乡居民生活用水目标。

【建制村脱贫成果巩固】 2021年，仙游县推进集体经济发展，落实造福工程集中安置区后续帮扶，推进建制村补短板项目建设等措施，巩固建制村脱贫成果。

推进集体经济发展　坚持把产业扶贫作为根本之策，通过资源倾斜、技术指导、市场对接、政策支持等方式，鼓励引导脱贫村立足资源禀赋、产业基础等比较优势、特色优势，选准发展路径，打造支柱产业。对历年投资建设的产业项目，加强管理管护，确保早日投产增收。落实资产收益。对2018年筹集64个贫困村、空壳村资金2000万元（投放到县污水处理厂，实现收益518.52万元，村均增收8.1万元）中到期的1000万元和2018年24个扶贫壮大村集体经济试点村（投放到仙游县供销合作社总公司）到期的1200万元投资资金，完成项目续投签约工作；将2021年下达园庄镇枫林村等13个村发展壮大集体经济省级补助资金500万元，按照“县级统一运营、村级集体受益”的办法统一投入仙游县供销合作社总公司，获得固定收益。

落实造福工程集中安置区后续帮扶　摸排全县20个造福工程集中安置区基础配套设施情况，下达钟山镇造福工程集中安置区、书峰乡四黄新村安置区、菜溪乡园宅旧村复垦安置区、菜溪旅游新村4个安置区后续扶持补助资金695万元，用于安置区完善配套基础设施、公共服务设施和“一站式”社区综合服务设施。

推进建制村补短板项目建设　科学谋划县级巩固拓展脱贫攻坚成果和乡村振兴项目库，有项目459个。2021年，下达中央、省、市、县各类财政专项资金5549万元，补助110建制村补齐必要的农村人居环境整治和小型公益性基础设施建设短板项目168个。

【帮扶政策落实】　2021年，仙游县通过调整挂钩帮扶，落实综合保障政策，落实小额信贷政策，除疫情影响，落实“防贫保险”等措施，保障帮扶政策落实。

调整挂钩帮扶　落实“四不摘”要求落实“321”挂钩帮扶机制，针对换届期间人事变动等情况，对干部挂钩脱贫户进行调整，确保每一户脱贫户有干部挂钩，挂钩干部每季度至少入户帮扶一次；调整充实县处级领导干部挂钩脱贫村力量，推进巩固脱贫村成果与乡村振兴有效衔接。开展节前送温暖走访慰问活动，确保入户走访全覆盖。

落实综合保障政策　落实社会救助保障标准自然增长机制与物价上涨联动机制，逐年提高保障标准和补差水平（由2016年200元／月提高至2021年430元／月）。将符合条件的农村困难群众纳入农村低保和特困人员救助供养，实现“应保尽保”。截至2021年底，全县纳入低保（含特困）的脱贫人口2481户7242人，脱贫户纳入低保（含特困）比例42.4%。低保金全部按月通过社会化发放。

落实小额信贷政策　2021年，全县有小额信贷存量贷款536户2248.33万元，执行贴息资金拨付程序，发放财政贴息资金112.24万元。

消除疫情影响　抓好疫情防控工作，下拨两批次疫情防控物资补助资金196.72万元，对623户困难脱贫对象发放生产生活补助171.5万元。县扶贫促进会对受2021年9月、10月疫情影响有返贫风险的159户脱贫对象，每户补助3000元（其中1户感染新冠脱贫户补助5000元），发放补助47.9万元。

落实“防贫保险”　2021年，县扶贫促进会出资67.34万元继续为全县172户566名县级标准三类脱贫对象和监测对象购买帮扶救助保险，涉及自然灾害、意外事故、医疗救助等综合全方位保障，守住不发生规模性返贫的底线。

【扶贫项目“两拖欠”问题排查】　2021年，仙游县部署乡镇（街道）排查党的十八大以来扶贫项目“两拖欠”问题，摸清问题底数，建立工作台账。全县十八大以来扶贫项目1253个、资金4.01亿元，未发现拖欠农民工工资和拖欠项目工程款问题。

（朱剑灿）

为民办实事

【概况】　2021年，仙游县为民办实事项目15件53个，主办单位涉及17个部门、18个乡镇（街道）、3个管委会、1家企业，年度计划总投资30.47亿元，完成投资22.48亿元，占年计划投资的73.78%。

【党建便民工程】　2021年，年计划投资410万元，推进“党建+”社区邻里中心覆盖80%以上的街道社区，采取“1+6+X”的模式，突出以党建引领为主线，完善社区幼有所育、老有所养、病有所医、食有所安、居有所乐、事有所办6项服务功能，拓展其他X项便民服务功能，打通基层党建和社会治理的“最后一公里”，实现社会治理服务和居民幸福指数提升。2021年，完成投资1000万元，占年计划投资的243.9%。

2021 年秋季，仙游县多所公办小学及幼儿园建成投用，新增小学学位 1620 个，幼儿园学位 2000 多个。图为蜚山第二小学　（彭丽程 摄）

【教育强县工程】 2021 年，仙游县教育强县工程主要包括蜚山第二小学（续建）、鲤南中心小学分校（兰溪第二小学）、仙游二中体艺馆（续建）、榜头中学体艺馆（续建）、大济中学运动场、龙华中学运动场、乡镇学前教育提升项目、鲤中幼儿园分园、鲤城龙泉小学综合楼、郊尾阳谷小学综合楼等项目。

蜚山第二小学（续建）年计划投资 2000 万元，建设校舍 1.84 万平方米及运动场、大门等附属设施。2021 年，完成投资 3050 万元，占年计划投资的 152.5%，建成投用。

鲤南中心小学分校（兰溪第二小学）年计划投资 4000 万元，建设校舍 2.24 万平方米及运动场、大门等附属设施。2021 年，完成投资 5800 万元，占年计划投资的 145%，完成年度任务。

仙游二中体艺馆（续建）年计划投资 800 万元，续建仙游二中体艺馆，面积 8100 平方米。2021 年，完成投资 800 万元，占年计划投资的 100%，建成投用。

榜头中学体艺馆（续建）年计划投资 2000 万元，续建榜头中学体艺馆及周边附属配套设施，面积 7900 平方米。2021 年，完成投资 2500 万元，占年计划投资的 125%，建成投用。

大济中学运动场年计划投资 500 万元，建设大济中学运动场 2 万平方米及周边附属配套设施。2021 年，完成投资 500 万元，占年计划投资的 100%，建成投用。

龙华中学运动场年计划投资 500 万元，建设龙华中学运动场 1.04 万平方米及周边附属配套设施。2021 年，完成投资 500 万元，占年计划投资的 100%，建成投用。

乡镇学前教育提升项目年计划投资 1036 万元，新建、改造幼儿园 4 所（园庄云峰中心幼儿园、盖尾芹林幼儿园、度尾中心园分园、榜头第二中心幼儿园），改建校舍面积 9400 平方米。2021 年，完成投资 1036 万元，占年计划投资的 100%，建成投用。

鲤中幼儿园分园年计划投资 200 万元，建设校舍 5100 平方米及大门、围墙、运动场等附属设施。2021 年，完成投资 590 万元，占年计划投资的 295%，完成年度任务。

鲤城龙泉小学综合楼年计划投资 300 万元，建设鲤城龙泉小学综合楼，建筑面积 2400 平方米。2021 年，完成投资 550 万元，占年计划投资的 183.33%，建成投用。

郊尾阳谷小学综合楼年计划投资 200 万元，建设郊尾阳谷小学综合楼，建筑面积 1200 平方米。2021 年，完成投资 290 万元，占年计划投资的 145%，建成投用。

【卫生健康工程】 2021 年，仙游县卫生健康工程主要包括仙游县总医院迁建项目（续建）、瑞峰医院配套项目（续建）、县总医院立体停车库项目、新生儿耳聋基因免费检测等项目。

县总医院搬迁项目年计划投资 2 亿元，总建筑面积约 15.1 万平方米。一号楼为 1 幢 4 层的门诊医技楼，建筑面积 2.84 万平方米；二号楼为 1 幢主体 15 层裙房 4 层的住院综合楼，建筑面积 6.3 万平方米；三号楼为 1 幢 13 层的综合楼，建筑面积 2.13 万平方米；四号楼为 1 幢 4 层的传染楼，建筑面积约 5000 平方米；门卫及其他附属用房，建筑面积约 300 平方米；单层地下室建筑面积 3.3 万平方米；建设配套相关附属工程、绿化、停车场等。2021 年，完成投资 3 亿元，占年计划投资的 150%。完成主体封顶，在进行室内墙体切砖、水电消防安装、传染楼室内外及其他专业科室装修。

瑞峰医院配套项目（续建）年计划投资 1700 万元，开展瑞峰医院二次装修（数字化预防接种、妇儿保、国医堂、DR 防辐射等科室，采购智能化、空调、病床及办公等设施），新建污水处理、配电、消防、消毒供应中心、供氧等附属工程。2021 年，完成投资 1700 万元，占年计划投资的 100%。

县总医院立体停车库项目年计划投资 826 万元，建筑占地面积 355 平方米，总建筑面积 990 平方米，计划建设共有机械停车位 100 个的全自动垂直升降类机械式（大轿厢、每套每层车位数≥ 3 个）停车设备，包含设计方案和施工图纸、土建基础、主体钢结构、外装饰、电气、机械停车、消防、通风、道路广场硬化及室外管网等配套设施。2021 年，完成投资 826 万元，占年计划投资的 100%，已竣工。

新生儿耳聋基因免费检测年计划投资 240 万元，计划实施本县户籍新生儿接受耳聋基因免费筛查 7500 人。2021 年，完成投资 236.94 万元，占年计划投资的 98.73%，免费筛查新生儿 7898 人。

【养老服务工程】 2021 年，仙游县养老服务工程主要包括居家养老专业化服务项目、南桥养老服务照料中心、区域性养老服务中心、长者食堂项目、特殊困难老年人居家适老化改造等项目。

居家养老专业化服务项目年计划投资 1200 万元，将全县“特困供养人员、低保对象、建档立卡贫困人口、重点优抚对象、计划生育特殊家庭成员、重度残疾老年人以及 80 周岁以上老年人”等“七类人员”纳入政府购买服务范围，实现城乡全覆盖，服务人数 2.2 万人（具体以实际排查为准），免费提供老人机一部并提供禾康线上信息化服务，每人每年费用 240 元。对非“七类人员”开展市场化服务并实现全覆盖。2021 年，完成投资 470 万元，占年计划投资的 39.17%，为全县排查出的“七类人员”1.8 万人提供信息服务。

南桥养老服务照料中心年计划投资 1000 万元，新建南桥养老服务照料中心，按照日间照料中心标准建设，配有阅览室、娱乐室、网络室、休息室、餐厅、卫生间、健身器材等。2021 年，完成投资 200 万元，占年计划投资的 20%，建成投入使用。

区域性养老服务中心年计划投资 800 万元，按四星级建设标准，改、扩建 2 个区域性养老服务中心，配有办公室、厨房、洗衣房、棋牌室、多功能活动室、健身室等功能间。2021 年，完成投资 800 万元，占年计划投资的 100%，建成投入使用。

瑞峰医院项目（2021） （唐 伟 摄）

长者食堂项目年计划投资 80 万元，在居家和社区养老服务、农村幸福院等养老设施内建设 17 个长者食堂，为老年人提供餐饮服务。2021 年，完成投资 131.9 万元，占年计划投资的 163.75%，完工。

特殊困难老年人居家适老化改造年计划投资 16 万元，为 160 户困难老年人家庭提供住房适老化改造。2021 年，完成投资 25 万元，占年计划投资的 156.25%，改造完成。

【食品安全工程】 2021 年，仙游县食品安全工程主要包括建设振兴乡村种养一体化生态产业园、治理餐桌污染建设食品放心工程、小学营养午餐配送项目等。

建设振兴乡村种养一体化生态产业园年计划投资 10 亿元，实施正邦集团现代农业产业链项目，在大济镇北山村建设年存栏 10 万头生猪养殖项目。2021 年，完成投资 2 亿元，占年计划投资的 20%。

治理餐桌污染建设食品放心工程年计划投资 175 万元，通过联合执法、广泛宣传、食品抽检、食品安全可追溯建设等方式，重点围绕与人民群众关系密切的“五类产品、一个行业”（畜牧业产品、种植业产品、水产品、饮用水、加工食品和餐饮业）污染开展治理，建立完善食品安全“五主责任”体系、推行食品网格化监管，创新大型食品生产经营者和学校食堂信息化监管方式，确保不发生重大及以上食品安全事故或严重不良社会影响的食品安全事件。2021 年，完成投资 120.16 万元，占年计划投资的 68.66%。

小学营养午餐配送项目继续实施小学营养午餐配送服务试点工作，推广中央厨房进校园供餐模式，计划新增 30 所学校实施营养午餐配送。2021 年，30 所学校完成配送。

【安居保障工程】 2021 年，仙游县安居保障工程主要包括鲤城片区安居项目、鲤南片区安居项目等项目。

鲤城片区安居项目年计划投资 3.6 亿元，新建龙号安置区 7—11 号楼、万福 61 号地块安置区、土寨双桥安置区、坝垅度下安置区等 4 个项目，续建蜚山安置区、育英花园等 2 个项目，建筑总面积 52.53 万平方米。2021 年，完成投资 3.6 亿元，占年计划投资的 100%，完成年度任务。

鲤南片区安居项目年计划投资 2.2 亿元，新建鲤南乌头新村安置小区 3—6 号楼，续建鲤南柳坑宋桥南区安置房、鲤南西林安置房 1—2 号楼、石鼓山公园安置区 5 号及 8—10 号楼，建筑总面积 19.03 万平方米。2021 年，完成投资 2.25 亿元，占年计划投资的 102.27%，完成年度任务。

【道路提升工程】 2021 年，仙游县道路提升工程主要包括鲤城片区道路建设、鲤南片区道路建设、公园街（解放中路至城墙顶路）、仙港大道连接线（枫亭段）、城关大桥改造（续建）、龙泉街改造、县道 X242 仙度线屏山至惠格岭段改造等项目。

鲤城片区道路建设年计划投资 1 亿元，建设东二环北段、贵峰路（迎勋路—东二环路）、北三环路（东大路—东二环）、艺都大道南段等。2021 年，完成投资 1 亿元，占年计划投资的 100%，完成年度任务。

3 月 16 日，仙游县城关大桥改造项目施工现场 （朱彬颖 摄）

鲤南片区道路建设年计划投资 1.04 亿元，建设宫后路（西三路—八二五南街）、书院路（兴泰路—石鼓路）、玉田大道、西华路、来洋路、云井路（云峰路—瑞园路）。2021 年，完成投资 5500 万元，占年计划投资的 53.04%，完成年度任务。

公园街（解放中路至城墙顶路）年计划投资 3200 万元，道路设计总长度 454.48 米，路幅宽度 24 米，双向四车道，主要建设内容包括道路工程、给排水工程、电气工程、交通设施工程等。因旧县属衙门规划调整，暂缓实施。

仙港大道连接线（枫亭段）年计划投资 3200 万元，道路红线宽 24 米，全长 590 米，为城市次干道，建设路基、路面、涵洞、桥梁、排水管道、给水管道、电气及照明、电力排管、通信管道、交通及安全设施、绿化等。完成施工图设计及预算财审。

城关大桥改造（续建）年计划投资 2000 万元，结合旧桥梁对该段道路扩宽建设为双向四车道，增设非机动车道及人行道，并完成相应市政管线工程、交通工程、照明工程及其他工程，改造路线全长约为 365 米。2021 年，完成投资 2000 万元，占年计划投资的 100%，竣工投用。

龙泉街改造年计划投资 1100 万元，建设道路工程、给排水工程、电气工程、交通设施工程等，道路全长 710 米，路幅宽度 16 米，双向两车道。2021 年，完成投资 750 万元，占年计划投资的 68.18%，完成年度任务。

县道 X242 仙度线屏山至惠格岭段改造年计划投资 1200 万元，建设路基、路面、涵洞、排水防护、交叉工程、交通安全设施及附属设施等，道路全长 7.02 千米，四级公路，双车道，路基宽度 7.5 米、路面宽度 7.5 米。2021 年，完成投资 1200 万元，占年计划投资的 100%，完成改造并投用。

仙游县农贸市场人行天桥项目

年计划投资350万元，新建学府东路过街人行天桥（农贸市场）1座。2021年，完成投资350万元，占年计划投资的100%，建成投用。

农村公路硬化项目年计划投资1300万元，实施农村公路硬化工程20千米。2021年，完成投资1300万元，占年计划投资的100%。

县乡道养护提升项目年计划投资1500万元，实施县乡道养护提升100千米。2021年，完成投资1500万元，占年计划投资的100%。

危桥改造项目年计划投资700万元，实施6座危桥改造工程。2021年，完成投资700万元，占年计划投资的100%，改造完成。

【交通便民工程】 2021年，仙游县交通便民工程主要包括仙游驾考和车辆管理中心（续建）、公交线路优化等项目。

仙游驾考和车辆管理中心（续建）年计划投资3000万元，占地面积3.2公顷，建设集驾照考试、证照办理、车辆年检、审验学习等多项业务为一体的驾驶员考试场及车辆管理所。2021年，完成投资1200万元，占年计划投资的40%，完成年度任务。

公交线路优化年计划投资30万元，改善开通公交线路，延伸、优化公交线路2条，扩大公交服务的广度、深度，方便全县群众出行需求。2021年，完成投资30万元，占年计划投资的100%。

【人居环境提升工程】 2021年，仙游县人居环境提升工程主要包括老旧小区改造建设项目、鲤城环卫综合场、垃圾分类屋（亭）建设等项目。

老旧小区改造建设项目年计划投资1.18亿元，实施鲤城街道洪桥社区顶厝片区、十字社区下溪尾片区、坝垅新村片区、十字社区会仙山片区、洪桥社区过溪片区、洪桥社区下溪片区、仙糖社区、南桥社区东南片区8个老旧小区改造建设，建设内容包括雨水管线工程、污水管线工程、通信工程、道路工程、绿化工程及其他配套工程等。2021年，完成投资1.16亿元，占年计划投资的98.3%。

12月1日，作为鲤城街道和鲤南镇两地流通的重要通道——城关大桥正式通车 （朱彬颖 摄）

鲤城环卫综合场年计划投资450万元，建设集垃圾压缩站、公厕等为一体的环卫综合场一座，建筑面积500平方米。2021年，完成投资440万元，占年计划投资的97.78%。

垃圾分类屋（亭）建设年计划投资150万元，建设垃圾分类屋（亭）50座。2021年，完成投资150万元，占年计划投资的100%，建成投入使用。

【文化体育工程】 2021年，仙游县文化体育工程主要包括应急广播体系建设、县体育中心改造项目、全民健身基础设施建设项目等。

应急广播体系建设年计划投资1856万元，一年半内对全县尚未实现公共广播联网的194个行政村实现全覆盖。2021年，完成116个，完成任务的59.8%。2021年，完成投资1856万元，占年计划投资的100%，完成年度任务。

县体育中心改造项目年计划投资1000万元，对县体育中心进行提升，实施体育中心室外游泳池、风雨跑道及管理房改造。2021年，完成投资600万元，占年计划投资的60%。

全民健身基础设施建设项目年计划投资200万元，建设多功能运动场5个、笼式篮球场4个、室外健身路径40套、第二代室外智能健身路径5套。2021年，完成投资200万元，占年计划投资的100%。

【市民休闲工程】 2021年，年计划投资 120 万元，新建 5 个口袋公园，为广大群众运动和休闲提供舒适环境。2021 年，完成投资 250 万元，占年计划投资的 208.33%。

【水利惠民工程】 2021 年，仙游县水利惠民工程主要包括城乡供水一体化项目（续建）、木兰溪防洪生态景观项目（续建）等项目。

城乡供水一体化项目（续建）年计划投资 2 亿元，实施城乡供水一体化，加快推进城区第一水厂迁建、城区第二水厂（二期）扩建、度尾水厂、菜溪水厂、民安水厂、赖店镇农村一户一表改造工程、城区 13 个城中村管网建设及一户一表改造、龙华镇管网建设及一户一表改造等工程。2021 年，完成投资 2 亿元，占年计划投资的 100%。

木兰溪防洪生态景观项目（续建）年计划投资 3450 万元，续建仙度段、盖尾段，全长 25 千米，主要包括防洪、清淤、截污、两侧园林景观、节点主题公园及绿道自行车租赁配套旅游服务设施等工程。2021 年，完成投资 3450 万元，占年计划投资的 100%。

【平安仙游工程】 2021 年，仙游县平安仙游工程主要包括城乡综合执法和服务治理网格化、“雪亮工程”视频监控项目、“综治 +”社区治理中心建设等项目。

城乡综合执法和服务治理网格化年计划投资 2700 万元，打造以综治中心为枢纽，以网格化服务管理为底座的网格化“大平台、大机制、大队伍、大服务、大群防”综治平安建设新模式，提升仙游县社会治理社会化、法治化、专业化、智能化水平，确保队伍稳定和平台正常运转。2021 年，完成投资 2237.11 万元，占年计划投资的 82.86%。

3 月 2 日，位于赖店镇古洋水库旁的城区第一水厂迁建项目加快推进

（郑 丽 摄）

“雪亮工程”视频监控项目年计划投资 1814 万元。2021 年，完成投资 538.74 万元，占年计划投资的 29.7%。

“综治 +”社区治理中心建设年计划投资 100 万元，按照聚焦做好资源整合、功能融合、力量协同，突出共建共享的工作理念，发挥综治牵头协调作用，推进“综治 +”基层社会治理，推动基层社会治理中心与职能部门有机衔接、协同配合，调动各方力量参与社会治理，实现治理效能的倍增效果，2021 年在第一批 10 个试点村（社区）建成集综治网格、治安防控、矛盾纠纷调解、心理咨询、法律服务、平安志愿服务、抢险救灾等为一体的“综治 +”社区治理中心。2021 年，完成投资 100 万元，占年计划投资的 100%，投入使用。

【数字仙游工程】 2021 年，年计划投资 1.18 亿元，新建 5G 基站 549 个，其中移动 300 个、电信 249 个，实现县区 5G 网络无缝衔接覆盖，乡镇主集镇区 5G 网络全覆盖。2021 年，完成投资 1.4 亿元，占年计划投资的 118.22%。

【供电设施提升工程】 2021 年，仙游县供电设施提升工程包括输变电项目、配电网建设等项目。

输变电项目年计划投资 8677 万元，续建园庄 110 千伏变电站 2 号主变扩建工程、昌山 110 千伏变电站 2 号主变扩建工程、度峰 110 千伏变电站 2 号主变扩建工程、凤山 35 千伏输变电工程、社硎 35 千伏变电站主变扩建工程、菜溪 35 千伏变电站主变扩建工程、大济—度尾 T 接仙东变电站 35 千伏线路工程，新开工书峰—大蜚 220 千伏输变电项目变电站工程、书峰—大蜚 220 千伏输变电项目 220 千伏线路工程、书峰—大蜚 220 千伏输变电项目 110 千伏线路工程、城关110千伏变电站改造工程、象洋110千伏输变电工程、石苍35千伏输变电工程。2021年，完成投资8677万元，占年计划投资的100%。

配电网建设年计划投资7200万元，新建配变器192台，新建10千伏线路163千米，改造0.4千伏线路185千米，2021年第四季度投入运营。2021年，完成投资7200万元，占年计划投资的100%。

（范贤伟）

信访工作

【概况】 2021年，仙游县人民政府信访局（简称“县信访局”）贯彻落实习近平总书记关于加强和改进人民信访工作的重要思想，坚持信访制度改革，深化“四门四访”“最多投一次”阳光信访工作机制，完善县乡级信访联席会议，注重综合协调、协同推进。2021年，莆田市对各县区（管委会）信访工作绩效考评，仙游县位居全市前列。

2021年，收到群众来信来邮5562件，比上年增加24.2%，办理工作提速增效，群众满意率大幅提升，重信重访率明显下降，群众对国家信访局登记件满意率82.8%，比上年提升63.2个百分点，重信重邮率47.5%，比上年减少5.5个百分点；群众到国家、省、市、县信访局上访377批438人，比上年批次、人次分别下降4.8%、16.7%，群众到国家信访局上访量下降明显，批次和人次各下降43%。

【领导接访】 2021年，县信访局推动县乡领导“进万家门、知万家情、解万家忧、办万家事”，常态化落实领导干部接访下访制度，推进领导在基层一线接待群众、现场办公、调查研究、宣传政策，使群众合理合法诉求得到妥善解决。优化每月15号县领导干部接待群众来访活动方案，县主要领导、挂钩联系乡镇处级领导及乡镇主要领导共同接访、部分县直部门主要领导协助接访，并将接访的信访事项化解率纳入绩效考评的一项重要指标，将“件件有落实、事事有回音”落到实处。深化“四门四访”“四访四通”工作机制，组织县党政主要领导每月15日定期接访和其他县处级领导带班接访，落实开门接访、就地解决矛盾纠纷，进门约访、主动化解重点问题，登门走访、落实疏导帮扶，上门回访、倾听民声民意。通过“四门四访”活动，接待群众3199批次；市、县主要领导定点接访44件，化解40件。仙游县推进服务和保障民营企业发展，落实“四访四通”机制的经验做法，得到省信访联席办的肯定和推广。

【信访秩序】 2021年，县信访局组织开展治重化积专项工作，明确目标任务，严格措施要求，持续跟踪推进。落实“五个一”机制（每一件越级进京访、信访积案攻坚件明确一名包案领导、一个工作专班、一套化解方案、一份会议纪要和一套措施），信访积案得到有效化解。整治攻坚工作开展以来，化解10年以上积案2件，化解5年以上10年以下积案20件，化解3年以上5年以下28件。集中组织“百日攻坚”活动。8月、11月开始，全县先后组织开展治重化积百日攻坚活动，并将目标任务列入县委、县政府开展“攻坚两个月、奋战六十天”开展矛盾纠纷大排查大化解大整治“百日攻坚”行动，实行“周下访会商、月督查通报”制度，着力攻坚化解。市交办涉土地建房纠纷66件，化解48件；省、市交办第一批治重化积386件，化解386件，反弹16件；省、市第二批交办治重化积91件，化解40件。坚持依法处置工作。加大帮扶救助力度。采取调解帮扶方式，解决信访人生产生活中遇到的实际困难问题。2021年，省下发治重化积专项资金17.8万元，县财政拨付50万元作为信访积案化解基金，解决信访积案30件。

【信访机制创新】 2021年，县信访局完善信访评理＋调解机制，通过开展“评理示范室”“黄金评理室”等活动，发挥评理室在信访矛盾调处中的作用，统筹利用各种资源，发挥访调对接、诉访对接、公调对接等优势，做到“小事不出村，大事不出镇，矛盾不上交”。落实首办负责制，健全定期会商制，明确考评奖惩制，严格精准追究制，确保初信初访件件有着落、事事有结果。截至12月31日，全县办理初信初访信访件2036件，及时受理率、按期办结率100%，群众满意率大幅提升，办理每件信访事项的平均天数为5.7天。县内乡级信访联席会议召开191次，调处矛盾纠纷328次，化解初信初访200件，化解信访积案179次，开展风险评估28起，防范重大项目决策社会安定稳定风险13起。

（黄建烟）

行政服务

【概况】 2021年，仙游县行政服务中心（简称“县行政服务中心”）围绕深化“放管服”改革优化营商环境工作，做好“五促一保一防一控”重点工作，实施“双轮”驱动，为仙游县全方位高质量发展超越提供服务保障。

2021年，仙游县行政服务中心服务大厅办理各类审批服务事项1848项，受理事项33.37万件，当日办结27.72万件，即办事项办件量占比83.07%，事项网上可办率96.48%，网上办件率56.2%。2021年，公共资源交易中心累计完成国有土地出让4宗的商业土地出让，获得出让金10.27亿元，溢价4.18亿元，溢价率68.64%；工程进场交易项目65个，政府采购进场交易项目61个，产权进场交易项目9个。

【行政审批改革】 2021年，县行政服务中心开展“我为群众办实事”实践活动。推进“党建+”邻里中心建设。协调推进医保部门、公安部门、人社部门共171个事项下沉到“党建+”邻里中心“事有所办”代办点，并印发操作指南，组织人员业务培训。推进“帮帮团”帮办代办服务。组织相关部门人员前往企业驻地，对企业项目申报进行全程指导、帮办、代办。截至2021年底，“帮帮团”成员对6个工程项目的相关审批手续进行全程帮办代办服务。

2021年，县行政服务中心加强“互联网+”政务服务建设。全年实现电子证照应用率100%、行政许可事项即办率79.83%以上，94.47%网上办事大厅服务事项实现“一趟不用跑”。优化“一件事”建设，重新配置22个高频“一件事”集成套餐服务审批事项要素，“一件事”套餐办件4852件。强化电子证照应用，督促各审批单位做好电子证照应用和纠错工作，协助解决证照调用中出现的问题。1—9月，仙游县向市电子证照库推送各种政务数据8.5万条，电子证照应用率99.48%。协调推进“五级十五同”事项更新调整，依附福建省网上办事大厅后台，指导各部门做好“五级十五同”事项的更新、取消、调整审核。督促各部门做好预审受理，每天定时监测省网各部门预审事项，督促、指导相关单位做好预审受理，全年进驻中心各部门无预审超期件。

2021年，群众在县行政服务中心的24小时便民自助服务区内的“莆田政务便民服务站”自助机自助办税（2021） （郑 丽 摄）

2021年，县行政服务中心推进工程建设项目审批制度改革。工程建设项目审批服务办件749件，网办率100%，其中项目审批并联率94.54%。推行“两制三多四联”应用，告知承诺制办件114个、联合验收办件数量26个、多规合一项目17个、联合踏勘项目43个。推进园区（企业）综合服务中心建设，督促指导仙游经济开发区推行“党建+”园区（开发区）邻里中心建设，推动部分高频涉企政务服务事项通办，7月21日，仙游县经济开发区“党建+”邻里中心揭牌运行。

2021年，县行政服务中心抓好审批服务督查。全年发出各类督查通报16期，远程视频督查周报38份，对各窗口单位业务卷宗进行5次随机抽查，服务指南及一次性告知单更新情况的专项督查1次，发现主要问题8个，整改到位。妥善处理投诉，全年妥善处理莆田市“12345”便民服务平台投诉件82件、现场投诉件6件、电话投诉4件，满意率100%。优化政务服务“好差评”，“好差评”总评价数2.84万条，其中非常满意2.84万条，满意10条，满意率100%。

【无疫单位创建】 2021年，县行政服务中心落实疫情防控常态化。抓好疫情防控常态化工作，做好无疫单位创建，组织工作人员接种新冠肺炎疫苗与核酸抽检，实时监测工作人员健康情况，落实扫码、亮码、测温工作，储备防疫物资并定期发放使用。9—10月，抽调17名工作人员前往枫亭、莆田、盖尾、社硎等地参与抗疫工作。

（谢 伟）

行政效能建设

【概况】 2021年，仙游县机关效能建设领导小组办公室（简称“县效能办”）完成组织协调机关效能建设工作；拟定机关效能建设有关制度；监督检查机关效能建设工作；组织开展绩效管理工作；办理效能投诉；实施效能问责和受理不 服效能问责的申诉；办理机关效能建设的其他事项，包括承担省、市机关效能建设工作；机关效能建设领导小组的日常主要工作职责；重点督查重点项目任务落实、项目审批、服务保障等情况；办理主要领导重点批办、交办件；开展机关作风的督查，围绕机关效能建设制度执行情况，重点检查和发现服务作风、服务态度、服务效率等方面存在的慵懒问题；负责县机关效能建设监督员的日常工作联系，组织开展活动；受理“12345”投诉热线。县效能办内设机关效能投诉中心，承担效能办日常工作。

【政务服务监督】 2021年，县效能办完善政务服务“好差评”制度，做好配合市统一政务服务管理平台与省网上办事大厅、“闽政通”App的统筹衔接，通过以评促改持续提升政务服务质量。聚焦作风纪律、办事效率、人员管理等方面，加强行政服务中心日常视频监督，加大对县乡两级行政服务中心规范化管理的暗访力度，持续优化窗口规范化服务。2021年，开展督查100多人次、远程视频监督300多频次，发出效能通报、督查专报22期，对发现影响营商环境、“为官不为”的行为进行责任倒查，效能问责39人次。

【效能督查】 2021年，县效能办执行《仙游县2021年督查检查考核年度计划》，聚焦强产业、兴城市“双轮驱动”为重点、高质量发展战略目标，紧扣省130项、市137项、县185项政府工作主要任务及县12件为民办实事项目，开展年度效能综合督查，推动决策部署落地见效。会同省、市效能办开展效能督查，督查发现问题49个，召开专题布置整改会议6次，约谈相关责任领导20多人次，督促整改到位问题40个、整改中问题9个。对全县疫苗接种、疫情防控工作进行针对性跟踪督查，对存在问题突出、疫情防控不力的典型问题，持续跟踪督办、倒查问责8人次，督促落实疫情防控工作。围绕“攻坚两个月、奋战六十天”强督查，聚焦项目促开工、促进度、促竣工等环节，紧扣用地、规划、征迁安置等难点阻点抓攻坚，精准督查，主动靠前服务，推动项目建设提效。

【行政绩效管理】 2021年，县效能办围绕全方位推动高质量发展落实超越和美丽新仙游建设主线，突出开放招商、强化项目带动等重点工作，突出发展综合质量效益、新发展理念、改善民生、提升政府治理效能等方面的关键指标，构建设置科学、重点突出、导向明确的绩效考核指标体系。根据参评单位职能职责和工作特点，加大差异化考评力度，促进考评更精准，对垂管单位、公共服务部门重在考评服务地方经济情况。实行定量与定性指标并举，适时组织研判调度，紧跟落实成效，营造争先创优氛围。仙游县2017—2020年连续四年市对县绩效考评位居莆田市第一，实现绩效考评四连冠。

【效能投诉办理】 2021年，县效能办办理群众投诉，提高办理质量，促进工作机制和行政方式的转变。对涉及发展环境和群众利益的问题受理一起，查处一起，教育一批，并督促有关单位抓好整改落实，解决侵害企业和群众利益突出问题。2021年，受理机关效能投诉件34件，办结34件，办结率百分百。

【“12345”热线平台建设】 2021年，县效能办解决民生诉求，顺应“12345”平台快速联动新要求，筹建全县“12345”便民服务热线平台。全县办理“12345”诉求件3.25万件，处理完毕3.04万件，及时查阅率100%、及时回复率100%，回访满意率96.7%，网评满意率99.5%（其中，县长前往市“12345”热线中心接线8次276件，办理到位270件，跟踪办理6件）。疫情期间，开通24小时防疫专线，联动18个乡镇（街道）及相关职能部门，为市民当场解答、解决与疫情防控等方面的咨询和诉求。日均受理近200件，全年受理解决6000多件。

【百姓监督】 2021年，县效能办联合县电视台、行政服务中心在每周一期的“百姓监督”栏目中开设《美丽进行时》《执法进行时》《马上就办》专栏。通过曝光一些群众反映强烈的热点难点问题，以及部门、乡镇存在不作为、慢作为等作风问题，加强跟踪督办；报道仙游县在营商环境建设方面推出的各种措施，在全县树立“马上就办”的工作理念，营造“马上就办、真抓实干”的干事创业发展氛围。全年播出46期，涉及乡镇、县直单位问题19个，整改13个，整改中6个。

【效能问责】 2021年，县效能办加强《福建省机关效能建设工作条例》（简称《条例》）的贯彻落实，发挥《条例》赋予的效能督查建议、效能问责等手段，加大对“中梗阻”“慵懒散拖”等行为的整治力度，做到有责必问，有错必纠。2021年，对“两违”、信访、安全生产、机关效能、作风纪律等方面工作落实不到位、违反作风纪律规定及不作为、乱作为、慢作为等“为官不为”的39人次给予效能问责。

（赵令钱）

数字政务

【概况】 2021年，数字仙游信息中心组织实施“数字仙游”建设工作，指导、审核各部门各行业数字化发展规划及实施计划；组织和指导全县政务信息网络的规划、建设、维护和管理；负责县政府网站的建设、维护、更新；指导和协调全县政务信息资源的整合与开发应用；指导全县公务员办公自动化应用培训。做好全县政务网络的建设和管理维护工作，为政府各部门信息化建设和应用提供技术支持，提供机房的网络资源、平台资源，保障全县政务信息网、电子政务外网畅通运行。推行政务协同办公系统应用，为全县党政机关提供信息化办公支撑，推进协同办公系统升级，打造移动端办公应用。抓好县政府网站建设，推进政府网站标准化、规范化建设，打造政务公开平台和便民服务平台。做好视频会议系统保障，确保视频会议系统正常召开。

【“互联网+政务服务”】 2021年，数字仙游信息中心推进电子证照应用工作，全县电子证照入库超过160万条，电子证照引用率99%以上。深化“互联网+监管”工作，统筹协调各部门完成“互联网+监管”监管事项目录清单认领、监管事项检查实施清单梳理、监管数据录入等各项工作。推进“互联网+政务服务”，推行“马上就办”掌上便民服务，推广“政通”“惠民宝”移动端应用，完成营商环境和放管服巡察反馈问题整改。

【数字经济】 2021年，数字仙游信息中心做好规划引领，出台《2021年数字仙游工作要点》，启动编制《数字仙游“十四五”发展规划》，统筹推进新一代信息技术与仙游县关键领域、重点行业融合发展。做好对数字经济发展服务，协助企业申报数字经济项目的优惠政策，助推仙游县数字经济企业发展，智慧U站智慧便利店项目入选省数字经济应用场景典型案，国投云信入选省数字经济“瞪羚企业”。做好数字经济统筹推进工作，抓好每年“数字中国”峰会参会和筛选项目申报工作，协同县工信局、商务局等部门推进数字产业化、产业数字化，推进信息基础设施建设和数字赋能实体经济。

【助力疫情防控】 2021年，数字仙游信息中心加强疫情期间的政务视频会议系统的保障，开设八闽健康码咨询热线，接受八闽健康码误判人员转码申请及时审查上报，做好八闽健康码的应用推广。

（郑建胜）

应急管理

【概况】 2021年，仙游县发生生产安全事故5起，比上年增加1起；死亡4人，比上年减少1人；没有发生较大以上生产安全事故，全县安全生产形势总体平稳。

【综合协调】 2021年，仙游县强化县安委会、减灾委和防汛抗旱、森林防灭火指挥部等“两委两部”统筹抓总作用，巩固“1个安委会+28个专项整治指挥部”安全生产责任体系，完善信息联通、会商研判、警示提醒、通报督办等工作机制，调整县安委会组成人员，组织开展2020年度安全生产目标责任制考核，加强考核结果运用。成立县消防安全委员会，推进18个乡镇（街道）组建消安委，统筹加强全县消防安全综合监管。

【专项整治】 2021年，仙游县将安全生产专项整治三年行动和“五清”（厘清职责、查清底数、亮清举措、扫清隐患、补清短板）行动作为2021年防范化解安全风险的“主抓手”，出台《全县安全生产“五清”行动实施方案》，形成“1个总体+10个重点领域专项+N个其他领域专项”整治模式，把“五清工作法”运用到各重点行业领域专项整治过程中，深化道路交通、消防、危化品和烟花爆竹、建筑建设、学校、特种设备、城镇燃气、景区和非景区景点等专项治理。2021年，全县各级各有关部门督促治理安全隐患8128项，督办整治重大隐患3家，责令暂时停产整顿86家，关闭取缔37家，约谈警示16家。

【道路交通安全】 2021年，仙游县查处各类重点交通违法2.96万起，综合治理道路安全隐患点293处，完成整治列入全省为民办实事道路安全隐患点6处。利用“莆田行”智能系统对437部重点车辆在超速、疲劳驾驶、右侧盲区等安全隐患问题方面进行实时监测预警。通过监控图像回放查处行人翻越交通隔离护栏违法行为，对事故多发的渣土运输企业实施“开小灶”整治。投入资金1000万元对7座危桥项目进行改造；投入资金800万元对“四好农村公路”进行提升，总里程160千米。

【危险化学品和烟花爆竹安全】 2021年，仙游县审批烟花爆竹零售店119家，摸排治理使用氧气、乙炔切割生产经营单位158家、餐饮场所非法使用醇基燃料34家，将3家危化品生产企业、7家烟花爆竹批发企业全部接入应急管理部门感知网络平台、1家重大危险源接入省安全生产风险预警平台，进行智能化监管。

【工贸和非煤矿山安全】 2021年，仙游县推进双预防机制建设，全覆盖检查在生产非煤矿山企业2家，督促工贸企业创建及复审安标化173家，开展鞋业企业安全排查整治224家，采取行政处罚15家，罚款40多万元，警示约谈工贸企业12家，组织重点工贸企业主要负责人、安全员业务培训1200多人、电工作业培训140人、电气焊工作业人员134人。

【房屋结构和建筑施工安全】 2021年，仙游县开展房屋结构安全专项治理三年行动，排查房屋25.46万栋，复核农村房屋19.68万栋，完成处置重大危房916栋，排查整治钢结构房屋309栋、农村在建房屋606栋，排查全县75个在建项目，检查塔式起重机269台、施工升降机299台。

【燃气安全】 2021年，仙游县检查储配站、供应站、加气站等场所150次，排查整治安全隐患问题152个，摸排食堂、餐饮等重点用气单位793家，督促整改问题264个。开展城镇燃气联合执法行动38次，取缔非法经营、储存点29处，行政拘留2人；查处非法运输4起。完善燃气设施设备，新建乡镇供应站5个、提标改造9个。建成管道燃气临时监控调度中心。

【特种设备安全】 2021年，仙游县开展电梯、大型游乐设施、压力容器、压力管道、起重机械、锅炉等各类专项检查行动，累计出动监察人员1012人次，检查特种设备使用单位451家次、检查特种设备1172台次，整改一般安全隐患30处，定期检验率99%、使用登记率100%、问题整改闭环率100%。完成检验气瓶2.5万只，报废处理检验不合格及超使用年限气瓶2.1万只。

【学校安全监管】 2021年，仙游县开展学校安全隐患排查，整治一般安全隐患181处。对全县115所幼儿园264辆校车进行安全专项检查，强化校外租住学生管理，梳理排查春季全县租住校外学生9747人、秋季全县租住校外学生1.42万人，加强38家持证照校外培训机构安全管理。

【应急演练】 2021年，仙游县推进第一次自然灾害综合风险普查。福建省森林消防总队莆田市驻防分队定点驻防仙游县，联合开展森林灭火培训演练。建强县森林消防队伍，投入45.5万元用于配置无人机、配齐基层扑火物资装备，推行森林防灭火“1—2—3”实战工作法，做到“第一时间”应急响应。举办3场多类型、跨领域的“应急砺兵——2021”防汛、消防、危化品应急处置等全县性应急综合演练。启动防暴雨Ⅳ级应急响应8次、Ⅲ级应急响应1次，防范2021年第9号台风“卢碧”影响，防御多场较明显降水过程。

【应急宣传教育】 2021年，仙游县先后组织开展安全生产咨询日、应急救援演练、安全知识竞赛等全国第20个“安全生产月”系列活动，集中学习观看《生命重于泰山》专题片165场次，组织观看警示教育片103场次，开展灾害险难逃生、自救互救演练248场次，推进安全宣传教育“五进”（进企业、进农村、进社区、进学校、进家庭）活动620余场次。乡镇换届后，举办全县安全生产和防汛备汛业务培训会，县直各有关单位主要负责人、各乡镇

（街道）党政领导班子成员及安全监管人员等受训人数500余人。

（许荣华）

【防震减灾】 仙游县地处福建东南沿海地震带上（长乐—诏安、南日岛—沙县断裂带交叉贯穿境内），存在发生破坏性地震地质构造背景。2021年，仙游县地震办（简称“县地震办”）围绕地震监测预报、灾害预防、应急救援三大体系建设，开展防震减灾各项工作。

地震监测预报　2021年，县地震办配合上级部门加强对7个地震监测台网和6个地震宏观异常观测点、“仙游县地震烈度速报与地震预警信息发布系统运用示范”等科技项目的运行管理，落实地震前兆异常、上报与处理；运用“互联网+监管”形式，对金钟水库等地震监测台站（网）的保护和运行管理情况进行检查，3月17日、7月14日、12月8日，分别协同省、市地震部门到石苍乡济川、金钟水库等地开展调研，协调金钟水库管理局定期向省地震局报送温泉水样，用于开展温泉地球化学研究调研，为地震前兆观测提供依据。各地震监测设施和观测环境保护良好，运转正常；把防震减灾工作纳入网格化综治平安管理，该项工作在全市起到示范带头作用。联合县网格化中心将全县465名乡镇、街道网格员纳入地震群测群防网络，通过组织网格员开展地震监测预防专题培训、模拟演练等活动，提高网格员群策群防意识，5月28日，由县地震办牵头组织，莆田市、县、镇、村各级首次联合在榜头镇新郑村开展防震减灾网格化管理培训及演练活动。依托南桥、木兰这两个“党建+”邻里中心社区优势平台，拓展防震减灾业务，创建防震减灾网格化试点社区。11月5日，由县地震办牵头组织，市、县地震部门、红十字会、鲤城街道等联合在南桥社区举行防震减灾网格管理培训及演练活动。

抗震设防　2021年，县地震办推行行政审批制度改革工作，会同有关部门共同加强对建设工程抗震设防的事中、事后监管，推进“互联网+监管”工作，完成事项认领7个主项12个子项，组织开展4次监管检查；开展自然灾害防治“九项重点工程”相关工作，制定《仙游县地震易发区房屋设施加固工程实施方案》和《仙游县房屋设施抗震设防信息采集和动态更新机制的工作方案》，开展地震易发区房屋设施的抗震性能调查等工作，完成房屋设施抗震设防信息首次采集，采集加固工程46项，新建工程750项；参与优化营商环境工作，推进各园区区域性地震安全性评价工作，协助指导仙游经济开发区开展慈岳片区区域性安全性评价工作，评价报告通过省地震局的审查；县地震办协同市地震局加强对西气东输——仙游天然气综合利用项目等重大工程地震风险评估（地震安全性评价）工作的监管检查，通过资料及现场检查，该项目的地震安全性评价工作开展符合相关规定要求。

公共服务　2021年，县地震办在“5·12”全国防灾减灾日、“7·28”唐山地震纪念日等科普活动时段，结合疫情防控实际情况，采用“线上为主，线下为辅”“重大纪念日与日常工作相结合”“系列活动与专题宣传相互补充”等方式，通过开通微信公众号、购买信息服务、群发短信等方式开展系列防震减灾科普宣传活动。联合仙游移动公司制作“仙游县防震减灾科普宣传视频短片”，将比较常见的几种环境下如何逃生避险制作成短

5月12日，仙游县地震办、应急局、中国移动仙游分公司等单位联合在县城区鲤中步行街举行“5·12”防震减灾科普宣传活动

（县地震办 供稿）

视频，通过彩信向7万多名手机用户发送，提升民众的防震减灾意识及逃生避险能力；成立防震减灾科普宣传队伍，注重发挥网格员进村入户方便及贴近基层民众的特点，将网格员纳入宣传队伍，发挥网格员的宣传辐射作用。2021年，仙游县网格员向各类人群开展防震减灾宣传2.4万人次；将防震减灾知识纳入县委党校、行政学校干部培训课程，6月25日，县地震办人员在县委党校、行政学校为乡镇、部门领导作防震减灾科普和法律法规业务培训，提高各级领导干部和职能部门应对地震灾害的意识和指挥调度能力；指导华侨中学创建国家级、仙游职业中专和城东中心小学创建省级、蜚山第一小学创建市级防震减灾科普示范学校，组织讲师到各学校作防震减灾科普宣传讲座及开展演练活动。

地震应急管理　2021年，县地震办推进地震应急避难场所建设，新建完成游洋中学、大济中学、西苑凤山新村3处地震应急避难场所，仙游县地震应急避难场所总数25处，超额完成上级下达每个乡镇（全县18个乡镇、街道）至少拥有1处地震应急避难场所的要求；根据《仙游县地震预警信息发布实施方案》要求，开展地震预警信息发布终端建设并加强管理。超额签约完成649处，安装完成537处地震预警终端建设。

（黄海清）

【消防】　2021年，仙游县消防救援大队（简称“县消防大队”）总人数78人，下辖城关、枫亭、榜头3个消防救援站，拥有各类灭火、救援、专勤、保障消防车14辆，消防救援指挥车和执法行政车4辆，冲锋舟1艘，橡皮艇1艘，各类器材装备5983件（套）。2021年，仙游县组织检查单位2459家次，督促整改各类火灾隐患1257处，对消防违法行为实施消防行政处罚41起，临时查封场所16处，责令“三停”单位15家，罚款51.5万余元。县“三合一”整治办公室牵头排查“三合一”场所153处，下发督办函27份。度尾镇、郊尾镇两支政府专职小型消防队伍投入运行，新建城关消防站，提升消防站应急保障能力。

应急救援　2021年，县消防大队接警出动1010起，出动车辆1493辆次，出动警力8957人，抢救被困人员73人，疏散被困人员41人，未发生较大以上火灾事故。完成建党百年、仙游县疫情防控等系列重大安保任务。城关消防救援站被省消防救援总队表彰为“基层建设标兵消防救援站”“五四红旗团支部”，被莆田市团委表彰为“青年五四奖章”集体。

防火工作　2021年，仙游县将消防工作纳入社会治安综合治理和政府安全生产责任目标考评和党政领导综治目标责任书，在原有消防工作联席会议基础上调整升级；推动成立由县主要领导牵头、相关职能部门和单位为成员的县消防安全委员会；推进消防安全专项整治三年行动，提请政府组织开展“冬春火灾防控”“百日攻坚行动”“电动自行车消防安全”和“纺织印染行业消防安全”“除隐患保平安、迎建党百年”等专项治理行动；制定《仙游县消防安全“五清”行动专项实施方案》，从厘清职责、查清底数、亮清举措、清除隐患、扫清欠账5个方面全面提升，从源头上、机制上、基础上做到补齐监管短板，堵塞管理漏洞，完善落实消防安全责任制。强化老旧街区隐患整治，梳理出全县老旧街区，涉及10个乡镇、14个老旧街区。推行“1巷2栓3站”（1个巷子标配2个消防栓、3个微型消防站）、“1户3器”（1户标配灭火器1个、烟感报警器1个、漏电保护器1个）火灾防范基础建设。县长吴海端、常务副县长

11月9日，纪念习近平总书记授旗训词三周年暨2021年仙游县“119”消防宣传月启动仪式在中骏世界城广场拉开序幕。图为消防高空救援演练　（唐伟摄）

黄少敏等县领导对鲤城田岑底老旧居民区开展消防安全专项调研，并对整治提出具体要求；组建乡镇消防应急救援专职队，消防应急救援专职队队长由乡镇科级干部担任、副队长由属地派出所分管日常工作的副所长担任，开展隐患排查治理，承担抢险救援和灭火救援等应急救援工作。

监督执法　2021年，县消防大队检查单位2530家，发现督促整改火灾隐患1343处，下发责令整改通知书770份、行政处罚决定书41份、临时查封决定书16份，责令“三停”15家。

后勤保障　2021年仙游县财政拨付消防经费400万元、车辆器材装备专项经费425万元。城关消防救援站新站营房主体竣工，综合馆建设中。对枫亭消防站消防员办公室、健身房进行改造升级；对榜头消防站篮球场、营区文化长廊进行改造升级。

（傅厚山）

退役军人事务

【概况】 2021年，仙游县退役军人事务局（简称“县退役军人事务局”）贯彻落实习近平总书记关于退役军人工作重要论述和重要批示指示精神，围绕“让军人成为全社会尊崇的职业”这一目标，忠实践行初心使命，开展各项工作，为全县退役军人提供服务保障。2021年，市对县双拥工作年度考评仙游县位居全市第一。

【“法律政策落实年”活动】 2021年，县退役军人事务局投入资金1.63万元，征订《中华人民共和国退役军人保障法》系列丛书384册，供全县退役军人事务系统工作人员学习使用。综合运用主流媒体、新媒体、传统手段等多种宣传形式，开展《中华人民共和国退役军人保障法》学习宣传活动，构建多层次、立体化、全方位的宣传网络，推动《中华人民共和国退役军人保障法》进企业、进农村、进机关、进校园、进社区、进军营，为退役军人保障法的贯彻实施营造社会氛围。推进退役安置、培训就业、优待激励、服务站建设等工作，落实主体责任；做好户口登记、编制保障、子女就学、就业服务、医疗优待、养老优待、法律援助等工作，协调督促相关部门履行法定职责。

【为烈士寻“亲”活动】 2021年，县退役军人事务局把开展为烈士寻“亲”活动作为落实党史学习教育中为群众办实事的具体行动，整理安葬在仙游县烈士陵园内6名原籍不详烈士的名录，登录烈士寻亲政府公共服务平台，开展为烈士寻“亲”活动，找到2位烈士家人。6月3日，仇敬德烈士的儿子仇炳泉、孙子仇寿国等一行4人到仙游县烈士陵园祭扫。仙游县为烈士寻“亲”活动的做法，被退役军人事务部“中国退役军人”新媒体平台、省退役军人事务厅官网、《福建老年报》、《湄洲日报》、莆田市退役军人事务局公众号、仙游广播电视台、《仙游今报》、仙游报道等媒体分别进行宣传报道。

【助力疫情防控】 2021年，县退役军人事务局系统全体干部职工服从县委、县政府的指挥，下沉抗疫一线。向全县广大退役军人发出《倡议书》，组织广大退役军人组建党员先锋队、退役军人志愿服务队，协助开展核酸检测、卡口执勤、核验“绿码”、测量体温等志愿服务，以实际行动诠释“退役不褪色、退伍不退志”的铮铮誓言。加强与退役军人创办企业联系对接，在落实疫情防控措施的基础上，帮助企业解决生产经营中的困难，助推退役军人企业复工达产。

【抚恤优待经费发放】 2021年，县退役军人事务局做好优抚对象年度确认和入户核查工作，掌握优抚对象各项信息数据，确保抚恤补助资金发放及时精准。按照标准对重点优抚对象医疗补助资金申报情况进行审核，全年解决重点优抚对象医疗补助资金90.36万元。建立常态化联系退役军人制度。确定多名困难退役军人作为省、市、县三级挂钩联系帮扶对象，定期走访慰问困难退役军人，并送去慰问金。

【烈士纪念设施保护管理】 2021年，县退役军人事务局制定方案，组建工作专班，全面摸底排查，逐一建档造册，做好烈士纪念设施的保护管理工作。做好零散烈士墓搬迁的思想动员工作，并注重抓好搬迁的各个环节，将零散烈士墓迁入仙游县烈士陵园内，以便更好地保护管理。截至年底，迁入县烈士陵园82座。5月，县财政追加投入资金13.1万元，将仙游县革命烈士陵园的卫生保洁、绿化养护纳入主城区卫生保洁管理“1+N”服务项目，提升烈士纪念设施的管护水平。

【烈士公祭活动】 2021年，仙游县在县革命烈士陵园开展“守护·2021清明祭英烈”祭扫活动及“学党史、悟思想、办实事、开新局”志愿服务，全体人员在烈士纪念碑前重温入党誓词，并敬献鲜花、鞠躬默哀，瞻仰烈士纪念碑等，表达对革命先烈的缅怀之情。参观仙游县革命纪念馆，聆听红色故事，上专题党课；到仙游县烈士陵园代烈士亲属祭扫烈士墓，赓续英烈精神，发扬革命精神，汲取奋进力量。清明节前夕，全县机关企事业单位、学校及社会团体等各界人士1万余人次，开展清明节文明祭扫革命英烈活动，通过敬献花圈、默哀致敬、重温入党誓词、参观烈士纪念馆等，缅怀烈士丰功伟绩，弘扬先烈崇高精神活动在《湄洲日报》《莆田晚报》等进行专题报道。

【安置就业】 2021年，仙游县深化“阳光安置”“直通车”安置机制，妥善安置转业军官和转业士官，完成接收2021年秋冬季退役士兵任务。把帮助退役士兵迅速融入社会、转变角色作为一项民生工程，围绕退役军人就业创业需求，创新退役士兵“技能培训+专场招聘+拥军贷”就业创业模式，搭建为退役军人就业创业提供教育培训、招聘、融资同向发力的“一条龙”服务平台，助力退役士兵就业创业。摸排部分退役士兵就业困难信息，与县人社部门合作，开展“电子商务师”“中式烹调师”等职业技能免费培训，依托县人才职业培训学校和创越职业培训学校，在度尾镇潭边社区、京东（仙游）数字经济产业园采取集中教学、实训结合的方式举办职业技能培训，帮助退役军人掌握一技之长。在搭建培训平台的同时，为受训的退役军人提供双向选择的就业机会。针对自主创业可能遭遇缺乏启动资金的难题，与仙游农商银行合作，创新推出退役军人专属信贷产品——“拥军贷”、“拥军贵宾卡”、存款理财等“拥军”系列产品，满足退役军人从事种植、养殖、经商等生产经营和消费、安居乐业的贷款需求，在贷款利率、金额、期限等方面给予政策倾斜，解决全县退役军人自主创业的资金难题。仙游县创新退役军人就业创业模式的做法，被莆田电视台、《湄洲日报》、《莆田晚报》、《莆田侨乡时报》等媒体分别报道。截至年底，举办技能培训6期，助力退役士兵就业创业，发放“拥军贷”420万元。在福建省“建行杯”第二届退役军人创业创新大赛中，仙游县退役军人创办企业——莆田市尖兵旅游开发有限公司选送的《追寻三梦合一，尖兵重装启航》参赛项目获三等奖。

【双拥共建】 2021年，县委常委会专题听取双拥工作汇报，对创建新一届省级双拥模范城进行部署。发放2021年随军家属未就业补助资金，办理部队随军家属随调，提供全额事业单位用于定向招考部队随军家属。在全国双拥办举行的双拥文艺作品征集评选中，仙游县选送的微视频《初心不改，逐梦前行》作品获二等奖。印发《关于开展纪念〈军民情·七律〉刊发30周年系列宣传活动的通知》文件，提出六大方面活动内容。组织党政机关、企事业单位与驻仙部队共建，推进双拥工作创新发展。在社区“党建+邻里中心”建设中添加退役军人服务保障体系建设内容，在第一线营造“让军人成为全社会尊崇的职业”氛围。投资68万元，在人流量大的客山公园建设双拥国防教育主题公园；在中骏世界城打造双拥主题广场，包含“拥军一条街”“拥军门店”建设；利用通信铁塔设立双拥主题宣传阵地，悬挂双拥主题大型公益广告牌，多次开展双拥宣传教育活动。

【立功受奖】 2021年，县退役军人事务局开展为立功现役军人家庭送喜报活动，为荣立三等功、获嘉奖的现役军人家庭送去立功喜报，并发放奖励金。

（阮俊杰）

政协仙游县委员会

综　述

【概况】　2021年，中国人民政治协商会议仙游县委员会（简称“县政协”）围绕统筹推进常态化疫情防控和经济社会发展，履行政治协商、民主监督、参政议政职能，坚持建言资政和凝聚共识双向发力，为“加快融合发展、打造美丽仙游”作贡献。全年召开全体会议1次、常委会会议4次、主席会议12次。组织开展调研、视察18次、形成调研成果14篇，立案并交办提案153件，办复率100%。

【坚持党的领导】　2021年，县政协坚持以政治建设为统领，通过理论学习中心组学习、常委会专题学习、党组（扩大）会议学习、支部集中学习等形式，学习贯彻中共十九届五中、六中全会精神、习近平总书记“七一”重要讲话和到闽考察重要讲话精神，深刻领会“两个确立”的决定性意义，践行“两个确立”的实践要求，增强“四个意识”、坚定　“四个自信”、做到“两个维护　”。全年组织理论学习中心组（扩大）学习24次、学习研讨交流6次、党支部集中学习12次。县政协党组始终坚持在县委领导下谋划、推动工作，重大事项、重要问题及时向县委请示报告，自觉把政协工作融入全县发展大局。重要工作、重要活动围绕全县中心工作开展，重要安排报县委批准后实施。邀请党政领导出席政协全体会议和分组讨论，邀请县政府领导出席政协常委会会议、专题协商会议和其他重要履职活动，确保人民政协事业正确的政治方向。履行意识形态主体责任，建立健全意识形态工作责任清单，向《莆田侨乡时报》、莆田政协动态信息、今日仙游推送宣传信息40多篇，展示委员履职风采，巩固意识形态阵地。

【服务大局】　2021年，县政协聚焦中心协商议政。十三届五次会议期间，组织广大政协委员开展协商议政，遴选“加快推进安置房物业管理工作”等5件重点提案，提交大会口头发言材料8篇，提出意见建议36条。实施2021年度协商计划，开展“加快推进城乡供水一体化，全面提升城乡饮水安全保障水平”“强化民生项目规划，不断提升群众获得感”“加强常态化疫情防控队伍建设”3个课题调研、专题协商，形成调研报告3份，提出意见建议22条。围绕发展献计出力。开展好“再学习、再调研、再落实”活动，坚持目标导向，制定《仙游县政协开展“再学习、再调研、再落实”活动实施方案》《仙游县政协关于开展“我为群众办实事”实践活动的实施方案》《仙游县政协“我为群众办实事”项目清单》，开展5个专题的调研，促进相关工作的落实。围绕着力解决重点民生问题，就“安置房建设和拆迁安置”“六馆”建设、盘活、利用和县委、县政府为民办实事项目等开展专项调研视察，为增强人民群众获得感、幸福感献智出力。修订完善《县政协提案办理协商办法》，促进提案工作有法可依、有章可循，带动十三届五次会议以来立案的153件提案得以落实。坚持县政协领导与各党派团体联系制度和协调沟通机制，为他们履行职责创造条件，各党派团体参加政协各项履职活动，提交集体提案21份。做好省、市政协和其他县（市、区）政协到仙游考察服务工作，接待其他县（市、区）政协学习考察15批次。

【坚持履职为民】　2021年，县政协助力乡村振兴。在全县建立10个巩固拓展脱贫攻坚成果跟踪监测点，每季度开展一次监测活动，建立返贫动态和对易返致贫人口实施常态化监测，助推脱贫攻坚向全面推进乡村振兴平稳过渡。组织开展“发展现代特色农业，助推乡村振兴”专题调研，开展对口协商，为乡村振兴建言献策。开展扶贫促进工作。合力抗击疫情。多次召开党组会议研究部署新冠肺炎疫情防控和促进企业复工复产工作。县政协领导班子成员深入抗疫一线，分别担任指挥部有关工作组组长、副组长，指挥调度开展物资后勤保障、隔离观察等工作，落细落实各项防控措施。机关党员发挥先锋作用，投身志愿服务和一线防控工作，分别驻扎枫亭、郊尾封控区、隔离点。县政协委员及委员企业踊跃捐款捐物1100多万元。献计民生改善。开展“我为群众办实事”实践活动，呼吁解决产业扶贫、城乡供水安全等瓶颈问题；继续办好“民生论坛”，聚焦城乡居民生活垃圾收集管理，开展“小切口”微协商，直面解决群众急难愁盼问题。组织委员视察县委、县政府为民办实事项目2次，了解项目推进情况，发现存在问题并提出建议，形成视察调研报告2份。

重要会议

【概况】 2021年，县政协召开全体会议1次、常务委员会会议4次、民生论坛1次。

【县政协十四届一次全体会议】 12月21—24日，仙游县召开中国人民政治协商会议第十四届仙游县委员会第一次会议。听取并审议县政协主席林志良所作的常务委员会工作报告、副主席王建煌所作的提案工作报告，列席县第十八届人民代表大会第一次会议，听取并讨论县长吴海端所作的政府工作报告以及其他有关报告；通过县政协十四届一次会议政治决议、提案审查情况报告。会议选举产生县政协十四届委员会主席、副主席、常务委员：林志良任主席，王建煌、林金涛、陈伟、练光灿任副主席，王伟领等51人为常委。原副主席杨兴坚、赖玉良、兰志容因工作需要等原因，不再担任相应职务。县委、县人大、县政府领导出席开、闭幕会。县委书记吴文恩在闭幕会上讲话。

【十三届县政协常务委员会会议】 2021年，十三届县政协常务委员会举行会议4次。

十三届县政协常委会第十九次会议　3月26日，县政协主席林志良主持召开县政协十三届常委会第十九次会议，传达学习全国、省、市“两会”精神和中央纪委十九届五次、省纪委十届六次、市纪委七届六次、县纪委十三届六次全会精神以及开展党史学习教育有关会议精神和中共福建省委关于开展“再学习、再调研、再落实”活动主要精神；听取县政协党组2020年度民主生活会情况和县政协十三届五次会议重点提案情况通报，审议2021年度县政协常委会工作要点。开展“加强常态化疫情防控队伍建设”专题协商。

十三届县政协常委会第二十次会议　6月24日，县政协主席林志良主持召开县政协十三届常委会第二十次会议，传达学习习近平总书记到闽考察重要讲话精神和省委十届十二次全会、市委七届十二次全会、县委十三届十次全会精神以及防止干预司法“三个规定”相关内容；听取县发改局关于“强产业、兴城市‘双轮’驱动”工作开展情况；开展“加强民生项目规划，增进群众获得感”专题协商。

十三届县政协常委会第二十一次会议　10月22日，县政协主席林志良主持召开县政协十三届常委

6月24日，十三届县政协常委会第二十次会议召开　（县政协 供稿）

会第二十一次会议，传达学习习近平总书记在庆祝中国共产党成立100周年大会上的重要讲话和市第八次党代会、县第十四次党代会精神；听取县卫健局关于仙游县疫情防控工作情况通报；开展“加快推进城乡供水一体化，全面提升饮水安全保障水平”专题协商。

十三届县政协常委会第二十二次会议　12月15日，县政协主席林志良主持召开县政协十三届常委会第二十二次会议，传达学习党的十九届六中全会精神和省第十一次党代会精神；听取县政府关于政协提案办理情况通报和县法院、检察院工作情况通报；审议2022年度民主协商活动计划、政协仙游县第十四届委员会委员人选和县政协十四届一次会议的有关程序性文件。

【民生论坛】　10月22日，县政协主席林志良主持召开县政协第六期民生论坛，就“强化生活垃圾收集管理”进行专题协商，副主席王建煌、赖玉良、副主席提名人选陈伟出席。

重要活动

【概况】　2021年，民主党派中央、省政协、市政协有关领导到仙游开展调研视察12次。县政协举办暑期读书班1次、全体委员培训1次。

【民盟中央领导到仙游调研】　4月22日，全国人大常委会委员、教科文卫委员会副主任、民盟中央副主席、中国文联副主席张平一行到仙游调研传统文化产业，在九鲤湖举行“民盟中央美术院莆田分院暨创作基地”揭牌仪式。福建省政协副主席、民盟福建省委会主委阮诗玮，民盟福建省委会专职副主委刘泓参加调研。莆田市委常委、统战部长陈志强，市政协副主席、民盟市委会主委赵爱红，县政协主席林志良陪同调研。

【省政协委室领导到仙游调研】　4月29日，福建省政协社会和法制委员会主任吴晓丁带队到仙游县九鲤湖康养基地，就“推进福建省康养产业发展”网络议政远程协商课题开展实地调研，县政协副主席王建煌陪同调研。

8月18日，福建省政协民族和宗教委主任杨江帆带队到仙游县开展“保障农村饮用水安全”专题调研，深入仙游第一水厂迁建工程、赖店镇一户一表管网改造工程实地查看，并与县直有关部门座谈，县政协主席林志良陪同调研。

【省文史馆领导到仙游慰问】　1月5日，福建省文史研究馆副馆长曹宛红一行到仙游走访慰问省文史馆员孙仁英、陈职仪、黄叶，县政协副主席王建煌陪同走访。

【市政协领导到仙游调研】　3月12日，莆田市政协副主席林玉瑞、秘书长陈剑华带队到仙游县开展“学党史、悟初心”主题党日活动暨工会“三八”节活动，参观仙游县供电公司党史研究馆、鲤城街道南桥社区“党建+邻里中心”、木兰溪水文化中心、大济镇坑北村“桥下党建”文化广场，前往大济镇坑北绿源水果采摘休闲农庄调研，了解乡村振兴工作推进情况，县政协副主席兰志容陪同调研。

3月23日，莆田市政协副主席赵爱红带队到仙游县开展“再学习、再调研、再落实”活动，走访重点企业京东（仙游）云计算有限公司、莆田市钰诚化学有限公司、莆田市日晶玻璃制品有限公司，县政协副主席赖玉良一同参加活动。

3月24日，莆田市政协副主席王少华带领部分市政协委员、市直有关部门负责人深入仙游县第三实验幼儿园、实验幼儿园和鲤中实验幼儿园，实地查看幼儿园基础设施、环境卫生、饮食安全等状况，开展“加快学前教育发展，夯实教育强市基础”课题调研活动，县政协副主席兰志容陪同调研。

5月14日，莆田市政协副主席林玉瑞带队深入仙游台湾农民创业园调研，开展“探索破解莆田市台湾农民创业园发展瓶颈的路径”界别协商活动调研，先后实地查看唐品生态农业开发有限公司、好柿多生态农业有限公司，县政协副主席王建煌陪同调研。

5月20日，莆田市政协副主席林惠中带队到郊尾镇东湖村，开展“加强城乡社区协商、推进基层协商民主建设”调研活动，县政协副主席王建煌陪同调研。

6月1日，莆田市政协副主席、市扶贫开发协会会长赵爱红到书峰乡、钟山镇调研省扶贫开发试点村项目建设情况，县政协主席林志良陪同调研。

7月7日，莆田市政协副主席林玉瑞带队到仙游大济镇坑北村、龙华镇红旗村，开展“盘活农村土地资源，助推乡村全面振兴”课题调研，县政协副主席兰志容陪同调研。

10月12日，莆田市政协党组书记沈萌芽深入仙游县调研企业复工复产和县区政协工作，走访慰问市政协委员游君立、黄世统，与政协机关干部座谈交流，县政协主席林志良陪同调研。

【县政协暑期读书班】 7月21—23日，仙游县政协党史学习教育专题培训班暨2021年暑期读书班在西苑乡凤山村举行，县政协主席林志良，副主席王建煌、赖玉良，副主席提名人选林金涛、陈伟、练光灿，部分十三届县政协常委、各界别召集人和社情民意信息员以及政协机关副科级以上干部70多人参加。该次读书班采取实地现场教学和邀请教授讲座相结合的方式进行。

【委员培训】 12月23日，县政协组织委员学习《中国人民政治协商会议章程》，开展政协基本知识培训，邀请省政协提案委员会调研员张雪莲作“新时代人民政协工作的新任务新要求”专题讲座，十四届县政协全体委员参加。

【委员讲堂】 2021年，县政协开展“委员讲堂”活动4期，采取委员讲、委员听、委员学、委员议的互动方式，邀请政协委员结合自身实际，贴近委员、走进政协机关、登上讲台，宣讲党的历史、宣传党的政策、传播科学知识、交流履职体会等。

政治协商

【概况】 2021年，县政协围绕县委、县政府“加快融合发展、打造美丽仙游”战略举措，确定重点课题10个，开展重点协商、调研、视察20余次，向县委、县政府提交专题报告14篇。

【专题协商】 2021年，仙游县政协组织开展专题协商活动5次。

加强“常态化疫情防控队伍建设”专题协商　3月26日，县政协组织开展“常态化疫情防控队伍建设”专题协商。会前，调研组先后深入相关乡镇、医院、疾控中心、卫生院等基层一线，通过现场视察、走访等形式，了解仙游县常态化疫情防控队伍建设工作情况，召开座谈会进行分析探讨，形成协商建议。

“加强民生项目规划 切实增进群众获得感”专题协商　6月24日，县政协组织开展“加强民生项目规划 切实增进群众获得感”专题协商。会前，调研组采取实地视察、座谈交流等方式，深入县部分乡镇、项目工地开展专题调研，并召开调研座谈会听取县直有关单位的工作介绍，分析和研讨，形成协商建议。

仙游县“六馆”建设运营专题协商　6月中旬，县政协组织县文旅局、档案局、自然资源局、科协、商务局等有关部门组成的调研组，通过现场调研视察、召开座谈会等形式，听取各方意见建议，学习借鉴先进地区“六馆”建设和运行的经验、做法，形成关于加强县“六馆”建设和管理的协商建议。

“仙游县安置房建设与资源优化配置”专题协商　5—6月，县政协组织部分委员，深入鲤城、鲤南、枫亭等乡镇（街道、管委会），就县安置房建设和资源优化配置问题开展专题调研，调研组采用实地查看、个别走访、召开专题座谈会等形式，就如何做好仙游县安置房建设与资源优化配置问题协商，形成协商建议。

“加快推进城乡供水一体化、全面提升饮水安全保障水平”专题协商　10月22日，县政协组织开展“加快推进城乡供水一体化　全面提升饮水安全保障水平”专题协商。会前，调研组实地视察城区第一水厂迁建项目、东溪水库、赖店一户一表管网改造项目、经济开发区水厂等，召开座谈会，听取相关

3月26日，县政协组织召开“加强常态化疫情防控队伍建设”调研座谈会
（县政协 供稿）

部门的情况介绍，分析和研讨，形成协商建议。

【对口协商】 2021年，仙游县政协开展对口协商、界别协商活动5次。

“加强莆仙戏传承保护”对口协商 3月中旬，县政协组织部分政协委员对仙游县莆仙戏传承保护工作进行专题调研。调研组实地查看鲤城街道、枫亭镇及鲤声剧团、鲤南中心小学、城东中心小学等单位，以听取情况介绍、实地考察、现场交流等形式开展专题协商调研，召开专题调研座谈会，听取县文旅局、教育局、财政局、人社局、鲤声剧团及两家民间职业剧团等单位介绍相关情况，形成协商建议。

“加快仙游县现代特色农业发展”对口协商 3月中旬，县政协组织部分委员深入钟山、游洋等乡镇，就如何加快仙游县现代特色农业发展问题展开调研，调研组采用实地查看、召开座谈会等方式，对仙游县现代特色农业发展现状、存在问题和下一步工作措施分析探讨，形成协商建议。

“新能源汽车充电基础设施建设情况”对口协商 5月中下旬，县政协组织部分委员及有关单位负责人，对全县新能源汽车充电基础设施建设工作进行调研，调研组学习借鉴福州市晋安区、鼓楼区经验做法，并先后深入鲤城、鲤南、枫亭等乡镇（街道）实地调研，召开座谈会，听取有关单位的工作情况介绍，对下一步工作提出意见和建议，形成协商建议。

“加强品牌调解工作室建设，完善矛盾纠纷多元化联调机制”对口协商 4—5月，县政协组织部分常委、委员和有关单位负责人，前往福州市鼓楼区、长乐区、晋安区、福清市、平潭县等地考察，学习先进经验和做法，并在调研县法院、鲤城办部分调解工作室的基础上，于5月中旬召开座谈会，就“加强品牌调解工作室建设，完善矛盾纠纷多元化联调机制”进行对口协商，形成协商建议。

5月中下旬，县政协召开“进一步加快仙游县新能源汽车充电基础设施建设”课题调研座谈会 （县政协 供稿）

“创新城市管理机制，创建更高水平的文明县城”对口协商 9月，县政协组织相关界别部分委员和相关单位负责人，通过与城市管理局等相关单位座谈协商、实地调研等，了解掌握仙游县城市管理工作的成效和经验，发现存在的主要问题和不足，提出协商建议。

民主监督

【概况】 2021年，县政协贯彻中央、省委、市委关于加强和改进人民政协民主监督工作的实施意见，开展民主监督活动。落实“强产业、兴城市”双轮驱动的部署要求，组织委员开展专项监督。围绕县委、县政府为民办实事项目开展专项视察，提出意见建议。

【专项监督】 2021年，县政协组织委员参加民主测评、旁听案件庭审、听证等监督活动100余人次；参加县检察院以“检爱同行、共护未来”为主题的检察开放日活动；协同司法部门开展《中华人民共和国宪法》《中华人民共和国民法典》等宣传，在依法行政和营造公平正义方面发挥政协民主监督作用。加强社情民意信息监督，收集上报社情民意信息73篇，《关于完善我国电梯应急救援体系的建议》《建议将血液制品纳入国家重要战略储备物资》等15条信息被省、市政协采用。

【为民办实事项目视察】 2021年，县政协组织开展2次为民办实事项目实施情况视察活动。

上半年为民办实事项目实施情况视察活动 7月8日，县政协组织部分政协常委、委员对2021年上半年县委、县政府为民办实事项目实施情况进行视察，实地查看坝垅度下安置区、县总医院立体停车库、洪桥社区邻里中心、木兰溪防洪生态景观项目仙度段D2标、县道X242仙度线屏山至惠格岭段改造等18个项目，现场听取项目推进落实情况介绍，召开座谈会，进行分析，形成协商建议。

下半年为民办实事项目实施情况调研视察　11月16日，县政协组织部分常委、委员，对2021年度县委、县政府为民办实事项目建设情况进行视察。视察组先后实地查看金井社区邻里中心、龙泉街改造、蜚山第二小学、爱苗央厨、仙游经济开发区水厂、郊尾镇沙溪村“综治+”社区治理中心、郊尾镇阳谷小学、赖店颐养老年公寓等项目，召开协商座谈会，了解项目推进过程中遇到的困难和问题，针对下一步工作进行分析，形成协商建议。

【民生论坛视察】　8月24日，县政协组织部分委员及相关部门负责人，组成专题视察组，开展“强化生活垃圾分类收集管理”民生论坛视察活动，实地视察鲤南街心公园垃圾分类屋、鲤中步行街垃圾分类屋、香港财富二期吉第小区再生垃圾回收驿站、蒲峰垃圾转运站、仙游垃圾焚烧发电厂和龙华镇金溪村厨余垃圾处理站运行情况，进行座谈交流，了解仙游县生活垃圾分类收集管理的现状、存在的问题，就进一步做好生活垃圾分类工作提出建议。

提案工作

【概况】　县政协十三届五次会议以来，收到提案162件，经审查，立案153件。在立案的提案中，委员个人及联名提案131件，集体提案22件。经过交办，解决或基本解决70件，解决中或列入分步解决73件，因条件所限暂不能解决8件，承办单位均与提案者进行沟通。

【重点提案督办情况】　3月22日，经县政协主席会议研究，确定2021年重点督办提案5件（《关于对我县快递收发市场进行规范管理的建议》《关于加强整治噪声扰民的建议》《关于古洋水库库区环境整治的建议》《关于加快推进仙游县安置房物业管理工作的建议》《关于加强学生营养午餐监管，促进学生健康成长的建议》）。重点提案由县政协正、副主席分别挂钩督办，县政协提案委会同县政府督查室对重点提案的办理落实情况进行跟踪督查。截至12月底，5件重点提案跟踪督办工作完成。

【重点提案办理协商】　10月下旬，县政协组织部分委员、提案人和承办单位通过实地考察、座谈协商等形式开展“古洋水库库区环境整治”等重点提案协商，听取承办单位情况介绍，了解库区环境整治情况、存在的困难和问题，对下一步的工作提出意见建议，形成协商意见。

【听取提案办理情况通报】　12月15日，县政协召开十三届二十二次常委会，听取县政府关于政协提案办理情况书面通报。

文史与宣传

【概况】　2021年，县政协统筹两会集中宣传与常规报道，加大对政协工作的宣传力度；完善社情民意信息收集报送、梳理、反馈机制，全年征集有价值的社情民意信息73篇。

【反映社情民意】　2021年，县政协完善信息员队伍，拓展信息来源渠道，传递民声。组织委员就疫情防控、复工复产、完善治理体系等积极建言，报送情况、反映意见建议73条，精选上报30多条，其中《关于完善我国电梯应急救援体系的建议》《建议将血液制品纳入国家重要战略储备物资》被省政协采用，《关于疫情中高风险地区农产品滞销亟待解决建议》《关于加强农业面源污染治理，高标准建设清洁田园》《关于加快推进农村饮用水、消防用水管道建设的建议》等13篇被市政协采用。

【文史资料征编】　2021年，县政协发挥文史资料“存史资政，团结育人”功能作用，组织力量挖掘整理仙游丰厚的传统文化和技艺，编撰《仙游非遗工艺技艺篇》。

【庆祝中国共产党成立100周年活动】　“七一”前夕，县政协开展政协委员“学党史、向党说、跟党走”献礼中国共产党成立100周年短视频录播活动，拍摄林福仁、黄玉白、林玉镇、陈飞等28名县政协委员在各个岗位上的生活掠影，以短视频的方式展现广大政协委员心中对党的炙热之情，讲述建党百年的辉煌成就和身边的发展变化，阐述自己的初心使命和理想担当。

（蔡冠宇）

综 述

【概况】 2021年，中共仙游县纪律检查委员会与仙游县监察委员会（简称“县纪委监委”）合署办公，实行一套工作机构、两个机关名称，履行党内纪律检查和国家监察两项职责。党风政风监督工作在全省交流培训会上作经验交流；农村矛盾纠纷化解“八步工作法”被省纪委收入典型经验汇编；2021年度纪检监察信息工作排名居全省83个县（市）、区第一名；县纪委获评全省扫黑除恶专项斗争先进集体。

【疫情防控监督】 9月10日，县纪委监委把监督突发疫情处置各项措施落实情况作为重中之重，通过明察暗访、随机抽查、实地督导等强化督导，督促全县各级党组织进一步压紧压实疫情防控主体责任。组建疫情防控督导工作专班，抽调精干力量组建4个督导检查组，创新“监督+服务”工作理念和“联系室+督导组”联动模式，对隔离和监测人员管理、企业挂钩帮扶纾困、重启疫苗预防接种等进行督导，督导发现问题149个，督促整改到位；优先办理涉疫问题线索29条，依规依纪依法予以免职4人、党纪处分1人。

【全面从严治党】 2021年，县纪委监委把贯彻习近平总书记治理木兰溪的重要理念作为监督重点，跟进监督木兰溪全流域系统治理专项巡查整改情况，整改率居全市第一，恢复水域面积7.6万平方米，木兰溪流域4个国省考断面全部达标，12个乡镇级以上集中式饮用水源地水质优良比例100%，生态环保目标责任书考评、空气质量优良率连续三年居全市第一。压紧压实“两个责任”，协助县委抓好省、市主体责任落实情况检查反馈问题整改；协助县委抓好2020年度县委全面从严治党主体责任落实情况检查，发现问题301个、形成问责建议40个；协助县委做好提（转）任干部任前廉政谈话，谈话24人次。分级分类开展政治监督谈话158人次，指出问题735个并督促整改落实。

【纠治“四风”】 2021年，县纪委监委落实中央八项规定及其实施细则精神，关注规避重要节点、“错峰违纪”等问题苗头，重视“一桌餐”等倾向性、潜在性问题，运用明察暗访、信访举报、联合检查、交叉检查等多种方式，开展作风建设专项督导行动，坚决纠治影响党中央决策部署贯彻落实、漠视侵害群众利益、加重基层负担等形式主义、官僚主义，整治损害党的形象、群众反映强烈的享乐主义、奢靡之风。2021年，全县查处违反中央八项规定精神问题43起，处理72人，给予党纪政务处分46人，通报1批2起2人。

【深化国家监察体制改革】 2021年，县纪委监委推进纪律检查体制改革、国家监察体制改革、纪检监察机构改革，按照做好纪法贯通要求，加强与司法机关的协作配合，与司法机关建立提前介入阶段的专家论证会商等工作衔接制度，构建监察机关与司法机关高效协同、有效配合的法法衔接机制。创新监督方式方法，推行派驻机构“选点督评”工作模式，确定督查选题28个，督查发现问题70多个，发出督查通报32份，督促整改纠正问题50多个，建立健全相关制度20多项。推进深化乡镇纪委监督职能试点工作，制定《关于进一步深化乡镇纪委监督职能工作、发挥“探头”和“哨兵”作用的实施方案》，选取龙华、盖尾2个乡镇作为试点，推行基层监督工作任务清单化，推动乡镇纪委把工作重点放在下沉监督上，走村

2021年，仙游县开展"纪法讲坛"活动。图为启动仪式（县纪委监委 供稿）

入户了解实情，聚焦群众"急难愁盼"问题，打通监督"最后一公里"。

【党风廉政宣传教育】 2021年，县纪委监委落实关于加强新时代廉洁文化建设的意见，深挖全县优秀传统文化和红色革命文化内涵，打造一批廉洁文化示范点和廉洁文化走廊，加大思想道德教育和廉洁文化建设力度。把家风建设作为党员和领导干部作风建设的重要内容，挖掘和传承新时代家风文化，以纯正家风涵养清朗党风政风社风。开展领导干部廉洁教育、分级分类警示教育、个性化"清廉课堂"等活动，做实同级同类干部警示教育，促进干部清正、政府清廉、政治清明。2021年度仙游县纪检监察信息工作居全省第一。

【纪委监委干部队伍建设】 2021年，县纪委监委把讲政治、讲原则、公道正派，真干事、能干事、干成事作为选拔干部的重要标准，形成以干事为根本的选人用人导向，全县提拔重用纪检监察干部29人，职级晋升7人。坚持把提升政治能力摆在首位，强化实践锻炼和专业训练，举办乡镇纪委书记履职交流活动，常态化开展业务知识测试，压实全员培训工作责任，深化大学习大培训，用好中央纪委国家监委纪检监察干部培训系列课件，强化实战练兵，提高干部执行政策、执纪执法和思想政治工作水平。履行纪检监察系统自身建设主体责任，落实班子成员"一岗双责"，把干部监督抓在平常、抓到具体。防治"灯下黑"，对违规违纪违法的做到"六个坚决"和"三个顶格处理"。2021年，县纪委对县纪检监察干部给予党纪处分2人、诫勉1人、批评教育1人，调离纪检监察系统3人。

【领导调查与检查】 2021年1月11日，市纪委常委、市监委委员林长青一行到仙游开展纪检监察"大调研大督导"工作。

3月17日，省委巡视办副主任蔡亚东、省委巡视办三处处长林学坚一行到仙游调研，重点检查生态省建设、中央生态环境保护督察整改、文化遗产保护、"天价茶"整治、巡视巡察整改等工作情况。

4月22日，中央纪委国家监委党风政风监督室二级巡视员曹书君、中央纪委国家监委党风政风监督室三级调研员王鹤等一行到仙游开展形式主义官僚主义突出问题整治专题调研。

6月4日，中央纪委国家监委研究室二级巡视员胡扬、中央纪委国家监委研究室理论研究处副处长胡淼森、中央纪委国家监委研究室理论研究处四级调研员黄帅等一行到仙游调研，开展关于深化运用"四种形态"及关于"影子公司""影子股东"腐败治理等方面调研。

6月16日，省纪委副秘书长（副厅长级）潘荣灼、省纪委监委第六纪委检监察室副主任、二级调研员何玉立、省希望工程办公室副主任陈永晓一行到仙游开展省委主体责任检查。

6月23日，市委常委、市纪委书记、市监委主任吴立新到仙游开展走访慰问工作。

7月13日，省委常委、省纪委书记、省监委主任李仰哲到仙游，围绕学习贯彻习近平总书记到闽考察重要讲话精神及省委十届十二次全会部署，推进生态环境保护、加强党风廉政教育、整治群众身边腐败和作风问题进行调研。

9月16日，市委常委、市纪委书记、市监委代主任练欣到仙游督导疫情防控工作。

主要会议

【县委领导干部述责述廉工作会议】 2021年1月25日，县委召开领导干部述责述廉工作会议，县委委员、候补委员，县纪委监委领导班子成员，各乡镇（街道）党委（党工委）书记，各管委会主任参加会议。县委领导班子成员逐一述责述廉，县委书记郑亚木逐一进行点评，参加评议对象对县委领导班子成员述责述廉情况进行评议。

【县纪委监委领导班子述责述廉会议】 1月28日，县纪委监委召开领导干部述责述廉会议。县纪委监委领导班子成员、县委巡察办主任、纪委机关各部室负责人参加会议。县纪委监委领导班子成员逐一述责述廉，县委常委、县纪委书记、县监委主任吴智群逐一进行点评，参加评议对象对县纪委监委领导班子成员述责述廉情况进行评议。

【县纪委十三届六次全会】 2月5日，县纪委十三届六次全会在县委党校礼堂召开。县委、县人大、县政府、县政协领导，县法院院长、县检察院检察长，不是四套班子成员的县处级领导，县纪委委员、县监委委员，县直单位主要领导，县委巡察办、巡察组领导，县纪委县直机关纪检监察工委书记，县纪委监委各派驻纪检监察组组长，各乡镇（街道）纪委（纪工委）书记、监察组组长，各管委会纪工委书记，县直各系统纪委书记、县总医院纪委书记，在仙垂直单位纪委书记、纪检组长，县人大常委会监察司法工委负责同志，党风廉政建设监督员代表，县委组织部干部一室、干部监督室负责人，县纪委监委机关各部室主要负责人，共270多人参加会议。其中，县纪委委员应到人数26人、实到20人。县委书记郑亚木出席并讲话，县委常委、县纪委书记、县监委主任吴智群代表县纪委常委会作题为《牢记新时代责任使命 推动工作高质量发展 为加快新时代美丽新仙游建设提供坚强保障》的工作报告，会议由吴智群主持。

【县纪委十三届七次全会】 7月26日，召开中国共产党仙游县第十三届纪律检查委员会第七次全体会议，应到会的县纪委委员20人，实际到会19人，讨论、审议通过《中共仙游县纪律检查委员会向县第十四次党代会的工作报告》，会议由县委常委、县纪委书记、县监委主任吴智群主持。

7月26日，中国共产党仙游县第十三届纪律检查委员会第七次全体会议召开

（县纪委监委 供稿）

【县纪委十四届一次全会】 7月30日，召开中国共产党仙游县第十四届纪律检查委员会第一次全体会议，应到会的县纪委委员27人，实际到会26人，会议由县委常委、县纪委书记、县监委主任吴智群主持。选举产生常务委员会委员7名，选举产生书记1名，副书记2名。

【作风建设专项督导会】 9月8日，县纪委监委召开作风建设专项督导工作会议，县纪委监委领导班子成员、各乡镇（街道）纪委（纪工委）书记、监察组组长，各派驻纪检监察组组长、县直机关纪检监察工委书记、县纪委监委各部室负责人、县委巡察办副主任参加会议，县纪委常委、县监委委员郑建辉传达学习上级关于加强作风建设有关文件精神，部署仙游县作风建设专项督导工作，县委常委、县纪委书记、县监委主任吴智群作强调讲话，会议由县纪委副书记、县监委副主任黄智光主持。

案件审查调查

【纪律审查和监察调查】 2021年，全县纪检监察机关接收检控类初信初访549件；新立案262件，其中科级干部案件27件，给予党纪政务处分292人，移送检察机关人数

5人。深化运用监督执纪“四种形态”，批评教育帮助和处理1487人次，第一至第四种形态分别为1180人次（79.4%）、192人次（12.9%）、28人次（1.9%）、87人次（5.9%）。落实审查调查安全各项防范制度，开展全县审查调查和“走读式”谈话场所安全“大排查、大整治”，安全工作专项检查，守住审查调查安全底线。

【群众身边腐败和作风问题整治】 2021年，县纪委监委常态化开展惩治涉黑涉恶腐败和“保护伞”工作，坚持人民至上理念，结合党史学习教育“我为群众办实事”实践活动，以群众“急难愁盼”问题为小切口，按照“群众点题、部门整治、纪委监督、社会参与”的总体思路，压紧压实党委政府、职能部门主体责任，解决一批群众反映强烈的突出问题，以正风肃纪实际成效回应人民对美好生活的新期盼。制定出台《关于“点题整治”群众身边腐败和不正之风突出问题的通知》（以下简称“通知”），明确18项整治内容，督促13家县直单位按照通知要求的定主体、定目标、定措施、定进度等“四定”原则制定具体事项整治方案。组织查处3批次10件中纪委“我为群众办实事”群众“急难愁盼”问题，处理2人，查处群众身边腐败和作风问题67起104人，其中党纪政务处分55人，科级干部10人。

【政法队伍教育整顿】 2021年，县纪委监委围绕政法队伍教育整顿“四大任务”“三个环节”，建立线索移送、快查快处、协作办理等机制，强化监督执纪执法，坚决惩治执法司法腐败，协同整治“六大顽瘴痼疾”坚持“自查从宽、被查从严”，受理涉及政法队伍干警问题线索198件，其中党纪政务立案33件，处理120人次，特别是查处县检察院原副检察长林某严重违纪违法案件，为全市第一例政法系统领导干部留置案件。全县有39人主动向县纪委监委交代问题。

巡察工作

【概况】 2021年，仙游县召开6次常委会，1次书记专题会暨县委巡察工作领导小组会议，推进巡察工作向重点领域、重点行业、重点部位延伸拓展。截至2021年，组织开展13轮91个县级单位党组织和325个村居党组织的巡察工作。

【专项巡察】 2021年，县纪委监委组建3个巡察组，开展村级组织换届专项巡察；配合市委巡察组对仙游县涉粮问题专项巡察，在业务沟通、现场踏勘、后勤服务等方面为市委巡察组提供工作对接。

【巡察材料编印】 2021年，县纪委监委结合县乡换届纪律督导和纪律要求，编印《巡察警示材料汇编》并分发至全县各级党组织；在全市率先出台《巡察整改工作成效评估办法（试行）》，按照“整体改、整合改、整治改”的整体要求，对巡察整改成效进行评估；以上做法被《福建巡视巡察参考》收录汇编并推广。

（戴建进　林智深）

民主党派 工商联

中国国民党革命委员会仙游县总支委员会

【概况】 2021年11月20日，中国国民党革命委员会仙游县总支委员会（简称“民革仙游县总支”）召开第四次党员代表大会，选举产生新一届总支委员会。民革仙游县总支第三届委员会委员7名，其中主委1名，副主委3名，共有党员61人；下设第一支部、第二支部、第三支部。民革仙游县总支通过系列理论学习，提高党员的思想认识水平和理论素养，夯实与中国共产党团结奋斗的思想基础，端正理想信念和价值追求，坚定与中国共产党共同建设中国特色社会主义的信心与决心。

【参政议政】 2021年，民革仙游县总支党员中的市政协委员、县人大代表以及县政协委员，开展参政议政和社会服务工作，履行参政党职能作用。在市、县两级“两会”上，围绕市、县社会事业的发展，针对群众关注的民生问题的热点、焦点，提交县级政协提案12篇，县人大议案3篇，履行代表和委员职责。总支要求党员要发挥各自的优势和专业特长，针对社会关注的民生问题的热点、焦点，为社会民生事业建言献策，向相关部门单位提交社情民意建议10多条。总支推荐党员兰建发受聘担任机关效能督察员。

【社会服务】 2021年，民革仙游县总支发挥核心作用，引导基层支部开展会议、学习、座谈、观看展览等。在扶贫帮困、捐资助学、科技兴农、书画义卖等方面开展社会服务工作。

2021年，民革仙游县总支号召全县民革党员投身疫情防控工作。总支主委杨兴坚深入疫情一线枫亭镇沧溪村，指导当地干群共同抗疫。党员谢天渝、杨平燚、林文良、李志杰、陈彬、兰建发、陈文龙等，抽调到瑞峰方仓一线做好抗疫工作，或在基层社区、村参加志愿者活动等。

（洪　新）

中国民主同盟会仙游县工委会

【概况】 2021年，中国民主同盟会仙游县工委会（简称“民盟仙游县工委会”）有盟员171人。民盟仙游县工委会重视政治理论学习，多次组织骨干盟员深入中共十八届、十九届历次全会精神；习近平总书记在庆祝中国共产党成立100周年大会、党外人士座谈会的重要讲话精神；全国、省、市、县两会精神；民盟福建省十三届十六次常委会暨组织工作会议精神、民盟莆田市七届二十四次常委会（扩大）会议、民盟莆田市八届一次会议精神。按照“思想上同心同德、目标上同心同向、行动上同心同行”的要求，开展“不忘合作初心、继续携手前进”专题教育活动，增进政治共识，巩固多党合作的共同思想基础。

【参政议政】 2021年，民盟仙游县工委会发挥界别优势与盟内人大代表、政协委员和骨干盟员的作用，在促进区域经济发展、繁荣地方文化、加强教育管理等方面建言献策。年初，工委会向省盟报送调研课题《探索“工艺美术现代学徒制”办学模式，助推地方行业发展》，获得省盟立项。市七届人大四次会议、县第十四届政协一次会议期间，共向会议提交团体提案3篇，个人建议9篇。各级人大代表、政协委员参加人大、政协组织的调研活动，2021年，向上级报送社情民意信息25篇，被省政协采用1篇，市政协采用4篇。11月28日，盟员吴丽娜被莆田市人大常委会评为“履职优秀代表”和“优秀代表建议”2项表彰。

【调研与主题学习】 4月22日，全国人大常委会委员、教科文卫委员会副主任，民盟中央副主席、中国文联副主席张平一行11人到莆田开展思想政治建设和宣传调研工作，赴仙游县参观考察传统文化产业并为民盟中央美术院莆田分院揭牌。

11月25日，民盟仙游县工委会与民盟福建省海洋渔业局支部联合开展主题学习活动，参观中共上宫支部活动旧址接受红色革命教育，并召开学习贯彻中共十九届六中全会精神专题座谈会。

【盟员艺术创作】 3月19日，民盟仙游县工委会代表队在莆田民盟知识竞赛中获三等奖。盟员吴建阳原创歌曲《嘱托》《民盟情 中华梦》为党献礼。盟员吴孔庭美术作品入选“美与共——庆祝中国民主同盟成立80周年美术作品展”。10月中旬，为纪念抗疫斗争取得重大战略成果、礼赞中医药悠久历史和重大贡献，民盟省委会邀请盟员画家、李耕画派传人、市民盟书画院院长李清达创作巨幅长卷《精正大医图》完成，历时近一年半。

【社会服务】 4月17日，县盟工委会联合市盟教育委、县教育局、县教师进修学校举办“助力乡村振兴，教育同心同行”送教送培活动，助力提升乡村幼儿教师专业水平。

7月，联合县妇联举办“蒲公英在行动”暑期公益写作培训活动，受益学生50多人次。

9月，民盟仙游县工委会响应市盟妇女委员会号召，盟员们捐款3000多元，用于购买女性用品，盟员个人捐款捐物3万多元。依托盟内名师工作室，通过“莆田名师云直播”平台进行主题讲座，借助市教育局超星阅读平台，开展疫情期间线上答疑活动，受惠300多人次。文化支部盟员提笔上阵，用艺术的力量共同战“疫”。

（吴丽娜）

中国民主建国会仙游县支部委员会

【概况】 2021年，中国民主建国会仙游县支部委员会（简称“民建仙游县支部”）会员总数32人。12月，会员黄福华入选国务院政府特殊津贴人员、第二届轻工“大国工匠”人选，会员曾娴华、吴良华获得全省民建抗击新冠肺炎疫情先进个人，会员陈海仙、邱卫东获得民建莆田市委优秀会员。

【调研慰问】 2月5日，民建莆田市委专职副主委林玉和带队深入会员企业福建云敦服饰有限公司、仙游县极度传媒有限公司开展新春慰问活动，慰问人员考察会员企业情况并与企业家会员座谈交流，了解企业发展现状和前景，市委会领导肯定会员企业在抗击新冠肺炎疫情所作出贡献，鼓励企业家努力打造好兰溪书苑的“城市会客厅”品牌，提升城市文化品位。民建仙游县支部副主委陈海仙陪同调研。

4月9日，民建莆田市委结合“再学习、再调研、再落实”活动，在会员企业兰溪书苑召开五届十七次常委（扩大）会议，并组织市委会领导班子、常委和各支部主委、副秘书长、专委会主任、监督委委员以及骨干会员现场参观仙游水文化展示厅，通过多媒体及沙盘互动等技术学习习近平总书记治理木兰溪的重要理念，了解仙游丰富的水文化、重大水利项目和水工程建设管理情况，并实地参观木兰溪防洪景观工程。

【民建中央到仙游调研】 7月21日，民建中央专职副主席张少琴一行到仙游调研民建地方组织建设工作，走访考察会员企业三福工艺园、兰溪书苑，为民建仙游县支部“会员之家”揭牌，赴仙游县水文化展示馆调研，肯定支部在思想建设、组织建设、参政议政等方面取得工作成效。

（陈海仙）

中国民主促进会仙游县支部委员会

【概况】 2021年，中国民主促进会仙游县支部委员会（简称“民进仙游县支部”）有会员46人。11月21日，民进仙游县支部召开第四次会员大会，期间进行民进仙游县支部委员选举。2021年，民进仙游县支部明确委员会各级委员职责，参加各级委员培训班，组织新会员参加统战理论、政协知识学习，5名会员在政府或部门任职，2名会员分别被聘为特邀监察员、行风评议员、行风监督员。

2021年，民进仙游县支部做好本职工作，做好党派成员思想的教育引导工作，提升参政党自身素质。教育引导民主党派广大成员深化对参政党地位、性质、历史使命的认识，增强政党意识、大局意识和责任意识，坚决拥护中国共产党的领导，坚定走中国特色社会主义政治发展道路，围绕党和国家中心工作，履行参政党职责，为协调推进“四个全面”战略布局献计出力。坚持开展“双岗建功”活动，为构建和谐社会、打好抗疫防疫战役建言献策，履行参政党的职能，提高自身建设、社会服务工作。会员李蓉、张顺事迹入选民进福建省委“女会员风采”。

【参政议政】 2021年，民进仙游县支部会员在县“两会”上，履行参政议政的职能，反映社会关注的热点和难点问题，组织部分会员深入调查研究，走访有关部门，听取人民群众的意见和建议，撰写提案或议案。提出各级个人提案或议案22件（团体6件、个人16件）。省人大代表傅丽云提出议案“加大方言保护和传承刻不容缓”。被民建莆田市委会采用工作信息12篇，社情民意信息16篇。

【社会服务】 2021年，民进仙游县支部根据自身优势和特色，在社会服务工作上，做好项目对接与落实。1月，组织支部全体会员在度尾镇“李耕故居”举办文化下乡暨“春联万家”义务写春联活动，为群众赠送一批农业科技、健康生活等方面的书籍，并现场为群众书写春联；2月，民进福建省委会、民进莆田市委会、民进仙游支部与仙游县文化体育和旅游局共同策划，邀请著名剧作家郑怀兴编剧，聘请福建省湄洲湾职业技术学院退休副教授郑秋鉴作为历史顾问，成立创作领导小组，组织创作人员深入木兰陂、木兰溪流域进行实地考察，创作《钱四娘》剧本，由仙游县鲤声剧团排演。

（张益群）

中国农工民主党仙游县总支委员会

【概况】 2021年3月28日，中国农工民主党仙游县总支委员会（简称“农工党仙游县总支”）召开第六次党员代表大会，选举产生杨岚为新一届总支主委，郑志展、郑群英和张崇远为总支副主委，以及医疗支部主委郑建新、教育综合支部主委郑颖。2021年，在册党员95名。2021年，被评为市级以上参政议政先进个人2名，优秀党员2名。

【参政议政】 2021年，农工党仙游县总支发挥党员中的人大代表、政协委员和有关方面的专家学者的骨干作用，以带动全体党员的积极性，集中群体智慧，开展调查研究，建言献策。农工党员的人大代表和政协委员共提交个人提案13件，涉及经济、医疗、环保、教育等行业；提交社情民意信息9篇，其中农工党福建省委会采用3篇，农工莆田市委员会采用6篇。

【社会服务】 9月10日，农工党仙游总支副主委仙游县总医院护理部副主任郑群英、农工党仙游县总支唐爱霞主动请缨枫亭镇抗疫，主委杨岚和副主委郑志展、张崇远，委员郑建新、郑颖、陈建彬、陈春媛和党员傅义平、卢金聪、欧长福、徐明良、温文彩、朱仙花、叶素萍、黄秀洪、颜怀群、王欢、张佳丽和朱碧容等众多党员在疫情防控中挺身而出、冲锋在前。

2021年7月，农工党仙游县总支党员们发祝福共祝中国共产党百年华诞；8月，在仙游凤山教育培训基地举办2021年度暑期读书班；利用节假日组织多次送医下乡义诊活动；不定期举办民主推荐会，增进党员间的交流和团结。

（郑建新）

中国致公党仙游县支部委员会

【概况】 2021年，中国致公党仙游县支部委员会（简称“致公党仙游支部”）组织党员加强政治理论学习，发动支部党员开展社会调研，建言献策、参政议政，开展党建和多种形式的社会服务活动。10月13日，致公党仙游支部在党员企业校之安福建后勤管理运营中心召开第八届领导班子述廉及民主推荐第九届领导班子人选会议。11月21日，开展支部换届选举活动。12月29日，支部派出党员张力学、余丽钦、黄朝华、吴建伟、陈建新、李恩树、郑德强、陈荣振、颜潮斌、颜莉、黄鹏参加致公党莆田市委会第八次党员大会。

【参政议政】 2021年初，致公党仙游支部市、县人大代表、政协委员的党员参政议政、建言献策。以团体和个人的名义向市、县政协提交提案多篇，“加强村卫生室建设，发挥卫生服务兜底作用”“特色小镇建设应处理好三个关系”等提案被采纳。6月6日，致公党仙游县支部在党员企业仙游枫亭小城镇建设有限公司会议室举行“仙游致公之家”参政议政沙龙活动，建立提升基层组织凝聚力和培育党员身份认同感的重要平台。组织党员深入社会调查研究，关心社会热点和民生问题，为仙游县政治、经济、教育、文化等方面的发展建言献策。

【社会服务】 2021年初，致公党仙游支部以各种形式参加服务社会活动，党员陈荣振义务在仙游文庙为鲤城街道居民免费写春联，免费教授中小学生书法课。3月27日，支部委员及部分骨干党员到红木生态园开展志愿者活动。

9月，致公党员湄洲湾职业技术学院产学研中心副主任徐维雄向学院捐赠一次性医用口罩1.2万只。致公党青年党员、博爱医院董事长助理黄鹏集结医护人员成立抗疫医疗队，支援仙游疫情处置工作；党员黄鹏代表仙游博爱医院向仙游县红十字会捐款6万元，捐赠防疫物资12.36万元。致公党员企业家郑胜锋第一时间捐赠抗疫急需的手套、防护服、消毒液等，并自驾送到抗疫一线。他向鲤城街道金井社区捐赠口罩5万只；向大济镇文殊村捐赠口罩、矿泉水等物资。致公党员黄朝华、吴建伟、陈清海、陈建新、颜潮斌在各自的岗位上投身抗击疫情行动。

【争先创优】 2021年，致公党仙游支部党员徐维雄教授创建的“码垛机器人应用技术协同创新中心”进入省教育厅公布福建省高职院校应用技术协同创新中心第二批建设项目，该中心研制的码垛机器人通过省产品质量监督检验院厦门分院的整机测试，筹建福建省智慧制鞋重点实验室；支部党员郭力菠指导的学生参加由阿里巴巴集团举办的“第二届全国新零售创新创业大赛”，获全国一等奖第一名、指导学生参加第七届福建省“互联网+”大学生创新创业大赛，获省赛金奖第一名。2021年，致公党仙游支部党员张力学、李恩树、黄灼津、郑德强、余丽钦、黄朝华、郑育、陈建新等受所在单位的“优秀”表彰。

（陈建新）

九三学社仙游县支社

【概况】 2021年，九三学社仙游县支社（简称“九三仙游县支社”）总社员38名。社员王承锦被仙游县食品药品安全委员会聘为“仙游县食品安全监督员”，被中共仙游县纪委聘为“仙游县第三届党风廉政监督员”。6名社员在工作岗位上表现出色优秀，分别被省级表彰2人次，市级表彰5人次，县级表彰3人次，其中陈燕燕和刘一兰分别被九三学社福建省委员会评为“2021年度优秀社员”“2021年度全省宣传思想先进个人”。5月，3名社员参加九三学社莆田市委会举办庆祝中国共产党成立100周年知识竞赛获优胜奖。《贺建党百年华诞赋》诗歌被省九三微信公众号采纳，《追寻初心的足迹 迈好青春的步伐》被市九三微信公众号采纳。

【参政议政】 2021年，九三仙游县支社紧贴党派界别特色、人才结构，选准题目、深入调研，反映真实客观、建议可行、具有参考价值的信息，完成社会调研文章、两会提案和社情民意信息。2021年，上报社情民意信息13篇，调研课题3篇，提交市、县两会提案8件，其中“把三关纵深培育乡村人才建设”“关于乡村河道巡视调查的建议”“关于激发垃圾分类工作内生动力的建议”“关于加强莆田市科技馆运营管理的建议”“关于加大农村应急避难场所建设的建议”5篇社情民意被市政协采纳。

【社会服务】 2021年，九三仙游县支社14名社员加入疫情防控一线。社员宋进用诗歌支持疫情防控《题莆田白衣战士》，社员们捐资12.3万元（其中，社员王承锦捐资7.43万元，刘一兰捐资4.72万元）。

（陈燕燕）

仙游县工商业联合会

【概况】 2021年，仙游县工商业联合会（简称“县工商联”）完成商会和会员企业疫情防控指导等工作。12月27日，县工商联被中华全国工商联确认“2020—2021年度全国‘五好’县级工商联”。

【商会和会员企业疫情防控指导】 2021年，县工商联对“防控疫情——莆商在行动”工作中表现突出的商会和企业进行通报表扬。印发《关于做好2021年元旦春节期间疫情防控工作的通知》，要求商会从严控制举办人群聚集性活动，承担起疫情防控的主体责任，做好就地过年员工的服务保障工作。引导工商联所属商会、广大民营企业强化底线思维，时刻绷紧疫情防控这根弦，落实常态化防控措施。指导企业提前做好生产衔接调度，加强生产物资应急储备，保产业链供应链稳定。

【异地商会】 6月29日，省工商联授予福州市仙游商会党总支“商会党建工作示范单位”。6月29日，厦门市仙游商会党支部60余名党员企业家及入党积极分子共庆中国共产党成立100周年。

（曾飞剑）

群众团体

仙游县总工会

【概况】 2021年，仙游县总工会（简称“县总工会”）组织开展党史学习教育，结合“再学习、再调研、再落实”活动、“我为群众办实事”实践活动和庆祝中国共产党成立100周年系列活动，深入工厂、车间、学校、社区，通过讲党课、主题宣讲、读书交流分享会、党史知识竞答、走访慰问、座谈会、征文、摄影展、书法展、歌咏比赛、书画笔会、唱红歌、技能竞赛等形式，团结带领一线职工、劳动模范、工会干部，推动党史学习教育走深走实。截至2021年12月，仙游县有1437个基层工会，工会会员15.14万名。

【职工素质提升】 2021年，县总工会开展以“六比一创”（比项目质量、比项目进度、比安全生产、比技能创新、比文明施工、比科学管理、创精品项目）为主要内容的劳动竞赛活动。在全县职工中营造“对标一流、比学赶超、争先进位”干事创业氛围，联合基层企业工会举办安全生产、应急救护等岗位技能竞赛5场，实现师徒结对200多对。开展职工“五小”（小发明、小创造、小革新、小设计、小建设）创新大赛，收集采纳小发明小创造100多个，小建议300多条，推荐上报省级工人先锋号2个，市级工人先锋号2个。8月23日、12月23日，省人大常委会副主任、省总工会主席梁建勇，省总工会党组书记、副主席祝荣亮等一行先后到仙游县检查指导调研工会工作，深入仙游县三福工艺美术产业园、京东（仙游）数字经济产业园，莆田市天映商务服务有限公司（抖音基地）等，了解产业工人队伍建设、产业园区工会服务企业和工会服务新就业形态劳动者等工作情况，肯定仙游县工会的经验做法。

【劳动精神弘扬】 2021年，县总工会做好2021年福建省“五一劳动奖章”推荐评选工作。全县推荐评选福建省“五一劳动奖章”3名。开展“福建省（示范性）劳模工作室”创建工作，发挥劳模传帮带作用，推荐1家省级劳模工作室申报“福建省示范性劳模工作室”，2家市级劳模工作室申报“福建省劳模工作室”。“五一”国际劳动节前夕，县总工会开展庆“五一”慰问劳模活动，县委领导分别走访慰问劳模代表，并向奋战在全县各条战线上的劳动者致以诚挚问候和节日祝福。

【职工服务】 2021年，县总工会主要通过帮扶、慰问、劳保、助学、医疗互助、关爱特殊群体等方式服务全体职工，保障职工权益。

2021年元旦、春节，慰问困难职工230人，资金41万元。慰问“留守企业职工”，资金11万元，覆盖企业14家，覆盖职工1.2万人。“三八”国际妇女节，慰问30名一线环卫女工。仙游县有6个家庭被莆田市总工会授予“职工最美家庭”称号。新建“妈妈小屋”2个。开展“夏送清凉”慰问活动，慰问24家企业，绿豆、白糖、饮料、夏季饮品套装等慰问品价值20.5万元；慰问环卫工人950人，晴雨伞、保温杯、牛奶等慰问品价值9.5万元；慰问莆田市天映商务服务有限公司（抖音基地）现金2万元。

2021年，县总工会资助55名困难职工、农民工家庭子女就学，金额22.5万元。截至12月，全县有80家企业6000多人参加医疗互助，收互助金54万多元，78人次申请医疗补助，发出补助金额22万多元。

举办2021年仙游县青年干部职工“青春同行·缘来是你”职工交友活动，引导青年职工树立文明、健康、理性的婚恋观。

【共享职工之家建设】 2021年，县总工会加强共享职工之家建设。推进《仙游县总工会关于推进“党建+”社区邻里中心建设提升基层治理效能实施方案》落实，加强对鲤城街道南桥社区、木兰社区建设“共享职工之家”、京东（仙游）数字经济产业园共享职工之家的业务指导。

【工资集体协商活动】 2021年，仙游县总工会开展工资集体协商“要约行动月”活动。全县已建工会企业发出集体协商要约书1289份，收到应约1166份，覆盖企业1654家。加强职代会制度建设，提高厂务公开、民主管理和职代会建制率。全县国有、集体及其控股企业和事业单位的厂务公开、职代会保持全覆盖，规模以上非公企业职代会建设80%以上，在较大规模的企业中推行厂务公开。

【安全生产宣传活动】 县总工会开展安全生产宣传活动，推行“一法三卡”（事故隐患和职业危害监控法；安全检查提示卡、有毒有害化学物质信息和危险源点警示卡）活动，开展职业病“三查一看”（查劳动合同中有无告知劳动者职业危害、安全生产状况；查是否对职工进行岗前、岗中、离岗职业健康体检；查有无建立职业健康监护档案；看存在职业危害的作业现场）活动，开展安康杯知识竞赛活动，全县有550家企业3.14万多人参与竞赛。6月，县总工会被省总工会、省应急管理厅、省卫健委评为2020年度福建省“安康杯”竞赛组织工作优秀单位。

（于威武）

共青团仙游县委员会

【概况】 2021年，共青团仙游县委员会（简称“团县委”）下辖仙游县青少年宫，有基层团（工）委59个，其中1个街道团工委，17个乡镇团委，32个中学团委。围绕共青团重点工作，发挥四项基本职能，开展一系列工作和活动。

【青年思想引领】 2021年，团县委以“青年大学习”网络主题团课和主题团日活动等为重要抓手，组织开展“七一”重要讲话主题团日活动、观看红色电影、集中入团仪式示范活动、党团史知识竞赛等主题教育50余场次，稳固青春心向党的思想根基。组织“青年大学习”33万余人次，举办“青述党史”青年讲师团“四进”宣讲30余场次，开展“青春领读”“青少年读党史”专题活动84期，引导青少年学党史、强信念、跟党走。开展“两红两优”“向上向善好青年”“新时代好少年”评选表彰活动，选树表彰先进个人93名，先进集体33个，其中省级先进个人1名，市级先进个人13名，市级先进集体6个。

【志愿活动】 2021年，团县委开展“党建+”社区邻里中心志愿服务。成立机关“党员志愿服务队”，以党建带团建，推进志愿者服务进社区。开展返乡大学生交流活动、“花儿与青年”母亲节特别活动、“强产兴城 青年先锋”青年文明号志愿服务、“童心筑梦”夏令营、冬令营等主题活动18场次。推进预防青少年违法犯罪工作，开展青春普法、青春自护、守护心理等活动40多场次，覆盖青少年群体1万余人。探索基层团组织同社会治理现代化结合途径，推动基层团组织融入“党建+”邻里中心建设和“综治+”社区治理中心建设，设立青春驿站、青年之家、志愿服务点等基点，开展活动30余场次。推动《预防未成年人违法犯罪三年行动方案》出台实施。推进团属社工机构建设，开展“平安仙游”宣传活动。组织返乡大学生82人，成立行走木兰溪田野调查小分队，走访调查县域内木兰溪沿岸村（社区）的相关产业、人文景观、自然环境及发展规划等，利用航拍技术捕捉沿岸景象，完成60篇调研材料并汇编成册。

2021年9月疫情期间，团县委招募志愿者1万余名，成立青年突击队318支，协助开展核酸检测、物资搬运、社区管控、接力送药、公益理发、心理疏导、流调登记等志愿服务18万余人次，为防疫一线人员筹措防护服、口罩、消毒液等各类防疫物资价值110多万元，配合做好疫情防控相关工作。建立“12345+青年志愿者”服务机制为群众紧急送药368份，解决紧急就医13人，得到中央、省、市、县各级媒体报道。开通“青春抗疫团团助农”产品——度尾文旦柚销售链接，线上助力销售文旦柚10万余斤，销售额40余万元，助力复工复产。创建“无疫社区”青年志愿者服务队54支，助力“无疫”系列创建。

【青春关爱活动】 2021年，团县委针对未成年人特点，开展理想、道德、纪律和法治教育，提高未成年人综合素质。11 月，结合党史学习教育，组织开展“七一”重要讲话精神集中巡讲 16 场次，覆盖未成年人 2400 多人。11 月 20 日，在“共青团影厅”开展“光影寄情，感恩有你”公益观影活动，免费发放 50 多套亲子观影套票。

11 月 30 日至 12 月 5 日，团县委以宪法宣传周为契机，在全县开展 2021 年青少年“宪法宣传周”系列宣传活动，宣传贯彻《中华人民共和国未成年人保护法》《中华人民共和国预防未成年人犯罪法》，组织基层团组织开展普法活动进社区、进村居、进企业、进学校等 10 场次。开展自护教育，开展“青春自护　安全第一”安全主题宣传活动，为学生们上好“安全第一课”，1500 多名学生参与。

团县委联合青年联合会、青年文明号、公益组织等，开展青春暖冬、元宵助学、希望工程圆梦行动系列活动 10 余场，走访慰问困境青少年、困难老人 93 名，发放慰问金、助学金 8 万余元。

【服务青年】 2021 年，团县委联合仙游农商银行为青年群体打造全市首家“青年主题银行”，挂牌成立仙游青年人才驿站，搭建为创业青年提供“融资 + 融智”综合服务的“青年之家”。青年主题银行累计举办各类创业培训、金融投资风险评估讲座、交流分享会等活动 30 余场，累计发放“青一贷”94 笔，金额 1492 万元；青创卡 70 张，授信金额 982 万元；青春卡 50 张，授信金额 198 万元。

2021 年，开展“扬帆计划”暑假返乡大学生实习工作，号召各级团组织做好“联络员”“服务员”，围绕全县中心大局发展对人才需求，对接联系各级党政机关、企事业单位等，招募、汇集各类优质实践岗位。团县委通过“扬帆计划”平台征集到 32 家单位 260 多个大学生暑期社会实践岗位，接收到全国各高校大学生简历 1702 份，确认正式上岗返乡大学生 130 人。开展“我看家乡新变化”返乡交流活动、“党旗引领人才，交流迸发青春”人才素质拓展活动 3 场次，引导优秀青年大学生返乡就业创业，助力全县招才引智工作。

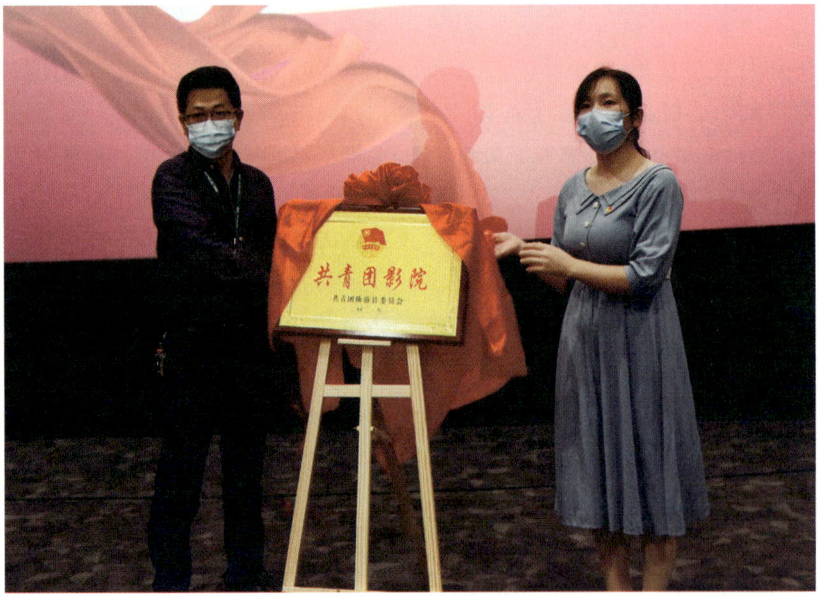

11 月 5 日，仙游县“学党史 强信念 跟党走”主题团日活动暨“共青团影院”揭牌仪式在中骏世界城星轶影城举行　（唐 伟 摄）

2021 年，团县委挂牌成立全县首个“共青团影院”“兰溪书苑青年之家”“党建 + 邻里中心青年之家”“青年主题银行”“青年人才驿站”“赛隆科技青年之家”等共青团宣传阵地 6 个，依托阵地开展公益观影活动、公益交友、“七一”红歌会、青年品香会、青少年读党史等主题活动 50 余场次，参与对象覆盖少先队员、青年干部、团员学生等。

2021 年，团县委依托县青少年宫，定期在邻里中心开展流动青少年宫进基层活动，在鲤城木兰社区“党建 +”社区邻里中心、县青少年宫开设公益艺术课堂、举办青少年科技大赛 2 场次，覆盖青少年近 1000 名，为青少年提供兴趣培养、社会实践等方面的公益服务。联合县相关部门通过线上发布招聘信息、线下举办专项招聘会，提供就业岗位 2000 多个，帮助解决返乡青年在家待业无收入问题。

【共青团组织建设】 2021 年，团县委坚持大抓基层的鲜明导向，以开展“全团大抓基层”“全团大抓学校”行动为抓手，整顿提升全县基层团组织，加强新时代团的建设。坚持党建带团建，注重与党组织紧密配合，衔接一致，协调一致，团员推优入党 100 余名。推进“智慧团建”系统建设，指导督促全县各级团组织推进团员注册录入、线上学习、团籍接转、星级团支部创建等工作。全年团员注册报到 2.88 万名。

2021 年，落实《共青团仙游

县委改革方案》，发挥挂兼职副书记作用。完成县、乡、村三级团组织换届选举工作，配齐配强基层团组织力量。举办全县新任团干部培训班，开展智慧团建、志愿汇、团员管理等基础团务工作培训；组织乡镇团委书记、非公经济组织和社会团组织负责人参加全省共青团业务培训，提升团干部履职能力。

2021年，团县委推进中学共青团、学校少先队等重点领域改革。落实县少工委“双主任”制度，推动全县中小学100%建立学校少工委，推进全县少先队改革工作。规范少先队主题队会、队日基本程序，规范建设少先队队室，规范队活动仪式，为少先队员们提供各项主题教育的场所，增强仪式庄重感、参与感，提升少先队凝聚力。

（郑雪梅）

仙游县妇女联合会

【概况】 2021年，仙游县妇女联合会（简称“县妇联”）围绕“引领、服务、联系、家庭、改革”五个关键词，发挥妇女“两个独特作用”的载体平台，全县妇女为推进新时代美丽新仙游建设贡献半边天力量。选树典型立标杆，推选鲤城东门社区党支部书记、妇联主席林丽霞为全国妇联系统劳动模范；推选县妇幼保健院党支部书记、院长黄一健为全国维护妇女儿童权益先进个人；推选县总医院神经外科护士长黄萍萍、榜头镇溪尾社区党支部书记林梅治为省三八旗手；推选鲤中实验幼儿园教研组、仙游农商行拱桥头支行为“福建省巾帼文明岗”。

【妇联组织基础建设】 2021年，仙游县召开第十三次妇女代表大会，选举产生仙游县妇联第十三届执行委员35名，常委9名，主席1名、专职副主席2名、挂职副主席1名、兼职副主席2名。推进女性进“两委”工作，紧盯“一肩挑”、年龄、学历、女性4个要素，实现省、市妇联提出的“四个确保”目标。全县新一届村（社区）中“一肩挑”女主干38名，其中40周岁及以下26名，大专以上学历24名。女性支委259名，女性村委363名。指导市级“党建十邻里中心”示范点建设，为鲤城东门社区购买近1万元图书，打造妇女参与社会治理服务新亮点。结合新形势发展需要，在新领域中创建“妇女微家”，结合党政所需、妇女所能，在62个“妇女微家”开展特色活动。2021年，县妇联落实“再学习、再调研、再落实”活动和党史学习教育，与市妇联一起深入西苑乡、钟山镇、游洋镇等，召集妇女干部、妇女代表、群众代表等专题调研座谈会，在仙东小学实地考察“平安爱心食堂”运营和办学条件后，发动爱心企业和女企业家捐款20万元和部分课桌椅；组织志愿者走访慰问西苑乡西嵳村10名困难户，送去慰问品和慰问金。走访临鸣新村“党建+”邻里中心建设、调研龙山村发展“急难愁盼”问题，为后续建设积累经验。组织全体党员前往麦斜岩红军第108团旧址、中共福建省委上湖底驻地旧址、中共仙游上宫支部旧址等参观学习点开展实地观摩。举办以“建党百年、巾帼礼赞”为主题的经典诗歌朗诵比赛活动，开展宣传党的十九届六中全会和省、市、县党代会精神巾帼大宣讲活动50场，组织巾帼志愿服务300场。

2021年疫情期间，县妇联领导带头，全员参与一线疫情防控，负责疫情防控宣传、发动巾帼志愿者、协调防控物资收发、慰问和本单位疫情防控工作等。从不同渠道募捐5.61万元，募集N95口罩、医用口罩、面罩、防护服、酒精消毒液等防疫物资以及食品、水果等食物，针对儿童群体，送去儿童玩具以及儿童课外读物等。全县组建325支巾帼志愿服务小分队，参与防控疫情的排查、宣传、站岗、流调及发动物资等。通过“12338”心理服务热线，为因疫情原因产生焦虑、悲观等情绪的人员提供心理疏导。开展“无疫家庭”创建和宣传活动，呼吁广大妇女发挥独特作用，争创无疫家庭，举办“创建无疫家庭、机关干部先行”活动暨机关干部心理健康辅导讲座，引导广大家庭提高科学有效的防疫能力。

【关爱妇女儿童】 2021年，县妇联实施“农村妇女素质提升计划”，举办5场农业技术培训。开展农村低收入妇女“两癌”救助工作，摸底上报24名农村低收入妇女“两癌”患病人员，发放救助金12万元。开展“把爱带回家·新春温暖行”走访慰问活动，新协胜鞋业有限公司的19名困难女工每人领到一个500元春节红包和一个“大礼包”。元旦春节，走访慰问贫困妇女儿童39人，发放慰问金5.8万元。开展“关爱女性健康”活动，推广“两癌”防治和女性安康保险；与县卫健局、县计生协会联合实施仙游县2021年度35—64岁城乡居民医保妇女宫颈癌和乳腺癌检查项目，宫颈癌筛查完成1.31万人次、乳腺癌筛查完成1.33万人次；继续启动“母亲健康 1+1”募捐活动，筹集善款 16 余万元。创建“美丽庭院”，推荐 100 户省级“美丽庭院”和 350 户市级“美丽庭院”。开展巾帼志愿服务活动，全县组建 344 支巾帼志愿小分队，开展 1088 场巾帼志愿服务活动。

【家庭文明建设】 2021 年，县妇联开展寻找最美家庭活动，推荐并表彰县级“最美家庭”137 户、市级“最美家庭”12 户、县级“绿色家庭”27 户、省级“绿色家庭”5 户。开展“无疫家庭”创建活动。通过发放倡议书、制作宣传片、举办创建“无疫家庭”签名活动和“创建无疫家庭、机关干部先行”活动暨机关干部心理健康辅导讲座等，引导广大家庭争创无疫家庭。开展“春蕾计划”助学活动，择优推荐并资助符合条件的 30 名贫困女大学生。县妇女儿童活动中心举办少儿暑期公益班，开设科技班、阅读班、象棋班、写作班、朗诵班、初高中物理化学衔接班、合唱团 7 个班次。与县委组织部联合组建女子合唱团，在 2021 年的莆田市“颂歌献给党”建党百年歌咏比赛中获金奖。开展关爱未成年人实践活动，举办“万家学党史 · 永远跟党走”为主题的“十个百”家庭教育实践活动，慰问百名儿童；开展“童心向党 快乐成长”系列活动；在枫亭铺头社区开展“把爱带回家——寒冬送温暖”活动；开展“恒爱行动——百万家庭亲情一线牵”公益活动，发动“爱心妈妈”为新疆贫困地区孤残、贫困儿童编织爱心毛衣并附上寄语卡片。

【妇女合法权益维护】 2021 年，县妇联立足“联动”做文章，推进妇女维权工作，在 2021 年度莆田市县（区）妇联婚姻矛盾排查化解工作考核中获第一名。开展“平安家庭”星级户评选活动，评选出“一星级平安家庭”3234 户、“二星级平安家庭”1717 户、“三星级平安家庭”441 户。以“平安家庭”创建、防电诈、禁毒等为主题，邀请专业老师制作“平安家庭”赞句，在全县各村（社区）播放。配合县法院共同做好家事案件审判和调解工作，全年调解 206 起离婚案件；在县检察院挂牌成立“巾帼维权服务站”并专设“巾帼维权服务岗”；与县司法局对接，把妇联干部调解婚姻家庭案件纳入“一案一补”。加大法治宣传力度，走村入户开展普法宣传活动，开展“关爱成长从家出发”莆田市家庭教育公益大讲堂巡讲活动，现场接受法治教育的学生及家长 3000 多人。4 月，妇女儿童发展纲要监测评估工作通过省、市妇儿工委终期评估验收。

（史美清）

仙游县科学技术协会

【概况】 2021 年，仙游县科学技术协会（简称“县科协”）团结和组织广大科技工作者实施强产业、兴城市“双轮”驱动，推进仙游高质量发展超越，实现“十三五”、决战脱贫攻坚、决胜全面建成小康社会圆满收官和“十四五”的良好开局，推进创新创造、科学普及、学术交流、决策咨询、人才举荐、组织建设等各项工作。

【科普宣传】 2021 年，县科协开展“全国科普日”系列活动。开展科普“五进”（进机关、进学校、进农村、进社区、进企业）活动 10 多项，举办科普讲座 3 场，展出科普展板 20 面，分发科普宣传资料 2500 多人份，参与科普志愿者 100 多人次，受益群众 2.5 万多人次。开展文化、科技、卫生“三下乡”活动，分发科普小册子 450 多册。开展各种主题科普活动。开展“我为群众办实事”科普活动，分发科普宣传资料 2000 多份，受益群众 2 万多人次。

【青少年科技活动】 2021 年，县科协实施《全民科学素质行动计划纲要》，围绕五大重点人群，开展科普宣传活动，提升城乡居民科学素质。举办仙游县青少年科技创新活动邀请赛暨首届仙游县人工智能、机器人现场搭建与编程大赛。新建 2 个青少年科学工作室。

【农村实用技术培训】 2021 年，县科协组织开展各种农村实用技术培训，在部分乡镇举办农村实用技术示范培训班，300 多人参加培训；举办科普知识培训班，分发科普书籍 1600 多本。

【科普阵地建设】 2021 年，县科协创新科普宣传方式，定期、不定期通过转发微信群、朋友圈等贴近实际、贴近生活、贴近群众的方式宣传科普新知识，宣传优秀科技工作者先进事迹，扩大科普宣传受众面。围绕实施强产业、兴城市“双轮”驱动，推进高质量发展超越，实施“基层行动计划建设”。实施“基层行动计划建设”，获得莆田市基层行动计划建设专项补助资金 12 万元。

2021年，县科协发挥科普资源优势，利用科普宣传栏、科普工作室等传播渠道，向城乡群众传播科普知识，发挥科普网络平台、科普微信、科普宣传栏等作用，以群众易于获得、理解的科普化方式提升传播效果，引导公众掌握科学知识。新建示范青少年科学工作室1个、科普示范农技协1个、科普示范村1个。成立4家莆田市科普教育基地。做好院士专家工作站调查摸底建设等工作。推进省级学会服务站建设前期工作，意达股份有限公司省级学会服务站成立，是全市县区唯一一家。

（陈宏卿）

【老科学技术工作】 2021年，仙游县老科学技术工作者协会（简称“县老科协”），是由农林、工、医、教各界中的高、中级职称技术人员为主体的社团组织。设会长1人，副会长若干名，下分设农科、理科、工科、医科、文体等几个专业组及建华、园庄2个分会。有会员180多人。12月，会员郑清芳、林建芳分别认定为高级农艺师和中级医师职称。

科技基地建设　盖尾镇东许庆森家庭农场是仙游县老科协科技示范老基地。2021年，莆田市老科协为庆森家庭农场授牌，确定为“莆田市老科协科技示范基地”。该场当年种植甘薯、花生、玉米等旱地作物6.4公顷，推广早杂优、再生初1.67公顷、承担县农业部门、省农大农业实验项目3个。在市、县项目帮扶农技人员指导下，主推地膜覆盖、引进推广作物良种、搞科学配方施肥，抓病虫防治等农技综合技术措施，实现水稻、甘薯、花生好收成。经验收早稻亩产超500千克，再生稻亩产300千克，甘薯亩产3000千克，高产的田块亩产超万斤，花生亩产250—300千克，综合利用养殖鸡、鸭、鹅、猪、羊等家禽家畜，成为集生产、示范、推广、销售、加工、经营为一体的家庭式经营模式。

龙华镇建华村组织一批退休的农技人员和退休的村干部建立老科协建华分会。2021年，与建华桃洁农业合作社建立绞股蓝生产技术指导工作，利用果树下种植地改为与果园相结合，利用果树下栽植绞股蓝获得成功，果树下的慢射光与绞股蓝生长环境相吻合，生长旺盛，避免受自然灾害的损失。

助力疫情防控　一批退休的老医生参加老科协组织，有的返聘在原单位工作，有的受聘在民营医院，有的在家坐诊或下乡义诊，为群众排忧解除病痛之苦。2021年新冠疫情期间，仙游县总医院主任医师张明谦、民营慈爱医院的医师李敬平，始终坚持在医院防治一线上班。仙游县总医院被指定为新冠肺炎救治医院，年过六旬的吴颂希（原县中医院院长）和儿子、儿媳都是该院医生，一家三口坚守在抗疫工作第一线，《仙游今报》报道该家在抗疫第一线日夜坚守的事迹。

文化宣传　2021年，理科组吴子雄完成《仙游县吴氏总谱》编辑工作，刘建成参加《鲤城志》编写；陈丰周主编《仙游县华侨志》，参与县委党史方志办主编的《仙游英烈传》编写，其著作《蔡襄与民俗》和《九仙传奇》分别由海峡出版社、华夏文化出版社出版发行。

开展教学调研活动，会员朱猋锁（原县教育局局长）等4人分别到鲤南镇、榜头镇、枫亭镇、盖尾镇等有关中小学进行调研，课题有《课外补习情况调查》《学生作业负担状况》《空村空校现状原因及对策》等。

陈丰周等5名会员参加县委宣传部等4个部门组织的庆祝中国共产党成立100周年党史宣传教育活动，分别于5月、10月两次深入职中、初级中学20所学校作“学党史、听党话、跟党走”为主题的宣传教育报告，近万名师生听取报告。

理科组利用节日（端午节、“七一”中国共产党建党节、中秋节、重阳节、国庆节）期间参加鲤城、枫亭、榜头、赖店、大济等乡镇（学校）的退休教师学习会、纪念会、团拜会等活动，互相交流学习，服务当地公益活动、中小学办学、老年人保健等。

（郑清芳）

仙游县社会科学界联合会

【概况】 2021年，仙游县社会科学界联合会（简称“县社科联”）挂靠县委宣传部管理，所属的社会团体有县诚信促进会、姓氏文化研究会、魏昇文化研究会、榜头镇诚信促进会、飞钱陈可人文化研究会、工商学会、蒋氏文化研究会、戴氏文化研究会、张氏文化研究会。2021年，县社科联领导和协调所属学术团体，开展理论研究和学术交流活动；开展社会科学知识普及和咨询工作，围绕县委、县政府中心工作搞好调查研究，为推进美丽仙游建设提供精神动力、理论普及和智力支持。

【理论研讨】 2021 年，仙游县参加市社科联组织开展的“不忘初心、牢记使命”庆祝中国共产党成立 100 周年主题征文活动，获二等奖 3 篇，三等奖 3 篇，获奖篇数位居全市各县区之首。

【社会科学普及】 12 月 2 日，县社科联在南桥社区“党建 +”邻里中心举行仙游县 2021 年社会科学普及宣传周启动仪式，联合县卫健、司法、科技局、团县委、工会、诚信促进会、姓氏文化研究会等 17 家单位开展“社会科学在你身边普及咨询”活动，活动现场组织开展庆祝中国共产党成立 100 周年系列专题展——中国共产党精神谱系选录，中共十九届六中全会精神、党史学习教育、社会科学普及条例知识以及移风易俗、疫情防控和健康知识、普法知识、诚信文化等方面开展宣传普及活动，推进仙游县社会科学普及工作；组织开展“连环画讲红色故事图片展”，通过连环画说党史故事，重温中国共产党百年光辉历程；发动广大党员干部参加“深入学习贯彻福建省第十一次党代会精神”“深入学习贯彻党的十九届六中全会精神”网上有奖竞答活动；加强祠堂文化管理，开展 2021 年度“仙游县先进祠堂”评选活动。

【社会科学基地建设】 2021 年，县社科联创建鲤城街道南桥社区“党建 +”邻里中心、木兰社区“党建 +”邻里中心、仙游县博物馆为县社会科学普及基地，推进社会科学普及工作向社区延伸，为百姓服务。

【社会科学学会活动】 1 月，莆田市书法研究会仙游理事会在“兰水书法讲坛”开辟“国粹书法大家说”系列沙龙活动；2 月，“送万福到千家——义写春联活动”在兰溪新天地广场举行，“和睦邻里春常在，幸福南桥暖千家”的迎春诗联书法展览在南桥社区举办；3 月，县诚信促进会组织开展“诚信宣传进社区，话先锋促先行”主题实践活动；4 月，莆田市书法研究会仙游理事会会员林诚雄、李智明作品入展“八闽丹青奖——第三届福建书法双年展”；5 月，县诚信促进会协同配合市诚信促进会举办“党建带诚建 献礼百年庆”启动仪式暨党史学习教育培训班；6—7 月，莆田市书法研究会仙游理事会组织开展“百年征程，铸就辉煌——庆祝建党 100 周年书法作品展览”；9—10 月，县诚信促进、县姓氏文化研究会发动各会员单位、姓氏委员会主动响应县疫情防控指挥部的倡议，为疫情防控捐款、捐物，参加志愿者服务、站岗放哨等。全县会员单位捐款捐物价值 1200 多万元，各姓氏委员会捐款捐物价值 500 万元以上，组织志愿者近万人次；以艺战“疫”，莆田市书法研究会仙游理事会在“仙游书法研究”公众号上刊登“战疫必胜”抗疫主题作品展 5 期。11—12 月，仙游县姓氏文化研究会组织开展“仙游县先进祠堂”评选活动，评选出 19 所具有代表性的先进祠堂，推动祠堂文化建设。

（陈凤金）

仙游县归国华侨联合会

【概况】 2021 年，仙游县归国华侨联合会（简称“县侨联”）新成立赖店镇玉墩村侨联 1 个基层侨联组织，度尾镇侨联、赖店镇玉墩村侨联 2 个基层侨联组织被评为省级“侨胞之家”，度尾镇侨联、赖店镇玉墩村侨联 2 个基层侨联组织被评为市级“侨胞之家”，龙华镇貂峰村侨联、游洋镇桥光村侨联、赖店镇锦田村侨联 3 个基层侨联组织被评为市级“五好”示范点。2021 年，县侨联成立鲤城街道、赖店镇、枫亭镇、榜头镇、龙华镇、游洋镇、度尾镇 7 个乡镇（街道）侨联组织；赖店镇赖店村、赖店镇锦田村、赖店镇玉墩村、游洋镇桥光村、游洋镇沽山村、龙华镇貂峰村、龙华镇金溪村、园庄镇塔兜村 8 个村级侨联组织，23 个重点侨村成立侨联小组，全县 11 个非重点侨乡（镇）和县卫生系统建立侨联工作联络组，初步形成基层侨联组织网络。

【换届选举】 2021 年 3 月 30 日，仙游县第十一次归侨侨眷代表大会在仙游宾馆召开。县第十届侨联主席陈曦月作题为《汇聚侨界磅礴力量，打造县域特色品牌，为全方位推动仙游高质量发展超越作出贡献》的工作报告，大会选举陈曦月为县第十一届侨联主席，林迎珍、林秀林为副主席。

【华侨权益维护】 2021 年 2 月，县侨联做好涉侨涉诉案件协调处理工作，以维护“侨”合法权益为重点，在县侨联机关设立涉侨纠纷调处中心，联合县法院建立网络平台对接机制，指定两名专职调解员先行负责处理涉侨类纠纷案件。

10 月 31 日、11 月 10 日、11 月 25 日、12 月 7 日，县侨联分别在游洋镇、度尾镇、鲤城街道南桥社区、赖店镇玉墩村结合志愿服务活动，开展基层侨联组织宣传侨法，

3月30日，仙游县第十一次归侨侨眷代表大会在仙游宾馆召开
（刘燕钦 摄）

加大宣传力度，扩大宣传覆盖面。通过开展侨法宣传、咨询、答疑活动，向侨界人士发放侨法宣传品、宣传册，并宣讲党史、侨法知识，开展侨法知识有奖竞答活动，增进归侨、侨眷对涉侨知识了解，维护侨界人士合法权益。11月18日、11月30日，指导园庄镇和龙华镇村级基层侨联组织开展侨法宣传活动。

12月2日，县侨联为12名省贫困侨发放补助，关爱困难归侨侨眷。8月，前往游洋镇桥光村慰问在苏里南因新冠肺炎去世的侨眷，发放慰问金5000元。1月6日疫情防控期间，陈曦月主席陪同省侨联领导前往钟山镇慰问朱望钊博士。1月27日，走访慰问游振武、傅金辉、吴自立、郑金奇等7名重点华侨侨眷。6月24日，前往赖店镇慰问印尼归侨陈玉珊。

【海外联谊】 2021年，县侨联做好“中国侨商投资（福建）大会”前期工作，收集招商引资信息。7月15日，在大地京闽酒店举办招商引资座谈会，邀请县委常委、统战部部长杨碧静和13名在仙游侨商参加，宣传招商相关政策，了解侨商投资意愿。4月15日，前往鲤城街道洪桥社区探望老归侨李瑞隆，了解80多年前仙游籍先辈们在马来西亚参加世界反法西斯斗争的历史，并挖掘出华侨烈士张元豹等爱国爱乡的事迹。

【助力疫情防控】 2021年，县侨联利用微信社交网络平台，提醒海外侨胞防疫注意事项，规劝海外侨胞留在住在国，主动配合住在国疫情防控工作，并将收集到信息及时反馈上级有关部门。利用微信网络平台，做好海外宣传和侨胞劝留工作，掌握海外动态，宣传讲解县疫情防控相关政策和防疫措施，引导侨胞科学防疫。

县侨联与县卫健局等相关部门做好出国出境人员疫苗接种登记等工作，并建立接种人员信息台账。普及疫苗接种知识，宣传疫苗安全性和有效性，解答群众疑惑。抽调1名干部到县疫情工作指挥部外事组，负责侨胞回乡路途跟进工作，将回乡侨胞的信息通知给乡镇（街道），负责回乡侨胞沟通、协调、接送、隔离工作，做到闭环管理，减少旅途感染风险。

9月枫亭疫情防控期间，县侨联向仙游籍重点侨商、侨领发出《仙游县关于捐赠疫情防控款物倡议书》，并在多个海外微信群中转发，动员广大侨胞、侨商、侨企捐资捐物，联系县红十字会等相关部

6月，县侨联到游洋镇开展“我为群众办实事——情暖侨乡 关爱成长”实践活动，给74名游洋中心小学学生送去慰问品及关爱 （刘燕钦 摄）

11 月 30 日，县侨联、龙华镇侨联、貂峰村侨联在龙华镇貂峰村侨胞之家开展三级联创红色主题活动 （刘燕钦 摄）

门，侨界捐赠物资和资金折合人民币 1207 万元。9 月 27 日，受日本莆仙同乡会委托前往城东中学、王朝财富酒店和华侨中学隔离点开展慰问，对 3 个隔离点的群众和一线干部开展人文关怀，并赠送价值 2 万元的物资。县侨联干部下沉一线抗疫 7 人，抽调 6 人。为县侨联华侨捐赠的两处房产（仙游县侨联综合楼一层两坎店面、县侨联原枫亭华侨服务社）的承租方减免租金 9.5 万元，降低营运成本。

【关爱侨胞】 2021 年，县侨联推动“我为群众办实事”实践活动，开展“关爱侨乡留守儿童”“关爱侨乡留守儿童”和平安“三率”（平安建设知晓率、平安建设参与率、平安建设安全率）宣传活动。6 月，在游洋中心小学开展慰问侨乡留守儿童活动，为 74 名侨界留守儿童送去学习慰问品，走访慰问全县 6 个乡镇的 25 名侨乡留守儿童，发放学习用品 1.96 万元，惠及全县 99 名侨乡留守儿童。重阳节，在游洋镇桥光村开展“关爱侨乡留守老人”活动，为 59 名留守老人发放唱戏机，并前往沽山村、里洋村、游洋村、河星村走访慰问留守老人，发放敬老物资 1.17 万元，惠及 59 名侨乡留守老人。县侨联分别于 3 月、4 月、6 月、8 月、11 月，深入社硎乡白洋村开展平安“三率”宣传，向白洋村群众发放平安宣传品、平安建设“三率”知识等材料，接受群众平安咨询，推动平安建设常态化。落实华侨“双稳”（稳住人心、稳在当地）工作，注重华侨子女就学问题，7 月 10 日收到华侨子女的就学需求后，通过审核华侨身份，多次与县教育局沟通协商，解决 2 名华侨子女回仙游接受义务教育，安排就读公立小学。

（戴 楠）

仙游县台湾同胞联谊会

【概况】 2021 年，仙游县台湾同胞联谊会（简称“县台联”）强化意识形态引领，开展“再学习、再调研、再落实”活动和党史学习教育，引导全体干部将思想和行动统一到中央对台工作决策部署上；围绕对台工作主题，紧扣对台工作主线，扩大交流交往，维护台胞权益，争取台湾民心，促进仙游经济社会发展和仙台两岸交流合作；通过座谈、走访、调研等活动，在全县台胞群体中宣传中央对台工作方针政策，宣传县委、县政府对台工作部署，促进台联事业发展。

【服务台胞】 2021 年，县台联组织召开仙游籍台胞普查登记工作专题会议，成立普查工作领导小组，按照属地原则下发工作任务，并开展乡镇（街道）普查员业务培训会；各乡镇（街道）相应成立普查工作领导小组，村（社区）明确工作责任人，形成县、乡、村三级工作网络，落实普查相关政策和工作部署要求；对接县公安局、民政局有关工作业务人员，协调解决普查过程中存在问题；乡镇（街道）组织乡村干部、村级网格员进村入户开展普查登记工作，安排好入户调查、登记、核实、汇总、上报等各个环节，不漏一村、一户、一人，实现县、乡、村上下联动，完成普查工作；加强保密教育，与乡镇（街道）统战委员签订协议，在分发、传送、上报等各环节做好保密工作，防止个人隐私泄露现象发生。截至 2021 年底，全县普查出仙游两岸婚姻家庭 70 对，两岸婚生子女 74 人。通过摸底、调查、登记、核实，选定在仙游台胞符合 2021 年度“两补”条件 64 人，指导填报好莆田市定居台胞和老龄台胞生活补助调查表，对补助人员进行公示，保障老龄、困难台胞合法权益和基本生产生活。

【参政议政】 2021年，县台联协助莆田市台联做好出席莆田市第四次台湾同胞代表会议的仙游县常务理事、理事及代表人选推荐，推选代表20人，其中理事6人、常务理事3人；推荐在仙游台胞黄杰及重点台胞在仙游亲属李志强、徐鹏为十四届仙游县政协委员，保障在仙游台胞参与政治生活。

（陈舒悦）

仙游县文学艺术界联合会

【概况】 2021年，仙游县文学艺术界联合会（简称“县文联”）坚持以人民为中心的工作导向，坚守社会主义文艺的根本宗旨，围绕中心、服务大局，履行“举旗帜、聚民心、育新人、兴文化、展形象”的职责使命，展现文艺界应有的气象风采。县文联下设作家协会、书法协会、摄影家协会、美术家协会、音乐舞蹈家协会、李耕画院、竹木雕刻工艺研究所等文艺家协会和挂靠社团，会员1300多人。

【文艺活动】 2021年，县文联围绕庆祝中国共产党成立100周年主题主线，组织系列文艺展览展示活动。举办仙游县庆祝中国共产党成立100周年征文大赛；举办仙游县庆祝中国共产党成立100周年摄影展；举办百名画家百幅作品庆建党百年作品展；举办仙游县庆祝中国共产党成立100周年《木兰溪百景图》作品展。开展“献礼建党百年华诞”第二届仙游国画与陶瓷艺术文化企业行活动。5月1日，“献礼建党百年华诞”为主题的第二届仙游国画与陶瓷艺术文化企业行活动在工艺博览城三福艺术馆举行。

【文艺创作】 2021年，县文联开展“迎建党百年华诞 红色文化采风活动”。仙游县作家协会把创作红色文学作品、讲述红色故事作为2021年文学创作重点，组织8次大型文学采风，30名志愿者深入钟山镇红军第108团旧址、临水中共福建省委旧址、朗桥村林刘闽中特委等仙游境内以及清流、宁化、德化、大田等地，找寻红色旧址、访谈革命后人、讴歌英雄事迹，发表红色文化采风作品130多篇。5月底，仙游县作家协会推出《仙游文学》第84期——“红色文化采风专辑・向党百年华诞献礼”，以原创文艺作品，从最基层的视角，展示我们党的伟大光辉历程。仙游县摄影家协会多次组织志愿者走进西苑、钟山、榜头、菜溪等革命老区开展红色文化采风活动，重点聚焦在乡村振兴试点村、生态示范点、革命基点村、党史教育基地和边远山区，策划组织“走进九鲤湖”公益拍摄活动、“乡村振兴・美丽家园”采风活动、“西苑乡前溪村唱红歌、颂党恩摄影创作活动”、首届西苑风光全省摄影大赛展览、古典工艺家具之都・魅力榜头摄影大赛、“我心中的红色印记”网络摄影比赛等20多场服务乡村活动，创作一批反映仙游县党史学习教育、生态文明、乡村旅游、产业振兴的主题摄影精品。

【文艺志愿服务】 2021年，县文联针对广大群众多元文化需求，依托“文艺轻骑兵”力量，结合“我们的中国梦”“文化进万家”“文化进校园”“送欢乐下基层”等品牌，深入基层、服务群众，开展形式多样的文艺志愿服务、文艺惠民

12月26日，仙游县美术家协会第一次会员代表大会召开

（彭丽程 摄）

活动。县文联在县内外举办各类展览、讲座、辅导、培训等活动。1月6日，与永泰县联合举办“仙游美术名家作品邀请展”；10月31日，在仙游文庙举办福建省美协工笔画艺委会委员作品巡展；11月1日、5日、7日，县作协在鲤城街道南桥社区为协会会员和社区群众举办3场“永远跟党走”文学讲座。李耕画院的多名志愿者走进各社区举办美术创作讲座，与美术爱好者进行互动交流；县竹木雕刻研究所的讲解员们走进仙游职业中专学校及榜头坝下中心小学，开展寓教于乐的教育实践活动；县音乐舞蹈家协会志愿者组建红歌演出团分赴全县各乡村演唱革命歌曲；县美协与书协组织志愿者上街头、下乡村，举办群众喜闻乐见的猜灯谜、送春联、送福字活动，送出春联“福”字数千副，形成志愿服务品牌。

【以艺抗“疫”】 2021年9月抗击新冠肺炎疫情期间，县文联组织下属文艺家协会和文艺工作者投身抗击疫情创作，以优秀的书画、摄影、文学作品记录战“疫”、书写战“疫”，用心注情创作出一批鼓舞人心、激扬斗志的作品，为抗疫工作加油鼓劲。利用新媒体新技术等各类传播方式和手段，加强与县内宣传平台的沟通与合作，扩大文艺作品宣传覆盖面和影响力。

疫情发生以来，县作家协会微信公众号开设仙游作家“抗疫”作品专栏，组织创作抗疫诗文300多篇，在各级报刊发表，公众号刊发，团结引领大家齐心协力战胜疫情；县书法协会举办仙游县“众志成城，战疫克艰”抗击疫情主题书法网络展，创作书法一百多幅，向县博物馆捐赠抗疫主题作品40幅；县美术家协会组织动员广大会员征集作品60余幅，举办“以艺抗疫”美术作品网络展；县摄影家协会微信公众号推出“仙游挺住！仙游加油！”“摄影师镜头下的仙游真实战疫”“十五的月亮十六圆”“枫亭解封啦”“仙游战疫记”等专栏；县音乐舞蹈家协会会员创作歌曲《我们都是仙游人》以及古筝曲《九鲤祈梦 疫散花开》等，分别在《仙游今报》、微信公众号等新媒体平台推送；仙游李耕国画艺术研究院画家投入社区抗“疫”志愿者队伍写生创作仙游抗疫图卷《仙游加油抗疫必胜！》。组织各协会参加省市举办的防控疫情莆田文艺界作品征集活动以及“一起战役 莆田必胜”主题书画摄影艺术作品网络展览等，选送一批文艺作品在“莆田文艺界”微信公众号上推介。

【文化成果】 2021年，县书协方庆奖作品获福建省庆祝中国共产党成立100周年《习近平用典》书法作品集优秀奖及入展“第九届全国新人新作书法作品展”。县作协会员黄勇升作品入展2021“中国书法·年展”全国行书、草书作品展，具备加入中国书法家协会会员资格。县书协李智明、林诚雄、蔡光仙、朱旗鲜作品入展“八闽丹青奖”——第三届福建书法双年展。县书协会员陈春恩、陈为炎、徐庆发作品入展福建省书法家协会第七届新人新作展，杨玉城入选，入展入选人数居全市各县区榜首。莆田市庆祝中国共产党成立100周年暨莆田市首届书法兰亭奖（凯特杯），仙游县10件作品获奖，3件作品入展。县书协会员方庆奖获莆田市首届书法兰亭奖二等奖，李智明、郑路迅、朱旗鲜、陈春恩获三等奖，林诚雄、蔡光仙、吴丽娟、赖建明、刘建飞等人作品获优秀奖。林鸿、张锦洪、林玉霖等作品进入展览名单。

9月，李耕画院画师李金国的作品《繁花凝露香》入选“万年浦江”（册页）全国中国画作品展。3月，李耕画院画师郑路迅作品《我心飞翔》入选“2020厦门全国（小幅）工笔画双年展”（中美协主办）。摄影家协会会员张颖的作品《大地的调色盘》在“第五届福能杯”全国摄影大展中被评为入展作品；《喜出嫁（组照）》获“第六届全球妈祖文化摄影大赛”优秀奖。

县作协会员郑朝阳作品获由江西省作家协会与中国作家协会《诗刊》社共同举办的“‘光荣与梦想’庆祝建党100周年诗歌大赛”优秀奖。2021年，县作协会员有26人次创作的小说、散文、诗歌在各级开展的庆祝建党百年征文活动中获奖。3名会员出版文学专著，共100多万字。

（李　洁）

仙游县残疾人联合会

【概况】 2021年，仙游县残疾人总数6.5万人，占总人口6.25%。其中，视力残疾1.05万人，占16.15%；听力残疾1.8万人，占27.69%；言语残疾793人，占1.22%；肢体残疾1.47万人，占22.62%；智力残疾5616人，占8.64%；精神残疾4790人，占7.37%；多重残疾1.06万人，占16.31%。截至2021年底，仙游县有3.15万人办理第三代残疾人证。

【残疾人康复】 2021年，仙游县残疾人联合会（简称“县残联”）落实康复机构疫情防控主体责任，指导残疾儿童康复机构落实疫情防控措施，防止疫情发生。推进精准康复行动，完成残疾人基本康复服务1.11万人，完成辅助器具适配服务414人。抓好残疾儿童康复救助政策落实，做好残疾儿童康复救助制度提标扩面衔接工作，在省定补助标准上提高补助标准，为620名0—17岁残疾儿童提供康复救助服务，补助金额808.18万元。落实常态化康复督查制度，定期开展残疾儿童康复救助项目落实情况跟踪回访工作和7—17岁残疾儿童康复救助事中事后监督工作。加强残疾预防宣传，利用“爱耳日”等节日，开展残疾预防和残疾人康复宣传教育工作，提高群众残疾预防意识。

【残疾人教育】 2021年，县残联配合教育部门建立以普通学校随班就读为主体、特殊教育学校为骨干、送教服务为补充的多种形式残疾儿童少年义务教育体系，推进城乡残疾儿童少年义务教育均衡发展；协助教育、卫生部门做好11名参加高考、25名参加中考的残疾考生体检、录取工作；配合教育部门做好残疾学生和建档立卡户残疾人子女助学工作。

【残疾人就业】 2021年，县残联推进残疾人辅助性就业机构建设，通过无偿提供场地和公开招投标，引进社会组织创办仙游县残疾人辅助性就业机构（包含日间照料），该机构5月24日试运营，6月11日正式揭牌，是全县残疾人就业脱贫致富新的增长点和保民生、兜底线一大举措；5月23—24日，举办残疾人实用技术培训班、残疾人就业招聘会，邀请专业技术人员为残疾人讲解农产品生产和销售技术，联系10多家企业提供招聘岗位，为有就业需求残疾人提供就业服务；3—8月，在度尾、大济、枫亭等乡镇开展6期残疾人职业技能提升培训，参加培训残疾人253人，其中培训合格238人，发放补贴资金37.04万元；就业实名制系统城镇年度新增就业任务15人，完成29人，完成率193.33%；农村年度新增就业任务152人，完成325人，完成率213.82%，残疾人就业率处于全市领先水平；残疾人就业创业补助100名残疾人，每人补助5000元，补助资金50万元，居家托养补助372名残疾人，每人补助2000元，补助资金74.4万元；残疾人就业“7+1”项目，扶持集中安置残疾人企业1家，补助资金1.92万元；扶持残疾人自主创业就业52人，补助金额19.16万元。

【残疾人社会保障】 2021年，县残联协助县民政局为符合条件的重度残疾人发放护理补贴1.55万人次，发放护理补贴资金1799.8万元；为符合条件的残疾人发放困难残疾人生活补贴1.55万人次，发放生活补贴资金1681.8万元；1—12月，发放“一户多残”残疾人补贴资金719.55万元，受惠残疾人家庭2975户、6196人次；为3.05万名残疾人换发第三代残疾人证，换发率100%；为3.12万名残疾人投保意外伤害险，保费90.94万元，疾病身故70人赔偿金额21万元，其他事故出险26人赔款金额15.56万元。

【残疾人扶贫】 2021年，县残联将1万多名重度残疾人纳入监测范围，并重点关注其中贫困边缘户残疾人、“一户多残”残疾人、缺乏家庭劳动力残疾人等。每月组织开展一次重度残疾人情况专项筛查，对该系统通过部门数据比对及服务热线、信访等途径获得的预警信息进行分析核实。全年未发现存在返贫风险残疾人。

【残疾人文化体育】 2021年10月29日，县残联在仙游鑫鼎影院

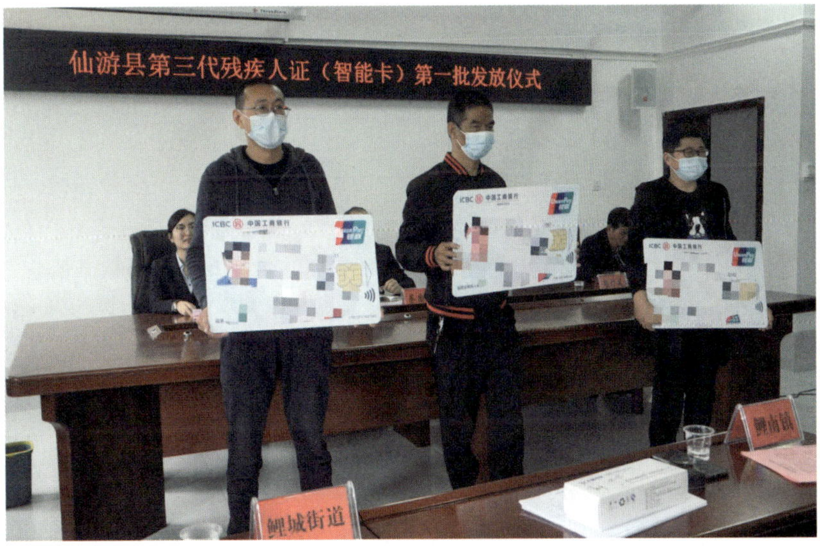

4月15日，仙游县第三代残疾人证（智能卡）第一批发放仪式在县残联举行，首批换发5036张卡
（彭丽程 摄）

举办“爱祖国 感党恩 讲文明 树新风”残疾人文化活动，全县60名重度残疾人或低保户、精准扶贫户、轻度残疾人由家属陪同参加活动。活动现场，县残联领导为每位知识抢答活动的残疾人分发一份奖品，并为他们每人发放一套红色读本《长征》、一套四大名著读本。全体参加活动人员一起观看抗美援朝爱国影片《长津湖》。10月22—29日，仙游县残疾人运动员在全国残运会、特奥会上斩获奖牌：全国第十一届残运会，县残疾人运动员获得2银和1个第四名成绩，其中林文榜各获得F32/33/34级男子铁饼、F34级标枪银牌、F34级铅球铜牌；陈龙锦获得F38级铁饼、铅球、标枪第四名。10月26日，省政府特别向林文榜等6位残疾人运动员发贺电。在全国第八届特殊奥林匹克运动会上，仙游县残疾人运动员叶鹏获得特奥轮滑男子4×100米22—29岁组（因人数不够低龄运动员可以候补参赛）、男子2×100米8—15岁组、男子300米12—15岁组、男子轮滑500米金牌，男子1000米12—15岁、男子2×200米8—15岁组铜牌。

【残疾人权益保障】 2021年，每周三县残联领导接访日受理信访数2件，办结2件；莆田市“12345”政务服务平台转办件30件，回复并解决30件，回复率100%，满意率100%；家庭无障碍改造家庭指导性任务53户，补助金额19.9万元；C5驾驶证补贴3人；燃油补贴6人，补助金额1560元；配合县住建局做好城区无障碍环境督导工作。

【残疾人工作创新】 2021年1月，县残联与县卫健局、行政服务中心联合发文，出台《深化残疾人证办理改革工作的通知》，实行常态化上门开展肢体类别重度残疾评定服务；实行申领残疾人证信息公示告知承诺制。取消申领残疾人证信息网上公示机制，调整为申请人（或监护人）事前承诺并填写承诺书，事后结合残疾人动态更新入户调查等进行审验核查，并受理群众举报；完善残疾人口数据实时管理机制；7月，推动残疾人证办理6项事项实现“跨省通办”，为在仙游工作的外地残疾人或在外地工作的仙游籍残疾人办证提供方便；12月1—11日，联合县总医院评定医师为18个乡镇（街道）常年瘫痪在床、行动不便疑似重度肢体患者提供上门评残服务200余人次。

（颜立）

仙游县红十字会

【概况】 2021年，仙游县红十字会（简称“县红会”）履行《中华人民共和国红十字会法》和《红十字章程》赋予的职责，弘扬“人道、博爱、奉献”的红十字精神，围绕红十字的职责使命和政府中心工作，以“三救”（应急救援、应急救护、人道救助）、“三献”（无偿献血、造血干细胞捐献、器官遗体捐献）和志愿服务等工作为重点，发挥红十字会组织在党和政府人道工作领域的助手作用，为政府分忧，为群众解难。推动县红十字会机构改革工作，县政府办发文颁布实施县红十字会机构改革方案。2021年，仙游县成立仙游二中、现代中学、华侨职业中学、第一道德中学、仙游一中永鸿分校、实验小学和鲤南中心小学7个学校红十字会。联系协调有关单位和组织发展红十字团体会员。

【红十字博爱周和“世界急救日”活动】 5月11日，县红会在鲤城街道南桥社区“党建+”邻里中心开展主题为“关爱生命、救在身边”的庆祝第74个世界红十字日博爱周系列活动，活动现场成立南桥社区志愿服务队，开展急救培训、无偿献血、造血干细胞和器官遗体捐献宣传登记、义诊、慰问等活动，市红十字会党组书记、常务副会长陈朝霞莅临活动现场并作讲话，推动全社会参与红十字事业的热情。9月11日是第22个“世界急救日”，主题是“做学校社区的急救英雄”。9月10日，县红会在现代中学举行“世界急救日”活动，通过现场讲解、分发材料和专题授课等形式为100多名学校师生传授红十字急救知识和应急救护技能，提高学校师生面对突发事件时的自救互救能力。

【应急救护培训】 2021年，县红会按照开展“救在身边、机关先行”红十字应急救护培训的要求，开展应急救护培训进机关活动。推进应急救护知识培训“六进”活动，贯彻《福建省人民政府办公厅转发省红十字会等九部门关于进一步推进全省红十字应急救护工作指导意见的通知》和《莆田市人民政府办公室转发市红十字会等十部门关于进一步推进全市红十字应急救护工作实施方案的通知》文件精神，推进红十字应急救护知识的全民普及。全年开展应急救护普及培训41场，除市教育局联合健康力开展的11场“平安校园，救在身边”应急救护公益培训和市红会在2个“党建+”邻里中心开展的4场应急救护培训之外，县红会开展应急救护知识培训26场，培训人数2000多人。其中，开展“救在身边、机关先行”红十字应急救护培训进机关18场，培训人数1000多人，进企业4场，培训人数400多人，进社区3场，培训人数200多人，进交通运输行业1场，培训人数70多人。发放应急救护手册和“家庭急救”等宣传学习材料1000多份，通过手机微信等渠道宣传推广“人人学急救”App。

2021年，县红会举办4期机关干部救护员持证培训，培训人数200多人，选派6人参加市红十字举办的应急救护师资培训班培训。落实市教育局、市红十字会《关于进一步推进学校应急救护工作的通知》文件精神，在全县教师中培训红十字救护员270人，培训救护师资8人。

【市应急救护知识大赛】 9月2日，县总医院5位救护师资组成的仙游代表队参加莆田市第四届应急救护知识大赛获得团体三等奖，1位队员获得个人三等奖。

【自动体外除颤器（AED）配置】 2021年，市红十字会推动自动体外除颤器（AED）配置列入市委、市政府为民办实事项目。仙游县在车站、学校和行政中心等人员密集场所新增配置AED机12台。截至年底，全县配置AED机13台。

【“三献”工作】 2021年，县红会制定无偿献血计划，把无偿献血与文明创建相结合，加大宣传力度，组织献血车到乡镇、街道和部分学校、机关单位上门服务，发动干部群众无偿献血。全年完成献血3158人次，献血人数和献血量均位居全市县区首位。

县红会利用无偿献血、红十字博爱周和“世界急救日”活动等各种场合宣传造血干细胞捐献的重大意义，采集捐献志愿者血样。

县红会重视器官遗体捐献工作，宣传器官遗体捐献的重大意义。3月11日，市红十字会张朱英到仙游县调研器官遗体捐献工作，在县医院召开器官遗体捐献座谈会。6月3日，莆田市首届器官遗体捐献培训班在县妇幼保健院举办，省器官遗体捐献中心主任敖志雄会场授课。红十字博爱周活动期间，对器官遗体捐献工作开展宣传咨询登记。截至2021年底，新增器官捐献2例。

【公益活动】 2021年，县红会组织参加红十字系统“99公益日”腾讯网络公益募捐活动，发动全县干部踊跃参与，活动期间募捐总额24万余元，位居全市县区第一位，在全省县区排名第十；县红会被省红十字会授予“2021年度福建省红十字会‘99公益日’优秀组织单位”称号，2人被省红十字会授予“2021年度福建省红十字会‘99公益日’优秀个人”称号。

2021年春节，县红会开展红十字“博爱送万家”等扶贫助困送温暖活动，慰问器官遗体捐献者家属和造血干细胞捐献者，深入乡村慰问精准扶贫户、困难户等贫困弱势群体。

【博爱驿站建设】 2021年，县红会为博爱驿站配备电脑、投影仪和空调等设备，博爱驿站建设逐渐完善，并投入使用。

【人道主义救助】 2021年，县红会通过下发文件、微信群转发等方式宣传省红十字会福万通少儿大病医疗救助、困难家庭助学和多胞胎困难家庭救助等政策，宣传市红十字会的烧伤医疗救助政策和全国红十字基金会小天使基金救助政策。全县有6人得到省红十字会助学救助，救助资金2.8万元；申请小天使基金5人，获得救助金15万元。

【志愿服务】 2021年，县红会发动红十字志愿者开展疫情防控、应急救护、“三献”服务、文明创建、访贫问苦、生态环保和矛盾纠纷化解等志愿服务，彰显“人道、博爱、奉献”的红十字精神。

县红会作为接受社会捐赠的唯一主体，接收社会捐款捐物支持抗疫，在县防疫指挥部统一领导下，确保各项捐赠物资及时调拨抗疫一线、捐赠资金用在抗疫急需。疫情期间，县红会接收捐款7350万元，接收捐物4.8万份，价值3000多万元。发动志愿者参与疫情防控工作，开展捐赠物资接货卸车搬运配送等工作，助力疫情防控。

（傅彬齐）

法治

政法委及综治

【概况】 2021年，中共仙游县委政法委（简称“县委政法委”）围绕争创“省级平安县”目标，以防范化解各类风险为牵引，以维护国家政治安全、推进扫黑除恶常态化、深化市域社会治理、政法队伍教育整顿为着力点，提升新时代平安建设工作的能力和水平，建设更高水平的平安仙游、法治仙游。莆田市2021年党政领导平安建设责任书考评，仙游县位列全市第二，连续三年保持优秀水平。2021年底，全省平安“三率”测评，仙游县群众安全感率位居全省第19名，创历史最好成绩。扫黑除恶考评综合排名连续三年位居全市县（区）第1名。枫亭镇铺头社区疫情防控网格化模式被省领导批示肯定。

【政法队伍教育整顿】 2021年，县委政法委组织开展学习教育287场次、警示教育47场次、英模教育26场次，筑牢干警政治忠诚思想根基。聚焦群众“急难愁盼”问题，推出“我为群众办实事”七大行动20项具体服务措施，为群众办实事、办好事461件。以“自查自纠、组织查处”为抓手，清除害群之马。先后有53名干警主动向组织交代问题，兑现从宽政策50人，运用监督执纪“四种形态”问责249人次。

【扫黑除恶专项斗争】 2021年，县委政法委细化“六建”工作举措，推进扫黑除恶专项斗争。完善《重点行业领域乱点乱象排查治理积分评估管理制度》，研究制定《仙游县开展扫黑除恶重点行业领域专项整治“八个一”活动实施方案》，堵塞监管漏洞，加强系统治理、依法治理、综合治理、源头治理。强化依法打击，巩固提升扫黑除恶专项斗争成果。全年县公安局破获九类涉恶案件235起、刑拘各类嫌疑人358名，查封、冻结、扣押涉案资产654.3万元，打掉12个涉恶犯罪集团、1个团伙。县纪委监委立涉黑涉恶腐败问题案件6件6人，查处8件8人，其中给予党纪政务处分5人、组织处理3人、移送司法机关1人。

【信访工作】 2021年，县委政法委制定《关于进一步落实初信初访化解稳控运行机制的通知》，通过落实首办负责制、强化高效办结制等措施，推动初信初访信访事项得到高效受理、化解和防范。开展信访积案攻坚化解专项工作，落实“六个一”（一名县处级领导包案、一个工作专班、一名专职负责人、一套化解方案、一套应急处置机制和一套专案档案）要求。省、市交办第一批重复访、信访积案386件，反弹5件，化解381件，化解率98.7%；第二批重复访、信访积案91件，化解73件，化解率80.2%。

【平安建设“三率”】 2021年，仙游县做好“全面宣传引导、精准高效巡逻、及时解决问题、优化窗口服务、规范文明执法、重点入户走访”6篇文章，增强人民群众的获得感、幸福感、安全感。发挥线上线下媒体联动作用，创新宣传形式、拓展宣传渠道、丰富宣传内涵。推进常态化巡逻及扁平化巡逻，坚持“警力跟着警情走”，提高见警率、管事率。年底，全市平安“三率”测评，仙游县5个乡镇（街道）的群众安全感率位居全市前十名；7个乡镇（街道）的执法工作满意率位居全市前十名。

【重点领域整治】 2021年，仙游县打击影响群众安全感的“食药环”“盗抢骗”“黄赌毒”等违法犯罪行为，净化社会环境。全县立刑事案件2020起，破1894起，破案率93.76%。其中，八类案件立99起，破99起；破案率100%。打击治理电信网络诈骗犯罪，推进“断卡”行动，加强跨地区办案和赴外侦查打击。全年破电信网络诈骗案件203起，比上年上升138.8%；抓获涉诈嫌疑人595人，比上年上升143.85%。打击缅北回流人员偷私渡违法犯罪，在全市率先审查突破并采取刑事强制措施，依法刑拘偷私渡嫌疑人130人。开展道路交通安全综合整治统一行动，打击各类严重交通违法行为。开展道路交通安全隐患排查整治，对事故多发的重点区域和时段进行“回头看”，滚动摸排新旧交替的交通安全风险隐患，完善道路交通安全设施。全年发生道路交通事故575起，死亡44人，受伤610人，比上年分别下降28.3%、4%、33.04%。

【执法监督】 2021年，县委政法委通过交叉评查和异地评查方式，评查重点案件188起，发现问题案件33起，发现问题47个。解剖分析发现问题，分类归纳并发出通报，运用评查结果，整改情况列入干警实绩档案。各单位完成问题整改，提醒谈话7人。全年收到国家司法救助资金89.75万元，使用106.5万元（其中使用上年结余16.75万元），救助案件27件43人；使用地方司法救助金25万元，救助案件8件8人。

【矛盾化解】 2021年，县委政法委坚持和发展新时代“枫桥经验”，打造多元化解矛盾纠纷模式。以“三抓三促”调解强基工程为抓手，坚持“两个例会”制度，抓好乡镇（街道）人民调解委员会实体化运作。全县排查各类矛盾纠纷2039件，调解成功2037件，调解成功率99.9%。创新推进“综治+诉源治理”，构建纵横联动诉源治理机制，建设1个“综治+诉源治理”中心、18个分中心及98个工作站。

【社会治理】 2021年，县委政法委探索“网格化+疫情防控”工作模式，构筑联防联控、群防群控的严密防线。按照“四个统一”（统一网格地图、统一划分原则、统一编码要求、统一标注要素）要求，优化网格、细化单元。坚持以“网格化+大数据”为手段，开展“扫楼”“敲门”行动，通过“按房定性、按屋定人、按类定事、按事定责”方式，对网格内“人、地、事、物、组织”全要素精准定位和精细管理。在全市首创“网格+公益诉讼”观察员工作模式，拓宽公益诉讼线索发现渠道。坚持资源统筹、力量整合的原则，通过采取“1+6+X”（“1”就是坚持党建引领主线；“6”就是完善社区“老有所养、幼有所育、病有所医、食有所安、居有所乐、事有所办”6项优质服务功能；“X”就是根据不同社区实际，拓展群众所需所盼的其他功能）的模式，建设15个“综治+”社区治理中心。在全市首推“阳光执行”小程序，实现指尖上的执行公开，推进执行案件集约化办理，实现“繁案”精办、“简案”快办，提升执行办案质效。

（林碧双）

法治政府建设

【概况】 2021年，县司法局推行行政执法三项制度，组织全县行政执法部门编制并公开本单位行政执法三项制度相关清单、指南、流程图。开展行政执法案卷评查，抽查县应急局、林业局、城管局案卷18件。完成行政执法主体公布和全县800余名行政执法人员换证工作。组织376名执法机关工作人员报名参加市级组织的行政执法综合考试。健全规范性文件监管和清理长效机制，审查和向市政府、县人大常委会备案规范性文件17件，开展涉及行政处罚法、计划生育等内容行政规范性文件清理，废止109件。落实证明事项承诺制，指导县直相关部门梳理公布承诺证明事项19项。

【学法用法】 2021年，仙游县落实国家工作人员旁听庭审制度，举办2次线下旁听庭审活动，72名领导干部参加。落实领导干部任前法律知识考试制度，122名拟提任领导干部通过考试。印发《关于开展2021年度干部法律知识考试的通知》，在全县范围内开展干部法律知识考试，以考促学，提升干部学法用法意识。

【“放管服”改革】 2021年，仙游县商事制度改革持续推进，实现“一证准营”，鼓励引导“个转企”，在全市率先试行小型餐馆食品经营许可告知承诺制，各类市场主体增量明显。新增市场主体3.32万户，市场主体总量突破15万户，达15.85万户，位居全市第一。推行证明事项告知承诺制，规范承诺工作流程，方便企业和群众办事创业。全县梳理公布承诺证明事项19项。

【文明执法】 2021年，仙游县开展行政执法案卷评查，抽查行政执法案卷18件，监督落实各部门行政执法公示制度、执法全过程记录制度、重大执法决定法制审核制度的落实，推进规范公正文明执法。收到行政复议申请61件、受理60件、审结53件。落实行政机关工作人员和行政机关负责人出庭应诉制度，指导办理相关县政府应诉案件，办理以县政府为被告的一审行政应诉案件13件。加强执法人员资格管理，严格持证上岗，完成行政执法主体公布和全县800余名行政执法人员换证工作，组织376名执法机关工作人员报名参加市级组织的行政执法综合考试。

【法治宣传】 2021年，仙游县落实“谁执法谁普法责任制”，30余家县直单位出台本单位普法责任清单。利用“三八”国际妇女节、全民国家安全教育日、《中华人民共和国民法典》宣传月等重要节点，组织普法志愿者深入乡镇（街道）、村（社区）、企业、学校等开展各类法治宣传活动300余场。办好“法治仙游”宣传品牌，在《法治仙游》电视栏目播放法律法规访谈、以案释法节目27期并在抖音号进行直播，单次观看人数12万人，《法治仙游》专栏推送普法依法治理工作动态57篇。组织开展2021年宪法宣传周线上知识竞答活动，全县2万余名干部群众参加，群发宪法宣传短信10万条、朋友圈宣传广告20万条。

【矛盾纠纷多元化解】 2021年，仙游县以仙游县人民调解员协会，加强各部门沟通联系，7个重点行政部门建立行政调解组织。利用“慧合解”平台及时跟踪“110”非警情相关数据分流任务，各派驻公安派出所调解工作室累计受理和化解各类矛盾纠纷1851件；县交调委化解各种交通事故矛盾纠纷62件；县医调委受理城区医疗纠纷42件，协助指导乡镇卫生院、卫生所（站）化解医疗纠纷2件，调解率、成功率、协议履行率均为100%。

【民主监督】 2021年，县政府执行县人大及其常委会决议、决定，依法接受人大法律监督和工作监督，接受政协民主监督，办理人大代表建议159件，政协委员提案151件。仙游县人民政府网站“政策解读”栏目发布仙游县政策解读信息24条；开展民意征集11次和网站调查10次；举办在线访谈20期，保障群众的知情权、参与权、表达权、监督权。

（林宇苒）

公 安

【概况】 2021年，仙游县公安局（简称“县公安局”）聚焦建党百年大庆安保主线，抓好疫情防控和安定稳定工作，做优做实打、防、管、控、建各项工作，深化公安改革和队伍建设，提升公安机关社会治理能力和水平，确保社会大局持续安全稳定。

【信访工作】 2021年，县公安局坚持“情理并重、事心双结”原则，深化“接诉即办”工作机制，推进信访攻坚专项行动，消存量，遏增量，防变量。办结初信初访118件、公安部交办126件、省公安厅交办157件、“12337”平台交办40件，省公安厅教育整顿交办100件、厅长信箱交办7件，交办率100%；5月3日，提前半年退出全国百名信访重点单位。

【刑事打击】 2021年，县公安局立刑事案件1880起，比上年上升2.2%，破1648起，破案率87.7%（比上年上升19.9个百分点），破案率位居全市第一、全省第三；抓

7月8日，县公安局巡特警反恐大队组织突击小组队员开展实弹射击训练

（唐 伟 摄）

获各类犯罪嫌疑人2865人，比上年上升43.8%，抓获在逃人员479人，各项指标居全市前茅。打击严重暴力犯罪，坚持“命案必破”，现行命案发6起、破6起，连续13年保持现行命案全破。打击“盗抢骗”传统侵财类案件，传统“盗抢骗”立案267起，比上年下降48.2%，破216起，破案率80.9%，比上年上升24.2%。八类案件立98起，比上年下降5.8%，破98起，抢劫案立3起，破3起，抢夺案立1起，破1起，破案率100%。破获“20210420”专案，抓获嫌疑人33人，现场查获涉案赌资现金2900余万元，扣押银行卡67张，电脑、手机23部，止付银行卡181张，涉案资金600余万元。

扫黑除恶专项斗争 2021年，县公安局破获涉黑涉恶案件178起，打掉黑社会组织1个、恶势力集团8个，刑拘各类犯罪嫌疑人302名，查冻扣涉案资产584.6万元，扫黑除恶工作绩效排名全市第一，在全市综治考评中位列第一等次。

合侦快破机制建设 2021年，县公安局优化图侦、刑侦、情侦、技侦、网侦“五侦合一”同步上案的合侦快破机制，树牢“小案快侦、抢案必破、盗案多破、有赃即追”理念，破案率从年初的67.01%提升至年底的81.98%，比上年上升14.97个百分点；快侦率从68.13%跃升至144.28%，高于全省平均水平，位居全市第一。

电信诈骗整治 2021年，县公安局坚持挖源头、打团伙、断链条，震慑电信网络新型违法犯罪嚣张气焰，抓获涉诈全罪嫌疑人595人，比上年上升143.85%，打掉电诈窝点7个。推进“断卡”行动，接收涉诈线索1364条，到案1010条，成案1116条，成案率81.82%。打击缅北回流人员偷私渡违法犯罪，在全市率先审查突破并采取刑事强制措施，刑拘120人。强化技术反制，引进“金钟罩”防骗预警系统，累计注册用户25.2万人，受保护人数74.3万人，保护数占比82.01%，预警劝阻1.34万人。加大缅北人员逼投劝返力度，全县滞留缅北窝点人员数在全国县区排名从第18位退到200位外。

经济犯罪打击 2021年，县公安局受理经济类案件88起，立案63起，破65起，刑拘56人，取保候审17人，涉案金额2亿余元，收缴罚没款900余万元。其中，破获“20210507”虚开增值税专用发票案获省公安厅经侦总队贺电表扬。

禁毒工作 2021年，县公安局以“飓风肃毒2021”暨“净边2021”会战行动为主线，破获各类毒品案件28起，抓获涉毒犯罪嫌疑人71名，查处吸毒人员123人次，缴获各类新型毒品7.75千克。

团圆行动 2021年，县公安局多渠道发布《仙游县公安局关于“团圆行动”寻亲人员血样采集点的公告》，设立“团圆”行动免费采血点20个，将打拐DNA数据与本地DNA数据库、Y库进行多模式比对，结合人像等数据进行比对研判，采集疑似对象血样360份，找回疑似被拐失踪儿童58人，其中失踪时间跨度最长33年，帮助21户家庭实现“团圆”梦，组织开展21场认亲仪式，获得群众致谢锦旗（鲜花）21面（束），经验做法在各大主流媒体上报道。梳理历年涉拐案件、警情和全国DNA数据库信息，逐案建档，对积案失踪儿童父母开展走访核查，结合大数据资源加强研判分析，全年清理涉拐积案79起，破获涉拐案件5起，抓获涉拐积案犯2名、犯罪嫌疑人13名，解救被拐儿童16名。

【治安防控】 2021年，县公安局围绕疫情防控和年初工作目标，完善“枫桥式派出所”创新机制，以“百万警进千万家”活动为抓手，打造仙游“枫景”。

治安案件查处 2021年，县公安局受理治安案件4253起，比上年下降2.3%；查处4239起，比上年下降2.1%；结案3982起，比上年上升9.6%；调解2026起，比上年下降0.5%；查处违法人员1348人，比上年下降3.6%，其中治安处罚1227人，比上年下降10.8%；拘留703人，比上年上升15.8%；警告5人，比上年下降16.67%；罚款519人，比上年下降31.9%。

治安专项行动 2021年，县公安局深化“黄赌”整治，立赌博刑事案件118起，破108起，查处赌博治安案件258起，抓获涉赌人员964人（刑事拘留150人；治安处罚814人，其中行政拘留299人、罚款594人）。立组织容留卖淫案11起、破11起，破获1起组织淫秽表演案，查处卖淫嫖娼治安案件21起，抓获涉黄人员120人，其中刑事拘留22人、行政拘留42人、罚款58人；破获“黄赌”省督案件6起。推进“缉枪治爆”，破涉枪刑事案件18起，抓获犯罪嫌疑人21人，收缴火药枪19把、气枪2支、弩1把、子弹350发、钢珠5000余颗、生铁珠45.46克、火帽18枚；破获涉爆案件2起，抓获犯罪嫌疑人2人，缴获黑火药34.65千克；查处违规燃放烟花爆竹案件39起，罚款39人，收缴烟花爆竹125件；处置历史遗留手榴

弹2枚、迫击炮弹1枚；摸排核实涉危涉爆物品从业单位64家，检查各涉危涉爆场所385家次，发现整改安全隐患73处。

助力疫情防控　2021年，全县公安机关1153名民警、文职、辅警联合市公安局支援警力以及各方力量，第一时间奔赴一线，守住卡口阵地，筑牢防控屏障。协助排查密接人员1.58万名、共同居住人员3.7万名，排查、推送核酸未检测人员7800多名，筛查中高风险地区入仙人员1200多名，检查车辆3.3万余辆次、人员4万余人次，劝返车辆9897辆次、人员1.44万人次，抢建智能门禁3500余个、广播喇叭250个，铺头社区疫情防控新模式得到省委书记尹力等领导批示肯定。完成中央政治局委员、国务院副总理孙春兰在仙游期间安全警卫任务。教育训诫不服从居家隔离规定人员200多人次，行政拘留11人。做好“核酸采样点、核酸检测点、集中隔离点”等重点部位安全保卫，投入安保力量8000余人次，9个隔离酒店、16个其他隔离点和1个方舱隔离点投入安保力量1200余人次。

社会治安管控　2021年，县公安局检查各类行业场所1362家次，整改问题隐患76个，取缔未经公安机关许可擅自经营的旅馆5家，查处旅馆业违规行为55家次、娱乐场所21起。核实邮政、交通部门通报寄递、物流企业125家，主动摸排寄递企业31家，检查寄递物流企业末端网点93家次，发现整改隐患16处。检查校园3506家次，发现整改安全隐患604处，开展法制宣传1500场次，开展应急处突、防疫应急演练400余场次，实现校园“封闭化管理”“专职保安员配备”“护学岗设置”“硬质防冲撞设施”“一键报警及视频监控建设联网”5个100%目标。强化景区和非景区景点安全整治，设立警务室（站）10个、执勤点2个、警示牌点120处，联合开展景区和非景区景点综合应急救援演练7场次。推进“昆仑2021”专项行动，立“食药环”刑事案件32起，破32起，抓获犯罪嫌疑人13人，破获公安部督办案件1起、省公安厅督办案件3起，侦破全市首例“0309”特大危害珍贵、濒危水生野生动物案，获公安部、省公安厅挂牌督办。

矛盾纠纷调处　2021年，县公安局深化“枫桥式公安派出所”创建，融入“党建+”社区邻里中心、“综治+”社区治理中心建设大局，全县325个行政村配备警务助理，推动149名网格民警兼任村（社区）委员会班子成员。成立行政调解领导小组，推动派出所行政调解室建设，100%建立“多元化”调解机制，形成“三级联动、部门联调、内外联合”多元化解整治格局，全年受理矛盾纠纷类案件2475起，调解2169许，调解率87.64%。

【户籍管理】　2021年，县公安局在全市率先推行“六办”（优化办、互通办、异地办、规范办、就近办、差异办）户籍便民利民举措，首推户籍业务免填表制度，平原派出所开通户籍业务“全县通办”工作，受理“全县通办”业务566笔；开展户籍“跨省通办”业务，为群众办理跨省户口迁移业务269人次，跨省首次申领居民身份证6人次，跨省办理户籍类证明1人次。因疫情无法回国换领居民身份证，实行委托近亲属代为办理服务，全年为无法回国办证人员办证28人次、上门采集身份证信息15人次、送证上门20人次。

【交通管理】　2021年，县公安

2021年，县公安局交警大队城关中队出动无人机，进行高空巡查喊话
（唐伟 摄）

1月8日，仙游县规模最大的一次集中销毁拼装车行动举行。826部非法拼装三轮摩托车全部被当场切割销毁　（唐 伟 摄）

局开展道路交通安全综合整治统一行动，打击各类严重交通违法行为，常态化开展酒驾集中整治、夜查统一行动，打好道路安全“三年专项行动”收官战。全年发生道路交通事故592起，比上年下降14.94%；死亡44人，比上年下降8.33%；受伤642人，比上年下降8.33%；财产损失18.19万元，比上年上升5.25%。

2021年，排查整治道路交通安全隐患293处（临水临崖隐患68处，其他道路隐患225处），为民办实事隐患整治项目18处提前完成整治。统筹传统媒体和新兴媒体资源，发布交通安全提示信息，曝光典型案例。公布重点企业红黑榜，推进企业安全主体责任落实。深入中小学开展交通安全宣传教育，通过“小手拉大手”活动，拓展延伸宣传覆盖面。全年组织开展宣传教育活动60场次，发放宣传材料8.5万份，发送提醒信息0.95万条，曝光交通违法4550起，在全市公安宣传工作月考评中始终名列前茅。

2021年，查处各类重点交通违法5.6万起，其中酒醉驾1613起，录入诚信交通违法11.6万人次，重点交通违法查纠量、酒醉驾查处量、诚信录入量均居全市首位，在2021年度全市道路安全考评中获得优良等次。打击整治三轮摩托（电动）车违法载人行为，查处三轮摩托（电动）车非法载人325起，行政拘留108人。完善优化农村交通安全劝导站，落实日常劝导工作，强化农村交通管理，建成投用警保交通劝导站18个、电子劝导站8个。深化公安“放管服”改革，交警部门受理摩托车驾驶证申领业务1.6万余笔，受理小车驾考业务1.47万人次、科目一理论考试2.47万人次、科目三安全文明驾驶常识考试1.98万人次。

（陈立权）

检 察

【概况】 2021年，仙游县人民检察院（简称“县检察院”）集体受到国家、省、市级表彰7次，先后获得“2020年度查处重大侵权盗版案件有功单位”“2021年度全国检察宣传先进单位”“福建省检察机关扫黑除恶专项斗争（2018—2020）先进集体”等称号；个人受到上级表彰27人次，涌现出“全省检察机关先进个人”“2021年度全市优秀共产党员”“2021年度全国检察机关先进个人”“2021年度优秀通讯员”等先进典型。干警2篇论文在国家级学术论坛上获奖，3篇论文分别在福建省检察官协会、福建省、莆田市法院学术讨论会中获奖。

【刑事检察】 2021年，县检察院落实宽严相济刑事政策，批捕701件985人，起诉1337件1776人；依法不批捕69件108人，不起诉83件94人。严惩危害国家安全和影响社会稳定犯罪，打击故意杀人、故意伤害、绑架、强奸等暴力犯罪，批捕132人，起诉176人，批捕并起诉近十年来莆田市检察机关首例非法获取国家秘密案1件1人。从严惩治“黄赌毒”犯罪，批捕涉黄案件21件55人，起诉23件46人；批捕涉赌案件115件156人，起诉106件179人。打击涉电信网络诈骗犯罪，批捕17件40人，起诉17件44人；打击电信网络诈骗犯罪相关联犯罪，审查逮捕案件137件188人，审查起诉案件170件223人，监督公安机关立案4件11人。面对缅北地区电信网络诈骗犯罪高发势头，采用48小时刑事速裁机制集中办结3件11人偷越国（边）境案件，阻断人员出境从事电信网络诈骗犯罪渠道。常态化开展扫黑除恶专项斗争，批捕涉恶案件5件

12人，起诉涉黑涉恶案件7件16人（其中保护伞案件2件2人），院领导带头办案5件27人，向县公安局移送涉黑涉恶线索3条，召开“三长”会商1次，发出检察建议1件。

【刑事监督】 2021年，县检察院开展“翼动”系列立案监督专项活动，监督侦查机关立案8件，监督撤案5件，追捕漏犯32人，追诉漏犯13人，防止冤假错案发生。对刑事执行过程中存在的问题发出纠正违法通知书2件、检察建议书2件。开展辖区内社区矫正检察工作，发出书面纠正违法通知书18件。开展审前未羁押判处实刑罪犯未交付专项清理活动，清理率100%。核查16件重大案件侦查终结前讯问合法性，并提出书面核查意见，守好防止冤假错案司法底线。

【民事行政检察】 2021年，县检察院坚持监督纠正违法，维护审判权威，受理各类民事监督案件32件，提出再审检察建议6件，县法院裁定。其中，受理法院审判活动违法监督案件3件，受理法院执行活动监督案件16件，发出纠正违法检察建议14件，法院采纳，促进法院规范审判程序。注重阳光司法、温情司法，在办理余某申请民事诉讼监督系列案中，帮助两名贫困未成年人卸下已过世父亲债务的重压，该案在最高人民检察院公众号作首批听证典型案例上展播。围绕维护司法公正、促进依法行政的共同目标，办理结合办案促进依法行政检察建议2件，办理行政非诉执行监督案件2件，向有关部门发出检察建议4份。推动行政争议实质性化解专项工作，化解行政争议20件。与国家政策同向而行，办理“新人口政策”施行后全省首例涉社会抚养费行政检察案件，促成对全县未执行完毕的1012件社会抚养费案件相关当事人解除强制执行措施，并陆续结案处理，为国家人口政策落地实施提供司法保障。

【公益诉讼检察】 2021年，县检察院受理各类行政公益诉讼案件31件，向相关行政机关发出诉前检察建议29份，被采纳26份；立案刑事附带民事公益诉讼案件5件。开展“检察长护兰溪美——守护青山绿水”专项行动，发出检察建议18份，提起全市首例适用《民法典》判处十倍惩罚性赔偿金刑事附带民事公益诉讼案件。延伸公益诉讼覆盖面，提起全市首例个人信息保护新领域刑事附带民事公益诉讼案件，文物和红色文化遗产保护公益诉讼专项行动取得成效。运用行政公益诉讼“磋商”制度，解决鲤南镇1处多年交通安全隐患，全市首创“网格+公益诉讼”观察员工作机制，拓宽公益诉讼线索发现渠道。

【未成年人检察】 2021年，县检察院对未成年人犯罪“宽容不纵容”，批捕25件28人，不批捕6件11人，起诉34件47人，不起诉6人，附条件不起诉2人，开展羁押必要性审查24件。对侵害未成年人犯罪“零容忍”，批准逮捕49人，提起公诉43人。挽救“问题少年”，将认罪认罚与法律援助、社会调查等未成年人特别程序有机融合，为涉罪未成年人提供法律援助47人次，安排合适成年人到场7人次，委托社会调查评估4人次，适用犯罪记录封存65人。落实“一号检察建议”，对147名教育行业从业人员开展违法犯罪记录查询，开

3月18日，县检察院检察服务中心沙溪站，在郊尾镇沙溪村“党建+”邻里中心、“综治+”治理中心揭牌成立 （唐伟 摄）

展送法进校园 5 场次，法治副校长上法治课 10 节。

【司法改革】 2021 年，县检察院推进司法责任制改革，落实领导干部办案责任制，发挥示范引领作用。以“求极致”的态度办好每一起案件，“案—件比”逐步降至 1∶1.19，认罪认罚从宽制度适用率 88.76%，均位居全市第一，办案质效和公信力提升，“检察生产力”迸发。落实“群众来信件件有回复”制度，收到群众信访 284 件，开展检察长接待日 12 场次，受理群众控告申诉及举报 13 件，按时答复。推进信访“治重化积”专项工作，办结最高检交办重复信访 19 件。探索“党建＋检察”服务，在郊尾沙溪村、鲤城木兰社区等 6 个村（社区）设立检察服务中心分站。推行以听证形式公开审查案件，针对 24 件疑难案件举行公开听证。

【规范化执法建设】 2021 年，县检察院主动接受县人大及其常委会监督和政协民主监督，向县人大专题报告员额制改革工作质效等。依托统一业务应用系统组织案件评查活动，开展评查 768 件。公开程序性信息 1868 条、发布重要案件信息 2 条，审核通过并公开法律文书 1025 份，做到应公开尽公开。“仙检”品牌影响力扩大，在国家级媒体发表文章 44 篇次，省级媒体发布文章 292 篇次，工作信息被省检察院采用 12 条，省委《八闽快讯》采用 1 条。立体化宣传格局持续完善，发布原创公众号 214 条、原创微博 176 条。

（王俊南）

法院

【概况】 2021 年，仙游县人民法院（简称“县法院”）着力服务大局、司法为民、公正司法，统筹服务保障疫情防控和经济社会发展，加强审判执行工作和法院队伍建设，为“加快融合发展，打造美丽仙游”提供司法保障。全年受理各类案件 1.94 万件，审结 1.83 万件，结案率 94.33%。县法院集体受到县级以上表彰 5 次，获评“国家版权局 2020 年度查处重大侵权盗版案件有功单位”等；个人受到上级表彰 27 人次，涌现出“全省法院优秀干警”等先进典型。

【刑事审判】 2021 年，县法院坚持宽严相济刑事政策，新收各类刑事案件 1374 件，审结（含旧案）1375 件。严惩网络犯罪，开展“断卡”行动，审结电信网络诈骗案件 14 件 40 人、帮助信息网络犯罪活动罪案件 119 件 151 人，审结全县首起帮助信息网络犯罪活动罪案件，发出全县首例手机通信领域“禁业令”，铲除电信网络诈骗犯罪土壤。拓宽 48 小时速裁程序办理机制适用范围，从适用危险驾驶刑事案件延伸至入户盗窃案件、电信网络诈骗等案件，利用该机制快速审结 63 件 72 人入户盗窃案件、3 件 11 人偷越国（边）境案。加大惩治职务犯罪力度，健全重大职务犯罪案件审理程序和工作机制，审结职务犯罪案件 6 件 7 人，推进法治反腐进程。打击黑恶犯罪，制定《关于建立源头防范、有效打击“套路贷”刑民衔接机制的通知》，加强对“套路贷”、虚假诉讼等犯罪的打击力度，司法助推诚信建设。

【民事审判】 2021 年，县法院贯彻实施民法典，揭牌“少年法庭”，依托南桥社区“党建＋”邻里中心平台，成立“陈建红法官家事修复工作室”，组建劳动争议案件、物业房地产案件专门团队，依法审理

1 月 13 日，仙游法院召开新闻发布会，向媒体和社会各界通报三年以来扫黑除恶专项斗争开展情况和取得的成效，并通报相关典型案例

（唐 伟 摄）

3月20日，县法院以鲤城街道南桥社区邻里中心为平台，在该中心设立莆田市首个以法官个人命名进驻邻里中心的工作室——“陈建红法官家事修复工作室”　　（唐　伟　摄）

涉民生案件1.01万件。弘扬社会主义核心价值观，加强诉讼风险提示和判后答疑工作，为行动不便的当事人提供上门立案、调解服务4件，化解“女童出生证被扣”一案，开展《中华人民共和国民法典（婚姻家庭编）》《中华人民共和国反家庭暴力法》和家风家教等知识讲座，促进构建文明和谐社会风气。参与“综治三率”提升和电信网络诈骗宣防活动，覆盖141户扶贫对象和13个综治挂钩村，结合“谁执法谁普法”责任制每月开展走访慰问、政策宣讲、入户普法活动，实地协调建房、修路、就业事宜，依法为困难当事人缓减免诉讼费，办结司法救助案件41件，申请司法救助款163.3万元。

【商事审判】 2021年，县法院围绕护航“333”重点产业体系、构建法治化营商环境，在全市率先成立金融审判合议庭，提供调立审执一站式金融纠纷解决平台，采用要素式审判方法，创新运用支付令解决信用卡纠纷案件，受理案件1666件，审结1680件，结案总金额3.03亿元。健全完善“执破直通”机制，审慎审查破产申请，强化提前介入，注重府院协调，成立破产管理人评审委员会，处置福建省正和肥料有限公司破产清算案件，加快“僵尸企业”退出市场，净化市场环境。服务保障“六稳”“六保”，出台《疫情防控期间六项便民举措》《助力地区复工复产“七个一”司法服务举措》，开通疫情期间“企业法律专线”，推进企业复工复产。贯彻落实《最高人民法院关于人民法院办理财产保全案件若干问题的规定》，坚持债权人和债务人利益兼顾、原则性和灵活性结合，保全各类涉企案件98件。构建金融司法协同，成立金融纠纷调处中心、涉企法官工作室，设立金融机构违法违规举报箱，召开多元化解机制座谈会7场次，发出风险预警和司法建议8份，协助完善金融监管，共同应对化解各类市场风险。

【执行攻坚】 2021年，县法院优化流程管理，执行事务中心实体运作，一站式办理执行事务，实现“简案快执，繁案精办”，受理各类执行案件8028件，执结7308件，其中实际执结4480件，执行完毕2503件，平均结案天数62.01天，比上年缩短37.56%。强化部门协作，成立法警执行中队，实施银行扣划、拘传拘留、清场交付等执行事务，

3月，仙游法院邀请全县各银行负责人召开金融纠纷案件多元化解机制座谈会　　（唐　伟　摄）

深入乡镇（街道）张贴督促公告726张，拘传到位49人，和解或实际执结24案，执行到位金额72.4万元。固化执行机制，建立失信惩戒“黑名单”、信用修复“白名单”和“拒执预警令”制度，移送公安机关立案侦查涉“拒执罪”案件6案7人，判决追究5案6人，形成崇尚诚信、践行诚信的社会风尚。设立法拍品VR展示区，提升法拍产品竞拍吸引力，拍卖财产218宗，成交90宗，成交金额1.48亿元。

4月15日，仙游法院在位于木兰溪源头的西苑乡仙溪村正式挂牌成立“仙游县法院生态环境巡回审判点”　（唐伟 摄）

【生态司法】 2021年，县法院践行习近平总书记“两山”理念和关于治理木兰溪的重要理念，推进“三合一”审判机制，在木兰溪上下游流域分设巡回审判点，首次适用刑事速裁程序审理生态刑事案件，惩治涉生态环境犯罪案件30件42人。探索人文生态司法保护新路径，拓展府院良性互动范畴，参与县委木兰溪流域专项巡察整改督导，集中走访4个源头乡镇及相关职能科局，督导整改突出生态环境问题18个，向县生态环境局、水务局发出协助保护木兰溪水域生态环境司法建议2份，共筑水陆一体生态修复网络。定位美丽仙游，扩大木兰溪流域“一馆一厅三基地”的宣传辐射范围，组织开展“6·5世界环境日”“4·15守护木兰溪源总体安全”和生态修复基地志愿者植树活动，邀请人大代表、政协委员旁听滥伐林木罪等案件庭审过程，凝聚生态保护共识，助力宜居宜游新城建设。

【诉源治理】 2021年，县法院制定《关于推进“综治+诉源治理”工作机制实施意见（试行）》，推动建设1个“综治+诉源治理”中心、设置37个分中心和97个工作站，搭建“调解资源集合库”；培育20名五星级调解员、5名专家级调解员和7名高级调解员，化解鲤南镇水乡丽都小区物业纠纷等系列案。实施乡村建设行动，出台《关于加强诉非联动助推乡村振兴工作的实施方案》，设立“乡村振兴·诉非联动”示范点、诉非联动示范基地和示范村居，依法处置涉“三农”案件，服务保障农村特色优势产业健康发展。深化涉诉信访改革，设置信访专用接待中心，公布信访流程图，推行远程视频接访、公开听证、司法救助、律师参与化解和代理涉诉信访等制度，开展信访积案清查推进会、治重化积专项工作研判会，针对重点信访案件建立“三个清单”，处理日常来信来访120件次，初信初访回复率100%。

（李雅冰）

司法行政

【概况】 2021年，仙游县司法局（简称“县司法局”）排查各类社会矛盾纠纷1834件，调解成功1826件，调解成功率99.6%。接收刑满释放人员1155人，安置帮教1155人。接受审前社会调查委托467件，接收社区矫正对象486人，期满解除矫正424人，在册矫正对象622人。收到行政复议申请79件，受理72件，审结57件，办理以县政府为被告的一审行政应诉案件15件。继续保持全县326个村（社区）法律顾问覆盖率100%。县公证处办理各类公证1067件，业务收费40.87万元，提供上门公证服务10次。县法律援助中心接受各类法律咨询2711人次，受理法律援助案件484件，受援484人，免收法律服务费156.2万元，为受援人挽回经济损失209.97万元。

【人民调解】 2021年，县司法局常态化开展“补短板、创机制，坚持和发展新时代‘枫桥经验’”活动，强化“三抓三促”（抓队伍，促能力；抓规范，促服务；抓治理，促创新）调解强基工程，指导乡镇（街道）召开矛盾纠纷排查调处例会180场次。在全县7个重点行政部门建立行政调解组织。开展人民调解“一案一补”工作，调解案件976件，补助金额11.17万元。多元调解高效化纠纷，派驻公安派出所调解工作室累计受理和化解各类矛盾纠纷2013件，县交调委化解各种交通事故矛盾纠纷87件，县医调委受理城区医疗纠纷42件，协助指导乡镇卫生院、卫生所（站）化解医疗纠纷5件，调解率、成功率、协议履行率均为100%。

【社区矫正】 2021年，县司法局按照“推进智慧矫正、维护社会稳定”的目标开展社区矫正工作，应用社区矫正一体化平台，对社区矫正执行各环节的信息实施动态监管，应用电子手环对重点社区矫正对象进行定位监管；依托省社区矫正一体化平台及县指挥中心远程督查系统设立“电子围栏”，防止社区矫正对象脱漏管。定期研判防范风险，健全完善预警预测和应急处置机制，强化重点人员管控，发现解决苗头性、倾向性问题，推进社区矫正工作。

【安置帮教】 2021年，县司法局细化刑满释放人员安置帮教各项措施，落实“必接必送”“两头包、双列管”“一表五单”工作机制，提高刑释解矫人员的信息核查、无缝衔接工作，协助属地综治网格中心日常排查走访，减少“三假”情况发生。

【普法宣传】 2021年，县司法局开展法治宣传活动。贯彻落实“八五”普法规划，运用社会力量，组建仙游县“蒲公英”普法志愿者大队。落实“谁执法谁普法责任制”，指导30余家县直单位出台本单位普法责任清单。启动2021年宪法宣传周线上知识竞答，全县2万余名干部群众参加，群发宪法宣传短信10万条、朋友圈宣传广告20万条。深入挂钩村、企业、学校等开展仿冒鞋专项整治、“反诈防骗”、“美好生活·民法典相伴”、提升平安建设“三率”、送法进校园、“宪法宣传周”、“12·4”国家宪法日等主题宣传活动120场次，参与群众1.5万人，受教师生2.2万人，分发宣传材料1.6万份，赠送普法宣传品5000份，悬挂横幅95条。通过“仙游司法行政”微博、“法治仙游”微信公众平台及时推送以案释法、图文说法文章500篇。

【法律服务】 2021年，县司法局推进法律服务实体平台运作，聚焦法律咨询、人民调解和综合服务三大板块内容，印发200余份公共法律服务指南，受理各类法律服务事项7000余人次，“12348”接线员接听解答各类法律咨询2641人次。全县村（社区）法律顾问开展法治宣传教育活动54场次，进村（社区）341次，为村（社区）管理提供法律专业意见252条，为群众提供法律咨询4600人次，为群众提供法律援助或减免服务241人次，参与重大矛盾纠纷调解工作72次。实施“法治带头人”“法律明白人”培养工程，全县收集报送第一批“法律明白人”“法治带头人”1.96万名，为1.73万名“法律明白人”颁发证书。常态化开展扫黑除恶专项斗争，落实律师办理涉黑涉恶案件情况报备制度，全县律师参与涉黑涉恶案件辩护代理6件。

5月18日，县司法局干部走进县实验小学分校，开展以“青春与法同行，民法典伴成长”为主题的法治讲座 （唐伟 摄）

（苏楠）

军 事

人民武装

【概况】 2021年，仙游县人民武装部（简称“县人武部”）坚持以习近平新时代中国特色社会主义思想和习近平强军思想为引领，贯彻落实中央军委国防动员部、省军区、军分区三级党委决策部署，坚持抓基础、正秩序，抓关键、补短板，抓成效、促发展，推进人武部建设。9月，县人武部基干民兵连续奋战在抗疫一线，履行卡点值守、物资搬运、秩序维护等工作。

【抗洪救灾】 7月25日，在县人武部、县退役军人事务局支持下，仙游县退役军人援豫救援队前往豫北重灾区新乡市开展志愿抗洪救灾工作。

【民兵应急分队集训】 2021年，县人武部按照年度民兵军事训练计划，组织民兵应急连、专武干部和乡镇民兵应急排集训。11月，利用7天时间，采取集中封闭组训模式，组织县民兵应急连训练。组织专武干部、民兵应急连和其他训练任务分队基干民兵，进行轻武器实弹射击。组织园庄镇、西苑乡、石苍乡、社硎乡、书峰乡、菜溪乡6个乡镇民兵应急排，采取由县人武部统一计划、乡镇组训、县人武部督查的方式进行民兵应急排集训，提高民兵应急分队遂行任务能力。

【民兵整组】 3月，县人武部召开民兵整组工作推进会，召集各乡镇专武部长、科局分管领导和经办人员，强调严格执行“六率”（在位率、适龄率、党员比例、专业对口比例、退役军人比例、文化程度比例）编组标准及要求，明确基干民兵体检、政考、人员花名册和档案登记表等具体事项。

4月9日，结合整组任务部署会，组织2021年度仙游县民兵整组潜力调查任务部署会，召集县交通局、商务局、税务局、统计局、市场监督局等12家地方单位分管领导和经办人员参会，采取分工合作、分别采集汇总的方式组织落实。4月16日，在县委党校礼堂集中组织专武干部和科局人员，对照省军区下发的人员潜力登记表等13个潜力调查表格，现场进行补充完善。

召集乡镇及科局经办人员，结合省、市组织民兵整组业务会召开本级业务会，对照上年工作中存在的实际问题进行强调讲解，组织新任职人员学习基干民兵编建要点。

结合年度点验就民兵编建、规范化建设，对所有编兵单位进行检查，现场进行指导整改。抽调人员对基干民兵进行个人编组信息普查，乡镇就检查结果进行整改。

结合5月基干民兵点验、6月党管武装考评、11月基层规范化建设检查等时机，由县人武部领导带队，采取“听、看、查、问”的方法，对各乡镇（街道）民兵整组工作进行综合检查，反馈相关问题，跟进整改情况，提高基层民兵工作和基层规范化建设工作落实标准。

【兵员征集】 2021年是全国“一年两征”政策实施第一年，2月4日，县人武部组织召开2021年度县征兵工作领导小组会议和县征兵工作会议，对春季征兵工作任务进行部署，研究解决征兵工作中的7个重点问题。7月19日，召开2021年度征兵领导小组第二次会议，研究解决征兵工作中3个重点问题。仙游县分别于3月10日和9月8日召开定兵会议。会议明确定兵方法和要求，各乡镇（街道）分别报告拟定兵人员名单，与会人员现场审议并确定定兵人员名单。

针对2021年大学毕业生任务压力大的情况，将辖区内符合条件的大学毕业生信息分解下发，督导乡镇组织政策宣讲会，采取逐人电话宣传发动的方式，告知征兵政策和优待信息，要求专武干部或者村居民兵营长采取逐一上门等多种方式，展开精准宣传动员，对部分电话地址不清晰的潜在兵员，协调县公安局逐个完善信息，委托县移动公司逐人进行电话调查，摸清宣传动员底数。

通过在仙游电视台和《仙游今报》等媒体开设征兵宣传专题，群发征兵宣传短信等方式，实现征兵宣传的“精准覆盖”。联合县委宣传部在全县大型商圈播出副市长陈惠黔征兵电视讲话视频和最新征兵宣传短片。

2021年，县人武部抓好兵役登记工作，掌握全县适龄青年数量情况。2月、8月，分别集中利用7天时间，组织展开县征兵体格初检和复检，在摸清上站人员底数的基础上，确定再宣传再发动的征兵计划，节后展开新动员上站大学生应征青年体检，补充上站人数。

【县委议军会】 12月，县人武部协调驻军和县委常委召开2021年度议军会，研究解决调整民兵训练经费、加快民兵训练基地建设等问题。会议要求，全县各级党委、政府深入学习贯彻习近平新时代中国特色社会主义思想，学习贯彻习近平强军思想，进一步增强“四个意识”、坚定“四个自信”、做到“两个维护”，把党管武装各项工作落到实处。

【助学活动】 8月27日，县人武部在部会议室开展助学兴教活动，现场资助10余名困难学生。

【全民国防教育】 2021年，县人武部结合兵役征集、民兵整组训练，举办“国防教育日”“四套领导班子过‘军事日’”“抗日战争纪念日”等系列活动，通过仙游广播电视台、《仙游今报》等媒介，宣传国防知识。

（吴思棋）

武警仙游中队

【概况】 2021年，中国人民武装警察部队莆田支队仙游中队（简称“武警仙游中队”）推进年度工作有序开展，实现“两个确保”目标。2021年，武警仙游中队立三等功1人次。

【思想政治建设】 2021年，武警仙游中队开展“传承红色基因，担当强军重任”主题教育，组织课后讨论，教唱革命歌曲，培塑身边典型，引导官兵坚定理想信念，争当强军先锋。坚持把理论学习作为加强支部建设的重要环节，以《中国共产党军队党的建设条例》《军队政治工作条例》《军队党委（支部）工作规定》为主要学习内容。坚持把两个群众组织建设纳入党支部的议事日程，纳入按纲建队落实日常轨道。贯彻落实思想政治教育三个法规性文件，结合党史学习教育，抓实“天天学党史、人人讲党史、人人话初心”、党史知识竞赛等系列配套活动；重温入党誓词，学习习近平总书记“七一”讲话和中共十九届六中全会精神，用好荣誉室、文化墙、楼道文化等红色阵地，让官兵在革命历史的长河中接受熏陶洗礼；把握“传承红色基因，担当强军重任”主题教育的内容指向和实践要求，倡导官兵看红色书报、讲红色故事、悟红色思想、唱红色歌曲、看红色电影，开展向英模学习活动。落实经常性思想工作制度，发挥思想骨干队伍作用，利用“三互”“双四一”和“三帮一带”等载体摸清官兵思想动态。每日坚持开展文体活动，每周坚持开展5项稳兵心活动。

【军事工作】 2021年，武警仙游中队聚焦执勤战备工作，盯中心任务，抓常态执勤，加强实战化训练，提高履职执勤能力；以打赢三场维稳战役为牵引，教育官兵牢固树立“危险就在身边，战斗随时打响”的意识；修订完善战备方案，落实战备制度，完成全年战备执勤工作。贯彻执行《新军事训练与考核大纲》和《武警部队军事训练“八落实”标准》，坚持按纲施训，科学组训，规范训练秩序，提高训练水平。组织战备教育，修订完善预案；坚持每月至少一次方案演练和紧急集合；定时对战备器材、车辆和冲锋舟等进行检修。结合上级训练计划，提前谋划部署，区分不同层级和专业组织训练。

【部队管理】 2021年，武警仙游中队在落实疫情防控相关要求的基础上，结合中队实际，统筹开展疫情防控下的各项工作，组织文娱体育活动，通过煮长寿面、过集体生日、开展烧烤和火锅晚会，舒缓官兵因疫情带来的紧张、烦闷、压抑心理。坚持组织原则，注重风气建设，结合“廉政三进”活动，清除纠治官兵身边的“微腐败”和不正之风，人人自觉抵制歪风邪气；坚持“有为有位、有位有功”，在涉及官兵切身利益的问题上，落实民主集中制，风气监督员全程监督。

树立“出门看队伍、进门看内务”的导向，坚持细字当头、小处着手、注重点滴养成，通过振“三声”抓“四貌（帽）”（歌声、掌声、呼号声，营区面貌、礼节礼貌、精神风貌、穿衣戴帽），提升部队精气神。拉网式排查目标监墙线路、中队营区各类设施、伙房电器刀具炊具、训练场地和各类库室等部位是否存在隐患，堵塞安全漏洞。结合百日安全竞赛活动，开展争创“六无”先进单位工作，重点关注官兵的思想变化，加强谈心疏导，利用官兵家属群构建联教联管体系。协调目标单位投入经费进行执勤隐患整治。结合暑期工作特点，开展预防热射病常识教育，组织专业人员及时清洗修理空调设施，开展哨位送清凉活动。

【后装保障】 2021 年，武警仙游中队弘扬勤俭节约的优良传统，自行开展“光盘”行动，杜绝浪费问题；落实分餐、消毒、留验等制度，确保官兵吃得健康；落实实物验收制度，杜绝缺斤少两，确保官兵吃够标准；搞好伙食调研，每周收集官兵伙食意见，研究特色菜、家乡菜、下饭菜；坚持账目公开制度。管好武器装备。每月组织爱装管装教育，增强官兵使命感，每周通过组织武器分解结合等训练，达到指挥人员“四熟悉”、操作人员“四会”的要求，对枪支做到“日检查、周保养、月清点”，静态上防盗，动态上防失管失控。落实公用物资管理责任制，每月对营产营具和公用装备物资进行一次清查核对，及时检修补充，满足官兵生活所需。更新使用背靠椅，购置洗碗机、饮料机、烘干机等用具，制作晒衣场个人卡片标签，协调目标单位投入 9 万元对晒衣场、淋浴间、障碍场护坡进行改造。落实体温检测、环境消杀、室内通风、餐具消毒、食品检疫等防护措施，与目标单位协调防控工作，组织全体官兵接种新冠疫苗，教育官兵树立长期防疫的理念，集中储备各类防疫物资，确保疫情“零传入、零感染”。开展专业兵岗位练兵活动，通过压担子、下任务、看进度、验实效，培养后勤队伍能力。

（苏志伟 林俊峰）

人民防空

【概况】 2021 年，仙游县人民防空办公室（简称“县人防办”）继续保持原有机构框架，县住房和城乡建设局与县人防办实行一个机构两块牌子。县人防办内设人防股，下辖事业单位人防工程维护管理中心，编制 3 人。2021 年，县人防办购买人防信息指挥处理车，弥补人防机动指挥所的空白。

【人防工程建设】 2021 年，仙游县人防工程建设继续保持增长，完善人防专业队工程和物资库等配套工程，提升人防综合防护能力。

【人防应急演练】 2021 年，仙游县枫亭镇发生新冠肺炎疫情，原定于 9 月 18 日举行的全县防空警报试鸣演练取消，县人防办全体工作人员去抗疫一线支援。

【人防法规宣传】 2021 年，县人防办结合每年的全国防灾减灾日和安全生产月开展人防知识宣传活动，通过电视、广播、网络及手机短信等开展多方位的宣传活动，增强全民国防观念和人民防空意识。

（许建平）

外事侨务 港澳台事务

外 事

【概况】 2021年，仙游县人民政府外事办公室（简称“县外事办”）坚持遵守外事政策，结合外事实际发展需求，拓宽对外交流渠道。落实上级疫情防控工作，畅通联络渠道，建立联防机制，助力企业复工复产，突出外事服务理念。2021年，办理APCE商务旅行卡1批2人次，办理邀请外国工程师入境4批23人次。

【涉外抗疫】 2021年，县外事办完善涉外疫情防控工作机制。贯彻落实习近平总书记对统筹做好疫情防控和经济社会发展工作的重要讲话、重要批示指示精神，落实党中央、国务院、省委省政府、市委市政府决策部署和工作要求，坚决防止境外疫情输入和做好涉外抗疫工作。县指挥部外事组根据县领导班子换届，及时调整领导小组，明确责任分工；修订《仙游县应对新型冠状病毒感染肺炎疫情工作指挥部外事组工作方案》。9月，县外事组全体成员投入抗疫。指导做好在仙游的外国人疫情防控工作。

做好防范境外疫情输入工作。贯彻执行省、市、县涉外疫情防控工作部署，强化全县一盘棋、部门联动。保持与县卫健局、疾控中心、公安局等相关部门联系，做好境外入仙游人员的信息对接、“点对点”接送工作，做到专人专车人员转运、办理移交、信息反馈的无缝对接。通过境外入仙游人员闭环管控平台，实现境外入仙游人员闭环跟踪管理。截至11月30日，境外入仙游累计1503人。督促指导境外企业结合驻在国相关规定，妥善处理与当地关系，加强对员工健康和居所封闭管理，做好防疫和生活物资储备、隔离点准备、日常防疫消毒等工作，保障员工居住环境务必符合防疫要求。

加强宣传引导，多渠道向海外社团、在仙游外国人宣传国内疫情相关政策和防疫知识等，引导周围人群做好疫情防控，万众一心抗击疫情。

【对外交流渠道拓展】 2021年，县外事办推动对外交流。坚持把推介APEC商务旅行卡作为企业“走出去”发展、开阔国际视野和提升国际竞争力的重要抓手，宣传推介。为有资质的优秀企业办理APCE商务旅行卡，助推私营企业“走出去”，开拓市场。为企业“走出国门”，拓展国际市场打造“绿色通道”。服务海安橡胶集团股份公司2人办理APCE商务旅行卡。

【助力企业复工复产】 2021年，县外事办推进企业全面复工复产工作。寻求多渠道、新方式，创新开展对外工作。服务福建赛隆科技有限公司申报邀请外国工程师入境4批23人次，助力企业复工复产，突出外事服务理念。

（余明海）

侨 务

【概况】 2021年，仙游县旅居海外华侨3万多人，华人26.25万人。仙游县归侨侨眷4.99万人，是福建省侨务工作大县。

【服务侨胞】 2021年，县侨办向县财政局申请“2021年度归侨退休职工生活补贴”1.8万元用于归侨退休职工的生活补贴，于12月前发放完毕。

【侨务受理】 2021年，县侨办贯彻落实上级文件精神，按照规定的办事流程，做好涉侨群众业务受理工作。通过“仙游统战信息”微信公众号、县行政服务中心综合（侨办）窗口开展侨法政策宣传，明确办理要求，并提供具体业务人员联系方式，让办理的涉侨群众了解办理条件，带齐所需材料，避免走“弯路”，实现“最多跑一趟”或“一趟不用跑”。全年协助县公安局、乡镇（街道）派出所受理侨胞相关业务42件，其中开具不具备华侨身份认定书39份、归侨身份证明2份、侨眷身份证明1份。

【涉侨疫情防控】 2021年初，县侨办联合县委统战部和县侨联发布《致广大仙游籍海外侨胞的一封信》，提醒海外侨胞自我防护，减少不必要流动，暂缓回国返乡；开通24小时防疫服务热线电话，为海外侨胞服务。9月，疫情发生后，县侨办联合县委统战部和县侨联第一时间向全县统一战线成员、海外仙游乡亲发出倡议，号召大家伸出援手、奉献爱心，为家乡的疫情防控捐资捐物。海内外乡亲响应，捐款捐物。新加坡仙籍侨商游振华以福建东铭国际贸易有限公司名义捐款500万元，柬埔寨莆田同乡会和爱国侨胞都捐款捐物。

【侨法宣传】 2021年11月，县侨办为纪念《中华人民共和国归侨侨眷权益保护法》颁布31周年，在全县范围内举行“侨法宣传月”活动。组织各乡镇（街道）、管委会利用本辖区内公共领域为宣传载体，在乡镇机关大院、城区主干道、人流量密集场所进行侨法宣传氛围布置，共悬挂侨法宣传横幅400余条；联合市委统战部、县侨联等单位分别在鲤城街道南桥社区、度尾镇度峰社区举办“侨爱工程——送温暖医疗队”义诊暨侨法宣传活动，义诊受惠群众500多人次，发放侨法宣传册及侨法宣传品1000余份。培养干部职工学习侨法的自觉性，提升侨务法治观念和为侨服务水平。

（李丽琴）

11月，县侨联到游洋镇开展“我为侨界群众办实事 关爱侨乡留守老人”座谈会 （刘燕钦 摄）

港澳台事务

【概况】 2021年，中共仙游县委台港澳办公室（简称“县委港澳台办”）根据仙游的实际，发挥优势，整合力量，多领域开展仙台经贸和文化等交流。截至2021年底，仙游县有台资企业91家，其中农业企业80家（含个体工商户）、工贸企业11家。涉及鞋业、化工、塑胶、彩印、物流、农业开发等行业，提供就业岗位1.75万个。

【仙游台湾经贸文化交流】 2021年，县委港澳台办加强农业合作，推动对台合作项目落地。全年新增对台签约投资项目4个（藤佳农业种植葡萄项目、兴泰里农业休闲果园开发建设项目等）。加强台湾“五新”示范推广及应用，辐射推广面积20公顷以上，促进闽台农业合作发展。

深化闽台乡建乡创合作项目。台湾建筑师团队参与仙游乡建乡创闽台合作项目，完成“一园二村”（台创园，钟山镇朗桥村、南兴村）调研报告。

加强基地设施建设。在台创园核心区新建台创园科技创新服务中心，总投资800万元、建筑面积3300多平方米。成立仙游台湾农民创业园科学技术协会，推动台资企业持续发展。

弘扬妈祖文化，促进同胞心灵契合。2021年，台商台胞到仙游考察交流10批次、95人次。县台创园获评福建省政协港澳台侨交流基地。办好吴圣天妃省级非遗文化对台交流，台北松山慈佑宫等3家宫庙举办吴圣天妃神尊开光仪式，线上线下交流活动，两岸信众200多人参与。11月6日，台北莆仙同乡会5人组团到仙游，与仙游县妈祖文化交流协会开展妈祖文化交流活动。

【服务台商】 2021年，仙游县创新金融服务，为境内台企台胞颁发金融信用证书50家。县农商银行推出“台农贷”产品，为县台创园内的3家企业发放信用贷款150万元。

落实引进人才政策。县台创园聘任台湾青年从事两岸交流和台湾新品种引进工作1人，县医院引进台湾高层次人才1人，在仙台籍2人被评为“壶兰英才”。2021年，新增台湾青年到仙游就业人数8人。

帮助企业拓宽销售渠道。在县台创园设立公共直播间，为园区产品开展直播服务，继续与本来生活网对接，做好“仙游甜柿”线上销售工作。组织园区3家企业参加第十四届海峡两岸（泉州）农产品采购订货会。在漳州、福州举办两场甜柿城市推介会。

依法保障台商的合法权益。1月12日，在县台创园管委会揭牌设立台胞权益保障法官工作室。为台胞台企提供法律咨询服务，保障台商合法权益。靠前服务协调解决好柿多生态农业有限公司员工意外事故理赔问题等。

（郑祁斌）

3月9日，在莆田市第一批台商台胞金融信用证书颁证仪式上，来自仙游台创园的27家台商企业、19名台胞获得台商台胞金融信用证书

（唐伟摄）

1月12日，仙游县台胞权益保障法官工作室揭牌，该工作室由仙游法院、台湾农民创业园管委会合办。图为当天召开涉台司法服务工作座谈会

（唐伟摄）

城乡建设与管理

城乡规划

【概况】 2021年，仙游县自然资源局（简称“县自然资源局”）按照自上而下、上下联动、压茬推进的原则，持续推进新一轮国土空间规划编制工作。整体谋划新时代国土空间开发保护格局，综合考虑人口分布、经济布局、国土利用、生态环境保护等因素，科学布局生产空间、生活空间、生态空间，构建全县统一的“二级三类”国土空间规划体系。

【设计提升】 2021年，仙游县中心城区概念性城市设计方案公开征集，吸引国内外名家参与城市设计方案征集，博采众长，量体裁衣，引导仙游特色发展，强化片区设计引导和风貌管控，推进中心城区及城市门户、主干道等重要节点的策划规划、城市设计。

【新城拓展】 2021年，县自然资源局按照“基础设施优先、产业优先、公共配套优先、环境优先”要求，推进城市更新“双百”行动六大片区（改造鲤城东片区、美食城片区、鲤城西片区、金凤片区、玉田片区、体育中心片区），拉开城市框架、优化城市布局，提升城市功能和品质。

【村庄规划】 2021年，县自然资源局按照《福建省村庄规划编制指南试行（2019）》和“多规合一”的要求编制新一轮村庄规划，完成36个村庄规划编制。其中，省级乡村振兴试点村20个，市级和县级乡村振兴试点村4个。

（李　阳）

自然资源管理

【概况】 2021年，仙游县自然资源局（简称“县自然资源局”）完成仙游县国土空间总体规划初步成果和23个“多规合一”实用性村庄规划编制，完成瑞峰片区、石马片区、后沈片区等6个片区控制性详细规划审查报批工作。组织编制16个地块控规图则并完成报批。下辖鲤城、鲤南、赖店、盖尾、郊尾、枫亭、园庄、榜头、钟山、游洋、石苍、龙华、书峰、社硎、菜溪、大济、度尾、西苑18个乡镇（街道）基层国土资源所。

【用地报批】 2021年，县自然资源局拓展服务途径，提升服务水平，按照“及早谋划、主动对接、提前介入、热情服务”的原则，深入基层一线指导、讲解新土地管理法中对农转用报批及土地征收新要求，协助业主做好用地报批材料的收集、整理，加强与县直有关部门之间及上级自然资源主管部门沟通协调，争取更多支持，做到材料齐全一批、上报一批、跟踪一批，保障项目建设用地需求。全年审批及通过审查38个批次，其中城市用地26个批次，独立1个批次，农村个人建房农转用11个批次，总面积93.25公顷，其中耕地52.38公顷；农村个人建房农转用面积11.94公顷，其中耕地7.46公顷。

【用地供应】 2021年，县自然资源局制作土地出让招商专题片，介绍拟出让土地的地理位置、周边配套、规划条件等。招引有实力、品牌佳的开发商对拟出让地块的考察、洽谈。对条件成熟的地块，应用各类媒介平台推介，吸引境内外投资者。全年出让6宗经营性土地，涉及面积25.03公顷，出让金总额15.4亿元，溢价率32.42%。工业挂牌土地出让5宗，总面积23.24公顷，出让金总额4241.8万元。

【耕地保护】 2021年，县自然资源局加强耕地保护和节约集约用地，坚持做到责任有落实、运作有制度、资金有保障，统筹推进耕地保护与经济社会发展、生态文明建设，推动补充耕地工作，储备土地增减挂钩指标。莆田市政府下达仙游县2021年度补充耕地任务76公顷，仙游县完成51公顷。

【不动产登记】 2021年，县自然资源局贯彻落实国家和省、市深化“放管服”改革、优化营商环境改革的工作部署，聚集营商环境建设、聚力推进难点、堵点、痛点问题解决，打造不动产登记互联网+登记新模式，提升不动产登记便民利企服务水平和能力。全年办理不动产登记业务3.12万笔，其中办理不动产权证1.18万本、不动产登记证明1.67万本，办理查、解封业务2728笔。开具各类查询证明6.36万笔，配合相关部门查询不动产档案4606宗。上传电子证照2.45万宗（不动产权证1.08万宗、不动产登记证明1.37万宗、房屋所有权证3宗）；受理“12345”网上信访、咨询件284宗，办结反馈率100%。1月1日，“不动产抵押登记全程网办”的办理时限再次压缩，企业办理时限为1个工作日，个人办理时限为2个工作日；通过网络办理“不动产抵押登记全程网办”业务2680笔；1月4日，开展异地网上商品房预售预知及抵押登记申请，实现异地不动产登记信息查询。全年办理二手房转移登记合并办理水、电、气等过户手续等“一事联办”1232宗。3月27日起，推行“交房（地）即交证”在开发企业通过“招拍挂”出让方式取得国有建设用地使用权时，登记部门和税务部门提前介入、主动服务。收集办证相关材料进行资料审核、落宗、信息录入等工作，土地出让金及相关税费缴纳到位的当天同步办理不动产首次登记，颁发不动产权证，完成1宗。办理房地产企业交房即交证业务966宗。

【土地纠纷协调】 2021年，县自然资源局坚持点、线、面统筹，法、情、理兼顾的办信思路，做到有访必接，有案必查，查必到位，涉地信访问题呈逐年下降趋势。全年受理806宗，办结806宗；受理“12345”网上信访件757宗，办结；受理省信访信息系统49宗，办结。

【矿产资源管理】 2021年，县自然资源局落实“常态抓、时时抓”工作要求，抓好矿山生态恢复治理及打击非法采矿行为，通过不断契合部门之间无缝链接，监管责任再强化，良好态势再重构，矿政秩序再重塑。全年组织矿山巡查、排查256次，发放限期整改通知书8份，开展联合安全生产检查4次。

【地质防灾】 2021年，仙游县有地质灾害隐患点24处，点多、面广，防范任务重，县政府主要领导、分管领导多次召开地质灾害隐患点消除工作专题推进会、加温会，层层分解任务，逐级落实责任，做到分工负责，分片包干，不留空白，不留尾巴，不留死角。向省自然资源厅争取地灾专项资金，结合旧村复垦、造福工程等，实行叠加补助，群众得到实惠。5月上旬，举行群测群防业务培训；6月中旬，开展地质灾害转移演练。全年组织9户隐患点群众搬迁、完成4点简易治理。

【征地拆迁】 2021年，县自然资源局督促乡镇（街道）规范做好征地拆迁工作，重点突破“临门一脚”项目的扫尾工作，推进出让土地征迁净地的“关键一环”。研究制定并印发《仙游县人民政府关于进一步坚持依法实施征地拆迁工作的通知》文件，规范征地拆迁工作，维护好、实现好被征收人的合法权益，保障建设用地征收工作和项目建设实施，召集相关部门人员，举办依法征地拆迁工作培训。全年完成征地135公顷，完成房屋拆迁36.7万平方米。办理失地农民养老保障工作，2021年度失地农民养老保障办理涉及鲤城、鲤南、榜头、盖尾、郊尾、枫亭、菜溪、西苑8个乡镇，涉及承包户数5080户、1.79万人。

【服务经济】 2021年，县自然资源局完成工业地块规划条件6幅。办理市政类建设项目预审与选址意见书44件，建设用地规划许可证11件，建设工程规划许可证13件，促进一批重点项目、民生项目动工建设。

【乡村振兴助力】 2021年，县自然资源局完成乡镇集体规划审批项目14个，补办个人建房房屋审批情况说明8件，指导乡镇办理农村个人建房规划许可800多户。

（李胜展）

城乡建设

【概况】 2021年，仙游县住房和城乡建局（简称“县住建局”）加快城乡基础建设，开展共建美丽乡村工作，抓好防治污染攻坚战，开展城乡环境整治。截至2021年底，全县建成区面积32平方千米；

市政道路257.9千米，人均城市道路面积15.43平方米；城区绿地面积1284.55公顷，建成区绿地率39.83%，建成区绿化覆盖率44.5%，人均公园绿地14.8平方米；排水管道410.6千米，生活污水处理率95.8%，生活垃圾无害化处理率100%，人居生活环境提升，创建国家级园林县城。

【市政道路建设】 2021年，县住建局按照市政府下达新改扩建市政道路15千米的任务要求，围绕实现“两通”（二环全面贯通、一环二环互联互通）目标，组织实施东一环路、东二环路、北三环路、艺都大道等城市道路建设，完成金凤桥改造工程，加快解放大桥（即南门桥）拓宽改造建设进度，构建城区快速通道，推动城市路网骨架的内通外延。打通书院路和宫后路“断头路”，推进公园路、新厝路、园区中路等“断头路”建设，完善城区路网，缓解城区南北交通压力。推进中心农贸市场、天博广场人行天桥，确保年底完成。推进停车场建设项目，完成泊位建设1000个。

【城镇污水处理】 2021年，县住建局按照全市城建环保工作通报交流会提出的“城区污水厂和第二污水厂进水BOD浓度不够”的整改要求和目标［2021年进水BOD（生化需氧量）浓度应达到80毫克/升］，细化整改措施，制定城区污水处理厂和第二污水处理厂的“一厂一策”，明确相关乡镇、县直部门职责，实行每月一通报，保障污水处理厂有效、稳定运行，提高进水BOD浓度及收集率。投资1200多万元，推进集镇区污水处理厂（站）的改造建设，出水

8月，艺都大道通车（唐伟 摄）

水质由原先的一级B标准（度尾站、社硎站、园庄站、枫亭站、游洋站、钟山站、石苍站、菜溪站）、二级标准（书峰站）、三级标准（西苑站）提升到一级A标准，12月底基本完成。2021年，投资1.19亿元，结合龙仙路、公园路、龙泉街改造建设和老旧小区改造，同步完成20千米的污水管道建设，列入亚洲开发银行融资项目拼盘。研究制定《仙游县房地产楼盘、开放式小区污水出口排查方案》，以村（社区）为单位，县住建局牵头，会同鲤城街道、鲤南镇、仙港工业园管委会、鲤城管委会对鲤城街道、鲤南镇33个社区（村）开展污水口排查工作。

【城乡建设】 2021年，县住建局从规划品质、居住品质、交通品质、水环境品质、风貌品质、管理品质和生态环境品质七个方面，策划申报城市品质提升项目79个，总投资155.99亿元，年计划投资38.71亿元，开工项目79个，开工率100%。截至年底，完成投资38.71亿元，占年计划的100%。

县住建局根据实际情况将老旧小区改造计划分3年（2019—2021年）实施，按片区划分为19个老旧小区项目进行改造，涉及49个小区、1.67万户，总投资1.98亿元，争取到位上级各项补助资金1.19亿元。2021年，实施10个（仙糖社区、十字社区会仙山片区、坝垄新村片区、洪桥社区下溪片区、顶厝片区、正觉小区、杨祠小区、万寿小区、龙吟亭小区、融兴小区），涉及25个小区、8470户，完成建设，改造进度及开工率位居全市第一名。

2021年，县住建局实施“绿满城乡·美丽家园”园林绿化提升三年行动，投资5000万元，完成木兰溪防洪景观盖尾段、客山2个公园改造提升，完成新实小旁、二中门前、龙头、东门、仙水溪5个口袋公园建设、完成艺都大道、仙港大道(郊尾段)2条道路绿化提升、完成兴泰路、迎勋路、学府路财富人行天桥3处垂直绿化建设，新增绿地25公顷。组织开展城区高速收费站至紫檀街（含金凤桥）、皇庭美域（二期、三期）、中央御景（二期）、外滩1号、永鸿B地块、建发玺院、枫城新都等25个夜景项目建设，提高亮化水平。

2021年，莆田市下达仙游县农房整治任务3390栋，其中赖店178栋、盖尾409栋、郊尾170栋、枫

亭835栋、园庄388栋、榜头119栋、钟山89栋、游洋91栋、石苍167栋、龙华148栋、书峰207栋、社硎114栋、菜溪105栋、大济140栋、度尾190栋、西苑40栋。截至年底，各乡镇将3390栋农房整治名单落实到户，完工3788栋，完工率111.74%。

2021年，县住建局围绕“屋顶、山墙、墙体、门窗、勒脚、色彩、材质”七要素，编制《仙游县农房建筑立面图集》。6月1日，县政府出台《仙游县人民政府关于印发仙游县农房建筑立面图集的通知》，按图集建房审批制度，在审批新建农房时对照《仙游县农房建筑立面图集》七要素管控要求，加强风貌管控，不符合要求的不予办理相关规划许可；符合要求的在相关规划中予以具体明确，并附图审批归档；对竣工房屋不符合建筑风貌管控要求的，不得出具《农村宅基地用地和建房验收意见》。

新时代农村社区项目占地面积3.17万平方米，计划建设63栋（三种户型）连体别墅，4栋多层住宅（两种户型），建设工期2年，总投资5174万元。2021年，计划投资500万元；截至年底，完成投资1674万元，完成勘定选址、报批手续等前期工作，土方工程完成。

2021年，县住建局组织普查50年以上建筑1559处，历史环境要素247处，评审认定历史建筑265处，传统风貌建筑515处。其中，公布历史建筑250处，传统风貌建筑403处，因相关权利人不同意保护列入预备目录127处。完成挂牌保护建筑90处，历史建筑50处，传统风貌建筑40处。指导乡镇申报历史文化名村和传统村落。6月，游洋镇天马村外石门自然村获评第四批省级传统村落，组织开展保护规划编制。

【住房安全保障】 2021年，县住建局开展房屋结构安全专项整治百日攻坚行动，排查房屋25.46万栋（其中城市房屋9944栋，农村房屋24.47万栋），发现915栋重大安全隐患房屋，整改处置到位，其中加固162栋，拆除753栋。对全县行政村19.6万栋农房开展安全隐患排查复核，发现存在安全隐患的经营性农房3栋，采取加固1栋、封房2栋。对全县钢结构厂房进行再梳理再排查，重点对无正规设计、施工的钢结构厂房开展鉴定及整治；优先整治二层及二层以上钢结构厂房，全县摸排23栋，鉴定23栋，其中11栋符合安全，2栋不符合安全要求的拆除，10栋尚未出具鉴定报告的先采取封房的措施消除安全隐患。邀请专业技术人员在中骏世界城、鲤中步行街等地段对房屋结构安全开展宣传教育，发放宣传材料600多份。

【住房体系建设】 2021年，仙游县有鲤城龙泉、玉井和鲤南圣泉、仙安、中兴、53号地6个保障房小区，有租廉租住房、公共租赁房1212套。制定《全县廉租房公租房配租房保障资格排查整治方案》，成立核查工作小组，逐户核查入住资格，完善动态管理机制，清退不符合条件人员。委托福州翔升软件公司开发公开管理软件系统，将所有1212套廉租房、公租房房源情况、承租人情况、租赁合同期限、年度审核情况等信息向社会公开，公布举报电话，接受社会各界监督，保障住房配租工作公开透明。依托建行“悦生活”建设租金缴费平台，承租人可通过扫描二维码、微信公众号、手机银行等支付渠道，实现租金线上收取，实现无现金化。

2021年，县住建局实施限房价精准调控政策，形成以限价房为主的住宅供应市场格局，供需较为平稳，房地产市场运行稳定。引进建发、碧桂园、中骏等品牌房企入驻仙游开发投资。强化商品房预售资金监管，确保预售款用于工程建设，推进建发·玺院、枫城新都、永鸿文化城等房地产项目建设，全年房地产竣工面积113.94万平方米、比上年增长57.81%，中骏世界城、方圆荟等鲤北首批综合体投入使用，拉动区域经济，推进仙游城市化进程。整治房地产市场秩序，查处房地产市场交易违法行为，摸排防范房地产风险，坚持“一盘一策”，采取措施化解延期交房问题，保障购房群众合法权益，促进房地产市场良性循环和健康发展。

【棚户区改造】 2021年，县住建局做好棚户区改造工作，棚改建设9个项目3431套，建筑面积65.16万平方米，总投资21.71亿元，年计划投资6.81亿元，全年完成投资4.56万元。续建7个项目，建设安置房1.19万套，面积177.58万平方米，总投资59.49亿元，年计划投资7.82亿元，全年完成投资6.29亿元。

【安置房建设】 2021年，仙游县建设安置房124幢152.99万平方米，其中新建安置房工程43幢65.16万平方米，鲤北龙号安置区（7—11号楼）完成部分封顶，鲤北万福61号地块安置区、鲤北土寨双桥安置区（4—8号楼）、鲤城19号安置区、鲤南石鼓山公园安置小区1号楼、鲤南石鼓山公园安置小区3号、4号、6号、7号楼5个项目桩基施工，乌头新村安置小区3—6号楼主体施工，坝垅度下安置区地下室施工，工艺产业园下楼村二期安置房3—6号楼完成“五小”施工。续建安置房6个项目，30幢36.59万平方米，其中5个项目基本完工，配套工程施工（鲤南西林安置房、鲤南宋桥南苑1—6号、8号幢、鲤南石鼓山片区安置房2号、5号、8号、9号、10号楼、瑞峰盖尾琼峰安置区、鲤城蜚山安置区31—36号），1个项目外围落架（龙号安置区1—6号楼）。回迁9个安置房项目，51幢51.24万平方米，分别为瑞峰宝融小区、鲤南平原西一环（南段1、2幢）、鲤南鸿运花园1—7幢、鲤南华丰商城安置小区、48号地财富安置区1—5号、宫边10—19号、万福二期安置区1—9号与13—14号、4号与5号地安置区（8—10号，13—16号）、溪东安置区1号、2号楼。

【房地产建设】 2021年，仙游县取得资质房地产开发企业88家，其中二级企业4家，三级企业34家（含暂定14家），四级企业50家（含暂定17家）。1—12月，新取得土地房地产开发项目6个，在建项目48个。完成土地开发面积16.38万平方米。施工总建筑面积521.2万平方米，比上年减少9.59%，其中续建455.31万平方米，比上年减少7.77%；新开工有凯天悦府、永鸿文化城B地块、碧桂园•天城2期、悦鸣苑、浩宇•榕樾府、枫城新都（三期）、融信悦著、闽鼎江山府、滨海名都9个项目；新开工建筑面积65.92万平方米，比上年增长19.85%；竣工面积113.94万平方米，比上年增长57.81%。

办理商品房预售许可证56份，预售总建筑面积44.38万平方米，比上年减少49%，其中住宅38.92万平方米，住宅1654套；商业面积0.84万平方米，办公面积2.08万平方米，车位面积2.54万平方米。商品房销售总建筑面积62.87万平方米，比上年减少20.08%；销售总额43.83亿元，比上年减少21.88%。其中，住宅销售4290套，面积53.83万平方米，销售额38.34亿元，销售均价7122元/平方米，比上年减少3.64%。

【工程招标】 2021年，县住建局开展自查自纠整改工作，制定并发布《仙游县住房和城乡建设局关于公布行政规范性文件清理结果的通知》，废除仙游县政府投资小规模房建和市政工程承包商名录库，优化营商环境。通过福建省公共资源电子监督平台大数据统计及巡查，发现6个项目在招投标活动中存在串通投标行为，查处12家涉事企业，处罚金额75.98万元，遏制串通投标的不良风气。全年开展两轮招标项目“双随机、一公开”集中抽查工作，抽取10个项目，在省监督平台答复处理完毕。依据相关法律法规，处理1件招投标投诉案件，并责令招标人限期整改到位。

【质量安全监管】 2021年，县住建局开展工程质量三年提升活动，实施工程项目责任单位和责任人员质量安全动态考核制度，对工程质量安全管理不力的责任单位、责任人实施记分。依托“福建省工程项目建设监管系统”开展建筑施工企业信用综合评价，对施工现场的质量安全文明施工行为进行评价记分，2021年度评价项目300次，项目经理总扣分3016.82分，总监理工程师总扣分2591.3分，施工企业总扣分3016.82分，监理单位总扣分2591.3分。检查采取“双随机”方式，事前制定检查事项清单，检查人员在监督人员库中随机抽取，系统中生成整改通知书和违规记分告知单。

【建筑企业管理】 2021年，仙游县有建筑施工总承包企业184家，一级资质4家，二级资质10家，三级资质170家；建筑工程施工总承包企业151家，市政公用工程施工总承包企业155家，水利施工总承包企业66家，公路施工总承包企业26家。监理企业8家，工程质量检测1家，商品混凝土企业4家。辖区内施工企业全年完成建筑施工产值121.74亿元。规范投标、履约等保证金收取额度退还时间，推行银行保函制度，减轻企业负担。创建“无欠薪项目部”活动，推进全县房建、市政在建工程“无欠薪项目部”全覆盖。

【政务公开】 2021年，县住建局推行政务公开，规范干部依法行政行为。设立固定公开栏和举报电话，注重“三公”消费、“三重一大”事项公开，做到事前、事中、事后公开，通过仙游县建设网、局党务政务公开栏等载体公开党务、政务等事项，通过监察网公开行政处罚案件18宗，处罚金额76.23万元。规范行政权力运行，推进机关依法行政工作。按照“两权”行政，结合住建系统的工作实际，完善《仙游县住建局行政权力清单》、仙游县住建局行政处罚自由裁量权修订和相关制度、权力运行流程图等，并汇编成册。

（谢 晖）

城市管理

【概况】 2021年，仙游县城市管理局（简称“县城管局”）以落实民生实事、促进城市品质提升为驱动，全力抓好城市面貌综合整治、环境卫生优化、市政公用维护管理、行政执法等工作，构建共建共治共享的城市治理新格局。1月，县城管局被住房和城乡建设部通报表扬为“强基础、转作风、树形象”专项行动表现突出单位。2021年，城区环境卫生督导考评年终考评全市排名第一，垃圾分类管理考评年终考评全市排名第一。城市综合管理考评排名从全市第四名上升至第一名。

【市容市貌整治】 2021年，县城管局按照宽严相济、一街一策、规范有序、干净整洁、确保安全的原则，出台《规范临时占道经营管理实施方案》《城区便民服务摊点管理办法》等文件，组建8支值守队、1支机动队，城区8个重要路段实行人员定岗定点责任制，全年整治违规店外经营5786处、乱摆摊5239个、烧烤摊点18处，提供临时便民摊位816个。

2021年，县城管局督促13处城区大型户外广告开展安全检测，建立皇庭美域、香港财富、城区中心农贸市场等店招广告示范点，形成“一区一景、一街一景”不同风格。同时，组织执法人员开展日常巡查、处置，组织联合拆除9次，拆除大型户外广告与招牌标识266块，整改安全隐患8处，并督促“1+N”项目公司清理“牛皮癣”小广告5831处。

2021年，县城管局严格渣土准运审批管理，加大路面执法巡查力度，打击“滴撒漏”现象，处罚违规运输行为54宗，遏制渣土运输车辆超载、不按规定路线行驶和污染路面现象。成立鲤城规划分队和鲤南规划分队，开展城区范围违法建设的巡查、制止和报告工作，配合属地镇街依法强制拆除违法建筑物，配合拆除违法建设4358平方米。

【城市智慧管理】 2021年，县城管局依托现有数字城管平台，精简网格范围，配强队伍力量，实现案件“采集、派件、整改、反馈”全流程线上线下高效运营管理。全年受理包括市数字城管平台、“12345”平台、“110”指挥中心等各类案件17.32万件，日均474件。

2021年，县城管局共享公安交警、治安、属地政府等部门视频监控资源，在数字城管网格人员巡查采集基础上，运用中心视频监控，对主要路段实时监控管理。委托专业技术公司在试点路段视频监控设备中加入智能算法，实现对违法违规行为的识别、抓拍、预警功能，打造智能化管理模式。

2021年，县城管局依托城市管理微信公众号，开发智慧城市管理服务云平台，融合智慧执法办案、执法文书送达、法律法规宣传、群众办事缴费、日常生活服务等功能，打造“管理、服务、执法”三位一体管理平台。依托环卫督查群、市政设施和桥梁管理群、路灯管理群、广告巡查群、渣土车“滴撒漏”整治群、窨井盖整治工作群、道路挖掘管理群等工作微信群，实现城市管理问题统一调度，第一时间派发整改并反馈，提高城市管理效能。

【环境卫生优化】 2021年，县城管局推进城区卫生保洁“1+N”项目，督促项目公司做好城区环卫保洁作业、市政设施维护管理等工作，重点监管城区保洁、公厕、垃圾转运站、洒水车雾炮车及护栏清洗车运营、小广告整治、路灯、市政设施及桥梁维护等情况，建立每月4次考查、月底考核机制。

3月，鲤城街道被列入2021年省级生活垃圾分类示范片区；完成投资900多万元，建设垃圾分类屋150座，采购240升垃圾分类收集桶3000个，完善分类投放、收集设备；购置餐厨、厨余垃圾收运电动车35部、小货车6部、建筑垃圾清运车辆3部、自装卸式其他垃圾收运车5部、有害垃圾收运车1部、可回收物收运车辆2部，健全分类收运体系；仙游县垃圾处理（焚烧发电）厂日处理能力600吨，建设有害垃圾暂存点2处、再生资源回收驿站3处，兰溪转运站内厨余垃圾处置站建成并投入使用，日厨余垃圾处理量2吨，加强终端处理能力。在创建过程因地制宜大胆创新，八二五大街生活垃圾定时分类收集

2021年，县城市管理局联合公安部门打造的智慧天眼——城市综合管理服务平台
（彭丽程 摄）

4月，鲤城街道上榜2021年省级生活垃圾分类示范片区创建名单，获得省级补助资金400万元。图为垃圾分类屋 （彭丽程 摄）

模式、分类屋“1+1”管理新模式、再生资源回收驿站建设运营模式等打造生活垃圾分类示范标杆，受到市分类办肯定并在全市推广。11月，鲤城街道生活垃圾分类省级示范片区创建工作通过省级考核验收。

3月，鲤南镇被列入省级全镇域农村生活垃圾分类示范乡镇；完成投资200多万元，按序时进度完成14座分类屋（亭）建设，配套生活垃圾分类收运车辆5部；采购垃圾分类收集桶1000个；14个村各设可回收物回收站点1个并挂牌收购；14个村设置垃圾分类投放点60个，配置垃圾分类垃圾桶360个；下学溪转运站内建设1座有毒有害垃圾贮存站点；共享城区垃圾分类终端设施设备，兰溪转运站内建设一座厨余垃圾处理站于10月初投入使用。1—12月，减量化比例11.14%。全年开展分类宣传活动10余场，分发分类倡议书2.5万份、宣传手册3000本、彩页单1万份、宣传横幅28条，提高群众垃圾分类知晓率和参与率。11月，鲤南镇全镇域农村生活垃圾分类省级示范乡镇创建工作完成省级农村建设品质提升项目验收。

2021年，垃圾处理（焚烧发电）厂接收垃圾20.55万吨，焚烧处置垃圾16.15万吨，发电量7377.75万千瓦时，上网电量6322.45万千瓦时。配套的飞灰固化物填埋场投入试运营并进行常态化管理。

2021年，仙游县有城乡公厕580座，其中城区公厕78座、集镇公厕48座、农村公厕454座，实行24小时免费使用，满足群众工作、生活等各个时间段的如厕需求，张贴温馨标语，公开开放时间和公厕长、公厕管理员、公厕保洁员的联系电话，引导群众参与监督管理，解决群众反映问题，保障公厕管理员服务态度和公厕保洁质量。为加强公厕监管，每月组织一次督查，并纳入美丽城区、美丽集镇、美丽乡村考评，督促各乡镇（街道）强化管理。

2021年，仙游县有生活垃圾转运站24座，其中9座垃圾压缩站（鲤城街道、钟山镇、游洋镇、赖店镇、度尾镇各1座，枫亭镇、大济镇各2座）配套建设小型垃圾渗滤液处理站，渗滤液经处理达标后排放；9座垃圾压缩站（盖尾镇、园庄镇、西苑乡各1座，鲤城街道、鲤南镇、榜头镇各2座）的垃圾渗滤液经三格式化粪池处理后接入市政污水管道，排到污水处理厂处理；6座垃圾压缩站（度尾镇、郊尾镇、龙华镇、菜溪乡、石苍乡、社硎乡各1座）的垃圾渗滤液经三格式化粪池处理后外运至污水厂处理。所有垃圾转运站均配套压缩式处理设备，均配备专职管理人员，做到生活垃圾日产日清，保障生活垃圾有序转运。

【市政公用维护管理】 2021年，仙游县成立物业行业协会，出台《仙游县住宅小区物业服务规范和收费标准》。县城管局组织开展消防安全、电梯使用安全等多场培训和应急救援演练，开展13次物业小区消防、特种设备安全隐患排查整治，开展2021年度全县物业企业信用综合评价，规范物业服务；评选2个市级平安小区、2个县级平安小区、8个服务示范小区；组织排查48个木兰溪流域物业服务小区雨污水管排污情况。抓实“十二个一”举措，推进物业小区常态化疫情防控；开展物业企业服务质量、安全生产双随机抽查工作，发放责令整改通知书146份，约谈3家物业企业负责人，立案查处12起。

2021年，县城管局开展城市市政设施运行和排水安全大检查，推进雨水管网清淤疏浚、积水点改造、雨水窨井盖隐患整治、道路修复、路灯桥梁维修等工作，确保第一时间排除隐患。疏通雨污混流管道127处，修复道路1248处6442平方米，修复路灯6932盏；完成霞苑大桥、兰溪大桥、润家步行桥病害整治；完成园滨东路、学府路路面品质提升。

2021年，县城管局提升燃气基

础设施建设，新增乡镇液化气供应站1个、在建3个、完成选址3个，完成14个供应站提标改造工作，新增燃气管道10.92千米。开展城镇燃气安全三年行动、“五清”行动、百日攻坚排查整治等专项行动，排查整治问题179个，整改到位。加强瓶装液化气市场秩序整治，开展打击“黑气”执法行动33次，立案查处1起，取缔非法经营储存点29处，行政拘留2人，联合交通、交警部门查处非法运输4起；暂扣各类钢瓶1154个，立案行政处罚1起；联合市场监管部门强制送检、报废钢瓶120个。通过电视台、官方新闻媒体制作宣传燃气安全6次，制作抖音宣传视频2条，受理黑气举报奖励1次，遏制违法违规经营行为，全县燃气行业安全形势稳定。

2021年，县城管局通过统筹建设需求、统一路面修复、现场“旁站”监管等举措，规范道路挖掘修复行为。全年受理道路挖掘申请64件，合并8段道路不同挖掘计划，立案处罚违规行为为23宗，没有发生燃气管线破坏等相关事故。

【行政执法规范】 2021年，县城管局在全省首创“1+N”环境卫生执法工作新模式，成立1支环境卫生执法队伍(县环境卫生综合执法队)，依托环卫工人+社区网格员+群众志愿者+数字城管采集员+城管巡查员等N支队伍开展联合处置。全年立案查处454起，罚款12.94万元。

2021年，县城管局推行网上办事，简化优化审批流程，缩短审批时限，受理办结申请事项2225件，其中行政审批71件，申请市政设施建设审批64件、城市生活垃圾经营性清扫收集运输服务审批1件，城市建筑垃圾处置核准5件、瓶装燃气供应许可证核发1件；公共服务2136件，前期物业服务合同备案22件，物业服务合同备案（住宅物业）5件，物业服务合同备案（非住宅物业）1件，业主委员会备案4件，前期物业管理招标备案6件，前期物业管理中标备案6件，物业服务区域划分备案1件。专项维修资金缴存1041件、过户更名971件（其中一事联办过户930件）、退款审核48件、使用申请31件；其他服务事项18件，福建省瓶装燃气供应许可证年审16件，燃气汽车加气站经营许可证年审2件。加强查处城区内占道摆摊设点、道路“滴撒漏”、随意倾倒建筑及生活垃圾等城市管理领域各类违法违规行为，处罚1257起，震慑各种不文明行为。

2021年，县城管局注重法治建队、培训强队，开设“法治周课堂”，累计开课63期，每周定期组织全体执法人员开展专题学习，安排法务工作者专门授课。建立“国有企业+协管员”激励模式，设立国有企业专门岗位，建立城管协管员定期考核和转入机制，创新解决协管员“临时工”身份和前途无望问题。

【管理模式创新】 2021年，县城管局创新“城管+党建”模式，推进“1+2+3”（城区每个镇街有1支城管执法队伍、每个社区下沉2名执法人员、每名执法人员联系3个及以上物业小区）工作模式，设立物业小区“党员助邻站”，做好社区邻里“最后一百米”服务；创新“城管+公益”模式，建立“莆城行动（仙游）微信群”，实现掌上管理城市；创新“城管+便民”模式，助力个体经营、中高考保障、群众安全出行等社会关注热点；创新“城管+防控”模式，设立10支防控队伍、9个督导组，开展物业小区“拉网式”疫情防控和城乡环境卫生大整治行动，增设废弃口罩专用垃圾桶136个，经验做法在全市宣传推广；创新“城管+法治”模式，在全市首创“城管普法专栏”，与《莆田晚报》、《湄洲日报》、《仙游今报》、仙游广播电视台等新闻媒体签订宣传推广协议，定期曝光城市管理领域各类违法违规案件。

【国有企业运营】 2021年8月，仙游县城乡环境卫生服务有限公司更名为福建仙游城市服务集团有限公司，推动城乡生活垃圾清运、环卫设施投资建设、市政设施维护、物业管理等业务及城市公益性服务等，实现国有企业实体化运作。推动全县餐厨垃圾收运全覆盖，收运量每天提升至30吨左右，经验做法获全市推广。公司负责管理城市公厕14座，配备专职保洁员和管理员，打造管理标杆。公司与物业企业合作开展垃圾分类清运，签约小区22个、小学4个，投入清运车辆5部，并逐步扩大小区签约数量，做到全覆盖。完成12个乡镇14座垃圾转运站摸底，先行接收度尾转运站，并视乡镇服务外包合同到期情况逐步接管。聘请技术人员进行专业化管理，飞灰固化物填埋场投入试运营，填埋飞灰固化物7174.44吨。开展建筑垃圾有偿收运处置业务，购置转运车辆4部，签约小区1个；策划建筑垃圾、大件垃圾资源化处置厂项目，列入亚行贷款项目清单。加强垃圾分类屋运营管理，成立专项管理小组，健全完善管理制度，实现管理质量全面提升。开展商品房小区物业服务试点，确定融头新城小区为试点小区，开展党建引领物业管理、常态化疫情防控、智慧物业服务平台开发应用、建筑垃圾临时堆放、便民服务+投诉调解融合、安置房物业管理等多项试点。

【城市管理防疫】 2021年疫情期间，县城管局第一时间组织72名干部驰援枫亭，成立市容巡查、物业督导、垃圾清运等多支队伍，做好防疫工作，获得市民、单位赠送锦旗36面，发布报道32篇（国家级7篇、省级1篇、市级16篇，县级8篇）。下派25名党员干部深入一线，驻扎在枫亭镇麟山村和兰友社区，通过全覆盖入户建档排查，迅速摸清村情村貌，建立“一办一图一表一方案”四个体系和细化10个网格、60个单元进行精准防控。

创新“党建+物业管理+疫情防控”模式 协助枫亭镇麟山村中央公园小区成立党支部，设立3个楼栋党小组和7个单元党员先锋队，打造“133”（强化1个党建引领，抓好业主委员会、楼栋长、党员志愿者3支队伍；开展管理提标、服务提质、环境提升3项活动）管理模式，常态化、精细化抓实抓细“无疫小区”创建。

坚持“五全五好”创建“无疫小区” 注重强化“人防”措施，在物业小区出入口累计安装76个视频监控，建立智慧化实时管控防疫体系，落实“四验一戴”（验体温、验健康码、验行程码、验疫苗接种金边码；戴口罩）等情况实时在线监管，加强对中高风险地区和境外返乡人员的摸排工作，并使用统一表格规范登记信息。通过落实落细“五全五好”（全力守好小区大门、全程管好重点人群、全面建好防疫体系、全心办好服务实事、全员创好“无疫物业”）举措，常态化抓好“无疫小区”管理，要求各物业服务企业要做到宣传发动到位、排查摸底到位，筑牢小区疫情防控屏障。

落实“三专”规范处置涉疫垃圾 2021年疫情防控期间，向乡镇征集勾臂车4台、2立方米垃圾箱18个，招募环卫志愿者干部职工9人，组成环卫抗疫志愿者驻枫队，按照“专人、专车、专运”方式，将涉疫垃圾直接运往仙游县垃圾处理（焚烧发电）厂进行焚烧处理，确保涉疫生活垃圾分类清运、日产日清。

（蔡丽楠）

住房公积金管理

【概况】 2021年，莆田市住房公积金管理中心仙游管理部（简称“仙游住房公积金管理部”）统筹推进疫情防控和业务管理，完成年度工作任务，业务、服务、信息化建设等方面取得成绩，各项工作位居全省公积金系统前列，推进仙游县住房公积金事业发展。

【公积金业务线上办理】 2021年9月，仙游住房公积金管理部推行公积金业务“网上办、掌上办、自助办、预约办、电话询”等不见面审批方式，减少新冠疫情交叉感染风险，全年线上办件量23.53万件，涉及公积金缴存、个人账户转移、提取等35个办理事项。

【跨省通办】 2021年，仙游住房公积金管理部配备专职人员通过“全程网办”“代收代办”和“两地联办”等形式，受理全国范围个人住房公积金缴存贷款信息查询、出具贷款职工住房公积金缴存使用证明等8个“跨省通办”事项，办理1.21万笔跨省通办业务。与挂钩城市固原市和西吉县政务服务中心开展“个人账户信息变更”等11项公积金业务“跨省通办”合作。政务服务事项与固原市、县、区级事项与固原市西吉县住房公积金管理中心开展“跨省通办”合作，在异地办事大厅探索“E政务”自助机跨区域部署，打通业务链条和数据共享堵点，推动更多政务服务事项“跨省通办”，满足企业和缴存职工异地办事需求，解决办事群众“两地跑”“折返跑”问题，提升跨区域公积金服务水平。8月，开展异地公积金贷款，结合市公积金个贷使用率情况，出台《莆田市住房公积金异地个人住房贷款实施细则》，发挥住房公积金保障作用，满足缴存职工异地购买普通自住房的贷款需求，享受公积金贷款的优惠政策。

【一事联办】 2021年，仙游住房公积金管理部聚焦高频民生事项，与市不动产登记中心配合，推动部门业务协同和流程再造，实现住房公积金综合管理信息系统与不动产信息系统直联对接，在全省率先推出住房公积金贷款与不动产抵押登记“一事联办”模式。变群众跑腿为单位事项内部流转，简化借款人到不动产登记窗口办理的过程，只需提供一套材料便能实现住房公积金贷款和不动产抵押登记“一窗受理、一次办结”，实现“让数据多跑路，让群众少跑腿”。

（王国平）

综　述

【环境状况】 2021年，仙游县环境空气质量达标率99.7%，环境空气质量指数2.43，空气质量持续保持全市第一。重点流域木兰溪国控断面园头桥水质为Ⅲ类，省控断面蒋隔水库水质为Ⅰ类、西台桥和石马桥水质为Ⅲ类，仙游县境内木兰溪干流4个国、省控考核断面水质均达到年度水质目标要求。全县15个省控小流域考核断面达标率100%，未出现劣Ⅴ类水质。全县12个乡镇级以上集中式饮用水源地水质全部达到Ⅲ类以上，水质优良比例100%。推广测土配方施肥面积3.35万公顷，全县3个污染地块得到管控，污染地块安全利用率100%。1个海洋国控监控点位水质达到一类标准。2021年，仙游县党政领导生态环境保护工作目标责任书考评优秀。

【环保宣传】 2021年，仙游县宣传教育工作围绕全县生态环境保护中心工作，加强生态文明宣传，将生态文明宣传摆在重要工作日程，坚持面向企业、学校、社区、农村及社会各界全方位、多层次开展环境保护和生态文明建设宣传教育。组织2批次200余名学生代表参观仙游城区污水处理厂。深入盖尾镇6个综治挂钩村、南桥社区邻里中心、洪桥社区、枫亭海滨村、鲤中步行街等举行环保宣传咨询活动。高质量策划完成“6·5”世界环境日宣传工作、低碳日、安全生产月等主题宣传活动。发送环保公益短信30多万条。

【环保信访处理】 2021年，仙游县生态环境局（简称“县生态环境局”）对群众通过来访、来信、“12345”“12369”等投诉方式，处理各类环境纠纷投诉件1234件，处理率100%。

生态环境整治

【碧水保卫战】 2021年，仙游县致力科学水质监测监管。在木兰溪主要汇水支流河口和乡镇交界断面新建9座水质自动监测站，推动“监测吹哨，管养报到”，为木兰溪治理提供科学数据。

着力不达标支流精准排查　每个月对木兰溪汇水支流5个监测点位（朝天溪、前连溪、松阪溪、龙华溪、官渡陂）开展一次水质手工监测。

助推污水零直排村建设　督促推进木兰溪沿线6个重点乡镇“污

2021年，仙游县践行木兰溪流域综合治理模式。图为木兰溪河畔

（郑　丽　摄）

水零直排区”示范村创建，6个示范村6469户，全部完成污水纳管。协助开展农村污水治理谋划。完成仙游县农村污水治理试点县实施方案和试点村实施方案的编制工作，向上争取专项补助资金3298万元，推进盖尾、度尾、郊尾镇共23个污水治理试点村管网建设。截至12月31日，试点村完成主管建设79.75千米，入户管建设285.05千米，共364.8千米。

巩固入河排口整治成效　2021年，组织对木兰溪流域入河排污口全面排查复核，发现反弹或新出现入河排污口41处，全部整改到位。建立巡查常态化机制，巩固排查整治成效。

注重涉水企业执法检查　2021年，对全县重点流域、小流域涉水企业开展专项执法，出动执法人员1026人次，检查企业256家次，发现环境违法企业41家，行政处罚41家，罚款221.53万元；现场查封企业10家、停产关闭企业2家、行政拘留4人，刑事案件1件。

推进餐饮业升级改造　全县排查餐饮业1339家，关闭330家，在营业的1009家中，952家完成安装油烟净化设施，51家无需安装油烟净化设施，油烟净化设施安装率99.4%；969家安装油水分离器，33家无需安装油水分离器，油水分离设施安装率99.3%。

突出饮用水水源地保护　完善防护设施建设，全县划定12个乡镇级以上饮用水水源保护区、5个“千吨万人”在用集中式饮用水源保护区完成标志标牌、隔离防护设施建设。定期开展水质监测，每季度对10个乡镇级饮用水源、5个“万人千吨”集中式饮用水源开展一次水质监测，每半年对44个千人以上农村集中供水饮用水水源地开展一次水质监测。强化日常巡查执法。对巡查发现的2人在饮用水源一级水源保护区内从事垂钓的环境违法行为依法立案处罚，对饮用水源二级水源保护区内10家反弹复养的畜禽养殖场依法予以取缔，对南山水库二级水源保护区内1家规模畜禽养殖场违法排污行为予以立案查处。对度尾朝天溪流域违法排污的畜禽养殖场、鳗鱼养殖场开展执法整治。推进农村集中式饮用水源保护。2021年，重点开展农村千人以上万人以下集中供水饮用水水源地保护范围划定工作，完成保护范围划定技术报告编制，通过专家评审，经县政府批准实施。

11月13日，县生态环境局到阮溪养殖场执法

（县生态环境局 供稿）

【蓝天保卫战】　2021年，仙游县加快VOCs（挥发性有机物）整治。仙游县生成年度重点VOCs行业治理减排项目确认5个减排项目。加强涉VOCs企业免错峰治理检查，对全县20%的涉VOCs企业开展测管联动行动，第一轮监测的5家企业达标排放。

加强机动车监管　完成全县7家排放检验机构的全覆盖监管，每个月不少1次对辖区内排放检验机构进行抽查，对重点车辆排放检验数据的年度核查率达80%以上；完成年初下达的柴油货车路检路测240辆和入户抽测120辆的目标任务。

强化扬尘管控　对城区建筑工地和拆迁工地进行现场检查，督促施工单位及时清运渣土、落实裸土覆盖、采取加大洒水次数等扬尘防治措施，确保县空气质量达标，更正洒水车及喷雾车作业线路。

推进燃煤锅炉整治　全县有3台在用的10蒸吨燃煤锅炉，其中福建中裕新材料技术有限公司2台整合升级改造，福建益明纺织有限公司1台停用。

深化砖瓦行业整治　全县6家砖瓦行业企业安装在线监测；截至12月31日，在产砖瓦企业4家，完成现场比对验收监测，刚复产砖瓦企业1家（委托第三方开展比对验收监测），1家长期停产。

【净土保卫战】　2021年，仙游县强化土壤环境监管。动态更新土壤污染重点监管单位名录，强化监管和执法检查。督促企业落实主体责任，按照相关技术规范完成新一轮土壤污染隐患排查及问题整改。

开展涉镉等重点行业企业排查整治，从源头上防控土壤环境风险。开展地下水防渗排查工作，加强化工园区及涉重金属企业的监管。

规范危险废物管理，开展危险废物产废企业的年度网上申报审核工作。推进医疗机构产生的危险废物信息化监管工作，指导二级以上医疗机构及各乡镇卫生院注册使用“福建省固体废物环境监管平台”。生态环境局联合县应急管理局建立危险废物监管部门联动工作机制，加强相关危险废物的安全监管，遏制重特大事故发生。配合省、市对两家废铅蓄电池收集企业开展许可证现场复核，完成18家危险废物规范化考核，现场指导12家企业规范化管理危险废物；指导18个医疗机构完成省固废平台注册。

【海洋保卫战】 2021年，仙游县开展入海排污口排查整治。开展枫亭镇入海排污口排查整治，排查入海排污口38个，组织对入海排污口水质进行监测，其中36个达标，2个超标，2个超标的入海排污口按“一口一策”制定整治方案，完成整改。

开展海漂垃圾综合治理。组建“海上环卫”队伍，配套打捞船1艘，率先完成存量海漂垃圾清理任务，清理海漂垃圾15.6吨，全市第一家委托市环境集团负责仙游县海漂垃圾日常收集、保洁工作。

【“绿盈乡村”创建】 2021年，仙游县协助推进“绿盈乡村”创建工作。创建247个绿盈乡村，其中高级版7个，中级版45个，初级版195个，创建比例合计占比78.9%。

环境督察与监管

【中央生态环保督察反馈整改】 2021年，仙游县统筹推进环保督察问题整改。第一轮中央生态环保督察反馈整改涉及仙游县18个问题，细化为22项具体整改任务，均整改销号到位。61件环境信访件全部完成整改销号；第二轮中央生态环境保护督察反馈4个问题，细化为9项具体整改任务，其中2项完成整改，其余7项长期坚持、持续深化。60件环境信访件完成整改销号；省环保督察反馈发现问题23个全部完成整改。

【《八闽快讯》通报问题整改】 2021年，仙游县开展文明施工和扬尘治理专项检查及宣传引导，推动城市建成区建筑施工工地做到“六个百分之百”（施工工地周边100%围挡；物料堆放100%覆盖；出入车辆100%冲洗；施工现场地面100%硬化；拆迁工地100%湿法作业；渣土车辆100%密闭运输）。开展省级农村生活污水提升治理试点，制定《仙游县农村生活污水治理设施试点县实施方案》，并推进实施。

【环境监管】 2021年，仙游县健全环境监测机制。强化对建设项目环境监管，加快推进生态环境监管综合能力建设。2021年，开展“双随机”执法检查160家次；推进监测吹哨机制，仙游环境监测站高质量完成辖区16个饮用水源地日常监测和疫情期间上级要求医疗定点、观察点及饮用水源监测；开展重点污染源监督、测管联动监测，涉及第三方监测企业调查摸底并监督检查。构建“纵到底、横到边、全覆盖、无死角”的网格管理机制。

（陈永权）

经济管理与监督

宏观经济管理

【概况】 2021年，仙游县发展和改革局（简称“县发改局”）下辖县项目策划办公室（仙游县人民政府重点项目管理办公室）、县工程咨询中心、县价格认证中心、县城乡一体化办公室、粮食和物资储备中心5个事业单位和数字办1个参公事业单位，挂靠审改办、营商办、开放招商办3个单位。县发改局工作重点主要包括发展改革、重点项目管理、城乡一体化、价格管理等。

2021年，仙游县地区生产总值558.34亿元，比上年增长6%；规模以上工业增加值221.89亿元，比上年增长5.6%；农林牧渔业总产值43.07亿元，比上年增长4.6%；全社会固定资产投资269.69亿元，比上年增长4.5%；财政总收入43.29亿元，比上年增长6%，其中地方级财政收入26.72亿元，比上年下降1.9%；社会消费品零售总额343.64亿元，比上年下降1.5%；外贸出口总额24.79亿元，比上年增长53.5%；实际利用外资1.8亿元，比上年增长17900%；居民人均可支配收入27562元，比上年增长8.1%；居民消费价格指数100.2%，比上年增长0.2%；完成节能减排降碳等莆田市下达各项约束性指标任务。

【规划编制】 2021年，县发改局牵头编制《关于仙游县2021年国民经济和社会发展计划执行情况与2022年国民经济和社会发展计划草案的报告》等纲领性文件。开展国民经济运行态势分析，收集汇总仙游县经济运行情况，做好月度、季度、半年和全年计划执行情况（含重点项目建设）分析，把握经济运行态势，定期撰写计划执行情况分析报告，总结经济运行特点，剖析存在问题，提出对策措施建议。

2021年，县发改局落实省、市党委、政府和县委、县政府的决策部署，统筹推进新冠肺炎疫情防控和经济社会发展工作，做好“六稳”工作、落实“六保”任务，做好“五促一保一防一控”，突出开放招商、强化项目带动，实施强产业、兴城市“双轮”驱动，全方位推进高质量发展超越，完成县十七届人大五次会议确定的目标任务。

【重点项目】 2021年，仙游县有省重点项目12个，总投资246.4亿元，年计划投资40.5亿元，完成投资45.1亿元，占年计划的111.3%。市重点项目73个，总投资816.6亿元，年计划投资109.6亿元，完成投资113.1亿元，占年计划的103.2%。县重点项目185个，总投资1426.5亿元，年计划投资152.3亿元，完成投资154.7亿元，占年计划的101.5%。项目实现开工86个，竣工95个。

2021年，列入“五个一批”项目266个，总投资2306.9亿元。其中谋划一批全年在库谋划项目42个，总投资458.3亿元；签约一批全年在库签约项目48个，总投资647.4亿元；开工一批全年在库开工项目29个，总投资311.8亿元；投产一批全年在库投产项目147个，总投资889.4亿元。

【项目成果】 2021年，第十九届“6·18”中国·海峡项目成果交易会完成项目成果对接100项，总投资5.94亿元，涉及电子信息、光机电一体化、机械制造、轻纺、现代农业、生物及新制药、新型材料等。征集技术需求25项。第十九届“6·18”中国·海峡项目成果交易会莆田市展馆主题“强产业、兴城市，‘双轮’驱动创新发展”，根据仙游县产业特色与产品特点，县发改局组织福建省三福古典家具有限公司的仙作古典家具、莆田市新协胜鞋业有限公司的新型材料、仙游意达科技股份有限公司的种苗、福建金芯半导体有限公司的折叠屏、厦门时代福镁科技有限公司的镁合金轮毂、上海移昱科技有限公司的光伏新能源等新型产品现场参展。

【项目审批服务】 2021 年，县发改局优化项目审批服务。压缩审批时限，企业投资项目核准、政府投资项目审批、节能审查时限由 5 个工作日再缩减为 3 个工作日。开展“多评合一”，促进项目可行性研究报告（项目申请报告）、初步设计及概算、节能报告评估、设计方案、水土保持、环评等联合评审；全年对 2 个项目开展“多评合一”。推行企业投资项目告知承诺制，企业签订承诺书在一个月内补齐补正申报材料，县发改局可先行核准批复；全年有 4 个核准项目实行告知承诺制。推进区域评估，牵头起草《仙游县工程建设项目区域评估实施细则》，实现项目评估评审由“独立评”转变为“集中评”、单体把关转变为整体把关；仙港工业园、仙游经济开发区、工艺产业园区完成事项包括环境影响评价、地质灾害危险性评估、水土保持方案评估、各片区控规批复。其中，仙港工业园委托编制防洪影响评价，工艺产业园区委托编制地震安全评价。

（朱颜媛）

价格管理

【概况】 2021 年，仙游县居民消费价格指数(CPI)比上年上涨 0.2%。交通通信类价格上涨幅度最大，比上年上涨 3.6%，影响 CPI 上涨 0.43 个百分点。其中，汽油价格比上年上涨 17.5%，影响 CPI 上涨 0.42 个百分点。其他七大类商品和服务价格呈“三升四降”态势。其中，居住类、衣着类、教育文化娱乐类价格分别比上年上涨 0.9%、0.7%、0.6%；其他用品及服务类、食品烟酒类、生活用品及服务类、医疗保健类价格分别比上年下降 4%、1.1%、0.7%、0.7%。食品中，畜肉类价格比上年下降 15.1%，其中猪肉价格比上年下降 24.2%，影响 CPI 下降 0.8 个百分点；薯类价格比上年下降 7.8%，影响 CPI 下降 0.01 个百分点。

【价格监测】 2021 年，县发改局推进民生价格监测工作，丰富价格监测品种，扩大监测点覆盖面。设置 4 个食品监测点，监测内容包含 7 个大类 35 种群众密切关系的粮、油、肉、蛋、菜等副食品价格；扩大对农业生产化肥、种子以及生产资料监测，设立 2 个农资价格监测点，监测内容包含 3 个大类 15 种常用农业生产资料价格。健全民生价格信息发布工作机制，发挥价格监测对稳定市场价格的作用。拓宽价格信息发布渠道，与县统计局、工信局、市场监督管理局沟通协作，实行信息共享，提升信息准确度，发挥价格监测对稳定市场价格的作用。健全完善价格监测工作规章制度，明晰工作职责，强化责任意识，参加价格监测业务培训，提升价格监测人员业务水平。

【收费管理】 2021 年，县发改局建立收费目录清单“四级联动”，实行动态调整管理体系、常态化公示制度，建立收费报告制度、全面公开收费目录清单。清理并公布 2021 年度全县行政事业性收费单位名单及收费项目 79 个单位 36 个收费项目；清理并公布全县实行政府定价管理的经营服务性收费项目 3 类 6 项，其中涉企经营服务性收费 3 项。

贯彻落实国家、省、市出台的收费减负政策。降低用电、用气成本，减轻企业负担，全年减负金额 1341 万元。清理规范转供电环节收费行为，确定转供电主体 49 家，涉及非直抄用户数 2290 户。配合县市场监督管理局开展监督检查工作。前期问题整改情况“回头看”，根据第一轮、第二轮专项联合督查工作发现问题清单，县发改局会同电网企业加强政策宣传和调查摸排，县市场监督管理局开展调查和专项监督检查，对督查通报有关问题进行落实。加强对教育收费行为监督，督促学校严格执行教育收费规定。会同县教育局印发《关于严格执行教育收费规定的提醒函》，要求学校加强教育收费管理，规范教育收费行为，各类学校、幼儿园收取学费、住宿费、保育教育费等教育收费要严格执行价格主管部门核定的收费标准。贯彻落实上级价格主管部门促进城镇供水供电供气行业高质量发展的政策措施。清理整治城镇供水供电供气行业收费行为专项工作，抓好清理规范城镇供水供电供气行业收费工作落实，理清价费关系，完善价格机制，落实清理规范工作。

【价格认定】 2021 年，县发改局履行价格认定职能。做好涉案物品价格认定工作，全年开展价格认定 226 件，标的金额 812.3 万元。

参与土地、房地产的评估价格论证及土地、房地产招拍挂底价确定近20件。发挥成本监审服务职能，加强对成本监审结论运用情况督查，提升对定价的约束作用，提高价费审批准确、公平和公正。

（朱颜媛）

财 政

【概况】 2021年，仙游县一般公共预算总收入43.29亿元，增收2.45亿元，比上年增长6%。其中，全县地方一般公共预算收入26.72亿元，减收0.52亿元，比上年下降1.9%。全县一般公共预算支出54.84亿元，减支3.25亿元，比上年下降5.59%。全县政府性基金预算收入19.37亿元（其中土地基金18.87亿元），政府性基金支出31.02亿元。

【财政根基夯实】 2021年，仙游县财政局（简称“县财政局”）发挥财政职能，统筹谋划财政收支、盘活现有存量资金、向上争取资金，把牢财政大盘。依法加强财税征管，落实减税降费政策，同各执收部门沟通协调，事前开展税源调研分析，研判税收形势，挖掘增收潜力，培育财源税源，事中采取有效措施，跟踪服务重点税源行业，助力帮扶小微企业，事后及时足额组织财税收入，为各项民生和项目支出奠定财力基础。对接上级财政部门，研究上级政策变化，上报资金需求项目，争取支持补助。全年争取省、市转移支付补助27.8亿元，新增债券24.02亿元，支持基本民生保障、项目建设和社会经济发展资金需求。督促预算单位加快项目和预算执行进度，尽早实现财政资金效益，减少资金沉积比例。加大闲置国有资产、资源和资金的盘活力度，重点针对结转结余资金进行逐项审核、甄别，对于按照规定可以收回的资金报县政府同意后一律收回国库，全年收回存量资金1.66亿元。

【民生保障落实】 2021年，县财政局注重民生发展，提升民生基本保障，支持教育发展，改善民生基础设施，优化营商环境。关注重点人群，下达1.9亿元，落实城乡居民最低生活保障、特困人员救助供养和残疾人生活、护理补贴；投入资金1.07亿元，提高城乡居民医保补助标准；安排突发公共卫生事件应急处理资金6216万元，支持打赢疫情防控歼灭战。安排教育强县资金7157.4万元，拨付农村中小学生均公用经费1.04亿元。投入财政资金2.5亿元，职业学校、中小学、幼儿园等新、扩建工程，改善县域教学条件；下达各类困难学生生活补助资金822.12万元，帮助困难学生1.18万人次；安排财政资金1251万元，解决原代课、公（民）办教师历史遗留问题。下达资金2200万元，落实饮用水水源生态补偿，投入资金3406.32万元，保障木兰溪流域生态补助；投入5852万元，支持污水处理厂配套管网建设项目等污水整治提升工程，拨付资金5664万元，推动主城区卫生保洁管理“1+N”服务，改善城乡环境卫生状况；下达棚户区改造资金3684万元、老旧小区改造资金2653万元，提升居民居住环境质量。

【重点项目保障】 2021年，县财政局保障项目建设资金。安排债券资金13.08亿元，用于仙港工业园区、经济开发区基础设施及配套设施建设；安排财政资金5.6亿元，支持片区项目征迁工作；投入8173万元，推进双溪口水库至木兰溪水系连通及生态综合整治。下达资金870万元，支持企业疫情期间复工复产；落实资金1.78亿元，兑现各级各类惠企补助；引导和鼓励银行机构发放省财政中小微企业纾困专项资金贷款1.01亿元，贴息100.63万元；出台疫情期间减免承租国有资产租金政策方案，对全县22家行政事业单位涉及的289户中小微企业、个体工商户承租户减免租金178.99万元；做好创业担保贷款财政贴息，促进就业再就业，全年新增发放创业担保贷款1000万元，贴息20万元。投入国有企业新增项目提款31.96亿元和融资转贷8.56亿元，支持电子信息标准化厂房建设、县总医院迁建和仙游疫情防控工作。

【财政管理强化】 2021年，县财政局聚焦债务监管、绩效监控、政府采购、集中支付、扶贫监管、财政评审、国资管理领域开展改革。落实《中华人民共和国预算法》及其实施条例有关规定，依法理财，打造法治财政，提升财政预算管理工作法治化、规范化水平。开展零基预算试点改革，推进预算管理一体化系统建设，提高财政资金分配效率和使用效益，全年受理支付申请4.46万笔，金额58.15亿元，提升财政资金支出效率。推进县直部门预算绩效管理工作，全县52个县直部门完成整体绩效目标申报，涉及自评项目525个，资金34.56亿元。把控财政性项目资金使用关，全年完成工程预、结算项目179个，送审总造价38.8亿元，审后造价核减9631.21万元。依托债务管理系统，跟踪财政运行情况，落实债务风险化解方案，安排政府性债务还本付息资金，降低政府债务风险。

（林 辉）

税 务

【概况】 2021年，仙游县累计税费收入50.3亿元，增收7.5亿元，比上年增长16.99%。入库政府口径税收收入37亿元，增收5.89亿元，比上年增长18.93%，增幅名列全市主要县区第二名，比全市平均增幅14.73%高4.2%。社会保险基金收入11.87亿元；非税收入完成1.2亿元；累计办理出口退税1.74亿元。

【清算清缴】 2021年，仙游县税务局（简称“县税务局”）开展2020年度个人所得税汇算清缴工作，汇算退税人数1.2万人，比上年增加1117人，退税金额527.68万元。落实企业所得税年度汇算清缴工作，全县企业所得税应参加汇算清缴户数9085户，实际参加汇算清缴9085户，汇算净入库1.5亿元，汇算面100%。推进土地增值税专项清算工作，完成3个房地产开发项目的土地增值税清算审核工作，补缴入库税款592.29万元。

【减税降费】 2021年，县税务局落实省税务局支持出口退税九条措施和市税务局支持疫情防控助力在莆企业发展的十四条措施，落实减税降费和疫情防控支持复工复产税收优惠政策，全年累计新增减税降费2.35亿元。落实减税降费政策监督工作，加大执法力度，打击骗取享受税费优惠政策违法犯罪行为，确保政策落实不走样。全年省、市局下达“违规享受减税降费优惠政策”风险任务50户，存在问题37户，查补各项税费54.36万元，滞纳金1.27万元；下达“应享未来减税降费优惠政策”风险任务222户，存在问题88户，退税金额9.83万元，31户纳税人自愿放弃享受优惠退税。

【营商环境优化】 2021年，县税务局开展“春风行动”、“春雨润苗”、满意度调查等工作。组织“再学习、再调研、再落实”活动，围绕改革发展，组织学习7次，开展专题调研6次。落实责任，强化对“三转一市”(个体工商户转企业、规模以下工业企业转规模以上工业企业、有限责任公司转股份有限公司；推动企业上市）企业服务工作，促进产业快速转型升级，提升产能，帮助企业做大做实产值税收。开展“党建+”税费服务进社区为纳税人缴费人办实事活动，组织志愿者服务队先后前往木兰社区、洪桥社区、十字社区等9个“党建+”邻里中心送服务，放置自主办税机前台，设置税收宣传栏9个，二维码扫描点45个，发放税收宣传资料1500余份，解答税费问题160余人次，为群众解难题办实事28件。开展“百名税务干部进千企”为民办实事活动，引导纳税人“非接触式”办税缴费，网办率从6月的49.39%提升至9月的90.4%，营商环境纳税指标第三方评估在莆田全域排名第二。

【税费改革】 2021年，县税务局开展增值税专用发票电子化试点工作。试点期间，接收全省首份增值税电子专票，开具全市首份增值税电子专票，启动“首票服务制”，为全省各地提供经验。接收水土保持补偿费、防空地下室易地建设费、土地闲置费、城市绿化赔偿收入4项有涉及的非税收入征收工作，全年征收入库1269万元。

（陈志伟）

统计与调查

【概况】 2021年，仙游县统计局（简称“县统计局”）发挥统计工作职能，主动作为，执行国家各项统计报表制度，做好各项常规统计年报和定期报表工作，做好第七次全国人口普查后续工作，统筹推进疫情防控和复工复产工作，加大对数据的挖掘、解读和分析研判，发挥统计监测职能，反映经济社会发展成果。定期编制《国民经济重要指标完成情况表》《统计月报》《统计年鉴》《统计公报》等统计资料。

2021年，国家统计局仙游调查队（简称“仙游调查队”）依法独立行使统计调查、统计监督的职权，统筹疫情防控和统计调查工作，执行国家统计调查制度，做好常规统计年报和定期报表工作，定期编制《统计月报》《统计公报》等统计资料，开展经济民生领域专项调研，组织开展统计普法宣传，做好做优统计调查服务。

【第七次全国人口普查】 2021年，县统计局通过普查摸清人口数量结构。2020年底，全县常住人口90.51万人，比第六次全国人口普查增加8.04万人。城镇人口增加17万人，城镇人口比重提高15.52个百分点。大学文化程度人口6.74万人；高中文化程度人口12.55万人；初中文化程度人口29.71万人。与第六次全国人口普查相比，每10万人中拥有大学文化程度的由4729人上升为7446人；拥有高中文化程度的由1.19万人上升为1.39万人。在县政府网站、《仙游今报》等平台发布《仙游县第七次全国人口普查公报》，公布主要数据。为做好后期数据开发，利用第七次全国人口普查数据，筛选出部分百岁老人，开展百岁老人调研慰问。

【统计职能】 2021年，县统计局聚焦主业主责，强服务重调研，做好统计服务工作。做好符合条件企业入库申报工作，每季度至少开展一次进企业调研活动，宣传相关惠企政策。新冠疫情防控期间，一手抓疫情防控，一手抓经济监测。县统计局派出干部前往枫亭镇、菜溪乡、各隔离酒店、华侨职专、大济中学等隔离点和防控指挥部，做好宣传、值守、排查、数据采集处理等防控工作，为群众筑牢疫情“防火墙”。组织党员到社区报到，在疫情防控一线亮身份、见行动、作贡献，为基层防控工作提供力量支援。做好本职工作，配合提供人口等基础数据，为精准排查，科学防疫贡献统计力量。发挥统计专业优势，协助疫情防控指挥部，汇总各项数据编制统计表，提升数据处理效率。部分干部坚守工作岗位，抓好数据生产和数据分析，确保应统尽统、应收尽收，反映经济社会发展成果。

【统计执法】 2021年，县统计局落实《中华人民共和国统计法》《统计法实施条例》，开展统计法律法规学习。做好国家统计督查迎检准备工作，协助县委、县政府清理纠正违反统计法精神的文件和做法，做好统计督查整改工作。18个乡镇（街道）、317个村（社区）开展农村统计数据质量自查，检查笔数约135万笔，查出错误笔数32笔；固定资产投资专业开展10次入库核查，核查项目36个；规模以上工业累计核查30家企业，规模以上服务业核查8家，劳工数据核查12家。加强统计执法检查，对榜头镇、社硎乡、石苍乡、游洋镇等乡镇，开展“双随机”执法检查，立案查处2家，罚款6000元。

【统计服务经济发展】 2021年，仙游调查队与县统计局合编《仙游统计月报》，县委、县政府和有关部门及时了解主要指标完成情况和在全市各县、区中所处位次，掌握经济社会发展进度和存在不足。围绕重点人群就业情况、春耕备耕情况、“三农”等党政领导关心问题，开展专项调研，形成《仙游县反映当前灵活就业人员的困难与诉求》等多篇调研信息。全年报送的调研信息被县“两办”采用20篇，经县“两办”综合使用后被市委、市政府采用8篇次，被省委、省政府采用3篇次，在县“两办”对全县信息采用情况的通报中，位居县直单位前列。

开展主要畜禽监测调查，反映全县大（中）型生猪、家禽养殖场生产经营情况，为稳定主要畜禽产品供应、保障民生、促进农村发展提供决策依据。开展全县稻谷面积及产量调查，抽取17个调查村（社区），54个调查样方，通过遥感测量、实地割测方式，统计春播、夏播稻谷面积和早、中、晚稻产量，为粮食安全提供科学资料。

开展城乡居民收支调查，定期向县卫健局、法院、民政局、农业农村局等部门提供城乡居民收入指标，作为制定政策依据，为促进居民增收提供可靠资料。

开展流通和消费价格调查，定期发布居民消费价格指数，向县财政局反馈，作为发放最低生活保障补助依据。在《仙游今报》《仙游信息》上刊登市场动态信息、引导居民关注市场物价波动情况，推动合理消费。

开展劳动力调查，全县抽中17个样本村（社区），每月入户采集数据，反映全县劳动力资源、就业和失业人口情况，为政府准确判断就业形势，制定和调整就业政策，加强就业服务提供依据。

【统计法治宣传】 2021年，仙游县加强统计违法清查，抵制统计造假、弄虚作假。下发《关于全面清理纠正违反统计法精神文件和做法的通知》文件，要求各乡镇人民政府、管委会、鲤城街道办事处、县直相关部门开展自查自纠。加大统计法治宣传力度，提高党政领导干部统计法治意识。组织县委中心组、县政府组成部门学习《中华人民共和国统计法实施条例》和相关统计文件精神，树立依法统计理念。开展“12·8”《中华人民共和国统计法》颁布纪念日法治宣传活动，通过横幅、LED（发光二极管）大屏幕滚动宣传、现场讲解、发放宣传折页和宣传手册等方式，引导广大群众依法履行法定义务。通过移动短信平台，向机关事业单位、企业、调查对象、辅助调查员等，发送统计法治宣传短信2万多条。利用下乡访户、访企和调研等时机，向调查对象和辅助调查员宣传统计法律法规，营造统计法治环境。

（李奕娴 严莉涵）

市场监督管理

【概况】 2021年，仙游县市场监督管理局(简称“县市场监督局”)深化商事登记制度改革，服务企业“零距离”，促进市场主体发展；推进实施商标广告战略，加大商标培育和品牌建设；整顿市场经济秩序，严格食品药品安全监管，加强特种设备安全监管，提高质量综合管理，查处无照，打击传销，消费维权，诚信建设。

【注册登记】 截至2021年12月31日，仙游县内资企业（含农民农专业合作社）2.95万户，注册资本900.19亿元（其中农民专业合作社783户，成员出资总额20.42亿元）；个体工商户13.29万户，资金数额112.28亿元。全县外资市场主体165户，注册资本5.55亿美元。

【内资企业】 2021年12月31日，仙游县内资企业（含农民农业合作社）2.95万户，注册资本900.19亿元。本期新增内资企业1.18万户，注册资本152.88亿元，分别比上年增长88.47%、12.36%。其中，新发展农民专业合作社21家、注册资本0.52亿元。本期注销内资企业2650户。

2021年（期末）仙游县内资企业行业分类表

表11

单位：户

行业分类	总合计	国有集体企业数					私营企业数							农业合作社
		合计	国有企业	集体企业	公司	其他企业	合计	独资企业	合伙企业	有限责任公司			股份有限公司	
										有限责任公司	其中：自然人独资	其中：法人独资		
合计	29548	741	18	168	554	1	28024	3728	41	24241	14217	292	14	783
农、林、牧、渔业	1486	35	2	14	19	0	668	162	1	505	200	8	0	783
采矿业	11	0	0	0	0	0	11	3	0	8	3	0	0	0
制造业	3102	51	3	27	20	1	3051	531	2	2516	1163	37	2	0
电力、燃气及水的生产和供应业	105	43	2	20	21	0	62	3	0	56	12	3	3	0
建筑业	988	35	1	0	34	0	953	15	0	937	368	25	1	0
交通运输、仓储和邮政业	252	38	0	3	35	0	214	31	1	182	58	20	0	0
信息传输、计算机服务和软件业	846	21	0	0	21	0	825	80	0	745	383	6	0	0
批发和零售业	18504	195	7	92	96	0	18309	2445	5	15859	10643	82	0	0
住宿和餐饮业	240	4	0	1	3	0	236	156	1	79	25	2	0	0
金融业	159	131	0	0	131	0	28	0	1	23	6	3	4	0
房地产业	356	51	1	1	49	0	305	14	0	291	111	21	0	0
租赁和商务服务业	1331	58	0	6	52	0	1273	68	29	1176	437	49	0	0

续表 11

行业分类	总合计	国有集体企业数					私营企业数							农业合作社
		合计	国有企业	集体企业	公司	其他企业	合计	独资企业	合伙企业	有限责任公司			股份有限公司	
										有限责任公司	其中：自然人独资	其中：法人独资		
科学研究、技术服务和地质勘查业	899	33	1	0	32	0	866	15	0	848	337	23	3	0
水利、环境和公共设施管理业	72	18	0	0	18	0	54	0	0	54	17	4	0	0
居民服务和其他服务业	447	15	1	4	10	0	432	163	0	269	126	3	0	0
教育	52	0	0	0	0	0	52	0	0	52	25	2	0	0
卫生、社会保障和社会福利业	32	1	0	0	1	0	31	7	0	24	6	0	0	0
文化、体育和娱乐业	662	8	12	0	12	0	654	35	1	617	297	4	1	0
其他	0	0	0	0	0	0	0	0	0	0	0	0	0	0

2021 年仙游县内资企业之国有、集体以上企业数据分析表

表 12

年末（期末）企业数			其中：按经济性质划分											
			国有企业			集体企业			公 司			其他企业		
总户数	其中：企业法人（户）	注册资本（金）（亿元）	户数（户）	其中：企业法人（户）	注册资金（亿元）	户数（户）	其中：企业法人（户）	注册资金（亿元）	户数（户）	其中：企业法人（户）	注册资金（亿元）	户数（户）	企业法人户数（户）	注册资金（亿元）
741	390	129.27	18	8	0.31	168	98	3.56	554	283	125.18	1	1	0.22
其中：年内新发展内资企业累计数														
40	18	3.96	0	—	0	1	—	50	39	—	3.96	0	—	0
年内注销内资企业累计数														
36														

2021 年仙游县私营企业数据分析表

表 13　　单位：户、亿元

实 有 数			新增（发展）私营企业		注 销
户 数	其中：分支机构	注册资本（出资金额）	户 数	注册资本（金）	户数
28024	760	750.51	11794	148.39	2583

续表 13

实 有 数			新增（发展）私营企业		注 销
户 数	其中：分支机构	注册资本（出资金额）	户 数	注册资本（金）	户数

私营企业按经济类型划分

合计	合伙企业		有限责任公司							股份有限公司		
			有限责任公司			其中：						
						自然人独资		法人独资				
户 数	户 数	认缴出资金额	户数	其中：分公司	注册资本	户数	注册资本	户数	注册资本	户数	其中：分公司	注册资本
24296	41	5.58	24241	760	738.55	14217	283.24	292	32.74	14	14	0

2021 年仙游县农民专业合作社登记管理情况统计表

表 14

项目	户数合计（户）	出资总额（亿元）	成员总数（人）	按成员类别分（户）					按成员人数分（户）		
				农民成员	非农民成员	企业单位成员	事业单位成员	社会团体成员	50—100 人	100—500 人	500—1000 人以上
期末实有	783	20.42	10656	10225	420	10	0	1	31	28	0
2021 年新登记数	21	0.52	129	120	9	0	0	0	0	0	0

【个体工商户】 2021 年底，仙游县实有个体工商户户数 13.29 万户，比上年增长 20.55%；注册资本 112.28 亿元，增长 25.17%；2021 年新发展 2.85 万户，增长 47.13%；注册资本 27.25 亿元，增长 72.91%。

2021 年仙游县个体工商户注册登记情况表

表 15

行业分类	期末实有		2021 年注册登记数		
	合　计		注册登记		本期注销（户）
	户数（户）	资金数额（亿元）	户数（户）	资金数额（亿元）	合计
合　　计	132939	112.28	28451	27.25	5805

【外资企业】 2021 年，仙游县登记外资企业 165 户，注册资本 5.55 亿美元，分别比上年增长 2.48%、45.11%；新设立登记 8 户，注册资本 1.64 亿美元，分别比上年减少 57.89%、增长 935%。

仙游县外资企业行业分布情况表

表 16　　单位：户

行 业	户 数	其中：2021 年	
		新登记户数	注销户数
合　计	165	8	4
农、林、牧、渔业	27	1	0
采矿业	1	0	0
制造业	57	0	0

续表 16

行 业	户 数	其中：2021 年	
		新登记户数	注销户数
电力、热力、燃气及水生产和供应业	0	0	0
建筑业	0	1	0
批发和零售业	32	1	2
交通运输、仓储和邮政业	1	0	0
住宿和餐饮业	12	1	1
信息传输、软件和信息技术服务业	8	0	0
金融业	1	0	0
房地产业	2	0	0
租赁和商务服务业	6	0	0
科学研究和技术服务业	17	4	1
水利、环境和公共设施管理业	0	0	0
居民服务、修理和其他服务业	0	0	0
教育	0	0	0
卫生和社会工作	0	0	0
文化、体育和娱乐业	1	0	0

【商事登记制度改革】 2021 年，县市场监督局优化流程，实行企业开办“1+X”套餐式服务，推广使用省、市企业开办“一网通”平台，整合登记注册、刻制公章、申领发票、银行开户预约、医社保信息采集、用水用气用电报装申请等事项，实现“一窗受理、并行办理”，企业开办环节精简为“一表申请、一窗发放”2 个环节。压减时间，企业开办时间压减至 4 个小时内。中国银行进驻行政服务中心，现场提供银行账户给企业方便办理后续相关部门事项。降低成本，提供免费刻制印章服务，免费发放税务 Ukey，免费提供打印服务，实现“零材料、零收费、零操心”，全县 3511 户企业享受免费刻制首套印章服务。

2021 年，县市场监督局梳理和分类管理县级涉企事项，按照直接取消审批、审批改为备案、实行告知承诺、优化审批服务四种方式，直接复制推广“证照分离”进行分类审批改革，破解“办照容易办证难”和“准入不准营”问题。6 月 17 日，召集相关部门收听收看全国深化“证照分离”改革动员培训视频会议。推进企业及分支机构、个体工商户、农民专业合作社设立、变更、注销登记等许可审批事项“跨省通办”“省内通办”，完善服务机制。根据省、市局统一部署，推行企业注册登记全程电子化，通过“线上申报、快递寄递”等模式，推动许可审批业务线上线下融合。

落实市场主体注销便利化改革，完善市场主体简易注销登记制度，压缩简易注销债权人公告期至 20 日，扩大企业简易注销适用范围；优化市场主体普通注销流程，为企业提供在线办理清算组成员备案渠道，登记系统增加企业注销公告功能页面，简化企业注销申请材料，市场监管部门和税务部门共享企业清税信息的，不再收取企业纸质清税证明文书。2021 年，注销企业 2694 户，其中简易注销企业 1787 户；注销个体工商户 5838 户，其中简易注销个体工商户 821 户。疫情期间，针对部分企业在简易注销公告期满且无异议信息的情况下，无法在规定的办理期限内办理简易注销登记的，延长简易注销办理期限，便利企业退出市场。全年对 28 户企业延长简易注销办理期限。执行外商投资准入前国民待遇加负面清单管理制度，规范外商投资企业登记程序，落实外商投资信息报告制度，明确外商投资企业材料规范，完善外商投资企业登记事项，宣传外商投资企业登记政策，做好外商投资企业登记 5 年过渡期衔接。

【服务市场】 2021 年，县市场监督局依托市场主体全程电子化登记系统，推行网上办、掌上办、预约办“不见面审批”服务，实行轮流值班制度，保障电话和服务畅通。网上办服务依托“福建省网上办事大厅”等线上办事服务功能，提供在线业务指导，实现线上业务审批；掌上办服务依托“全程智能化登记系统”，实现“微信申报+自主申报+自动审核+自助打照”的无接触审批；预约办服务采取多元指导、线上预约、线下办结形式，做到“防疫”“办事”两不误。

2021年，县市场监督局推行小型餐馆食品经营许可告知承诺制，对经营场所面积在50—150平方米且经营项目仅限热食类食品制售的小型餐馆申请食品经营许可，实行告知承诺制；推行专营乙类非处方药零售企业经营许可告知承诺制，优化药品零售企业经营许可审批流程。2月，莆田市市场监督局印发《莆田市市场监管局关于推广仙游县小型餐馆食品经营许可告知承诺制的通知》文件，在全市范围推广仙游县小型餐馆食品经营许可告知承诺制。业务系统再造，实现“一网通办”。依托莆田市自主开发的“一业一证”网上审批服务平台，在线实现实名认证，线上自动生成材料，App全员电子签名，后台极速材料预审，申请人不受地域限制，无需亲自到场，即可完成无纸化申报；审批流程再造，实现“一窗受理”，设置“一业一证”综合窗口，整合相关部门行政审批资源，综合登记注册、刻制公章、申领发票、银行开户预约、医社保信息采集、用水用气用电报装申请、行业许可等事项，实现“一次申请、一窗同办”；行业证照再造，实现“一证准营”，将食品、药品、医疗器械等行业涉及的多类许可证信息以二维码的形式整合到一张营业执照上，市场主体依据该类营业执照即可开展相关经营活动，实现“一码亮证”。12月15日，县市场监督局核发全市首张“一业一证”无纸化营业执照，实现疫情防控期间内外资准入无障碍。

【商标广告战略】 2021年，县市场监督局按照培育一批、扶持一批、推荐一批原则，指导具有一定规模和实力的企业优先申报地理标志证明商标、驰名商标、集体商标。全县有地理标志商标5枚，集体商标2枚。立案查处商标侵权案件10起，案值24.26万元，罚没款36.86万元。其中，办理侵犯“NIKE”等鞋类商标案件4起，案值4.09万元，罚没金额75万元，对案件涉及的943双侵权商标的鞋面给予全部扣留。重点查处涉及人民群众健康安全的医疗、药品、食品以及工艺美术等领域违法广告。全年立案查处广告违法案件108件，案值9.2万元，罚没款32.51万元。

2021年仙游县商标注册分析表

表17

注册商标总量								占福建省注册商标总量（%）	占莆田市注册商标总量（%）	2021年新注册商标（件）	按商标类别分		
总件数（件）	其中			按类型分							第25类服装鞋帽等（件）	第30类茶米等（件）	第20类家具竹木工艺品（件）
	驰名商标（件）	地理标志（件）	集体商标（件）	商品商标		服务商标							
				件数（件）	占总量（%）	件数（件）	占总量（%）						
17961	10	5	2	14733	82.03	3228	17.97	0.90	13.98	3743	535	377	814

【市场经济秩序整顿】 2021年，县市场监督局查处各类违法案件678件，罚没入库198.39万元。其中，罚款万元以上的案件44件，罚款5万元以上案件18件，10万元以上的案件2件。

查处无证无照 2021年，县市场监督局落实《福建省查处无证无照经营行为办法》，加强监管执法。立案查处无照经营案件47起，案值22.09万元，罚没款4.51万元，在宽进严管的登记制度改革新形势下，加大对无照经营的查处力度，维护市场秩序。

市场主体抽查 2021年，县市场监督局推进市场主体抽查工作，制定完成年度抽查计划，建立完善本年度检查人员名录库及检查对象

5月20日是第22个世界计量日，县市场监督管理局组织开展加油站诚信计量宣传活动（唐伟摄）

名录库，完成对916户企业的双随机抽查并在省跨部门协同监管平台公示。完善经营异常名录制度、商事主体信息公示制度，依法列入经营异常名录企业1043户次，依法受理并移出被列入异常经营名录企业726户次。与县税务局、人社局沟通联系，筛选连续两年未年报被列入经营异常名录的284户企业，完成吊销工作。

加强打传规直　2021年，县市场监督局依托现场宣传活动开展打传规直宣传，完善全县打击传销联席会议成员单位，整合力量，打击传销工作。摸排处置2条涉嫌传销的线索，配合县公安局发现并查处传销案件2起，涉案金额100余万元。

反不正当竞争　2021年，县市场监督局开展重点行业不正当竞争违法行为专项执法行动，围绕整治的重点领域和重点行业，进行摸底排查，狠抓大要案件的查处。完善公平竞争审查联席会议制度，对内制定公平竞争审查工作意见，对外部署开展全县审查工作。协调开展存量、增量文件公平竞争清理工作，对现存有效的规范性文件进行登记，逐一对照公平竞争审查“四类标准”、18个“不得”和四类例外情形，进行梳理审查，提出“废改立”意见。配合县政府推动整改滥用行政权力排除限制竞争，废除23份政策措施。加强反不正当竞争执法的力度，立案1起，实现案件突破，推动建立公平竞争的市场经济秩序。

常态化扫黑除恶　2021年，县市场监督局开展扫黑除恶专项斗争，制定《仙游县市场监督管理局市场流通行业乱象整治常态化工作实施方案》，分析、研判、梳理本领域可能存在的乱点乱象，确定4个整治主题，抓紧深入排查治理，配合开展政法队伍教育整顿。

系列专项执法　2021年，县市场监督局组织开展合同监管、网络监管系列行动，部署开展“6·18”、双十一定向监测，联合县直有关部门形成执法合力，达到全面联查、有效震慑、树立权威的良性互动。全年查处涉网案件27起，罚没5.1万元。在京东产业园、度尾抖音直播基地召开《中华人民共和国电子商务法》宣传活动，依托现场会、微信公众号等方式扩大宣传影响，引导电商企业依法依规经营。开展野生动植物市场监管，监督检查农贸市场、超市、餐饮单位、电商平台等，宣讲食用、购销、宰杀野生动物的安全风险，查处涉嫌经营野生动物案件2起。

网络餐饮安全整治　5月，县市场监督局制定出台《仙游县市场监督管理局网络餐饮服务食品安全专项整治方案》，开展网络餐饮服务食品安全的突出问题专项治理行动，每月召开工作推进会，研究部署工作开展。7月起，县局分管领导带领相关股室开展整治工作督导并通报。督促平台落实食品安全主体责任。县局分管领导带队检查约谈美团、饿了么外卖平台，要求网络订餐平台对证照不全、卫生脏乱差等问题商户限时下线处理，并移送有关的案件线索，平台自查整改入驻商家2730户次，停业120户次。9月后，发放提醒告知书，督促美团、饿了么等网络订餐第三方平台加强疫情防控，履行审查义务，落实外卖配送从业人员疫情健康防护的有关要求，确保配送人员完成两针疫苗接种，并根据要求做完核酸检测，出示健康码“绿码”和核酸“阴性”证明方可上岗；落实体温监测、配送箱消毒、佩戴口罩等防疫措施，实行“无接触配送”。突出线上线下治理相结合。下发平台入驻商户名单，部署各市管所组织开展入网餐饮服务提供者专项检查，尤其是平台销量靠前的商户，通过线上线下联动的方式进行监管，重点治理入网单位证照不全、未按规定公示、入网单位实体店食品安全制度不落实、加工环境脏乱差行为等，从源头上治理入网餐饮服务提供者经营

场所脏乱差问题。发现线索29条，立案查处。

【食品安全监管】 2021年，县市场监督局开展食品生产安全风险排查、食品生产环节“两超一非”专项整治工作，围绕重点企业、重点品种、重点环节梳理排查，开展整治，出动执法人员227人次，检查生产企业52家次，立案查处生产超范围使用食品添加剂的食品案件2起，查处无证食品生产加工小作坊2家；组织开展农村假冒伪劣食品整治工作，检查食品生产销售主体2421户次，立案查处94起农村假冒伪劣食品行政处罚案件，移送公安机关1起无检验检疫猪肉案件；以冷冻肉品交易的农贸市场、冷库、商场超市和大型餐饮单位的冷链环节为重点检查对象，加大对进口冷链食品的监管力度，打击经营无“四证”进口冷链食品的违法行为；开展保健食品行业专项清理整治工作。通过规范保健食品标签标识、整治保健食品虚假宣传、打击保健食品非法添加等违法犯罪，开展保健食品行业专项清理整治行动工作。全年出动执法人员304人次，检查经营主体173家次，处理投诉举报件1起，发放宣传材料241份；重点督促冷链食品生产经营企业建立并落实冷链食品信息追溯体系，确保食品信息来源可查询、去向可追踪，对来源不明的冷链食品依法立案查处。出动执法人员2025人次，检查冷链食品单位989家次，开展冷链食品抽检273批次，均为合格，立案查处11起冷链食品经营违法行为案件；督促辖区食品生产经营企业对福建省食品生产经营追溯管理系统进行操作录入，尤其是食品农产品板块的录入，对未实施“一品一码”管理的食用农产品情况予以登记并上报，督促上游企业做好追溯录入工作，推进全县“一品一码”食品追溯工作。截至年底，平台上食品生产、批发及批零食品销售企业需注册主体62家，其中食品生产企业39家，上传信息10.07万条，批发及批零食品销售企业23家，录入信息258.93万条。

【餐饮服务领域监管】 2021年，县市场监督局强化日常监管，开展校园及周边、节假日食品、网络订餐等食品安全专项整治工作，打击各类违法行为，立案查处餐饮环节违法案件58起，其中简易案件35起，罚没款16.86万元。推进“一品一码”追溯信息录入，指导学校食堂、大型以上餐饮服务单位、集体用餐配送单位等特定餐饮服务提供者注册并录入追溯管理系统，辖区内注册大型以上餐饮服务单位、集体用餐配送单位16家，录入信息数18.54万条；注册学校食堂205家，录入信息数99.81万条。突出重大活动保障，防控餐饮食品安全风险，开展中高考、县两会期间等重大活动食品安全保障工作，监督检查、指导定点接待单位的食品安全，对存在的问题出具监督意见书，并选派食品安全驻点监督员实行驻点监督、全程监控，预防食物中毒和食源性疾病等食品安全事故的发生。疫情期间，加强餐饮环节监管做好疫情防控工作，督促指导餐饮单位特别是参与供餐5家餐饮企业落实好食品安全主体责任，履行食材进货查验、餐饮具清洗消毒、食品留样等食品安全管理制度；配合县有关部门督促餐饮单位停止一切集体聚餐活动，落实“禁止堂食”的相关宣传和督促工作，开展全天候排查100多家次，构筑疫情防控安全屏障。

【食安办建设】 2021年，县食安办做好市对县（区、管委会）2020年度食品安全评议考核工作，获评第二名；组织对乡镇（街道）、食安委成员单位履行食品安全职责进行考核。出台《2021年全县“治理餐桌污染 建设食品放心工程”工作方案》，明确食品安全工作重点。推动《仙游县落实地方党政领导干部食品安全责任制加强食品安全工作行动方案》落实，统筹做好疫情防控和食品安全工作。协调建立进口冷链食品监管仓，做好应急处置准备工作等；增加食品抽检频率，提升风险监测能力；采取多种举措确保抗疫期间集体用餐安全、食品市场秩序稳定；强化农产品源头管控、禁止野生动物交易，深化校园食品、网络订餐、进口冷链食品等重点领域监管；严惩食品安全违法犯罪行为，移送公安部门立案查处3起、抓获犯罪嫌疑人6人。用足企业发展优惠举措、释放食品市场主体活力。发挥先进典型示范引领作用，建成全省设施最为先进的温室大棚蔬菜基地1033.33公顷，“三品一标”农产品99个，新创省级“明厨亮灶”示范单位3家。开展“严禁私屠滥宰 确保猪肉安全”为群众办实事、“食品安全宣传周启动仪式”等宣传活动，发挥“一报一台一网”及融媒体中心所属新媒体平台作用，发布食品安全消费提示，跟踪报道食品专项整治工作部署及成效，刊播《仙游：切实保障“舌尖上的安全”》《保障食品安全！仙游新的监管模式来了》《气愤！竟有人卖未检疫猪肉！仙游查押1120斤》等资讯，引导广大群众正确、理性消费。在仙游广播电视台《百姓监督》栏目，聚焦食品安全整治行动，回应社会关切。聘请县人大代表等24名担任县食品安全监督员，实现食品安全社会监督常态化。办理人大、政协建议5件。2021年，全县食品抽检合格率99%以上，食品安全形势总体稳定可控。

【药品日常监管】 2021年，县市场监督局推动药品零售企业审批改革，按照“简政放权、服务企业”的原则，简化新开办药品经营企业的筹建审批环节和程序，新开办药品零售企业40家、换发药品经营许可证10家、发放三类医疗器械许可39件。截至年底，全县有药品零售企业204家，三类医疗器械经营企业150家，医疗机构273家，化妆品经营企业2355家。开展医疗器械质量安全风险隐患排查治理工作、儿童化妆品专项整治行动、药品流通环节专项检查、疫苗流通使用专项治理、中药饮片质量等专项整治行动，检查药品医疗器械经营使用单位460家次，检查疫苗接种单位24家次。推进建立企业信用电子监管档案和信用等级评定制度，推动药品、医疗器械经营风险分级管理工作。

【特种设备安全监管】 2021年，县市场监督局开展特种设备安全日常监督检查。开展大型游乐设施、气瓶充装和检验、压力容器、压力管道、电梯等各项专项检查行动和重大活动及节假日的安全保障行动。出动监察人员1021人次，检查特种设备使用单位503家次、检查特种设备1226台次，排查并消除一般安全隐患34处，日常检查计划完成率100%、使用登记率100%、定期检验率99%、问题整改闭环率100%，全县特种设备安全形势稳定。组织宣传队伍深入农村、住宅小区、商场超市等区域开展电梯安全知识宣传活动10余场，累计发放宣传资料2500余份，解答群众关注问题81个；开展安全生产月宣传咨询日活动，设置咨询服务点1个，制作宣传展板5块，发放宣传图文资料1000余份、印有安全宣传标语的礼品近1000份，解答群众关注问题16个；通过微信公众号、微信工作群等渠道发送特种设备安全知识35余次。

【质量综合管理】 2021年，县市场监督局开展2020年度“仙作”家具品牌价值评价工作，引导龙头参与品牌价值评价，提高“仙作”家具知名度；提前介入抖音直播基地建设，指导完善质检品控体系，保障基地运营；组织企业参加首席质量官公益培训；在抖音基地召开2021年度木制品产品质量分析会，强化“仙作”古典家具产品的质量监管；开展小微企业质量提升行动，促进小微企业提质增效。

开展疫情防控额温计、体温计校准服务。主动为复产复工企业提供校准服务，累计检测校准2963余把额温体温计。开展民生计量检定工作，全年检定电子天平36台、电子台秤242台、集贸市场电子台秤2474台、加油机1078枪、2吨地榜6台件、水表9947台、数字心电图机28台、血压计及电子血压计843台件、压力表1756台，强检计量器具1.64万台件，其他非强检3018台件。抽查定量包装商品产品，抽查企业8家，抽查产品7类19批次，净含量标注合格18批次、合格率94.7%，净含量检验合格16批次、合格率84.2%，对3批次检验不合格的，立案查处，结案1起。开展世界计量日宣传活动，走进仙游县总医院、仙游县博爱医院、仙游县南门妇产医院、加油站等单位，通过横幅展示、资料发放、主动提供校准服务等形式，宣传世界计量日。

【消费者维权】 2021年，县市场监督局综合投诉举报服务台与县消费者权益保护委员会共同受理消费者投诉及举报1.82万件，其中适用简易程序调解投诉案件5185件，为消费者挽回经济损失223.97万元；诉转案32件，举报件1.31万件，受理“12345”便民服务投诉及信访件1956件。围绕“守护安全 畅通消费”主题，发布消费提示、警示，深入重点场所如超市、复工企业、药店、集贸市场发放宣传资料1000余份，向群众宣传消费维权、食品安全、识假辨假等法律法规知识。推荐仙游县鲤城东方眼镜商行和仙游县宝岛眼镜店线下实体店试行七天无理由退换货承诺活动，实现经营者、消费者和社会的“共赢”。县市场监管局联合仙游县消费者权益保护委员会在鲤城洪桥社区第二实验幼儿园开展消费安全宣传教育及普法宣传进社区活动。

【协会建设】 2021年，县市场监管局注重加强协会（学会）建设，保护消费者权益，强化理论研究。

仙游县消费者权益保护委员会 2021年，与县市场监管局综合投诉举报服务台受理消费者投诉件5185件，为消费者挽回经济损失223.97万元，接受法律法规及

电话咨询150多人次。

2021年，仙游县有“12315”消费者维权站点437个，其中“一会两站”（指消费者协会、投诉站、联络站）349个，“12315五进”（进商场、进超市、进市场、进企业、进景区）88个。组织“消费者维权站”人员开展法律知识业务培训，培训工作人员100多人次。发布消费提示，强化防疫宣传普及工作。农贸市场、药店、酒店等商铺LED滚动播放新型冠状病毒防控知识。深入重点场所如超市、复工企业、药店、集贸市场发放宣传资料1000余份，向群众宣传疫情期间消费维权、食品安全、识假辨假等法律法规知识；开展老年人消费状况问卷调查，组织工作人员及志愿者深入社区等地通过无纸化手机问卷调查软件平台进行调查。合理引导银发消费，促进经济增长，保障老年消费者的合法权益。

仙游县工商行政管理学会 2021年，仙游县工商行政管理学会围绕省、市市场监管局及县市场监管局中心工作，强化调研工作针对性、前瞻性，强化理论队伍普及性、延续性，强化理论成功转化性、效能性，理论研究工作取得新成效。

2021年，学会调研文章《仙游开展特种设备安全隐患大排查》《积极培育品牌　落实惠企政策成效显著》《靠前服务　助力项目建设安全》《拒绝野味，仙游在行动》《强化食品药品市场监管　保障消费安全》《落实落细落到位，福建省仙游县市场监管部门多举措保障特种设备安全运行》《以“减证”促“简政”变“会办”为“慧办”》《福建仙游加强品牌建设喜结硕果》《创优营商环境　激发市场活力》等分别发表在《中国质量监管》《中国质量报》《福建日报》《福建质量技术监督》等新闻载体上。配合完成莆田市市场监管局年鉴和工商志编写任务，下发2021年市场监管创新举措相关调研课题。发表新闻信息498篇，其中国家级106篇，省级145篇，市级63篇，县级184篇。

（柏春良）

仙游县诚信促进会 2021年，仙游县诚信促进会设会长1人，常务副会长17人，秘书长1人，副会长118人，副秘书长11人，常务理事58人，理事139人，会员66人。

3月16日，县政协办公室党支部、县诚信促进会党支部与县体育中心片区改造项目临时党支部联合开展“诚信八闽行　共推兴城市”主题党日活动。组织党员和志愿者开展诚信进社区、进商店、进项目工地宣传活动。

3月25日，“海安橡胶集团股份公司”“龙虎山古典家具有限公司”“晔晨集团(福建)有限公司”“新万鑫（福建）精密薄板有限公司”被市诚信促进会确定为市“抓党建、带诚建、促发展”示范单位。

4月2日，县政协办公室、晔晨集团（福建）有限公司、县诚信促进会党支部联合开展党建共建“清明追思祭英烈、红色遗志永传承”主题党日活动。县政协党组副书记、副主席、县诚信促进会会长赖玉良带领3个支部全体党员和入党积极分子60多人，在仙游县革命烈士陵园开展祭扫活动，重温入党誓词，向革命烈士献花，参观革命烈士事迹陈列馆，缅怀英烈。

8月，县诚信促进会会长赖玉良带队深入海安橡胶集团股份公司等4个抓党建带诚建促发展示范单位和榜头镇诚信促进会开展调研指导工作。

9月10日，枫亭突发新冠疫情，县诚信促进会向所有诚信会员单位发出通知，要求投入抗疫，尽社会责任，显担当精神。9月15日至10月17日，会长赖玉良奋战在枫亭、大济、度尾、鲤城、鲤南等抗疫一线，主动参与集中医学观察点协调指导工作。县诚信促进会常务副会长单位的“海安橡胶集团公司”“福建三福古典家具有限公司”“新万鑫（福建）精密薄板有限公司”“福建省顺安建筑工程有限公司”“鲁艺集团”“晔晨集团（福建）有限公司”等30多个会员单位和个人向仙游县红十字会、枫亭镇抗疫一线、鲤南镇、书峰乡、大济镇、县总医院、榜头镇等捐款捐物1200多万元。

10月27日，县诚信促进会会长赖玉良带队深入县“农”字号龙头企业副会长单位的“大老古食品有限公司”“福建金溪茶业有限公司”考察调研。

11月23—24日，县诚信促进会会长赖玉良带队深入榜头镇下明、东桥、紫泽社区，度尾镇度峰社区、中岳村、艺雕城开展诚信进社区、进商场、进家庭宣传工作。

12月2日，县委宣传部、社科联主办，14个单位联合协办的主题为“永远跟党走　谱写新篇章”仙游县2021年社会科学普及宣传周在鲤城南桥社区举行。县诚信促进会作为协办单位，在活动现场开展有关社会科学知识普及、诚信建设等咨询活动，并分发300多份诚信刊物等宣传材料。

12月9日，仙游县诚信促进会被授予福建省第七届“诚信工作先进单位”(2019—2020年度)称号，晔晨集团（福建）有限公司、仙游县龙虎山古典家具有限公司、新万鑫（福建）精密薄板有限公司、海安橡胶集团股份公司被授予福建省第七届“诚信先进单位”（2019—2020年度）称号。

（林新霖）

审计工作

【概况】 2021年，仙游县审计局（简称“县审计局”）落实习近平总书记关于审计工作的重要指示批示精神，依法履行审计监督职责，提高依法审计能力和审计质效，推进坚持党的领导、集中统一、全面覆盖、权威高效的审计监督体系建设，发挥审计在促进经济高质量发展的重要作用，完成全年各项目标任务。

【审计成果】 2021年，县审计局完成审计项目37个。审计查出主要问题金额6.87亿元，其中违规金额862.38万元，管理不规范金额6.79亿元，非金额计量问题277个。

【县委审计委员会工作】 2021年，仙游县召开县委审计委员会会议3次，传达学习中央、省委、市委审计委员会和全国省、市审计工作会议主要精神，审议通过年度项目计划和相关审计工作制度，总结审计主要工作和审计发现问题整改工作，推动县委审计委员会办公室转变理念，发挥统筹谋划、协调推进、保障运转、督促落实等作用。

【国家重大政策措施落实跟踪审计】 2021年，县审计局围绕县委、县政府中心工作，开展财政事权和支出责任划分改革专题审计、防范化解政府债务风险专题审计、市委市政府2020年度为民办实事项目资金使用管理情况审计（涉及仙游部分）、“稳外贸、稳外资”政策跟踪审计(涉及仙游部分)4个项目，查出非金额计量问题11个。

【预算执行审计】 2021年，县审计局对县发改局、行政服务中心、大蜚山管委会3个部门单位开展预算执行审计。查出主要问题金额4.57亿元，其中违规金额422.79万元，管理不规范金额4.53亿元，非金额计量问题113个，移送问题线索1条。《仙游县污水处理费征管工作亟须完善》专报得到县政府主要领导批示。

【经济责任审计】 2021年，县审计局开展领导干部经济责任审计21个，查出主要问题金额2.29亿元，其中违规金额489.59万元，管理不规范金额2.25亿元，非金额计量问题112个。

【领导干部自然资源资产审计】 2021年，县审计局开展领导干部自然资源资产离任审计项目3个，查出主要问题金额84.47万元，非金额计量问题41个，移送问题线索1条。督促领导干部履行自然资源资产管理和生态环境保护责任。

【疫情防控捐赠款物专项审计】 2021年，县审计局开展疫情防控捐赠款物专项审计，实时掌握专项资金拨付、物资采购和分配等各个环节的落实工作，确保资金使用合理有效。

【审计科研】 2021年，县审计局建立审计机关各股室日常挂钩联系被审计单位工作制度。重点筛选涉及民生领域、资金量大、风险点多、管理环节相对薄弱的单位，安排1个股室结对帮扶1个单位。通过发挥审计专业、资源、人才等方面优势“一对一”结对帮扶相关挂钩单位，帮助指导政策落实、预算执行、财务运行、工程管理等方面问题，做到强服务、抓重点、提早防范。

【审计问题整改】 2021年，县审计局深化审计防护体系建设，加大对工程领域、土地出让、矿山资源管理、国有资产处置4个方面的审计问题整改力度，建立健全审计整改长效机制，着力“治已病”“防未病”。建立和完善审计整改清单制度、销号制度、回访制度。跟踪检查2021年度到达整改期的审计项目整改情况，涉及324个问题，整改310个，部分整改13个，未整改1个，整改率95.68%，整改率比上年提升1.29%；审计建议采纳51条，采纳率100%。促进被审计单位建立健全规章制度9项。县财政局制订《仙游县预算管理一体化系统部署、应用实施方案》《仙游县部门项目支出预算绩效目标管理办法》《仙游县事前绩效评估管理暂行办法》，县教育局印发《关于加强学校仪器器材管理提高设备使用率的通知》。

（李宇欣）

海关监管

【概况】 2021年，莆田海关在仙游开展海关日常监管业务，主要对仙游辖区出口货物进行检验检疫，对以仙游为进口目的地的货物进行检验检疫和鉴定工作。

【出口业务】 2021年，仙游出境申报5397批次，货值5015.5万美元。其中，竹木制品出境申报5080票，货值4519万美元；蛋制品出境申报285票，467万美元；茶叶出境申报8票，货值9.9万美元；蘑菇出境申报2票，货值13万美元；米粉出境申报22票，货值6.9万美元。

【对外贸易】 2021年，莆田海关强化源头管理，帮扶蛋制品远销海外，指导企业引入GAP（良好农业规范）先进管理理念，推进蛋鸭标准化、生态化养殖，实施备案管理，做好疫情监测和农残、药残残留监控，确保优质鸭蛋原料质量安全。优化作业流程，提高各作业环节衔接效率，推行“非接触式”签发检验检疫证书，为企业提供“在线审核、当日寄递”签证服务，加快通关速度。全年仙游蛋制品出口285批，货值466.7万美元。产品质量稳定，未发生质量问题。

2021年，莆田海关通过远程连线技术指导与日常现场监管相结合，强化茶叶基地原料管理，引导种植户规范生产，严防农药残留、重金属污染、有害微生物超标等风险。对接做好备案，宣传出口食品相关法律法规及海关监管规定，指导茶叶基地建立健全质量管理制度，落实企业质量安全主体责任，指导企业做好“出口茶叶原料种植场备案”和“出口茶叶生产企业备案”。4月，金溪茶叶有限公司1500千克茉莉花茶首次出口泰国。

2021年，莆田海关发挥职能优势，提前介入，为企业提供出口前政策咨询和原辅材料检测等服务，辅导企业熟悉国外技术法规的准入要求，做好检疫性有害生物防治等工作；开展实地调研，对接企业出口诉求，采取送策上门及现场办公等方式，指导企业建立自检自控、产品溯源等质量管理体系；优化注册备案流程，推出审批前资料预审、专人定点指导等服务，降低申报差错率，实现备案作业一地申请、一次办理、全程无纸化，压缩审批时间。全年仙游竹木草制品出口2.9亿元，比上年增长9.12%。

2021年，莆田海关提前介入，主动对接企业出口前的政策咨询和原辅材料检测等事项，辅导企业熟悉掌握国外的技术法规的准入要求，助力仙游铭华古典家具企业首批24套、货值1.1万美元刺猬紫檀家具首次出口澳大利亚，为“仙作”产业自主出口扩大海外市场。

【助力企业复工复产】 2021年，莆田海关推进原产地证书自助打印工作。在福州关区内首家组织召开专题政策宣讲会，指导企业做好准备；增配采购打印机等设备，在现场设立专窗为企业提供便利；经常性对企业进行个性化指导，解决自助打印的问题和困难。推动自贸创新复制推广工作，推广“金关二期”工程加工贸易管理系统，实现加工贸易和保税监管企业100%安全切换到新系统运行。推进出口企业诚信体系建设，办理要求特定资质认定的出口食品企业及其出口食品原料种植养殖基地、出口竹木草企业的备案登记事宜和企业卫生许可资质备案事项；加强与仙游县市场监管部门、商务部门沟通联系，提升企业信用管理体系建设实效。

（李建峰）

综 述

【概况】 2021年，仙游县金融工作领导小组办公室（简称“县金融办”）贯彻党中央、国务院关于统筹推进常态化疫情防控和经济社会发展的决策部署，落实县委、县政府工作要求，坚持新发展理念，坚持稳中求进工作总基调，紧扣金融服务实体经济、防范风险、深化改革“三大任务”，推动金融业高质量发展超越。

【金融防范与化解】 2021年，县金融办做好金融风险监测、评估、化解工作，全年化解属地企业不良贷款33家33笔2.53亿元。2021年底，全县贷款不良率与年初基本持平，微降0.02%。继续推进金融放贷领域扫黑除恶专项斗争及非法金融放贷、“套路贷”、非法网络借贷、非法集资等行业乱象整治工作；加大宣传力度，线上线下联动，宣传《防范和处置非法集资条例》，筑牢防范非法集资“防火墙”。

【“白名单”融资担保】 2021年，县金融办发挥政府性融资担保作用，贯彻市“白名单”企业融资担保政策，推荐19家“白名单”企业获得政策性融资担保贷款0.6亿元，仙游县企业累计获得担保129笔5亿元，笔数、金额均居全市各县区第一。

【应急转贷】 2021年，县金融办继续做好企业应急转帮扶工作，全年为25家企业办理过桥转贷资金25笔4.09亿元，确保企业及时转贷，预防县域企业信贷资金链断裂风险。

【纾困专项资金】 2021年，县金融办推动银行、企业利用“金服云”平台，对接省纾困增产增效专项资金贷款，全年67家企业获得4.08亿元授信，降低企业融资成本。

【企业上市帮扶】 2021年，县金融办推荐3家企业申报重点上市后备企业，福建海安橡胶有限公司、福建省意达科技股份有限公司被列入福建省重点上市后备企业库。

（余丽丽）

金融监管

【概况】 2021年，中国人民银行仙游县支行（简称“人行仙游县支行”）深化“六个示范”普惠金融示范工作，坚持打好打赢“断卡”行动持久战，推进反洗钱工作，探索金融服务台商台胞新举措，挂牌运营好仙游县金融纠纷调处中心，优化老年人金融服务工作，加强房地产贷款集中度管理，推进绿色金融工作，落实存款保险宣传工作，优化外汇管理服务，做好疫情防控工作，推动仙游金融经济发展。

2021年，仙游县金融运行总体平稳。截至2021年底，全县本外币各项存款余额488.31亿元，比年初增加39.81亿元，增长8.88%，比上年少增0.79亿元；各项贷款余额349.24亿元，比年初增加36.68亿元，增长11.74%，比上年少增2.06亿元，存贷比71.52%。不良贷款余额5.63亿元，比年初增加0.52亿元，不良率1.61%，比年初下降0.02个百分点。

【绿色金融】 2021年，人行仙游县支行推进绿色金融工作，指导银行机构制定行动方案。推动仙游农商银行制定《仙游农商银行木兰溪流域绿色金融行动方案》，采取差别化授信管理，支持仙游县木兰溪流域沿岸的企业开展低碳改造、污染防治、生态保护修复、节能节水项目、资源循环利用项目、可再生能源以及清洁能源项目等。对参与仙游县生态环境局2020年度企业环境信用动态评价工作的企业主动实行差别化授信管理，与企业环保信用评级相挂钩；对属于绿色、蓝色类的环境友好型企业或项目加大资源倾斜、加强扶持力度；对黄色、红色类企业或项目实施则有选择、有计划地压缩退出。指导银行机构强化信贷支持。指导仙游农商银行按照“区别对待、有进有退”的信贷投放原则，优化增量，提升存量，构建“绿色信贷”通道，强化对节能环保企业的信贷支持，重点扶持生态农业、绿色经济、再生能源、节能减排和环保产业等项目和领域，支持科技创新型、环保型、低能耗型农业龙头企业发展，在相关信贷制度中明确规定严禁将贷款投放至“两高一剩”行业，优先满足节能减排、低碳企业的贷款需求，在年度绩效考核文件中增加绿色信贷考核指标。创新林权抵押贷款模式。为盘活“林权”资产，指导仙游农商银行依托当地林业优势，在全市创新探索林权抵押贷款模式，推出“聚宝林”林权抵押贷款。截至年底，仙游农商银行符合绿色Ⅰ类标准贷款8户、余额3036.93万元。其中，投向农村饮水安全工程项目1户206.93万元，城市公共汽电车客运项目1户680万元，资源循环利用项目4户2000万元，新能源汽车相关项目2户150万元；符合绿色Ⅱ类标准贷款的“聚宝林”林权抵押贷款45笔，金额1792.37万元。

【存款保险】 2021年，人行仙游县支行落实存款保险政策。瞄准重点群体和重点区域开展宣传，综合各投保机构网点、业务分布情况筛选建立仙游县存款保险宣传挂钩乡镇，确保宣传有的放矢。指导仙游农商银行组织小分队进入郊尾埕边村老人活动中心针对50岁以上的中老年客群做好存款保险普及性教育；指导仙游工行结合“工行驿站”品牌，以辖内利用网点为阵地，通过宣传海报展板、客户咨询办理业务、等候时间加强对环卫工人、老年客户群体的存款保险宣传；指导仙游海峡银行前往赖店镇前埔发放宣传折页并讲解存款保险知识，加强“最后一公里”的精准宣传；指导仙游邮政储蓄银行深入城内社区通过分发宣传折页、专人宣讲等方式开展“面对面”现场宣讲；指导仙游农行走进重点乡镇赖店镇开展存款保险宣传，促进树立对存款保险的正确认识。强化网格化宣传。用好仙游农商行等投保机构基层服务优势，推进各网点以包片的行政村和社区为单位划分存款保险宣传“责任田”，按照“谁承包、谁负责”的原则，组织辖区内网点对园宅村、乌石村、海滨村、灯塔村、金沙村等14个村开展宣传。组织基层网点对周边农贸市场、主要经营商铺分发宣传折页等，按网格内辐射2千米为原则，把宣传现场办成短训学校，提高群众对存款保险宣传工作的认识。多形式开展宣传。通过金融机构营业网点LED显示屏、多媒体机具滚动播放存款保险宣传视频，设立网点宣传台，安排人员点对点为客户解答疑问。利用新媒体渠道开展宣传，组织仙游农商行、仙游瑞狮村镇银行在“微信公众号”推送存款保险宣传信息。组织员工在微信朋友圈转发“行长话存保”系列宣传视频，提高社会公众的存款保险知识。推进存款保险宣传嵌入业务流程。要求辖区法人银行机构加快将存款保险宣传嵌入投保机构业务流程，通过系统改造、刻制存款保险宣传专用印章等方式，实现存款保险宣传全面嵌入业务流程。截至年底，存款保险标识嵌入手机银行、自助设备、网银、门户网站等电子服务渠道主界面；手机银行、网银等电子渠道存款业务办理增加存款保险宣传标语；柜面存款业务办理的相关回单、凭证增加打印存款保险宣传内容；存款账户变动的手机短信、微信提示增加存款保险宣传标语。配合莆田市中心支行开展“行长话存保”特色宣传。指导福建仙游瑞狮村镇银行股份有限公司做好视频拍摄相关工作，组织辖区内金融机构工作人员转发《行长话存保第四期丨仙游瑞狮村镇银行黄钦猛：存款保险，让县域银行更有信心服务乡村振兴》。截至5月底，收获3.5万人次阅读量，在5期宣传中位居全市第二。

【外汇管理】 2021年，人行仙游县支行优化外汇管理服务。推动《福建省台资企业资本项目管理便利化试点实施细则》及四项新增便利化举措落地见效，促进辖区内外商投资取得历史性进展。截至8月底，辖区内有6家中台合资企业汇入外商投资企业资本金50.88万美元，其中通过便利化政策结汇28.09万美元。2021年，新设港资企业世侨融科（福建）实业有限公司汇入资本金149.44万美元，海安橡胶集团股份公司对外投资汇出资本金1万美元。引导企业树立财务中性理念，帮助企业形成中性合理的外汇市场预期。针对辖区内业务体量较大的中行、工行及12家重点涉外企业提升汇率避险的专业化服务水平，强化外汇衍生产品培育。深入给力机械（福建）集团有限公司、莆田市协和胜贸易有限公司开展外汇调研暨汇率中性理念宣讲活动。推进关于仙游台农在大陆期间取得的合法性收入认定，为台资企业注册资本金工作。8月中旬，上报《关于台资企业福建莆田台创农业综合开发有限公司申请陈正信在大陆期间取得的合法性收入认定为企业注册资本金的政策诉求的报告》，与地方税务加强沟通，持续推进该项工作。

【金融风险防控】 2021年，人行仙游县支行落实房地产贷款集中度管理。截至三季度底，全县房地产贷款余额108.67亿元，房地产贷款余额比上年增长8.97%，低于全市房地产贷款同比增速2.68个百分点，比全县各项贷款同比增速低2.99个百分点。全县房地产贷款余额占人民币各项贷款之比（31.65%）较年初下降0.99个百分点，比全市房地产贷款余额占人民币各项贷款之比低6.60个百分点。两家法人落实情况良好，仙游农商银行房地产贷款余额8.14亿元，余额占各项贷款余额的比例为7.31%，未超过县域农合机构房地产贷款占比上限；个人住房贷款余额6.07亿元，余额占各项贷款余额的比例为5.45%，未超过县域农合机构个人住房贷款占比上限。仙游瑞狮村镇银行房地产贷款均为个人住房贷款，个人住房贷款余额0.44亿元，比上年减少6.74%，比年初减少0.03亿元，符合个人住房贷款占比低于7.5%的监管指标。

打好打赢“断卡”行动持久战。坚持把打击电诈、推进“断卡”行动作为支行“一号攻坚工程”，坚持“守住南大门、外防输入，全防全控、内防腾挪，抓住重点、刹住新增”策略，营造出打击电诈的高压态势。2021年，仙游县涉诈银行卡一级账户线索数量由上年第一次通报的全国第2名降到2021年5月的第9名，涉案账户数量压降效果显著。“动态监测”和“常态排查”相结合。加强银行结算账户“动态监测”，按期筛查福建省银政通系统数据，共享“一法人多户”“一手机号码多户”等异常账户信息清单，督促银行机构核实管控。推动建立账户“常态排查”机制，组织银行全面排查个人银行结算账户。截至10月底，采取人防技防相结合的方式，辖区累计排查个人账户34.85万户，对6.75万个异常账户采取管控措施。“联防联控”与“联合惩戒”相结合。优化与公安机关、银行机构的联防联控协作机制，配合公安机关深入涉案账户开户银行较高的枫亭建行、枫亭工行开展案件倒查，组织银行机构配合公安机关持续完善涉案账户查询、止付、冻结，协助查询1.25万个涉诈银行账户信息，整治银行卡“实名非实人”问题，对认定买卖账户的单位法人和个人实施严格惩戒。参加地方政府举办的“金终罩”项目培训会。“线上宣传”与“线下宣传”相结合。联合县公安局、仙游经济开发区管委会、县金融办在枫亭镇举办“仙游县金融系统打击治理电信网络犯罪‘进校园、进园区、进乡村’集中宣传月”启动仪式，以厅堂网点、村（居）委会、企（事）业单位为阵地，通过点对点宣传、微信公众号、微视频、美篇等开展宣传活动。组织支行业务骨干联合乡镇网格员赴综治平安挂钩村开展“断卡”行动进乡村主题宣传活动，召开“仙游县银行机构打击治理电信网络新型违法犯罪宣传防范工作布置会”。7月8日，《湄洲日报》以《防范电信诈骗打造平安仙游》为题介绍仙游支行做法。

推进反洗钱工作。联合公安部门、辖区内银行机构开展“打击洗钱犯罪 构建和谐社会”主题反洗钱宣传活动，发布分类评级任务并指导辖区33家非法人义务机构开展分类评级工作，与县公安局开展案件会商，加强案件协作，配合打击重点领域犯罪，推动“洗钱罪”立案、

6月18日，2021年仙游县金融系统打击治理电信网络犯罪“进校园、进园区、进乡村”集中宣传月启动。图为启动仪式现场（人行仙游县支行 供稿）

起诉和判决。1—4月，莆田市中支行移送涉嫌洗钱可疑线索数量30余条，居全省人民银行系统首位。其中，人行仙游县支行移送涉嫌洗钱可疑线索16件。推动“自洗钱”“上游犯罪在境外洗钱”定性入罪，深入仙游县检察院、公安局、法院会商推进反洗钱案件立案工作。

【金融服务】 2021年，人行仙游县支行创新推进“金融为民”特色工作。支持企业拓展“一带一路”市场。主动靠前一步服务，开展党员干部“一对一”挂钩帮扶活动，为福建省海安橡胶有限公司提供汇率风险规避外汇服务方案，指导主办银行工行枫亭支行优化金融服务，支持其拓展“一带一路”新市场，促进更好融入双循环发展新格局。规范落实“移民资产转移多次登记多次汇出”模式。规范落实年初全省首创的“移民资产转移多次登记多次汇出”创新模式，健全多元平衡、安全高效的资本项目管理体系，在加快建设现代化经济体系上取得更大进步。创新建立仙游县电商融资对接轮值模式。牵头建立人民银行、商务局、金融办三家轮值的电商融资对接模式，人行仙游县支行轮值主持召开仙游县2021年度第1次电商融资对接会，帮助仙游县抖音电商基地注入重要金融活力，为全市电商基地常态化管理提供生动样本。

【普惠金融示范】 2021年，人行仙游县支行探索金融服务台商台胞新举措。颁发台商台胞金融信用证书。3月9日，人行仙游县支行承办莆田市第一批台商台胞金融信用证书颁证仪式，为仙游台创园的27家台商企业和19名台胞颁发台商台胞金融信用证书，调动和激励台商台胞诚信经营的热情和意识。2021年，仙游县金融机构向仙游台湾农民创业园13户台企台农授信1105万元，覆盖种植、加工、制造等行业。多方调研座谈推动长效机制建设。会同仙游支行征信科、台创园管委会、银行保险机构、台商台胞代表召开金融信用证书应用场景政银企三方座谈会，梳理金融机构在提升台商台胞金融服务方面存在的障碍堵点，探讨金融助力台商台胞创业发展的工作思路和长效机制建设。深入台创园仙游县山益生态农业有限公司开展金融服务调研摸排活动，了解台商台企生产经营情况和金融服务诉求。举办“促进海峡两岸融合发展金点子”座谈会，听取支行青年有关两岸融合发展金点子。带领支行青年走访台湾农民创业园管委会，共商促进两岸融合发展系列工作措施。创新推动台资企业注册资本金工作。深入台资企业开展调研，与台创园管委会、台农台商多方交流协调，探索以个案核准方式允许园内台湾农民以其所获的工资、农场利润作为再投资资金进而认可其为新成立的台资企业注册资本金，破解台湾农民创业园发展阻点，为台商台胞解决关切诉求，促进海峡两岸经济文化深度融合。指导金融机构多方位加大金融支持力度。创新采取大陆股东（或台企股东大陆配偶）提供担保的方式为台企发放担保贷款，推动仙游县首批3笔150万元额度的台企大陆股东担保贷款发放到位；推动中国人民财产保险股份有限公司仙游支公司向台商台企延展涉农保险方案，针对需求推出“霜冻灾害一次性保险赔付方案”以及台风过境、病虫害等保险方案，帮助台农台企规避突发灾害风险，健全完善金融服务体系。提高台商台胞金融服务便利性和融资效率，针对最早入驻仙游台创园的台资企业莆田市山益生态农业有限公司，用一周时间完成240万元额度贷款的申请和发放。优化台商台胞金融服务。6月29日，《莆田晚报》刊登《“台农贷”破解台农创业“融资难”》。7月17日，《湄洲日报》刊登《“台农贷”助力破解融资难》。7月28日，《福建日报》刊登《仙游：“台农贷”助力破解“融资难”》。

深化“六个示范”普惠金融示范工作。巩固反假货币示范区成效，组织对仙游县赖店古玩城进行仿纪念币（钞）类物品开展重点排查，整治借庆祝建党百年名义从事商业谋利乱象。开展收缴假币工作，截至11月19日，辖区12家银行上缴4059张假币计23.43万元，其中柜面收缴1721张，非柜面收缴10张，公安收缴2328张。2021年，组织对辖区10家机构20个网点小面额人民币服务进行暗访。针对农村地区单一投放中小面额人民币新券问题约谈仙游农行、仙游农商行，加强对柜员培训，强调疫情常态化下做好人民币清分消毒工作。完善现金服务示范区建设工作。配合仙游中行组织仙游辖区银行网点开展后疫情阶段农村现金服务及运行环境调查问卷，深入乡镇、工厂调研，完成客户版问卷800余份、银行从业人员版问卷300余份，赖店助农综合服务区问卷120余份，为市行调研提供充足样本数量。开展“硬币自循环”宣传活动，搭建“硬币兑换平台”现场兑换13万余枚硬币计1.69万元。4月13日，《莆田晚报》刊登《仙游开展“硬币自循环流通”宣传活动，13万枚硬币获得“重生”》。重启国库会计档案整理工作，解决历史遗留问题，对

2010年到2019年10年间的国库会计档案进行整理归档，助力省级“县支库示范库”创建工作。开展对2020年5月1日至2021年4月30日期间国库相关业务的自查工作，发现问题按照相关制度要求进行整改，提升基层支库履职成效。省级“县支库示范库”创建工作取得成功，国库仙游县支库获评省级“县支库示范库”。推动整治拒收现金工作常态化，7月1日，与县政府办公室联合发文《仙游县人民政府办公室关于进一步畅通县行政事业性单位、公共服务机构及相关企事业单位等现金收付通道的通知》，加大辖区各单位宣传引导。

优化老年人金融服务。制定实施《中国人民银行仙游县支行优化老年人金融服务工作方案》，依托585个助农取款点进行升级改造，深化农村普惠金融服务点适老性工作。开辟老年人服务“绿色通道”。辖区各金融机构网点指定柜台开通“老人优先”绿色服务通道。优先满足老年人办理金融业务需求，减少老年人排队等候时间。提供配套助老服务设施。各营业网点为老年人配备多项助老设备，如老花镜、大字版点钞机、雨伞、血压仪等便利设备，营造舒适、温馨、轻松、愉悦的厅堂氛围。保留传统柜面。各银行业金融机构根据情况在各自网点保留一定数量的传统柜台，根据柜台数量配足小面额人民币。在涉农网点中加大中小面额现金实行原封新券单一投放，优化老年人使用现金整洁度。整治拒收现金。在《仙游县省级文明县城常态化创建三年规划（2021—2023年）》（征求意见稿）中建议加入“常态化整治拒收现金”，将拒收现金纳入各级文明单位考核扣分项目中。7月1日，人行仙游县支行与县政府办公室联合发文《关于进一步畅通仙游县企事业单位等现金收付通道的通知》，引导辖内各单位规范现金使用行为。开展整治拒收现金暗访工作。在暗访过程中，发现中国人民财产保险股份有限公司仙游支公司存在拒收现金现象，将线索移交市中支进一步调查，人行仙游县支行继续配合做好后续工作。针对行动不便、无法亲自办理业务的老年人，提供预约上门服务。仙游建行、仙游农商行、仙游邮储等银行可由工作人员携带平板等移动终端上门办理。线上远程服务。仙游民生银行、中信银行可通过手机银行——远程银行发起与远程柜员的视频通话，老年客户可进行业务咨询、业务办理等服务，可通过远程银行实现网银Ukey、存单等实物的寄送，实现足不出户办理银行业务。开通老年版手机银行。根据老年客群的核心金融需求及“不会用、不敢用”智能服务等难题，专门优化手机银行功能，设置大字版本，字体更大、图标更醒目，并对版本业务流程、页面字号大小等优化升级，降低老年客户的使用门槛。其他灵活服务。仙游建行对部分与智能技术之间的“数字鸿沟”大的老年人客户群体，可预留直系亲属手机号码作为联系方式；以及对部分不识字的农村老年人客户办理开户手续时，由老年人陪同人员或其他人签字，老年人盖指印确认即可。针对老年客户，推出特色适老产品。仙游海峡银行推出“颐悦人生”养老金融服务品牌并发行专属借记卡——颐悦卡；仙游中信银行建立“幸福+”老年客群服务体系，六大服务板块，聚焦老年用户痛点，提供解决方案，提升老年客户服务满意度；中信银行与中国老龄协会联合撰写《老年金融知识读本》，通过通俗易懂的案例、知识点阐释老年人如何保障自己的养老资金安全不被不法分子骗取；如何投资理财，让自己的财富得以有效传承等。

【**助力复工复产**】　2021年，人行仙游县支行引导信贷支持防疫和复工复产。开辟专用通道，指导各金融机构建立、启动快速审批通道，兴业银行仙游支行快速发放首笔1000万元贷款驰援莆田市仙游方舱临时隔离点的项目建设工程。召开金融支持复工复产指导会议。督促金融机构落实省、市、县关于统筹推进疫情防控和经济社会发展的工作部，加大两项直达货币政策工作、新增3000亿元支小再贷款政策以及福建省中小微企业纾困专项资金政策实施力度，要求金融机构不得盲目抽贷、断贷、压贷。9月10日新冠肺炎疫情，仙游县金融机构办理展期贷款64笔，涉及金额4397万元，完成转贷757笔，涉及金额2.93亿元，其中通过无还本续贷方式完成103笔，金额1.37亿元。优化信贷服务。指导金融机构创新工作方式，仙游农商银行推出“抗疫应急贷”产品，在客户信息采集系统建立借款人信用信息档案的前提下，运用数据分析及互联网技术进行评分评级和预授信，由客户自助申请、在审批通过后线上签订电子合同，依托“福农e贷”平台发放贷款。仙游工行在信贷客户贷款到期、客户资金紧缺、抵押登记查询中心未上班的情况下，通过多方协调，为公司客户办理转贷业务7笔，金额7135万元。关注特殊时期信贷支持需求。要求各银行机构加强对制造业、小微企业及民营企业等重点领域的信贷支持，如仙游农商行迅速推出抗疫金融专属产品与服务“战疫支农贷”专项产品，年利率4.55%，缓解小微企业、个体工商户因疫情造成的资金紧张；仙游农行向国家级专精特新“小巨人”企业——新万鑫公司发放知识产权质押专项授信贷款200万元，缓解公司货款支付压力，推动仙游县首笔“纯知识产权质押融资贷款”成功落地。加大金融支小支农力度。督促地方法人银行机构用好用足人民银行新增的3000亿支小再贷款政策，做到发放1.2亿元符合3000亿支小再贷款政策贷款。2021年，发放符合支农再贷款政策贷款2.56亿元，年底计划再完成0.8亿元。截至6月底，普惠小微贷款余额125.06亿元，比上年增长26.50%。截至三季度底，两家法人银行发放符合普惠小微企业贷款延期支持工具政策的贷款10.65亿元；发放符合普惠小微企业信用贷款支持计划政策的贷款3.23亿元；发放符合1万亿元再贷款再贴现政策的贷款5.80亿元。加快金融支持制造业发展步伐，优化县域经济信贷结构。按季度召开银行业金融机构信贷结构调整优化座谈会，对制造业负增长的金融机构上门督导。加强产品创新，如仙游农商行推出“巧匠贷”贷款产品。

好仙游县金融纠纷调处中心挂牌运营。联合县法院、县金融办印发《关于印发〈关于建立仙游县金融纠纷多元化解工作机制的实施意见〉的通知》。8月26日，牵头在大济法庭举办仙游县金融纠纷调处中心揭牌仪式，召开仙游县金融纠纷多元化解座谈会，为20名调解员现场颁发聘书，标志着县域金融纠纷多元化解机制建设取得突破性进展。8月28日，《仙游报道》刊登《金融纠纷调解按下“快捷键”仙游县金融纠纷调处中心揭牌成立》。8月30日，《湄洲日报》刊登《仙游县成立金融纠纷调处中心 首批20名调解员上岗》。据统计，金融纠纷调处中心首月就受理案件106件，办结案件105件，成功调解19件，涉案金额307.8万元。

做好疫情期间金融服务。做好国库资金拨付工作。配合财政部门拨付新型冠状病毒肺炎防控应急资金，会计主管与三名操作员迅速到位。当即通过小额支付系统向仙游县卫健局拨付疫情防控专项资金2笔，金额537.312万元，督促相关银行在资金到达后立即入账并通知有关单位，不得延迟入账挂账。截至10月11日，仙游县支库拨付疫情防控资金26笔，计金额5937.31万元。开展非接触式报解收入，9月13日通过非接触式的TIPS联机税票业务方式办理个人、企业等税收业务30笔，金额2009.83万元，占当日国库报解总收入的99.53%。加强现金防疫工作。收支分离，落实现金消毒长效机制。提早对辖内金融机构进行现金流通部署，约谈仙游农商行、仙游农行明确疫情常态化期间对现金管理工作的各项制度要求。疫情突袭而至后再次要求各网点执行收支两条线，将回笼现金单独摆放，避免二次污染，回笼现金消毒后存放14天以上方可投放市场，每日对放置现金实物的尾箱、出纳机具及电脑设备进行一日三消毒，增强高柜区域及机具设备消毒频次等，确保现金环境安全。更新设备，采购新型消毒灯、消毒柜，提升消毒工作质量。辖内金融网点在原有消毒设备的基础上。所有非城区网点投放20元及以下中小面额人民币时“以新逐旧”，实行原封新券单一投放。

【金融机构防疫】 2021年疫情防控期间，仙游县137个金融机构网点全部暂停营业。做好银行机构停止营业期间的业务引流工作，引导客户通过手机银行、微信银行、网上银行等线上渠道办理相关业务。第一时间建立全县银、保、证机构“一把手”入群的工作联系群，发布疫情防控要求，统一部署辖区金融机构网点停业、银行机构运钞车押送等工作。对仙游辖区银行、保险、证券机构开展全面排查，要求两个小时内报告机构网点暂停营业和员工核酸检测结果等情况。指导做好舆情监测管理。人行仙游县支行工会易建锋主席联手县总工会副主席、美团外卖仙游负责人伊志钢，组织爱心人士林威等人制作爱心消暑便当（含莲子、白木耳、红芍等食材）300多份，慰问战斗在一线的医护人员、警察和志愿者。党团员青年踊跃参与志愿服务，支行1名党员深入钟山镇开展疫情期间入户排查工作，团支部组织4名青年加入“仙游疫情流调志愿者”，依托大数据提供的电话号码逐一打电话进行流调，完成650户流调任务。9月14日，党员带头、全行干部职工响应，在职、离退休人员累计向仙游县红十字会捐款7600元。支行团支部迅速响应，成立“三队”（防疫志愿服务队、安全防疫宣传队、金融服务先锋队）。支行应对新型冠状病毒感染肺炎疫情工作领导小组发出通告，宣布成立“宣传小组”，开展抗疫先进事迹采风活动，收集宣传支行青年抗疫生动素材。开展“金融助力 守护仙游”抗疫先锋行动，做好抗疫资金拨付、金融信贷投放平台、现金服务“三个支持”，引导全行党员干部模范履行岗位职责，携手地方各部门阻击病毒、共渡难关。

（林子晗）

银行业

【中国工商银行仙游县支行】2021年1月，中国工商银行仙游县支行（简称“仙游工行”）新设立中国工商银行莆田郊尾支行，隶属仙游工行管辖。截至2021年12月31日，仙游工行本外币全部存款余额42.85亿元，比年初减少3.04亿元，增长-6.63%，各项日均存款42.08亿元，比上年末增长4.51亿元，增长12%。仙游工行机构金融业务2021年度经营绩效考评全市第一名。2021年，机构存款13.93亿元，比年初增加5.87亿元，时点和日均完成均全市第一。

2021年，仙游工行各项贷款40.86亿元，比年初增长2.81亿元，增长7.39%，其中公司贷款时点余额15.9亿元，比年初增加2.19亿元，公司贷款增量继续稳居四行前列。个人贷款余额24.63亿元，较年初增加0.95亿元；其中，个人住房贷款余额22.39亿元，较年初增加1.05亿元。公司不良贷款余额为零，达到近年最高水平，实现不良贷款余额、不良贷款率“双0”的目标。

2021年，仙游工行实现拨备前利润1.98亿元，比上年增长5.21%，完成年计划率100%。实现净利润1.47亿元，比上年增长28.64%，完成年计划率118.03%。利息收入2.1亿元，比上年增长9.88%，实现中间业务收入3700万元。

（陈其忠）

【中国农业银行仙游县支行】2021年，中国农业银行（简称“仙游农行”）贯彻落实省市农行2021年度党建和经营工作会议精神，围绕仙游县委、县政府经济发展战略，立足服务“三农”，开展“创服务品牌”，依法合规经营，抓好疫情防控，全行各项工作取得新的突破。

截至12月31日，仙游县农行各项存款余额97.17亿元，比年初增加14.49亿元。存款存量市场份额占全县所有金融机构19.98%，居第二位；增量市场份额占35.59%，居第二位。其中，个人存款余额79.43亿元，比年初增加4.11亿元；对公存款余额17.74亿元，比年初增加10.38亿元。全行核心存款日均余额90.33亿元，日均增量12.24亿元，其中个人核心存款日均增量6.04亿元、对公核心存款日均增量6.2亿元。

全行各项贷款余额45.56亿元，比年初增加5.63亿元。贷款存量市场份额占全县所有金融机构13.05%，居第四位；增量市场份额占15.36%，居第二位。其中，法人贷款余额21.19亿元，个人贷款（含信用卡）余额24.37亿元。

全行实现营业收入2.4亿元，比上年增加2471万元；拨备前利润1.78亿元，比上年增加2220万元；拨备后利润1.79亿元，比上年增加1.04亿元；净利润1.14亿元，比上年增加1.2亿元。

推广“一县一快农贷、一产业一快农贷”金融服务，支持全县特色农业产业发展，将文旦柚快农贷产品复制到仙游县的金溪茶产业、龙眼产业、枇杷产业、油茶产业、薏米产业、红木工艺小件产业和乡村振兴带头人（村“两委”）等，拓宽服务“三农”客户覆盖面，解决农户“贷款难、担保难、贷款贵”的难题，提升农户自身发展能力，增加农民收入。

（林智鸿）

【中国银行仙游支行】截至2021年底，中国银行股份有限公司仙游支行（简称“仙游中行”）各项人民币存款余额31.33亿元，比年初增加4.7亿元，增长17.64%，市场份额较年初增加0.46个百分点；各项外汇存款余额1337万美元，比年初增加53万美元，增长4.13%，市场份额较年初减少12.78个百分点；各项人民币贷款余额27.65亿元，比年初增加1.63亿元，增长6.28%；各项外汇贷款余额66万美元，比年初减少33万美元，下降33.33%。各项不良贷款余额8384万元，较年初增加4393万元，不良率3.11%。

截至2021年底，制造业贷款余额2.08亿元，1—12月累计投放2.85亿元。行信支持的特色产业有：鞋服、工艺美术、食品加工等传统支柱产业。截至12月底，特色产业授信余额1.29亿元。

截至2021年底，仙游中行绿色项目融资余额合计2.13亿元。

截至2021年底，民营小微企业贷款余额9235万元，较年初新增2729万元，增速41.95%；年新增批复民营小微贷款额度7417万元。为缓解企业资金周转压力并降低企业融资成本，仙游中行加大“中银接力通宝”产品的项目审批及发放，1—12月为小微企业办理无还本续贷2笔，金额1750万元。

截至2021年底，仙游中行个人经营性普惠贷款余额1.19亿元，较年初增加3064万元。

2021 年，仙游中行贷款均执行 LPR（贷款市场报价利率）。年新发放企业贷款平均利率 4.3%，较上年 4.49% 下降 19 个基点。

截至 12 月底，仙游中行按揭贷款余额 18.32 亿元，较年初增加 1.01 亿元，全年累计发放按揭 3.49 亿元；按揭不良贷款余额 1684 万元，较年初减少 346 万元。

（陈晓段）

【中国建设银行仙游县支行】 截至 2021 年底，中国建设银行股份有限公司仙游支行（简称“仙游建行”）一般性存款余额 29.39 亿元，年增 2.66 亿元。其中，对公存款余额 13.25 亿元，年增 1.43 亿元；个人存款余额 16.14 亿元，年增 1.23 亿元。日均余额 26.24 亿元，年新增 2.25 亿元。

各项贷款余额 43.91 亿元，年增 4.33 亿元，其中对公贷款 9.45 亿元，年增 1.70 亿元；个人贷款 34.45 亿元，年增 2.63 亿元。不良余额 6787 万元，逾期余额 6009 万元，完成分行第四季度控制任务。

2021 年，实现中间业务收入 3758 万元，居全市建行系统第 2 名；计划完成率 111%，居全市建行系统第 1 名。

2021 年，实现主营收入 1.62 亿元，全年计划完成率 104%，居全市建行第 3；实现账面利润 1.46 亿元，全年计划完成率 104%，居全市建行第 2。

2021 年，仙游建行对接政府重点项目，开立鲤东投资、凤博房地产、中裕新材料等重点账户，全年折算后对公有效客户数新增 156 户，居全市建行系统第二位。推荐客户用好抵押快贷、首户快贷、闽叶云贷、云税贷、薪金云贷、善担贷、高新技术贷等小微信贷产品，稳步推动普惠金融业务持续健康发展。全年人行口径普惠贷款余额 6.19 亿元，年新增 1.27 亿元，新增额居全市建行系统第一位；计划完成率 98%，居全市建行系统第三位。以优质高效的服务吸引客户，通过优化美化服务环境，加强厅堂引导，利用移动金融和智慧机具设备，统筹安排服务资源和线上、线下渠道，提高客户服务体验，促进个人金融产品销售能力提升。

（连清勇）

【兴业银行莆田仙游支行】 2021 年，兴业银行股份有限公司莆田仙游支行（简称“仙游兴业银行”）各项本外币存款余额 14.11 亿元，较年初增加 1.65 亿元。其中，单位存款 7.84 亿元，较年初增加 1.87 亿元；储蓄存款 6.27 亿元，较年初减少 0.22 亿元。表内贷款余额 16.57 亿元，较年初减少 0.44 亿元，其中企业贷款 12.75 亿元，个人贷款 3.82 亿元；表外资产余额 1.18 亿元，较年初增长 0.76 亿元。

2021 年，仙游兴业银行坚守普惠金融发展初心，聚焦服务小微企业发展，在普惠金融业务发展上，持续落实各项政策要求，推进普惠业务发展。

疫情期间，仙游兴业银行履行社会责任，做好辖区金融服务保障工作。联系多方援助力量，通过爱心接力方式将防护服、口罩、酒精等价值上万元医疗物资运抵仙游。

兴业银行总行通过莆田市财政局向仙游县总医院捐赠抗疫经费 100 万元。兴业银行莆田分行在 3 天的时间内为仙游县建工投资集团有限公司审批发放 2000 万元贷款，资金专项用于仙游县瑞峰工业园区方舱临时隔离点项目建设。

（傅堂敏）

【福建海峡银行仙游支行】 截至 2021 年 12 月底，福建海峡银行仙游支行（简称“仙游海峡银行”）各项存款余额 4.75 亿元，对公存款余额 3.21 亿元，储蓄存款余额 1.54 亿元。各项贷款余额 12.62 亿元，其中表外余额 7.05 亿元，表内贷款余额 5.57 亿元（对公贷款余额 3.74 亿元，个人贷款余额 1.82 亿元）。

截至 12 月底，不良贷款余额 143.5 万元，不良贷款率 0.26%。2021 年累计处置不良贷款 334.95 万元，逾期贷款金额 200.6 万元，逾期贷款金额较年初减少 164.14 万元。

仙游海峡银行推广“供应链 e 融资”，与核心企业合作，基于核心企业及其子公司与上游企业之间因真实贸易背景形成的应付账款，通过银行供应链“e 融资”金融服务平台为链属企业（上游供应商）提供保理融资、账款管理、账款催收等的金融服务。截至 12 月底，仙游海峡银行审批通过两笔供应链业务，金额分别为 2000 万元。

仙游海峡银行为落实台胞在仙游海峡银行办理信用卡政策，满足台胞在大陆的消费需求，更好地为台胞提供金融便利，走访当地台创园的台商企业。截至 12 月底，累计为台商企业主成功申办 4 张共 60 万元的信用卡。

结合仙游县实际情况，坚持以市场为导向，以经济效益为中心，对存量授信客户，执行“不断贷、不压贷”政策，针对纾困专项资金贷款客户提供绿色审批通道，采取优先审批、优先放款、优惠报价的政策。在做好疫情防控的前提下，推进支行各项业务稳步发展，助力县中、小微企业复工复产。

（郑玉萍）

【中国民生银行莆田仙游支行】2021年，中国民生银行莆田仙游支行（简称“仙游民生银行”）坚持规范经营，服务实体经济的总基调，扩展市场、培育客户，加大对民营企业、小微企业的资源支持和政策支持。截至2021年12月31日，中国民生银行仙游支行贷款余额10.59亿元，较年初增加3.03亿元。存款余额2.83亿元，较年初减少2292.65万元；存贷比374.39%。

为履行金融机构服务普惠金融的工作职责，仙游民生银行加大小微企业金融服务各项工作力度。截至2021年底，仙游民生银行普惠贷款4.02亿元，较年初新增1549.2万元，增长4%，其中普惠型小微企业和其他组织贷款余额3.99亿元，较年初新增1459.19万元，普惠型消费贷款余额337.01万元，较年初新增92.01万元。2021年1—12月，仙游民生银行新发放小微贷款平均利率5.61%，比去年发放的小微贷款平均利率下降0.88个百分点。为助力小微普惠，帮扶小微企业共渡难关，下调新发放小微企业贷款利率，降低小微企业综合融资成本。

截至12月底，仙游民生银行制造业贷款余额5.12亿元，较年初增加3.16亿元，增长160.88%。其中，红木家具制造业贷款余额1.29亿元，占各项贷款12.14%；零售贷款余额1.2亿元，公司贷款余额900万元，红木家具制造业有贷户143户，占支行有贷户15.08%。受行业风险的影响，2021年，仙游民生银行红木制造业信贷显下降趋势，为帮助红木客户缓解转贷难题，放开“无还本续贷”客户限制条件，为续授信客户降低准入门槛和融资成本。截至2021年底，仙游民生银行红木客户无还本重组续贷余额6542.06万元，占全年重组续贷余额73.87%。仙游民生银行支持红木行业发展，全年新增红木行业放款2555万元，累计33笔，未发生逾期不良情况。

12月31日，表内不良贷款余额2105.27万元，较年初新增228.25万元，不良率1.99%；表内逾期余额2682.03万元，较年初减少558.98万元。

仙游民生银行开展多场宣传活动，“3·15”消费者权益保护教育宣传活动、“6·14”信用记录关爱日宣传、“非法集体宣传月宣传”、“送国债下乡　助乡村振兴”、“2021年普及金融知识守住‘钱袋子’即金融知识万里行宣传活动”等。

（郑兰钦）

【中国邮政储蓄银行仙游县支行】2021年，中国邮政储蓄银行股份有限公司仙游县支行（简称“仙游邮储银行”），各项存款48.46亿元，较年初新增1.75亿元；贷款结余15.56亿元，较年初新增3.54亿元，贷款年净增量居全县金融机构第五名。2021年，落地国企信用贷3笔，金额2500万元；科技贷2笔，金额1000万元；发放纾困贷款23笔，金额1.04亿元。全年新建信用村22个，新评定信用户615户，累计发放信用村、信用户贷款9100万元。

（郑兆益）

【福建仙游农村商业银行】2021年，福建仙游农村商业银行（简称“仙游农商银行”）各项业务快速发展，存贷款余额及增量稳居全县银行业首位，并获评“福建农信2021年度业务十佳”。截至2021年底，各项存款余额149.55亿元，比年初增加17.55亿元（占同期全县银行业金融机构总增量41.87%），增幅13.29%，存款市场份额30.75%，比年初上升1.05个百分点。各项贷款余额114.42亿元，比年初增加14.33亿元（占同期全县银行业金融机构总增量

2月24日，仙游农商银行赖店支行为赖店镇前埔村村民严金建（左一）发放仙游县首笔农村集体资产股权质押贷款　（郑丽摄）

39.07%），增长14.32%，贷款市场份额32.76%，比年初上升0.74个百分点。2021年，缴纳各项税收8409万元，连续11年位居全县银行业机构首位。

2021年，仙游农商银行加大服务乡村振兴工作力度。在全市率先推出“福农·农股贷”，以农民持有的村集体股份经济合作社股权作为质押物，促进农民“股权变资产”，解决农民融资难、融资贵的问题；与福建省农担公司签订业务合作协议，宣传新型农业经营主体信贷直通车政策，发放全省首笔“新农直通贷”，为服务新型农业经营主体按下“快进键”。截至2021年底，发放“新农直通贷”52笔，金额1348万元；在辖区村（社区）聘任155名乡村振兴金融助理员，延伸服务乡村振兴触角。

2021年，仙游农商银行发挥地方金融主力军作用，支持仙游抗击新冠肺炎疫情及企业复工复产。加大信贷投放，支持企业复工复产，推广“战疫支农贷”，在疫情发生后第一时间推出“抗疫·九鲤复工贷”“抗疫·九鲤支农贷”“抗疫·九鲤应急贷”等抗疫九鲤系列专属信贷产品。针对出现暂时性经营困难、发展前景良好的中小微企业（含小微企业主、个体工商户），给予阶段性延期还本政策支持，帮助企业渡过难关。截至2021年底，存量支农再贷款1241笔，余额3.46亿元；支小再贷款429笔，余额1.2亿元；实施阶段性延本3168笔，金额10.83亿元。落实工作部署，推动纾困贷款发放，截至2021年底，发放纾困贷款41笔，金额0.99亿元。主动作为，发挥政务平台大数据作用，对接企业融资需求，截至2021年底，通过“金服云”平台累计发放贷款132户，金额2.89亿元。向全体员工下发《抗击疫情爱心捐款倡议书》，通过仙游县红十字会累计捐赠财物33.71万元（现金27.55万元，防疫物资6.16万元），为辖区乡镇捐赠各类生活物资600余箱（件）。

（黄　磊）

12月16日，仙游农商银行举行仙游县第三代社保卡发行仪式

（黄剑普　摄）

【中信银行仙游支行】 截至2021年12月31日，中信银行仙游支行各项贷款余额2.61亿元，与年初额持平。个人经营性贷款余额3879.14万元，比年初增加1563.47万元。个人零售存款余额22137.万元，年末比年初增加663.9万元，在零售个人管理资产上实现5450万的正增长。

截至2021年12月底，中信银行仙游支行普惠小微企业贷款户数17户，较年初增加7户；贷款余额3879.14万元，较年初增加1563.47万元，完成率150%；普惠小微企业年度累放贷款年化利率4.62%，较年初下降0.14%；

（肖文渊）

【招商银行莆田仙游支行】 截至2021年底，招商银行股份有限公司莆田仙游支行（简称“招商银行仙游支行”）各项人民币存款余额3.34亿元，其中对公存款余额1.08亿元，个人存款余额2.26亿元；各项人民币贷款余额5.3亿元，为个人贷款。不良贷款余额2723万元，不良率0.51%，公司各项资产质量良好，风险可控。2021年，招商银行仙游支行新创设医保贷、小企业结算流量贷产品。

（郑晓伟）

【福建仙游瑞狮村镇银行】 截至2021年12月底，福建仙游瑞狮村镇银行（简称“仙游瑞狮银行”）各项存款余额3.46亿元，各项贷款余额5.96亿元，全行各项资产总额7.42亿元，资本净额1.54亿元，资本充足率27.61%，主要监管指标平稳。

2021年，仙游瑞狮银行强化责任担当，坚持“立足县域、服务社区、支农支小”市场定位，以服务“三农”为经营宗旨，为仙游人民提供优质的金融服务。以助力实体经济复产复工为使命，持续强化小微企业金融服务。缓解小微企业融资难融资贵问题，做好金融支持稳企业保就业工作。适应经济新常态和金融环境新变化，围绕科学发展这一主题和走资本、规模、质量、效益协调可持续发展道路，落实仙游瑞狮银行服务“三农”和小微的使命。加强内部管理，推动普惠金融建设。

（叶春妹）

保险业

【中国人民财产保险股份有限公司仙游支公司】 截至2021年12月31日，公司全年实现保费收入1.31亿元，比上年增长1.04%，其中车险保费9889万元，比上年下降0.63%；非车保费2603万元，比上年增长7.47%；农险保费651万元，比上年增长2.69%。完成利润1075万元。截至2021年12月31日，仙游人保公司业务保费累计收入18.48亿元，累计各项赔款10.1亿元。截至12月31日，仙游人保财险公司向仙游县地方税务累计交纳税款1.71亿元，连续26年为仙游县“纳税大户”。2021年，支付各项赔款8469万元，简单赔付率63.89%，实现利润1075万元。全年上缴地方税收1673万元。

（黄开国）

【中国人寿保险股份有限公司仙游县支公司】 2021年，中国人寿保险股份有限公司仙游县支公司（简称“仙游国寿公司”）三个销售渠道均衡发展，完成各项主要预算目标。公司连续6年被总公司列为全国系统“双百强”单位，连续2年被县委、县政府评为“服务地方发展贡献奖”，获仙游县“文明单位”称号。

2021年，仙游国寿公司实现总保费3.27亿元，比上年增长6.04%。其中，长险首年期交保费6455.61万元，10年期及以上期交保费3727.51万元，保障型保费3021.15万元，短期险保费3520.15万元。保障型保费收入占比60%以上。团险渠道保费规模连续三年居全省综合性公司第一位。

2021年，仙游国寿公司吸收近800位下岗职工或待业人员到公司工作。公司开展计生家庭意外伤害保险、女性安康保险、老人险和惠民小额保险等政保合作业务。2021年，公司累计缴纳地方税款276万元，为仙游地方经济建设作出贡献。

9月17日，仙游国寿公司向县教育局捐赠N95口罩3000个，防护服及面罩300套；向县红十字会捐赠儿童医用口罩2万个。疫情防控期间，仙游国寿公司20多位员工参与抗疫。

（魏德水）

证券业

【兴业证券股份有限公司仙游鲤城街营业部】 兴业证券股份有限公司仙游鲤城街证券营业部（简称“兴业证券仙游营业部”）开展A股、B股、港股开户，以及基金理财、投资顾问、基金投顾、家族信托、融资融券、期货期权、私募托管、政府和企业投融资需求的对接、优质企业IPO（首次公开募股）等业务。存量资产约8亿元，各种金融产品1亿元，年创收700万元左右。

（张德仙）

【恒泰证券仙游营业部】 截至2021年12月31日，恒泰证券股份有限公司仙游学府东路证券营业部（简称“恒泰证券仙游营业部”）开发2329名客户，托管总资产1.59亿元。营业部资产总额929.57万元，营业收入175.79万元，其中融资融券收入50.49万元，营业支出231.19万元。

（郑章文）

【华福证券仙游营业部】 2021年，华福证券有限责任公司仙游尚书街证券营业部（简称“华福证券仙游营业部”）坚持创新发展和合规经营并重，提供包括证券经纪、融资融券、资产管理、保荐承销和新三板主办等完整的证券全牌照业务服务。截至12月31日，营业部客户数3.95万户，托管客户资产23.48亿元，营业部收入1903万元，分别被市委市政府、县委县政府授予“2021年突出经济贡献奖”。

（王怀瑾）

【东方财富证券股份有限公司仙游营业部】 2021年，东方财富证券股份有限公司仙游学府东路证券营业部（简称“东方财富证券仙游营业部”）经营证券经纪；证券投资基金代销；与证券交易、证券投资活动有关的财务顾问；证券投资咨询；代销金融产品；融资融券。营业部开业。截至2021年底，纳税额度9000余万元，在全市排名前30，分别被市委、市政府，县委、县政府授予“2021年度突出经济贡献奖”。

（郑宁）

农业　农村

综述

【概况】 2021年，仙游县农业农村局（简称“县农业农村局”）落实党中央及省市决策部署，发挥农业“压舱石”作用，脱贫攻坚成果同乡村振兴衔接，把住粮食安全主动权的战略要求，结合实际，优先发展农业农村，农业农村经济发展呈现出稳中有进、提质增效的态势。2021年，全县农林牧渔业总产值43.07亿元，比上年增长4.6%（增幅居全市四区一县第2位）。

【脱贫攻坚与乡村振兴】 2021年，县农业农村局把脱贫攻坚成果同乡村振兴有效衔接作为工作重点，学习习近平总书记在全国脱贫攻坚总结表彰大会上的重要讲话精神，落实中央5年衔接过渡期和“四个不摘”要求，巩固好脱贫成果，确保过渡平稳有序。

“一键报贫”核查　2021年，受理农户申报1191户，涉及18个乡镇（街道）297个村。各地组织干部448人次开展核查。

造福工程　摸排全县20个造福工程集中安置区基础配套设施情况，下达钟山镇造福工程集中安置区、书峰乡四黄新村安置区、菜溪乡园宅旧村复垦安置区、菜溪旅游新村4个安置区后续扶持补助资金695万元。

帮扶政策　2021年，下拨脱贫户产业扶持资金870.5万元，为2254户脱贫户解决资金紧缺问题；全县有产业扶贫基地131个，带动脱贫户入股732户，提供就业岗位688个。为589名脱贫户落实公益性岗位，公益性岗位贫困人口覆盖率100%；生态护林员聘用贫困对象19人。2021年，全县建档立卡多层次医疗保障体系落实待遇5.95万人次，医疗总费用4959.21万元，补偿4539.42万元，医疗费用总报销比例91.53%。2020年10月至2021年9月，对年累计医疗报销费后仍自费5000元以上的146户脱贫户，予以补助47.75万元。组建家庭医生服务团队229个，覆盖率100%。落实教育补助611.26万元，其中建档立卡学生受助2820人次，补助160.39万元；发放395人脱贫对象学生高校补助资金197.5万元；发放530人脱贫对象学生“雨露计划”158.7万元；县扶贫促进会对不符合国家资助条件的23名初三学生、6名高三学生给予兜底补助1.74万元。7月，县住建局牵头排查脱贫户住房结构安全存在漏雨透风等影响居住质量情况，排查14户，予以每户2万元补助，补助28万元，镇村负责组织修缮；县扶贫促进会对9户因住房问题而需要新建（翻建）的脱贫户，给予每户2万元补助，补助18万元。全县有扶贫小额存量贷款536户2248.33万元，执行贴息资金拨付程序，全年发放财政贴息资金112.24万元。抓好疫情防控工作，下拨两批次疫情防控物资补助资金196.72万元，发放623户困难脱贫对象生产生活补助171.5万元，县扶贫促进会对受疫情影响有返贫风险的159户脱贫对象，每户补助3000元（其中1户感染新冠脱贫户补助5000元），发放补助47.9万元。

【农产品生产】 2021年，县农业农村局实施“藏粮于地、藏粮于技”的战略，抓好“米袋子”“菜篮子”和生猪稳产保供。加大农业补贴力度，提高种粮效益。加大高标准农田建设力度，统筹抓好水果、蔬菜、肉蛋奶、水产品等各方面生产，满足人民群众多样化需求。

重要农产品生产　2021年，县农业农村局将市级下达任务1.36万公顷、产量8.41万吨的粮食生产指导性计划分解到18个乡镇（街道），乡镇（街道）将粮食生产任务分解到各村（社区），抓好稻谷、薯类、玉米三大重点粮食作物，压实粮食安全党政同责。全年粮食播种面积1.36万公顷，比上年增加1.13公顷，比市下达指标增加3.6公顷；粮食总产量8.44万吨，比上年增加0.02万吨，增长0.3%，比市下达指标增加0.03万吨，增长0.3%。其中，早稻3840公顷、2.61万吨，中稻2866.67公顷、2.02万吨，晚稻3533.33公顷、2.21万吨，薯类1440公顷、0.86万吨，豆类1173.33公顷、0.39万吨，杂粮733.33公顷、0.34万吨。盯住年度目标任务，发展生猪生产，促进畜牧业转型升级。加快正邦等新建生猪养殖项目建设进度，落实新增产能。推动养殖场改扩建项目建设，加快产能恢复。通过项目带动，发展高科技、生态化、智能化养殖，提升标准化水平，推动生猪产业发展，确保2021年生猪存栏量不低于18万头。2021年，全县在产生猪规模养殖场54场（复养24场，新投产4场），存栏生猪12.09万头（其中母猪存栏约1.3万头），出栏生猪18万头。

惠农补贴政策　2021年，耕地地力保护补贴发放户数16.62万户，补贴面积1.71万公顷，补贴标准每亩85.63元，发放补贴资金2215.23万元。实施农作物生产全程机械化行动，2021年省厅下达农机购置补贴资金407.5万元，拨付购机补贴资金九个批次387.7万元，资金使用率95.14%，补贴各类农业机械813台套，受益农户599人。对10.32万户农户和106个农村新型经营主体发放种粮一次性补贴，每亩补贴18.52元，发放补贴资金237.72万元。支持新型农业经营主体打应急灌溉井36口，县级补贴资金26.76万元。

高标准农田建设　2021年，推进“藏粮于地、藏粮于技”发展战略，将高标准农田建设作为主要保护粮食安全生产和提升耕地的重要抓手。全县高标准农田建设任务1233.33公顷，截至年底，通过在建项目竣工验收，完成上图入库1686.67公顷，超额完成年任务；全县立项申报14个项目，建设总规模1253.33公顷，财政总投资3015万元。

【特色现代农业】　2021年，县农业农村局以度尾文旦柚产业园、温室大棚蔬菜基地、金沙薏米基地和首批国家农作物品种展示评价基地为载体，引进、推广新型农技设备，提高全县农业生产机械化和信息化程度。推进现代种业创新与产业化工程，农作物良种覆盖率、优质专用率分别超过98.5%、86.5%。提升“国家农产品质量安全县”建设水平，健全农产品质量安全监管追溯体系，加强品牌农业建设。开展农产品“三品一标”认证，全县农产品“三品一标”新认证10个以上。2021年，认证无公害农产品14个，绿色食品6个。

农业机械化　2021年，县农业农村局实施主要农作物生产全程机械化行动，制定印发《2021年仙游县农作物全程机械化推进行动实施方案》和《抓好全程机械化有关工作促进粮食稳产增产实施方案》，加快补齐机械化高效种植、收获、植保、烘干等短板，获评第三批省级主要农作物生产全程机械化示范县。全年组织6500台农机和农机作业服务组织大规模参与农业生产，开展水稻耕、种、收、管等全程机械化服务。投入购机补贴资金366万元，支持农户购置新农机778台套，主要农作物和水稻耕种收综合机械化率71.54%和78.8%，比上年增长1.74%和2.94%，农机作业服务组织作业完成1.09万公顷。

种质资源保护开发利用　开展种质资源普查与补采集工作，补采集资源样品12个、资源活体8个，保证种质资源普查工作验收。依托首批国家农作物品种展示评价基地，支持意达科技加快种业平台建设及技术攻关。开展2021年省级农作物新品种试验示范推广工作，督促相关企业做好80公顷核心示范片建设。

农产品质量安全监管　2021年，全县有福建名牌农产品2个（仙溪乌龙茶、仙溪文旦柚），福建区域公用品牌1个（度尾文旦柚），“三品一标”农产品102个、国家地理标志农产品5个（度尾文旦柚、金沙薏米、书峰枇杷、仙游郑宅茶和仙游甜柿）。完成农产品质量安全快速检测1.5万批次，其中县级完成3635批次，乡镇完成1.14万批次。完成省市农产品质量抽检513批次，县级第三方检测221批次。全年线上平台开具农产品合格证/追溯凭证产品1.57万批次。608家办理营业执照且从事农产品生产的主体纳入福建省食用农产品达标合格证与一品一码追溯并行系统管理。

【农业生态环境】　2021年，县农业农村局落实习近平总书记生态文明重要思想和治理木兰溪的重要理念，做好农业面源污染防治工作。围绕中央、省、市、县中央环保督察及“回头看”，通过逐一对照排察、发现问题、制定方案、落实整改措施，农业面源污染防治工作取得成效。

耕地土壤环境监测　2021年，强化土壤污染源头预防、风险管控和治理修复，提升土壤环境质量，确保农产品质量安全。完成农产品产地环境长期定位监测，全县65个省控点和2个国控点农产品样品采集与送检工作，检测数据补充完善耕地土壤环境质量数据库。全县开展受污染耕地安全利用面积1026.67公顷，严格管控类11.13公顷，安全利用率93%以上，在度尾镇建成水稻区可持续发展安全利用示范基地79.57公顷。

畜禽水产养殖整治　2021年，开展畜禽养殖“反弹复建”整治工作，完善畜禽养殖长效管理机制。成立督查组，定期或不定期对各乡镇畜禽养殖场进行督查，确保“发现一处，拆除一处”。全县排查整治畜禽“反弹复建”养殖场104场，整治面积1.44万平方米，缩减畜存栏0.33万头、缩减禽存栏0.59万羽。规模养殖场粪污处理设施装备配套率100%，粪污综合利用率94.49%。

加强水产养殖尾水治理监管工作，确保达标排放。制定出台《仙游县农业农村局关于印发〈仙游县淡水养殖治理专项工作方案〉的通知》，开展木兰溪淡水养殖场尾水整治工作，加强对淡水养殖场尾水排放监管。全县淡水养殖场44家采取尾水初步治理措施，其中尾水治理采用循环水12家，生物降解+农田吸纳32家。在全省率先推广安装淡水养殖场尾水在线监控设备，安装7家。全县无超规划养殖、网箱养殖情况。

化肥农药减量化　2021年，实施化肥农药使用量零增长减量化行动，采取推广测土配方施肥、耕地质量提升、化肥减量增效示范、推广病虫害绿色防控、统防统治、重大病虫害监测体系建设和农药减量控害等技术措施，完成推广测土配方施肥技术面积3353.33公顷次，推广绿色防控5.43万公顷次，专业化统防统治3.29万公顷次。2021年，全县化肥使用量（折纯）1.93万吨、农药使用量885吨，分别比上年减少3.13%、5.35%。1月29日，在全省种植业工作视频培训班上，仙游县作为全省7个交流县之一。

农业清洁化生产　2021年，深入田间地头宣传农作物秸秆禁烧及综合利用等工作，在田间地头、乡村街道等醒目地方张挂秸秆禁烧及综合利用宣传横幅600多条，张贴发放宣传单6000多份。农作物秸秆综合利用率96%。解决农田残膜污染，发挥市场主体和行业协会等社会组织的作用，逐步建立健全农膜和农药包装废弃物回收再利用激励机制，全县种植业废旧农膜回收率86.1%。全县建立农药包装废弃物回收点3个，回收农药包装废弃物33.63吨；在全县9个试点乡镇、168个行政村开展肥料包装废弃物回收处理试点工作，设立肥料包装废弃物回收点21个，回收处理肥料包装废弃物17.93万个（袋、瓶、桶、罐等），共17.14吨。

【农业信息服务】　2021年，仙游县实施乡村振兴战略，坚持“服务三农”宗旨，开展农村信息进村入户工作，创建“12316”农业信息服务文明行业。“12316”农业服务热线接到群众来电咨询147次，来访咨询359人次，现场指导701次、群众在现场接受指导1729人，举办技术培训班41场、参加人数2900人，组织农技人员下乡731次1531人次，挽回经济损失530多万元、新增经济效益510多万，发放宣传手册1500多份、相关技术指导及技术培训资料3000多份，举办场外宣传推介及技术培训、“放心农资下乡”、农民田间学校活动3场，宣传培训1500多人次，结合这些活动，发动群众使用“12316”手机农务通App和福建“12316”微信小程序。制定并落实本县窗口建设方案，落实“12316”视频咨询专家周排班与值班工作制度，每周1次，每月4次，每季度12次，做好工单信息登记工作，登记率100%。发布农业资讯33条，全年举办“12316”使用培训工作4场。在福建省信息进村入户平台发布农业新闻390则、惠农政策54则、政策解读16则、抗疫防疫80则、病虫情报24期。

【新型职业农民】　2021年，县农业农村局以提升农民综合素质、职业技能和创业发展能力为核心，打造一支有文化、懂技术、善经营、会管理的高素质农民队伍，为实施乡村振兴战略和发展现代农业提供人才和智力保障。突出产业导向，开展高素质农民培训，开展高素质农民培训（省级资金）21期63个班次，完成培训3051人次，开展高素质农民培训（中央资金）21期，完成培训1041人，其中线下培训841人，线上线下融合试点培训200人。

【新型农业经营主体】　2021年，仙游县有农民合作社790家，覆盖蔬菜、茶叶、食用菌、水果和畜牧、农机等主导产业，形成“产、供、销”一体的发展模式。培育农民合作社示范社34家，其中国家级1家、省级 6家、市级4家、县级23家。全县注册登记家庭农场419家，种植业407家，林业、畜牧、渔业等12家，县级及以上家庭农场示范场34家，其中省级23家、市级7家、县级11家。拥有注册商标的家庭农场16家，拥有无公害农产品证书的13家，绿色食品证书的2家。开展省级农业产业化重点龙头企业监测和增补工作，全县8家企业通过省级农业产业化重点龙头企业监测，2家企业增补为省级农业产业化重点龙头企业。按照农业产业化市级龙头企业“动态管理、优胜劣汰”原则，开展新一轮农业产业化市级龙头企业评定工作，全县新增10家市级农业产业化龙头企业。

【农业综合行政执法】 2021年，仙游县开展农业综合行政执法活动，出动执法人员1529人次，检查主体423家次。立案农业执法案件19起（当年度结案18起），罚没款21.38万元。移送私屠滥宰涉刑线索1条，县公安局受理；农药领域案件立案2起，办结2起，收到罚没款1.01万元；肥料领域案件立案1起，办结1起，收到罚没款0.05万元；农产品质量安全领域案件立案7起，办结7起，收到罚没款1.7万元；生猪屠宰领域案件立案4起，其中移送公安处理1起，办结3起，收到罚没款16.28万元；动物检疫领域案件立案4起，办结4起，其中简易程序3起，收到罚没款2.34万元；渔业领域案件立案1起，办结1起，收到罚没款0.5万元。

【乡村振兴】 2021年，县农业农村局做好农村人居环境整治三年行动，以22个省级乡村振兴试点村为重点，抓好“五年提升行动”，巩固“一革命四行动”成果，开展农村人居环境整治活动，把村庄清洁行动与农村生活垃圾污水治理、村庄绿化亮化、乡村产业发展、乡村文明建设有机结合，村容村貌得到整体提升，涌现一些典型治理经验。榜头镇光埔村把改善农村人居环境作为实施乡村振兴战略的重要抓手，以垃圾清理、污水治理、裸房整治、村道硬化、村庄绿化为整治重点，整村按户免费分发干、湿垃圾桶，成立6名专职保洁员为主的环境整治队伍，每名保洁员可精准划片对接500户，实现光埔的“洁、净、美”，助力乡村振兴。

2021年初，坚持示范引领、典型带动，发挥山区、平原、沿海不同的资源优势，依托北部山区富美乡村示范带、木兰大道宜居宜业示范带、滨海新城产城融合示范带，划定“木兰溪源头”“北部休闲农业”“党建+”“美丽乡村+”“旅游+”“文化+”6个乡村振兴示范区，以省级22个乡村振兴示范村为重点，打造不同类型、不同梯次的乡村振兴样板。坚持“资金跟着项目跑”工作思路，重点抓好22个省级乡村振兴试点村项目策划和推进工作，确保乡村振兴专项资金落地见效。2021年，全县策划生成22个省级试点村和实绩突出村（光埔村、四黄村）项目，项目165个。完成投资2.1亿元，投资额完成率105.16%，完工项目165个，项目完工率100%。

2021年，围绕农村建设品质提升重点任务清单，将任务落实到具体项目上，明确责任部门和推进节点措施。排查重大危险房屋28栋，整治到位，按照省市要求，完成将经营性自建农房录入系统。新改建农村公路12千米，完成路面铺设里程20.33千米。10月17日，公交化改造仙游至游洋的农村客运班线，开通公交线路，投入车辆7部，总投资70万元，线路编号661，线路主要途经仙榜路、赖榜路、纵三线，票价按现行农村客运票价的标准下浮10%收取。仙游至石苍、菜溪、凤山3条山区客运班线完成公交化改造，并新增仙游汽车站至菜溪公交高速专线。布局城乡一体化工程，按时序推进项目建设。4月12日，印发《仙游县村庄规划编制三年工作计划（2021—2023年）》，2021年计划完成36个“多规合一”实用性村庄规划编制任务，完成36个（19个省级乡村振兴试点村）新一轮村庄规划编制。截至年底，乡镇3390栋农房整治名单落实到户，完工3788栋，完工率111.74%。推进名镇名村或传统村落保护和整治提升。推进盖尾镇前连防洪景观（一期堤岸修复工程）、盖尾镇前连防洪景观（一期道路硬化及路灯工程）2个项目建设，完成前连溪征地与清淤等工作，堤岸修复，完成修建300米堤岸，完成投资额105万元。10月，县分类办联合义工和村委人员继续入村入户面对面宣传，分发分类倡议书3000份。10月29日，召开县级现场会总结推广农村生活垃圾分类工作经验，完成14座垃圾分类屋工作。2021年，全县完成创建初级版“绿盈乡村”228个，中级版45个村，高级版2个村，完成一村一报告的收集工作，对228个村开展走访。石苍乡济川村新时代农村社区建设计划投资2200万元，年计划投资500万元，涉及地块的坟墓迁移、地面物清理等，进入扫尾阶段，完成投资1674万元。

（林 志 郑丽娜）

2021年，龙华镇加快特色产业融合发展。图为龙华镇金溪茶叶基地

（唐 伟 摄）

种植业

【概况】 2021年，仙游县主要农产品生产总量43.29万吨。其中，谷物7.18万吨，比上年减少0.6%；薯类8603吨，增长4.0%；豆类3923吨，增长8.0%；油料8676吨，增长3.8%；甘蔗3365吨，减少18.8%；中药材952吨，增长2.8%；蔬菜13.05万吨，增长6%；瓜果2259吨，增长6.4%；食用菌2.49万吨，减少3.3%；茶叶3165吨，增长3.8%；园林水果12.49万吨，增长4.5%；肉蛋奶产量3.73万吨，增长3.1%；水产品1.59万吨，增长4%。

【重大植物疫病防控】 2021年，县农业农村局采取科学措施，加强重大植物疫病防控。

重大病虫测报防控　全县设立水稻测报点5个、龙眼测报点1个、枇杷测报点1个、文旦柚测报点1个、鼠情监测点1个、红火蚁监测点2个、橘小实蝇监测点10个、草地贪夜蛾监测点20个。全年各类病虫草鼠螺害中等发生，发生面积12.54万公顷次；发布病虫情报9期1800份，新闻稿6篇，手机短信15期4000条，农业信息21条，培训测报技术1230人次；各类病虫草鼠螺害累计发生11.34万公顷次，防治21.09万公顷次，挽回产量损失2.89万吨。

绿色防控和统防统治技术　钟山镇南兴村（水稻）、钟山镇朗桥村（水稻）、游洋镇梧椿村（蔬菜）、度尾镇中岳村（青枣）建立绿色防控（兼统防统治）示范区76.67公顷，融合推广面积1466.67公顷。推广健身栽培技术、性诱技术、太阳能杀虫灯诱杀技术等绿色防控技术以及无人机施药技术。2021年，推广绿色防控面积5.43万公顷次，专业化统防统治面积3.29万公顷。

柑橘黄龙病专项防控　度尾镇15家专业合作社（公司）或家庭农场，实施柑橘黄龙病专项防控面积439.33公顷，辐射面积1693.33公顷。专项防控果园柑橘木虱虫口密度减退率100%；果园黄龙病防

鲤南茶叶种植基地（2021）　（余立凡 摄）

除后平均株病率 0.38%。采用纳米农药和改进喷雾技术，建设 8 个农药减量示范点 80 公顷，示范点平均减少农药使用量 19.33%。

红火蚁专项防控　2021 年，发生面积 7176.27 公顷次，防治面积 8729.4 公顷次。

草地贪夜蛾监测与防控　2021 年，草地贪夜蛾发生面积 87.36 公顷，防治面积 177.23 公顷次，均在玉米上为害，虫害防控处置率 100%，损失率 2.46%。设立 20 个监测点，培训农技人员和监测人员 8 期 280 人次，发放草地贪夜蛾防治药剂（甲氨基阿维菌素苯甲酸盐）162 千克，诱捕性器具 250 套。

（林志　郑丽娜）

畜牧业

【概况】　2021 年，仙游县畜牧局（简称“县畜牧局”）以市场为导向，以经济效益为中心，以农民增收为目的，调整养殖业结构，改善养殖生产环境，勤政务实，搞好服务。2021 年，全县生猪存栏 11.2 万头，出栏 15.9 万头；禽存栏 186.86 万羽，出栏 817.62 万羽；牛存栏 0.36 万头，出栏 0.15 万头；羊存栏 1.97 万头，出栏 3.33 万头。肉蛋奶总产量 3.75 万吨，比上年增加 3.62%。肉类总产量 2.45 万吨，比上年增加 5.26%，其中猪肉产量 1.29 万吨，增加 32.26%；禽肉产量 1.16 吨，下降 13.99%。禽蛋产量 1.18 吨，增长 2.25%。畜牧业产值 10.36 亿元，增长 7.8%。

【动物疫病防控监测】　2021 年，仙游县使用高致病性禽流感灭活苗 220 万毫升，免疫高致病性禽流感 267.9 万羽（其中鸡 95 万羽，鸭 172.9 万羽），应免禽免疫率 100%；使用口蹄疫灭活苗 45.3 万毫升，免疫猪 26.9 万头，牛口蹄疫免疫 0.7 万头，羊口蹄疫免疫 3.6 万头，应免畜免疫率 100%；使用小反刍兽疫疫苗 3.8 万头份，羊小反刍兽疫免疫 3.8 万头，应免畜免疫率 100%。健全动物疫病可追溯体系，实施免疫标识制度，佩戴免疫标识 18.7 万套、发放免疫证 2 万本，发放消毒药品 5.7 吨。加强重大动物疫病的防控，强制免疫后开展对高致病性禽流感、牲畜口蹄疫、猪瘟、高致病性猪蓝耳病进行免疫效果监测工作，全年检测口蹄疫 4038 份（猪口蹄疫 2218 份，牛口蹄疫 242 份，羊口蹄疫 1578 份），禽流感 5694 份，野鸟 H5 病原学 40 份，蓝耳 1109 份，猪瘟 1111 份，布病 1200 份，小反刍兽疫 789 份，非洲猪瘟 1777 份，合计监测 1.58 万份，强制免疫抗体合格率均高于农业农村部规定的≥ 70% 的要求。

【非洲猪瘟防控检测】　2021 年，县畜牧局定期开展对生猪养殖场、生猪屠宰场、运输车辆、猪肉交易市场等非洲猪瘟病毒环境污染情况进行风险监测。全年检测猪肉品、全血样品及环境样品 1777 份，检测结果均为阴性。

【动物疫病流行病学调查】　2021 年，县畜牧局掌握流通领域疫情动态，防止疫情传入和传出，确保畜牧业健康发展和人民群众生命安全。采集野鸟粪便样品 120 份，送省动物疫病预防控制中心作病原检测；协助省疫控中心对 10 个规模养殖场开展猪群疫病和猪群结构调查。

【病死猪无害化监管】　2021 年，仙游县 74 家企业取得动物防疫条件合格证，其中 1 家屠宰场，1 家肉羊场，1 家肉牛场，13 家禽场，58 家猪场，均安装病死猪无害化处理监控设备。全年受理并上报病死猪无害化处理补助 2219 头。

【动物检疫监督】　2021 年，仙游县产地检疫 8.11 万头，屠宰检疫 22.1 万头。全县范围内检测克伦特罗、莱克多巴胺、沙丁胺醇各 1.03 万头份，抽检的生猪“瘦肉精”尿样结果全部阴性，检测合格率 100%。

【畜禽养殖污染治理】　2021 年，仙游县 68 个畜禽规模养殖场配套污染治理设施，推进畜禽粪污资源化利用项目（2020—2021 年项目）建设，年底竣工；全县畜禽粪污资源化利用率提高到 95% 以上。

【高风险处置场复产复养】　2021 年，县畜牧局通过相关政策宣传、技术指导，改造升级养殖场生物防控设施。全县受非洲猪瘟疫情影响的 33 场生猪养殖场，复养 20 场，增加母猪 0.6 万头，增育肥猪 5.12 万头。

【大型养殖企业】　2021 年，仙游县引进大型养殖企业正邦集团投产养殖生猪项目。该项目投资 30 亿元，计划在仙游建设年出栏 60 万头生猪生态农业循环项目，配套种植、有机肥、生物饲料生产基地、福建省总部办公大楼、屠宰场及肉食品深加工等全产业链项目。一期选址初步确定在大济镇北山村，建设4PS+GP600仔猪繁殖基地及年出栏量20万头商品猪育肥基地（种猪存栏约1.35万头、育肥猪存栏8.4万头），占地面积53.33公顷，配套污水处理、粪污资源化利用等环保设施，形成种养结合循环农业项目。2021年，完成2幢存栏8.4万头育肥区建设，推进其他配套设施建设。

【畜禽粪污资源化】 2021年，畜禽养殖废弃物资源化利用整县推进项目完成并验收养殖场项目32家、种植消纳示范基地1家、第三方社会化服务中心1家，推进剩余养殖场项目及有机肥厂项目建设。

【饲料抽检】 2021年，县畜牧局抽检2批次，21个饲料样品，涉及14个养殖场、5个经营店。经检测，样品合格。

（吴宇锋）

农业机械化

【概况】 2021年，仙游县农业机械化发展中心（简称“县农机化发展中心”）坚持服务“三农”宗旨，推动农业机械化全程全面和高质量发展，开展农机购置补贴、农机化示范推广和农机安全生产等中心工作，实施主要农作物生产全程机械化推进行动、创建省级主要农作物生产全程机械化示范县、开展农机安全三年整治行动、安全生产月、多功能拖拉机整治等活动。全年发放惠农购机补贴资金387.7万元，受益农户599人（户）；主要农作物和水稻耕种收综合机械化率71.54%和78.8%；检查拖拉机344台，注册登记9台，新训G2驾驶人换证51本。

【强农惠农政策】 2021年，县农机化发展中心按照补贴实施方案和补贴产品核验工作的要求，做好申请材料把关、信息公开、机具抽查和补贴资金的监管工作。全年发放购机补贴资金九批次387.7万元，结算农户购机补贴申请685份，补贴各类农业机械813台套，受益农户599人（户）。省农业农村厅下达仙游县购机补贴资金407.5万元，被购机农户申请完毕，资金使用率超过100%，实现资金使用“零结余”。全年补贴报废农机46台，实现全县农机报废补贴工作“零的突破”。开展机具抽查核验14次，涉及农户41户，机具142台套，重点抽查核验补贴额较大的机具，推动购机补贴工作开展。

开展水稻和马铃薯生产机械化演示会和农机安全宣传咨询日等活动，现场宣传介绍农机购置补贴政策、补贴申请具体程序，发放《农机用户购机指南》、农机补贴政策宣传手册、宣传单和宣传袋300余份，现场解答有关农机购置补贴的政策咨询。推广手机App，鼓励农户使用App申请补贴，方便农户快捷掌握补贴政策动态。在莆田市“农机购置补贴信息公开专栏”和单位信息公开栏上，公开实施方案、补贴申请程序、补贴额一览表、补贴机具信息表、享受补贴购机者信息表和投诉咨询方式等重点信息，全县农机购置补贴信息公开率100%。

【农机示范推广】 2021年，县农机化发展中心建设仙游县晋龙农机合作社水稻生产全程机械化示范基地，完成水稻机械化耕整地、插秧、植保、收获4个环节万亩以上。建设甜柿生产全程机械化示范基地，投入液体搅拌机、喷雾机和山地田园作业管理机等机具，完成管、收（运）等环节千亩以上的机械化作业服务。

2021年，市农机总站在晋龙合作社水稻基地和富洋合作社马铃薯基地举办水稻和马铃薯机械化生产现场演示及培训会议，市、县（区）农业农机部门工作人员和合作社代表60多人到场观摩交流学习。现场演示推广水稻工厂化育秧、水稻机插作业和马铃薯机械化收获作业技术和机具。依托信田公司技术支持，建立智慧农机服务平台试点，推广“滴滴农机”服务模式。进入平台的4家农机服务组织安装17台北斗终端，覆盖轮式拖拉机、插秧机、收割机和无人植保飞机。试点平台最终目标是实现网上呼叫、订单服务、托管作业，确保年服务农户不少于200户，服务面积不少于666.67公顷次。利用平台数据开展水稻机插作业环节补贴试点，申报补助面积90.67公顷，每亩补助20元。支持赖店富洋农机专业合作社建设“全程机械化+综合农事”服务中心试点，开展农业生产全程机械化服务、农机具维修保养、新机具新技术示范推广、农业技术咨询培训、农产品销售等“一站式”综合服务。配备全程机械化生产农业装备、场所和技术服务人员；全年作业服务666.67多公顷次，服务农户数量200多个。

【农机安全监管】 2021年，县农机化发展中心严格牌证管理，做好拖拉机注册登记工作，严格检验标准，把好拖拉机安全技术检验关。全年检查拖拉机 344 台，农机合作社 5 家，排查出一般隐患 11 条，整改 11 条，整改率 100%。注册登记 9 台，G2 驾驶人换证 51 本。在拖拉机挡板上、驾驶室内粘贴“严禁违法载人”“谨慎安全驾驶”“达到报废条件的拖拉机应当停止使用并予以报废”安全警示标识。组织工作人员下乡开展便民服务，深入农户家办理轮式拖拉机挂牌和年检手续。公告注销报废拖拉机，加快存量多功能拖拉机报废淘汰，督促报废拖拉机解体 68 台。完成公告注销牌证多功能拖拉机摸底情况排查，督促机手报废处理。12 月，县农机化发展中心联合县道安办前往郊尾、赖店、鲤南等乡镇进行道安督导，督促落实多功能拖拉机安全监管工作。深入农田、场院、农机合作社等场所，查处拖拉机违法违规行为。杜绝农民群众为图方便，搭乘拖拉机的违法行为。组织工作人员深入乡镇，配合公安部门开展拖拉机道路交通安全执法检查，在城乡接合部、沙场，以及通往农田、建筑工地等主要路段，查纠拖拉机各类违法违规行为。打击假牌套牌行为、打击报废多功能拖拉机上路行驶。宣传报废拖拉机补贴政策，引导群众自行与报废厂联系实施拖拉机报废。

1 月 28 日，县农机化发展中心参加县道安办在汽车站开展的以“知危险会避险、安全文明出行”为主题的仙游县 2021 年春运启动仪式。5 月 17 日，联合市农机总站、赖店镇农机站到赖店中心小学开展农机安全进校园活动。拖拉机年检、执法检查，分发农机手安全宣传材料，提高农机手安全意识。在监理站窗口，通过播放警示片、典型交通违法和事故案例对拖拉机驾驶人、机主进行警示教育。

【“安全生产月”活动开展】 2021 年，县农机化发展中心在大厅门口 LED 显示屏上滚动播放宣传标语，并通知各乡镇（街道）农机管理部门在镇、村的 LED 显示屏上滚动播放农机安全宣传标语。6 月 3 日，县农机化发展中心与度尾镇派出所联合开展农机道路执法行动，分发宣传材料，提高农机手的守法意识与安全意识。6 月 16 日，县农机化发展中心联合游洋镇政府开展以“落实安全责任，推动安全发展”为主题的农机“安全宣传咨询日”活动；县农机化发展中心派人参加县安办在鲤中组织的安全宣传咨询日活动，现场向群众分发农机安全知识图册、农机使用安全常识手册、致农机手的一封信、拖拉机安全驾驶常识等宣传单、印有农机宣传标语的购物袋、宣传帽，宣传农机安全生产法律法规，普及安全常识，回复群众咨询。6 月 22 日，在县农机化发展中心操场开展农机事故应急演练，提高农机管理人员处置突发事故能力。

【“平安农机”示范建设】 2021 年，仙游县开展“平安农机”示范建设，榜头镇、园庄镇、枫亭镇、赖店镇、盖尾镇、钟山镇、度尾镇、龙华镇 8 个乡镇被市农机总站、应急管理局授予全市“平安农机”示范乡镇称号。创建“平安农机”活动，加强农机安全宣传教育工作，提高农机安全监管能力，健全和完善农机安全生产长效机制。

（黄伟 朱秀琳）

林 业

【概况】 2021 年，仙游县林业局（简称“县林业局”）下辖仙游县生态国有林场（挂仙游木兰溪源省级自然保护区管理处）。

2021 年，仙游县林地面积 13.32 万公顷，占土地总面积 72.5%，乔木林分面积 10.37 万公顷，经济林（乔木经济林加灌木经济林）面积 1.37 万公顷，竹林面积 1.09 万公顷。全县森林覆盖率 71.43%，森林蓄积量 935 万立方米。

仙游县野生动植物资源丰富，拥有维管束植物 209 科 802 属 1772 种，其中蕨类植物有 37 科 71 属 143 种、裸子植物有 8 科 13 属 15 种、被子植物 164 科 718 属 1614 种，其中双子叶植物 137 科 549 属 1261 种，单子叶植物 27 科 169 属 353 种；国家一级保护植物有水松、南方红豆杉 2 种，国家二级保护植物有蛇足石杉、闽浙马尾杉、金毛狗等 31 种。脊椎动物有 48 目 141 科 503 种。其中，鱼类 17 目 54 科 142 种，两栖类 2 目 7 科 34 种，爬行类 3 目 13 科 73 种，鸟类 18 目 46 科 195 种，兽类 8 目 21 科 59 种；国家一级保护野生动物有穿山甲、黑嘴鸥、云豹等 9 种，国家二级保护野生动物有猕猴、赤狐、亚洲黑熊等 50 种。

【营林绿化】 2021 年，仙游县完成植树造林 2159 公顷，占莆田市下达任务 2020 公顷的 106.9%。完成营林机械推广示范县项目实施工作。开展义务植树活动，创新全民义务植树参与机制，鼓励开展“互联网 + 全民义务植树”等特色活动。

3 月 12 日，县委中心组处级领导带头在客山妈祖公园开展义务植树活动。客山妈祖公园被命名为福建省“互联网 + 全民义务植树”基地，全县参加义务植树活动 55.86 万人，尽责率 101.6%；完成株数 228.23 万株，完成率 112.99%。

【森林防火】 2021 年，仙游县未发生特别重大森林火灾。强化责任落实，落实“党政同责、一岗双责、齐抓共管、失职追责”责任机制，森林防灭火工作纳入安全生产年度考评和林长制工作考核重要内容。强化宣传教育，发送防火宣传单 5 万张、宣传围裙 2000 条、宣传手袋 5000 个，派出宣传车 1200 次、张贴横幅标语 1300 条、群发短信 112 万条，制作防火码警示牌 200 块。加强野外火源管控，发布禁火令 5 次，在全县 139 个重要进山路口设置巡查点严防布控，在 158 个普通进山路口设置“防火码”，强化野外火源信息化管理；查处各类违章用火 20 起，治安拘留 3 人，警告教育 2 人，行政处罚 15 起。强化隐患整治，结合森林火灾风险普查工作，在林区、风景名胜区、森林公园等重要区域进行风险隐患排查，排查和整改隐患 112 条。强化基础设施建设，新建生物防火林带 6 千米，开展森林经营主体建设，林场、保护区逐步实现“天空地”一体化的监管模式，形成森林防火长效机制。强化队伍建设，建立一支 216 人专业护林员队伍，健全“县—乡—村—护林员”四级护林巡护网格化管理体系，提升全县森林资源网格化管理水平。

【林业执法】 2021 年，县林业局开展“两违”综合治理专项行动、“清风行动”、打击破坏森林和野生动植物资源违法犯罪等专项行动。在全省率先创新推出 24 小时值守服务的“森林 110”工作机制，打造

11 月 3 日，县森林防灭火指挥部、县应急管理局等单位，在福建省森林消防总队莆田市驻防分队驻地联合开展森林灭火培训、实火演练

（刘燕钦 摄）

12 月 17 日，县森林防灭火指挥部组织县应急管理局、县公安局森林警察大队、县林业执法大队，联合福建省森林消防总队莆田市驻防分队在中骏世界城开展森林防火宣传活动。图为群众体验消防器材

（彭丽程 摄）

保护森林资源和野生动植物资源的专属力量。森林“110”做法被国家林长办作为亮点推广。全年查处森林案件74起，其中行政处罚69起，处罚金额112万元，移送公安刑事立案5起。受理涉林信访案件7起，办结7起；接到“12345”投诉件40件，办结40件。

【森林病虫害】 2021年，县林业局抓好森林病虫害防治。开展林业有害生物监测及预警工作，确保松材线虫病的普查覆盖率100%。对不明原因的松枯死树，按照规定取样并送检，建立松枯死树取样检测完整档案。加强松材线虫病防控。全年完成松材线虫病林分改造采伐136.87公顷，完成松墨天牛诱捕器挂设150套，完成以菌治虫126.67公顷，完成噻虫啉喷施480公顷。加强森林植物检疫。全年办理植物检疫证221份、木材材积3978.5立方米，未发现经调入地复检不合格木材。

【林业改革】 2021年，县林业局深化林权制度改革。林权流转20宗、207.4公顷，提高林业效益。深化林业金融改革，推进林权收储担保机构规范建设，办理林权抵押贷款收储担保2宗，面积84.8公顷，金额240万元。创新林业经营机制，培育林业龙头企业、林业专业合作社、家庭林场等各类经营主体，新增林业专业合作社9家、家庭林场4家。做好集体林地承包经营权纠纷调处。落实仙游县加快林下经济发展八条措施，推动林下经济发展，全年完成林下种植33.33公顷。

【林政资源管理】 2021年，县林业局印发《仙游县全面推行林长制实施方案》和林长会议等五项配套制度，推行林长制工作。建成县乡村三级林长完整组织体系，设立县、乡、村级林长447名，副林长1548名。市林长办通报各县区2021年度林长制考核结果，仙游县考评成绩位居第一名。加强林木采伐管理，下达人工商品林采伐蓄积指标32.92万立方米，完成采伐15.23万立方米。推进重点生态区位商品林赎买等改革试点工作，完成木兰溪源省级自然保护区和省重点饮用水源保护区商品林赎买2宗，面积73.9公顷。落实《福建省林地管理办法》，加强林地管理，打击非法占用林地违法行为。全年获审核审批林地项目34个、涉及林地面积19.78公顷，缴纳森林植被恢复费417.08万元，保障重点项目林地要素。

【林业生态保护与建设】 2021年，县林业局做好野生动植物资源保护工作。开展第25届世界湿地日、福建省第8个世界野生动植物日、第39届爱鸟周等宣传活动，发放保护湿地、革除滥食野生动物和疫情防控宣传单4万多张，新闻媒体宣传报道5篇。加强疫病防控，做好候鸟、野猪非洲猪瘟等野生动物保护和疫源疫病监测防控工作，全年未发现野生动物疫源疫病。开展野生动物资源救护，放生鸟类、蟒蛇等野生动物34只（条），移送猕猴1只、鹦鹉1只、蟒蛇2条到凤凰山动物园，清除野猪夹4个。贯彻《福建省古树名木保护管理办法》，组织开展古树名木资源认定，完成新增92株古树名木挂牌保护。

2021年，加强生态公益林管护，划定省级以上生态林3.82万公顷，市、县级生态公益林2202.97公顷，占林地总面积30.4%，发放生态林补偿金1455万元。做好森林综合保险工作，完成省级以上生态公益林面积3.82万公顷和中央财政补助的天然商品林（停伐管护）面积1.94万公顷森林综合保险。另外，林农商品林参保433.4公顷。全年受灾122公顷，财保公司赔款给林权所有者金额105.4万元。

2021年，加强湿地保护工作。养护2016—2017年种植20公顷红树林，拔除或压埋新长出的互花米草，每亩红树林保存株数1000株以上；公布金钟水库等41处仙游县第一批湿地保护名录，面积1906.67公顷，超额完成上级下达任务。加强生态文化建设，鲤南镇象林村、枫亭镇建国村、西苑乡仙西村、菜溪乡溪边村、钟山镇南兴、香山村、游洋镇双峰村、石苍乡高阳村被命名为福建省森林村庄。

【自然保护区建设】 2021年，县林业局推进自然保护区建设。5个自然保护地开展森林防火、疫情防控、“两违”等督查检查工作4次。聘用25名属地护林员，利用野外巡护终端等技术手段，护林员每月巡护不少于20天。加强自然保护区森林防火工作，组建一支36名干部职工组成的半专业森林消防队，开展森林火灾风险隐患排查与整治。开展“绿盾”自然保护地监督检查专项行动，查处违法违规项目21起，整改销号21起。开展自然保护区卫星遥感监测核查工作，实现“天空地”一体化管理模式。完成自然保护区视频监控项目建设，实现人工和网络化联合管理。购置2台无人机，布设32台野外动物红外线相机，其中发布的小灵猫监测视频得到《海峡都市报》、

《福建日报》、中央电视台等媒体转载报道。开展日常监测普查时首次发现长苞铁杉，系国家近危野生植物。2021年，自然保护区获得“莆田市科普教育基地”称号。

（蔡雪芳）

水利

【概况】 2021年，仙游县水利局（简称“县水利局”）多渠道筹措水利资金，完成水利投资6.9亿元。加快推进城乡供水一体化，提升农村饮水安全保障水平；续建木兰溪防洪生态景观工程，推进小流域工程治理；推进农业水价综合改革，抓好水库移民后扶工作，做好水旱灾害防御。依法治水管水，生态文明建设成效显著。

【城乡供水一体化】 2021年，县水利局完成经济开发区水厂、城区第一水厂迁建项目建设，第二水厂工程（二期）配电房施工，度尾水厂、民安水厂、菜溪水厂开展前期工作，完成赖店镇10个村农村“一户一表”管网改造240千米；城区13个城中村“一户一表”管网改造动工建设5个村，完成管网改造25千米；龙华镇管网建设及“一户一表”改造工程动工建设10个村，完成管网改造130千米；莆田市城乡供水一体化工程管网延伸工程（仙游城区至龙华）完成合同签订，二期施工图设计。开展大济民生水厂、盖尾恒泉水厂、度尾水厂、枫亭溪南龙泉水厂资产审计与评估工作。

【木兰溪防洪生态景观建设】 2021年，县水利局续建盖尾段、仙度段，完成堤防建设长度7.5千米，其中仙度段5.7千米、盖尾段1.8千米。

【小流域工程治理】 2021年，县水利局治理河长2千米，完成延寿溪九鲤湖段、沧溪郊尾集镇段、九溪西苑仙水洋段、枫慈溪大埔段4条小流域项目建设及扫尾工作。列入中央补助资金的中小河流治理项目4个，其中木兰溪支流中岳溪河道整治工程一期完成实施方案、施工图及预算，完成二期实施方案及施工图；粗溪桥光段完成清表1.5千米、清淤1.5千米；粗溪象山段完成方案调整，开展征迁工作。

【农村饮水安全】 2021年，县水利局推进农村集中式供水工程水费收缴工作，落实农村饮水安全“三个责任”。投资205.1万元，实施农村饮水安全巩固提升工程，受益人口5921人；全县5858户建档立卡脱贫户用水给予每户每年100元补助，减轻脱贫户用水支出负担；开展农村饮水安全“点题整治”，组织人员抽查17个乡镇36处农村供水工程，形成89个问题清单，督促指导乡镇整改问题，推动供水单位落实运行管理责任，保障农村饮水安全。

【农业水价综合改革】 2021年，县水利局投资100万元，实施东溪灌区农业水价综合改革面积666.67公顷。推进开展样点灌区灌溉用水实测，全县农业灌溉用水有效利用系数0.57。

【水库移民后期扶持】 2021年，县水利局发放大中型水库6512人移民直补对象后期扶持直补资金390.72万元；向上争移民资金1237.6万元，实施美丽家园建设和生产开发配套项目13个；加快移民后期扶持项目建设，移民后期扶持项目纳入水利水电工程质量监督管理，加快后扶项目实施进度、提高移民资金使用绩效。全年完成投资1258.95万元，其中拨付移民资金1111.81万元。

【水利工程管护】 2021年，仙游县95座公益性小型水库维修养护纳入物业化管理；完成7条海堤及18条江堤保险投保、20座水库大坝安全鉴定工作；落实121座水库“安全管理三个责任人”和121座水库、13座水闸、7条海堤、36条江堤的“防汛三个责任人”，在媒体上公示。东溪、古洋、蒋隔3座中型水库以及4座小（1）型水库、67座小（2）型水库等84座水库建设水库视频监控系统228个，实时监测水库水雨情。

【防汛备汛】 2021年，县水利局制定《仙游县水利局防汛防台风应急预案》，设立综合协调组、调度指导组、应急抢险组和后勤保障组4个专项应急工作小组；组织2支应急抢险队伍，储备防汛抗旱抢险救灾四大类物资价值近100万元；3月15日始，派出4个检查组分赴乡镇（街道）及各水管单位开展汛前安全大检查，对排查出29条防汛隐患建立台账、限时整改；4月1日起，落实汛期24小时值班和领导带班制度，以及应急值守制度，监视天气变化，掌握辖区雨情、水情、风情、工情等监测信息；5月中旬，在木兰溪防洪工程及古洋水库、蒋隔水库开展防洪

5月中旬，县水利局组织县水务集团、古洋水库管理中心、蒋隔水库管理中心，分别在木兰溪防洪工程D2标、古洋水库大坝区域、蒋隔水库大坝区域开展2021年防汛抢险应急演练活动 （郑 丽 摄）

缺口抢险、模拟暴雨期间水库调度等防汛抢险应急演练，提升防汛抢险实战能力。

【抗旱应急】 2021年，县水利局针对上半年冬春持续干旱少雨情况，多次组织有关专家、技术人员实地察看和探讨论证，启动仙游中南部6个乡镇（街道）、1个开发区应急供水调配方案，解决市民用水紧张问题。采用打机井方式抽取地下水作为应急补充水源，补助114万元，建设镇村两级集中式供水站（水厂）抗旱应急供水机井，缓解山区及平原乡镇局部缺水问题。

【取用水监督管理】 2021年，仙游县推进节水型社会建设，实施用水定额管理，完成有证取用水单位82家取水口排查和整治；完成7个取用水单位水资源论证及取用水单位82个电子证照转换工作。打击无证取水行为，行政处罚6家无证取用水单位18万元。

【计划用水与定额管理】 2021年，县水利局按照年度用水计划，通过用水统计系统对典型灌区、供千吨/万人供水公司、重点工业、重点服务业进行统计，全县用水总量控制在3.33亿立方米以内，万元GDP用水量控制在52立方米，万元工业增加值控制在20立方米/万元以内。

【河道巡查整治】 2021年，县水利局开展水利行业扫黑除恶专项斗争，加大对重点河段、敏感区域的巡查频次。全年出动执法人员357人次，巡查河道91次，摸排河湖“清四乱”问题135个，整改销号135个，清理整治面积3万平方米。以“零容忍”的态势对非法采砂行为重拳出击，查处非法采砂1起，处罚款11万元，没收非法所得6300元，规范河道采砂管理秩序，保护河湖生态环境。

【水利规费征收】 2021年，县水利局征收水利规费1886.54万元，其中水资源费202.65万元，污水处理费1507.38万元（水政32.38万元、自来水1475万元），协助税务部门征收水土保持补偿费176.51万元。

【河湖长制强化】 2021年，仙游县探索河道专管员队伍管理机制改革，整合后河道专管员队伍由322名缩减至165名，河道巡查由半天巡变为全天巡，并给每支队伍配备无人机及新能源汽车（全县配备12架无人机和9辆新能源汽车），巡河方式由线上巡查向面上巡查转变，并发挥智慧巡河平台作用，强化河道专管员巡河App管理，执行巡河记录每月一通报，提高河道专管员巡河工效。县河长办组织人员不定期对河道进行巡查，建立巡河台账，跟踪落实办理情况，全年发出相关督办件50份；发出18批次、3起监察建议书；水葫芦打捞行动出动人次2534人次，设备84台，打捞水葫芦1.11万立方米，清理河长2.51万米，恢复水域面积7.63万平方米。探索幸福河湖建设，仙水溪作为仙游县示范河湖建设引领，探索治水管水新路径、新经验，打造新时代江河湖泊保护治理的新模式、新范本。投资53万元，完成榜头镇幸福河湖2个广场建设。2021年，仙游县河湖长制工作在全市考评中获得第1名。

【水电站生态下泄流量监管】 2021年，县水利局牵头推进74座农村水电站清理整治，督促水电站业主落实最小生态流量，确保解决因水电开发导致的减水脱流问题。完成74座电站生态下泄流量改造和在线监控安装，并纳入生态电价考核，每月通报生态下泄流量考核情况。全年水电站生态下泄流量整体达标率 90% 以上。

【污水收集处理】 2021 年，县水利局加强县城区污水处理厂、第二污水处理厂、仙游县经济开发区污水处理厂日常管理及配套污水主干管网的建设维护管理，提升污水处理厂尾水标准，出水水质综合合格率 100%。经济开发区污水处理厂一期提标改造工程完成招投标等前期工作并动工建设，县第二污水处理厂二期工程完成项目立项、环评报批、初设审查、土地征迁等前期工作。

【水土流失治理】 2021 年，仙游县完成综合治理水土流失面积 2160 公顷，其中水利部门完成 1146.67 公顷，林业等部门完成 1.1 万公顷。落实水土保持“三同时”制度，审批及行政许可水土保持方案38个，水土保持区域评估 2 个。

【水利资金筹措】 2021 年，县水利局向上争取资金，取得国家、省、市相关部门资金支持和银行信贷资金支持。全年争取木兰溪防洪工程、小流域治理、万里安全生态水系、小型农田水利、水保等各类资金 6.65 亿元，其中中央补助资金 1.21 亿元、省级补助资金 0.41 亿元、地方财政投入资金 5.03 亿元，推动水利基础设施及民生项目建设。发挥县水务投资集团融资平台作用，通过直接、间接融资方式，拓宽水利投融资渠道，与国开行等金融部门沟通、对接，在前期获得国开行、农发行、兴业银行 20.7 亿元贷款额度基础上，获得国开行授信贷款额度 13.46 亿元，用于城乡供水一体化项目建设，完成贷款协议的签订，并按项目建设需要放款。

（陈立伟）

水文监测

【概况】 2021 年，仙游县水文局（简称“县水文局”）负责辖区水文监测和水文资料的收集、整理和汇总工作，为国家防总及省、市、县防汛抗旱指挥部提供水文情报、预报。仙游辖区设有 3 个水文站（仙游、溪口、枫亭），1 个水位站（榜头），41 个雨量站。

2021 年，仙游县降水量 1688.6 毫米，折合水量 30.7 亿立方米，比上年增多 21.3%，比多年平均值减少 6.57%，县水文部门实测最大点年降水量为西苑乡前县雨量站 2164 毫米。全县降水量年内分配不均，从各代表站的年降水量情况来看，汛期（4—9 月）降水量占全年降水量的比值在 80.7%—88.8% 之间，最大连续 4 个月降水量占全年降水量的比值在 68.6%—82.2% 之间。月降水量最大为 8 月，各代表站平均降水量 543.4 毫米，占年降水量 36.6%；月降水量最小为 1 月，各代表站平均降水量 0.3 毫米，占年降水量 0.02%。

【防汛测报预报】 2021 年，仙游县主要受锋面雨及台风影响，木兰溪支流和干流均出现小规模洪水。8 月 6 日 13 时 50 分，木兰溪干流仙游水文站出现 46.37 米的年最高洪峰水位，相应流量 508 立方 / 秒。全年木兰溪仙游水文站的径流总量 3.39 亿立方米，比上年增多 42.5%。全年发布洪水预警信号 4 次，向县各级防汛部门报送重要水雨情快报、洪水消息等 100 余条。

【水文服务】 2021 年，县水文局落实习近平生态文明思想和木兰溪治水理念，践行“变害为利、造福人民”重要嘱托，坚持“一张蓝图绘到底、一份规划用到底”，加快推进木兰溪流域水安全、水生态、水经济建设，发挥木兰溪综合效益，打造人与自然和谐共生美丽仙游，为仙游县打造防洪减灾体系，防洪排涝防潮综合体系，提升木兰溪全流域排涝能力，提供水文技术支持。与县河长办加强联动机制合作，加大专业设施设备投入，提高巡河效率；加大资金投入开发洪水数值模型预报系统，利用气象数据进行木兰溪洪水预报估报，洪水预见期从不足 20 小时提前到 2—3 天，提高洪水预见期，强化对小流域洪水监测预警，拓展水文服务防汛测报预警范围。

（陈雄江）

工业

综述

【概况】 2021年，仙游县工业和信息化局（简称“县工信局”）落实县委、县政府分解的各项目标任务，突出强攻产业、主攻工业，精准服务好企业，稳住工业基本盘，促进工业持续平稳发展。

2021年，仙游县成立疫情防控和复工复产小分队，突出抓好技改投资、创新驱动、政策对接、融资服务等工作，促进全县工业经济持续平稳发展。1—12月，全县新投产、“下转上”进入规模工业企业名录库的小微企业159家，上报材料并通过审核11家；12月，286家完成产值74.9亿元，比上年增长17%。1—12月，累计完成产值776.1亿元，比上年增长11.4%，完成市级年计划760亿元的102.1%，超序时进度2.1个百分点。

【工业项目建设】 2021年，县工信局坚持动态跟踪、督促检查，协同有关部门、乡镇（管委会）督促建设单位按照工期计划，倒排工作计划、形象进度、投资目标等，组织项目建设实施。12月，完成工业投资8.6亿元。1—12月，累计完成工业投资157.77亿元、制造业投资155.09亿元、技改投资143.51亿元，分别完成年计划121.36%、126.09%、135.39%，分别比上年增长34.21%、35.42%、79.82%，工业、制造业、技改投资完成进度及增幅均位居全市前列。抓好项目建设备案，引导项目业主提前做好项目备案工作，确保项目可行性，为项目建设打好前期基础。全年备案项目16个，总投资7.68亿元。抓好项目建设管理，紧盯项目建设关键节点，强化“挂图作战”、专班督导，推动绿色纤维产业园、瑞声数码蓝牙、鑫瑞新材料等35个重点项目加快建设，益明纺织、东亚机械等18家企业技改项目建成投产。指导赛隆、鑫瑞、东亚、益明4家企业申请获得省级技改项目补助资金591.5万元。

【工业园区】 2021年，仙游县坚持统筹规划、适度超前、集约利用，加快工业园区建设。建立政府推动与市场运作相结合机制，拓宽融资渠道，加强园区基础设施建设，强化园区引资集聚功能，推进园区投资经营体制创新，营造效率优势、成本优势和产业配置优势，扩大产业规模，打响区域品牌，提高产业关联度和聚集度，建成集科工贸一体化、高起点、高标准、园林式、生态型的高科技工业园区，把工业园区办成全县经济发展窗口，成为一流的工业孵化基地。以优势产业为基础，以工业园区为载体，以大型骨干企业为龙头，以优势产品为纽带，以完善延伸产业链为重点，以增强企业自主研发和创新能力为核心，以构建功能完善的公共服务体系为手段，提高全县产业集中度，增强产业集聚力，产业的核心技术、品牌效益与营销网络优势明显，主导产业带动作用有力，提升产业竞争力和可持续发展能力。

福建仙游经济开发区 福建仙游经济开发区前身是仙游枫亭工业园区，作为县政府派出机构，辖枫亭、郊尾、盖尾、园庄等乡镇，区域总面积313.1平方千米，占仙游县总面积17%；总人口35.84万人，占全县总人口31.6%。总体规划范围面积70平方千米。2021年，开发区95家规模以上工业企业实现产值329亿元，比上年增长19.9%；实现工业税收3.3亿元。

仙港工业园 仙港工业园是仙游县为整合仙港大道沿线工业园区，发展临港工业而打造的重大产业平台，列入莆田市“336”工程六大重点园区之一。园区以仙港大道为主轴，分为瑞峰片区、仙华片区、郊尾片区、鲤南片区四大片区，园区重点引进机械装备制造、电子信息、重大食品加工业等产业项目入驻，打造成为先进制造业基地和县域经济新增长极。规划开发总面积4712.67公顷（47.13平方千米）。2021年，30家规模以上企业完成产值94.1亿元，比上年减少4.5%，创税0.75亿元。引进的元生智汇智能终端电子产品关键技术研发及智能制造产业化项目，年底投产。

仙游工艺产业园　仙游工艺产业园是一个集古典工艺家具、油画、石雕等文化产业生产、展示、营销、仓储、研发、物流以及旅游等功能为一体的文化创意专业园区，是福建省重点建设项目、福建省首批六大创意产业重点园区和十大文化产业重点园区、福建省特色文化产业园、福建省省级小微企业创业基地、莆田市首批产业人才聚集基地。园区一期规划总用地面积4.1平方千米（410.4公顷），主要建设项目：中国古典工艺博览城、仙游国际油画城、仙游石艺文化城、古典家具生产标准化厂房、质量检验检测中心、技术研发中心、国际五星级酒店、红木生态园、安置区和道路等市政基础设施。园区建设初具规模。2021年，22家规模以上工业企业实现产值65.3亿元，占全县规模工业总产值的8.4%；创税0.22亿元，占全县工业税收总额的3.2%。

【规模工业】　2021年，仙游县新投产、“下转上”进入规模工业企业名录库的小微企业159家，上报材料并通过审核11家。12月，286家完成产值74.9亿元，比上年增长17%。1—12月，累计完成产值776.1亿元，比上年增长11.4%，完成市级年计划760亿元的102.1%，超序时进度2.1个百分点。

2021年，从产值统计看，工艺美术、鞋服纺织、金属制品和化工新材料四大主导产业累计完成产值641亿元，比上年增长14.6%，占规模工业总产值的82.6%，建材产业和电子信息产业累计产值负增长。从用电量统计看，金属制品和建材两个产业累计用电量负增长。

工艺美术产业　2021年，该产业拥有规模以上企业141家，累计完成产值311.9亿元，比上年增长7.9%；累计创税4211万元，比上年增长11.2%；受疫情影响，红木行业，特别是线上工艺品和中低端红木销售较为火爆，尤其是抖音和京东入驻，促进仙游县红木行业行情复苏，呈现产销两旺局面。

鞋服纺织产业　2021年，该产业拥有规模以上企业55家，累计完成产值216.8亿元，比上年增长30%；累计创税2.02亿元，比上年增长29.5%；受疫情、国外购买力降低、东南亚新兴加工市场冲击等因素影响，仙游鞋业企业多为国内，特别是省内加工型企业和线上销售、平台电商崛起，促进鞋服产业稳定发展，呈现产销两旺局面。

金属制品产业　2021年，该产业拥有规模以上企业22家，累计完成产值61亿元，比上年增长14.1%；累计创税7713万元，比上年增长11%；中央环保督察和化解钢铁落后产能政策执行，促进钢铁价格上涨，提升利润空间。

化工新材料产业　2021年，该产业拥有规模以上企业16家，累计完成产值51亿元，比上年增长1.5%；累计创税1.55亿元，比上年增长54.5%。随着全球化工产业好转，工程轮胎、不饱和树脂、丙烯酸及其脂类等化工产品企业，生产形势好于上年，化工企业属于大进大出类企业，生产流动资金需求量大，企业订单增多，化工产业国内比较紧缺，出现供不应求情况，产业税收增长明显。

【仙作产业】　2021年，仙游县工艺美术产业规模企业141家，实现产值311.9亿元，比上年增长7.9%，创税4211万元。仙游县先后获得“世界中式古典家具之都”“中国古典工艺家具之都”“中国仙作红木家具产业基地”“中国古典家具收藏文化名城”“全国红木古典家具产业知名品牌创建示范区”等称号。仙游县成为全国最重要的红木集散地之一，作为工艺美术产业中产值最多的古典工艺家具业，古典工艺家具高档产品占国内市场份额七成以上，成为引领全国红木家具市场重要的风向标和晴雨表。该产业主要产品有古典家具、漆器、木雕、铜雕、石雕、油画及油画框等。

（陈绍杰）

工业管理

【循环经济和资源综合利用】　2021年，仙游县推进循环经济和资源综合利用，开展绿色制造体系建设。仙游经济开发区获评省级绿色园区称号，海安橡胶获评省级绿色产品供应链项目。禾欣新材料获评省级绿色工厂。海安橡胶、禾欣中裕获评省级循环经济示范试点企业。

【电力运行】　8月23—29日，

国网仙游县供电公司在全国节能宣传周联合开展“节能降碳，绿色发展”为主题的“全国低碳日活动”，开展“线上+线下”相关活动，宣传低碳发展理念，宣讲节能知识、普及应对气候变化知识，提升公众低碳意识，倡导公众选择简约适度、绿色低碳的生活方式。完成全县6家重点用能单位能耗在线监测系统端建设，按上级规定要求上传监测数据，提升能源利用效率。全年扣除抽水蓄能电站、兴鸿环保电力，全县规模以上能耗总量13.9万吨标准煤，比上年增长1.2%，规模以上工业增加值能耗下降4%。开展重大节日、重大活动保供电措施，确保春节等高峰用电的电力调度工作，开展迎峰度夏，确保迎峰度夏电网安全稳定运行。开展电力直接交易活动，电力直接交易企业增加到108家，电力直接交易量3亿余千瓦时，节约电力成本600万余元。促进兴山风电场装机总容量30兆瓦发电机组投产运营。配合县政府抓好淘汰落后、环保违规企业停电断电工作，抓好仙游抽水蓄能电站生态下泻流量安装监控工作。

【充电站规划建设】 7月，县工信局委托国网福建仙游县供电公司重新编制2021—2030年电动汽车充电设施专项规划，规范汽车充电基础设施建设运营工作，适应新能源汽车发展新态势，规范新能源汽车运营，科学合理规划布局充电服务设施，满足充电设施建设接入需求，提前规划电网布局。专线规划项目资金30万元左右，由供电企业出资，国网全资子公司国网综合能源有限公司筹划前期准备工作，并派驻工作小组3人（其中小组负责人1人，规划编制人员2人，后期根据需要进行人员补充）进驻莆田供电公司开展充电网络规划前期收资工作，根据实际需要实地踏勘。做好3个在建充电桩项目跟踪服务工作，郊尾镇玉清汽车维修店在停车场建设800千瓦变压器1台，充电桩10个，总投资100万元；仙游火车站公交枢纽站充电站扩建工程，在原址上扩建1台150千瓦双枪充电桩，投资10万元；速电新能源充电桩位于鲤南镇温泉东路，福建速电新能源科技有限公司投资建设，总投资600万元，建设60个充电桩。

【技术创新】 2021年，县工信局引导优势企业创建企业技术中心和工业设计中心，支持企业开展行业共性和关键技术攻关。推动优势企业、行业协会与中科院海西研究院、福州大学等省内外高校院所开展技术对接，依托“6·18”平台促进科技成果转化。发挥连天红、三福等省级研发设计平台作用，引领红木工艺品和新中式家具研发，加快“仙作”产品创新。引导企业建立健全先进管理体系、企业标准体系，抢占产业发展制高点。支持业态创新，支持优势企业成立电子商务公司，促进新型商业模式与传统制造业联动。

【服务企业】 2021年，县工信局成立推进企业增产增效工作专班，局干部每人挂钩服务重点规模工业企业5家，分管领导每人挂钩联系乡镇（园区）5个。深入一线走访开展精准服务，帮助企业解决增产增效中存在的原材料采购、物流配送、用工招聘和资金需求等困难问题，落深落细落实各项帮扶措施，做到助企服务活动“常态化、固定化、定量化”。年初，县工信局做好“六稳”工作，落实“六保”任务，稳定生产经营，稳定用工就业。参照省、市两级增产增效政策，牵头制定《做好2021年春节期间稳生产稳就业工作》等扶持政策，促进经济持续健康发展，稳定市场预期和投资信心。了解工业企业的生产订单、产品价格、运营资金、用工需求等情况，询问企业生产经营过程中面临的困难问题及服务需求。全年收集企业反映困难问题38个，解决21个，协调17个。梳理编印各级关于疫情防控及促进企业复工复产惠企政策材料300份，分发给规模企业。编印政策解读材料120份，辅导企业用好用活产业政策，促进政策落地见效。引导帮助39家次的企业申请省、市、县三级增产增效奖励资金398.3万元。推荐海安橡胶、新万鑫、益明纺织3家企业申报第三批国家级专精特新“小巨人”企业，其中海安橡胶和新万鑫2家企业获批（莆田市获批4家企业）。推荐新歌士玮、嘉源鞋业2家企业申报省级“专精特新”中小企业。推荐海安橡胶申报国家级制造业单项冠军企业（产品）。推荐海安橡胶、三福古典、鲁艺家居、新东方机械4家企业申报2021年省级产教融合型企业。培育龙头企业，推荐申报省、市级龙头企业，赛隆科技、天涛实业2家企业新列入省级工业龙头企业，全县有8家省级工业龙头企业（赛隆科技、天涛实业、三福古典、凯丰里古典、鲁艺古典、辉特体育、海安橡胶、日晶玻璃）和32家市级工业龙头企业。通过“两优”评选表彰推荐，上报海安橡胶朱晖获评福建省优秀民营企业家。坚持分类施策、“一企一策”、扶强扶大，推动海安橡胶完成股份

4月，三福艺术馆的黄福华劳模工作室的北京大兴国际机场贵宾厅家具研发项目获福建省劳模工作室优秀创新成果。图为北京大兴国际机场贵宾厅
（郑 丽 摄）

制改革，兑现落实支持海安橡胶公司改制上市有关奖励资金1022万元，增强企业政策获得感和发展自信心。筛选146家中小企业被列入莆田市2021年“白名单”企业名录，推荐有融资需求的“白名单”企业与金融机构和市中小企业再担保公司联系对接。

【助力疫情防控】 9月，县工信局牵头县医疗物资保障组工作，研究制定医疗物资保供方案和应急方案，建立县级医疗物资储备目录清单和县乡村三级储备制度。落实医疗物资调用机制，提升防疫物资保障能力，做到“有需必供、应供尽供”。发放核酸检测采样管931.9万人份、医用外科口罩76.7万个、医用N95口罩37.5万个、医用防护服16.9万件、医用隔离面罩16.7万个、医用隔离眼罩4.6万个、医用无纺帽20.5万顶、医用手套36.7万双、鞋套26万双、84消毒液4.8万瓶、免洗手液7.7万瓶、75%酒精13.8万瓶、体温计2.43万支、转运箱3821个等，为工业企业开通车辆通行证0.2万张和人员通行证1.3万张。10月，制定并印发《关于疫情防控常态化加强工业企业人员外出管理的通知》《关于推动工业企业常态化开展“无疫企业”创建活动的通知》《疫情防控工作手册》和“无疫企业创建达标十个到位”宣传海报。成立疫情防控督导小组，推进“无疫企业”创建活动，审核公布2批次143家“无疫创建达标企业”，其中第一批次83家，第二批次60家。指导东亚机械、海安橡胶、三福古典、云敦服饰等重点企业创建“无疫示范企业”，复制推广示范企业模式。督促企业开展全员核酸抽检，压实防疫专员责任，强化重点人群健康管控，构建员工防护、健康管理、疫苗接种、环境消杀、应急处置等闭环管理。10月19日，《省工信厅参阅材料》专版介绍仙游县常态化开展“无疫企业”创建活动。

【企业减负】 2021年，县工信局组织和协调减负成员单位推行涉企收费目录清单制度，规范涉企收费行为，清理纠正擅自增加收费项目、提高收费标准等违规收费问题；推荐不同行业的企业参与开展企业负担调查评价工作，落实2021年涉企保证金收费项目的清理工作，跟踪和监督各相关部门单位按规章办事，减轻企业负担。

【国企改制】 2021年，县工信局按照“主动热诚接待，耐心细致解释，严格统一口径，切实把握政策”要求，加快推进型钢厂改制进度。成立改制领导小组，完成地块红线图测绘，土地报批拟收储，多次与员工代表进行沟通，了解他们的思想动态，化解矛盾纠纷。深化电力体制改革，推进售电侧改革，引导市场主体开展多方直接交易，鼓励有条件企业参与电力直接交易，降低用能成本。全年电力直接交易企业108家，交易量3亿多千瓦时，节约成本600多万元。

【安全生产】 2021年，县工信局开展安全生产“五清”专项行动，出台《长输油气管道、电力设施保护与电力领域安全生产“五清”行动专项实施方案》，开展安全生产专项排查、整治18次，县领导带队组织1次、局领导带队15次，检查场所38处，出动执法人员100多人次，检查发现隐患21个，消除隐患20个，电力设施保护整改隐患1个。5月8日，平潭综合实验区经济发展局和市工信局联合交叉检查仙游县民间爆物品行业，督促企业落实主体责任，消除安全隐患。2月18日，县工信局批复划定10千伏宝灵线等45条架空电力线路保护区，标志仙

3C 智慧产业园（2021）　　（薛燕辉 摄）

游县域 20 条 110 千伏、15 条 35 千伏输电线路及 159 条配电线路保护区划定批复工作完成。全县 194 条架空电力线路拥有“身份证”，是全省首家县区完成电力设施保护区划定工作。全年没有发生较大、重大安全生产事故。

【项目补助和评定】 2021 年，县工信局推荐新万鑫、歌士玮、东亚机械、海安橡胶 4 家企业申报省“专精特新”中小企业，推荐福建中裕新材料技术有限公司申报国家级专精特新“小巨人”企业。

【3C 智慧产业园建设】 2021 年，3C（计算机、通信和消费类电子产品）智慧产业园项目投资 10 亿元，分期建设，打造东南沿海区域最大的手机配件等电子器件加工贸易市场。该项目总用地面积 4.4 公顷，建设集电子元器件仓储销售、电商办公及商贸服务于一体的产业园。其中，一期规划建设 1.7 公顷，建筑面积 3.75 万平方米，投资 1 亿元；二期用地 2.7 公顷，建筑面积 4.85 万平方米，投资 9 亿元。产业园主要采用十字轴线将地块分为 2 个区（商业区、物流仓储区）。一期建筑高度的设置由北至南呈台阶形式设计，主楼为 8 层（总楼高 46 米），外围商业为 4 层，中心部分商业为 3 层；二期北侧设计半地下室形式的商业街，与一期商业互动形成双面街。2021 年，产业园一期工程动工建设，封顶、竣工。租用产业园对面的通用电梯一、二楼，作为莆田南通信市场的先期孵化培育基地，一层店铺装修，二层进行展柜安装，签约意向入驻产业园 511 家，注册 109 家，带动民资民智回归。

【重点项目建设保障】 2021 年，仙游县通信三大运营商根据政府重点工程建设部署，推进通信技术设施建设进度，完成端口建设 9.52 万个，基站 395 个，累计完成投资额 1.4 亿元。配合各级政府完成建设重点项目红线内“五杆一管”迁移整改（西一环公路建设、环山公路建设、仙港工业园建设等）。

（陈绍杰）

电力工业

【概况】 2021 年，国网福建省电力有限公司仙游县供电公司（简称

3 月 9 日，国网仙游县供电公司举行“社会责任月”启动会　　（唐 伟 摄）

6 月 1 日，县防汛抗旱指挥部举行防汛综合演练。图为供电应急抢修演练现场　　（唐 伟 摄）

“国网仙游县供电公司”）是国网福建省电力有限公司分公司，担负着仙游行政区的直接供电任务，电网覆盖1个街道、17个乡镇、326个行政村，管理省管产业2家（福建省莆田市电力工程有限公司仙游分公司、莆田供电服务有限公司仙游分公司）。

【电力生产供应】 2021年，仙游县全社会用电量26.55亿千瓦时，比上年增长8.21%，增速比上年提高3.73个百分点；供电量26.26亿千瓦时，比上年增长8.28%；县网日最高负荷506.9兆瓦，比上年增长7.12%；县网日最高负荷506.92兆瓦，比上年增加6.66%；日最高用电量1003.62万千瓦时，比上年增长4.86%。截至12月31日，国网仙游县供电公司累计实现连续安全生产6392天。电网调度实现连续安全运行8473天。全国首家大面积停电事件应急体系建设示范县项目获全球能源互联网研究院领导、福建能监办肯定，项目成果获全省推广。

2021年仙游县完成电力生产供应情况表

表18

指标名称	计量单位	全年生产情况	同比（%）
全地区发电量	亿千瓦时	4.08	增长21.14%
全县工业用电	亿千瓦时	11.27	增长13.22%
全县供电最高负荷	万千瓦	50.69	增长6.66%
其中：网供最高负荷	万千瓦	40.7	增长6.98%

【能源建设】 2021年，仙游县拥有水电站64座（接入110千伏电网的九仙溪一至四级站、九溪电站5座，接入35千伏电网6座，接入10千伏电网53座），总容量13.48万千瓦。风电厂2座（草山风电厂、九社电厂，接入110千伏电压等级），总容量6.45万千瓦。生物质能电站1座（仙游兴鸿垃圾发电厂，接入35千伏电压等级），总容量1.2万千瓦。仙游35千伏及以上输电线路43条，总长526.16千米。仙游35千伏及以上变电站19座，变压器40台，容量132.61万千伏安，新增7台主变，容量增加18.26万千伏安，比上年增长13.77%。

九仙溪四级电站库区（2021） （彭丽程 摄）

草山风电场（2021） （彭丽程 摄）

【电网建设】 2021年，国网仙游县供电公司完成固定资产投资1.39亿元，推进仙游片区基建项目建设，相继投产仙游昌山110千伏变电站2号主变扩建、仙游度峰110千伏变电站2号主变扩建、仙游园庄110千伏变电站2号主变扩建、仙游凤山35千伏输变电、仙游大济一度尾T接仙东变电站35千伏线路工程等7个项目，开工建设仙游城关110千伏变电站改造工程；新建改造10千伏线路29.8千米，增容增设配变135台；改造0.4千伏线路181千米。

2021年，辖区电网有220千伏变电站3座，即220千伏象坂变、220千伏盖尾变、220千伏林宅变，220千伏变电站总容量72万千伏安，110千伏变电站12座，即城关变(2×50兆伏安)、枫亭变(63+50兆伏安)、郊尾变(40+50兆伏安)、榜头变(2×31.5+50兆伏安)、鲤南变(40+50兆伏安)、大济变(2×50兆伏安)、钟山变(2×50兆伏安)、昌山变(50+50兆伏安)、下楼变(2×50兆伏安)、度峰变(50+50兆伏安)、园庄变(50+50兆伏安)、海安变(2×50兆伏安)，110千伏变电总容量105.6万千伏安；35千伏变电站9座，即龙华变(10+8兆伏安)、度尾变(2×6.3+10兆伏安)、赖店变(8+6.3兆伏安)、游洋变(2×6.3兆伏安)、社硎变(10+10兆伏安)、五星变(3.15兆伏安)、仙东变(3.15兆伏安)、菜溪变(10+10兆伏安)、凤山变(2×6.3兆伏安)，35千伏变电总容量9.38万千伏安。

2021年国网仙游县供电公司所辖电网规模增长情况

表19

电压等级	2021年
110千伏变电站座数（座）	0
110千伏主变台数（台）	3
110千伏变电容量（万千伏安）	15
110千伏线路回数（回）	4
110千伏线路长度（千米）	64.29
35千伏变电站座数（座）	1
35千伏主变台数（台）	4
35千伏变电容量（万千伏安）	3.26
35千伏线路回数（回）	2
35千伏线路长度（千米）	18.82
10千伏配变容量（千伏安）	43700
10千伏线路长度（千米）	334.76

2021年国网仙游县供电公司所辖输电线路情况统计表

表20

电压等级	条数（条）	长度（千米）
110千伏	27	345.325
35千伏	16	180.831
合计	43	526.156

2021年国网仙游县供电公司所辖变电站情况统计表

表21

电压等级	座数（座）	台数（台）	容量（万千伏安）
220千伏	3	4	72
110千伏	12	22	105.6
35千伏	8	13	9.38
合计	23	39	186.98

【电力市场管理】 2021年9月突发疫情，国网仙游县供电公司实施凌晨不间断作业，提前送电枫亭镇和县体育中心11个核酸检测方舱实验室。制定保电隔离点"一点一案"，出动保电人员110名、保电车辆20辆，保障34个防疫重点保障单位可靠用电，实现"全员零感染、保电零差错"目标。执行基本电费优惠政策，全县147户企业基本电费享9.5折优惠，减轻企业电费成本342.14万元。落实市、县工信局限电政策，促进中频炉等相关高耗能、产能过剩企业转型，最高日压荷3.45万千瓦，压荷指标完成率103.42%，实现精准压荷。助力乡村振兴，打造仙游红木电烘干等"一县一特色"电气化示范点，全年替代电量2.4亿千瓦时。

2021年仙游县及各行业用电量增长情况统计表

表22　　单位：万千瓦时

项目	2020年	2021年	增长
全社会用电总计	245348	265481	8.21%
一、农、林、牧、渔业	1925	2227	15.66%
二、工业	99516	112670	13.22%
三、建筑业	4262	4310	1.12%
四、交通运输、仓储和邮政业	1609	1607	-0.09%
五、信息传输、软件和信息技术服务业	4811	5180	7.68%
六、批发和零售业	15766	19683	24.84%
七、住宿和餐饮业	2806	3273	16.66%
八、金融业	453	476	5.08%
九、房地产业	393	570	45.12%
十、租赁和商务服务业	226	256	13.54%
十一、公共服务及管理组织	12728	14322	12.52%

【农村电力建设】 2021年，国网仙游县供电公司投资9599.74万元改造农村电网，农村供电可靠率、电压合格率分别提升到99.95%、99.99%。提高配网设备操作灵活性、故障快速处置及恢复能力，全年度配网工程竣工率、结算率、关闭率均100%。推动仙游县政府成立电网建设领导小组，建立电力工程建设协调机制。攻坚并提前竣工送电龙泉街、木兰大道沿线杆线改造等电力工程建设难题。供电众鑫设备、鑫瑞新材料等6个省重点"五个一批"项目，服务产业升级。仙游35千伏游洋变10千伏五星线梧椿4变分线改造工程获国网福建省电力有限公司配电网十佳优质工程。

（陈红梅）

2021年，国网仙游县供电公司联合开展雨雪冰冻灾害应急救援综合演练

（唐 伟 摄）

交 通

公路建设

【概况】 2021年，仙游县通车公路总里程3249千米，其中高速公路4条108千米（8个高速互通口），国道3条32千米（含利用），省道3条109千米（含利用），农村公路3000千米（其中县道358千米、乡村道2642千米）。全县有公路桥梁727座。截至2021年累计实施危桥改造156座。

【高速公路建设】 2021年，仙游交通运输局（简称“县交通局”）推进甬莞高速榜头互通及接线工程建设，总里长16千米，总投资4.7亿元，开展工程可研等前期工作。

【国省干线建设】 2021年，仙游公路分局负责实施工程项目2个，总投资135万元。完成G228线K4887+400—K4888+400水泥混凝土路面破碎板修复工程，总投资55万元，工程质量合格。完成S310线路域整治工程（示范路建设），设计路线总长48.74千米，投资80万元，工程质量合格。

2021年，县交通局推进福建省普通国省道干线公路纵三线第五合同段沽山至梧椿段开展前期工作。继建联十一线仙游段（市交投公司负责，仙游县负责实施征迁及配合前期工作），总长3.7千米、总投资4.6亿元；A11-1标段1.7千米完成建设，年底A11-2标段连接线2千米建成通车。

俯瞰城区高速路口及其周边地带(2021)　（张　力　摄）

【城乡道路建设】 2021年，仙游县推进木兰大道仙游段（市城投集团负责，长约50千米、总投资53亿元，仙游县负责实施征迁及配合前期工作）建设。其中，一标段盖尾仙潭至石马段长8.1千米加快路基桥梁施工；二标段榜头昆仑至度尾中峰段长36.9千米，实施大济溪口至度尾石牌兜段长6.6千米（含溪口连接线），总投资8.7亿元，开展前期设计、征迁及用地报批组件工作。

【农村公路建设】 2021年11月，县道X242仙度线屏山至惠格岭段改造工程长7千米，建成通车；年底，县道X201城游线游洋五星路段晋级改造工程长1.7千米，完成路基路面主体工程。全年完成新改建农村公路20.33千米、农村公路养护提升工程100千米左右。

【危桥改造】 2021年，全县完成危桥改造9座。

公路养护与管理

【概况】 2021年，莆田市公路局仙游分局（简称“仙游公路分局”）完成公路投资1662.59万元；优良路率89.6%，公路技术状况指数（MQI）值88.9分；安全率100%。2021年，莆田市公路局仙游分局更名为“莆田市公路事业发展中心仙游分中心”，承担仙游县辖区普通公路交通基础设施建设、养护、路政、收费等的技术性、辅助性工作；完成交通运输主管部门交办的其他事务性工作。

【公路养护】 2021年，仙游公路分局行政许可所组织上路巡查57天/191人次，组织联合整治行动20次/74人次，清理堆积物31处/1280平方米，拆除违章建筑63平方米；纠正、制止占用挖掘公路6起、污染公路43起、堆放物品18起、打场晒粮2起、违法设置非公路标志1起、违法埋设、埋设和铺设管线1起、损坏公路附属设施4起；发放通知书1份、函告2份。

【公路许可】 2021年，仙游公路分局行政许可所办理跨市或者跨区、县超限运输车辆行驶公路审批1起；办理加油站协议式管理案件10起，收取赔补偿费3万元。

交通运输

【概况】 2021年，仙游县有客运企业2家，客运班线8条，车辆9部，其中市际1条1部，县内农村客运7条8部；1家旅游包车客运企业，车辆20部；普通货运35家，车辆1312部，危险品货运1家，车辆7部，8个罐车，2个厢式挂车；一类维修企业1家，二类维修企业10家，三类维修企业18家；驾驶员培训学校16家。投入使用一级客运站1个（仙游汽车站），2级公交枢纽站场(仙游县公交总站)1个，3级公交枢纽站场（大蜚山公交首末站）1个，4级公交枢纽站场（仙游县火车站公交枢纽站）1个。

【客运】 2021年，仙游县客运22.57万人次，旅客周转量1.22亿人千米。全年市交通综合行政执法部门查处仙游辖区违章出租汽车3辆次，其中按规定被列入考核计分的出租汽车4辆次；按规定列入考核计分的驾驶员3人次。县交通局按照规定进行考核计分，列入出租汽车服务质量考核体系。

【公共汽车客运】 2021年，仙游县有3座公交场站，分别是仙游公交总站、大蜚山公交首末站和仙游火车站公交枢纽站。公交车辆136部［其中纯电动新能源公交车130部、LNG（液化天然气）清洁能源公交车4部、燃油公交车2部］，开通22条公交线路，线路辐射所有乡镇、街道，实现城乡公交一体化，受益群众100多万人。

公交线路 601路（县行政中心—龙华镇金沙村）；601路（象运支线：仙游宾馆—祥林山庄）；602路（仙游工艺博览城—大济中学）；602路（古濑支线：大济中学—古濑村）；603路（仙游糖厂—赖店镇樟林村）；606路（县政法组团—赖店溪埔）；608路（海亭嘉苑—盖尾镇斜尾村）；609路（县行政中心—县第二医院）；610路（县行政中心—莆田协昇体育用品公司）；611路（海亭嘉苑—榜头岭下村）；612路（县行政中心—仙游火车站）；615路（仙游客运站—度尾云居村）；618路（仙游公交总站—园庄镇）；619路（仙游公交总站—瑞峰工业园）；621(仙游公交总站—仙游火车站)；622路（县行政中心—仙游火车站）；631路（园庄镇—仙游火车站）；632路（枫亭汽车站—仙游火车站）；633路（盖尾镇政府—昌山新路）；661路（蜚山公交站—游洋）；662路（蜚山公交站—石苍）；663路（仙游公交总站—社硎）；665路（仙游公交总站—仙水洋）；666路（蜚山公交站—菜溪）。

【货运】 2021年，仙游县货运803.57万吨，货运周转量8.07亿吨千米。

【交通市场管理】 2021年，县交通局查处违规经营行为199起，行政罚款130.55万元。拆除非公路标志1200余面，拆除违章建筑12处38平方米，清除堆积物81处300余平方米，劝离整改占道摆摊200余处。

【交通安全整治】 2021年，县交通局排查治理隐患道路运输企业117家次，排查一般隐患323项，整改率和检查率均100%。

（蔡璟玥）

铁路运输

【概况】 2021年，仙游火车站广场管理处开展平安建设、文明创城、疫情防控等工作，协调仙游火车站等铁路管理部门和县政府相关部门做好广场管理工作。加强内部制度建设，坚持用制度管人管事，制定办公室管理制度、财务管理制度、广场突发事件应急预案、协警上岗制度等，实现规范化管理。

【铁路客运流量】 2021年，仙游（枫亭）火车站是福厦铁路湄洲湾港客运站点之一，担负着仙游县及周边泉港区、城厢区百万群众出行任务。全年客流量177.82万人次，月客流量14.82万人次，日平均客流量4871人次，节假日高峰期客流量1.50万人次。

【火车站疫情防控】 2021年，仙游火车站广场管理处抓好火车站片区常态化疫情防控工作，安排两名专职消杀人员，做好环境消杀工作。加强重点场所防控，安排14名安保人员在火车站进出站口做好测温、扫码、验码工作，在火车站设置留观室，配备必要防疫物资，保障防疫工作需求。开展无疫单位创建，做好干部职工健康管理及核酸检测工作。在仙游站进、出站口增配6台健康码验证机、2台测温验码一体机，旅客出示身份证即可显示其健康码状态，解决部分老年旅客的出行担忧。

【卫生保洁绿化养护】 2021年，仙游火车站广场管理处做好火车站广场及周边卫生保洁、垃圾分类箱布置及摆放，组织开展爱国卫生运动，营造干净、整洁的出行环境。做好“1+N”项目工作每个月的绿化及卫生保洁考评，确保火车站广场卫生区、公交枢纽站、地下停车场、公厕及道路边沟等卫生整洁。

【交通秩序整治】 2021年，仙游火车站协警队员维护火车站广场秩序，特别是重大节日及特殊敏感时期，保证地下通道来往车辆的畅通，确保旅客出行便利。增加安全检查工作，开展进出站安全检查和广场巡逻巡查，提升旅客安全感。

【地下停车场管理】 2021年，仙游火车站广场管理处按照地下停车场收费标准，加强车辆管理，规范管理火车站站前广场停车，杜绝部分车主乱停放及长期占用车位等现象，改善火车站交通秩序。全年地下停车场收费30.31万元。

【火车站平安建设】 2021年，县公安机关调动16名协警队员负责火车站广场及周边安全保卫。重大节日期间，仙游火车站广场管理处加强安全教育，检查用电、水、气安全设施设备，消除安全隐患，落实安全检查工作机制，建立24小时值班制度，全天候管控广场，发现问题及时处理并上报，并确保广场交通秩序畅通、市容市貌整洁、服务保障贴心到位。

开展平安建设挂钩村联系活动，每季度安排干部协助辉煌村研究解决联系点综治“三率”提升、网格服务治理、社会治理行动、矛盾纠纷化解、社会治安防范、重点人群管理、信访工作、安全生产等。

开展禁毒宣传主题活动，利用LED显示屏滚动播出禁毒宣传标语以及设置禁毒主题宣传展板等方式开展宣传，图文并茂的禁毒主题宣传展板展示区吸引过往旅客。

【文明创城】 2021年，仙游火车站广场管理处加强培育和践行社会主义核心价值观，全体干部职工自觉践行社会主义核心价值观。火车站广场的护栏及墙面上粘贴“社会主义核心价值观”及“八不”行为规范等内容，加大宣传力度，营造文明创建氛围。

（郑榕雪）

高铁片区的核心“仙游站”（2021） （薛燕辉 摄）

邮政 通信

邮政业

【概况】 2021年，仙游县邮政分公司（简称“县邮政分公司”）下辖综合邮政支局7个：郊尾邮政支局（含营业所）、盖尾邮政支局（含营业所）、赖店邮政支局（含营业所）、龙华邮政支局（含营业所）、大济邮政支局（含营业所）、度尾邮政支局（含营业所）、园庄邮政支局（含营业所）；纯金融网点5个：榜头营业所、枫亭营业所、幸福营业所、花园路营业所、田岑底营业所；纯邮务支局4个：鲤城邮政支局（原为八二五邮政支局）、幸福邮政支局、榜头邮政支局、枫亭邮政支局。山区邮政所8个：园庄所、游洋所、钟山所、西苑所、菜溪所、社硎所、书峰所、石苍所，8个山区邮政所经营性质变更为邮政自营。

2021年，县邮政分公司业务收入1.17亿元，其中寄递2930万元，函件275万元，报刊461万元，集邮360万元，增值业务84万元，分销收入547万元，代理金融收入6851万元，其他业务收入193万元。

【邮政网络】 2021年，仙游干线邮运邮路与上年保持不变。县内转趟邮路4条，其中自办邮路3条和委办邮路1条。城区揽投段道52条；普遍服务投递段道15条、包裹快递段道27条、专揽段道1条、汽车段道8条和机要通信专投段道1条。农村邮件投递段道79条，里程2165千米。

【邮政设施】 2021年，县邮政分公司拥有生产用车16辆，其中8吨邮车2辆、5吨邮车2辆、1.25吨邮车1辆、机要车1辆、面包车8辆、电动汽车2辆。城区揽投车辆43辆，其中二轮摩托车2辆、二轮电动车17辆、三轮电动车24辆。农村投递电动车辆54辆，其中枫亭16辆、榜头15辆、赖店7辆、盖尾5辆、郊尾5辆、度尾6辆；农村投递摩托车辆18辆，其中龙华6辆、钟山1辆、游洋2辆、石苍1辆、书峰1辆、社硎1辆、菜溪1辆、西苑2辆、园庄3辆。拥有邮政生产用房1.35万平方米，其中城内邮政生产用房6899平方米，农村支局所邮政生产用房6609平方米。

（曾捷祥）

通信业

【概况】 2021年，县工信局协调加快推进通信运营商5G基地建设，仙游电信分公司完成建设5G基站190个，仙游移动分公司完成建设5G基站305个，实现县区5G网络无缝衔接覆盖，为数字仙游提供高速、高质、高效的基础网络信息服务。

【中国电信股份有限公司仙游分公司】 2021年，中国电信股份有限公司仙游分公司（简称“仙游电信分公司”）下设12个电信支局：榜头支局、枫亭支局、郊尾支局、盖尾支局、赖店支局、龙华支局、大济支局、度尾支局、园庄支局、钟山支局、游洋支局、菜溪支局；下设3个电信分局：鲤城分局、鲤南分局、东门分局。截至2021年底，各类电信用户数64万余户，其中固话用户12万余户，手机用户约30万余户，家庭宽带用户17万余户。2021年，仙游电信分公司获电信莆田市公司经营一等奖表彰。

移动电话 2021年，仙游电信分公司推进4G补盲及5G建设工作，完成4G基站调优建设12个，

新增建设验收5G基站182个，县城郊区周边新增5个3.5G基站，为室外基站开通提供支撑。

互联网业务 2021年，仙游电信分公司完成274条政企两线业务的开通/移机；农行仙游县支行15个网点的STN线路升级改造；烟草仙游分公司11条海晟连锁监控VPN开通工作；配合县公安局完成政法大院旧大楼在用业务的网络割接。完成大济T160G、游洋8505、钟山8505、郊尾8505等交换机大客户专线割接工作，配合设备模块完成下电割接工作。完成城南、赖店、盖尾、郊尾、枫亭、大济、度尾等模块局的OLT的PON口升级割接。协助18个乡镇（街道）卫生院以及各大医院完成医保网升级改造调测。退铜量200多吨；配线光缆建设AP延伸扩容869单，里程89千米。

ITV业务 2021年，仙游电信分公司开办IPTV业，以宽带为传输网络，融合多种先进技术，通过电视机向用户提供直播、点播、回看、游戏等多媒体、交互性等节目内容的先进数字电视。截至2021年，全县天翼高清用户12.8万户。

互联网+业务 2021年，仙游电信分公司推进以“云”平台为核心的智慧政务、智慧经济、智慧民生等领域信息化应用。抓数字校园建设，签约多所学校，助力“智慧校园”信息化管理。利用现代化信息技术，协助县公安局智慧办案项目。聚焦美丽乡村项目建设，签约村部监控上千部，助力乡村打造平安家园。

企业责任 2021年9月，仙游电信分公司联合县公安局利用全球眼、天翼看家监控搭建平安家园监控平台，利用智慧音箱搭建疫情防控宣传平台。县公安局实现对下属网格的治安环境集中监控、智能宣传，实现家庭村居监控。历经8天，在枫亭镇开通安装天翼看家1000余部，智慧音箱22部等。承接盖尾方舱隔离点信息化项目建设，负责建设“电信宽带+无线网络+高清电视+看家监控”，隔离房的宽带Wi-Fi无线覆盖与ITV接入及天翼看家监控。复工复产阶段，拓展人体热成像项目，助力地方企业、学校有序复工复产。

（伊瑞霞）

【中国移动通信集团福建有限公司仙游分公司】 2021年，中国移动通信集团福建有限公司仙游分公司（简称“仙游移动分公司”）下设鲤城、鲤南、枫亭、郊尾、榜头、盖尾、度尾、大济8个网格经营部，负责属地化移动业务服务。2021年，仙游移动分公司获评福建省安康杯竞赛先进单位、2021年度省移动公司企业文化示范单位（点）；公司党支部获评莆田分公司“五星党支部”。

项目保障 2021年，仙游移动分公司投资9020万元，开通4G基站45个、开通5G站点305个，优化高清语音、视频通信基本需求；新增投产2.38万个宽带端口，全县326个行政村百兆宽带覆盖325个，覆盖率99.6%；新建成6个全业务汇聚机房，优化核心网络布局，实现关键业务多路由保护，降低网络信息安全隐患。全年投资1000余万元，完成建设项目红线内“五杆一管”迁移，如城区龙泉社区街道下地、108小区下地等洪桥社区老旧小区改造。在全县污水管网改造过程中，公司配合各级政府部门推进地下管网看护及必要迁移工作。为仙游大型活动、抗击疫情提供通信应急保障，先后完成仙游体育场方舱医院应急宝，鲤南乌头山、鲤南卫生院、瑞峰医院等核酸检测点，书峰非遗焰火光影艺术节、枫亭镇“学党史、听党话、跟党走”主题晚会、仙游帝源财富里群星演唱会等活动现场通信保障。

助力疫情防控 2021年疫情期间，仙游移动分公司投入应急通信保障队伍31支、保障车辆31辆、保障人员115人621人次，出动通信应急车3次、开通应急宝11个、小区硬扩17个、FDD小区新增67个、故障处理108次、小区软扩244个，保障1个方舱实验室、5处核酸检测点、27处隔离点、751个核酸采集点的信号通畅。深入各隔离点、枫亭疫区，紧急建设专线2条、固话29部、电视机顶盒60部、宽带60条，满足疫区群众、隔离人员和防疫人员日常网课、办公、娱乐等需求。9月20日，接到“3天内完成枫亭镇13个村550路视频监控、25个村3592个NB门磁建设”任务，省、市公司度福州、南平等工程队伍第一时间投入疫情防控应用中。

疫情防控期间，仙游移动分公司第一时间整理提交抗疫产品应用方案，调度协调，打破产品供货常规流程，克服物流封锁困难，人工层层转运接力，先后投入5G无人机、核酸检测平台、NB门磁等智慧防疫产品，科技助力抗疫。9月10日，由市移动公司和市数字办联合开发的全省首个实战应用——核酸检测新平台在枫亭镇率先启用，平台记录核酸检测采集数据超1300万份，助力核酸检测“加速度”。9月15日，5G无人机投入使用，集成喊话广播功能，实现远程语音引导、劝离和防疫知识宣传；9月17日起，公司“NB门磁+监控”

推广建设，实现“被隔离人员进出隔离场所”的实时预警、实时劝返，24 小时无死角监管；复工复产后，公司 5G 红外体温检测设备在 20 所重点学校、县行政服务中心、市场服务中心启用。

疫情防控期间，仙游移动分公司 24 小时响应，提供“短信 + 精准发送”服务支撑，向群众发送防疫信息 3035 万条 1107 万人次；向指挥部工作人员、医务人员、公安民警、志愿者、隔离点学生及群众等提供通信业务保障 2.6 万人次。向疫情一线工作人员提供 1000 分钟语音包、20G 大流量包服务，向流调工作人员提供红名单免停机服务，为仙游 30 多所中学隔离师生及山区贫困生提供 100G 流量爱心包用于线上网课学习等。9 名志愿者在枫亭锦江酒店、华侨中学等 9 个隔离点驻扎十余天，负责数据收集、统计、录入等相关服务工作。

行业服务　2021 年，仙游移动分公司加强事前—事中—事后管控，实现闭环管理。开展用户满意度提升关怀，主动上门网络义诊，提升客户感知，完成 5500 多次宽带义诊。制定社区经理服务管理机制，发现服务差、乱收费情况，落实考核 300 元 / 次，累计 3 次予以开除；以履约率、重复投诉率、装机时长、退单率、满意度引导率等影响客户感知指标为评定标准，优异者予以奖励；定期对社区经理进行技能培训和口径宣贯，点对点帮扶黑点社区经理，实现“脱贫”。用户投诉率比上年降低 6.2%，用户满意度比上年提升 5.6%。

运营管理　2021 年，仙游移动分公司落实员工及其亲属违规经商办企业问题专项治理工作；重新甄别梳理关键职位人员清单，促进廉洁风险日常防范；落实“重点整治基层违规违法行为专项行动计划”，对公司生产用车、员工自有车辆信息登记造册，按月拉网排查，掌握员工危险驾驶情况，确保违规违法行为内部处置衔接工作；建立实施会议制度及督办工作机制，提高会议质量，实现重点工作闭环管理。落实“三重一大”决策制度，全年上会研究事项 50 余项。

安全生产　2021 年，仙游移动分公司落实安全生产责任，实现零事故。强化大楼及网格日常巡检、安保队伍管理，开展隐患整改 12 处、消防演练 2 场、安全知识讲座 5 场、心肺复苏急救演练 1 场，防范安全事故。开展“庆百年、保安全”专题安全教育，重点部署强调大楼出入管理、防疫管理、车辆安全管理等方面，确保敏感时期安全生产万无一失；安全生产月期间，联合县消防救援大队、公安刑侦大队开展安全教育活动，通过参观消防教育基地、观看警示教育片、消防演练等，提升火灾风险预防及处置能力。组队参加县政府防汛抗旱指挥部组织的仙游县“应急砺兵——2021”防汛应急演练活动，合理分工协作，提升现场处置应变能力和实战能力。

志愿服务　2021 年，仙游移动分公司结合志愿服务、通信保障服务、党员主题活动等，开展入户反诈知识宣传、宽带义诊、共享单车整治及环保低碳宣传活动、“浓情端午　心系环卫”主题活动、重大活动网络保障、“以购代捐、助销文旦柚”爱心助农活动等。

（陈慧敏）

【中国联合网络通信有限公司仙游县分公司】　2021 年，中国联合网络通信有限公司仙游县分公司（简称“仙游联通分公司”）贯彻国家“网络强国”“互联网 +”行动计划、“宽带中国”等战略，以一张有广度和深度覆盖、使用体验佳的高速移动通信网络，加快各类应用云平台的建设，快速推广移动互联网、云计算、大数据等信息技术的普及应用，为“数字福建”“智慧莆田”“数字乡村”城市建设提供网络保障。

助力残疾事业　2021 年，仙游联通分公司携手县残联、市县聋协共同推进畅听王卡发布会，帮助仙游听力、言语残疾人实现无障碍信息交流，享受科技创新带来的生活进步和便利，要求各片区负责人依据地域优势，配合乡镇（街道）聋哑人联络员，推进畅听王卡落地实施。截至年底，为 200 余名听障人士赠送畅听王卡。

助力乡村振兴　2021 年，仙游联通分公司致力于加快农村区域基层治理，依托乡镇的客情关系，通过数字乡村平台的建设打通政务服务的最后一公里，以数字赋能，让群众关心的难题，在线解决，打造便民利民的乡村立体服务体系。

助力疫情防控　2021 年 9 月，仙游联通分公司响应县政府号召，疫情突袭而至第二天组织第一批疫情防控志愿者队员投身疫情防控工作。疫情期间，组织人员销售、安装隔离点门磁 1500 套；对接、协助县政府发送抗疫短信 60 万条。组织在家员工协助拨打流调电话 1.5 万余个；为抗疫医务人员及公安民警赠送流量及语音 300 人次，疫情初期组织 6 名 90 后青年职工深入枫亭疫区一线保障外地援莆医疗队的后勤工作 40 天。

（林卓松）

商贸服务

【概况】 2021年，仙游县三产增加值完成260.56亿元，比上年增长7%；社会消费品零售总额完成343.64亿元，比上年减少1.5%。限额以上批发零售业商品销售额完成610.23亿元，比上年增长37.4%。限额以上消费品零售额完成56.07亿元，比上年减少2.6%。限额以上住宿餐饮业营业额完成3.93亿元，比上年增长15.5%。

【城市副食品产销】 2021年，仙游县有省、市副食品基地6家（其中生猪养殖基地3家，蔬菜种植基地2家，蛋禽养殖基地1家）。2021年，仙游县商务局对接省、市城市副食品基地，了解各基地产销情况，指导副食品基地加强管理，提高生产水平，落实生猪定点屠宰制度，确保全县生猪定点入场宰杀、无害化处理、保障出场销售肉品品质合格率100%，协助屠宰场完善产品质量安全保障体系，落实生猪入场检查和肉品出场检验制度，建立生产企业诚信档案和屠商信用档案。加大市场监管力度，打击私屠滥宰，保障仙游县副食品供给充足。

【农贸市场建设】 2021年，仙游县有农贸市场17家，大型超市企业11家。推进城区农贸市场、城内农贸市场、农产品批发市场等农贸市场的新建和改造。抓食品安全，结合莆田市创建国家级食品安全示范城市，在城区农贸市场中开展“食品安全”活动。

【成品油市场监管】 2021年，仙游县有成品油经营企业36家，其中中国石化17家、中国石油8家、民营企业11家。2021年，联合仙游县应急管理局、市场监督管理局等有关单位每个季度对相关企业进行安全检查，把关油品质量改造提升，监督指导各个成品油经营企业落实安全生产制度，严格规范计量标准。

【再生资源管理】 2021年，仙游县有从事再生资源回收加工企业40多家、从事深加工企业5家，主要以废金属、废塑料、废橡胶和废玻璃等工业废弃物的回收加工为主。

【全闽乐购促消费】 2021年，仙游县以“攻坚两个月 奋战六十天”为载体，开展“全闽乐购·爱上仙游”扩内需促消费专项行动。通过举办应季消费、惠民消费、时尚消费、大宗消费、线上消费等主题系列促消费活动，培育消费热点，挖掘消费潜力，加快消费回补和潜力释放。活动期间，累计投入财政资金648万元，吸引2000多家商户参与。

【物流业】 2021年，仙游县注册登记运输、货代物流企业有34家，货运车辆约1200辆，个体车辆约1300辆。其中获得AAA级评定的物流企业6家，AAAA级物流企业1家，还有盛辉、顺达、京福等外地著名物流企业也在县内设立办事处拓展业务。仙游县对接省内外先进经验，出台扶持政策，鼓励物流企业以参股、控股、兼并、合作等形式进行资产重组，着力扶持一批核心竞争力强、规模较大的物流企业做强做大。鼓励仙作物流园、鸿昌物流、亚运交通、海丰仓储物流等具有一定规模和发展潜力的物流企业，依托物流集团，实现物流资源有郊整合，强强联合。

【餐饮服务业】 2021年，仙游县住宿餐饮业增加值9.8亿元，比上年增长7.2%。限额以上商贸企业207家，其中餐饮服务业企业22家，占10.63%。

6月25日，县政府举办首届“仙

游美食老字号”评选活动，32家餐饮企业（个体）参与，经组织专家审核、公示等程序，确定28家企业（个体）获得首届“仙游美食老字号”称号。委托仙游广播电视台录制30条美食短视频，在新媒体滚动宣传。

7月，度尾海峡艺雕城商户直播带货　（唐伟 摄）

【电子商务】　2021年，仙游县限额以上电商企业101家，累计网络零售额35.1亿元，比上年增长27.8%。2021年，仙游县网络零售额超100亿元，增长超20%。根据浪潮企业数据显示，2021年，仙游县农产品累计网络零售额1.97亿元，增长59.4%。电商店铺数1.7万家，电商企业数5419家。仙游县连续6年位列全国“电商百强县”。2021年，榜头镇坝下社区等27个村获得“淘宝村”称号，8个乡镇获得“淘宝镇”称号，仙游县淘宝村数量居全市第一。其中，榜头镇连续六年获得“淘宝镇”称号，度尾镇等6个镇连续两年获得“淘宝镇”称号。2021年，仙游县获批国家级电子商务进农村综合示范县；2021年，京东（仙游）数字经济产业园获批国家级电子商务示范基地。

仙游抖音电商直播基地（2020年10月1日试运营）位列全国十大抖音产业带直播基地之一，为全国第六大抖音珠宝文玩直播基地。开播商家占比及BIC仓发货量居全国基地第一。2021年，入驻商家2133家，开设直播间2617间，日均发货量超8万件，日均销售额突破650万元。2021年，基地累计销售额25.7亿元。2021年，仙游县电商从业人员约5万人，主播超3000人，直播间近5000间，直播企业1000余家，直播场次超20万场。

10月6日，位于榜头镇的仙游抖音电商直播基地日均开播商家数恢复到800家以上，日均销售额500余万元，日均支付订单5万单。图为员工在打包发货　（唐伟 摄）

2021年，各大电商直播基地累计培训超1.3万人次，带动就业人数超5万人。其中，抖音基地培训超1万人次，涌现出“鲁艺红木、铭天下、九刨先生、本木工艺品、唐工巧匠”等一大批本土品牌头部商家；京东直播基地开展40场人才培训交流相关活动，辐射3500人次，创造就业岗位2550个。

【现代服务业招商】　2021年，仙游围绕现代商贸、现代物流、平台经济、总部经济、软件信息及其他类项目（商业地产、咨询服务等）产业集群建设，对接项目79个，计划总投资额333.24亿元，其中签约项目18个（现代商贸5个、总部经济3个、现代物流2个、平台经济2个、其他项目6个），计划投资额18.91亿元；签约未落地项目3个（现代物流1个、其他项目2个），计划投资额44.9亿元；

拟洽谈项目 47 个（现代商贸 9 个、总部经济 5 个、现代物流 4 个、平台经济 3 个、软件信息 5 个、其他项目 21 个），计划投资额 173.88 亿元；洽谈项目 6 个（平台经济 1 个、其他项目 5 个），计划投资额 28 亿元；已洽谈可签约项目 6 个（现代商贸 3 个、平台经济 1 个、其他项目 2 个），计划投资额 67.55 亿元。

数字经济招商　用好《仙游县加快产业带直播发展促进电子商务提升行动方案（2020—2022 年）》政策，扶持京东数字经济产业园、3C 智慧产业园、抖音电商直播基地、仙作 5G 直播应用中心等做大做强，推进超级仓库仙游特色产业集中直播基地、辉特电商物流基地等项目商洽落地。

平台经济招商　加快推进云上莆商电商平台、抖六 App 资源共享平台等项目以及美食城、凯天城、顺安广场、锦福滨江国际等商务楼宇的招商力度，盘活空置楼宇；围绕古典工艺博览城、海峡艺雕城等园区平台以及京东数字经济产业园、抖音电商直播基地、3C 智慧产业园等电商平台进行进一步分类规划、全面提升，促进仙游县平台经济发展。

消费经济招商　挖掘鲤中步行街、天博城市广场、远大建材城等成熟商圈板块招商潜力；开展中骏世界城、方园荟等商圈的招商工作；跟踪推进玉田、鲤城西、美食城、鲤城东等片区综合开发项目，力争尽快签约落地；持续以旅游景点、假日经济、节庆活动为热点，引导夜间经济、摊贩经济等业态发展。

（辜建清）

物流快递

【概况】　2021 年，仙游县邮政行业业务总额 3.48 亿元，比上年增长 18.78%；邮政行业业务收入 3.05 亿元，比上年增长 6.17%。其中快递服务企业业务量 2992.45 万件，比上年增长 41.51%；业务收入 2.12 亿元，比上年增长 9.12%；投递量 4272.78 万件，比上年下降 4.45%。

【邮政行业贡献】　2021 年，仙游邮政管理局服务乡村振兴战略。发挥快递网络优势和自有电商平台销售优势，带动仙游特色产品触网外销，支持鼓励快递企业研发对农产品的特制包装，开通绿色通道，突出打造“快递 + 四大名果”示范项目，为邮政快递企业与乡镇政府、农业合作社、供销电商等牵线搭桥，搭建产、销、运对接合作平台，拓宽果品销售渠道，降低新冠肺炎疫情对传统枇杷销售模式的影响，助推仙游枇杷销售，助力果农“战疫”、增收。2021 年，全县“快递 + 四大名果”示范项目累计寄递 163.57 万件，实现快递收入 1741.68 万元，累计服务产值 5433.74 万元。

2021 年，仙游邮政管理局服务制造强国战略。“快递 + 制造业”示范项目累计寄递 1329.92 万件，实现快递业务收入 8012.06 万元，累计服务产值 18.13 亿元。其中，“快递 + 工艺美术品”累计完成业务量 868.19 万件，实现快递收入 6066.77 万元，服务产值 8.92 亿元；“快递 + 鞋服”累计完成业务量 461.73 万件，实现快递收入 1945.29 万元，服务产值 9.21 亿元。

【邮政行业防疫】　2021 年，仙游邮政管理局带领骨干企业投入抗疫志愿服务工作中，增强调运调拨能力，保障疫情期间民生物资、防疫物资的运送和县政府物资调用。为邮政企业争取到进出仙游管控区车辆通行证，确保疫情期间仙游地区机要通信和党报党刊及时准确、安全畅通。全行业企业发挥人多、车多、线路熟的运输配送优势，履行社会责任，成立志愿服务队 13 个、志愿服务人员 285 名，参与志愿服务 242 场次，服务核酸检测超 3 万人次；协助开展场地消杀 4.2 万平方米；协助运输民生及防疫物资 338 车次；承运防疫、医护、志愿者 60 人次；向当地捐赠防疫医疗物资 422 件价值 8 万元；

中骏世界城（2021）　（郑　丽　摄）

10月21日，县交警、医疗、邮政三方联合推出“警医邮”便民服务——邮政网点代办交管业务，并公布首批5家“警医邮”便民服务网点。图为群众在邮政网点办理业务　　（唐　伟　摄）

协助枫亭镇24个隔离点运送米油569.91吨。

10月4日起，全行业逐步复产复工。10月17日起，开展常态化疫情防控工作。落实从业人员个人防护措施，加强从业人员管理、减少人员聚集。抓好各项常态化防控措施落实，按照《疫情防控期间邮政快递业生产操作规范建议（第七版）》《外卖配送和快递从业人员新冠肺炎疫情健康防护指南》等有关规定要求，落实各项常态化疫情防控措施。配合组织做好核酸检测和疫苗接种工作。督促辖区寄递企业组织人员参加核酸检测抽检及疫苗接种，完成全行业从业人员（1195人）第二针接种工作，完成606人第三针接种工作，构建全行业疫情防控屏障。开展邮政业“外防输入”专班培训会，邀请县疾控中心两名专家为全县12个邮政快递企业品牌的防疫专管员开展疫情防控业务培训。

【行业服务】 2021年，仙游邮政管理局依据《关于深化交通运输与邮政快递融合推进农村物流高质量发展的意见》，推进县乡村三级物流体系建设，结合仙游县实际情况，整合邮政和快递网络资源，推进“交邮合作”“快邮合作”“快快合作”配送新模式，解决偏远山区用邮问题。

快快合作方面，仙游县“四通一达”企业成立第三方公司仙游县蓝图配送服务有限公司，全县开展统仓共配合作。统仓共配合作在降低派件成本、加快派送时效、减少人工成本的同时，延伸派件深度，促使“快递进村”深入。

快邮合作方面，贯彻落实上级从“快递下乡”到“快递进村”的战略部署，解决投递“最后一公里”难点痛点问题，发挥邮政公司国企主渠道作用，利用邮政网络优势，开展邮快合作，解决快递企业存在的下乡难、进村难问题。仙游邮政分公司与中通、申通、圆通、韵达、百世、极兔在书峰、石苍、社硎、菜溪、西苑5个乡镇开展合作，促使乡镇快递进村入户，有效降低城乡流通费用。截至年底，邮政企业累计代投快件15.21万件，实现收入30.7万元。初步形成资源共享、成本共担的邮政快递合作下乡进村格局。

入驻福农驿站等村级便民服务网点。2021年下半年，在仙游县政府牵头组织下，在大济镇乌石村开展福农驿站试点项目。该驿站设立在乌石村村委会，搭载政务、电商、金融、物流、民生等便民服务。

12月29日，全县首家“福农驿站”在大济镇乌石村揭牌运营　　（唐伟　摄）

12月14日，仙游邮政管理局组织召开大济镇快递进村座谈会，协调快递企业入驻福农驿站事宜，申通快递、韵达快递入驻。

【行业监管】 2021年，仙游邮政管理局发展绿色邮政。电子面单使用率99.5%以上，其中因涉及公检法机关及个别特殊需要用纸质面单外，其他邮件快件基本没有使用纸质面单情况。电商件不再二次包装提升到92.2%，避免大量重复包装。瘦身胶带使用比例提升到90%，循环中转袋使用率提升到85%，减少环境污染。快递营业网点设置快递包装回收装置59个，邮政普服网点设置快递包装回收装置100%。

普遍服务监督　2021年，开展普服测寄工作。普服测寄平信60件，实际收到平信60件。开展邮票销售监督检查工作。组织开展《厦门大学建校100周年》《中国共产党成立100周年》纪念邮票发行专项监督检查，对纪特邮票销售网点邮票发行情况开展监督检查，所查纪特邮票销售网点遵守《中华人民共和国邮政法》《邮票发行监督管理办法》《仿印邮票监督管理办法》等法律规章规定。开展邮政业“扫黄打非”工作。截至年底，开展扫黄打非常规检查201人次，检查邮政普服网点及快递网点15家次，发放扫黄打非宣传单200余份，没有发现一起通过邮政或快递渠道寄递非法图书、出版物及音像制品的行为，为全县“扫黄打非”工作做出贡献，全县报刊亭全部清理完毕。

安全监管　日常检查结合网格化管理以及协助市局核查，日常监管走向常态化、规范化。开展日常执法检查；利用网格化平台线索开展精准执法；建立远程视频巡查机制，定期开展巡查工作；结合重大节日节点以及上级工作安排，开展专项执法检查；督促企业建立并落实快件抽检制度；落实许可企业安全员履职月报制度并按时上报市邮政管理局；以疫情防控和安全生产专项行动为契机，开展日常检查和专项检查。联合鲤南镇派出所开展反诈防骗专项检查、联合森林公安开展野生动物保护专项整治行动、联合烟草专卖局开展涉烟寄递安全专项检查。1—12月，开展执法检查30次，联合相关部门开展执法检查6次，检查寄递企业和网点78家次，出检人员209人次，发现隐患问题20个，下发责令整改提醒函6份。立案查处2起，罚款金额9.9万元。“一把手”每个月至少开展安全检查1次，确保全国两会等重大活动期间寄递渠道安全通畅。

“网格化+寄递安全”管理　根据《莆田市“网格+寄递安全”管理工作规范（试行）》规定的日常管理规范要求，仙游邮政管理局坚持按时限和规范处理网格平台事项。2021年，“网格化+寄递安全”平台采集信息1225条，其中涉及190条隐患信息。对问题进行分类并整改到位。根据网格员上传隐患进行复查，关停无证快递代办点4家；整改经营场所地址与备案地址不相符52家次，安全设施设备不达标45家次。根据《莆田市远程视频监控使用管理办法》，常态化开展远程视频监控巡查。1—12月，在线巡查企业网点168家次，排查隐患60个，整改到位。

企业执行安全监管　加强教育培训，组织企业负责人及安全管理人员参加市局举办的专项工作培训班，提升企业安全管理人员安全技能。在日常检查工作中督促企业落实安全教育培训制度，做到先培训、后上岗。落实执法检查治理机制。结合行业分类分级监管，开展日常执法检查、远程视频监控巡查和寄递渠道涉枪涉爆隐患集中整治、重大节日及重大活动期间安全专项执法检查结合起来，保持安全执法检查的常态化。督促企业落实主体责任。完成安全员备案，实行安全工作月报制度和安全员履职月通报制度。定期评价专职安全员履职情况，以督促安全履职推进企业主体责任落实。根据市局修订《莆田市平安寄递业考评办法》，完成辖区内全部企业实地测评，在年底结合日常检查和企业安全员履职情况进行综合评分，完成2021年企业安全评定工作。

服务质量监测　召开服务质量提升与发展会议，对用户不满意的申诉案件进行通报，督促企业提升服务质量。集体约谈服务质量问题突出、申诉量高的企业。对用户申诉突出问题进行深入分析，并向各快递企业着重强调《快递暂行条例》中对于快递服务的有关规定，要求各快递企业按有关落实整改。为规范末端投递服务，维护消费者合法权益，开展快递末端服务违规收费清理整顿工作，结合日常监管，对快递企业网点违规收费情况进行动态监管，宣传贯彻《快递服务》国家标准有关规定，突出重点开展执法检查。维护民利，实施“放心消费工程”。指定专人处理快递服务申诉，受理、办理用户申诉。2021年，通过“12345”平台及市局转办诉求件受理消费者申诉190余件，平台及时回复率100%，满意率100%。

（兰丽仙）

对外经济贸易及港澳台贸易

【概况】 2021年，仙游县新增对外贸易经营者21家。外贸企业主要涉及鞋革、工艺品、化工、按摩器材、金属制品、食品、服装纺织、医疗用品、综合贸易等行业，其中，仙游县外贸出口仍以重点行业鞋革为支撑；进口企业主要以铁矿石、钢材采购为主。

【进口贸易】 2021年，仙游县进口贸易实现“买全球”，主要分布在亚洲、欧洲、非洲、拉丁美洲，以澳大利亚、加拿大、东盟居多。进口商品涉及矿石、纺织原料、食品、塑料、橡胶、木材等。其中，以进口矿石、橡胶、纺织原料居多。

【出口贸易】 2021年，仙游县外贸出口世界各大洲，实现“卖全球”，主要分布在北美洲、欧洲、亚洲、拉丁美洲，以美国、欧盟、韩国、日本、东盟、加拿大居多。出口商品主要涉及鞋革、工艺品、化工、按摩器材、金属制品、食品、服装纺织等行业，以重点行业鞋革为主。

【外资利用】 2021年，仙游县参加外商投资信息报告（年度报告）的外资企业107家。外资主要来自东南亚国家，欧美较少，成联包装外资来自美国。外商投资信息报告5家，实际利用外资为1.8亿元，主要集中在农业、有色金属合金行业。

【重点外贸企业扶持】 2021年，仙游县主动服务，推进外贸出口有所增长。走访宣传各级有关政策。走访重点龙头外贸企业，在给予企业人文关怀的同时，了解企业订单生产和经营情况，鼓励企业持续生产经营，宣传指导企业用好用足各级“稳外贸”政策，帮扶企业解决生产经营中所遇到的困难。2021年，仙游县龙头外贸企业开拓国际市场，出口订单有所突破，多数出口额同比增长超30%。指导企业申报防疫物资“白名单”。莆田市海腾鹏医疗器械有限公司、福建柏宁医疗用品有限公司列入防疫物资“白名单”，开辟防疫物资新市场。组织参加线上线下各类境外展会。组织参加第129届广交会、第31届中国华东进出口商品交易会、第二届中国——中东欧国家博览会暨国际消费品博览会、2021年内外贸融合（西安）交易会、第二届中国——非洲经贸博览会、福建外贸云展会系列活动等各类境内外线上线下展会，拓展国际市场，深化企业与“一带一路”沿线国家和地区的交流合作。

筹备“9·8”投洽会对接项目签约。筛选一批实力强的企业家、潜力大的好项目进行对接洽谈，汇总对接项目11个，总投资17.14亿美元，利用外资总额7.02亿美元，其中8个合同项目，合同利用外资5.62亿美元，3个意向项目，意向利用外资1.4亿美元。其中，参加市团集中签约项目6个，总投资15.5亿美元，仅有1个意向项目，意向利用外资0.8亿美元，其余5个均为合同项目，合同利用外资5.6亿美元，仙游县上台签约项目数、总投资额和利用外资总额均居全市第一位。

【仙游港澳台经贸合作】 2021年，仙游县引进5个港澳台投资项目落地报批，合同金额5.4亿元。其中，4家为台商投资的农业项目，合同金额2965万元，主要以发展甜柿、嘉宝果、橘柚、红美人、牛樟芝、药材等特色产业为主。1家港资企业福建竞点合金有限公司合同投资5.1亿元，主要进行有色金属合金制造、有色金属合金销售、金属材料销售、金属矿石销售等。2021年有3家港资企业陆续到资1.77亿元，6家台资农业企业陆续部分到资330万元。

（辛建清）

粮食流通

【概况】 2021年6月30日，仙游县粮食局更名为仙游县粮食和物资储备中心，设主任1名（副科级），副主任1名（股级）。2021年，仙游粮食工作以落实粮食安全行政首长责任制工作为抓手，围绕全县中心工作，贯彻落实国家有关粮食政策和省、市县关于粮食工作的部署，完成各项年度目标任务。

【储备粮管理】 2021年，仙游县加强储备粮管理，确保储备粮储得进、管得好、调得动、用得上，完成市政府下达的储备任务。2021年，开展好县级储备粮年度轮换工作，轮出县级储备粮，轮进新粮原粮，开展粮食收购、销售出库、春、秋季粮食库存等专项检查工作，储备粮数量真实、质量良好，储备粮宜存率100%。完善粮食仓储设施。5月，投入380万元启动县中心粮库智能化升级改造项目建设，建设规模和内容包括业务管理系统、智能出入库系统、多功能粮情测控系统，智能安防系统、智能通风系统、大屏显示系统六大系统。12 月 13 日，通过验收。

【订单粮食收购】 2021 年，仙游县为保护农民种粮积极性，做好农民余粮收购工作。通过制作宣传专栏、悬挂横幅、张贴标语、发放宣传单、报纸、网站、电视台等线上线下宣传方式，宣传收购政策。县粮食购销公司在赖店镇设立粮食收购点，方便农民售粮，并提前准备仓容，设立便民服务点，做好服务工作。全年收购农民余粮 854.21 吨，支付农民售粮款 209.39 万元，杜绝农民卖粮难、“打白条”等问题。

【粮食安全】 2021 年，仙游县围绕粮食系统不发生安全事故的工作目标，按照“严排查、严整治、严监管”要求，开展安全生产大检查工作。全年，组织检查组 23 个，派出检查人员 51 人次，排查发现隐患 33 项，落实整改隐患 33 项，整改率 100%。强化粮油仓储安全管理工作，按照储粮安全技术规范和“一规定两守则”要求，加强粮油出入库、储存作业、消防安全等环节管理，确保储粮安全和生产安全。强化资产及出租房日常管理，建立健全国有资产管理机制，完善管理制度和台账，并时时更新，实施动态管理。定期或者不定期进行资产巡查，防止资产受风雨影响倒塌、资产被侵占。加强出租房日常巡查，避免出现电路老化等安全问题。加强应急管理，做好应急队伍建设、预案更新、应急演练等工作，提升应急能力。开展地震应急演练、消防应急演练、粮食熏蒸作业应急演练活动，通过应急演练活动，提高县粮食系统安全生产事故应急救援能力。

【粮食应急体系建设】 2021 年，仙游县完善粮食应急体系建设，在全县确定粮食应急供应网点 18 家，应急加工企业、储运企业各 1 家，保障粮食市场供应不脱销、不断供。开展粮食应急演练和粮食质量安全事故演练，提高粮食应急处置能力。加强应急救灾物资管理，与应急部门共同对救灾物资储备的规模、品种、结构等进行优化设计和宏观规定，科学调整救灾物资品类、规模。对救灾物资进行规范管理，做到每批物资有标签，且分类存放，码放整齐，实现信息化和标准化。抓好粮食价格信息监测和预警，掌握市场动态，全县确定价格监测点 3 个，定期监测粮食市场行情，全县抽选固定居民调查点 50 户，开展社会粮油供需平衡调查，对辖区内所有纳入粮油统计信息系统的企业加强管理，确保统计数据真实可靠。9 月 10 日，枫亭镇突发新冠肺炎疫情，县发改局紧急调粮 3000 余吨，办理通行证 200 余张，统筹购买大米 830 吨，赠送封控区群众，保障疫情防控期间全县粮油市场秩序。

【粮食质量监管】 2021 年，仙游县做好粮食质量监管工作，完善粮食质量安全监管制度，加强超标粮食管控，出台超标粮食处置管理办法。完善粮食质量安全监管制度，开展粮食库存检查、原粮质量及原粮卫生检查、地方储备粮检查等专项监督检查工作，压实企业粮食质量安全主体责任，全年完成质量抽检 142 份，合格率 100%。2021 年，加强国有粮食检验监测能力建设，县粮食购销公司投入 30 多万元再购进重金属快速检测仪器、脂肪酸值检测仪各 1 台。

（余丽伟）

供销合作

【概况】 2021 年，省仙游县供销合作社联合社（简称“县供销社”）坚持为“三农”服务的办社宗旨，坚持社会主义市场经济改革方向，推进体制机制创新，牵头领办各类专业合作经济组织，实施项目带动，探索联合发展，加强农业生产资料、日用消费品、农产品经营服务、再生资源回收利用和烟花爆竹安全经营五大经营服务网络建设，开拓农村市场，在推进农村流通现代化和参与农业产业化经营中实现良性互动发展。

2021 年，仙游县供销系统完成销售总额 36.65 亿元，比上年增长 7%，购进总额 34.12 亿元，比上年增长 1.8%；实现利润 717.55 万元，比上年增长 9.2%；上缴税收 5309 万元，比上年增长 35.4%。

【供销为农服务】 2021 年，县供销社培育创建特色农产品品牌，申领“仙福埕”电子商标，开发“仙福埕皮蛋”“仙福埕咸蛋”等品牌产品，累计销售“仙福埕”品牌 1010 件，销售额 10 万元。展示展销“仙福埕”品牌及本地上百种各色农特产品，推动形成农产品区域品牌共同发展的格局。

推进农业生产保障供应。做好种子、化肥等农资供应，开展春耕备耕，为保障农产品生产中重大病虫害应急防治和应急用肥的需求，储备化肥6344.81吨，超额完成农资冬储各种化肥5700吨任务，各类农药200吨、农膜85吨、水溶肥200吨。实行定点储存、专人保专账记载、统一仓牌，规范管理。加强市场供需情况监测、预警，确保农药化肥备得足、调得动、运得出。

仙游县农产品营销公司依托线上平台搭建农产品展示展销馆，创新消费扶贫方式，通过“扶贫832平台”对接县脱贫村农副产品，带动脱贫户增收致富，全县消费扶贫福利供应实现销售额109.05万元，其中西宁扶贫农产品94.55万元，供应各单位工会131家。疫情防控期间，县供销电子商务公司开展线上“抗疫助柚”活动，线上订单4457多单，累计助销全县文旦柚59.69万千克，销售额255.9万元。

通过开展线下农产品展销会，宣传推介“橘柚、芦柑、文旦柚、枇杷”等本地特色农产品，为特色农产品亮品牌、拓销路；县供销电子商务公司“践行为农服务宗旨，勇担抗疫助农使命”，通过微信公众号征集、实地走访等形式，组织全县农业产业化经营企业、农民专业合作社、个体农户等30余家，农产品160余种，于2021年11月12—14日参加由福建省供销社主办的“一县一周——抗疫助农践初心”莆田场名特优农产品展示展销推介会，助力仙游县农特产品销售额58.71万元。

【基层社“三会”制度】 2021年，县供销社深化供销社综合改革，加快形成理、监事会各司其职、协调运转的工作格局，组织指导基层社建立健全“三会”制度，园庄、度尾、榜头3个基层社召开社员代表大会，选举产生新一届理事会、监事会领导班子及理事、监事成员，建立新的供销社治理架构，密切与农民的利益联结。

【抗疫保供】 2021年，县供销社党总支部加强统筹协调，部署疫情防控措施，制定应急预案，组建抗疫先锋队支援抗疫一线，向社会发布抗击疫情倡议书，做好疫情防控、保供稳价、春耕备耕、服农助销等工作。先后设立4个防疫和生活物资储备仓库，负责全县医疗物资、生活物资、红十字会和其他慈善机构捐赠物资接收入库、储备等工作，承担县防疫及生活物资保供职责；抽调精干力量组建“突击队”做好瑞峰方舱隔离点的物资采购、运输、调配任务，确保方舱隔离点一期如期交付使用。

县供销社开展“众志成城抗疫情 风雨同舟供销人”捐赠活动，全系统党员干部职工积极响应号召，战疫情、献爱心，筹集爱心捐款3.48万元，供销系统内企业及兄弟企业等12家单位捐赠物资价值27.09万元。

发挥供销社农资供应主渠道作用，组织储备春耕备耕生产所需农资，缓解疫情下春耕备耕农资供应紧张形势。县疫情防控取得阶段性胜利后，为克服疫情导致的农产品滞销，收集本地特产文旦柚滞销信息，设立“抗疫助柚”线上专区，通过产销对接助销文旦柚。

【供销企业建设】 2021年，仙游县供销投资集团有限公司拓展业务，与福州康为网络技术有限公司合作“医疗耗材”贸易业务；与上海城汇农业科技有限公司合作“冷鲜肉及农副产品”贸易项目；与福州康为网络技术有限公司合作“医疗软件”销售业务；与莆田市日晶玻璃制品有限公司合作“煤炭”贸易业务；与福建闽通万海渔业有限公司合作“海产品”收购业务。

9月，仙游县供销投资集团有限公司受县委、县政府委托为全县防控疫情工作开展各类物资采购、接收、储备及配送等工作，设立5个物资仓库，分别是枫亭3C产业园仓库、兰溪小学医疗物资点、供销集团生活物资点、金融街和郊尾再生公司捐赠物资点。

2021年，仙游县再生资源回收利用有限公司完成回收交易量14.52万吨，交易额2.15亿元，比上年增长85.34%。围绕生态文明建设，仙游县再生资源回收利用有限公司利用服务网络，参与农业面源污染防治，配合牵头单位就“农村可回收垃圾资源化利用问题”和“农药瓶等农业生产有毒有害垃圾处理问题”的整改进行督导检查；参与做好农村生活垃圾干湿分类和农村农业废弃物回收试点工作。2021年，完成钟山、游洋再生资源回收利用网点废旧农膜回收、处理40吨。

2021年，仙游县振兴乡村农产品有限公司依托“每日生鲜”农副产品配送平台，主营蔬菜类、禽肉类、水果、海产、冻品、干货、粮油等100以上品种的农副产品配送，每日订单在60单以上，App平台点击率600人次以上，辐射鲤城、赖店、龙华、榜头等区域，配送单位有仙游二中、永鸿中小学、第二医院等多家单位及餐饮连锁企业，2021年，实现销售总额近2000万元。通过农产品生活馆平台展销优质农产品，整合购、销、存、配送各环节资源，将“832平台”扶贫农产品和县优质扶贫农产品对接全县各级单位。2021 年，全县消费扶贫福利供应实现销售额 109.05 万元，其中西宁扶贫农产品 94.55 万元，仙游扶贫农产品 14.5 万元，钟山橘柚销售 1.85 万千克，销售额 20.26 万元，销售文旦柚 1.13 万千克，销售额 5.63 万元，带动建档立卡贫困户增收，为乡村振兴贡献力量。

（张月莹）

烟草专卖

【概况】 2021 年，仙游县烟草专卖局（分公司）实行“2 块牌子一套人员”的经营管理体制，莆田市烟草公司仙游分公司（简称“仙游烟草分公司”）统一负责仙游县烟草批发业务，仙游县烟草专卖局（简称“县烟草局”）统一负责仙游县烟草专卖市场管理。2021 年，卷烟销量 3.93 万箱，比上年增长 0.7%；实现销售总额 14.1 亿元，比上年增长 2.1%；实现税收 2.64 亿元，比上年增长 2.02%，位居全县第二位；利润总额 1.77 亿元，比上年增加 316.91 万元；人均创利税 496.44 万元。

【卷烟营销】 2021 年，仙游烟草分公司贯彻“五化”总体要求，推进新网建工程建设，加快数字化转型步伐，推动仙游营销网建向精深迈进。2021 年，条均价 143.5 元，比上年增长 1.3%。零售客户盈利稳健增加，达到 16% 以上，客户经营信心充足，总体满意度 91.23 分，居全市第二；货源满意度持续提升，为 88.09 分，居全市第一。培育加快品牌成长。以宴席营销为拳头，累计开展宴席活动 414 场，居全市第二，场均 18.84 条；找准潮流营销方法，拍摄古田系列短视频，营造“指燃星辰，心有山海”视频营销热度，通过店堂播放、宣讲播放、线上转发等，输出品牌扩大影响；瞄准目标消费圈层，锁定红色情怀消费者，开展“百年党史，红色记忆”活动；锁定银行大客户，举办 VIP 优品会、高端客户尊享会等，以意见领袖带动品牌效应扩大化。构建推动业态升级。全年上报 388 户，上线使用 198 户，占比 4.1%；新零售终端使用质量提升明显，E 福通会员数量户均达到百人以上。推进“海丝新晟”，在鲤南建成 1 家核心终端，在枫亭建成 1 家合作终端，在度尾建成 1 家农网（达标）终端。共建终端成为趋势，深化与各大银行业务合作，共同推进新零售布点，举办客户专享品鉴，打造全市首家邮烟合作店，搭建企业客户共享平台。文明吸烟助城建，主动融入地方建设大局，年度投入资金 36 万元，用于环卫部门主干街道垃圾桶置换 720 个。一体化合作挖掘更大潜力。全年培育分销客户 3 户（总销量居全市第一），核心客户 43 户（总销售额居全市第二），1 名客户经理被评为全省年度“市场营销新跨越业务开源标兵”。开展“美丽之约”女性客户三八专场活动、重点客户“走心回馈之旅”活动、开展品茶会、酒类品鉴活动 34 场。

【烟草市场管理】 2021 年，县烟草局落实市局“六型”建设工作部署，推动专卖管理工作打开新局面。全年查办各类案件 185 起，比上年下降 22.59%，涉案卷烟 2.44 万条，比上年增长 28.68%，总案值 556.66 万元，比上年增长 16.56%。真烟查获数量居全市第一。查办 5 万元以上大要案件 34 起，居全市第一。破获“6·8”生产销售伪劣产品案，刑拘 3 人，逮捕 3 人，案值逾千万元。截至年底，刑拘 3 人，逮捕 5 人，判刑 18 人。推动社会综合治理机制，对接政法委综治考评机制，促成卷烟打假工作纳入地方综治考评内容；与仙游县社会治理网格化中心联合建立联防联控监管机制，深化打假打私综合治理体系。创新工作机制开展模糊排查，先行先试与高速、公安采取“模糊排查法”进行筛选研判，排查多次往返仙游的云霄车辆及云霄籍入住仙游情况，通过与公安形成常态化联合研判机制。常态联合机制强化运输通道管控，与高速交警联合在枫亭、龙华、榜头等高速不定期展开检查，与邮政部门联合对仙游物流寄递业展开常态化检查。截至年底，与高速、邮政联合出动 80 人次，查获无证运输 13 起，其中 5 万元以上案件 4 起（含“6·8”假烟中转案件）。创新“请君入瓮式、尾随盯梢式、错峰排查式、天眼追踪式”等新型查处法，形成“准确排查、锁定目标、把控过程、精准打击”真烟治理监管新模式，打击 46 户，依法取缔 6 户；加强物流寄递企业监管。物流寄递环节查获涉烟案件 10 起，涉案卷烟 19.9 件。开展电子烟监管，保护未成年人身心健康。加强海岸线宣传，参加海警相关部门组织的涉船渔业人员培训会 2 次，发放宣传单 600 多份。梳理黑黄灰名单 247 户，差异化监管重点客户；通过举报有奖宣传和培养信息点，举报费支付 17.35 万余元，创历史最高。执行“一案双查”制，查明外流卷烟所属区域、涉及的零售户，制定有效措施及时整改。升级“互联网＋行政服务”的科技立项的课题，该项科技立项的课题向全省推广，该系统升级整合为全市烟草系统专卖监管“一体化”平台。结合实际修订《烟草制品零售点合理布局》，实现 4 个工作日内即可完成从受理到入网的整个流程。

（王诺雯）

旅游业

【概况】 2021 年，仙游县旅游事业发展中心围绕“把仙游打造成国际知名、国内著名的生态文化旅游休闲度假胜地”工作目标，开展国家全域旅游示范区创建工作，打造旅游强县。

【旅游项目建设】 2021 年，仙游县旅游事业发展中心指导济川村风景区开展国家 AAA 级景区创建，指导济川村风景区旅游服务中心项目、旅游示范厕所项目申报省级补助资金。

【旅游产业融合】 2021 年，仙游县发展乡村旅游，推荐榜头镇岭下村、钟山镇卓泉村、大济镇古濑村申报省级文化旅游融合发展专项基金，游洋镇兴山村、西苑乡凤山村获评三星级旅游村，度尾镇获评全域生态旅游小镇。

【文旅产业招商】 2021 年，仙游县加强与大集团、大企业和知名侨胞的跟踪对接，引进国内外知名旅游集团到仙游投资建设。重点推进美食城及西苑刺刀峡谷、乡村振兴示范项目等招商。对接中旅智业文化发展（深圳）有限公司（中国旅游集团旗下）、深圳市普乐方文化科技股份有限公司等大型文旅企业，依托仙游美食城古建筑风格特点，打造集声光电于一体的沉浸式体验项目；对接碧桂园生活服务集团股份有限公司，实地考察仙游美食城项目并召开座谈会，双方就美食城项目达成初步合作意向；对接福建农本集团有限公司，以西苑乡前溪村为试点，围绕产业、民俗、文化、旅游、餐饮、休闲等多个领域，综合现代农特产品的生产、开发、线上线下交易、物流等环节，打造集休闲娱乐、农旅民俗、特色餐饮等为一体的综合业态；对接北京斯卡布罗有限公司，跟踪西苑乡刺刀峡谷户外攀岩基地项目，做好招商服务工作。

【旅游行业管理】 2021 年，仙游县旅游事业发展中心坚持每月按时向市文旅局报送仙游旅游人数、国内旅游接待情况月报表、重点旅游景区情况表。在元旦、春节、“五一”国际劳动节、中秋、国庆等节假日期间，对全县旅游企业进行旅游跟踪调查，统计旅游数据，做好旅游动态日报工作。

2021 年，仙游县旅游事业发展中心强化假日旅游安全准备工作。提早召开专题会议部署假日旅游工作，对全县各旅游单位进行全方位、细致、深入的安全检查，并配合景区开展交通疏导。

2021 年，仙游县旅游事业发展中心落实旅游安全责任制。要求旅行社、星级饭店、景区签订《旅游安全生产工作责任状》《仙游县旅游消防责任状》，要求涉旅单位内部也一一签订责任状，层层抓落实。

2021 年，仙游县旅游事业发展中心实施“预约进景区”“景区接待不超过承载量 75%”“防疫措施必须人物到位”等旅游景区防控措施。

（郑新光）

【景区选介】 2021 年，仙游县接待游客 412.61 万人次，比上年增长 332.05%；主要景区实现门票收入 1533.02 万元，增长 18.33%。其中，九鲤湖景区 1—12 月接待游客 33.56 万人次，增长 7.17%，实现门票收入 1014.68 万元，增长 12.79%；菜溪岩景区 1—12 月接待游客 15.76 万人次，增长 32.41%，实现门票收入 323.59 万元，增长 44.72%；仙水洋景区 1—12 月接待游客 11.44 万人次，增长 17.82%，实现门票收入 194.74 万元，增长 13.03%。12 月 10 日至年底，在中骏世界城举办仙游文化和旅游消费季活动。

九鲤湖风景区 2021 年，九鲤湖管委会完成景区望仙八卦观景平台建设；完成景区禅修中心建设及装修。九鲤湖景区游客接待量近 35 万人次，门票收入 1014 万元。2021 年，九鲤湖景区被市总工会授予“莆田市第一批疗休养基地”称号；九鲤湖管委会被评为市三类平安单位。

2021 年，九鲤湖管委会采取预约、错峰、限流等，常态化落实测温（体温）、扫码（健康码）、亮码（行程码）、佩戴口罩等入园管控措施，引导游客有序游览，不聚集、不扎堆。9 月 11 日至 10 月 10 日新冠肺炎防控期间，景区实行闭园管理。

2021 年 4 月底，九鲤湖管委会在泉州市开展营销宣传；5 月，九鲤湖景区发行旅游年卡；5 月，九鲤湖和麦斜岩景区加盟“莆田市文旅一卡通”；10月，九鲤湖景区发放“秀美仙游感恩卡”，为参加抗击仙游新冠肺炎疫情的医务人员入园发放终身免费游玩优惠卡。

2021年，九鲤湖管委会完成《九鲤湖风景名胜区主景区修建性详细规划》编制及评审工作，省林业厅批准实施。

（林 青）

菜溪岩风景区 2021年，菜溪岩管委会按照县委、县政府提出打造“三仙”圣境，启动规划建设刺刀峡谷景区。菜溪岩景区开展安全隐患排查工作，更新替换存在安全隐患的木栈道、栏杆。非景区景点增加安全提醒标识。加强新冠肺炎疫情常态化管理。加快仙水洋景区建设步伐，仙水洋漂流驿站、景区智能化工程、园区道路白改黑、环绣球花海木栈道、3000米水域安全防护栏等相继完工并投入使用。2021年，菜溪岩风景区被市委、市政府表彰为第二届（2019—2020年度）文明旅游风景区；仙水洋风景区被福建省“旅游+”质量评定委员会评为省级体育旅游休闲基地；仙水洋风景区被市委、市政府表彰为第二届（2019—2020年度）文明旅游风景区。

（杨胜贤）

7月，群众在仙水洋景区戏水 （黄剑普 摄）

10月15日8时起，菜溪岩、仙水洋风景区正式恢复对外开放。图为仙水洋景区俯瞰图 （刘燕钦 摄）

教育 科技

教 育

【概况】 2021年，仙游县教育局抓好教育系统党史学习教育，抓实学校常规管理，抓严师德师风建设，抓紧项目建设，抓深高效课堂改革，抓细“双减”工作，开展督政、督学、质量监测工作，各类教育进一步优质均衡发展。

【学前教育】 2021年，仙游县有幼儿园160所(县直幼儿园17所、儿童活动中心1所、乡镇独立中心园16所，持证民办幼儿园126所)，在园专任教师2388人（公办781人，民办1607人），学前三年在园幼儿3.24万人（公办园1.74万人，民办园1.5万人）。创建市级示范园4所、评估验收县级示范园6所。发挥省、市、县各级示范园的示范、引领、辐射、指导作用，开展片区教研和园本教研，精准帮扶乡村小规模学校附设幼儿园（班）。鲤中实验幼儿园“‘生活实践场’幼儿自主体验学习的实践探索”获省级基础教育教学成果奖一等奖，在鲤中实幼承办省级教育教学开放活动。木兰幼儿园和南桥幼儿园作为“党建+”社区邻里中心先行试点开展社区幼儿园校内课后服务工作。对126所持证民办幼儿园进行年检、定级评估。公办园在园幼儿占比和普惠性幼儿园覆盖面不断扩大，公办幼儿园在园幼儿数占比53.54%，普惠性幼儿园覆盖率89.54%。学前三年幼儿入园率98.8%。

【义务教育】 2021年，仙游县有初级中学31所，九年一贯制学校9所，专任教师3268人（公办2644人，民办624人）；初中在校生3.88万人（公办学校2.59万人，民办学校1.29万人）；小学213所（中心小学17所、县直小学11所、基层完全小学164所、教学点20个，莆院附属实小1所，含民办小学3所)；专任教师3997人（公办3799人，民办198人）；在校生7.95万人（公办学校7.54万人，民办学校4046人）。推进义务教育优质均衡发展和城乡一体化发展，以高效课堂教学改革、加强学校常规管理为抓手，对学校进行常态化、全覆盖教学视导，推进“书

10月18日，复学第一课上，县实验小学教师、抗疫志愿者江梦彤以《逆行者，追光者》为题，通过学校广播给全体同学分享自己和同事在这次枫亭抗疫战场上亲身经历 （彭丽程 摄）

香校园 智慧阅读”工作，开展“抗击疫情、守护心灵”仙游县线上心理援助工作，对13.5万多名中小学生疫情心理状况进行分级、分类心理施助与心理健康辅导，仙游县获评“莆田市小学教育管理先进县区”。创建“义务教育管理标准化学校”16所（中学4所、小学12所）。全县义务教育阶段学校实现课后服务“5+2”（每周5天、每天至少开展课后服务2小时），参与学生9.68万人，参与率81.8%。规范校外培训机构办学行为，停办2家，取缔3家。

12月9—10日，2021年福建省普通高中新课程新教材实施暨毕业班教学工作培训班在仙游一中举办（县教育局 供稿）

【特殊教育】 2021年，仙游县特殊教育学校1所，教师31人，学生99人。落实福建省第二期特殊教育提升计划，提高学校办学硬件水平，投资480万元建设学生实训综合楼，建设鲤南中心、赖店中心两个随班就读资源教室2间，面积120多平方米。继续“一人一案”做好未入学的3—17周岁适龄残疾儿童少年的摸底排查、宣传动员与组织入学工作，推进自闭症教育研究实践，依法保障残疾儿童少年接受义务教育。组织开展特殊教育教师专项培训，学习现代新康复理念，提升专业能力，坚持人本特教，塑造学生积极心理，促进学生适应社会、融入社会。全县6—14周岁“三类残疾”儿童少年入学率99.3%。

【中等职业教育】 2021年，仙游县有职业中专2所（其中国家级、市级重点职校各1所），专任教师204人，在校生4086人。推进职业学校提质扩容，将专业设置与热门专业、就业情况、当地行业发展需求对接，增设专业，扩大招生规模，与10多家企业签约开展校企合作，探索现代学徒制人才培养模式，突出实践能力的培养，与仙游县鲁艺家居有限公司、万鑫、新万鑫金属制品有限公司开展合作培训200多人，促使毕业生“学有所用，适销对路”。开展职业技能提升培训，完成校内培训及鉴定任务600多人，与海峡人才莆田工作站、仙游工作站、海都职业培训机构合作，开展就业前岗位培训800多人。开展职业学校新校址选址，筹备建成一所可容纳8000人的职业学校。

【高中教育】 2021年，仙游县有完全中学15所（民办学校4所；省一级达标校2所、二级达标校7所、三级达标校6所），专任教师1638人（公办1254人，民办384人），在校生2.29万人（公办学校1.65万人，民办学校6464人）。高考考生6358人，600分以上169人，本科特殊类上线928人，上线率14.6%，本科上线3427人，上线率53.9%，285名考生被“双一流”大学录取，1名考生被清华大学录取。拓展高中优质教育资源，仙游一中创建省级普通高中示范性建设学校。逐步扩大集团化办学覆盖面，推进省内名校与仙游县学校协作办学。仙游一中承办2021年全省普通高中新课程新教材实施暨毕业班教学工作会，推广交流教学管理方法及毕业班复习备考模式。县教育局获评莆田市“2020—2021学年高中教育教学优质管理奖”。仙游一中学生陈照烨获全国数学学科奥赛金牌。

【师资队伍建设】 2021年，仙游县继续实施“名学校、名校长、名教师”遴选与培育工程，认定县级名学校6所、名校长2名、名教师31名，将继续遴选、培育、考评一批。全县现有省级名校长1名、省级网络名师1名、省特级教师10名，省第二届名师工作室团队成员2名，省、市级学科带头、骨干教师789名，省“十三五”计划名校长后备培养人选7名，市级名校长培养人选29名。县教师进修学校创建福建省标准化县级教师进修学校通过省级评估。采取“走

2021年，仙游一中高三（1）班学生陈照烨（右一）获得2021年全国中学生数学奥林匹克竞赛金牌，全省排名第三　（彭丽程　摄）

出去”和“引进来”相结合的方式，加强对教师的全员培训、专门培训、提升培训，培育壮大仙游县名师、名校长队伍。招聘新教师147名，65%安排倾向农村基层学校。引进教育高层次人才5名。强化师德师风建设，对违规违纪教师予以党纪处分17人、政纪处分16人、诫勉谈话10人。

【教育项目建设】　2021年，仙游县筹建中小学校舍安全改造项目4个，建设面积9300平方米，计划总投资2101万元，竣工2个，基础施工2个。续建高中提升项目3个，建设校舍面积3.83万平方米，竣工3个。新建小学2所，规划总投资1.37亿元，建设面积3.46万平方米，可新增学位3780个，竣工2个。规划新建公办幼儿园15所，规划总投资2.14亿元，建设校舍面积5.38万平方米，可新增学位4710个。其中竣工投用9个项目，封顶、砌体1个，主体建设2个，基础施工3个。投入1430万元，为各相关中小学、幼儿园添置更新班班通多媒体设备、计算机、数字（智慧）校园设备、教学仪器设备及图书等，其中为教育补短板新办学校购置教学仪器及办公设备设施780万元。

【奖教助学】　2021年，仙游县强化工作举措，为教育办实事、为师生办好事，尊师重教、奖教奖学助学氛围更加浓厚。全县共有奖教助学基金113个，累计筹集资金1.71亿元，基金余额8545.97万元。关爱留守儿童、残疾儿童等特殊群体，搭建结对帮扶助学平台，发放助学款46.8万元，受助学生399人次。落实国家教育资助政策，发放补助1241.77万元，受助学生2.3万人次。助力脱贫攻坚，对50名2021年春季市外就读建档立卡家庭子女予以兜底补助3.55万元。配合县扶贫办发放2021年高校贫困生（第一批）就学补助198万元，受助学生396人。发放因疫情导致家庭经济困难学生省级临时生活补助25.2万元，受助学生117人次。2020—2021年度，为39所中小学1184名“独女户”等女学生减免高中学费、九年义务教育期间寄宿生活补助费55.63万元。

【教育督导】　2021年，仙游县对全县18个乡镇（街道）政府2021年度教育工作管理目标进行督导评估。组织开展2019年义务教育质量监测结果应用和整改提升，完成福建省义务教育质量监测工作。组织173名专兼职责任督学开展新冠肺炎疫情防控、教学常规管理、幼儿园办学行为、“双减”、“五项管理”工作专项督导。组织开展义务教育“控辍保学”大排查，掌握宗教活动场所收留抚养的194人适龄儿童少年接受义务教育情况。鲤南中心小学张双钦老师撰写《孩子是祖国的未来和希望，“控辍保学”任重道远》获得福建省义务教育阶段控辍保学优秀案例。

（张元顺）

科　技

【概况】　截至2021年底，仙游县有国家级高新技术企业26家，省级科技“小巨人”企业24家，省级众创空间6家，省级星创天地2家。

【科技创新平台建设】　2021年，仙游县有省科技“小巨人”企业24家（益明、给力机械、大老古、大通电力、一鼎、龙虎山等）。

2021年，新增1省级众创空间企业1家（京东），省级科技孵化器评估1家（京东），省级农业星创天地企业1家（腾龙养殖）。

2021年，新增国家级高新技术企业18家：众恒信息、狼威智能科技、给力机械、一鼎（福建）生态园林、海安橡胶、禾欣中裕等。

2021年，入库科技型中小企业有32家（新东方、南丰生化、智胜、中宏盛熠能源、鼎力电气、给力机械、意达等）。

【科技创新主体强化】 2021年，仙游县组织企业申报2021年度莆田市科技计划项目15项，其中立项2项，获得补助资金40万元。组织企业申报2021年福建省科技计划项目29项，其中立项11项，将获得补助资金465万元。组织申报2021年重点产业产学研协同创新重大项目2家：福建省海安橡胶有限公司的“高稳定高耐生热的巨型工程机械子午胎制造关键技术及应用”、福建东亚机械有限公司的“无氢四面体非晶碳（ta-C）类金刚石纳米涂层”。

【科技特派员工作】 2021年，仙游县完成各乡镇（街道）科技特派员工作站建设。强化科技特派员工作站管理，实现全县行政村（社区）科技特派员服务全覆盖，下拨2020年省级科技特派员工作经费78万元，2020年市级科技特派员工作经费25万元（25人，每人1万元），县级科技特派员工作经费34.6万元。深化科技特派员制度，开展2021年省市县科技特派员申报选认工作，扩大选认范围，拓展选认渠道，确保省级科技特派员全县乡镇（街道）全覆盖。推荐选认省级科技特派员55名，市级科技特派员45名，县级科技特派员191名。

【科技奖补资金】 2021年，仙游县拨付给2020年两家科技小巨人领军企业研发费用税前加扣除奖励132.2万元；拨付给2019年科技“小巨人”领军企业研发费用税前加扣除奖励资金113.6万元；下拨2019年度研发投入分段补助资金132.32万元。

（刘燕金）

气象

【概况】 2021年，仙游县气象局（简称“县气象局”）做好气象防灾减灾和各项气象服务，继续开展气象事业改革，推进仙游国家基本气象站迁建工程以及上级下达的任务。

【气象服务】 2021年，县气象局加强气象灾害监测预警和预报服务。完成4月28日开始的34场次暴雨的预警服务，尤其在5月5日凌晨出现的多个乡镇暴雨预警服务中，首度挂出暴雨红色预警信号。应县防汛抗旱指挥部要求，8月18日开始每天派员进驻县防指协助工作，打好防灾减灾第一道防线的战役。地面观测质量业务可用性维持在100%，数据到报率、数据可用率、气象观测质量综合指数维持较高水平。农业气象观测质量稳定，观测基数1657，错情率0。

【观测（站）改革】 2021年，仙游国家基本气象站迁建工程业务楼已通过验收，办结产权证书，地面气象观测场投入业务试运行，年底搬迁。

【气象为农服务】 2021年，县气象局完善为农服务“两个体系”建设。落实气象为农服务维持经费15.12万元，作为气象台站建设运行保障经费申报列入县政府财政预算。继续开展县域43个区域自动气象站进行社会化维护。服务抗旱工作，安全开展人工增雨作业，全年累计开展火箭弹增雨作业4次，发射增雨火箭弹16枚；开展烟炉增雨作业34次，累计燃烧增雨焰条70根，其中2021年燃烧增雨焰条总量超过上两年总和，增长55%，全部安全作业。

【助力生态文明建设】 2021年，县气象局推进并协助西苑乡成功申报2021年“清新福建·气候福地”气候康养福地认定。协助莆田市气象局走进仙游台湾农民创业园与台湾农民企业沟通联系，商定在莆田市唐品生态农业有限公司建设农田小气候观测站、四要素气象自动站、二要素自动气象站助力台湾甜柿生长研究。落地安装四要素自动气象站一套，其他议定内容稳步实施中。

（吴丽琼 许文进 何 捷）

文　化

公共文化

【概况】　2021 年，仙游县文化体育和旅游局（简称“县文旅局”）注重在公共文化领域开展文化艺术活动，推进博物管理、文物保护、非遗保护、图书管理、电影放映和文化设施建设等工作。

【文化艺术活动】　2021 年 1 月，县文旅局传承推广莆田市 “线上看莆田，线上闹元宵”民俗文化活动，感受传统文化魅力；6 月 11 日，“全福游 • 有全福 • 书峰拾‘遗’”暨 2021 年仙游县“文化和自然遗产日”系列活动在书峰乡兰石村举办。莆仙戏优秀折子戏、《青黛与扎染》展演、《兰溪情 • 红木韵》旗袍走秀、仙溪文化讲坛、南拳武术表演等富有特色的“非遗 + 旅游”节目精彩呈现，举办仙游县革命文物图片展、非遗小吃展示等活动，丰富群众精神文化生活，促进年节经济活跃繁荣，塑造仙游文化旅游新气象。

地方戏剧　2021 年，仙游县鲤声剧团组织演职员赴仙游县、莆田、惠安以及在鲤声剧场开展莆仙戏文化惠民演出活动，演出莆仙戏《借新娘》、《春草闯堂》、《林龙江》、《晋宫寒月》、《四郎探母》（上、下）、《五女拜寿》、《三拜花堂》、《凤冠梦》、《受玉留金》等优秀传统剧目，并在演出点加演《套路贷》《姑嫂怨》《迷失的女友》等新编现代小戏，助力廉政建设、树文明新风、扫黑除恶、反电信网络诈骗等活动宣传；3 月底，组织参加福建省第十五届水仙花比赛，林清霞获表演一等奖、张顺获表演二等奖、朱佳娜、陈超勇获表演三等奖、黄继峰获器乐组二等奖；6 月底，鲤声剧团创排红色剧目《闽中英烈传》，庆祝中国共产党成立 100 周年，6 月 26 日至 7 月 3 日晚为群众及县直机关八大系统党支部公演七场；10 月底，传统经典折子戏《百花亭》赴度尾文旦柚生产基地参加仙游美食节宣传活动演出；鲤声剧团助力公安部门反电信网络诈骗宣传活动，排演现代小戏《迷失的女友》、小品《我阿精不会被骗》和《反诈快板》，并拍成音像视频在网络平台宣传；12 月 20 日，鲤声剧团排演剧作家郑怀兴创作的新编古代剧《借新娘》，邀请欧阳明执导，在福建省第二十八届戏剧会演中获优秀剧目奖（一等奖），剧本荣誉奖、导演荣誉奖；张顺、陈伟获表演一等奖，邱陈越获表演二等奖，吴荃颖、郑必雄获表演三等奖；林太崇、吴永德获音乐（作曲）一等奖、穆丽华获服装设计一等奖；吴大禹获舞美设计二等奖等诸多奖项。

书画艺术　2021 年 1 月，仙游县李耕国画艺术研究院编辑出版《仙游李耕国画艺术研究院通讯》第三期院刊；2 月，在仙游文庙举办“迎新春孙仁英古典人物画作品展”；5 月，孙让煜应邀参加“福建省各民主党派庆祝中国共产党成立 100 周年”一百书画笔会；7 月，在福州于山堂举办“记党恩，学党史，强信念，献爱心”孙让煜古典人物画展；4 月，陈文龙创作的《公羽》人物画入展入编中华关公文化作品集，6 月在县博物馆举行庆祝建党 100 周年《木兰溪百景图》中国画作品展，9 月创作的《少年妈祖》中国画作品入展入编中华妈祖文化节展出，年底《木兰溪百景图》画册被莆田市委宣传部评选为 2021 年度莆田市文艺创作精品扶持项目。

艺术成就　莆仙戏优秀传统剧目《叶李娘》入选国家文旅部的“2021 年中国戏曲像音像工程”，全国仅 20 个剧目入选；向党的百年华诞献礼，仙游籍著名剧作家陈仁鉴的《团圆之后》、郑怀兴的《傅山进京》入选由中国文联支持、中国剧协选编、作家出版社出版的《百部优秀剧作典藏》。

12月26日，仙游县美术家协会召开第一次会员代表大会（彭丽程　摄）

【文化市场管理】　2021年，县文旅局加强文化领域法律法规宣传，强化疫情防控宣传，增强业主及从业人员依法经营、安全生产意识。5月25日，举办全县娱乐场所行业整顿会议，部署安全生产、禁止黄赌毒及场所自查等工作。6月，开展安全生产月宣传活动，参加县安办组织的现场宣传活动，分发彩页、购物袋、雨伞、团扇等宣传品，组织文化经营单位开展消防演练，提升文化市场的安全生产意识和能力。11月12日，举办全县文旅市场安全工作会议，邀请县消防救援大队工作人员开展消防安全现场培训。重要节会期间，通过微信群组、公众号，结合执法巡查、专项行动，开展形式多样的宣传活动，全年开展专题宣传活动13场。印发宣传材料（宣传品）5000余份、“绿书签”1万张，联合县新华书店开展凭“绿书签”8折优惠购书活动。1月19日，在龙华镇金溪村开展“扫黄打非”新春走基层活动。

文化市场监管　2021年，开展重要节点文旅市场执法检查，重点加强校园周边文化市场治理工作，结合扫黑除恶等专项行动，加强对网吧、娱乐场所的隐患排查整治工作，保障文化市场的安全稳定。5月起，开展文化市场专项整治行动，针对举报频繁的娱乐场所噪声扰民现象，联合县生态环境局，开展“静夜守护”专项行动，集中检查全县娱乐场所，打击噪声扰民现象。开展文旅领域扫黑除恶专项斗争常态化工作，加强正面引导教育，通过约谈、安全工作会议等方式，督促存在隐患经营单位自查自纠；5月，强化乱点乱象治理工作，联合县公安局、生态环境局、水电等多部门开展联合执法行动，取缔证照不全、违规经营娱乐场所。开展疫情防控工作常态化检查，督促经营单位落实好疫情防控及常态化宣传工作，做好复工复产服务和指导工作，推进文化市场从业人员核酸检测及疫苗接种工作，多次出动执法人员督促文旅行业落实疫情防控要求。

文化市场“扫黄打非”　2021年3月、9月，开展中小学教科书发行专项检查，针对校园周边书店、关键路口地摊和印刷经营单位采取集中式检查，督促3家出版物经营单位办理经营许可证；5月26日，承办第二季度莆田市“扫黄打非”工作推进会暨“扫黄打非”进基层现场会；鲤城街道创建2021年全国“扫黄打非”进基层示范点，打造基层意识形态和宣传思想阵地。主动融入“党建+”社区邻里中心建设，开展“扫黄打非”知识宣传，巩固基层意识形态阵地；以中小学校为阵地，推进“护苗”工作站建设，相关做法获得全国和省“扫黄打非”办微信公众号转载推送，市“扫黄打非”办在实验小学设立“护苗”工作站。全年出动检查人员1173人次，开展各类专项整治行动6次，检查文化市场经营单位414家次，排查整改隐患25处，下发提醒工作单4份；没收非法出版物963册，罚款1万元；查处网吧违规接纳未成年人案件2起、非法出版物案件1起，办理当场处罚案件3起。

【图书管理】　2021年，仙游县图书馆落实“查、看、验、扫”措施，加强疫情防控物资储备，坚持公共场馆每日3次消杀，引导读者杀菌消毒借阅文献图书。县图书馆馆藏由2016年的8万册增加到2021年的11万册，增加3万册，增长37.5%，年均增长7.5%；新办借阅卡由2016年的1641张减少为2021年的1280张，减少361张，减少21.99%，年均减少4.39%；文献借还由2016年的17.33万册次增加到2021年的28.67万册次，增加11.34万册次，增长65.43%，年均增长13.09%。全年县图书馆举办阅读推广活动11次。2月1—

28日，举办图书置换漂流活动；2月18—26日，举办闹元宵猜灯谜活动；3月29日至4月2日，举办“百年荣光 薪火相传”有奖答题活动；3月29日至4月底，联合仙游今报、鲤中实验幼儿园、兰溪书苑举办“世界读书日”主题系列活动；4月1日至6月30日，联合仙游县鲤城星华图书超市举办“全民阅读·图书漂流活动”；4—7月，举办福建省“百年风华正青春”诵读线上比赛活动；4月23日，在图书馆内开展“悦读童趣·书香相伴”世界读书日活动，鲤中实验幼儿园20位学前儿童在家长和老师陪同下到县图书馆参加；4月28日至7月1日，在县图书馆开展“我们的中国梦——文化进万家”红色经典图书展览活动；5月19日，中行仙游支行到县图书馆宣传买卖银行卡违法犯罪行为活动；7月1日，举办党史学习主题讲座、“童心向党”诵读活动；11月20日，举办“齐朗读，悟思想，感党恩，跟党走”朗读活动。县图书馆推进分馆及图书流通点建设，截至12月，完成南桥社区分馆、木兰社区分馆、金井社区分馆、武警中队分馆4个分馆建设及盖尾昌山流通点、书峰乡流通点、园庄中学流通点、游洋镇河星村流通点、园庄镇留守儿童图书阅读点、圣山留守儿童流通点、县退役军人服务中心流通点7个图书流通点建设。制定并落实每日值班值守制度，每月消防器材检查制度，定期组织检查清扫安全通道。

【博物管理】 2021年，县博物馆坚守文物安全底线，以第44届世界遗产大会在福州召开为契机，做好仙游文庙日常维护修缮工作，耗资20万元提升仙游文庙的绿化和亮化工程；仙游文庙的消防工程项目竣工并通过省文物局专家组技术验收；多次组织消防安全知识培训和演练，全体干部职工掌握消防常识及灭火、疏散和逃生等技能，提高安全意识；组织干部职工学习新《中华人民共和国安全生产法》，建立健全并落实安全生产责任制，落实“三管三必须”；开展安全生产月宣传活动；强化宣传引导，普及文物保护法律法规，宣传《博物馆条例》，提升群众文物保护意识，汇聚全社会关心支持文物安全工作合力。

讲好仙游故事，陈列展览彰显地域特色。2021年，县博物馆举办展览8个，参观人数10万多人次；发挥仙游文庙的爱国主义、廉政文化、优秀传统文化教育基地等作用，全年接待党员干部、青少年学生3万多人次；“5·18”国际博物馆日，举办《不忘初心，砥砺前行——仙游人民革命斗争史图片展》走进实验小学、革命烈士陵园、书峰乡兰石村、县烟草公司等学校、机关单位、社区和企业。举办《木兰溪百景图——陈文龙国画作品展》《仙游县百名画家百幅作品庆建党百年作品展》《翰墨颂丹心——仙游县庆祝中国共产党成立100周年书法展》《微观与精致——福建省工笔画艺委会作品巡回展》《二十四孝新篇书画篆刻作品全省巡回展》等

10月29日，仙游县城2处城市有声图书馆揭牌启用 （唐伟摄）

展览庆祝建党百年，深化党史学习教育，增强地方文化自信；耗资15万元，改版提升《勤廉流芳——仙游古代教育与廉吏》主题展陈，配套建设语音导览系统，发挥廉政文化、传统文化、科普教育、爱国主义教育基地示范作用。

开展线上线下社教活动4次，参加人数2000多人次。结合“5•18”国际博物馆日、文化和自然遗产日、第44届世界遗产大会、建党百年等重要时间节点及传统节日，举办“革命故事人人讲，红色基因代代传”小小志愿者讲述红色故事走进实验小学、鲤南中心小学；《党史漫谈》党史教育专题讲座走进鲤南中心小学；举办线上元宵猜灯谜活动。

9月10日疫情突袭而至后，县博物馆党员干部逆行而上，或下沉枫亭抗疫一线，或主动报名参加社区抗疫志愿者活动，并组织举办《文物鉴赏》《千年古邑，文脉流芳——仙游历史名人故事》《红色文物》《文物抗疫宣传海报》等线上系列活动，满足群众居家防疫的精神文化需求。全年推送微信公众号信息60多篇，为群众提供文化服务，提升博物馆的社会影响力。疫情常态化防控期间，执行入馆扫码、亮码、测温、一米线距离、戴口罩等防疫常态化要求，保障防疫物资到位，场馆定期消杀，全员接种疫苗、常态化核酸检测，创建无疫单位。

县博物馆常年招募志愿者，加强志愿者培训，发挥他们的特长，弘扬志愿精神，挖掘馆藏资源和社会文物蕴含的历史内涵，传播仙游文化，讲好仙游故事。田野调查、文物征集、文物保护利用工作再上新台阶。发动文史爱好者加入文物保护行列，探访城市乡村、街头巷尾，寻找历史记忆，讲述文脉典故，让更多人了解仙游；文物征集数量上升，全年征集各类文物及资料50多件。

【文物保护】 2021年，县文旅局不定期开展文物安全巡查，排查发现存在安全隐患，要求管理单位和所在乡镇整改。召开各乡镇文化站站长参加的全县文物工作会议，传达相关文件精神，布置相关任务和签订文物安全管理责任书。推进省级文保陈说墓2期修缮工程和县级文保蜚山石刻群修缮工程建设；促进东石土楼等4处省级文保消防提升工程按期完工；推进省级文保云庄云山书院修缮工程和安防工程建设；编制国家文保龙华双塔、天中万寿塔和无尘塔等防雷工程项目计划书并上报待批；编制县级文保柳坑陈可大祠堂、辉煌吴氏民居等修缮工程方案等。向上申报专项补助经费200多万元；开展第十批县级文物保护单位申报前期工作；配合县“风貌办”开展全县50年以上文化遗产建筑普查、甄别等工作。

【非遗保护】 2021年2月7日，县文化馆在鲤城街道城内社区三妃宫举办“百‘姓’灯笼送祝福”非遗过大年系列活动，通过线上报名，群众线下免费领取手艺人现场制作的灯笼和书法家书写的春联；启动第四批县级非物质文化遗产代表性项目推荐申报材料收集整理工作，推动县非物质文化遗产保护名录体系建设；3月中旬，明察暗访和现场取样抽查仙游辖区非物质文化遗产制茶技艺项目是否存在“天价茶”，未发现“天价茶”现象；4月26日，与中国纺织工业联合会调研组前往书峰乡四黄村，走访代表性传承人，参观马兰草种植基地、靛蓝制作流程、印染博物馆等，体验扎染过程，交流探讨纺织非遗现状与保护传承问题；4月底，选送7件仙游古典家具制作技艺代表性作品参加2021年文化和旅游部、上海市举办的“百年百艺•薪火相传”中国传统工艺邀请展，其中4件入选 ；5月1—5日，县文化馆协办“五一”打卡九鲤湖•非遗元宵入景区活动；5月中旬，收集并整理申报仙游县第三批县级非物质文化遗产代表性项目52家，并组织现场勘查；5月21日，协同市文旅局领导及专家开展第二批莆田市非遗小吃商家评选工作，收集、整理、选送3家商家，评选8种地方特色小吃；5月25日，聘请9个专家在莆田市群众艺术馆会议室开展仙游县第三批县级非物质文化遗产代表性项目评选工作；5月底，选送22个石雕、竹根雕、木作等优秀作品参选“百年伟业 匠心传承”莆田市非遗传统工艺精品展；选送6家商家参加2021年莆田市非遗购物节活动。6月3日，市文旅局公布第二批非遗小吃商家，其中仙游县入选3家商家、8种小吃；6月8日，公示第三批县级非物质文化遗产代表性名录29项；6月11日，组织9个表演节目和12个非遗文创及美食商家参加在书峰乡兰石村举行“全福游•有全福•书峰拾‘遗’”暨2021年仙游县“文化和自然遗产日”系列活动，活动得到央广网、人民资讯、中国新闻网、台湾网等媒体报道关注；6月12日，组织3家非遗美食商家参加省级三坊七巷非遗美食市集活动；组织16个优秀作品参加“百年伟业 匠心传承”莆田市非遗传统工艺精品展、6家商家参加2021年莆田市“文化和自然遗产日”非遗购物节活动；6月26日，参加“学党史·共建文旅项目·喜迎建党100周年”主题党日活动，参观中共上宫支部旧址、省级非物质文化遗产项目吴圣天妃习俗、龙山村、天马寺、梧椿军旅教育基地等，重温入党誓词，领导上党课等系列活动，加强党性教育；6月底，收集、整理第七批省级和第八批市级非物质文化遗产代表性项目推荐申报工作。7月16日，协同市文旅局领导及专家开展第八批市级非物质文化遗产代表性项目现场勘查工作。8月上旬，联合市非物质文化遗产保护中心对仙游县茶叶制作技艺非遗项目开展调研工作，未存在以非遗项目的名义对茶叶价格进行炒作，公司负责人签署莆田市非遗代表性传承人（制茶技艺类）关于规范茶叶类经营行为的承诺书；整理、选送三一教十供音乐《一江风》参选2021年中国原生民歌节；推荐书峰印染技艺传承人黄碧海参评2021年度乡村文化和旅游能人；8月中旬，收集整理省级传统舞蹈枫亭镇麟山宫皂隶舞、省级传统音乐郊尾镇古店八乐、省级传统美术仙游彩绘技艺、省级传统技艺仙游字画裱褙技艺（黄步英装裱技艺）、仙游“仙作”古典家具制作技艺5个项目申报补助2022年度省级非物质文化遗产保护与传承专项资金；10月中旬，选送福建省古典工艺家具协会编制《仙作中国行纪实》、杨雄生《木易华彩》、黄福华《中国仙作》等6本非遗出版物参加第八届成都非遗节宣传展示；11月11日，参加莆田市文化和旅游局召开的国家非物质文化遗产馆藏（展）品征集工作座谈会；11月18日，组织参加关于“仙游县非遗展示馆”采购项目公开竞标工作；11月23日，遴选部分特色非遗产品枫髓香、九楼茶丸、皮蛋等参加2021年福建省旅游交易会展览。12月初，收集整理7件作品参选国家非物质文化遗产馆藏（展）品征集；12月中旬，申报2022年度福建省文艺发展专项资金补助项目莆仙民间歌谣《九鲤欢歌》排演；12月21日，省文旅厅公示第七批省级非物质文化遗产代表性项目名录，全县新增仙游青瓷传统烧制技艺、莆田干焖羊肉制作技艺、郑宅茶传统制作技艺3项，扩展项目名录传统香制作技艺（仙游枫髓香制作技艺）、古琴制作技艺（仙游）2项；12月底，收集整理作品参加2022年福建省非遗博览苑举办“福虎迎春　非遗献福”为主题的非遗作品展，筹备仙游县首届非遗文创精品展活动。

【电影放映】 2021年12月31日，仙游县电影发行放映公司改制后企业名称为“仙游县中锐电影放映有限公司”，企业类型由“全民所有制”变更为“国有独资有限责任公司”。开展“看红色电影、学百年党史”城市电影观影活动；组织开展“我心向党”的红色系列电影观影活动；鲤中电影院放映电影5439场，观众数7.18万人；292个建制村每个村每月放映一场电影，全年放映农村公益电影3504场，观众20多万人次。

【文化设施建设】 2021年，县文旅局推进县级文化馆、图书馆、博物馆新“三馆”建设，抓好基层公共文化设施建设，完善鲤城7个社区的莆阳文化驿站建设。

基层公共文化设施建设 2021年，仙游县建设莆阳书屋2个、红色图书角20个、培育文化龙头企业1家，提高文化产业增加值。鲤城南桥社区“党建+”邻里中心南桥书苑申报福建省全民阅读示范点；8月19日，推荐黄碧红为2021年度福建省乡村文化和旅游能人；11月30日，黄碧红入选全国乡村文化和旅游能人支持项目；4月19日，推荐上报鲤城南桥、木兰2个红色书屋；10月27日，鲤城街道木兰书屋入选福建省老区“红色书屋”建设项目。

街道社区文化驿站建设 2021年，莆田市建设21个莆阳文化驿站，其中仙游县建设7个莆阳文化驿站，完成建设5个；文化驿站实行图书流转，实行通借通还、一卡管理，实现图书资源效益最大化。

【应急广播建设】 2021年，仙游县194个行政村应急广播建设列入2021年度县委、县政府为民办实事项目，县文旅局主办，县财政局、福建广电网络集团仙游分公司协办。年初，广电网络仙游分公司组织实地勘察194个行政村IP广播建设，确认IP广播安装地点，做好分配网络、线路规划设计、立项审批，序时推进重点项目建设。截至12月，完成116个行政村应急广播建设，并提前规划剩余78个行政村线路。

疫情防控期间，仙游应急广播利用自身优势，实时播放各级各部门疫情防控音频，发挥公共应急广播终端定时、定点、到户、特定方言等独特优势，做好宣传引导和政策措施解读；疫情结束，广电网络仙游分公司负责在共享平台上下载歌曲，并在应急广播系统合适时段安全播出，庆祝中国共产党成立100周年。

（严崇豹）

广播电视

【概况】 2021年，莆田市广播电视中心仙游记者站（简称“仙游记者站”）为莆田市广播电视中心派出机构，对外加挂莆田市广播电视中心仙游广播电视台（简称“仙游广播电视台”）牌子，保留仙游电视台和仙游广播电台呼号。仙游记者站（仙游广播电视台）负责仙游县区域的政治、经济、社会等方面的广播电视新闻的采、编、播的宣传职能。

【电视节目】 2021年，仙游广播电视台自办电视节目每天播出5个小时。《仙游新闻》每周3期，每期15分钟；《新闻连连看》每周1期，每期15分钟；《百姓监督》每周1期，每期15分钟；《艺都仙作》每周1期，每期15分钟；《秋生讲古》每周6期，每期15分钟；《有味有醋》每周6期，每期15分钟。还有《影视剧场》等文化娱乐节目，以及反映仙游城市发展、项目建设、文化旅游、工艺美术、特色美食等具有仙游地方特色的专题节目和《遇见仙游》《寻味仙游》等短视频节目。全年仙游广播电视台选送新闻在市广播电视台播出454条，在省广播电视台播出162条，在中央广播电视台播出11条；作品《五朵金花“疫”线绽放》《仙水洋真美》获省广播电视艺术奖三等奖；连续五年被省广播影视集团评为全省融媒体新闻协作先进单位。7月，仙游广播电视台综合频道和综合广播通过省广电局审批。

【助力疫情防控】 2021年9月，仙游广播电视台发挥融媒体优势，坚持移动优先战略，把新媒体的微信号、视频号、抖音号等作为主战场，生产形式多样的新闻和短视频作品，发布权威信息，注重紧贴抗疫实际，讲好抗疫故事，展现抗疫各条战线干群的风采，凝聚抗击疫情的磅礴力量，发挥新闻舆论引导作用，体现主流媒体的担当与责任。

2021年，仙游广播电视台调整工作思路，把握疫情发展变化，调整宣传报道思路和重点，掌握宣传主动权。所有记者奔赴战疫一线，抽调4名骨干记者驻扎疫情核心区枫亭镇展开采访报道，所有采编播人员在岗在位，做好新闻的播报和后期编辑发布工作。

2021年，仙游广播电视台记者们深入走访和镜头记录中央、省、市领导奔赴仙游指导抗疫工作，全国各地医疗支援队分赴仙游乡镇（街道）、村（社区）开展核酸检测工作，海内外乡亲和爱心企业向仙游捐款捐物助力抗击疫情等感人画面。

疫情期间，仙游广播电视台采写新闻296条，选送在市广播电视台各档栏目中播出89条，在福建综合频道当中播出38条，在央视《新闻联播》等栏目播出7条 。

【脱贫攻坚与乡村振兴】 2021年，仙游记者站全体采编播人员深入一线，宣传报道乡镇、单位和民间团体个人实施精准扶贫、精准脱贫取得典型经验，并利用多种媒体平台宣传。《仙游新闻》电视节目开辟《走向我们的小康生活•脱贫攻坚》专栏，报道上级决战决胜脱贫攻坚精神和乡镇贯彻的措施和成效。元旦前夜，记者赶赴度尾采访；元旦凌晨3点多返回，剪辑画面和写稿；元旦早上8点多，稿件《度尾镇：别样的跨年夜　干部给贫困户甘蔗地保暖》发往省、市台，并得到采用。报道乡村脱贫攻坚的先进经验和做法，《兰石村：做大做强黄金枸骨产业　走出一条“生态+脱贫”之路》《仙游：直播带货“带”出脱贫攻坚新气象》《仙游：9000多位残疾人实现就业脱贫》《游洋镇：“五查”见成效71户贫困户建起卫生间》等新闻。

【媒体融合】 2021年1月，仙游县融媒体中心注册“今日仙游”入驻海博TV平台。全年在新华号、人民号、海博号等中央、省级App客户端更新发布2000多篇次原创新闻报道。“今日仙游”微博号发布1000多条新闻资讯。2月，省委宣传思想工作领导小组办公室公布福建省县级融媒体中心建设验收结果，仙游县融媒体中心以全市唯一一家优秀等级通过验收。

2021年，“仙游广播电视台”微信公众号发布文章2137条，总阅读量2654万人次。其中，10万以上9条，5万—10万人次51条，1万—5万人次973条。《仙游县发现 起境外输入关联新冠病毒核酸检测阳性》阅读量140万人次。据福建日报•新福建客户端和清博指数联合发布县域新媒体影响力排行榜，“仙游广播电视台”微信公众号2021年度位居全省前五名；9月、10月，连续两个月位列全国县级媒体微信号百强榜第一。

2021年，“仙游广播电视台”抖音号创作974件抖音作品，总阅读量2.8亿人次，点赞量525万人次。其中，阅读量10万—100万人次116件，100万—1000万人次67件，1000万人次至1亿人次1件。抖音号在全省县域影响力排名前三。

2021年，“仙游广播电视台”头条号发布图文312条、小视频940条，总阅读（播放）量2.5亿人次，点赞数305万人次，评论量16万条，其中，1000万余人次2条，100万余人次29条，10万—100万人次67条。

1月7日，“仙游广播电视台”视频号上线，全年发布作品287条，总阅读量2984万人次，点赞量60万人次。《仙游枫亭核酸检测有序进行中，让我们共抗疫情，加油！》阅读量293万人次；《离别是为了更好的相见！驰援仙游的泉州217名医疗队员返程！致敬最美逆行者！仙游疫情》阅读量259万人次。

2021年，“今日仙游”微信公众号发布文章1704条，其中《全年免费游！这次五一，仙游这个地方要热闹了……》阅读量22.7万人次。

2021年，“今日仙游”抖音号创作586件作品，总阅读量1亿人次，点赞量218.6万人次。

【品牌栏目】 2021年，仙游广播电视台围绕新闻宣传中心任务，做好《百姓监督》栏目宣传报道，发挥媒体舆论监督作用；加强《艺都仙作》栏目的品牌运作，抓好节目质量；策划文化旅游和美食短视频摄制，宣传好“特色仙游”。《百姓监督》全年播出50期159条新闻，其中本台播出涉及曝光问题18个，整改问题15个；《艺都仙作》栏目拍摄制作23期节目，节目质量精美，内容丰富；《寻味仙游》和《遇见仙游》短视频制作推出31个短视频，22个短视频在新华社、学习强国等多个中央级平台发布，宣传仙游的文旅和美食。

（郑全洪）

广电网络

【概况】 2021年，福建广电网络集团股份有限公司仙游分公司（简称“仙游广电网络分公司”）下设12个乡镇广电站。负责建设、管理、经营、维护仙游辖区广播电视信息网络，从事有线广播电视传输业务、信息系统集成服务、无线广播电视信号的传输服务，落实省、市公司的决策部署，完成全年各项工作任务。

9月10日，枫亭镇突发新冠肺炎疫情，仙游广电网络分公司班子成员在线上成立新冠肺炎疫情防控工作领导小组，开展疫情防控工作和各项应急保障工作，组织两支党员先锋队、两支应急突击队，应对突发事件。

【IP广播】 2021年疫情期间，仙游广电网络分公司接到仙游疫情前线指挥部要求在高风险区枫亭镇安装应急广播命令后，在市广电网络公司帮助下，连夜协调跨区调货通关，组织志愿者到封控区边界搬运。30名党员突击队主动请战深入疫区中心，顶着酷热穿防护服爬杆作业，枫亭镇24个行政村240个广播点48小时安装到位，实现宣传无缝隙、无死角。在其他乡镇安装540个广播点。

【视频会议系统】 2021年疫情期间，仙游广电网络分公司用38小时建设37个中高风险村（社区）高清视频指挥系统，全省防汛应急指挥系统由乡镇延伸下沉到中高风险村（社区），并在市广电网络公司协调下，连夜打通授权。疫区中心防控工作通过高清视频会商系统，实现实时化、效率化、可视化。之后，做到7×24小时保障仙游近一个月村级视频会议零失误，提升疫区中心疫情指挥调度能力。

【广电安全生产】 2021年，仙游广电网络分公司注重安全播出工作，强化安全生产常态化管理机制，严防不法分子渗透破坏。重大节日、敏感时期，建立安全值班制度，加强安全播出保障，特别是全国两会、庆祝中国共产党成立100周年、中共十九届六中全会、省十一次党代会及节假日期间，加强值班工作，安全优质传输广播电视。

（张志宏）

新闻报道

【概况】 2021年，中共仙游县委报道组（简称“县委报道组”）在中央媒体报道仙游新闻693条、《福建日报》382条、《湄洲日报》875条。

【重大主题报道】 2021年，县委报道组注重中国共产党成立100周年重大纪念活动、贯彻中共十九届六中全会精神、省市县党代会、市县“两会”等重要主题报道。在市党代会召开前夕，在《福建日报》、《新福建》客户端、《莆田观察》

微信公众号同步刊登，报道《书记访谈》《我跟书记去调研》《奋进新时代 谱写新篇章》，综合报道县委县政府发展思路、工作举措、建设成效，拓展重大主题新闻宣传影响面。省党代会召开之后，围绕《贯彻党代会精神 我们这么干》，有文字访谈、视频访谈，配发深度报道和精美图片，在报纸、电视和“两微一端”上滚动传播，改变重大主题新闻报道的单向传播模式，传统媒体与新媒体相互嵌入和融合，演绎报道党代会精神落地见效情况，展示好“施工图”，宣传反映全县上下合力抓落实的态势气势和干部的精气神。

【党史学习教育报道】 2021年，县委报道组集中报道全县各级各部门开展党史学习教育工作动态、亮点成效，在“学习强国”、《经济日报》客户端发布《福建仙游推动党史学习教育走深走实》，在财经观察网、改革网发布《践初心行稳致远 担使命谱写新篇》，在人民网发布《福建仙游：建设红色基地 赓续精神血脉》，在《福建支部生活》8月号刊登《赓续精神血脉 担当为民使命》，为党史学习教育营造社会氛围。组织记者深入红色教育基地采风报道，在《福建日报》、“学习强国”平台刊登《抗日英烈张元豹血洒南洋染花红》，在《中国县域经济报》刊登《更喜红旗艳》，在《福建日报莆田观察》刊登《莆田仙游境内三处省委驻地旧址：青山有幸 得承星火》《仙游：让红色基因、革命薪火代代传承》等30多篇通讯报道，推动党史学习教育宣传持续升温。

【时政新闻】 2021年，县委报道组运用好《福建日报》客户端《新福建》开设的《县区领导在忙啥》栏目，运用新媒体技术，通过文字、照片等多维度呈现报道内容，让时政报道效果达到最佳。以大众视角做到“大处着眼，小处着手”，从领导活动和会议中挖掘新闻亮点，做出创新出彩的时政报道，而且做到当天的时政报道，当天在《新福建》客户端上发布。全年《福建日报》客户端《新福建》《县区领导在忙啥》栏目刊发仙游时政报道75篇。

【抗疫专题报道】 9月10日枫亭疫情暴发，县委报道组对接进驻仙游的《人民日报》全媒体、新华社、中新社、《福建日报》全媒体等10余家中央、省级媒体，向记者们提供大量的抗疫新闻素材，打出“线上+线下”组合拳，点赞仙游打赢核酸检测、隔离转运、社区防控等多场硬仗，反映仙游用8天时间将新增病例降至个位数，用13天实现零新增，用28天实现全面重启，多维度立体式讲述一个个抗疫中的暖心故事，展现仙游战“疫”形象。在各级媒体撤离仙游后，报道组组长驻扎在枫亭封控区指挥部，采写全县4万多名党员在仙游疫情大战中主动请战、奔赴一线，组建436支党员先锋队、突击队、服务队的“疫”线的报道，为疫战注入强劲的正能量；采写驻扎在枫亭24个村和开发区的市直部门25支抗疫工作队，反映工作队身上最为突出、宝贵的担当品质；采写3篇仙游战疫综述深度报道和郑武进典型人物事迹，报道仙游抗疫的经验和做法，传递疫情防控“最强音”。

【新媒体矩阵报道】 2021年，县委报道组编发仙游报道官方微信、博客、微博、头条号、企鹅号2100余条新闻，每条新闻尽量结合文字、图片、音频、视频等传播形式，内容丰富多样，具有庞大信息量，今日头条号全年粉丝展现量223万人，腾讯企鹅号全年累计阅读量439万人次，微信公众号全年累计阅读量279万人次。主打“两微两号”，兼做“党报客户端”融合传播，把正能量引导向大流量，铸造具有报道组特色优势的新媒体品牌。

【新闻媒介通联】 2021年，县委报道组把通联工作融入日常，做到“上接天线”，主动与各级党报加强联系，提供新闻线索，第一时间上下协力采写报道，以实现新闻资源共享。全年对接《人民日报》、新华社、中国新闻社、《福建日报》等全媒体记者76人次，提供新闻线索126条，在中央媒体发布仙游报道187篇。重建基层通讯员队伍[18个乡镇（街道）和7个管委会的宣传干事组成]，鼓励他们提供新闻线索，做到“下接地气”，全年基层通讯员提供新闻线索136条，在各级党报客户端发布83条新闻。承办《湄洲日报》第四季度通联工作会议，组织各县区报道组（融媒体中心）记者走进采风活动，报道仙游县搭建平台推动电商产业蓬勃崛起和建设“党建+”邻里中心促进基层治理效能提升的做法。

（郑志忠）

《仙游今报》编辑

【概况】 2021年，《仙游今报》每周出版3期（周一、周三，周五），每期各8版，单期发行量1.4万份，全年出版报纸142期，年出版总量198.8万份。报纸发行以市、县为主，同时坚持“走出去”的原则，采用赠阅形式发行，赠阅对象包括海外重要商会、同乡会、华侨，在外有影响力的仙游籍乡亲、专家、学者，驻外商会，市、县各套班子领导，全县机关科局、乡镇（街道）、中小学、协会以及省市县各级人大代表、政协委员，县处级离退休干部，村居干部等。除报纸发行外，《仙游今报》发展网络新媒体宣传，形成以传统报纸媒体为支撑，兼具微信公众号、微信视频号、抖音号、新浪微博、今日头条号、华人头条号、澎湃号等全媒体宣传矩阵。

【新闻宣传和舆论引导】 2021年，仙游县两会前夕，推出28个《县两会》专版，展现仙游一年来的工作总结；县两会期间，推出6个特刊专版，聚焦县两会盛况，解读仙游未来一年的工作计划。

主题宣传　2021年，开设专题、专栏22个，打好重大主题宣传“组合拳”。通过开设“学习贯彻十九届五中全会”专栏，宣传乡镇（街道）、部门落实全会精神、精心谋划发展思路及把干劲热情转化为实际行动。通过开设“双轮驱动竞上游”专栏，聚焦仙游县在突出开放招商、强化项目带动，实施强产业、兴城市“双轮”驱动，推进高质量发展超越的生动实践。通过开设“再学习、再调研、再落实”和“党史教育在仙游——我为群众办实事”栏目，宣传全县各级各部门自觉扛起政治责任，结合党史教育和“再学习、再调研、再落实”活动，抓好贯彻落实工作，推动仙游全方位发展的工作实绩；跟进报道各级各部门开展活动的进展成效、经验做法、典型事例，展现全县党员干部干事创业、担当作为的新思维、好机制、硬作风，凝心聚力促超越，以优异成绩向中国共产党成立100周年献礼。贯彻落实省、市、县党代会精神，通过开设“攻坚两个月、奋战六十天”专栏，挖掘仙游县各部门、乡镇（街道）“攻坚两个月、奋战六十天”的实际行动、有力举措和亮点成效，报道仙游广大干群下沉一线落实攻坚项目、帮助企业、促进消费、化解矛盾纠纷等先进典型事迹和良好精神面貌。推出“学习贯彻十九届六中全会精神”专栏，通过小切口、小故事反映基层单位和仙游广大干群学习贯彻落实全会精神的生动实践和热烈反响，宣传仙游县乡镇（街道）、部门贯彻落实全会精神。

新闻传播力　2021年，仙游今报社深化“四力”教育实践活动成果，增强采编人员脚力、眼力、脑力、笔力，适应新的传播格局，创新新闻语言风格、题材和表现形式，以简练的事例、鲜活的语言报道重大主题，以充满正能量的题材弘扬社会主义核心价值观，以时尚、个性的网络热门词汇回复网友评论，微信公众号、人民号、视频号、抖音、今日头条等新媒体平台的用户关注度和好感度持续上升。全年有30多篇原创鲜活报道被“学习强国”、《人民日报》客户端转载，扩大宣传覆盖面，增强宣传合力。

【抗疫报道】 2021年9月10日，仙游县新冠肺炎疫情发生，仙游今报社启动新闻应急预案，立即派出8位记者逆行驰援，6位驻扎中高风险区一线采访、2位机动组随时补位，点线面全方位报道战疫感人事迹；后方编辑团队精准策划，第一时间推出今报全媒体矩阵（仙游今报微信公众号、视频号、微博、抖音号、微信直播、今日头条、澎湃号、企鹅号、华人头条等全媒体矩阵平台）宣传。开设《同心抗疫 勇毅前行》《决战时刻——战疫人与病毒赛跑》等专栏，连线聚焦前线战疫者“逆行”驰援、并肩战“疫”，记录千年古城仙游的“大爱”和“抗疫”故事，全时段、全媒体做好新闻宣传和舆论引导各项工作。主动与《湄洲日报》互动，向《湄洲日报》《莆田新闻》微信公众号提供抗疫鲜活新闻疫情期间，《仙游今报》全媒体矩阵宣传平台发布相关报道800余篇，10余部作品被新华网、人民日报客户端等国家级媒体采纳采用，向市级以上媒体供稿百余篇。原创文章占发布总量90%以上，摄制微视频170条，利用抖音号推送视频169条，总播放量突破2000万次，利用微信视频号推送100条，总播放量突破300万次。

（郑志忠）

档案管理

【概况】 2021年，仙游县档案局（简称“县档案局”）开展档案执法、档案资源开发、档案宣传和安全保密工作，做好疫情防控工作，加快新馆建设步伐，提供优质档案利用服务工作。因机构改革，县档案局承担行政职能划入县委办公室，县档案局作为正科级事业单位设置，县委办公室对外加挂县档案局牌子。

【档案执法检查】 6月、11月，县档案局分别组织档案执法检查组，对随机抽取 12 个乡镇及 12 个县直单位的档案工作进行档案执法和档案安全保密检查。

【档案资源开发】 2021 年，县档案局加大档案资源开发力度。结合部门特色，实施仙游历代文献丛书编纂出版计划。做好珍贵档案文献的点校、整理、出版工作，编研再版珍贵馆藏资料明朝郑纪《东园文集》，保护馆藏文献资料；5 月底，完成《东园文集》出版工作；6 月，完成发行工作。启动编纂《仙游县档案志》，总结仙游县档案事业发展的经验和成就，全书 15.6 万字，12 月底完成初稿编写。

【档案宣传】 2021 年，县档案局开展“忆百年党史 话红色仙游”为主题的“6•9”国际档案日系列宣传活动。举办以“忆百年党史 话红色仙游”为主题的档案文献图片展。从馆藏中选取 150 余件具有较高的史料价值和理论研究价值的档案文献资料，打造档案文献图片展。利用红色资源，助推全县党史学习教育，为建党百年献礼。先后在兰溪广场、南桥社区、木兰社区、莆田学院附属实验小学进行展览，吸引社区党员干部、市民等 500 多人参加。开展红色档案“四进”（进社区、进广场、进基层、进校园）活动。印制“红色档案忆仙游 百年回望守初心”宣传册，向基层党员、群众、中小学生分发 2000 余份。开展《中华人民共和国档案法》普法宣传活动。在鲤城兰溪广场设置宣传咨询台、悬挂主题横幅，向群众普及档案法律法规，增强社会公众档案意识，南桥社区党员干部、市民等近 100 人参加现场会。前往平安挂钩单位龙华镇爱和村进村入户向群众普及《中华人民共和国档案法》和介绍查档流程等，发放档案宣传资料 2000 余份。

【档案利用服务】 2021 年，县档案局免费为社会各界提供利用档案 4400 卷（册）次、2600 人次；资料接收 28 卷（册），提供利用 1623 卷次、1135 人次，为维护公民合法权益和提高机关工作效率提供档案证明。做好县档案馆政府信息公开查阅中心建设工作，完成政府信息公开的季度报表工作，全年接收 44 个单位 2114 份文件。做好“12345”便民服务事项的受理工作，完成办理件 4 件，办结率 100%，办理满意率 100%。

【档案安全和保密】 2021 年，县档案局开展局（馆）消防、网络、信息安全自查工作，抓好数字化安全保密工作。做好基层档案室档案安全保密检查工作，结合档案行政执法检查，排查档案的安全保管情况及档案保密措施与现状，发现问题现场反馈，并要求立即整改。

【档案数字化管理】 2021 年，县档案局利用先进档案扫描技术对年代久远的民国档案进行数字化处理，制作数字化档案副本，减少对档案原件损害，延长档案保管寿命，开发档案信息资源。9 月，县档案馆开始对县人社局全宗 1424 卷档案进行数字化扫描，完成馆藏民国档案数字化工作。

【抗疫档案征集】 2021 年，县档案局（馆）结合档案部门职能，对接县应对新型冠状病毒感染肺炎疫情工作指挥部，向全县征集新冠肺炎疫情防治档案，即在新冠肺炎疫情防控中直接形成且具有保存价值的文件、照片、音像、电子文件、实物等形式和载体的原始记录。全年接收疫情防控临时机构疫情防控档案目录数量 1201 条，联防联控机制成员单位疫情防控档案目录数量 2009 条，共 3210 条；接收档案实体数量 845 件，接收数字化副本 18 吉字节。

【乡村记忆档案】 2021 年，县档案局深入游洋镇龙山村开展调研，确定报送游洋镇龙山村创建莆田市“乡村记忆档案示范村”，并指导开展档案室规范整理，跟进《龙山村志》修编筹备工作。

【档案新馆建设】 2021 年，县档案局加快推进仙游县档案馆及地下配套设施工程项目建设，主体工程完成及外墙装修验收，组织开展第二装修工程前期工作。

（蒲惠萍）

卫生健康与体育

卫生管理

【概况】 截至2021年底，全县有医疗卫生机构422个。其中，县直医疗卫生机构6家，乡镇卫生院17家，社区卫生服务中心1家；社区卫生服务站9个，村卫生所306个，列入医保定点村卫生所295个；民营医院13家，门诊部12个、诊所56个、医务室2个。现有住院床位4239张，每千人口拥有床位数4.68张，每万人拥有精神科床位8.65张（超额完成6.11张目标）。全县拥有医护人员4136人，其中执业（助理）医师1716人，每千人口拥有执业（助理）医师1.9人；注册护士2420人，每千人口拥有注册护士2.67人；每万人拥有全科医师数3.5人。

【疫情防控】 2021年，仙游县成立由仙游县卫生健康局（简称“县卫健局”）局长任组长的疫情防控领导小组，制定《新型冠状病毒感染肺炎疫情防控工作方案》，配合县委、县政府建立联防联控工作制度，成立县疫情防控指挥部，明确防控工作职责，确定县总医院为新型冠状病毒感染肺炎病例定点救治单位。实行预检分诊和首诊负责制，在二级医院、乡镇卫生院和社区卫生服务中心设置预检分诊点20个。9月10日疫情发生，全县卫生健康系统站在抗击疫情的最前沿，贯彻党中央、省委、市委、县委关于防控疫情斗争决策部署，带领党员、干部和医务工作者切实发挥第一道防线作用，坚决守护好人民群众生命安全和身体健康，仅用不到一个潜伏周期的时间就基本稳定住疫情，用8天时间将新增病例数降至个位数，用13天时间实现零新增（自9月24日起）。全县累计完成采检578.72万人份。其中枫亭镇累计采检21轮166.27万人份，其他乡镇累计完成采检412.45万人份。10月4日起，仙游县全域降为低风险区；10月7日起，全域所有封控区、管控区、防范区全部解除，疫情防控应急处置取得阶段性成效。落实十个“不放松”和“十二个加强”要求，持续做好“外防输入”工作，做好对用人单位和企业员工健康情况的登记和摸排，对重点疫区入仙人员进行健康监测。按照“一查、二管、三闭环”工作要求，通过公安推送+乡镇（街道）主动摸排+教育报送的形式，加强辖区内境外、中高风险地区入仙人员常态化信息登记和健康跟踪管理，对居家医学观察人员落实“三挂一”制度，动态跟踪管理健康情况，守好常态化防控防线。2021年，累计排查境外入仙游1597人，国内高风险地区入仙游14人，中风险地区入仙游202人，落实医学观察及核酸检测等防控措施。制定《仙游县新冠病毒疫苗接种工作方案》，多次组织基层卫生医疗机构医护人员进行专项业务培训，指定县总医院为疫苗反应应急救治保障单位，成立新冠病毒疫苗接种异常反应应急处置工作专班，推进疫苗接种工作。截至2021年12月31日，全县累计接种新冠病毒疫苗164.95万剂次（第一剂次79.39万人、第二剂次75.95万人，第三剂次9.61万人）。其中，18周岁及以上128.55万剂次（第一剂次60.68万人，第二剂次58.26万人，第三剂次9.61万人）；3—11周岁21.08万剂次（第一剂次11.11万人，第二剂次9.97万人）。

【医疗项目建设】 2021年，仙游县抓各种帮扶机遇，多渠道整合财政等资金，加大对农村医疗房屋建设、设备购置、配套设施更新等方面投入力度。县总医院迁建项目动工建设，完成全部主体封顶。瑞峰医院进行二次装修，新建污水处

5月24日，县妇幼保健院标准化发热门诊正式投入使用，这是继核酸检测实验室、预防接种中心后，该院建设的第三个公卫项目 （唐伟 摄）

理、配电、消防、消毒供应中心、供氧等附属工程。县总医院、妇幼保健院、疾病预防控制中心核酸检测PCR实验室建成投用，总投资450万元。年新增仙游惠民中西医结合医院20张床位。

【疾病预防控制】 2021年，仙游县报告法定甲、乙类传染病发病3389例，比上年上升3.99%，无甲类传染病。重点加强麻疹、AFP（甲胎蛋白）、不明原因肺炎、流感、人禽流感等传染病监测工作，落实各项防控措施。强化免疫规划工作，一类疫苗常规接种率达到95%以上，传染病发病率继续保持在较低发病水平。2021年，仙游县死因监测人口死亡信息登记管理系统报告死亡例数5381例，全县报告常住人口死亡率为620.6/10万，户籍人口死亡率457.25/10万。全县登记活动性肺结核患者329例，治疗满一年的肺结核患者成功治疗率88.5%，肺结核患者督导管理率100%。2021年，全县严重精神障碍在册患者4847人，在管患者4755人，报告患病率5.59‰，管理率96.58%，规范管理率82.5%，面访率87.06%。

【卫生执法监督】 2021年，仙游县加大职业卫生、传染病防治、饮用水及涉水产品、公共场所、学校卫生、消毒产品的监管力度，打击非法行医和非法采供血，净化医疗市场。开展防控新冠肺炎专项监督检查工作，检查各类医疗机构400余家次，检查各类学校100多家次，检查生产企业52家，放射卫生机构38家，检查乡镇卫生院及二级以上医疗卫生机构的污水处理情况106家次；对9家集中式供水单位和9家二次供水单位卫生监督监测，对出厂水和末梢水及二次供水单位进行采样监测，采集210份水样，其中出厂水31份、末梢水161份，检测结果28项全部合格；二次供水水样18份，检测结果12项全部合格。对餐饮具样品进行监测，样品全部合格；检查消毒产品生产单位4家。对公共场所卫生实施量化分级管理，公共场所量化实施率为100%。开展“双随机”卫生监督工作，检查学校18家、公共场所39家、医疗卫生机构19家、传染病卫生机构16家、集中式供水5家、放射机构6家，消毒产品3家，全年立案查处无证行医、违反传染病防控和放射卫生法规等案件33起，予以行政处罚总金额87.61万元，没收药品器械180余件。

【妇幼保健】 2021年，仙游县贯彻落实母婴安全制度和“妇女儿童行动计划实施方案（2021—2025年）”，以新一轮《妇女儿童发展纲要（2021—2030年）》目标要求为契机，以落实国家基本公共卫生妇女、儿童保健服务和全面实施妇幼公共卫生服务项目为重点，推进全县妇幼卫生健康工作顺利发展。2021年，对7902个育龄妇女增补叶酸预防神经管缺陷；对3211名15—20周孕妇进行免费血清学筛查；对3895对夫妇免费地中海贫血筛查；对2482对育龄夫妇进行免费孕前优生检查；孕产妇艾滋病、乙肝、梅毒检测7370人，其中孕产妇乙肝表面抗原检测阳性率11.2%；对7898名新生儿进行耳聋基因免费检测。2021年，孕产妇系统管理率90.34%，孕产妇死亡率12.14/10万；高危管理率100%，产后访视率94.19%；儿童系统管理率93.25%，婴儿死亡率1.21‰，5岁以下儿童死亡率2.06‰。

【医政管理】 2021年，仙游县强化医务人员“三基三严”训练，落实医疗质量核心制度。加强医疗安全医疗质量监管，开展基层医疗机构医院评价、医疗质量管理、平安医院建设、改善医疗服务行动计划等，提升医疗服务质量。严格机构、人员、技术及设备的准入管理。通过与医学院校本科生签约分配和面向全社会招考大、中专医学类毕业生的办法，引进优秀医学专业人才。2021年，补充招聘医学类人员81名充实卫生队伍。规范医疗废物处置工作，医疗废物集中规范处置率100%。完善医患纠纷调处机制，医疗纠纷调处成功率100%。加大社会资本办医扶持，截至2021年底，全县有二级民营医院10家（综合医院3家，专科医院6家，中医院1家），门诊部12个，诊所58个，医务室2个。全县有医疗床位4239张，其中民营医疗机构床位1479张，占比34.9%。

【医改工作】 2021年，仙游县在全市率先启动县域紧密型医共体组建工作，围绕县总医院做强、乡镇卫生院做活、村卫生所做稳的总体思路，推进县总医院建设。将县中医院、县皮防院及18家基层医疗机构纳入一体化管理，对各分院人力资源、医疗业务、绩效考核、资源配置、集中采购、信息化建设、医保预付等实行统一管理；在总医院内试行开展县域紧密型医共体医保打包支付，建立“结余留用、超支不补”的激励机制，将结余的医保基金纳入医共体的医务性收入，促进优质医疗资源向基层流动。在总医院内建设消毒供应中心、医学影像中心（超声诊断）、心电诊断中心等六大中心，通过建设县域医疗服务技术平台，实现县域内医疗资源共享，辐射带动各分院医疗服务能力的提升。启动基层医疗机构“一院一品”专科建设项目，结合实际情况，每家基层医疗机构打造一个重点专科，构建多元化全民健康新格局。2021年4月，鲤城分院联合病房相继投入使用，实现分级诊疗格局有序构建，优质医疗资源逐步下沉。

【基本公共卫生服务】 2021年，仙游县落实政府投入责任，逐年提高人均基本公共卫生服务经费标准，人均原十二类基本公共卫生服务经费提高到70元；完善基本公共卫生服务项目考绩考核办法，提高服务质量和效率。2021年，全县居民电子健康档案建档率88.3%，高血压规范管理率72.88%，糖尿病规范管理率75.94%。全县组建家庭医生服务团队224个，家庭医生签约率55.01%，其中重点人群签约率61.05%。落实健康脱贫政策，为5183户1.71万人建档立卡脱贫户开展家庭医生签约工作，为建档立卡农村贫困人口建立“一对一”的个性化履约服务。推进村卫生所医保定点，全县开通295个村卫生所医保定点，其中贫困村卫生所开通率100%。

（陈文旺）

仙游县总医院　2021年，仙游县总医院涌现一批优秀先进典型。急诊科获市2021—2023年的青年文明号；超声诊断科陈喜胜和肾内分泌科林苹赴宁夏同心县开展帮扶工作；康复科郑伟挺获莆田市青年岗位能手；神经外科黄萍萍获福建省“三八红旗手”称号及福建省学雷锋岗位标兵；发热门诊张颖获莆田市“最美护士”；感染科吴仙花获莆田市“优秀工作者”；获市“无偿爱心献血者”“优秀护士”等荣誉称号奖项二十余人。

5月9日，仙游县总医院数字化预防接种门诊按期投入使用。截至2021年12月30日，累计完成新冠疫苗接种6万多人，最高一天可接种3141人。

自9月10日仙游枫亭发现本土病例，仙游县总医院党委带领全体职工迅速行动。医共体全面升级到战时应急状态，升级医院管理，各乡镇分院疫情防控措施同步进行，连日来“5+2”“白+黑”24小时连轴转。9月10日至10月21日，仙游县总医院先后抽调近两百名医务人员前往各核酸采集点承担

2月8日，县总医院鲤南分院联合病房投入使用　（黄剑普　摄）

7 月 26 日，仙游县总医院大济分院（大济镇卫生院）完成整体搬迁，新院区全面开诊　（郑　丽　摄）

大规模核酸采样检测、流行病学调查、标本转运、物资运输等工作，采集核酸 40 多万份，外派新冠流调队员完成任务。

6 月 3 日，仙游县总医院与福建省立医院组建医联体；5 月，4 个省级名医“师带徒”工作室落户总医院，依托省级高水平医院的资源及平台，在专科合作、人才培养、学术交流、技术创新等方面提升医疗学科和人才队伍建设；5 月，国家卫健委公布仙游县医院跻身全国第二批符合县医院医疗服务能力推荐标准县医院行列；推进新技术、新项目的开展，市科技计划项目立项 4 个，项目涵盖骨科、耳鼻咽喉科、神经外科；2 月 8 日，与鲤南分院启动血透室联合病房建设并投入使用；在鲤城社区卫生服务中心启动联合病房（全科医学联合病房），主要针对康复期、消化内镜术后病人和常见病的诊疗以及与鲤城分院共建全科医学实践基地，开设床位 10 张。

总医院迁建项目总投资 12 亿元，截至 2021 年底，项目初具规模，综合楼、传染楼、医技楼、住院楼等相继封顶。12 月 22 日，仙游县总医院立体停车场项目开始试运行。仙游县总医院职工、病人食堂项目建设完成并投入使用。完善院前医疗急救网络体系建设，投资 230 多万元购置负压救护车 7 部（其中总院 1 部、度尾、钟山、榜头卫生院各 2 部）。

（吴鹏举）

老年健康

【概况】　2021 年，仙游县有百岁老人 88 人。其中，最高寿者为郊尾镇东湖村老人 103 岁。

【敬老月活动】　2021 年，县老龄办开展 2021 年敬老月活动有关精神，各乡镇、社区、村在敬老月活动中开展走访慰问，开展敬老文化宣传教育活动，开展老年维权优待活动，开展“老有所为”先进典型宣传活动，开展老年文化体育活动。莆田电视台和《仙游今报》分别报道县委书记、县长慰问百岁老人的信息。安排专项资金用于发放全县 4249 人 90 周岁以上老年人和百岁老人高龄生活补助金。牵头卫生部门对全县 65 周岁以上的老年人组织免费健康体检。老年节期间，协调指导部分镇村老龄办，做好市、县主要领导上门慰问百岁老人和特困老人筹备工作。

【老年人意外伤害保险】　2021 年，

4 月起，仙游县逐步开展对 65 岁及以上老年人的免费健康体检。图为榜头镇 65 周岁以上老年人及重点人群免费健康体检现场　（郑　丽　摄）

县老龄办推动各乡镇（街道）老龄办开展八十周岁以上老人人口摸底调查工作。仙游县投入 40.61 万元为辖区 2.03 万位 80 周岁及以上老年人统一购买意外伤害保险。

【医养结合养老】 2021 年，仙游县有一家医养结合机构颐康养老院，一级综合医院颐康医院审批内设 9 个科室，医生 6 名，护士 15 名，床位 20 张。

【失能贫困老年人管理】 2021 年，县老龄办落实全国健康扶贫动态管理系统里的大数据分析内容，对大数据的名单进行一一核实，完成失能贫困老年人大数据评估管理工作。

（许 超）

计划生育

【概况】 2021 年底，仙游县总人口 120.8 万人，出生率 7.42‰，自然增长率 3.96‰，政策符合率 95.31%，全县出生人口总性别比为 117.04（女 =100）。全年一孩证登记 1332 对，二孩证登记 823 对，三孩证登记 61 对，再生育审批 39 对。

【计生管理与服务】 2021 年，仙游县加强对高龄孕产妇、再生育和不孕不育适龄妇女提供咨询服务及业务指导。开展城乡居民医保妇女免费“两癌”检查，完成宫颈癌检查 1.11 万人，乳腺癌检查 1.18 万人。推进计划生育技术服务改革，创新服务，为全县部分育龄妇女免费健康检查，免费 B 超检查 4954 人次。推进母婴设施建设，满足群众对母婴设施的需求，支持母乳喂养，保障母婴权益。2021 年，在应配置母婴设施的公共场所和用人单位新建 26 个母婴室。发展多种形式的普惠服务坚持政策引导、普惠优先、安全健康、科学规范、属地管理、分类指导的原则，调动社会力量积极性，发展普惠托育。2021 年，仙游县千人口托位数 640 个，完成 642 个，完成任务指标的 100%。

【计生奖励与扶助】 2021 年底，仙游县按照“老人老办法”的原则，兑现 2021 年度各项奖励扶助政策。农村部分计划生育奖扶 8071 人 1302.16 万元；城镇部分计划生育奖扶 1702 人 266.12 万元；农村贡献奖励 951 人 57.06 万元；特别扶助 61 人 73.11 万元；农村计划生育奖励发放 1.48 万人，531.65 万元。计划生育家庭享受“新农合”缴费补助 2.79 万人。计划生育家庭享受“新农保”缴费补助 3.9 万人。农村义务教育阶段中小学计生对象寄宿生补助 354 人。为农村计生对象等普通高中学生减免学费 830 人。为农村计生对象等普高招生照顾加分 368 人。为农村计生对象等报考事业单位照顾加分 34 人。农村计生对象等孩子考上大学本科 119 人，奖励金额 23.8 万元。农村计生对象等建房补助 10 人，奖励金额 5 万元。对全县 27 户（56 人）计划生育失独家庭，建立信息档案，落实联系人责任。针对失独家庭的实际需求，坚持关怀关爱，落实个性化的扶助关怀措施。从失独家庭的养老保障、医疗保健、生活扶助、精神慰藉等多个方面，统筹相关部门的政策措施，动员和引导社会力量，解决失独家庭在生活、精神方面存在的困难和问题。

（陈文旺）

【计生协会建设】 2021 年，仙游县计划生育协会（简称“县计生协会”）2021 年被福建省计生协会授予“全省计生协会宣传教育先进单位”“计生家庭意外保险工作先进单位”。

计生宣传教育　围绕庆祝中国共产党成立 100 周年主旋律，以“永远跟党走·奋进新征程”为主题，围绕“四个进万家”，举办文艺会演、歌咏比赛、健康义诊、健康知识讲座等一系列群众性主题宣传服务活动，引领广大会员群众坚定不移听党话、跟党走。5 月 13 日，县计生协会联合县卫健局、妇联等相关部门在鲤中步行街开展“学党史践初心”健康义诊服务活动；6 月 25 日，在龙华镇红星村开展“践行初心使命 呵护人民健康”主题宣传服务活动。选送优秀作品《江岸农家渔舟忙》获得中国计生协第四届全国会员艺术作品三等奖。推选优秀计生协工作者参加福建省计生协会主办的“启航新征程·开创新辉煌——庆祝建党 100 周年”主题演讲比赛，讲好计生协故事，展现新时代计生协会工作者良好风采。2021 年，开展宣传服务活动 108 场，参与群众 2.2 万人次，分发《育儿宝典》《公民健康素养 66 条》和宣传册等 3000 余本。

县各级计生协运用报刊、网站、微信公众号等媒介，深入基层、下沉一线，开展宣传教育工作。市级媒体刊物发表文章上稿 48 余篇。通过开展分众化、对象化、互动化宣传，掌握会员群众思想动态。

助力疫情防控　2021 年 9 月，

县计生协会干部投身疫情防控工作。深入度尾镇中岳村做好全员核酸检测的宣传发动、信息登记、秩序维护等工作；赴莆田市海源大酒店隔离点，承担隔离人员后勤保障工作；协助做好防疫物资清点和运输，参与电话流调工作；向群众科普防疫知识。

计生帮扶 2021年，全县“幸福工程”投入626万元，帮扶134户计生母亲。拓展度尾镇圣山村、砺山村花卉培育“公司+计生母亲”项目基地1个，龙华镇东岐村茶叶“合作社+计生母亲”项目基地1个。在做好扶困项目基础上，加大扶智（志）力度，开展“巾帼心向党·奋斗新征程——仙游县幸福母亲创业致富技能培训班”活动，通过使实用技术培训与优势产业发展相结合方式，引导群众主动务工就业，发展生产创业致富，实现“培育一人、致富一户、幸福一家、带动一片”培训目标。投入金秋助学资金5万元，资助困难计生学子25名。推进计划生育意外伤害保险工作，完成三年计生家庭意外伤害保险招投标工作，投入276万元，为2.76万户计生家庭8.81万人投保，提升计生家庭发展和抵御风险能力。春节、母亲节，慰问计生困难家庭222户，慰问金额22.2万元；紧急救助12户，救助金额2.8万元。

优生优育 全县各级计生协会助力健康仙游和三孩政策落地落实。强化与行政部门、其他群团组织以及社会力量协作，找准结合点，搭建平台，实现资源共享、信息互通、服务共办，拓展计生协会服务群众，促进生育支持的新空间，依托“党建+”邻里中心阵地，借地借势借力开展工作。2021年，投入资金11万元，新增“向日葵·亲子小屋”1个，早教示范基地3个；分别向鲤城街道木兰社区、南桥社区，度尾镇潭边社区“向日葵·亲子小屋”捐赠绘本、优生优育书籍1000多本，邀请专业早教机构、专家开展“线上+线下”科学育儿指导服务讲座、亲子课堂13场，亲子活动26次，受益家庭589户，促进儿童早期发展服务进农村、进社区、进家庭，推动婴幼儿照护公共服务均等化。

家庭健康促进行动 与县卫健局联合举办“关爱女性，健康护航”公益讲座，开展“两癌筛查”女性健康行动。举办各类家庭健康主题宣传服务活动等68次，推广“健康知识进万家”小程序近12万人次，发放防疫健康包，赠阅《公民健康素养66条》《育儿宝典》等健康科普读物。

青春健康教育 在盖尾中学青春健康俱乐部，开展人生技能培训、知识竞赛、主题沙龙、主题班会、文艺演出，以及其他寓教于乐的活动；在鲤南中心小学、盖尾石马中学青春健康家长示范学校，结合家长会等契机开展沟通之道讲座，邀请鲤南镇卫生院医生以“青春护航·寄语花季”为主题开展父母课堂；举办“520，向党和祖国表白”暨庆祝中国共产党成立100周年歌咏比赛，铭记革命历史，继承光荣传统。开展青春健康进社区活动，将青春健康纳入鲤城街道南桥社区、木兰社区“党建+”邻里中心活动规划，以社区青少年家庭为服务对象，通过邀请专业心理老师开展青春健康父母课堂、亲子沙龙等课程，普及青春期性与生殖健康。2021年，开展青春健康宣传活动15场次，讲座6场次，服务1800多人次。

计生特殊家庭暖心行动 聚焦计生特殊家庭现实需求和突出问题，完善精神慰藉、走访慰问、志愿服务和保险保障“四项制度”，建立“双岗”联系人制度，以计生协会为平台，志愿者队伍为载体，社会工作专业人才为支撑，采取购买服务引进社工与计生协相结合方式，财政投入8.4万元，为计生特殊家庭开展紧急救助、走访慰问、庆生、健康宣教、心理援助等多元化暖心服务。投入1.38万元，为计生特殊家庭成员购买计生特殊家庭住院护理险，缓解他们住院期间无人护理的困难。

计生权益维护 把维护计生群众合法权益作为帮扶服务重要内容，建立健全维权机制，发展维权律师专业队伍，扮演“咨询员”“引导员”“服务员”“调解员”角色，为计生群众答疑解惑、调解纠纷，全县开展各种法律服务活动18场，调解各种纠纷13件。

流动人口服务 在枫亭、大济、榜头等乡镇举行主题生日会、健康义诊、“情暖童心，让爱不缺席”等关爱留守老人、留守儿童公益服务活动。

（陈双妹）

体育

【概况】 2021年，仙游县体育工作围绕建设体育强县的战略目标和“建设新仙游、再创新辉煌”的奋斗目标，以创建全民运动健身模范县为动力，加强体育场馆高新建设，增强青少年竞技体育活力，落实为民办实事的体育项目，推进体育事业持续创新成就。制定《仙游县全民健身实施计划（2021—2025）》

和《仙游县体育发展规划（2021—2025）》。

【群众体育】 2021年，仙游县开展“不聚观众”的全民体育健身单项赛事活动，以各项各类体育协会为引领，主导和引导体育团队在元旦、春节、“五一”国际劳动节、国庆、全民健身日及重大纪念日开展不聚观众单项赛事活动。2021年，突出16项赛事，主要是门球、篮球、羽毛球、足球、游泳、龙舟、围棋、太极拳、广场舞等。庆祝中国共产党成立100周年期间，县文旅局组织开展广场舞千人大赛和210人参加的太极拳42式太极剑、传统太极拳（械）套路比赛活动，各协会分别组织单项赛事。仙游县单项社会体育协会组织赛事206场次；全县18个乡镇（街道）325个村（社区）年度平均举办2次农民运动会、赛事（包括中国共产党成立100周年庆祝活动及其他节日、纪念日活动），开展赛事786场次；仙游县256所中小学举办学生运动会256场次；建立31个中小学青少年体育单项俱乐部，举办仙游县中小学田径运动会、中小学篮球比赛和足球比赛，开展“奔跑吧”少年系列比赛活动；县直部门单位、企事业单位分别举办各项赛事38场次，特别是县总工会举办职工运动会，县直机关党工委举办篮球比赛，县委宣传部举办拔河比赛等各具特色；四季体育小镇开展线上赛事2次，团县委开展线上赛事1次，相关科局开展智能比赛活动15次。2021年，全县举行各项各类赛事1048场次。

【竞技体育】 2021年，仙游籍运动员参加各级各类竞技体育比赛，获得国家级金牌4枚、银牌1枚，铜牌2枚，省级金牌3枚，银牌3枚，铜牌16枚。9月15—24日，仙游籍运动员在陕西西安市参加第十四届全运会获2枚金牌1枚银牌2枚铜牌佳绩，张雅玲获第十四届全运会南拳南刀南棍全能冠军，为福建省代表团争得首金；傅依婷获第十四届全运会击剑女花团体冠军和个人铜牌，省委、省政府发贺电嘉奖；获记大功运动员2人，记功运动员1人。10月26日，仙游县选拔271名运动员，参加莆田市第五届运动会16个项目比赛获团体总分第2名，武术、击剑、举重等5个项目包揽比赛所有金牌；组织参赛2021福建省青少年击剑、举重、游泳等5个项目锦标赛，比赛成绩名列全省前茅。2021年，仙游县体育运动学校通过国家级体育后备人才培训基地复评初审。

【社会体育组织】 2021年，在仙游县体育总会的统一指导与协调下，引领社会各个体育社会组织开展全民健身的各项活动，建立县级单项社会体育协会有田径、篮球、排球、乒乓球、羽毛球、足球、武术、太极拳等25个体育协会，包括农村及基层建立的老体协、农体协、健身舞、太极拳等140个社会体协组织。全县组织大小各项体育团队100个，每万人体育社会组织数1.41个，形成县、乡、村（社区）三级体育组织网络。

【社会体育指导员】 2021年，仙游县组织举办社会体育指导员技能培训班提高各项体育技能指导员能力，指导社会体育健身活动。截至2021年底，全县有社会体育指导员1018人，其中一级社会体育指导员50人，二级社会体育指导员370人，三级社会体育指导员598人。全县每万人拥有社会体育指导员2.24人，有5人以上的社会体育指导员的社区95%，每年开展全民健身志愿服务活动2次以上。

【体育设施建设】 2021年，仙游县加大客山智慧体育公园体育设施建设，配套100万元；建设木兰溪体育公园体育配套工程，配套80万元；完善双桂山体育公园设施，完成石鼓山体育公园、塔斗山体育公园智慧体育设施建设的前期工作，完成仙游县全民健身中心的前期工作，投资500万元；建成仙游县万佳温泉国际度假村运动康复中心，投入130万元，并在中国上海体博会、“9•8”厦门投洽会上招商；仙游县全民健身中心（改造）工程主体封顶，投入3600万元；建设仙水洋漂流工程，投资220万元；建成笼式篮球场1个、多功能运动场1个；安装1个社区一套二代健身器材，在9个行政村安装一代健身器材，安装7个社区的“党建+”社区邻里中心健身器材，为在老年人健身康乐家园中安装健身器材2套，建成村老年人活动中心2个。截至2021年底，仙游县建成“八个一”（一个体育中心、一条体育健身带、一条登山大路径、一条国际马拉松全程赛道、一个水上运动中心、一个体育康复中心、一个体育大广场、一个全民健身中心）工程，建成村级“三个一”工程，即一个室内活动室（摆设活动设施），一个健身广场（提供给村民锻炼），一处安装8件以上健身器材的场地，较大自然村建设一处安装5件健身器材以上的场地。仙游县建有8个体育公园，其中有包括长20千米的健身步道和5千米自行车道溪景公园；有铺设6.5千米的体育健身栈道的大蜚山休闲公园；有设置10个项目多功能体育健身设施的客山智慧公园；有投资550万元建成的大济乌石农民健身公园；有占地面积为140公顷的大济双桂山体育公园；有新建仙游县首个基层村的标准足球场和配备各种健身器材的书峰乡兰石公园；有投资1800万元占地面积为133.33公顷的枫亭建国生态公园（园内配备标准游泳池、笼式足球场、3千米健身步道）；有架设空中索道、水中皮划艇、地上笼式足球场的书峰枇杷公园。仙游县完成全民健身中心（改造）工程，总投资1200万元，总建筑面积为3860平方米，制定《仙游县体育中心部分场馆委托第三方服务运营方案》。

【体育产业】 2021年，仙游县旧厂房改造建成体育场馆12家，改造面积20万平方米，其中鼓励社会力量建设竞冠、奕世泽里等2个体育小镇，新增旧厂房改造体育场馆3.6万平方米。新增体育产业产值10亿元，推动体育加旅游融合发展。总投资1.81亿元的“仙游县万佳温泉国际度假村”运动康复中心建成使用，打造莆田市唯一的体育康复基地，填补福建省的一项产业空白。投资300万元的“仙游县仙水洋漂流运动”项目工程竣工。投资3000万元的麦斜岩健身步行道工程完工。投资4600万元的石鼓山体育公园扩建竣工投入使用。投资2000万元的枫亭塔斗山体育公园健身路径增量工程完成并投入使用。规划投资3.2亿元的仙游县制刀峡谷漂流攀岩项目工程进入前期工作；计划投资2亿元的福建南少林影视城已征林地200公顷，前期工作逐步推进落实。申报书峰乡户外运动为省体育产业特色基地，申报莆田市新协胜鞋业有限公司为省体育产业示范项目。阳光健身馆被评为省级体育产业示范项目。实施体育设施补短板工作，扶持体育产业的创新发展，增强体育产业后劲。

体育彩票销售业 2021年，仙游县体育彩票总销量8922.37万元，比上年下降1.82%；电脑型彩票销量8003.08万元，下降1.9%，即开型销量919.29万元，下降9.9%。

（郑新光）

2021年度仙游籍运动员获国家级比赛成绩一览表

表23

姓名	性别	时间	地点	比赛名称	参加项目	名次
陈天路	男	2月3日	福建南安	2022年全国皮划艇激流回旋锦标赛	男子单人皮艇	第三名
陈天路	男	3月21日	福建南安	2021年全国皮划艇激流回旋春季冠军赛	男子单人皮艇	第三名
傅依婷	女	6月15日	江苏南京	2021年全国击剑锦标赛	成年女子花剑团体	第一名
傅依婷	女	6月16日	江苏南京	2022年全国击剑锦标赛	成年女子花剑个人	第一名
傅依婷	女	9月20日	陕西	第十四届全国运动会	女子花剑个人	第三名
傅依婷	女	9月20日	陕西	第十四届全国运动会	女子花剑团体	第一名
徐婷婷	女	9月20日	陕西	中华人民共和国第十四届全运会	射击飞碟女子双向	第六名
张雅玲	女	9月20日	陕西	2021年中华人民共和国第十四届运动会	女子南拳、南刀、南棍全能	第一名
陈洲理	男	9月20日	陕西	2021年中华人民共和国第十四届运动会	男子太极拳、太极剑全能	第二名

社会民生

居民生活

【概况】 2021年，仙游县居民人均可支配收入27562元，比上年增长8.1%；扣除价格因素，实际增长7.9%。全县居民人均生活消费支出19643元，比上年增长10.7%，扣除价格因素，实际增长10.5%。八大类价格呈现“五升三降”态势。其中，食品烟酒类比上年下降1.1%，衣着类上涨0.7%，生活用品及服务类上涨0.7%，教育文化娱乐类上涨0.6%，其他用品和服务类上涨4%，居住类上涨0.9%，医疗保健类下降0.7%，交通和通信类上涨3.6%。

【城镇居民收入与消费支出】 2021年，仙游县城镇居民人均可支配收入37870元，比上年增长7.2%，扣除价格因素，实际增长7%。城镇居民人均生活消费支出24132元，增长9.6%，扣除价格因素，实际增长9.4%。

【农村居民收入与消费支出】 2021年，仙游县农村居民人均可支配收入20643元，比上年增长9.9%，扣除价格因素，实际增长9.7%；农村居民人均生活消费支出16921元，增长15.7%，扣除价格因素，实际增长15.5%。

（严莉涵）

人力资源

【概况】 2021年，仙游县人力资源和社会保障局（简称“县人社局”）落实就业政策，强化各项社会保障，构建和谐劳动关系，做好人事人才管理，推进人社系统各项工作。

【工资福利】 2021年，仙游县完成事业单位工作人员（含行政工勤人员）工资变动审批1.86万人次，为80名机关事业单位工作人员办理到龄退休手续，办理抚恤金及遗属补助63人次。

【人事管理】 2021年，仙游县春季招录事业单位工作人员81名，秋季招录事业单位工作人员91人。批准在职提高学历教育108人，批准学历学位更改59人；组织专业技术人员和工勤人员参加继续教育培训，为1.36万名专业技术人员办理继续教育学时验证手续。

【职称管理】 2021年，仙游县对39家事业单位的岗位设置进行

12月1日，由县人社局主办2021年度最大的一场招聘会在县就业和社会保障服务中心一楼大厅举行（林群 摄）

重新核准或微调，组织评审确认初级专业技术职务634人，审核推荐参加省市中、高级专业技术职务评审368人，办理高级、中级、初级职称聘任3279人，为32名在职人员办理解聘备案手续。在全市率先组建一级教师评审委员会，555名具有高、中级职称教师入选评审委员会专家库，首次开展一级教师资格评审，405名教师获得一级教师资格。

【就业促进】 2021年，仙游县城镇新增就业人员2616人，城镇失业人员再就业720人，城镇登记失业率2.83%。举办“仙游县2021年春季大型网络招聘会”“聚才圆梦”大型网络招聘会、“2021年服务企业专场招聘会”和“攻坚两个月奋战六十天”企业用工服务专场招聘会等线上线下招聘会5场次，累计服务企业211余家、发布招聘岗位1778个，招聘人数1.7万人。

通过微信用工群、官网、短信、电话推送职业技能政策服务信息，向用工单位和劳动者宣传技能培训补贴办理流程等政策，提高惠企、惠民政策的知晓度。2021年，开展以工代训、岗位技能提升、项目制等培训1.16万余人次，审核补贴资金885.53万元。首次通过电子社保卡发放“通用券”“定向券”等职业技能培训券，劳动者领取培训券即可进行线上、线下培训学习，提高劳动者培训积极性，全年发放职业技能培训券9225张金额463.45万元。

12月3日，第五届福建省“仙艺杯”手工木工职业技能竞赛在仙游县古典工艺博览城举办。该次竞赛有参赛选手52名，产生个人奖10名，团体奖3个，优秀组织单位3个，为技能人才搭建广阔舞台。

对于无法输送到企业就业的精准扶贫劳动力，通过开发卫生保洁员、保安、公厕管理员、敬老院护理员等社会服务类公益性就业岗位488个，发放岗位补贴606.18万元；开发银发建档立卡贫困人口公益性岗位153个，发放岗位补贴199.23万元。

6月，出台《仙游县青年见习计划实施管理暂行办法》，鼓励县内机关企事业单位建立县级大中专毕业生见习基地。2021年，全县设立市、县级大中专毕业生见习基地34个，吸纳见习人员122名。招聘84名高校毕业生到乡镇（街道）、村（社区）基层公共管理和社会服务岗位工作；招募53名高校毕业生到基层从事“三支一扶”服务。

全年发放连续生产稳就业奖补224.55万元、困难企业稳岗返还716.93万元、一般性企业困难稳岗返还188.37万元和社保补贴14.1万元。

【仙游县经济开发区人才驿站揭牌】 7月21日，莆田市首家经济开发区人才驿站在仙游县经济开发区揭牌成立，为经济开发区企事业单位和各类人才提供人才信息发布、就业创业政策咨询、开展引才推荐、劳动纠纷调处等“一站式、保姆式”服务。2021年，仙游县大学生创业人才驿站、三福集团人才驿站、福建仙游经济开发区人才驿站和京东（仙游）数字经济产业园人才驿站，获评莆田市首批市级人才驿站。

（林志猛 林倪颖）

社会保障

【概况】 2021年，县人社局深化社会保险制度改革，实施全民参保计划，提升社保待遇水平。开展社会保险基金管理问题专项整治和警示教育活动，排查社保待遇发放管理中薄弱环节，以零容忍态度打击欺诈骗保、套保或挪用贪占社保

7月23日，团县委、县人社局联合主办的2021年“扬帆计划”返乡大学生座谈会暨暑期社会实践活动启动。图为大学生参观企业

（唐 伟 摄）

基金的违法行为。加大劳动保障监察执法力度，继续实施农民工工资委托支付，突出抓好根治欠薪工作，加强劳动关系矛盾的系统治理、依法治理、综合治理、源头治理。

【养老保险】 2021年，仙游县机关事业单位养老保险参保单位303家，参保人数2.44万人，其中在职参保人数1.6万人，离退休人员0.84万人，发放养老金4.96亿元。企业职工养老保险参保单位8233家，参保人数7.83万人，其中在职参保人数6.63万人，离退休人员1.2万人，发放养老金3.23亿元。城乡居民养老保险参保人数75.4万人，符合领取条件的60周岁以上参保人员17.49万人，发放养老金3.14亿元，丧葬补助金领取人员0.55万人，发放丧葬补助金1232.99万元。被征地农民养老保障领取人员2.09万人，发放养老金9148.34万元。机关事业单位养老保险养老金待遇由月人均4878.21元提高到5070.44元，月增加192.23元。企业职工养老保险养老金待遇由月人均2249.22元提高到2375.83元，月增加126.61元。

【工伤保险】 2021年，仙游县工伤保险参保单位8108家，参保人数8.97万人，享受待遇497人次，发放待遇2941万元。

【失业保险】 2021年，仙游县失业保险参保单位3398家，参保人数4.01万人，享受待遇5633人次，发放失业金或失业补助金689.47万元。

【劳动保障】 2021年，仙游劳动监察部门受理举报投诉案件1223件，为2543名员工追回被拖欠克扣的工资3015.3万元。监察企业495家，涉及职工人数3.5万人，督促企业签订劳动合同3.12万份，补签劳动合同书900份，按拒不支付劳动报酬罪移送公安机关侦查案件1件，妥善处置群体性欠薪案件1件。

全县劳动人事争议仲裁受理案件523件，审结514件，结案率98%，其中成功调解424件，调解成功率81%。

全县受理工伤认定案件498件，结案374件，结案率75.1%。

县建设领域工资支付中心代发150个工程建设项目的农民工工资，全年代发农民工工资6.91万人次，金额3.72亿元。

（林志猛　林倪颖）

医疗保障

【概况】 2021年，莆田市医保局仙游分局（简称“仙游医保分局”）完成医疗保障行政工作，下辖莆田市医疗保障基金中心仙游分中心和莆田市医疗保障稽核技术中心仙游分中心，完成全县医保定点协议履约管理及各项医保经办服务事项。

2021年，仙游医保分局作为仙游县疫情防控指挥部医疗救治组成员单位，参与一线防疫工作。为保障防疫工作期间各项医保新政策、新举措落实落细，加强与各有关部门沟通协调。

【医保征缴】 2021年，仙游医保分局加强与县税务局及各镇街、村级医保经办人员的沟通，深入镇村召开调研座谈会，解决征缴工作中遇到的实际困难和问题。仙游医保分局定期将市局下发登记未缴费名单及时分发给县税务局和各乡镇医保经办机构，突出工作重点；协调医保管理部、农村信用社、鲤城街道，对医保登记系统中2.44万人无地址虚拟户进行数据比对，解决虚拟户无法推进征缴进度问题。

【医保扶贫】 2021年，仙游医保分局健全建档立卡贫困人口数据库。加强与县扶贫办、市医保中心等部门的沟通协调，规范和完善建档立卡贫困人口的信息，掌握动态信息，实现精准扶贫数据全覆盖。落实书面告知制度。每月继续督促各非专项救治定点医疗机构落实建档立卡贫困人口就医书面告知制度，在尊重建档立卡贫困人口就医选择权的基础上，明确告知其医保扶贫相关政策规定，并签订书面告知书。对未按要求及时进行书面告知机构，仙游医保分局报告市医保中心暂停当月医保基金结算。

【医保电子凭证】 截至2021年12月6日，仙游县激活医保电子凭证47.89万人，激活率46.87%，全县128家“两定点”机构开通医保电子凭证结算118家，开通率92.2%。

【医保基金监管】 2021年，仙游医保分局开展专项整治。推进“假病人、假病情、假票据”等恶性欺诈骗保行为专项整治工作。成立专项整治联合工作专班，制定并印发工作方案，召开工作部署会，强化部署推进。抽调县医保分中心、城乡居民合作医疗服务中心人员组建联合检查组，对各定点医疗机构开展疑点数据线上和现场核查，对核查出的问题严格按照协议规定予以稽核处理。

开展2021年度65周岁及以上老年人免费健康体检新增检查项目抽查工作，重点对18家乡镇卫生院（社区卫生服务中心）开展抽查，抽查档案6459份，扣减医保支付费用26.47万元，保障老年人享受到免费健康体检服务。

开展线索核查。通过各类信访、投诉、举报的线索进行摸排核查，加强对定点医药机构管理，维护基金安全和群众的合法权益。截至年底，仙游医保分局受理群众各类投诉举报26件。其中，“12345”来信来访件19件，办结19件；来信来访件2件，答复2件；“968112”热线投诉4件，答复4件；县纪委移交1件，办结1件。

（蒋志霞）

民 政

【概况】 2021年，仙游县民政局（简称“县民政局”）按照年度工作计划和“十四五”民政事业发展规划，在抓疫情防控中庆祝建党百年，统筹民政工作，为实现“十四五”期间仙游县民政各项工作开好局起好步奠定基础。

【社会救助】 2021年，仙游县有低保对象1.98万人（其中农村低保对象8753户1.95万人，城市低保对象158户257人），低保覆盖率1.69%（远超全省平均水平）。2021年，发放农村低保金1.01亿元，发放城市低保金206万元，发放特困金4276万元。规范低保资金使用管理。落实全县低保户银行存折账户，实行统一造册，依托在福建省扶贫资金监管系统代发，确保每月20日前保持资金足额、及时发放。加强低保档案管理。根据低保档案管理规定要求，对救助对象档案一户一档分类归档；电子档案全部录入低保信息系统。发挥临时救助“兜底中的兜底”平台作用，疫情期间基本生活陷入困境的家庭和个人，纳入临时救助范围。2021年，实施临时救助9732人次，救助金额1168.89万元。

常态化疫情防控期间，仙游县救助管理站以站内救助服务为主，街面巡查救助劝导为辅，联动派出所、城管、社区工作人员和社区医生等，落实受助人员健康码管理、人脸识别寻亲、定期防疫消杀、体温检测、核酸检测、社工心理疏导等，合力施策整治，推进各项救助工作落实。2021年，街面巡查108次，站内救助94人次，救助街面流浪乞讨人员11人次，护送返乡14人次均是成年人，支出救助资金52.53万元。

【助残补贴】 2021年，仙游县按月动态调整补贴对象，发放残疾人“两项补贴”（重度残疾人护理补贴、符合残疾人生活补贴）资金。

护理补贴 2021年，符合享受重度残疾人护理补贴1.55万人，发放护理补贴资金1799.8万元（其中，一级护理3445人，发放资金493.62万元；二级护理1.06万人，发放资金1100.67万元；三、四级精神或智力残疾1453人，发放资金141.93万元）。根据省、市级提标文件，为1.03万人补发1—9月护理补贴63.58万元。

生活补贴 2021年，符合残疾人生活补贴1.55万人，发放生活补贴资金1681.8万元，60周岁以上重度残疾5298人，发放资金530.41万元；低保边缘户重度残疾2322人，发放资金247.28万元；低保残疾4444人，发放资金418.58万元；其他重度残疾人3472人，发放资金324.28万元。根据省、市级提标文件，为1.54万人补发1—9月生活补贴161.24万元。

【儿童福利】 2021年，仙游县有社会散居孤儿42人，事实无人抚养儿童549人，共591人。其中，14人事实无人抚养儿童由莆田SOS儿童村集中供养并发放基本生活费。发放基本生活费对象577人，基本生活费金额616.05万元。继续推进留守儿童网格化管理。委托网格员按季度开展日常探访巡查，将农村留守儿童登记造册，滚动管理，按季度更新，普查农村留守（困境）儿童4908人。2—7月，开展关爱保护专项活动，先后在大济镇、龙华镇举办“把爱带回家”2021年春节关爱农村留守（困境）儿童走访慰问活动；在郊尾镇沙溪中学开展“情系留守，初心相伴”仙游县留守儿童心理健康知识讲座；与县妇联开展“万家学党史·永远跟党走”家庭教育“10个百”系列实践活动，协同瑞容爱心协会，走进园庄中心小学帮扶留守儿童。对部分学习成绩较优秀但生活困难的留守儿童集中慰问。2021年，县民政局牵头，仙游县开展以“合力守护、关爱成长”为主题的《中华人民共和国未成年人保护法》系列宣传活动在鲤城街道南桥社区“党建+”邻里中心启动；举办“合力守护，关爱成长”主题系列宣传暨社会救助政策宣讲活动。联合县有关部门，走进枫亭镇经济开发区赛隆科技有限公司和鲤城街道南桥社区“党建+”邻里中心，开展“以习近平法治思想为指引，坚定不移走中国特色社会主义法治道路”国家宪法日主题宣传活动。2021年底，联合仙游县初心青少年社工服务中心、普爱爱心协会，深入龙华镇金山小学，开展“守护童年·初心相伴”关爱留守（困境）儿童元旦慰问活动。

【老区建设】 2021年，仙游县政府支持老区建设，下拨市级革命遗址10个管护费专项资金38万元，度尾镇砺山寨反“清剿”斗争旧址专项资金100万元；8月12日，拨付中央财政衔接推进乡村振兴补助资金7个村85万元（资金全部拨付，录入监管平台，项目全部完工）。提高“五老”人员遗偶生活补助标准，2021年8月1日起，享受革命“五老”人员，在现行每人每月1880元生活补助标准基础上，增加200元，调整后为每人每月2080元。1—4季度，核发革命“五老”人员和遗偶生活定补171.72万元，安葬补助费3000元，门诊费3.33万元，春节、重阳节慰问金7万元。继续落实“阳光1+1”（社会组织+老区村）牵手计划。社会组织根据自身能力和特点，结合老区村资源禀赋和合作意愿，发挥社会组织在农产品促销并在互联网平台帮助推销、义诊、义剪、反电诈等知识，捐赠爱心物资，入户慰问重病家庭资金、市场、技术、管理、服务等方面优势，重点促进老区村党建联建共建、开展村庄建设、发展村庄产业、推进村庄文化等方面开展帮扶合作，推进老区村脱贫致富和乡村振兴。2021年，45家社会组织与45个老区村牵手结对签约，其中瑞容爱心协会、市老促会、海绵团、慈孝里爱心、仙游县义工协会、爱心帮帮团、钟山镇奖教奖学联合会等落实较好。2021年，仙游县投入社会资金帮扶老区村受益人数1.56万人，金额118.6万元。

【社会组织管理】 2021年，仙游县强化对社团和民办非企业单位登记规范管理，落实审批程序和审批时限，把好登记关口，符合登记条件的及时办理登记。实施并落实网上审批程序，能办的事马上办。2021年，办理社会团体11家，民办非企业单位32家，基金会2家，注销社会团体27家，民办非企业单位4家，基金会2家，下发责令改正通知书63份，异常告知书67份；在乡镇（街道）新增备案652家社区（村）社会组织；打击整治“非法社会组织”2家；完成社会组织年报工作，应参加451家，年报388家，年检86%；全县社会组织参与乡村振兴，投入助学扶贫资金1766.6万元；开展“我为企业减负担”专项行动，其中仙游县建筑业协会开展“为会员企业减负担”，减免投标保证金1000多万元，做法受到民政部肯定。

【社会事务】 2021年，仙游县做好区划地名工作、婚姻登记、殡葬改革等社会事务。

区划地名　1—6月，办理门牌证5347本；7月，取消门牌证，上线二维码门牌系统。对全县18个乡镇（街道）进行业务培训，开发商办理门牌6955块，群众办理门牌392块。国家地名信息库新增5条记录，更新1条。边界联检工作有序推进，完成5条县级及7条乡级界线的内外业工作。经过联检，界线两侧地貌、地物无明显变化，界线实地位置清晰可辨，内业联检材料形成档案并通过验收。

婚姻登记　仙游县婚姻登记中心按照《中华人民共和国民法典》《婚姻登记条例》规定程序，依法开展婚姻登记工作。2021年，内地办理结婚登记5802对，申请离婚登记2822对，办理离婚登记1374对，补领结婚证1432对，补领离婚证195对。涉外、港澳台、华侨办理结婚登记5对，离婚登记1对，补发结婚证1对，补发离婚证1人，登记合格率100%。为新婚夫妇发放倡议书，改变传统礼节，创造文明新形象。

殡葬改革　2021年，全县遗体火化率累计平均99%，达到指标要求（100%）7个乡镇（大济镇、鲤南镇、书峰乡、龙华镇、园庄镇、赖店镇、度尾镇）；火化率低于100%有11个乡镇（街道）（钟山镇99%、榜头镇98%、鲤城街道96%、盖尾镇96%、菜溪乡95%、西苑乡93%、游洋镇92%、枫亭镇92%、郊尾镇91%、社硎乡88%、石苍乡78%）。重点围绕“三沿六区”（“三沿”指沿高速公路及连接线、国道及省道、铁路等主干道两侧可视范围；“六区”指耕地、林地、城市公园、风景名胜区和文物保护区、水库及河流堤坝附近和水源保护区）。违法违规私自建或翻新硬化的豪华墓、大墓、“活人墓”开展整治。整治城区不文明送葬行为。2021年，推进农村公益性骨灰楼（堂）建设。审批农村公益性骨灰楼堂7个，3个村主体封顶，2个村林业部门审批、1个村因地类不符合作废、1个村办理林业部门手续。免除群众基本殡葬服务费，全年为4604位普通群众减免基本殡葬服务费331.28万元，为1216位符合“十二类”困难死亡群众（城、乡享受最低生活保障的人员；城、乡“五保户”人员；优抚对象（残疾军人、伤残国家机关工作人员、伤残民兵民工、烈属、因公牺牲军人遗属、病故军人遗属、在乡退伍红军老战士、红军失散人员、在乡老复员军人、带病回乡退伍军人、参战退役军人、60周岁以上退伍军人）；福利院和敬老院院民；老区“五老”人员（老交通员、老地下党员、老游击队员、老苏区干部、老接口户）；省级、部队军一级以上单位授予荣誉称号的人员（劳动模范、先进工作个人、二等以上功臣）；持第二代残疾证的残疾人员；100周岁以上人员；烈士（见义勇为、因公牺牲，而烈士称号未授予之前，凭县、区民政部门出具的可行性证明）；社会孤儿；经县级以上公安机关开具允许火化证明的无名遗体等。免除基本殡葬服务108.42万元。

【基层政权和社区治理】 2021年，仙游县开展2021年村级组织换届工作，制定相关工作方案，举办村（居）委会换届选举培训班，召开村（居）委会换届工作推进会。至12月15日，全县271个建制村和54个社区依法完成换届选举工作，“一次性成功率”100%，村级党组织书记通过合法程序当选为村（社区）主任实现比率100%，选出村（居）委会成员1237名，其中交叉任职432名，选优配强村（居）委会成员。完成2020年鲤城木兰社区“三社联动”评估验收，开展鲤城南桥社区2021年“三社联动”试点工作；做好全国基层政权建设和社区治理信息系统录入推广应用工作；完成10名高校毕业生服务社区人员招募、派遣、服务和管理工作。总结鲤城南桥社区和木兰社区的“党建+”社会邻里中心试点工作的基础上继续在鲤城洪桥、坝垅、东门、龙泉、金井、玉井7个社区开展“党建+”社区邻里中心建设。

【福利机构安全检查】 2021年，仙游县出台《关于进一步做好养老机构疫情防控工作的紧急通知》《关于做好2021年国庆期间安全生产工作的通知》等文件。以政府购买形式，继续聘请第三方对养老机构消防安全开展专业化隐患排查和整治；与各下属单位、民办养老机构签订安全承诺书、安全管理目标责任书；根据《全国养老服务质量大检查指南》《疫情防控指南》，加强执法检查，由分管副局长带队，每月对养老机构、下属单位进行安全工作检查和常态化疫情防控巡查。局主官每季度1次带队检查，提高各单位安全防范意识；做好安全生产风险隐患排查整改，确保养老安全稳定工作实效，形成台账每月上报县安监局、县消防救援大队；传达贯彻省、市、县防范重特大安全事故视频会议和相关安全生产工作会议精神，部署开展隐患排查整治，抓好民政领域的消防和安全生产工作；开展养老机构工作人员核酸检测，排查养老机构入住人员名单，报送县卫健局比对。开展安全生产月（6月）和“119”安全消防日工作。开展对养老机构的重大隐患排查。对全县17家养老机构开展每日走访督查，出动120人次、发放宣传册600册。微信排查上报疫情防控工作情况表报平安150余次，排查49条安全隐患，49条完成整改。聘请第三方对全县17家养老机构进行消防安全演练。加强互联网监管，争取上级支持，为17家养老机构每家购买4路监控，将机构原有的监控统一连入市养老

仙游颐养公寓（2021） （林丽美 供稿）

平台，互通数据，实现养老机构智能化管理。

【"两节"走访慰问】 2021年，县民政局开展"两节"（春节、元旦节）送温暖走访慰问活动，走访特困群众、困境儿童、革命"五老"人员及遗偶等490人，发放慰问费36.1万元。

（魏明怀）

库区移民

【概况】 2021年，仙游县人民政府水电站库区移民开发局名称变更为仙游县水利水电工程移民发展中心（简称"县移民发展中心"），隶属于仙游县水利局。2021年，省移民管理机构核定仙游县大中型水库移民1.02万人，其中资金直补6512人，按照每人每年600元发放直补资金390.72万元。2021年，县移民发展中心实行大中型水库移民资金直补对象动态管理，做好直补对象增减处理工作，对2021年移民资金直补对象死亡、被国家机关、国有企（事）业单位录（聘）用等情况进行逐一审核，上报核减39人。

【移民后期扶持】 2021年，县移民发展中心建立水库移民后期扶持项目储备库。围绕促进水库移民安稳致富、库区生态环境保护等方面存在的突出问题，建立仙游县大中型水库移民后期扶持"十四五"规划项目储备库、三峡后续工作2022—2024年度项目储备库、小型水库移民扶助工作2021—2025年度储备库，储备项目124个，申请移民资金补助1.17亿元。储备库建立，提升县水库移民后期扶持项目的可实施性，提高水库移民后期扶持资金效率。2021年，投入移民资金1237.6万元，实施美丽家园建设和生产开发配套项目13个。项目以度尾镇埔尾村为重点，把埔尾村打造成一个宜居宜业的美丽家园示范村，实施城乡供水一体化项目1个，建设砼排水沟长980米，建设停车场1座面积750平方米，对里长2000米的道路两旁进行绿化，建设移民文化室1座，建设水泥道路长1.68千米，通过示范引领，助力乡村振兴，推动全县库区和移民安置区高质量发展。项目兼顾其他移民村，在赖店镇玉墩村和鲤南镇东山村改造拓宽水泥道路4条长2.83千米；在石苍乡田坑村新建水泥道路长2千米；在大济镇山岑村新建文化场1个；在赖店镇留仙村开展农村"雪亮工程"，建设高清视频监控系统联网65个，电脑及配套设备1套。提前谋划2022年度项目储备工作。结合实际申报2022年度大中型水库移民后期扶持项目储备6个，其中仙游县监测评估项目1个，赖店镇示范区移民村人居环境整治项目1个，鲤城街道移民村环境整治提升项目2个，赖店镇生产道路项目1个，度尾镇道路改造项目1个，项目通过省移民中心政策符合性审核。10月，完成项目实施方案编制和审查批复工作。

2021年，县移民发展中心一手抓疫情、一手抓项目，主动开展项目复工动工督促指导工作，对项目实施和资金结存情况进行梳理分类，因类施策，加快项目实施和资金拨付进度。2021年，项目开工9个，完工8个，项目验收11个，完成投资1258.95万元，拨付移民项目资金1111.81万元。

【库区和移民安置区平安建设】 2021年，县移民发展中心开展三峡移民涉稳风险排查整治工作，摸排三峡移民在生产生活中的需求，加大对三峡移民的关心帮扶，建立三峡移民基本信息台账，做好移民稳定工作的基础。完善库区共建共治机制，加强"库区维稳信息员队伍""维稳群众工作队"和"库区网络舆情引导员"三支队伍建设，将"平安库区"创建与县政法、信访、公安等部门工作有机衔接、强化联动共治，提升库区社会治理水平。重点节点强化库区稳定动态预警、研判和处置，针对重点节点移民涉稳问题易发多发特点，实行摸排情况"零报告"和24小时值班制度，掌握重点人员、重点群体信息动态，做好处置移民群体性事件应急预案，确保库区和移民安置区安定稳定。

（陈莉莉）

民族宗教事务

【概况】 2021年，仙游县有18个少数民族，7个少数民族行政村，47个少数民族自然村，各民族融合和睦，少数民族人口2.22万人。全县登记宗教团体5个（县佛教协会、县道教协会、县天主教爱国会、县基督教三自爱国会、县基督教协会）；登记民间信仰团体一个（县三一教协会）。登记宗教活动场所316处，其中，佛教213处，道教21处，基督教78处，天主教4处。试点登记民间信仰"三一教"场所257处（其中省级民间信仰联系点

7 处，市级民间信仰联系点 29 处，县级民间信仰联系点 221 处）。

【民族村建设】 2021 年，仙游县收到少数民族补助资金 170 万元，用于 6 个项目建设。中央少数民族资金 30 万元用于西苑乡柳园村第四批少数民族特色村寨试点村旅游景观文化广场建设。省级少数民族资金 70 万元，其中 30 万元用于度尾镇砺山村生态果园建设，15 万元用于游洋镇游洋中心小学多媒体梯形教室及电教教学配套设备项目，20 万元用于钟山镇朗桥村社垅畲族文化活动广场建设工程，5 万元用于度尾镇砺山村开展民族团结进步创建活动。市级少数民族补助资金 35 万元用于钟山镇朗桥村社垅畲族文化活动广场建设工程。县级少数民族配套资金 35 万元，其中 15 万元用于钟山镇朗桥村社垅畲族文化活动广场建设工程，20 万元用于度尾镇砺山村砺山小学安装班班通。

【民族事务】 6 月 30 日，以“庆祝建党 100 周年 • 初心向党，礼赞百年”为主题的庆祝中国共产党成立 100 周年暨莆田市第十四个“民族团结进步宣传月”活动在度尾镇砺山村举行。组织医师义诊队向少数民族群众宣传、普及有关医疗防病知识，免费健康体检 500 多人，免费赠送药品 600 多份。省委、省政府授予度尾镇砺山村民委员会福建省民族团结进步模范集体、枫亭镇沧溪村朱开付福建省民族团结进步模范个人。2021 年，5 人更改民族信息。

【宗教、民间信仰事务管理】 6 月 10 日，指导县天主教爱国会换届。下发《关于宗教活动场所建立健全管理组织的通知》，强化各宗教活动场所内部管理职责。开展宗教活动场所“四进”活动。1 月，依法处置园庄镇青龙寺违规剃度 7 名未成年人信仰佛教问题；8 月，依法处置社硎西国寺违规办班情况。9 月，督促指导 9 个基督教场所名称不规范问题进行整改，对于非教职人员讲经、讲道现象，在全县范围内统筹协调教职人员。8 月，印发《关于加强新形势下民间信仰活动场所规范化管理工作的通知》，从制度强化民主管理、内部管理、财务管理。网格平台排查登记宗教场所（民间信仰场所）1804 处，登记宗教活动场所常住人员 2560 人。联合民政部门开展宗教场所弃婴管理工作，排查 600 多处寺庙，收养未成年弃婴 180 人，完成对未成年弃婴建档立卡和跟踪机制，确保宗教场所弃婴常态化监管。规范宗教活动场所产权登记，完成 163 处场所的不动产产权登记；12 月，民宗局在 2021 年福建省宗教事务条例培训班上作场所确权典型经验交流分享。

【宗教、民间信仰场所综治】 2021 年，县民宗股组织消防安全讲座 3 场次、消防演练 5 场次，参与人次超过 850 人，发放消防安全、建筑安全、食品安全、宗教活动安全、反邪教知识等宣传手册超 2000 余份。民宗股干部分组深入全县 18 个乡镇、72 个宗教、民间信仰活动场所调研检查消防、食品、建筑、宗教活动、用电等安全情况，排查安全管理隐患 220 余处，整改到位，整改率 100%。协同相关部门做好宗教活动场所全国自然灾害综合风险普查工作。6 月 16 日仙游县佛教协会、6 月 25 日仙游县道教协会通过集中培训及现场应急演练等方式，增强教职人员和信教群众应急操作能力。6 月 30 日，在庆祝中国共产党成立 100 周年暨莆田市第十四个“民族团结进步宣传月”活动的文化广场设立安全生产月宣传栏，以活动为契机开展安全生产的知识宣讲。疫情防控期间，全县宗教活动场所暂停开放、暂停开放一切集体宗教活动场所。宗教界人士累计捐款捐物 103.8 万元。利用宣传册、展板、横幅、宣传栏、LED 显示屏等宣传载体、去鲤中步行街发放宣传材料并向群众普及反邪教知识。截至年底，单位工作人员发放宣传册 200 份，发动宗教界人士发放 900 余份，张贴宣传海报 110 张。

【宗教普法】 6 月，仙游县印发《关于 2021 年开展以“爱党爱国、平安创建”为主题的宗教政策法规学习月活动的通知》，各宗教团体、部分宗教活动场所开展党史学习教育、庆祝中国共产党成立 100 周年系列活动，掀起宗教政策法规学习热潮。9 月，在西苑乡凤山村组织全县统战系统开展新时代宗教工作理论培训和学习贯彻《福建省宗教事务条例》等内容。结合中国共产党成立 100 周年系列、“七五”普法活动、宗教团体负责人会议等契机向宗教界人士宣讲宪法、《福建省宗教事务条例》、《宗教团体管理办法》、全国宗教工作会议精神。通过专题培训、法律讲座、消防演练、印发宣传册等形式向宗教界人士宣传党的宗教政策法规及消防安全、建筑安全、食品安全、宗教活动安全、反邪教知识等知识。

（郑碧媛）

街道 乡镇

鲤城街道

【概况】 鲤城街道位于仙游县城中心区，北倚蜚山，南临兰溪，东与榜头接壤，西临大济、书峰，辖区面积38平方千米。2021年，辖16个社区、1个建制村，户籍人口9.94万人，常住人口17.35万人。

【疫情防控】 2021年9月，枫亭疫情突袭而至后，鲤城街道在网格管理基础上快速实现格区“封闭式”管理，阻断疫情传播链，在与时间赛跑中赢得战“疫”先机，做到“零疫情”发生，保障群众生命健康安全。

【经济发展】 2021年，鲤城街道实现属地型税收22亿元，超额完成全年20.5亿元目标任务，比上年增长17.4%，占全县60%；规模以上工业总产值31.4亿元；全社会固定资产投资25.5亿元；限额以上批发零售业销售额46.77亿元，比上年增长47.9%；限额以上批发零售业零售额6亿元。围绕县“三转一市”“四换四名”等部署，助推企业升级，培育符合条件的“下转上”企业23家，“个转企”商户15家，新增入库“下转上”企业13家。

【项目征迁】 2021年，鲤城街道推动“兴城市”征迁工作取得成效。美食城片区在全市第一轮“三看两评”中被评为“好”等次；2021年度出让土地10.53公顷，出让金8.83亿元；完成85号、46—5、6号地块净地；鲤城东片区艺都大道建成通车等。11月，开展“攻坚两个月、奋战六十天”行动，三大片区完成签约2464户，签约率96.2%；拆除84.13万平方米，拆除率90.5%。

【社会事业】 2021年，鲤城街道聚焦民生重点领域，安排进城务工随迁子女入学，建立留守学生教育“四级”网络，小学入学率100%，初中入学率98.11%。加大城乡医疗救助工作力度，提供医疗救助。完善退役军人服务站功能，落实抚恤补助政策，帮助优抚对象解决生活困难。城乡居民养老保险参保率98%、新农合参合率99%。2021年，鲤城街道获评第十四届

鲤北片区楼盘林立（2021） （唐伟 摄）

(2018—2020年度)省级文明单位。

开展城区农贸市场、爱晓宫市场等重点区域巡查整治工作，做到“早发现、早整改、早反馈、早办结”，突出抓好农贸市场、交通秩序、工地渣土、市容市貌整治，完成东门临时市场的拆除工作，查处整改“天地网”违法图斑72处，查处涉及占用耕地22处，巩固城市管理成果。

【社会治理】 2021年，鲤城街道率先推行“大党建+小网格+微治理”模式，划分183个网格和1229个单元，通过资源、力量、职能“三整合”，构建“社区大党委—小区党支部—楼栋党小组”三级党建管理架构，打造“社区—网格—楼栋(单元)”三级架构体系，推进“三级联创·五门同守”“无疫”系列创建活动，推动形成“格区自治”，实现格清、底清、事清。2021年，鲤城街道获评第五批全国“扫黄打非”先进基层示范点。

开展“控事故、保安全、迎建党百年”安全生产集中攻坚专项行动暨2021年安全生产百日会战大检查专项行动、安全生产“五清”行动，落实安全责任，推动安全发展，消除安全生产潜在隐患，提升安全管理水平。

开展“大走访、大宣传、大巡防”行动，建立“网格化+社会动员”机制，扩大宣传覆盖面，细化巡逻时间、巡逻路线，警力跟着警情走。营救自杀人员29人，找回走失儿童、老人98人次，救助群众3075人次，盘查车辆1778辆，盘查人员3597人，抓获违法犯罪嫌疑人20人。推进矛盾纠纷排查化解工作，保障辖区安定稳定。坚持打、防、管、控、宣同步推进、多管齐下，扩大防范宣传覆盖面，采取多种宣传形式，聚焦人员流动密集区域和易受骗群体，提高宣传防范针对性。2021年，鲤城街道获评莆田市2020年度一类平安乡镇。

【村级换届选举】 2021年12月10日，鲤城街道完成17个社区(村)村级“两委”换届选举工作。选出“两委”干部150人，干部平均年龄38岁；女性43人，占28.7%，比上届提高6.8%；中专高中以上学历124人，占82.7%，比上届提高10.4%；大专及以上学历66人，占44%，比上届提高23.6%。做好“新老赓续”，通过设立“跨区党委”、下派“第一书记”等方式，推进干部队伍结构优化，提高村级“两委”班子凝聚力和战斗力。

【木兰溪流域综合治理】 2021年，鲤城街道实施水环境提升攻坚行动，巩固提升水环境质量，建设完成水质自动监测工作站1座，九龙岩溪水质稳定在Ⅲ类水平。深化“绿盈乡村”创建，推进老城区污水管网建设。深化重点行业(区域)VOCs专项整治，常态化开展“散乱污”企业、“两无”企业及各类餐饮单位涉污整治。开展“静夜守护”专项行动，护学护考。完善辖区生活垃圾处理软硬件设施，完成建设并投入使用垃圾分类屋(亭)75座，可回收物回收站点3座，提升生活垃圾处理能力，城市生活垃圾无害化处理率达99.3%以上。

(王 杰)

鲤南镇

【概况】 鲤南镇是仙游中心城区之一，位于木兰溪南岸，东连赖店、盖尾镇，西靠龙华、大济镇，南接赖店镇，北承鲤城街道，镇域面积42.88平方千米。2021年，辖玉塔、温泉、横塘、东山、下楼、涵井、象运、象林、象坂、瑞园10个建制村和仙安、柳坑、大坂、西埔、玉田、圣泉、霞苑、平原8个社区，常住人口9.8万人，户籍人口6.5万人。

【经济建设】 2021年，鲤南镇有27家规模以上企业、18家限额以上商贸业企业、6家规模以上其他营利性服务业企业。全年完成固

鲤南镇(2021) (张 力 摄)

5月，鲤南镇玉田片区改造项目（二期）集中选房　　（刘燕钦 摄）

定资产投资30亿元，完成规模以上产值94.1亿元，完成限额以上销售额7.65亿元，完成其他营利性服务业营业额6330万元，完成税收3.5亿元。

2021年，鲤南镇新增规模企业4家，加快推进投资40亿元的瑞声（福建）数码蓝牙智能终端全产业链项目建设，福亮阁、圣泉服装城、盛立鲜之逸、德智鞋业、豪博轻工5个项目实现竣工，元生智汇、凯茂科技实现增产扩产，三福产业园、顺兴红木园、臻木韵工艺创业园、健康科技园4个项目二期扩建加快推进。

【重点项目建设】 2021年，鲤南镇片区改造取得突破，完成丈量61.8万平方米（完成100%），实现签约1667户59.68万平方米（完成97%），完成拆除49.53万平方米（完成80%），金凤片区代表仙游县接受莆田市“三看两评”现场检查。完成体育场周边改造（41号、42号地块）、72号地块等项目征迁扫尾工作。石鼓山安置区二期、圣泉102号安置区、华洋新苑安置区、金凤小区安置区、兰溪第二小学等征迁扫尾取得突破。柳坑片区、宋桥片区、石鼓山片区、西利片区完成改造，金凤大桥、艺都大道拓宽改造建成通车。元生智汇智能终端、三福产业园、农产品批发市场等重大项目竣工投产，居然之家建成运营，艾力爱实现搬迁。

【城乡建设】 2021年，鲤南镇主动融入中心城区“一溪两岸”建设，突出城乡融合、以城带村，提升城乡面貌。打通城区污水断头管1.45千米，建成下楼、象运、下楼、瑞园4个氧化塘。象林村被列入省级乡村振兴试点村，完成投资300多万元；圣泉、玉塔、大坂、温泉等省级“美丽乡村”建设巩固拓展，推动脱贫攻坚和乡村振兴有效衔接。推进省“百城千村”绿化美化宜居工程，象林村获评“福建省森林村庄”称号。

【社会事业】 2021年，鲤南镇开展“我为群众办实事”实践活动，落实惠民举措。完善基础设施建设，书院路、宫后路、新厝路、玉田大道、仙郊路5条道路征迁取得突破，总里长2千米；兴园路中段完成部分路面建设，来洋路等13条市政道开展勘察、设计前期工作。开展农村房屋结构安全隐患排查，排查房屋1.26万栋，发现重大安全隐患75栋，拆除45栋，封房30户。推进安居工程，续建华丰商城、鸿运花园、平原新村、宝融安置区等。推进乡风文明建设，移风易俗工作巩固深化。

【社会治理】 2021年，鲤南镇推进无疫系列创建活动，创建24个无疫小区、119个无疫网格、18个无疫村（社区），筑牢防疫屏障。开展入户大走访、平安大宣传、治安大巡防“三大行动”，发放宣传单14万余份，推送短信15万余条。坚持宣传教育、源头防范、打击治理同步推进，打击治理电诈网络新型违法犯罪行为。常态化推进“两违”综合整治，推进违法用地清理整治，组织执法40多场次，拆除“两违”4万余平方米。开展公共安全大排查大化解大整治专项行动，排查安全隐患2000多项，停产停业50家。抓好信访工作，完成重要节点、重大活动安保维稳工作。

（史莹雯）

赖店镇

【概况】 赖店位于仙游县城南郊，西南与泉州市鲤城区相邻，镇域面积80.08平方千米，其中耕地面积1807.99公顷、山地面积4792.72公顷。境内有容量4474万立方米的东溪、古洋2座水库，柴桥头溪、苦溪2条县级河道，森林蓄积量35.84万立方米。2021年，辖1个社区、18个建制村，总人口6.99万人。

【疫情防控】 2021年，赖店镇落实疫情防控“四长”人员队伍，成立“镇级下沉干部+村（社区）干部+警务力量+医护力量”常态化“无疫”创建工作专班，逐村绘制网格作战图，将全镇划分成102个网格、469个单元。动员全镇1700多名党员、志愿者参与人员管控、卫生消杀、居家服务、宣传劝导等工作，农村党员、干部定人定岗，做到包楼联户。全年组织开展防疫应急演练5场次。坚持以“线上+线下”“专业术语+莆仙方言”联动方式，开展“无疫赖店”主题宣传活动，19个村（社区）开辟宣传栏、张贴倡议书，悬挂条幅标语180余条。

【经济建设】 2021年，赖店镇工农业总产值50.9亿元，比上年增长6.5%；规模以上企业工业产值35亿元，比上年增长18.4%；固定资产投资完成2.39亿元；财政总收入6715万元，比上年增长49.2%；农民人均纯收入1.9万元，比上年增长35.9%。4家限额以上商贸业完成限额以上销售额5.27亿元，零售额0.5亿元。

2021年，赖店镇实施高标准农田建设项目，完成锦田、留仙、樟林、龙兴、溪埔、前埔6个村90.01公顷高标准农田建设，并通过县级验收。开展“粮食高产创建示范片”工作，龙兴、岐山建立13.33公顷早稻示范片，象岭、锦田、留仙、龙兴、张埔、前埔、溪埔等村建立100公顷花生示范片。发展“公司+基地+农户”的经营模式，福建省意达科技有限公司新建育苗大棚1.33公顷、新品种试验示范大棚3.33公顷、省级种子实验室1个、全产业链流水线2条、冷链系统、展厅、农民实践教学基地，总投资4000万元，新增年产值6000万元。6月，意达赖店生产科研基地获评“首批国家农作物品种展示评价基地”称号。

【社会事业】 2021年8月，赖店镇召开庆祝教师节暨奖教奖学颁奖大会，表彰和奖励5所教学成绩优秀学校以及69名优秀教师和优秀教育工作者。赖店镇奖教奖学联合会筹集到37家企业、19个村（社区）、81名爱心人士捐款550万元，发放奖金56.23万元。开办第五届赖店镇小学生公益辅导班，吸纳在职教师3人、大学毕业生1人、在校大学生1人、4位高考成绩优异的准大学生及网格员补充志愿者队伍，吸引各界爱心人士开展爱国主义教育、安全教育、卫生知识普及等活动，拓展乡村留守儿童知识面。仙游颐养公寓投入运营，一期疗养区主体工程建筑面积约2.3万平方米，养老床位600张，为养老自理及半自理老人、失能失智老人、残障人员等，提供生活照料、基本医疗、康复护理等医养结合全方位养老服务。开展“百年党旗红 启航新征程”主题活动，将党史学习教育与当地红色地标相结合，利用赖店镇罗峰书院南区支部旧址，创新教育形式，引导党员干部学党史、知党恩。全年发放中央财政专项扶贫发展资金6万元；产业对口帮扶资金5万元；中央财政衔接乡村振兴补助资金44万元；落实雨露计划补助31人9.3万元，高校补助29人14.5万元；市厅级领导挂钩乡村振兴试点示范及“机关+农村”结对共建村2个，申请资金20万元；申请玉墩、赖店、溪浦村基础设施建设资金91.48万元，巩固拓展脱贫攻坚成果同乡村振兴衔接。推进5个片区涉及16个村城乡供水一体化工程建设，打破城乡二元结构，实现赖店与城区供水“同网、同质、同服务”，解决群众饮水困难、饮水安全问题。投资50万元建设赖店村坂边至坂埔自然村机耕道，长1.1千米、宽4米。

【社会治理】 2021年，赖店镇投资17.5万元，建设锦田村梅园村道护栏0.45千米、五坑设置村道护栏0.65千米。投资32万元，建设张埔村休闲广场及田中央至石牌兜步行道绿化0.13公顷，43盏路灯。建立健全“综治+”社区治理中心运行机制，采取“1+6+X”模式，以“五零”村居创建为抓手，以村级综治（网格）中心为依托，完善调解室、评理室、警务室、法律援助站、“雪亮工程”等基础设施建设，突出共建共治共享。常态化开展扫黑除恶专项斗争，赖店镇被评为“全省扫黑除恶专项斗争先进集体”，系全市唯一乡镇。发挥罗峰村省级乡村治理示范村典型引领作用，以点带面，依法规范信访秩序，完善社会矛盾纠纷化解机制，推进阳光信访、责任信访、法治信访。10月，赖店镇司法所获评“全国模范司法所”称号。落实安全生产责任制，组织28个安全生产行业领域开展安全隐患大排查大整治行动，检查并整改隐患单位23家次，排查各类安全隐患73项。

【柴桥头溪流域综合治理】 2021年，赖店镇完成前埔、溪埔、张埔3个村“污水零直排区”试点村建设，污水收集率 100%。落实淡水养殖、畜禽反弹复建、河道清障清淤等入河污染源常态化管理机制，采用网格化管理、无人机巡查和河道专管员实地走访相结合的方式进行管控整治。科学监管赖店镇 6 家淡水养殖场，开展畜禽养殖污染专项整治 10 次，缩减存栏 280 头，整治面积 815 平方米。投资 10.41 万元，开展每月 2 次以上河道“清四乱”专项整治行动，确保河道常态化清洁、畅流。11 月，开展瑞溪景观带巾帼护河专项行动，清理河道边生活垃圾，带动群众参与河流保护，共建共享生态家园。

【镇、村（社区）换届选举】 2021 年 5 月 27 日，中国共产党仙游县赖店镇第十三次党员代表大会召开，到会代表 155 名，差额选举中共赖店镇第十三届委员会委员 9 名、中共赖店镇纪委委员 5 名。5 月 27 日，中国共产党仙游县赖店镇第十三届委员会第一次全体会议召开，大会选出党委书记 1 名、党委副书记 2 名、党委委员 4 名。5 月 27 日，中共赖店镇第十三届纪律检查委员会第一次会议召开，大会选出纪委书记 1 名、纪委副书记 1 名。

12 月 13 日，赖店镇 19 个村（社区）完成“两委”换届，选举产生新一届“两委”成员 132 名，其中 18 个村“两委”班子成员平均年龄 39.85 岁，中专高中学历的占比 84.67%；1 个社区“两委”班子成员平均年龄 40.75 岁，8 名社区“两委”班子成员学历均为中专或高中以上；“一肩挑”比例 100%。12 月 13—14 日，赖店镇召开第十八届人民代表大会第一次会议，应到会代表 91 名，出席代表 89 名，大会选出赖店镇第十八届人民代表大会主席 1 名，主席团成员 10 名，镇长 1 名，副镇长 4 名。

（阮采扬）

盖尾镇

【概况】 盖尾镇地处仙游县东南部，东与城厢区华亭镇、常太镇接壤，南与郊尾镇毗邻，西邻赖店镇、鲤南镇，北接榜头镇。镇域面积 69.76 平方千米，其中陆地面积 61.16 平方千米、水域面积 8.6 平方千米。2021 年，辖南宝峰社区 1 个社区，瑞沟、琼峰、莲井、仙华、盖尾、前连、湖坂、芹林、盖南、新窑、仙潭、仙溪、昌山、杉尾、石马、义店、东井宫、聚仙、后山、星庄、岭头、后井、东许、斜尾 24 个建制村，其中新窑村为少数民族村，总人口 11.38 万人。

【经济发展】 2021 年，盖尾镇完成固定资产投资 1.8 亿元，规模以上企业产值 36.5 亿元，限额以上贸易额 2800 万元，楼宇经济 555.54 万元。

2021 年，协茂鞋业投产达产；招引产业项目入驻诚丰创意产业园，二期厂房动工建设。加大经营性项目投资开发，推进盛达木业有限公司地块建设，仙华村临三郊路地块落实 2 家意向业主。

【疫情防控】 2021 年，盖尾镇面对突如其来的新冠肺炎疫情“大考”，第一时间建立联防联控、群防群控和闭环管控多重体系，成立疫情防控工作领导小组，下设流行病学协查小组 25 组 147 人、防控疫情消杀小组 25 组 134 人，临时核酸检测点 55 个，全镇核酸检测人数五轮 28.96 万人次，结果均为阴性。累计摸排境外返乡人员 80 人、国内中高风险区入仙人员 2052 人、时空伴随人员 622 人，全部解除居家监测。基本完成 3 周岁以上人群第一针疫苗接种，筑起全民免疫屏障。推进“无疫系列”创建活动，全镇划分 146 个网格 940 个单元，建立家庭防疫员、村（社区）防疫专员、镇防疫专管员 3 支队伍，创建“无疫”村 24 个、“无疫”社区 1 个、“无疫”校园 41 个、“无疫”企业 5 个。

【项目建设】 2021 年，盖尾镇推进重点项目建设。木兰大道三期Ⅰ标段盖尾段完成征地 53.87 公顷，签约 2.44 万平方米，拆除房屋 2.44 万平方米；产城融合示范区项目完成征地 38.67 公顷，完成签约 1.29 万平方米，拆除房屋 1900 平方米；东许旧村复垦及新村建设完成征地 7.07 公顷，签约 6.4 万平方米，拆除房屋 6.4 万平方米；完成第二污水处理厂二期征地。琼峰炉营安置区完成建设；推进琼道、东许、莲井村木兰大道安置区安置房建设；前连安置区完成选址，开展初步总评；昌杉安置区备案报批；投资 440 万元，建成 10 个“一事一议”项目；东石路项目动工建设，惠及盖尾镇溪北群众 3 万人。

【乡村振兴】 2021 年，盖尾镇出台《整治行人交通违法行为百日攻坚专项行动》方案，常态化整治宝石路交通秩序和盖尾市场、昌山杉尾市场占道经营、马路边乱摆卖行为。清理非法小广告 360 余处、违规拉挂横幅广告 50 余处、未批广告牌 26 处，整治裸房 409 栋。

组织动态巡查251次，下发停建通知书261份，开展综合执法3场，拆除“两违”20宗、1283平方米，整改“天地网”图斑违法用地128宗、8.31公顷；责令整改砂场3家；清理活人墓100多座、旧坟墓1335座。

建成省级乡村振兴示范村前连村“党建+”乡村邻里中心（二期），拓展打造湖坂、义店“党建+”邻里中心；完成前连溪防洪景观工程一期、田园观光综合体一期等项目建设。推进昌山、杉尾、义店等5个村94.67公顷高标准农田建设，发放惠农补贴120.92万元。完成前连村田园观光综合体和芹林、昌山、杉尾、湖坂等村庄规划设计。

巩固拓展脱贫攻坚成果同乡村振兴衔接，建档立卡贫困人口实现稳定脱贫。疫情防控期间，为贫困户送去防疫物资4.86万元。投资31.33万元，完成223户农村饮水安全贫困户自来水建设。

1月，盖尾镇南宝峰社区养老院建成投用　（唐伟 摄）

【社会事业】 2021年，盖尾镇推进教育强镇建设，募集奖教助学资金272.3万元，盖尾中心幼儿园仙华分园、芹林分园投入使用；加强文物保护，琼峰村函三书院被认定为传统风貌建筑，23处建筑被纳入传统风貌建筑预备名录库或历史建筑预备名录库；开展“平安家庭”建设、“美丽庭院”表彰工作，评选省、市、县“最美家庭”5户、省级“美丽庭院”5户、市级“美丽庭院”10户。完成村（社区）组织换届选举工作。完成征兵任务。

发放低保资金1273万元、重度残疾人生活救助金239万元、临时救助金80万元、孤儿救助金71万元，计划生育奖励补助资金72.97万元，保障困难群众基本生活。加快盖尾镇敬老院市场运作、公开招租步伐。开发公益性岗位在岗63个，发放就业资金117.9万元；城乡居民医疗保险参保率95.6%，重新核查被征地农保养老保障，精准扶贫家庭医生完成签约。投资98万元建设昌山—杉尾市场隔离护栏；开办农村建筑工匠培训班，102位工匠完成规定课程并考核合格；投资78万元完成水毁修复工程，完成后井水库饮用水源保护方案和水源保护地施工围栏，完成乘风水库管理房建设及聚仙村半山自然村农村饮用水机井建设。

【社会治理】 2021年，盖尾镇推进“平安盖尾”建设，组织治安巡逻8000多人次，提升综治“二率”水平；推进“综治+”社区治理中心建设，实现功能资源整合、功能融合，提升基层治理效能；以盖尾、后井等8个村为示范，推进“五零”平安村（社区）创建；构建“邻里家家亲”平台，群众注册量3.33万人次，达到每户1人注册标准。重视初信初访，致力于“治重化积”，对矛盾纠纷全排查、建台账、理案情、抓化解，信访存量下降；群众参评率98.1%，比上年上升4.3%；及时受理率100%；按期办结率100%；第一批“治重化积”专项工作24件办结；镇、村评理室开展评理25件次，化解25件，化解率100%。打击治理电信网络新型违法犯罪工作，累计推送防诈短信、微信17万余条，发放反电诈宣传单2.8万多份、礼品8000余份，组建29支412人反诈防骗志愿服务队伍。

【木兰溪流域综合治理】 2021年，盖尾镇推进人居环境整治，开展常态化河道“清四乱”行动，清理“四乱”1.07公顷，清理水葫芦270平方米；整治入河排污口和“小散乱污”企业，关闭取缔16家；55个检测点基本稳定在Ⅳ类水以上标准。完成芹林溪、瑞沟溪沿线和前连、瑞沟污水接户管网建设177.06千米；开展畜禽整治“回头看”，畜禽反弹复建养殖场拆除4家735平方米；排查整治餐饮单位106家、废铅蓄电池企业6家；新建初级绿盈乡村2个；完成义务植树19.43万株、植树造林43.13

公顷、森林抚育 147.73 公顷、封山育林 64.47 公顷。

（张 超）

郊尾镇

【概况】 郊尾镇地处仙游县中南部，是 324 国道与省道三郊公路的交会处，镇域面积 58.81 平方千米。2021 年，辖郊尾社区 1 个社区，西山、后面、宝坑、伍狮、古店、湖宅、梅塘、东湖、三埔、埕边、后沈、长岭、长安、沙溪、阳谷、染厝、后溪、阮庄、塘边、新和 20 个建制村，总人口 9.12 万人，其中男性 4.63 万人、女性 4.49 万人，外来人口 2109 人。

【经济发展】 2021 年，郊尾镇完成规模以上工业总产值58亿元，比上年增长 9.4%；全社会固定资产投资 5 亿元，比上年增长 127.3%；商贸限额以上销售额 2.5 亿元，比上年增长 71.2%；工业经济提质增效，新增“下转上”企业 3 家，规模以上工业企业 26 家；新增产值超亿元企业 4 家，总数 8 家。全镇工业产值由 2016 年的 30 亿元增至 2021 年的 58 亿元，比上年增长 93%；商贸限额以上销售额由 2016 年的 1.51 亿元增至 2021 年的 2.5 亿元，增长 65.6%。

沧溪流域步游道（2021） （陈慧贞 摄）

【项目建设】 2021 年，郊尾镇工业类项目天海石油配套基地生产线扩建、中宏盛熠新增生产线竣工投用，推进辉特工业园扩征、睿康科技技改、立根汽配城等工业企业厂房建设，年底实现投产；后沈工业园区规划用地面积 43.33 公顷，完成征地 36.67 公顷；郊园路片区征迁项目完成土地和果树等地面物丈量工作；郊尾工业园生活配套区完成征地工作，完成征迁建筑面积 1000 平方米；民生类项目郊尾第二中心幼儿园、沧溪小流域集镇段整治工程竣工投用，郊尾卫生院门诊大楼和配套设施建成投用。

郊尾镇石油交易中心（2021） （王 力 摄）

【城乡建设】 2021 年，郊尾镇建成兴华小区、锦绣家园、名门世家等商住小区。实行城乡卫生保洁、垃圾清运市场化运作，集镇精细化管理水平提升。新增集镇区停车位 600 多个。推进长安、新和等 10 个美丽乡村试点和 3 个省、市级乡村振兴试点村建设，沙溪、伍狮、沧溪等一批乡村公园建成投用。伍狮、湖宅、三埔安置区等一批安居工程竣工投用。完成湖宅至伍狮、阮庄至古店等村道拓宽提升工程。加强“两违”综合治理，依法拆除违建面积 1 万多平方米。沧溪防洪生态景观工程和梅麟路、朝阳街东段建成投用。实施“四好农村路”，完成农村公路养护提升工程 39 千米，新改建农村公路 24 千米，改造危桥 7 座。推进生态建设，实施“四绿”工程，完成植树造林 266.67 公顷。新建高标准农田 400 多公顷，完成土地整理 240 多公顷，农村土地承包经营权确权登记颁证 1.13 万户，面积 840.27 公顷。

【社会事业】 2021年，郊尾镇推进教育强镇建设，成立16个各类教育基金会，募集资金6000多万元，其中郊尾镇奖教奖学联合会募集资金3000多万元；郊尾中心幼儿园获评市级示范性幼儿园，郊尾中心小学、长安小学通过省级“义务教育管理标准化学校”验收，第二中心幼儿园等项目竣工投用。开展精神文明创建活动，创建一批省、市、县级文明村镇。发展文化事业，完善镇综合文化站和村居综合文化中心功能设施，古店“十音八乐”、龙威古建木作营造技艺列入省级非物质文化遗产名录。郊尾卫生院门诊大楼和配套设施建成投用，新建农村标准化卫生所18个。完成第三次全国农业普查。莆田市乡镇残联换届现场观摩会议在郊尾镇召开。

建成8个扶贫产业基地，落实产业补助382.14万元、教育帮扶补助176.99万元、小额信贷655万元、医疗帮扶补助805.4万元，就业帮扶207户348人、补助18.3万元。组织实施贫困村、老区村37个扶贫项目，申报补助1300多万元。成立镇扶贫促进会，筹集扶贫资金120万元。实施造福工程搬迁73户263人，补助资金302.49万元；白埕自然村整村搬迁工程竣工投用，完成投资3000多万元。266户贫困户水质检测达标，宝坑村和伍狮村自来水工程竣工投用。

【社会治理】 2021年，郊尾镇抓化解、促稳控、保平安。强化班子成员“一岗双责”和村（社区）属地责任，落实“五个一”机制。深化“平安郊尾”建设，提升平安“三率”水平，上半年平安“三率”矛盾纠纷解决率100%、安全感率99.92%，均位居莆田市第一。推进信访、人民调解工作，交办信访事项195件（其中初信初访63件、重复信访132件），化解51件；打击电信网络诈骗违法犯罪行为。加大公共安全领域隐患排查整治力度，道安基础夯实，324国道、356国道区间测速建成投用。全年组织安全检查75次，排查存在安全隐患企业89家，完成整改89家，发现安全隐患492个，完成整改492个，保证辖区内不发生重特大安全事件。落实意识形态工作责任制，巡视巡察和经济责任审计反馈问题整改到位。深化“放管服”改革，优化营商环境，办理便民服务事项8000多件。“12345”政务服务平台受理群众诉求1812件，网评满意率99.8%。

（李涵剑）

郊尾镇白埕新村（2021） （陈慧贞 摄）

枫亭镇

【概况】 枫亭镇位于仙游县南部，是莆田、泉州两市的交会处，东连城厢区东海镇，西与园庄镇接壤，南接泉港区界山镇，北靠郊尾镇，东南面是湄洲湾，镇域面积92.12平方千米。2021年，辖兰友、学士、霞桥、霞街、铺头5个社区，锦湖、秀峰、耕丰、辉煌、麟山、上浒、荷珠、海安、海滨、和平、斗北、建国、东宅、山头、下社、溪南、溪北、九社、沧溪19个建制村，户籍人口11.23万人，常住人口8.06万人。

【经济发展】 2021年，枫亭镇（含仙游经济开发区核心区）完成规模以上工业产值220亿元（其中镇本级32亿元），比上年增长17.11%；固定资产投资68亿元（其中镇本级8亿元），比上年增长16.4%；限额以上商贸业销售额30亿元；财政总收入4.7亿元，比上年增长6.36%。

2021年，枫亭镇25家企业被列入莆田市第一批“白名单”，其中工业企业8家（鼎集沥青、恒通智造、茂泰鞋材、力宏鞋材、新佳冶金、恒丰鞋材、互联胶粘、蔡襄酒业），商贸、服务企业17家（东南酒店、锦兴轮胎、雄伟工业、盛玉酒店、万和海鲜酒楼、枫亭大酒店、好生活贸易、宏达贸易、汇峰医药、明源新型建材、雄威液化石油气、家家福贸易、中路石化、星星向荣、国华贸易、苏氏工程器械租赁、众力鑫实业）。

【项目建设】 2021年，枫亭镇聚焦项目发展，打好项目建设攻坚战，一批基础设施项目、生产性项目和城镇提升项目相继动工、建设、竣工。完成征地46.67公顷，拆迁房屋13.85万平方米，实施项目建设19个，完成投资60亿元。基本完成高铁片区后肖地块征迁，征地13.2公顷，拆迁13.85万平方米；慈岳工业平台一期开发留宅先行地块完成土方平整36.6公顷，二期完成征地34.67公顷；推进华峰绿色纤维工业园建设；3C智慧产业园竣工，并完成整体招商，入驻手机回收、电商直播等行业；枫秀西路道路建设进入扫尾阶段；枫城新都二期、三期工程实现竣工；枫怡酒店项目进入扫尾阶段；闽鼎·江山府房地产项目、给力机械扩建项目落地并动工；云樽壹品房地产项目完成部分主体建设；凯天悦府房地产项目竣工；鑫瑞科技新型功能材料产业链项目二期、苏氏众鑫设备智能化生产项目一期厂房完工；世侨集团（福建）医疗产业技术研发产业园签约落地；南佳生物中药饮片项目动工建设；嘉辰、创博、创信鞋业搬迁项目建成，其中嘉辰、创博试生产；正昊新型鞋材制造项目竣工，试生产；鞋服标准化厂房主体建成；新佳冶金厂房扩建项目动工建设；推进秀峰村便民服务大楼及老人活动中心建设。加大开放招商力度，引进闽鼎江山综合体房地产项目，总投资6.2亿元，动工建设；签约引进世侨集团（福建）医疗产业技术研发产业园项目，总投资5亿元；青拓集团落地五里岭片区，总投资50亿元；海丰物流园全部招租入驻。

【乡村振兴】 2021年，枫亭镇实施乡村振兴战略。省级试点秀峰村投入180多万元完成架设路灯52盏、安置区溪边挡土墙等4个项目建设，推进老人幸福院配套设施等3个跨年度项目建设。实施路长制，推进“四好农村路”建设。加强防灾减灾体系建设，实施一批水利水毁修复工程。279户842名贫困人口实现稳定脱贫，投入中央财政产业扶贫资金150多万元惠及413户次，投入省级产业扶贫资金近68万元惠及316户次，创设公益性岗位14个。开展国土绿化和森林质量提升工作，做好造林地块落实、规划设计、造林技术指导，以及种苗调剂工作。推行林长制，完成造林绿化122.4公顷，森林抚育73.33公顷，封山育林28公顷，发放生态林及天然林资金近70万元。新建农村污水收集主干管3.2千米，入户管2.6千米。枫慈溪、沧溪流域全年水质均达III类。加快推进枫慈溪、沧溪农村PPP污水管网建设。推行河长制，枫慈溪、沧溪流域断面考核完成年度目标。

【社会事业】 2021年，枫亭镇开展“我为群众办实事”实践活动，收集梳理涉及教育、卫生、私搭乱建、噪声扰民等群众“急难愁盼”问题100项，协调解决100项。枫亭镇中小学多措并举落实“双减”政策。推进辖区义务教育均衡发展，向上争取校安工程资金1900多万元用于枫亭中心幼儿园南校区、海滨小学校安工程建设，枫江中学食堂改造、校路拓宽、运动场建设，海安、斗北、铺头、山头、东宅5所小学运动场建设；开展奖教奖学活动，9个村（社区）设立奖教奖学联合会，筹集教育基金1000多万元，投入教育事业近800万元；教师节期间，乡贤陈文川捐资16.1

枫慈溪生态美（2021） （张 力 摄）

万元奖教助学。抓好新冠肺炎疫情防控常态化工作，开展“无疫枫亭”创建活动。深化爱国卫生运动，开展省级卫生城镇创建工作。强化食品药品安全监管，筑牢食品药品安全第一道防线。为民办实事项目涉及近海岸海漂垃圾综合治理，投资6万多元完成8千米海漂垃圾清理。完成枫亭敬老院选址及招投标，开展土地报批。城市低保、农村低保、居民保基础养老金按标准发放到位。完善医疗救助、抚恤补助、灾害救济、慈善资助等救助体系。实施科技兴镇战略，支持24个村（社区）科技特派员开展工作。实施“七五”普法。完成镇村两级换届选举工作。完成全年农业报表统计及人口、农产品等抽样调查统计。

深化精神文明建设，推进新时代文明实践中心建设，实现镇、村（社区）新时代文明实践所（站）全覆盖。成立枫亭镇体育协会，举办庆祝中国共产党成立100周年文艺晚会。策划开展全民健身篮球赛、庆百年书画展等系列基层文化活动，常态化开展“书香枫亭 全民阅读”活动。开展移风易俗宣传教育和整治工作。

【社会治理】 2021年，枫亭镇坚持以仙游县域副中心为定位，突出“强产业、兴城市”双轮驱动，加快高铁片区建设。加快火车站周边土地开发，实现产城融合发展。抓好安全保障、房屋整治、卫生治理、绿化美化四项行动。完成初级版“绿盈乡村”建设16个，新增4个。依法查封和处罚“两无”企业5家。关闭拆除畜禽养殖场6家，开展河道“四乱”清理行动12次。普查污水管网检查井和安装防坠网776个。推进美丽集镇、美丽乡村建设，开展农村垃圾专项整治，农村生活垃圾卫生处理费缴费率90%以上，在27座公厕推行“一长两员”制度，实现专人规范管理。强化“两违”整治和集镇区整治，开展墓地生态整治，完成“大棚房”专项整治。

推进“平安枫亭”创建，开展安全隐患大排查大整治和专项整治三年行动。加强重点群体动态管控，强化严重精神障碍患者排查比对工作，防范化解社会稳定风险。打击电信诈骗，劝返滞留缅北地区窝点人员13人。开展禁毒宣传，加强网格化管理和扁平化巡逻防控，提升综治“三率”水平，5个村（社区）实现“五零”社区创建达标。开展信访、人民调解工作，受理信访事项65件，调处排查各类矛盾纠纷211起，调处率100%。

【换届选举】 12月8日，枫亭镇召开第十八届一次会议，应到会代表123名，出席代表121名。黄祥武当选为枫亭镇第十八届人民代表大会主席；黄龙锋当选为枫亭镇人民政府镇长；刘凤、郑国明、黄清标、兰金龙当选为枫亭镇人民政府副镇长。

（林　娜）

园庄镇

【概况】 园庄镇地处仙游县、泉州市泉港区、洛江区交界处，境内孕育惠及郊尾镇、枫亭镇30多万人口生产生活用水的枫慈溪，是仙游县“后花园”、仙游经济开发区拓展区。系慈孝文化之乡、红色旅游之乡、土楼之乡、中国面点师之乡。镇域面积82.08平方千米，耕地面积893.33公顷、林地面积5800公顷，森林覆盖率69.84%，平均海拔186米。2021年，辖17个建制村，总人口6.02万人。园庄矿产资源丰富，境内有叶蜡石、低钠偏硅酸天然优质矿泉水、辉绿岩、高岭土、铬、锌、汞、铜等资源。特产九条茶、枫林郑宅茶、园庄瑞祥、园庄手工线面、园庄手工豆皮饮誉省内外，央视CCTV-7《乡土》栏目专门采访报道饮食名肴“童子汤焖猪蹄”。特色美食为猪蹄、荌蓉、线面。

【疫情防控】 2021年9月枫亭疫情发生，园庄镇启动防控措施，全过程闭环管理，坚决阻断疫情传播链，实现输入疫情“零扩散”，守住全县疫情联防联控的前沿阵地。发动镇直镇办干部职工捐资11万元专款用于慰问贫困户、低保户、五保户。推进“无疫”系列创建，筑牢疫情防线。推进疫情防控常态化，组织开展疫情防控实战化应急演练。推进疫苗接种工作，常住人口接种2.29万人，接种率96.35%，实现应种尽种。

【经济建设】 2021年，园庄镇完成财政收入2250万元，完成固定资产投资9693.82万元。

巩固脱贫攻坚成果同乡村振兴衔接，农林业集约发展，主要种植林茶果蔬等农林产品，拓展建设万亩无公害蔬菜基地和千亩名贵中药材基地；推进现代农业提速增效，完成2020年度高标准农田项目建设，实现土地流转266.67公顷，农业合作社品牌化发展加快推进，福临门被评为省级专业合作社，红霞农场被评为省级家庭农场，天宇畜牧被评为市级龙头企业，郑宅茶被评为莆田市“首批老字号”和第六批非遗传承保护项目。全国各地分散7000多家园庄人经营的早餐早点和面食包点店铺。推进“一镇一品”建设，组织专班调研面点产业，邀请中国粮油协会领导和省内专家到园庄实地调研考察，形成打响“中国面点师之乡”品牌的工作思路，公开征集面点产业集体商标和标识，筹办“仙游早餐节”，筹建园庄面点创意产业园和面点师培训基地，打造园庄面点产业10亿元发展基金平台，引导面点产业转型升级。

【项目建设】 2021年，园庄镇领导主动拜访园庄籍在外乡亲乡贤，邀请意向企业来园庄考察，与仙游经济开发区对接民资回归，形成招商信息7条。制定项目建设中长期发展规划，确定在建项目、筹建项目、计划项目60个，逐个明确项目负责人、推进进度。组织开展“攻坚两个月、奋战六十天”专项行动，实施“无疫园庄”创建、省级卫生乡镇创建、平安园庄创建、民生补短板、特色产业提升、信访积案化解六项专项行动，推动部门联动互动，推进项目建设落地见效。配合做好入园高速公路项目可行性研究，农村污水综合治理一期工程完成主管网26.53千米、入户管33.58千米铺设，枫慈溪园庄段二期综合整治、义六线义路段道路拓宽改造、霞山省级乡村振兴一期、农村区域性养老服务中心主体建设等项目完工，入园主干道塔兜坞尾至集镇区4千米路灯、平安公园夜景提升、泗洋桥危桥改造及8个“一事一议”项目等18个民生项目年底完工。2021年，233.33公顷高标准农田建设项目开工建设。推进敬老院改造提升、大埔小学教学楼改造建设。

【社会事业】 2021年，园庄镇创建县级“文明乡镇”，大埔、洋尾、高峰、义路、岭北创建县级文明村。筹划编纂《园庄镇志》，保护园庄源远流长的历史文化。发扬慈孝故里优良传统，构建养老、孝老、敬老服务体系，评选慈孝之家52户，先进事迹在微信公众号广泛传播，慈孝文化展示馆主体建设完工，发放高龄补贴9.43万元。提升科教服务水平，科技特派员实现村居全覆盖，园庄中学高考、中考成绩取得新突破，中心小学教育资源整合成效凸显，筹备园庄镇教育发展基金会。创建省级卫生乡镇，推进镇村环卫一体化，集中转运生活垃圾近1.1万吨，完善“统一收集、统一清运、集中处理”的生活垃圾处理体系。改善城乡面貌，结合美丽乡村建设、疫情防控、“四好农村公路”建设，以治脏治乱为切入点，开展全域人居环境整治和全民卫生大扫除，推进厕所革命和问题整改工作，完成户厕改造400余户。加强生态保护，开展大气、水、土壤污染防治专项行动，做好各级环保督察问题整改。组织开展全民健身计划，实施节点优化、堵点梳理、痛点根治行动，集中摸排整治镇域主干道涉及临水临崖等安全隐患问题16个，改善绿化带、人行道硬件设施，改变群众沿马路散步习惯。扩大城乡居民养老保险、合作医疗参保覆盖面，全年发放“五保”供养69人115万元，农村低保466人592万元，残疾人补助金166万元。推进公益性公墓和霞山、东石、高峰骨灰堂等项目前期工作。完成56户危房改造项目安全问题排查。完成适龄青年征兵入伍任务。落实河长制、林长制，完成人工促进更新126.53公顷，森林抚育50.4公顷，封山育林33.47公顷，义务植树4000株。

枫慈溪园庄镇大埔段防洪工程项目现场（2021） （黄剑普 摄）

【社会治理】 2021年，园庄镇开展平安创建，推进扫黑除恶专项斗争，打击各类违法活动，开展矛盾纠纷排查化解，获评市级平安乡镇三类单位。办理群众“12345”热线咨询314件，群众满意率90%以上。建立信访工作长效运行机制，办理上级转办信访件65件，调处各类矛盾纠纷27件，完成“治重化积”4件，国家督办件息访息诉

1件。落实安全生产责任制，实行安全风险动态管控，开展安全生产检查73次，整改安全隐患531个，处置多起意外亡人事故。重拳整治活人墓、豪华墓13座，遏制镇域内毁林造墓势头。加强“两违”治理，整治“天地网”违法图斑100宗、违法乱占耕地28宗。

（李 旭）

榜头镇

【概况】 榜头镇位于仙游县东北部，镇域面积138平方千米。系仙游县的人口大镇、经济重镇和历史名镇，是“世界中式古典家具之都”及“中国古典工艺家具之都”的核心生产销售区。2021年，辖16个居委会、23个村委会，户籍人口16.8万人，常住人口12.5万人。

【经济发展】 2021年，榜头镇实现地区生产总值180亿元；工业总产值155亿元，其中规模企业77家，完成规模以上工业产值129.1亿元；社会消费品零售额55亿元，其中限额以上商贸企业120家，完成社会消费品零售额37.9亿元；居民人均可支配收入1.5万元。连续6年（2016—2021年）蝉联“全国千强镇”。

【工艺产业】 2021年，榜头镇举办第九届中国（仙游）红木艺雕精品博览会。连续8年（2014—2021年）上榜“中国淘宝镇”，坝下、龙腾、南溪、泉山、溪尾、仙水、紫洋、紫泽、后堡9个村（社区）入选“中国淘宝村”。京东（仙游）数字经济产业园被商务部评为2021年国家电子商务示范基地。仙游仙作工艺特色小镇被列为福建省特色小镇。

【项目建设】 2021年，榜头镇推进项目建设，安排省市县重点项目12个，其中在建项目5个、预备项目2个、前期项目5个。实行“清单化管理”“挂图式作战”，细化目标任务，采取时间、任务双倒排工作制，做到一个项目、一班人马、一抓到底。完成清源东路（原艺都北路）一期项目征迁任务，雨污水管道埋设、涵洞施工及85%道路浇筑工作；完成榜头中学体艺馆主体建设；昆仑下溪、桥头、上昆3个安置区建设工程完成主体建设。打造仙作工艺小镇，各个子项目、京东数字经济产业园、佛珠集中加工基地完成建设并投入使用。

【社会事业】 2021年，榜头镇聚焦“山、水、林、田、木”等多种资源禀赋，高标准打造六条“仙作+乡村振兴示范带”，即乡村休闲示范带、生态仙溪示范带、仙作工艺示范带、乡村治理示范带、红色记忆示范带、产教研创示范带，打造具有榜头特色的样板村，以“仙作+乡村振兴示范带”建设为引领，实现巩固拓展脱贫攻坚成果同乡村振兴衔接。完善就业、医疗、养老等社保体系，对有劳动能力但缺乏技术的贫困户进行技术培训，落实就业637名，其中公益性岗位34个；雨露计划61人，发放补助18.3万元；落实疫情防控机制，做好风险地区入榜人员排查管控工作，推进新冠疫苗接种工作进度，建立完善群体免疫屏障。完成村级组织换届选举工作。推进民兵整组和军事训练，落实优抚政策，发放各类优抚定补金；超额完成年度征兵工作任务；榜头镇退役军人服务站被评为“五有”先进单位。举办第一届仙水溪幸福跑、“魅力榜头”摄影大赛等庆祝中国共产党成立100周年系列活动。溪尾社区获评全国示范性老年友好型社区；望厝社区获得福建省“老年人健身康乐家园”称号；下明社区获评“省级文明社区”，光埔村、后坂村、仙水村、桃源村、昆仑村、何麓村、上墘社区、上昆社区8个村（社区）获评“市文明村居”，坝下社区、溪尾社区获得“县级文明村居”称号。上昆社区居民陈国成获得“福建省脱贫攻坚先进个人”称号，龙腾社区居民吴美莲入选“中国好人榜”，龙腾、上昆、溪尾3户贫困户的致富经在《仙游今报》刊发及上昆1户贫困户上莆田广播电视台第10期《聚焦扶贫》。

【社会治理】 2021年，榜头镇建立“网格+‘三率’宣传”机制，以宣传教育活动为载体，深化平安建设工作。与移动公司仙游分公司合作，开展“平安三率测评有奖互动”活动，结合小程序推广，引导群众注册答题。完成镇级网格化管理中心、39个村（社区）电子监控全覆盖建设并投入使用。开展“五零”平安村居和平安家庭创建工作，达标村（社区）20个，创建率51.3%。开展信访维稳工作，通过信访评理室、巡回调解室、初心调解室、诉源中心等多元信访化解模式，初信初访总量下降37.6%。开展重点行业领域安全专项整治，重点整治“三合一”场所、家庭作坊或生产经营单位的违规住人及火灾隐患等问题，检查企业302家，发现并整改隐患893条；采取“网格化+安全检查”模式，通过网格化平台排除存在隐患119处，整改

110处，整改率92%；检查文化娱乐场所及旅游景点71家，发现并整改隐患21个；检查校园安全45家次，排查处理隐患15条；立案食品类案件9起，处理网格化平台上报有关食品安全事项1125家。建立常态化扫黑除恶机制，利用各种宣传阵地，宣传扫黑除恶政策，动员广大群众参与，收集摸排涉黑涉恶线索，收到上级交办线索72条，核查72条；群众举报线索47条，核查46条，给予1人提醒谈话、1人党内警告处分，移送县公安机关线索9条，4条线索转化案件。完善土地规划管理的长效机制，采用"疏堵结合"的方法，形成"日巡查、周执法、月通报"常规管理制度，组织联合执法10余次，拆除违章建筑1万余平方米。完成"两高"沿线环境整治，提升对外形象。

【木兰溪流域综合治理】 2021年，榜头镇实施双河长制，发挥44名河道专管员巡河作用，在木兰溪榜头段、仙水溪、官杜陂等河流开展清障、保洁工作。开展木兰溪全流域系统治理工作，建立健全畜禽养殖污染防治长效管理机制、建立仿古工艺行业健康发展长效机制等，开展畜禽养殖、石材企业、机砖厂、佛珠厂、仿古厂等环保整治工作。依法拆除畜禽养殖场8500平方米，对35家石材加工厂开展常态化督查工作；开展仿古厂环保领域及安全生产专项整治行动，检查仿古厂55家，强制断电责令整改35家，责令整改11家；关闭佛珠加工作坊3家、电脑雕4家；查封烘干机27家；查封砂光机1家；查封煮蜡机1家；完成最后1件中央环保督察销号工作。完成集镇区沿线污水管网建设297.38千米，分别为污水主管网136.88千米、接户管160.5千米，接户1.28万户，其中迈腾公司PPP污水工程建设污水管网完成约132.4千米、新接户数6800户；完成溪东、光埔、望厝、紫泽4个污水零直排区示范村建设。木兰溪沿岸7个村（社区）及仙水溪沿岸18个村（社区）的农村污水收集工程，由泛华建设集团有限公司完成后南溪及下昆2个试点村的施工图设计及25个村（社区）可研及初步设计，主要建设污水管网长677.31千米，其中污水主管网117.33千米，接户管559.98千米，总投资3.07亿元。开展建成污水管网的检测和修复工作，打通断头管、修复损坏管。完成6366个三格式化粪池建设。

（刘 娴）

仙水溪景观带（2021） （唐 伟 摄）

钟山镇

【概况】 钟山镇地处仙游县东北部，东与城厢区常太镇相邻，西与菜溪乡接壤，北接游洋镇，南连榜头镇。镇域面积128.7平方千米，其中耕地面积1600公顷，山地面积1.35万公顷，林地面积9200公顷，森林面积1.03万公顷，森林覆盖率73.76%，素有"山区小平原"之称。2021年，辖16个建制村，总人口3.35万人。钟山风景秀丽，旅游资源得天独厚，有"福建三绝"之一的AAAA级景区九鲤湖飞瀑；有"小武夷"之称的AAA级景区麦斜岩；有中共福建省委旧址、工农红军108团革命遗址、林刘地下交通站等红色旅游资源。

【疫情防控】 2021年，钟山镇坚持"外防输入、内防反弹"防控原则，以行政村为主体，防疫网格长为责任人，定时动态全域摸排辖区内的居民点，做到不缺一房、不漏一户、不落一人，分层分类建立人员台账，坚持每天一查、每日一报，并结合核酸检测情况、疫苗注射情况等，建立全民健康档案。9月10日枫亭疫情发生，第一时间压实责任、广泛宣传、全员摸排、全力阻断，完成五轮全员核酸检测工作，采集核检样本4.54万份，实现辖区全覆盖。全镇未发生1例确诊、疑似病例和无症状感染者，新冠疫苗接种9015人。

【经济发展】 2021年，钟山镇实现农业总产值9.1亿元，比上年增长8.7%；完成财政收入1200万元；完成楼宇经济1500万元；完成固定资产投资2000万元；农民人均纯收入1.95万元，比上年增长4.4%。

【项目建设】 2021年，钟山镇启动中共福建省委旧址（闽中特委旧址）修复，完成省委旧址楼修旧重建，周边配套相关党建文化广场、露营区、钓鱼区等完成建设，莱溪至省委旧址道路完成平整。推进钟山欧中花卉产业园建设，莆田市振兴集团与紫圆公司合资企业福建振兴农业科技有限公司完成注册，完成原欧中种源生态谷场地整理，种植苔藓、郁金香、百合、金线莲及蕨类等苗木。推进省级乡村振兴重点特色镇建设，仙游县乡村振兴研究院完成设计、预算；11月，钟山镇乡村振兴指挥部投入使用；南兴村环村道路“白改黑”工程进场施工，完成进村入口形象提升；临水村“党建＋”邻里中心进场施工，朗桥村“党建＋”邻里中心完成村部一二层改造。推进仙游县污水处理工程PPP项目（钟山段）建设，设计主干管网16.9千米，接户管网31.8千米，涉及南兴、朗桥、湖亭、卓泉、钟山5个村，覆盖4480户，投资2758万元。其中，南兴村完成工程量的100%；湖亭村完成工程量的100%；朗桥村完成4.9千米主管网铺设，完成8千米接户管铺设，建设污水处理站，完成工程量的91%，接户管铺设进

钟山欧中花卉产业园（2021） （郑丽摄）

入扫尾阶段；卓泉村完成1.3千米主管网铺设，完成5千米接户管铺设，完成工程量的90%。

【乡村振兴】 2021年，钟山镇有欧中种源生态谷、利农集团、超大集团、摩天岭公司、兴泰果园、好柿多庄园、九鲤香山生态观光园等20多家规模农业种植企业，拥有农业生产经营主体308家，其中省级农业产业化龙头企业3家、市级农业产业化龙头企业7家。“仙游甜柿”获得地理标志的集体商标。提升钟山大米、钟山香菇、钟山白粿等一批钟山特色农产品品牌影响力。钟山镇入选国家级农业产业强镇（水果和蔬菜）、全国“一村一品”示范镇、全省农村创业创新园区（基地）等。朗桥村、南兴村、东溪村入选省级“一村一品”示范村。

2021年，钟山镇引进台湾乡建乡创策划团队、浙江大学乡村振兴规划团队、台湾青年创业团队等开展全领域、全方位策划。搭建返乡创业平台，吸引各类人才返乡创业就业，推动“科技兴农、人才强农”战略。发挥“莆田市台湾青年创业就业基地”作用，邀请专家学者加强镇村干部、农民技能培训，带领致富带头人学习外地先进经验，培养一批团结奉献、敢于担当、创新进取、知识背景丰富的产业带头人。提升钟山镇八大文化名片的综合实力，以农耕文化、祈梦文化、知青文化、陈靖姑文化等文化资源开发休闲观光旅游胜地，构筑以九鲤湖为代表的钟山十二景，加快构建“钟山二日游”全域旅游新格局。

【社会事业】 2021年，钟山镇发挥奖教奖学联合会作用，发放助学奖学金4.55万元，表彰奖励18名教师、奖励资助16名学子。投入500多万元建设钟山卫生院病房楼，完善钟山中心、基层小学基础设施建设。推进全民参保计划，扩大参保覆盖面，城乡居民养老保险和医疗保险实现全覆盖，城乡低保应保尽保。16个村退役军人服务站、乡村振兴服务中心、村级科技特派员实现全覆盖。完善医疗救助、抚恤补助、灾害救灾、慈善资助等救助体系。深化精神文明建设，开展市级文明乡镇、文明村创建工作。“七五”普法工作完成。第四次全国经济普查、第七次全国人口普查、

第二次全国污染源普查工作完成。

2021年，钟山镇从建档立卡脱贫户中优先聘用村级保洁员32名、护林员1名、乡村道路专管员1名，协调农业龙头企业和扶贫产业基地，优先聘用脱贫户家庭劳力，解决就业岗位64个。探索“村集体+脱贫户”的脱贫模式帮助贫困户增加收入，吸收42户脱贫户36.62万元产业扶贫资金投资入股到南兴、临水、朗桥3个村的村集体经济项目，每户每年最多可增收1.1万元。利用现代农业特色，打造“企业+脱贫户”模式，鼓励脱贫户利用中央、省级产业扶贫资金发展食用菌产业，提升脱贫户自身造血功能。

完成村级换届选举工作，16个村主干实现“一肩挑”，平均年龄42.8岁，大专以上学历占比56.25%；村“两委”平均年龄40.6岁，中专以上学历占比88.89%。

【社会治理】 2021年，钟山镇推进“平安钟山”建设，开展扫黑除恶专项斗争。下半年“群众安全感率”测评居全市第六名。创新社会管理，完善“大调解”工作机制，深化各领域安全隐患大排查大整治，排查解决安全隐患问题26项。推进“综治+”治理中心建设，南兴村先行先试、大胆探索，创建仙游“综治+”治理中心示范村，南兴村社会治理综合服务指挥中心投入运营。

【钟山食用菌种植】 钟山镇位于仙游县东北部山区，地形以平原和丘陵为主，平均海拔648米，地势平坦，素有“山区小平原”之称。该区域属南亚热带海洋性季风气候，夏无酷暑，冬无严寒，年平均气温18.4℃，森林覆盖率73.76%，风景秀丽，气候宜人。钟山镇是仙游县食用菌主产基地，地理气候独特、适宜仙游钟山香菇种植，镇党委、政府利用有利自然环境，鼓励菇农规模发展仙游钟山香菇种植产业，增加农民收入。香菇种植成为钟山镇的重要产业，年产量2000万千克，占全镇产值三分之一以上。成立食用菌专业合作社，统一为农户进行技术指导，统一销售。仙游钟山香菇圆润饱满，柄短肉厚，无畸形不开伞，鲜香嫩，口感宜人，营养价值高，产量高。

2021年，地质灾害点改造项目——钟山镇湖亭村壁院新村（唐 伟 摄）

【延寿溪流域综合治理】 2021年，钟山镇落实境内二级饮水源保护措施，落实双河长制，推进延寿溪九鲤湖段整治工程。投资45万元，实施钟山镇水库修缮工程，完成12座水库的修缮整改。投入150万元，完成钟山镇污水处理厂提质提标改造工程。投入2800万元，完成南兴村、朗桥村、湖亭村、卓泉村4个村的生活污水收集工程。开展河湖整治行动，集中整治“四乱”问题15处，清理河道9.5千米，清理河漂垃圾100余吨，恢复水域面积1.9万平方米。完成油茶造林2.67公顷、封山育林279.27公顷，植树造林（松林改造提升）40.67公顷、乡村景观林建设1.07公顷、森林抚育13.67公顷，森林覆盖率74%。

（黄筱涵）

游洋镇

【概况】 游洋镇地处仙游县东北部山区，为永泰、莆田、仙游3县交界地。镇域面积177.7平方千米，耕地面积1533.33公顷，山地1.58万公顷，其中毛竹林4666.67公顷，为福建省九大毛竹丰产林培育基地之一，森林覆盖率81.85%。2021年，辖17个建制村，总人口3.5多万人，常住人口1万多人。

【疫情防控】 2021年9月，枫亭突发新冠疫情，游洋镇党员干部主动请缨，下沉到一线，与群众共克时艰，开展5轮全员核酸检测；用一天时间完成双峰小学集中医学观察点改造提升；收到爱心人士捐款39.3万元以及各类物资，推动复工复产、复学复课；完成派驻远大富莱酒店和华文学校两个集中医学观察点定点保障工作。推进疫情防控常态化，成立外防输入、无疫创建、疫苗接种、综合协调等工作专班，开展应对防控疫情桌面推演和应急演练，推进“无疫系列”创建，创建无疫村17个、无疫网格41个、无疫单元127个、无疫家庭3608个，常住人口疫苗接种实现应种皆种，龙山村102岁老人成为全县疫苗接种最高龄者；落实网格化管理和重点人群“五挂一”制度，做好境外和中高风险地区返乡人员居家健康观察，实现全程闭环管理。

【经济发展】 2021年，游洋镇实现农林牧业总产值4.6亿元，完成固定资产投资3亿元，限额以上消费品零售额1218.7万元，农民人均纯收入1.87万元。无疆蔬菜基地扩大种植面积13.33公顷；河星村26.67公顷赣南橘基地实现投产；盛产甜柿、猕猴桃、橘柚等特色水果。

【项目建设】 2021年，游洋镇实施项目31个，总投资2550万元。仙游县农村党员教育基地二期工程建成，可容纳101名学员，实现现代化培训学习和接受党性教育锻炼。中共仙游上宫支部旧址入选全省100个党史学习教育参观学习点，成为全县唯一一家获评福建省第4批中小学生研学实践教育基地营地，带来研学培训和乡村旅游经济新引擎，全年接待450多家单位1万多名党员前来参观学习。军旅教育基地二期投入使用，可容纳150名学员入住，全年接待学员6000多人，成为莆田市民兵集训和研学教育的热门选择。投资950多万元的粗溪流域梧椿至游洋段整治工程进场施工；国省干线纵三线（游洋至沽山段）启动建设，全长5.3千米、路幅宽8.5米，投资1亿元，完成征地拆迁，12月10日进入招投标阶段。投资900多万元晋级改造县道X201五星段，打通五星到梧桐市际交界的“最后一公里”；投资330多万元完成C227梧椿村田头尾至西林道路硬化；投资320多万元建设Y019天圳线（联二线—金石段）公路；完成河星三板桥危桥改造；发动群众集资140多万元完成游桥公路提升改造并竣工通车；游五公路龙山、沽山段等施工建设。投资220多万元完成龙溪、霞峰、龙山村饮水工程建设。完成霞峰、鲁头、里洋、沽山村4座水库除险加固和11座山塘安全排查整治。

【社会事业】 2021年，游洋镇教育发展促进会收到捐资20.3万元，发放奖教奖学助学金40多万元，奖励41名优秀教师、93名优秀学生、资助49名贫困学生。游洋中心小学塑胶操场和跑道竣工并投入使用。镇卫生院为65岁以上老人免费体检2113人。新农保参保人数1.89万人，医保参保人数2.76万人。新纳入农村低保23户49人、特困5户5人，其中新增集中供养2人；发放低保补助320万元，特困补助203.5万元，临时救助248人次24.3万元，残疾人补助158.6万元。发放退役军人补助120.8万元。

巩固拓展脱贫攻坚成果同乡村振兴衔接，发放脱贫户产业发展和疫情防控补助等各类补助资金76万元；争取中央、省级财政资金和“机关+农村”共建专项等各类补助资金590万元，实施项目34个。争取乡村振兴专项资金380万元实施11个项目。完成沽山村国土空间规划，金石、河星、龙山、双峰国土空间规划完成签约。9个村获得“一事一议”财政奖补资金211万元，实施项目9个。完成卫片图斑核查11处，核实整改天地网350处，完成顶风违建疑似图斑现场核实8处，完成农村乱占耕地建房问题排查3个，拆除违建12起9523平方米，审批新建房屋17户、旧房翻建114户，完成县级土地开发8.4公顷。完成里洋等3个村和梧椿、河星村217.67公顷高标准农田建设验收，投资270多万元建设五星村等3个村和桥光、龙山村166.67公顷高标准农田。完成义务植树6.92万株、造林面积68.07公顷、封山育林224.4公顷。兴山村获评福建省“三星级乡村旅游村”和中级版“绿盈乡村”，里洋、龙山、石里、五星村完成初级版“绿盈乡村”创建。双峰村获评“福建省森林村庄”。天马古厝群获评福建省第四批省级传统保护村落。开通游洋至仙游公交线路。完成村“两委”换届选举工作，实现一次性选举成功、全部“一肩挑”的目标。

【社会治理】 2021年，游洋镇排查各类矛盾纠纷46件，完成调处45件，调处成功率97.8%；交办信访件59件，办结57件，满意率96%；收到“12345”诉求件275件，办结263件，满意率96%。在莆田市综治“三率”测评调查中，群众安全感排名全市第二、全县第一。开展23个专项领域安全隐患大排查大整治专项行动，消除安全隐患

624 处、完成临水临崖安全整治 14 处，未发生生产性安全事故和人员伤亡。开展森林防灭火和防汛演练，成立镇级应急分队，提高应急处置能力。巩固畜禽养殖综合整治成果，推进龙山、桥光村污水处理 PPP 工程。落实“双河长制”，开展巡河 3200 多次。开展人居环境整治，清理农村生活垃圾 2460 余吨。

（郑鹏镍）

石苍乡

【概况】 石苍乡地处仙游县北部山区，是革命老区乡、省定贫困乡。乡域面积 141.87 平方千米，耕地 518.6 公顷，有林地 1.17 万公顷。2021 年，下辖济川、石苍、五湖、石阳、隔壁、潭头、田坑、高阳、霞湖、老山 10 个建制村（其中，9 个为革命基点村、1 个少数民族村），户籍人口 1.79 万人，常住人口 2633 人。汉族人口占总人口 98.8%，少数民族有隔壁村新田自然村的畲族。

【疫情防控】 2021 年 9 月枫亭疫情发生，石苍乡党委、政府组织动员各党支部和广大党员干部勇于担当、众志成城，筑牢基层防控一线“战斗堡垒”。以党建引领联防联控行动，以村为单位，分别组建“三级包保”“五包一”工作组 20 个 165 名党员干部志愿服务队伍，开展防控、宣传、劝导、摸排、卡口值守、核酸检测等工作。坚持“精准到户、划分到片”原则，将全乡划分为 61 个网格，上下联动、联防联控，通过“1+1+1+N”社会治理一张网体系，由包村干部、村“两委”和村民小组长具体负责网格化管理，落实三级监管责任，采取“实地 + 微信 + 电话”，开展“不漏一户，不漏一人”全覆盖排查，详细登记造册，至 9 月 11 日摸排登记常住人口 2255 人、外来人口 82 人；排查返乡人员，建立一人一档，实行居家隔离和核酸检测措施；实行居家隔离“五挂一”“日报告”“零报告”等制度，掌握辖区人员健康动态。

【经济建设】 2021 年，石苍乡完成农业总产值 1.89 亿元，100% 完成目标任务；社会固定资产投资完成 1.5 亿元；农林牧渔业总产值 0.84 亿元，比上年增长 7%。

石苍乡发挥农业科技优势，与农林大学合作在五湖村试验水稻新品种。发展绿色无公害的竹笋、油茶、林下经济等特色农业；发挥山林优势，利用丰富的森林资源，改造低产果园，建立优质笋生产基地，打造石苍竹笋、茶油等绿色无公害食品品牌，提高农产品附加值。发挥产业规模优势，持续优化潭头村百亩金线莲基地生产品质，依托潭头金线莲基地、石苍冬笋、高阳油茶等合作社，加强农业产业化建设，建设优质笋基地 333.33 公顷，油茶基地 666.67 公顷，人工促进天然林更新 143.33 公顷，工程造林 66.67 公顷，推动将山林地资源优势转化为经济优势。

【城乡建设】 2021 年，石苍乡坚持规划先行，加快基础设施建设，按照“四美”（布局美、环境美、建筑美、生活美）的要求，围绕“整治裸房、垃圾处理、污水治理、村道硬化、村庄绿化”五项重点任务，改善农村人居环境，打造“美丽石苍”。加大民生投入力度，投资 47 万元，完成云潭高陡边坡简易降险；投资 177 万元，完成石阳、石苍村道水泥硬化；投资 45 万元完成潭头村路灯建设。投资 160 万元继续实施保障农村安全饮水工程，提升群众幸福指数；投资 69 万元，建设潭头村厝尾道路挡墙护坡、济水溪三级浪山塘护岸。

【社会事业】 2021 年，石苍乡抓好“双高普九”和“两项督导”工作，举办奖教奖学活动，表彰 6 位优秀教师，奖教助学 103 人次，发放奖教、助学金 20.12 万元。石苍籍学生考上清华 1 人、北大 1 人，重点大学 27 人。推进新型农村社会养老保险和新型农村合作医疗工作，提升参保率、覆盖率。兑现落实各项强农惠农政策，加大关心弱势群体力度，保障农村困难群众的基本生活。巩固拓展脱贫攻坚成果同乡村振兴衔接，建档立卡贫困户 97 户 318 人实现稳定脱贫，石苍村、隔壁村、五湖村和潭头村 4 个贫困村实现脱贫摘帽。2021 年，发放低保、救助、定补等资金 350.92 万元，发放生态林补偿金 149.21 万元。推进移风易俗，抓好殡改工作，火化率 100%。开展水环境整治，境内所有养殖户拆除关闭，改善农村生产生活环境，流域水质稳定在Ⅱ类以上，保护好莆田市“第二水缸”。

【特色产业】 2021 年，石苍乡是仙游县主要林区之一，有林地总面积 1.17 万公顷，木材总蓄积量 66.96 万立方米。其中，杉木 2546.93 公顷，蓄积量 19.58 万立方米；马尾松 1566.33 公顷，蓄积量 9.86 万立方米；阔叶林 5924.6 公顷，蓄积量 37.5 万立方米；毛竹1284.87公顷，315.86万株；经济林391.4公顷，森林覆盖率86.5%。境内最高海拔（在）1608米，最低海拔（在）150米，居住地平均海拔为465米。地理气候适宜发展食用菌、茶果生产，食用菌有红菇、灵芝、香菇、木耳、蘑菇等，茶果有茶叶、油茶、板栗、枇杷、柑橘、柿子、李子、橄榄、柚子等。

境内蕴藏丰富的矿产资源。济川和高阳村有含铝量23%的露天叶蜡石；粗溪金钟地热能（温泉），常年水温在56℃以上，日出水量550多吨；石苍村蕴藏大量的碳石矿和辉绿岩；石阳村高质量的高岭土，已开发生产陶瓷；还有霞湖的红山岩、石苍村和石阳溪东的花岗岩等优质的岩石资源，具有经济开发价值。

境内生态环境保护良好，崇山峻岭中有珍奇的野生动物。人文、自然景观独特，济川文物古迹和自然景观有100多处，其云顶岩有十八狮、化蟒洞、眠云阁、钩月弯、闻猴洞等奇景，还有禹门三级浪、将军城、笔架山、千年古树樟榕合抱等奇观。莆田市第二大水缸——金钟湖建成后，为石苍景区锦上添花。境内第二高峰雪山，山腰云雾缭绕，冬季白雪皑皑，为南国一绝，其间也有100多个景点。新发现的石阳溪东寨，规模庞大，初步勘察为古军事要塞，与粗溪岭古驿道、古寨门、田利寨，济川的屏山寨，霞湖的鸡冠寨，五湖的仓兜寨，石苍大妹的石崘寨，潭头的白凫寨、后鼎寨等遥相呼应。还有多处古代军垦遗址，给石苍蒙上神秘的面纱。境内名胜古迹众多，历史悠久，有高阳始祖温子玉自宋元祐年间（1086—1094年）入闽定居高坪，在高坪船厝寨首建的祖厝“太原祖殿”。北宋崇宁间（1102—1106年）建的云顶岩寺，南宋曾有萧国樑、郑侨、黄定等在此结庐读书，传有“云顶峰前出状元”之佳话。北宋政和三年（1113年）在五峰山下建造五峰寺，南宋兴建“侨尾亭”。清雍正元年（1723年）兴建的高阳“温氏宗祠”，又曰“忠武祠”，祠貌古朴，系中国古建筑名祠之一，被列入《八闽祠堂大会》《中国宗祠文化博览》《中国名祠汇编》《中国祠堂大观》等书。宋桥、宋井、宋代粗溪岭顶佛公亭等被列为县级文物保护单位。境内革命遗址有“红军洞”“哨兵岩”“送粮路”“红军树”“闽中特委旧址”等，是革命传统教育和“红色旅游”地之一。境内美妙的地貌造型、幽谧的生态环境、苍茂的古树篁林、清澈的山溪曲流、光荣的革命遗址、浓厚的文化底蕴和源远流长的人文景观，构成生态观光、休闲度假、红色旅游和文化品位的综合性旅游胜地。

（蔡伟军）

龙华镇

【概况】 龙华镇位于仙游县西南部，东与鲤南镇接壤，南与泉州市毗连，西南与南安市交界，西与永春县相连，北隔木兰溪与大济镇相望。镇域面积65平方千米，耕地1666.67公顷，山地3266.67公顷。拥有茶叶、薏米两大特色农业产业。2021年，辖1个社区、15个建制村，总人口6.84万人。

【疫情防控】 2021年9月枫亭疫情发生，龙华镇成立疫情防控工作指挥部，依托线上工作群，建立扁平化指挥体系；实施“党建+”联防联控，投入干部、志愿者等566人，组建17支党员先锋队，落实“三级包保”和“五包一”制度，细化网格单元，实行网格化管理，打赢核酸检测、环境消杀、村居防控等多场硬仗，实现零确诊、零疑似。推进无疫系列创建活动常态化、长效化，创建410个单元、85个无疫网格、16个无疫村（社区）。完成新冠疫苗第一针接种2.77万人、第二针接种2.61万人。

【经济建设】 2021年，龙华镇财政收入实现入库3000万元；完成社会固定资产投资1亿元；农业产值5.21亿元，规模以上工业产值14.5亿元，农村居民可支配收入2万元。

龙华镇强化招商引资，重点对接项目15个，实现签约落地项目4个，总投资5.3亿元。完成《龙华镇乡村振兴三年行动两年提升工作计划（2021—2024年）》编制，发挥金溪茶业、金沙薏米龙头企业带动作用，引导特色产业规范化发展，推动一、二、三产业融合发展。发展休闲旅游农业，培育农村经济新增长点，打造红旗村兜岭采摘园、金建村生态采摘园等一批休闲农业精品。培育本土农产品营销平台，构建线上线下新型营销体系，推动品牌农产品触网营销，扶持“四金”（金沙、金山、金建、金溪）农村电商平台发展。

【社会事业】 2021年，龙华镇投资408万元，龙华中学田径场跑道塑化工程建成投用，改善教育教学环境；举办第37个教师节，发放奖学助教金13.66万元。办理农村低保673户1673人，发放低保

1月，龙华镇金沙薏米收成（郑金相 摄）

金、五保金821.73万元，临时救助金50.5万元，残疾人“两项”(困难残疾人生活补贴、重度残疾人护理补贴）补贴186.88万元。加快推进村卫生所服务能力提升项目建设，16家一体化村卫生所实现“医保村村通”。

开展新时代文明实践活动，举办龙华镇第二届民俗文化节、2021年科技卫生文化“三下乡”活动，丰富群众精神文化生活。推进文明创建，龙华镇上榜县级文明乡镇，1个社区、6个村上榜县级文明社区、村。

【社会治理】 2021年，龙华镇发挥镇村干部、网格化队伍、平安志愿者等联防联治队伍作用，开展平安文化宣传教育活动。推进“综治+”社区治理中心建设，金溪村采用“1+6+X”模式，以村级综治（网格）中心为依托，完善调解室、关爱工作站、评理室等基础设施建设，建立健全“综治+”社区治理中心运行机制，提升基层治理效能。开展打击电信诈骗专项整治工作，制定《龙华镇“百名干部与万名群众面对面”防骗知识大宣传活动方案》，成立防骗志愿者队伍16支，成员600多人。开展农村在建房屋安全清查整治工作，排查房屋40栋，发现安全隐患14栋，整改到位。

（连哲伟）

书峰乡

【概况】 书峰乡位于仙游县城西北部，东邻榜头镇，西与大济镇比邻，南与鲤城街道交界，北与社硎乡接壤。乡域面积38.07平方千米，土地总面积3761.27公顷，其中耕地387公顷，林果地面积2383.4公顷。2021年，辖6个建制村和1个农场，总人口1.61万人。

【疫情防控】 2021年9月10日枫亭疫情发生，书峰乡党委、政府建立健全防控体系，畅通防疫工作对接机制，将辖区划分为25个网格83个单元，坚持网格化挂图作战。组建7支疫情防控突击队，110余名乡村干部亮明身份、冲锋在前。招募志愿者90余人，参与流调、摸底排查、核酸检测采样、信息采集、卡口值班值守等工作。

落实辖区户籍1.61万人的疫苗接种、核酸检测情况；对摸排出的1581户4021名常住人口落实“三级包保”制度。全乡排查出重点疫区入仙游人员38人、高风险城市的低风险地区入仙游人员25人、境外回国人员3人，建立并更新健康管理情况登记台账，建立健全居家隔离观察“人防+物防+技防”的防控体系，实施包片包干责任制、“五包一”管理制度，按照“八个一”标准实施居家隔离观察，建立居家监测微信群，发放健康监测手表，实现一人一档监测管理。开展5轮全员核酸检测，送检样本数1.94万例，结果均呈阴性。无发生确诊、疑似病例和无症状感染者。

坚持“外防输入、内防反弹”，开展常态化疫情防控工作，实时分析研判疫情防控形势，针对性调整防控策略、计划步骤。推进疫苗接种“应种尽种”全覆盖，书峰卫生院完成7468剂次疫苗接种工作。开展2次疫情防控应急处置实战演练，提升突发疫情防控处置能力。推进仙游县垃圾处理（焚烧发电）厂、兰石绿源名贵植物园、乡重点项目复工复产，推动书峰乡“无疫”系列创建开展，提升常态化疫情防控能力，推动“五促一保一防一控”落细落实。

【经济建设】 2021年，书峰乡实施“生态立乡、项目兴乡、产业强乡”的经济发展战略，以建设全国“一村一品”示范村镇（枇杷）、省级乡村振兴重点特色乡镇、实绩突出乡镇、金牌旅游村镇，打造“绿盈乡村”品牌为抓手，突出项目带动，促进产业振兴转型，发展壮大生态旅游经济。全年实现农业总产值2.1亿元，比上年增长5%；财政总收入2176万元，比上年增长30.46%；属地型税收任务1000万元，完成2800万元，比上年增长12%；全社会固定资产投资完成5000万元；农民人均收入1.95万元，比上年增长8.9%。

2021年，签约落地3个项目：青钱柳茶开发项目，投资额100万元，租用百松村山林地53.33公顷用于栽培青钱柳和观光旅游项目建设；享趣·绿源自然艺术营地项目，总投资6800万元，建设草坪广场、互动园、非遗文化中心、水果体验园、帐篷营地等，打造青少年社会教育学习互动实践型的成长营地；拱桥头水库文旅项目，投资额150万元，建设环湖步游道、观景凉亭、垂钓台及部分景观小品，提升拱桥头水库文旅属性，打造湖景休闲平台。

【特色产业】 2021年，书峰乡完善农产品原产地可追溯制度和质量标识制度，将工商注册在产8家主体纳入福建省农产品质量安全追溯监管信息平台管理，申报市级农业产业强镇、青黛国家地理标志商标，强化产业品牌意识，提高书峰枇杷、青黛的附加值。

2021年，书峰乡枇杷产值1.5亿元，比上年增长34.67%。打造枇杷科研基地和枇杷示范基地，推进书峰村枇杷现代产业园建设，项目总面积250公顷。与中国园艺学会理事及枇杷分会理事长林顺权、莆田学院环境与生物工程学院院长吴锦成等专家合作，推广“三月白”“莆华白”等优良品质的栽培。拓宽销售渠道，承办莆田市第二届云端枇杷节，通过网络直播带货的形式缓解疫情防控期间的枇杷销售困境，果农增加近千万元收入。启动枇杷鉴真防伪包装活动，做到信息可全程追溯。延伸产业链，深加工枇杷，与乡村旅游、研学相结合，开发枇杷主题展，实现一产“接二连三”。

探索以“地道药材、规模化种植、标准化管理、品牌化经营、产业链融通”为核心内容的书峰青黛发展模式。对接中科院青黛研究所，设立人才孵化工作室，建设四黄村青黛标准化产业园。挖掘青黛中药价值，提升青黛中靛玉红含量，引领药农直接对接用药企业。继续挖掘青黛印染文化内涵，与研学实践开展深度合作，开发“传承遗产”“开心田园”“快乐染屋”“难忘乡愁”“多姿舞台”等系列劳动创意课程，引导学生和游客深入了解青黛和青黛印染文化，为2万余名游客提供青黛手工扎染体验活动。“仙游青靛提炼技艺”被列入省级非遗项目，“书峰青黛印染技艺”被列入莆田市第八批市级非物质文化遗产代表性项目。兰石村创建枇杷膏、青黛扎染传承人办公室；依托名贵植物园探索深加工产业，研制开发茶油、海南花梨叶茶等产品。

整合四黄村青黛印染体验馆、云峰岩闽中游击纵队革命遗址、书峰村大类革命战斗遗址、百松村状元古道及户外拓展基地等特色资源，支持书峰研学项目运营，规范研学各项设施要求，鼓励研学项目进农户、到田间、住民宿、带农货，申报省级示范研学基地和四黄村省级劳动教育基地。挖掘本土文化底蕴，利用5个村的革命老区村红色文化元素，弘扬兰石村知青文化精神，打造“红色+”旅游品牌。其中，大类革命战斗遗址累计接待65批次2.35万人次前来参观学习，打响乡村文化旅游品牌。4月，《书峰记忆》一书出版，挖掘书峰自然景观和民间乡土故事，以故事讲景点，以文化做支撑，丰富书峰全域旅游内涵。6月11日，“全福游·有全福·书峰拾‘遗’”暨2021年仙游县“文化和自然遗产日”系列活动在兰石村开幕，招商引入莆田光浦旅游开发有限公司，探索“乡村振兴与旅游有机结合”的模式，在兰石村绿源名贵植物园打造享趣·绿源自然艺术营地。增加绿色优质农产品供给，发展集农产品电商平台、休闲旅游、餐饮民宿、文化体验、户外拓展、健康养生、养老服务等一体的第三产业，推动农村一、二、三产业融合发展。

【项目建设】 2021年，书峰乡抓好省级乡村振兴示范村项目、乡村振兴项目和“一事一议”项目建设。书峰溪流域水坝水渠设施修复工程年底完工。投资300万元打造书峰乡村振兴现代农业综合产业园，年内完成挖穴、下基肥、栽植、机耕路及果园管理。以峰上云宿为基点，投资100万元完成四黄村综合文体休闲中心主题装修，投资65万元改造提升四黄新村配套工程，建造集游乐、研学、拓展、劳动体验、科普教育、亲子活动、度假休闲、养生养老的多功能民宿群度假区和无动力游乐设施。投资95万元，完成四黄新村“晒蓝”景观提升工程，打造2000平方米的背墙彩绘，建设晒蓝1800平方米，提升文旅产业整体水平。兰石村绿源名贵植物园提升工程完成村级配套停车场建设以及研学和农耕实践基地草坪建设；兰石村农村生活污水PPP工程完成主管4500米，入户630户，实现村区域内污水收集处理。

书峰枇杷公园（2021）　　（黄剑普　摄）

【精准扶贫】　2021 年，书峰乡落实“四个不摘”要求，健全防止返贫监测帮扶机制，对 191 户 692 名脱贫人口开展监测，为 45 位脱贫户提供公益性岗位。巩固拓展脱贫攻坚成果与乡村振兴衔接，明确“133”乡村振兴总体工作思路，探索发展研学教育、劳动教育两个基地，培育拓展书峰枇杷、书峰青黛两张特产名片，延伸打造“名贵兰石、传奇百松、休闲锦峰、风情鲤岭、生态书峰、经典四黄”6 个旅游品牌。为脱贫户发放各级发展产业资金 32 万元，用于发展枇杷、青黛等产业；四黄村获得扶贫基础设施项目补助资金 150 万元，实施道路建设、饮水安全等 32 个项目。6 个村完成村庄规划编制。推广书峰村党支部 + 村级股份经济合作社“村社合一”的发展模式，探索“党支部 + 村民股民合作社”，强化各村集体合作社运营能力，建立股权分配机制，帮助群众实现固定分红收益。发挥兰石村全国“一村一品”示范村引领作用，打造乡村产业新亮点，推动黄金枸骨产业孵化基地步入正轨，带动 34 户群众参与扩繁黄金枸骨近 16 万株，提供 20 余个季节性岗位，村民人均年收入增加 1.1 万元，壮大村集体经济收入。4 月，书峰乡在全县巩固脱贫攻坚成果同乡村振兴有效衔接暨农村建设品质提升会议上作经验交流。

四黄新村的青黛印染体验馆（2021）　　（黄剑普　摄）

建立枇杷、青黛产业顾问制度，聘请林顺权、吴锦成等专家作为书峰枇杷、青黛产业顾问。建立枇杷品种实验基地 1 个，改良枇杷品种，探索村集体经济合作社收购销售枇杷的模式，稳定枇杷市场价格。依托仙游建青黛传承人林文喜、青黛扎染技艺非遗传承人黄碧红等本土人才优势，实施乡村振兴“萌芽”计划，加大枇杷青黛农技员、建筑工、金牌导游讲解员、非遗传承人、能工巧匠、餐饮服务员、农村电商人才等农村实用人才培养培育力度，打造具有乡村特色的名师名匠人才库。

【社会事业】　2021 年，书峰乡找准制约发展的短板，开展“我为群众办实事”系列活动。“四好农村路”加快建设，完成农村公路 63 千米。投资 150 万元，完成书峰村山后至大类村道硬化长 1.2 千米，路面宽

3.5米，建设停车场427平方米；兰石村法治公园提升工程竣工；推进四黄村大坪暨石山村道路硬化、仙象路至百松村部村道增设会车道工程、书峰生命公园以及锦峰村、四黄村、百松村骨灰堂建设工程，推进书峰乡绿色生态工程。

书峰乡慈善联合会第三届奖教奖医奖学助学大会发放慈善金2.55万元。新农保参保人数1.82万人，发放低保户、五保户补助资金261.5万元。动员13名特困人员参与集中救助供养。除鲤岭整村搬迁外，书峰、锦峰、四黄、百松、兰石5个村完成改建标准化村卫生所和完善医疗功能，健全卫生所医保定点机制。开展精神文明创建活动。完成年度征兵工作。

【社会治理】 2021年，书峰乡开展农村在建房屋安全清查整治专项行动，清查新改扩建住宅、非住宅、已建房屋装修和存量危旧房，创建“一户一档”档案。发放宣传资料8000余份，悬挂宣传横幅79幅，设置LED宣传屏84个，固定宣传栏6处，结合快板唱、“三句半”等接地气的宣传方式。坚持打、防、管、控，推进多管齐下，开展防范新型电信诈骗网络犯罪专项整治行动，开展入户大走访、平安大宣传、治安大巡防“三大行动”，落实干部职工1挂30户制度，“金钟罩”小程序注册率89.64%，位居全县第3名，辖区无出现受骗案例。开展防疫、防汛、防火、消防应急演练18次、常识视频学习30次，发放宣传资料2000余份，提升公众防疫防灾应急处置能力。完善综治网格建设，常态化开展扫黑除恶专项斗争、禁毒等工作，加大精神病人排查管控力度，建立健全社会治安防控体系。

开展信访积案攻坚化解活动，前移矛盾纠纷化解关口，压实村级责任。全乡排查矛盾纠纷49例，信访件8件，化解7件，矛盾纠纷、信访隐患排查化解率98.2%。开展安全隐患大排查大整治和专项整治三年行动，针对出租屋消防安全、道路交通安全等23个专项领域开展隐患排查整治行动，走访检查72次，发现38个安全隐患，督促整改到位；开展安全生产入户宣传80次，发放宣传单3000余份；打击制止“两违”建筑5起，拆除面积1500平方米。全年没有发生生产性安全事故。“12345”政务服务平台受理群众诉求113件，答复办结率92.9%，满意率92%。“放管服”改革深化，完成政务公开标准目录编制，主动公开政府信息59条，便民服务中心落实窗口无否决权制，受理2000余人次各类事项，优化营商环境。

【赤石溪、红霞溪和白坑溪流域综合治理】 2021年，书峰乡落实上级环保督察反馈问题整改，完成94个排污口整治，辖区1家淡水养殖场关闭尾水排水口并安装监控设备，建立4个过滤池。完成餐饮业油烟净化和油水分离工作。巩固畜禽养殖综合整治成果，保持对畜禽养殖反弹复建“零容忍”的高压态势，发现一场拆除一场。落实河长制，开展巡河300余次，整治河道长度0.8千米。开展农药减量与绿色防控技术培训工作，开展农业面源污染专项整治行动，完成推广测土配方施肥133.33公顷。提升污水处理站，处理标准达到一级A要求，赤石溪、红霞溪、白坑溪水质监测基本达到III类以上。

推进“一革命四行动”，开展“千村示范、万村整治”行动，开展村庄环境清洁行动，改善农村人居环境。投资建设兰石村赤石街公厕、兰石村生态停车场公厕。投入120万元用于人居环境日常保洁清运，清理农村生活垃圾1590余吨，清理畜禽养殖粪污等农业生产废弃物106吨，清理村内沟渠82千米。完成农村房屋结构安全摸排3324户。投资1800多万元建设农村污水管网，纳入主管网9.3千米。2021年度省级水土流失治理工程、兰石村溪流生态水系两岸修复建设工程完成招投标。赤石溪两岸、党建公园夜景工程竣工，推进村容村貌提升工程建设。完成造林绿化43.27公顷，其中油茶造林2.07公顷，四旁绿化0.8公顷；完成森林抚育87.53公顷；完成封山育林55.2公顷；义务植树3.4万株；森林覆盖率75.28%。

（杨育静）

社硎乡

【概况】 社硎乡位于仙游县西北部山区，东与菜溪乡、榜头镇毗邻，南与书峰乡、大济镇接壤，西临西苑乡。乡域面积77平方千米，其中耕地505.8公顷，林地6629公顷，森林覆盖率82.7%。2021年，辖14个建制村，其中革命老区村8个，常住人口1.23万人。

【疫情防控】 2021年，社硎乡落实“外防输入、内抓发现”工作举措，建立“一个中心、三级联防、多点落实”闭环管理机制，落实“单元网格化”管理防控，采用封闭式管理，保留1个主要道口进出。实行24小时管控，1名领导带队的值班组24小时值班，严格管控人员、车辆进出，减少人员流动，阻断疫情传播风险。组织五轮全员核酸检测，隔离管控中高风险旅居人员，落实乡干部、村干部、民警、医务人员和志愿者的“五包一”制度。党员干部冲锋在前，佩戴党员徽章亮身份、戴上袖章明责任，投身一线开展工作，构筑起辖区“红色防线”。在全市率先完成疫苗接种阶段性任务，推进“无疫单位”“无疫村居”等系列创建，阻断疫情传播链条。

【经济建设】 2021年，社硎乡实现农林牧渔业产值1.1亿元；规模以上工业产值4000万元，比上年增长33%；完成固定资产投资7489万元；财税收入1300万元，比上年增长85%；农村人均纯收入1.6万元，比上年增长12%。完成总部经济160万元。

2021年，社硎乡坚持“一村一品”，发展红色旅游，推进绿色生态产业发展，加大土地流转力度，因地制宜发展油茶、黄花菜、雷笋100多公顷，打造金线莲林下经济种植基地、白及中药材种植基地、猕猴桃基地等多个绿色产业种植基地。采取“村集体+合作社+农户”的发展模式，注册“田园田利”品牌对外销售农产品，田利村经营性收入33万元。春节期间，田利村农产品销售109万元。发挥农牧优势，主要饲养猪牛羊，年产值9000万元。推进85.47公顷高标准农田建设，流转全乡抛荒地，扩大产业规模，完成粮食播种241.53公顷、总产1644吨的种植任务，年产值3000万元。统筹14个村资金1000余万元，用于入股县级投资平台，每年可分红90余万元。对接福建省水利水电勘测设计研究院，开展总投资约60.5亿元的集发展发电、水利风景、生态旅游为一体的综合枢纽项目仙游木兰抽水蓄能电站二期项目前期工作。

【乡村振兴】 2021年，社硎乡挖掘老区村文化内涵，打造中共闽中特委田利旧址红色教育基地，拓展田园田利农产品品牌，推动红色旅游和文化、农业有机融合，发挥绿色产业的农耕文化和红色爱国主义教育基地作用，突出“红色教育·绿色体验”主题。中共闽中特委田利旧址是仙游县确定的首批党史学习教育点，累计吸引3万多人次参观学习。

推进白洋村新村建设，总投资约320万元完成涉及乡村旅游、休闲运动、整村提升等领域项目14个，打造生态宜居、乡风文明白洋新农村，先后获得“国家级地震安全示范区”“国家级森林村庄”“省级文明乡村” 省级美丽乡村”“省级特色旅游村”“省级生态村”“省级乡村治理示范村”“市级文明乡村”“市级先进基层党组织”等称号。完成半岭村新村建设，占地0.83公顷，总投资1200多万元，总建筑面积8966平方米；半岭村获得“省级美丽乡村”称号。

【社会事业】 2021年，社硎乡夯实教育基础，投资40多万元，完成社硎学校基础设施提升和塑胶跑道硬化工程，社硎学校获评“县级文明单位”。投资780余万元，新建卫生院病楼房，全县率先探索实施“一线巡诊”服务。完善城乡社会救助体系建设，落实兜底保障政策，低保增长覆盖率和低保对象扩面率居全县第一。全年发放临时救助补助16.4万元、优抚定补66.9万元、社会定补1.4万元、孤儿和事实无人抚养儿童生活补助6.24万元、低保金142.3万元、特困金53.56万元。推进总投资3100万元的10件为民办实事项目落实，解决群众急难愁盼问题。做好脱贫工作，开发公益性岗位16个，完成18名雨露计划补助及15名高校贫困生补助，发放中央财政专项扶贫资金3万元，省级财政专项扶贫发展资金5万元。投入398万元，治理全乡19处地质灾害点；投入280余万元，巩固提升14个行政村安全饮水；实施高标准基本农田项目400多公顷。

【社会治理】 2021年，社硎乡推进安全隐患大排查大整治和安全生产三年专项行动，紧盯关键时间节点，定期开展安全大检查，排查总房屋数3112栋，整改完成一般安全隐患点46个、重大安全隐患1个。完善应急管理体制和应急处置联动机制，组建应急小分队15支，更新维护应急物资1万余件。完善矛盾纠纷排查化解多元化调处机制，坚持开门接访和带案下访制度，破解初信初访，全年无发生进京上访和群体性上访事件。开展综治平安建设、扫黑除恶、打击赌博、防范电信网络诈骗等各项行动，专项列支经费20万余元。全年没有发生重大群体性事件和安全生产事故。

【大济溪、仙水溪流域综合治理】 2021年，社硎乡推进生态建设与保护，推动绿色、循环、低碳发展，实施村庄清洁行动，加强农业

2021年，社硎乡农产品走俏。图为农产品展销柜 （彭丽程 摄）

面源污染防治力度，保持打击畜禽养殖反弹复建高压态势，改善农村人居环境。落实辖区“河长制”管理，加大对21个入河排污口的日常监督检查，严控水流域环境禁养区内畜禽养殖，拆除反弹复建养猪场4家，总面积470平方米。新建污水管网6.6千米，完成1867户三格式化粪池建设，推进“厕所革命”，加强公厕日常清洁、管理。开展春季义务植树活动，实施绿化造林工程，完成植树造林148.7公顷，森林抚育239.87公顷，封山育林92.27公顷，白洋村种植樱花700株、红碧桃1800株。

（林 源）

菜溪乡

【概况】 菜溪乡地处仙游县中北部，是金钟水利枢纽工程水源地之一，系国家级生态乡、省级文明乡镇、省级环境优美乡镇。乡域面积76.21平方千米，其中耕地413.33公顷，林地6593.33公顷，国家一级保护植物南方天然红豆杉近千亩，优质油茶园1066.67公顷。2021年，辖8个建制村（革命老区基点村7个），总人口1.17万人。

【疫情防控】 2021年，菜溪乡落实“外防输入、内防扩散”策略，调整疫情防控工作指挥部人员，组织、指挥、协调新冠肺炎疫情防控工作。推进新冠疫苗接种工作，完成18周岁以上第一针新冠疫苗接种任务，加快落实第二针及第三针疫苗接种，对未接种人群逐一摸排，造册登记。加快无疫乡村创建，督促各村建立健全网格化防控机制，明确疫情防控主体责任，加快落实无疫创建作战图和网格化精准管理，筑牢菜溪乡“无疫”屏障。

【经济建设】 2021年，菜溪乡实现地区生产总值2.23亿元，比上年增长7%；“属地型”税收完成1200万元；固定资产投资完成约1.4亿元。

菜溪乡在生产端精准施策、销售端提质增效，推动特色农业、扶贫产业发展。推行“村干部+农技员+农民专家”春耕技术分户指导模式，保障春耕质量。探索农村土地流转运营模式，在溪边村打造10公顷槟榔芋基地，村集体统一登记造册，土地流转给生产大户承包经营。联系莆田市城市投资开发集团有限公司、莆田臻泰置业有限公司等爱心企业以及仙游义工协会等爱心团体，定点采购农副产品，利用电商平台、微信等新媒介，拓展农副产品销售渠道。发挥道口经济区的优势，引进草莓采摘园、西瓜采摘园，促进农业高质高效绿色可持续发展。

【项目建设】 2021年，菜溪乡投资360万元，完成菜溪旅游新村配套的硬化、绿化工程项目建设；投资350万元，完成园宅新村配套的护坡工程项目建设；投资300万元，完成石满、石峰村高标准农田项目建设。菜溪污水管网PPP项目，一期投资1000万元，完成工程量92%。

挖掘交通、人文、生态等资源优势，实施乡村振兴战略，推动文旅康养产业融合发展，构建特色产业体系。鲁艺集团投资“闲云客舍”民宿休闲中心项目，建设集红木体验、康体养生、户外研学、民俗体验于一体的高端民宿休闲中心，完成第一期投资1000万元，投入运营。莆田市中青生物科技有限公司投资园宅生态休闲综合体，采取“企业+村集体经济组织+精准扶贫户”模式，投资300万元种植野生金线莲和黄精各6.67公顷。中国工艺美术香文化专委会会员企业投资棋楠沉香种植苗培育与研发基地，建设66.67公顷年产10万棵沉香苗培育研发基地，开展项目报批工作。福建新航程研学旅行有限公司菜溪新航程研学实践基地建设项目，总投资2000万元，利用菜溪便捷的交通优势、郑侨祠堂、岳王庙、浔阳书院等状元文化和书院文化资源、象星和溪边千亩农业生态景观，策划实施菜溪研学旅行项目，投入运营。

【乡村振兴】 2021年，菜溪乡完善基础设施建设，改善农村人居环境，促进生态振兴和旅游产业振兴融合，打造宜居宜业宜游的美丽乡村。推进旧村复垦和土地开发利用，完善土地规划管理的长效机制，采用"疏堵结合"的方法，形成"日巡查、周执法、月通报"常规管理制度，保持对违法建筑的高压态势，做好辖区内的拆违、控违整治工作。开展"两违"综合治理，拆除面积8933.33平方米，完成对乱占耕田图斑1个实地核查并未发现违法现象，完成旧村复垦改造1.33公顷。实施乡村振兴战略，推进绿色发展，重点治理农村环境突出问题，以省、市、县乡村振兴试点村为抓手，打造"一村一品"。中储粮福建分公司挂钩溪边村建设"党建＋乡村振兴"示范基地，菜溪村挖掘郑侨状元文化，规划建设菜溪状元文化乡村休闲旅游金牌村。

【社会事业】 2021年，大济镇巩固脱贫攻坚成果，推进产业扶贫、就业扶贫、教育扶贫、健康扶贫，建成八大精准扶贫产业基地。走访边缘易致贫户和重残重病易致贫户等重点监测对象，对照清单逐个核实一键报贫申请人信息。530户脱贫户（2021年注销2户）享受帮扶措施、帮扶资金，落实"两不愁三保障"和饮水安全，消除重新返贫的风险。

2021年，大济镇投入444.18万元，促成9个村级"一事一议"项目在9个村落地建设。投入270万元，排查提升辖区内路面、安全设施等道路硬件，实现村道路灯全覆盖。美化亮化村（社区）休闲文化广场；统筹推进助残、救孤、济困等福利事业发展，完善社会保障体制。6月29日，在蒲山桥下党建广场举行"革命歌曲大家唱"晚会，吸引2000多名党员、群众共同参加。7月26日，大济卫生院完成搬迁。大济中学晋升"福建省三级达标高中"。

【社会治理】 2021年，大济镇落实平安议题周例会和矛盾纠纷排查调处月例会，关注社会动态，注重初信初访。"12345"热线平台推动解决市民诉求723件。选派调解员成立"大济巡回调解庭"，促进矛盾纠纷化解。创新开展丰富多样活动，强化反诈宣传力度，强化落实"四挂一"工作专班工作要求，包村领导、驻村工作队、村干部、民警综合研判滞留缅北人员家庭情况、人脉背景，持续督促、跟踪逼投劝返情况。加强境外返乡人员管理，坚持人物同防、严防严控，落实外防输入各项措施，抓实抓细反偷私渡工作，严禁属地企业雇用非法外籍人员。提升综治"三率"水平，完成22时至凌晨4时"黄金6小时"片区巡逻。提升便民大厅、便民代办点业务水平，优化窗口服务质量。

落实全县安全生产"五清"专项行动三年计划和开展道安整治专项行动大会战工作要求，27个安全生产专项小组开展各专项领域检查110次，排查并整改安全隐患220处。抓好备汛防汛工作；完善消防设施设备，加强排查民房、出租房，消除安全隐患；开展校园安全宣传活动，筑牢校园安全防线，增强师生安全感；统筹推进城乡建设，开展房屋结构安全隐患大排查大整治。抓牢防汛、消防、道路、校园、建筑、涉众场所六大方面安全，做好相关应急预案，消除安全隐患。

【木兰溪流域综合治理】 2021年，大济镇实施"蓝天、碧水、净土"三大工程，推进集镇区污水处理、黑臭水体清淤、小流域整治等工程建设，排查出295个排污口完成整改。推进污水管网建设，完成PPP污水管网项目两期主干管61.75千米、接户管104.47千米建设，接户4877户，改善生态环境。完成2017—2019年度上级补助改造任务三格化粪池建设4958户，群众自建2.21万户；因地制宜建成8个生态氧化塘和2个生态湿地，涵盖6个村、1万余人。整治拆除流域内沿线各类禽畜养殖场14家、零星圈养50多处，整治面积2800多平方米。排查侵占河道问题45处，整改到位。大济镇的木兰溪西台桥省控断面、大济溪、松坂溪小流域和乡镇交接断面水质均达III类以上。

（林　杭）

大济镇

【概况】 大济镇位于仙游县城西部，木兰溪上游平原，是仙游县的工艺重镇、农业大镇、人口大镇和城郊型乡村旅游名镇，镇域总面积87.5平方千米。2021年，辖23个村（社区），总人口10.3万人。

【疫情防控】 2021年，大济镇开展常态化疫情防控，筑牢全民免疫屏障，新冠疫苗第一针剂、第二针剂累计接种完成率位居全县前茅。完善重点人群登记跟踪管理制度，落实重点场所管理措施，全镇划分为58个网格818个单元，落实“网格长”“单元长”责任制。9月，新冠肺炎疫情突袭而至，发动志愿者力量，配合开展核酸采集、巡逻劝返、防控宣传等工作，各村（社区）以生产小组为采集单元，错峰控制人流量，安排镇村干部、志愿者、民警等力量维持现场秩序、测温验码，开设老幼群众绿色通道、橙码通道，提前备好遮阳棚、电风扇、矿泉水等防暑降温物品，完成5轮核酸采集任务。推进“无疫”系列七级联创，落实各层级微信群日报告制度，保证信息实时联动。实行“八个统一”服务机制，成立工作专班“三入企”推进复工复产。

【经济建设】 2021年，大济镇按序时完成第一产业目标任务；工业产值完成32.6亿元，比上年增长9.4%；限额以上销售额完成5.7亿元，比上年增长16%，限额以上零售额完成4.43亿元，比上年增长17.2%；固定资产投资完成4.3亿元，8个项目入库。发展民营经济，新增个体工商户636户，新增私营企业591家。截至年底，全镇有企业1676家，个体工商户5450户。

2021年，大济镇发挥仙游县最大鸡翅木、缅甸花梨及崖柏生产、销售、运输一条龙服务的基地效应，以发展大众化红木家具为抓手，以龙头企业为引擎，推动铭天下创业园、龙威工艺小区等项目建设，联动资源形成产业集聚。全镇有规模以上工业企业10家，限额以上贸易企业7家，规模以上服务业1家，通过调研走访，帮助、指导企业解决一些诉求和困难，挖掘潜力，推进“三转一市”工程。推动大济手工线面、米粉等传统特色小吃行业升级，引导大老古等企业培育名品、名牌、名企、名产地，推动“小产业”，带动“大发展”。

【项目建设】 2021年，大济镇加快推进项目建设。木兰溪防洪景观工程项目北岸D5、D6标段完工交付使用，南岸D2、D3标段进入施工阶段；木兰大道大济溪口段完成果树、房屋等地面物丈量和清点核实工作，公示土地测量及分户情况；大老古增资扩产技改项目完成主体框架结构建设；铭天下创业园实现行政楼部分办公；龙威工艺小区完成办公楼主体建设；正邦现代农业生态循环产业链项目完成1号、2号综合楼主体建设，同步扩征6.67公顷建设环保设施。3月，正邦现代农业生态循环产业链项目指挥部被市委、市政府评为2020年度莆田市“双轮”驱动项目攻坚先进集体。

【乡村振兴】 2021年，大济镇注重提升农村品质。环境卫生管护实现常态化，投资500万元用于垃圾整治、村容村貌提升等，全镇200余名保洁员全天在岗，逐步消除23个村（社区）395个村民小组卫生死角。提升农村建设品质，完成裸房整治140户。发挥省级乡村振兴试点村乌石村、溪车村，市级乡村振兴试点村汾阳村，县级乡村振兴试点村溪口村、龙坂村示范带动，推进产业融合发展，培育农村发展新动力。聚焦各村（社区）发展基础，挖掘潜在价值，突出特色打造“一村一品”。

【社会事业】 2021年，大济镇巩固脱贫攻坚成果，推进产业扶贫、就业扶贫、教育扶贫、健康扶贫，建成八大精准扶贫产业基地。走访边缘易致贫户和重残重病易致贫户等重点监测对象，对照清单逐个核实一键报贫申请人信息。530户脱贫户（2021年注销2户）享受帮扶措施、帮扶资金，落实“两不愁三保障”和饮水安全，消除重新返贫的风险。

2021年，大济镇投入444.18万元促成9个村级“一事一议”项目在9个村落地建设。投入270万元，排查提升辖区内路面、安全设施等道路硬件，实现村道路灯全覆盖。美化亮化村（社区）休闲文化广场；统筹推进助残、救孤、济困等福利事业发展，完善社会保障体制。6月29日，在蒲山桥下党建广场举行“革命歌曲大家唱”晚会，吸引2000多名党员、群众参加。7月26日，大济卫生院完成搬迁。大济中学晋升“福建省三级达标高中”。

【社会治理】 2021年，大济镇落实平安议题周例会和矛盾纠纷排查调处月例会，关注社会动态，注重初信初访。“12345”热线平台推动解决市民诉求723件。选派调解员成立“大济巡回调解庭”，促进矛盾纠纷化解。创新开展丰富多样活动，强化反诈宣传力度，强化落实“四挂一”工作专班工作要求，包村领导、驻村工作队、村干部、民警综合研判滞留缅北人员家庭情况、人脉背景，持续督促、跟踪。加强境外返乡人员管理，坚持人物同防、严防严控，落实外防输入各项措施，抓实抓细反偷私渡工作，严禁属地企业雇用非法外籍人员。提升综治“三率”水平，完成22时至凌晨4时“黄金6小时”片区巡逻。提升便民大厅、便民代办点业务水平，优化窗口服务质量。

落实全县安全生产“五清”专项行动三年计划和开展道安整治专项行动大会战工作要求，27个安全生产专项小组开展各专项领域检查110次，排查并整改安全隐患220处。抓好备汛防汛工作；完善消防设施设备，加强排查民房、出租房，消除安全隐患；开展校园安全宣传活动，筑牢校园安全防线，增强师生安全感；统筹推进城乡建设，开展房屋结构安全隐患大排查大整治。抓牢防汛、消防、道路、校园、建筑、涉众场所六大方面安全，做好相关应急预案，消除安全隐患。

【木兰溪流域综合治理】 2021年，大济镇实施“蓝天、碧水、净土”三大工程，推进集镇区污水处理、黑臭水体清淤、小流域整治等工程建设，排查出295个排污口完成整改。推进污水管网建设，完成PPP污水管网项目两期主干管61.75千米、接户管104.47千米建设，接户4877户，改善生态环境。完成2017—2019年度上级补助改造任务三格化粪池建设4958户，群众自建2.21万户；因地制宜建成8个生态氧化塘和2个生态湿地，涵盖6个村、1万余人。整治拆除流域内沿线各类禽畜养殖场14家、零星圈养50多处，整治面积2800多平方米。排查侵占河道问题45处，整改到位。大济镇的木兰溪西台桥省控断面、大济溪、松坂溪小流域和乡镇交接断面水质均达III类以上。

（林 杭）

度尾镇

【概况】 度尾镇位于仙游县西部，俗称“西乡”，东与社硎、大济毗邻，西与永春湖洋交界，南与大济相邻，北与西苑接壤。镇域面积112.72平方千米，其中耕地2400公顷、山地6666.67公顷，森林覆盖率62.75%。2021年，辖3个社区、16个建制村，总人口9.5万人。

【疫情防控】 2021年枫亭疫情期间，度尾镇第一时间吹响防疫“集结号”，建立“一个中心、三级联防、多点落实”应急指挥工作机制，做好村居防控、核酸检测、物资保障、卡口管控、隔离转运、消毒消杀、流调安保和应急处置等各项工作，打赢疫情防控歼灭战。成立8个一线临时党支部、组建26支325人党员先锋队、党员突击队。疫情防控转入常态化，抓好境外入境人员和从国内中高风险地区返乡人员的全流程管控，完善“四长”工作制度，推进疫苗接种，创建“无疫”度尾。

【经济建设】 2021年，度尾镇实现社会固定资产投资2.15亿元，比上年增长88.9%；规模以上工业企业产值完成27.93亿元，增长10.4%；限额以上商贸销售额完成4.55亿元，增长27.7%；限额以上零售额完成3.79亿元，增长29.2%；营利性服务业完成营业额2389.4万元，增长25.8%；农业总产值9.8亿元，增长1%。

推进创意花卉基地项目建设，流转土地23.33公顷，并完成圣山村20公顷土地平整。推进木兰大道仙游段大济溪口至石牌兜段道路工程建设，完成溪口至度尾石牌兜段4个村居的土地丈量、果树清点、房屋丈量等工作，初步完成木兰大道度尾段征地拆迁数据核对和度尾

9月，度尾镇后埔村党员政治生活馆入选县委党史学习教育领导小组办公室推荐的党史学习教育参观学习点 （刘燕钦 摄）

镇安置区的前期组件报批工作，开展征地拆迁。实施“三转一市”“四换四名”工程，加快度峰糖厂收储进程，完成小升规企业2家。规划设计艺雕智慧产业园二期、文旦柚5G+智慧创意园、小微企业产业园等项目，签约项目1个，意向签约项目1个，项目总投资5亿元，完成投资5000万元。

【党史学习教育】 2021年，度尾镇开展党史学习教育和“再学习、再调研、再落实”活动，组织开展专题研讨5次，建立宣讲队伍3支，开展宣讲30余场次。在“清新度尾”微信公众号上开设“党史学习教育”专栏，讲好度尾红色故事。组织开展“红色故事大家讲”、党史知识竞赛等活动，以赛促学、以学促行。挖掘红色资源，打造砺巴寨党史教育红色阵地，后埔村党员政治生活馆入选全县党史学习教育参观学习点。

【社会事业】 2021年枫亭疫情防控期间，度尾镇与中石化森美莆田分公司签订战略协议，依托该公司旗下的35座加油站、30座便利店等平台，带动文旦柚销量。对接合作东南网、拼多多、福建省广播电视台、中央广播电视总台财经节目等平台，举办5场公益直播助农活动，邀请县政府副县长林宇家为度尾文旦柚倾情“代言”，通过“直播+电商+助农”的形式，改变传统销售模式，促进文旦柚销量，比上年增长100%，价格比上年上涨20%，化解“柚”销售危机。重点抓好洋坂、砺山2个省级乡村振兴试点村项目策划和推进工作，引进3名“高校+村党支部”乡村规划人才，为乡村振兴试点村、脱贫村

度尾镇砺山村古民居（2021） （刘燕钦 摄）

提供村庄规划编制、建筑设计等服务。推进100件“我为群众办实事”项目建设，提升民生福祉。

【社会治理】 2021年，度尾镇开展镇容镇貌及道路交通安全整治专项行动，整治“店外店”“摊外摊”等乱象。坚持“零容忍”高压态势，换届后依法拆除“两违”25宗6856平方米，坚持疏堵结合，依法规范建房规划许可管理和农村宅基地审批，换届后审批房屋118户，坚持露头就打、即查即拆，换届后“两违”实现零增长。做好敏感时期信访维稳各项工作，攻坚“治重化积”信访积案。打击防范电信网络诈骗。抓好“五零”平安村（社区）创建工作，打造“多心合一”圣山“综治+”社区治理中心。开展27个安全生产领域专项整治及农村在建房屋安全专项清查整治工作。办理人大代表意见建议23件，

10月20日，中石化森美（福建）石油有限公司莆田分公司（以下简称中石化森美莆田分公司）与度尾镇人民政府签订战略合作协议，拓宽文旦柚销量 （唐 伟 摄）

办结反馈率、满意率100%。加强防灾减灾能力建设，开展精神文明创建活动。

【木兰溪流域综合治理】 2021年，度尾镇巩固“一革命四行动”成果，完善“户分类、村收集、镇转运、县处理”的城乡垃圾一体化处理模式，推进农村生活垃圾源头分类减量。提升“双河长制”，巩固木兰溪流域水质提升成果，镇域水质保持Ⅲ类稳定。加快推进污水管网PPP项目建设，完成主干管网建设39千米，接户管60千米，接户数2698户。加快水产养殖尾水深度治理，推动鳗鱼场安装尾水水质在线监控11家。新建度峰污水处理站，完成砺山污水零直排试点村创建。

（吴丽彬）

西苑乡

【概况】 西苑乡地处仙游县西北部山区，是木兰溪的发源地。境内最高点前溪村石谷解海拔1803.3米，最低处半岭村海拔245米。乡域面积334.3平方千米，其中耕地面积1471.7公顷，林地2.79万公顷。2021年，辖16个建制村，总人口2.4万人，13个革命老区基点村。

【经济发展】 2021年，西苑乡实现地区生产总值5.61亿元，比上年增长8.5%；规模以上工业产值13.6亿元，全社会固定资产投资2.1亿元，财政收入1.58亿元，总部经济完成纳税600万元。境内可供开发水力资源5万千瓦时，已开发2.65万千瓦时。西苑乡高山气候特点适宜食用菌规模生产，种植茶叶、杉、竹、松、油茶、红豆杉、铁皮石斛、福建金线莲。

【项目建设】 2021年，西苑乡投资1587万元，完善交通运输基础设施建设，建设里程总长33千米，联二线西苑段、Y035卓林至仙西半林公路、Y006仙竹—仙游山公路建成通车。新建、硬化及修缮村道56千米，联二线、抽蓄上下库公路建成通车。投资5600万元，推进凤山新村、仙水洋景区建设、前溪柳园特色村寨等一批重点项目建设。投资400多万元，实现木兰溪源环境教育基地、凤山干部培训基地、凤顶户外劳动研学基地、凤山“党建+”邻里中心等项目落地建设。引进福建省香艾产业园、大臻研学培训基地、山中来信·谷上野奢民宿、绣球花新品种研发基地等项目，总投资3.5亿元。

【乡村振兴】 2021年，西苑乡实施乡村振兴战略，乡总体规划获批实施。打好污染防治攻坚战，农村人居环境整治三年行动收官，新改建公厕22座、三格式化粪池1209户，西苑乡垃圾转运站、仙西村污水处理站投入使用。打赢脱贫攻坚战，167户584人建档立卡贫困户、3个贫困村实现脱贫摘帽，实现“两不愁三保障”和饮水安全。打赢疫情防控阻击战、歼灭战，推进疫苗接种，开展“无疫”系列创建活动，筑起全民防疫坚固屏障，实现“零感染、零发病、零输入”目标。完善民生基础设施建设，完成前县村卫生所、幸福院、旧村部综合改造工程，重建东湖村、柳园村自来水饮水工程，修复仙东村仁山和泗洲坝溪岸。

16个村实现“绿盈乡村”创建全覆盖；推进岭峰、凤山、凤顶、西苑、广桥、仙东美丽乡村试点建设；建成凤山新村、兴山新村，236户1134名群众乔迁新居。整治危旧房51栋。前洋整村搬迁完成征地1895.46公顷，完成搬迁协议签署152户，实现整村搬迁。凤山“党建+扶贫”工作在全省作经验交流；凤山新村“美丽+”“七个好”模式在全市推广。

【社会事业】 2021年，西苑乡发放困难群体慰问补助金、金秋助

2021年，仙竹—仙游山公路改造晋级已竣工的路段建成通车

（刘燕钦 摄）

学金、教育经费共4.8万元。凤山学校、西苑学校通过国家级义务教育均衡县验收，仙东小学“爱心食堂”“儿童之家”启用。开展全民参保登记，城乡居民基本医疗保险参保缴费率98%。完善医疗救助、抚恤补助、灾害救济、慈善资助等救助体系，发放临时救助金20.9万元，低保户167户366人、特困户43人实现应保尽保。推进村级文化“示范工程”，投资500多万元新建乡级文体活动中心、凤山红色小广场、凤山文化广场等工程。西苑新卫生院、乡级敬老院、半岭幸福院相继建成投用。开展医共体试点，落实家庭医生签约服务，建档立卡贫困人口和计划生育特殊家庭实现全覆盖。做好土地开发、旧村复垦、土地整理工作，投入各类资金5904.64万元。调整农业产业结构，推进217.13公顷高标准农田建设。完成农村土地确权颁证，发放耕地地力保护补131.7万元。实施路长制，推进“四好农村公路”建设。开展防汛救灾演练，完善防灾减灾及应急救援体系。完成第三次全国农业普查、第四次全国经济普查、第七次全国人口普查工作。

【社会治理】 2021年，西苑乡巩固扫黑除恶成果，推进综治（网格）中心建设，开展“千名干部进村户，排忧解难保平安”活动，综治“三率”水平提升进位。推进信访维稳工作，化解重大信访积案5件。完成中央环保督察交办问题整改，治理前洋噪声污染，整治畜禽养殖污染60宗5.11万平方米，整治“两违”37宗3800多平方米。

2021年，西苑乡凤山村吸引大量游客前去观光旅游　（陈怡华 摄）

【康养旅游】 2021年，西苑乡打开“绿水青山”向“金山银山”转化通道，丰富高效农业、乡村旅游、研学康养等美丽业态，形成以金线莲、湿地松、油茶、桃花林、绣球花、生态蔬菜为主的特色农林种植业，打造出大棚葡萄农业观光园、白岩茶园、苦笋采摘等基地，培育出“仙水凤山系列”“仙水·木兰缘”等名优产品。提增生态康养旅游，完善旅游配套设施，初步开发建设前溪、柳园古村落，前溪成为网红旅游打卡点，提升“闽中之巅 世外桃源”品牌影响力。塑造“康养小乡”“亲水小乡”“体育小乡”3个旅游品牌，仙水洋景区获评国家AAA级旅游景区；凤山村获评“2018年福建最具休闲价值乡村”“2020年福建省美丽休闲乡村”；西苑乡获评首批“清新福建·气候福地”。实现多方位特色项目探索，完成顶东湖村中共福建省委旧址修缮工程、前溪“闽中之巅 世外桃源”主题特色村寨旭日露营基地和乡村小道建设，改造农家小院，探索“院落经济”。木兰溪源省级环境教育基地、仙游革命老区凤山教育馆全年接待省内单位参观学习5批次，165人次。依托“生态＋文旅”双产业融合发展模式，全年仙水洋接待游客11.2万人次，实现旅游综合收入185万元。

（戴振峰）

园区 新区

仙游经济开发区

【概况】 仙游经济开发区地处海峡西岸经济区的中心地带、莆田市南大门、湄洲湾南北岸湾底接合部，南邻肖厝港，东接秀屿港，西连福泉高速公路出入口处，东南紧接出海通道。2021 年，辖枫亭、郊尾、盖尾、园庄 4 个乡镇，区域总面积 313.1 平方千米，总体规划面积 70 平方千米。

【疫情防控】 2021 年 9 月 10 日枫亭疫情发生，仙游经济开发区制定应对新冠肺炎疫情防控工作方案，成立核酸检测组、防控物资保障组、密接及次密接转运组、生活物资保障组 4 个工作小组，做好“四字工作”（企业“封”闭管理、组织核酸“检”测、“排”查摸清底数、及时“转”移隔离）；做到“三个保障”（检测力量保障、生活物资保障、交通运输保障）；实现“一个目标”（无疫情园区），疫情不在企业扩散、员工生活运行有序。核心区 92 家工业企业（规模以上 50 家，规模以下 42 家），住厂员工 9058 人，完成 18 轮的企业员工全员核酸检测采样，完成核酸采样 15.57 万人份，核酸检测结果全部为阴性。

疫情防控常态化阶段，仙游经济开发区抓好疫情防控措施，统筹做好常态化无疫企业、无疫园区创建工作。推进无疫企业创建活动，按照要求指导企业申报“无疫”企业，第一批无疫企业创建开发区核心区规模以上企业达标 36 家，开展第二批无疫企业申报；落实常态化重点人群 10% 核酸抽检，完成 2 轮的核心区 92 家工业企业 10% 员工核酸抽检采样，累计完成核酸采样 3466 人份，核酸检测结果全部为阴性；开展企业疫苗接种情况摸底，为接种第三针加强针做好准备；帮助建立厂医平台，同滨海医院对接，对园区涉及 200 人以上员工的 28 家企业建立厂医对接平台，滨海医院上门服务园区企业，为每家企业配备 1 台测温仪。

【经济发展】 2021 年，仙游经济开发区核心区 50 家规模以上工业企业实现产值 202.12 亿元，比上年增长 24.99%；完成固定资产投资 72.3 亿元，增长 44.6%；实现工业税收 3.14 亿元，增长 5.72%。新增规模以上工业企业 2 家，年产值超亿元的企业 29 家，创税 500 万元以上的企业 21 家。在全市园区“三比”活动中，位列第 3 位。落实惠

华峰绿色纤维产业园（2021） （唐 伟 摄）

企政策，对接工信部门下达2021年工业企业800万元救灾资金事宜，完成申报资料的收集并上报。

【产业发展】 2021年，仙游经济开发区推进产业发展。华峰绿色纤维产业园，总投资86亿元，分三期建设，一期投产，二期化学法生产线部分建设完成，设备调试。鞋服标准化产业园，占地6.2公顷，总投资10亿元，总建筑面积约11万平方米，建设10幢标准化厂房及综合楼、宿舍楼、研发楼，10栋厂房主体封顶，粉刷及涂料，1号宿舍楼地下室施工，2号宿舍楼和研发楼砌体。鑫瑞新材料产业园，占地6.07公顷，总投资7亿元，建筑面积7.2万平方米，建设厂房5幢、检验检测中心1幢，宿舍楼1幢，供地3.73公顷，宿舍楼装修，厂房主体施工。

【重点项目建设】 2021年，仙游经济开发区列入重点项目30个，项目总投资324.12亿元，年度投资55.39亿元，其中在建重点项目18个，预备项目3个，前期项目9个。按照时间表、任务书、路线图，推进重点项目建设。泰景装配式（PHC）项目，厂房办公楼装修外架拆卸，办理规划验收；南佧生物中药饮片项目，土建部分完工，厂房装修及设备安装；强友实业项目，2号厂房主体封顶，一二层开始装修，仓库基础完工，主体施工；众鑫设备生产项目，1号厂房钢结构屋面完成，施工墙面及地板，地磅完工，厂区主要出入口建设完成；正昊新型鞋材制造项目，一期完成1号、3号厂房建设，完成设备安装，试生产；康保无尘科技项目，厂房装修，采购设备。中海油抢维修技改项目，设备到位，完成安装投用；日晶玻璃技改规划设计。

【基础设施建设】 2021年，仙游经济开发区加快基础设施建设，重点加快内部道路与对外重大交通工程的串联贯通。枫秀西路完成控制性工程（两座盖板涵、两座桥梁工程）、路面6.5千米工程，路基6.7千米，推进东宅段箱涵和路基建设；仙港大道连接线（枫亭段）道路工程因信息价变化，预算审核调整；慈岳中路完成资金证明等前期手续；公园东路完成施工图设计及图审工作；锦山路及安置房完成施工图设计工作。

【营商环境优化】 2021年，仙游经济开发区推进“三房”“两体两中心”建设，实现生活配套服务功能基本配齐配足，优化园区营商环境。鞋服标准化厂房选址经济开发区北片区原正和肥料地块，项目占地6.67公顷以上、建设厂房不少于10万平方米，配套员工公寓不少于2万平方米。7幢厂房封顶，3幢厂房完成三层主体工程，综合楼、宿舍楼、研发楼在建。研发用房依托中裕新材料研发用房，完成改造建设并投用。人才房依托云樽壹品项目，完成土地招拍挂及总平设计，营销中心开放。产业综合体、创新综合体依托浙江华峰鑫瑞新材料综合楼，开展土地报批、施工图设计。公共服务中心设立“党建+”生活邻里中心，选址在枫城新都一期，试运行。与县法院对接入驻，成立涉企法官工作站。

【招商引资】 2021年，仙游经济开发区坚持大招项目、招大项目。落地建设项目3个，总投资14亿元。一次性丁腈手套投资建设项目，总投资10亿元，占地4公顷，完成桩基施工；给力机械（福建）集团有限公司扩建，总投资1亿元，钢结构厂房施工；福建益明科技有限公司项目，总投资3亿元，办理前期手续。签约项目3个，总投资76.33亿元。海安橡胶三期厂房扩建项目，总投资2.6亿元，地块控规完成公示，专家评审完成；华峰服装产业园项目，总投资23.73亿元，一期8公顷报批组件，报批材料送达省政府；旺威材料科技产业园项目，总投资50亿元，一期2.67公顷地块挂牌出让。意向项目8个，总投资126.6亿元，分别是青拓（仙游）新材料产业园项目，海安集团

益明纺织生产车间（2021）　（林 群 摄）

高端装备产业园项目，精制、包装食用油投资建设项目，年产10万吨环保型聚羧酸系高性能减水剂母液项目，温州新正强现代物流项目，福建美斯拓机械设备有限公司莆田市诚顺建材有限公司，厦门欧德朗汽车配件有限公司，锌合金原材模具压铸成型项目，厦门益材集团有限公司。

【土地集约利用】 2021年，仙游经济开发区盘活德兴低效地块3.33公顷，引进嘉辰、创博、创信鞋业搬迁项目装修扫尾，完成创博、创信鞋业搬迁蓝海化工地块4.67公顷，嫁接智野实业扩产项目，2号厂房封顶，内外装修。正和肥料地块6.33公顷和厂房3.6万平方米，用于建设鞋业标准化厂房，10栋厂房主体封顶，粉刷及涂料，1号宿舍楼地下室施工，2号宿舍楼和研发楼砌体。

（郑防强）

仙港工业园开发区

【概况】 仙港工业园开发区管理委员会（简称“仙港管委会”）前身为鲤南开发区，管辖范围由原来的鲤南片区扩大至鲤南（赖店）片区、仙港新兴产业园、瑞峰工业园，规划总面积4692.43公顷。2021年，仙港管委会实施“双百”工程，完成金凤片区、玉田片区、体育场周边片区三大片区改造规划方案。

【经济建设】 2021年，仙港工业园完成固定资产投资26.5亿元，完成年计划任务58亿元的45.69%；新增大东方古典家具有限公司、东风机械建材有限公司、纬宇塑胶有限公司、华明洁珊化妆用品有限公司、鲁艺家居有限公司、佳艺工艺、维达轻工制品、柏宁医疗用品8家规模以上企业，26家规模以上企业完成产值94亿元，完成年计划任务100亿元的85.45%，比上年下降4.6%。

元生智汇、凯茂科技2家企业正常生产，新开工建设投资40亿元的瑞声（福建）数码蓝牙智能终端全产业链项目，延长产业链；巩固壮大传统产业，福亮阁、圣泉服装城、盛立鲜之逸、德智鞋业、豪博轻工5个项目竣工，三福产业园、顺兴红木园、臻木韵工艺创业园、健康科技园4个项目二期扩建继续建设。

仙港管委会配合县招商部门，开展开放招商工作。

【房地产建设】 2021年，仙港管委会推进房地产开发建设。好景置业、天辉悦府、兰溪国际三期、富力院士庭、永鸿国际文化城C地块5个宜居小区竣工，65幢、总建筑面积约61万平方米；帝源财富里2幢附属楼竣工，5幢完成装修，4幢主体封顶；皇庭美域外滩壹号封顶装修；皇庭美域玉玺11、12期配套施工，10期主体建设；永鸿国际文化城B地块开工建设。

【安置房建设】 2021年，仙港管委会推进民生项目建设。柳坑片区改造、石鼓山一期安置区、西林、琼峰4个安置区竣工，17幢、1376套，总建筑面积20.24万平方米。

【基础设施建设】 2021年，仙港管委会加强基础设施建设。书院路、宫后路、新厝路、玉田大道、仙郊路5条道路竣工，总长约2千米；兴园路中段完成部分路面，来洋路等13条市政道开展勘察、设计前期工作。

完成紫桥头溪沿线4个偏僻边远村庄818户居民生活污水收集处理，建设污水收集管网约10千米；实施污水管网与市政道路建设同步；铺设书院路等3条市政道路污水管网约0.8千米；使用电子智能

2021年，仙游县投资6321万元建设瑞峰方舱隔离房2580间。图为电力工人在方舱施工

（唐　伟　摄）

设备探测柴桥头溪、龙华溪沿线沿街店铺排污口排查溯源办法，确保精准整治到位。

【营商环境优化】 2021 年，仙港管委会优化营商环境，推进高质量发展。标准化厂房一期 8 幢 5.4 万平方米竣工投用；盘活资源租用元生智汇闲置用房 4 号、9 号、15 号楼，建筑总面积 2.64 万平方米，建设科研用房、人才（员工）房、创新综合体、产业综合体、商务酒店、超市等，加快二次装修，竣工；在公共服务中心设立党建 + 生活邻里中心，“十个一”（园区公共服务中心、产业链服务中心、科技育成中心、专业化标准厂房、人才（员工）公寓、商业配套中心、幼儿园、小学、商务酒店、医疗健康服务中心）和“三房两体两中心”（标准化厂房、研发用房、人才房，产业综合体、创新综合体、“党建 +”生活邻里中心，企业服务中心）配套到位，提升园区承载能力；投资 6321 万元，建成园区健康驿站瑞峰方舱隔离房 2580 间，为仙游县的新冠肺炎疫情防控和园区企业员工健康服务提供保障。

（官练春）

鲤城新区

【概况】 鲤城新区开发建设管理委员会（简称“鲤城新区管委会”），履行鲤城新区和大蜚山省级森林公园开发建设、旅游管理等职能。2021 年，鲤城新区区域范围：东至东三环，西至西二环路，南至学府路，北至莆永高速公路，区域面积 1163 万平方米。

【经济发展】 2021 年，鲤城新区管委会列入县重点项目 54 个（含房地产开发），项目总投资 218 亿元。新增融资 4.2 亿元、专项债券资金 2.35 亿元；争取上级补助资金 2373.18 万元；收回安置房差价款 8588 万元、安置房处置款 500 万元。

【城乡建设】 2021 年，鲤城新区管委会推进强产业、兴城市“双轮”驱动，实施鲤城三大片区改造。鲤城东片区突出优化城市门户形象，与东部产业园融合发展，建成“以产促城、以城兴产”的产城融合示范区，规划总用地面积 105.27 公顷，其中可建设用地 68.67 公顷；美食城片区（鲤城北城片区）突出以县行政中心辐射带动作用，引领城区北部联动发展，以城市公园为绿心，打造宜居宜业宜游的城市生活圈，规划总用地面积 225.33 公顷，其中可建设用地 112.8 公顷；鲤城西片区依托片区山水田园资源，联动西部乡镇与仙游行政中心，以现代宜居为主体功能，配置城市公共服务设施，打造现代田园幸福社区，规划总用地面积 47.33 公顷，其中可建设用地 39.2 公顷。

【房地产建设】 2021 年，鲤城新区新开工建发融信·悦鸣、浩宇·榕樾府、碧桂园天城·2 期、融信·悦著 4 个项目，封顶并开盘。碧桂园·天城、骏耀财富广场、香港财富中心（三期）、凯天城、书画艺术馆、木兰溪国际广场、皇庭美域·中央御景（二期）、皇庭美域·丹郡（二期、三期）、融头新城 9 个项目竣工。凯天城、碧桂园·左岸公园、永鸿·和樾等 10 个项目续建。

【安置房建设】 2021 年，鲤城新区管委会建设安置区 9 个 60 幢，总建筑面积 82.54 万平方米。其中，竣工回迁安置区 2 个 16 幢，建筑总面积 17.44 万平方米，即万福二期安置区 10 幢建筑总面积 8.57 万平方米、蜚山安置区 6 幢建筑总面积 8.87 万平方米；续建安置区 2 个 12 幢，建筑总面积 20.33 平方米，即蜚山社区蜚山安置区 6 幢总建筑面积 8.87 万平方米，10 月竣工；坝垅社区育英花园 6 幢总建筑面积 11.46 万平方米，主体封顶；新开工安置区 5 个 30 幢，建筑总面积 44.77 万平方米，即坝垅社区龙号二期 2 幢总建筑面积 3.49 万平方米，主体封顶。坝垅社区度下安置区 2 幢总建筑面积 4.31 万平方米，地下室施工。北宝峰社区土寨双桥安置区 5 幢总建筑面积 6.61 万平方米，地下室施工。万福社区万福 61 号地安置区 15 幢总建筑面积 22.91 万平方米，地下室施工。玉井社区鲤城 19 号地安置区 6 幢总建筑面积 7.45 万平方米，地下室施工。

北宝峰社区鲤城 85 号地安置区 5 幢总建筑面积 7.61 万平方米，完成土地报批、工程预算；蜚山社区蜚山安置区二期 10 幢总建筑面积 19.59 万平方米，土地已报待批，完成施工图设计、工程预算；玉井社区鲤城 17 号地南侧安置区 8 幢总建筑面积 10.27 万平方米，土地报批以及施工图设计；蜚山社区蜚山大家园安置区 10 幢总建筑面积 17.97 万平方米，土地已报待批，完成施工图设计；白塔社区鲤城 9 号地安置区 11 幢总建筑面积 14.87 万平方米，开展方案设计、土地报批；北宝峰社区鲤城93号地安置区5幢总建筑面积6.69万平方米，开展方案设计，土地已报待批；洪桥社区鲤城公园安置区2幢总建筑面积3.9万平方米，完成立项，待选址；北宝峰社区洋面安置区10幢总建筑面积21.9万平方米，完成立项。

加快万福二期、蜚山等安置区的电力、自来水、通信配套工程建设，完善小区配套。完成对110千伏盖大坂鲤线路35—37号铁塔杆塔移杆改线，北宝峰社区（迎宾路段）一期电力杆线迁移，美食片区东侧地块、鲤北7号地块、8号地块移杆改线，贵峰路35千伏城南、城坑3—11号一期杆线改造，以及安装建设鲤19号地、万福61号地、土寨双桥安置区临时变。

2021年，鲤城新区管委会完成办理安置户不动产转移登记402套；完成坝垅宫15、16号及商业楼，宫边二期1—9号楼、20楼及A、B裙楼，宋桥地下室车位出让总证登记；完成西一环西侧安置区3号、5号楼，法院路安置区1号楼划拨总证办理；申请办理玉井井边安置区1号、2号楼、玉井农贸市场安置区1号、2号楼划拨总证。

【基础设施建设】 2021年，鲤城新区管委会完成建设市政道路6条3.95千米，以及1条排水渠，分别是艺都大道南段（滨溪北路至艺都路）、东二环中段（清源路至贵峰路）、北三环（党校北街至东大路）、东二环北段（贵峰路至北三环路）、东一环北段（清源路至北三环）、北三环路（东大路至东二环），鲤北58号、59号地排水渠。新开工市政道路6条3.09千米，以及2条排洪渠，分别是贵峰路（迎勋路至东二环路）、北三环（东二环路至东三环路）、仙源路、法庭路、育英路、财富家园北侧路，北三环外侧排洪工程（党校北街至迎勋路）、鲤城迎勋路排洪工程（贵峰路至北三环路）。

艺都大道北段、宝龙西路（学园路至艺都大道）、贵峰路（西一环路至党校路）、迎勋路（贵峰路至北三环路）、城东路、金源路、锦鲤街、锦程街、孝慈路（来蜚路至北三环路）、学园路（艺都路至宝龙西路）及支路、鲤兴路（西一环西侧安置区西侧路）等11条8.62千米市政道路，完成设计等前期工作。

大蜚山绿色通道工程（三标段），西起大蜚山清水岩寺，东至九龙岩水库，全长2.7千米，宽2.5米，工程造价2100万元，竣工并投入使用。鲤城米山公园，项目占地10.27公顷，总投资7000万元，完成方案设计。

【新区土地报批、招拍挂】 2021年，鲤城新区土地出让5幅18.59公顷，出让金13.96亿元。完成经营性土地报批3宗10.87公顷（鲤城46-6号地、鲤城84号地、鲤城85号地），已报待批3宗18.59公顷（鲤城5、6号地，鲤城7、8号地，鲤城46-3号地）。完成安置区土地报批4宗12.4公顷（鲤城19号安置区、61号地块安置区、土寨安置区、85号地安置区），已报待批6宗23.93公顷（93号地安置区，洋面安置区，蜚山大家园安置区，蜚山安置区二期，17号地块南侧安置区，鲤城9号地安置区）。完成市政道路土地报批1宗3.93公顷（鲤北贵峰路），已报待批8宗8.93公顷，分别是鲤北贵峰路（八二五北街至党校北街），金源路，锦鲤街，党校北街（贵峰路至北三环路），城东路（清源路至旧厝路），鲤北学园路（艺都路至宝龙西路）及支路，孝慈路（来蜚路至北三环路）。

（李明勇）

仙游工艺产业园

【概况】 仙游工艺产业园位于鲤城街道北宝峰社区和榜头镇泉山村（原旧工艺城及周边），东至龙腾路，西至东二环路，北至仙灵路，南至鲤南镇下楼村。园区规划用地面积一期410.4公顷、二期70.4公顷。2021年9月3日，在中国电子商务大会上，16家增补国家电子商务示范基地被商务部授牌。其中，京东（仙游）数字经济产业园作为福建省唯一一家电商园区入选。2021年，仙游工艺产业园完成总产值65.34亿元，比上年增长12%。

【安置房建设】 2021年，仙游工艺产业园完成溪东安置区、下楼村二期安置房1号、2号楼配套工程建设，同时完成回迁选房工作。建设园区“党建+”邻里中心，建筑面积2748.5平方米，设置托幼托教中心、医疗卫生室、养老服务中心、文化生活服务中心。

【基础设施建设】 2021年，仙游工艺产业园投资2.5亿元建设清源东路（龙腾路—望明路）1700米，完成道路、交通、绿化、路灯建设，竣工通车；投资80万元，打通宝龙西路（宝泉路—艺都大道）50米，完成道路、绿化、路灯建设，竣工

抖音电商直播基地发货质检一体仓（2021）　（郑　丽　摄）

通车；投资200万元，建设坝下新天地广场景观绿化工程；投资250万元，建设佛珠集中加工区污水管道850米。

【京东（仙游）数字经济产业园】　2021年，京东（仙游）数字经济产业园依托仙游工艺美术产业、农特产品等优势资源，将京东集团在“互联网+”领域的先进资源与仙游环境、区位和产业的优势深度融合，共同培育传统产业“数字化”发展的新动能。园区招商进驻企业666家，在线京东店铺380个，200家以上有直播业务且同时经营其他平台电商，日均客流量2500人，累计新增规模以上企业112家。2021年，实现纳统产值21.9亿元。

【仙游抖音电商直播基地】　2021年，仙游抖音电商直播基地使用面积3.3万平方米，投资1000万元，配备完善的BIC仓储一体化质检发货中心、集成化供应链产品中心和200个直播间及成熟的运营服务指导中心。基地入驻电商超1600家，开设直播间超2500间，累计销售额超20亿元，带动就业人口超5万人。

（陈泽冰）

仙游台湾农民创业园

【概况】　国家级福建莆田（仙游）台湾农民创业园（简称“仙游台创园”）地处福建东南沿海仙游县的北部，涵盖榜头、钟山、游洋、石苍、菜溪、社硎、书峰、西苑、度尾9个乡镇，区域面积1175平方千米，其中耕地1.03万公顷，山地9.2万公顷。截至2021年底，园区累计入园台资“农字号”企业和个体工商户80家，台商120多人，累计总投资9600多万美元，开发面积2666.67公顷。2021年，仙游台创园实现总产值4.7亿元，比上年增长6%。园区被农业农村部认定为国家农村创新创业园区。

【产业发展】　2021年，仙游台创园甜柿、橘柚等台湾名优水果产量1.99万吨，创产值3.2亿元；嘉宝果、樱花、牛樟等名优苗木创产值6900万元；嘉宝果、牛樟、苦（油）茶等系列产业创产值0.72亿元。新引进台湾良种6个。

2021年，仙游台创园园区建立六个特色基地、一个中心，分别

12月，仙游台创园在园区内好柿多庄园举办招商推介会。图为平潭台商到仙游台创园投资考察合影　（刘燕钦　摄）

是台湾名优水果种植基地，台湾花卉苗木繁育基地，台湾牛樟种植培育基地，油茶、苦茶种植基地，休闲观光农业基地和省级台湾青年就业创业基地；科技创新服务中心。

【招商引资】 2021年，仙游台创园新落地台资农字号企业及个体工商户4家，分别是福建省腾家农业有限公司，莆田市兴泰里农业科技有限公司、莆田市中森生态农业科技有限公司、仙游县凯泽科技有限责任公司，合同投资额635万美元。

【农产品销售】 2021年，仙游台创园委托福建橙翔文化旅游发展有限公司团队（台资）为园区台农特色产品设计一款台创园专用伴手礼礼盒并形成《仙游县台湾农民创业园田野调查报告书》。组织园区亿松、唐品、山益、台耕、金吉公司等11家企业参加在泉州举行第十四届海峡两岸农产品采购订货会；仙游台创园携手仙游县甜柿协会分别在福州、漳州举行“八闽助农 畅享盛‘柿’”“八闽助农 美好‘柿’界”仙游甜柿宣传推广的现场活动；仙游台创园企业“福建莆田台创农业综合开发有限公司”获得“产业扶贫贡献奖”；继续加大与本来生活网合作，推荐山益、金瑶、申峰等多家园区主要甜柿生产企业参与合作，线上销售甜柿；仙游台创园组织参与“消费扶贫合力助农”直播活动；联合本来生活网在展会现场举办台创园上线产品（仙游甜柿）线上直播推介活动，通过产品推介、线上抽奖等活动形式，展示仙游台创园频道上线以来的成果，让更多线上观众了解、品鉴仙游甜柿，线上线下联合推广。

10月，台创园借助“八闽助农 美好‘柿’界”仙游甜柿宣传推广活动，线上线下齐发力，助力园区台商台农增收。图为工人打包发货

（刘燕钦 摄）

【交流合作】 2021年，仙游台创园邀请专家分别为园区台农讲授《“互联网+台创园”模式——高优精致农业品牌的发动机》《加强一二三产业融合，推进乡村产业振兴》；园区举办“乡亲相爱一家人”——在莆台籍教师、部分台商联谊等两岸交流活动8次，全年134人次台湾农业专家、投资商等到园区参观考察。

（胡秋仙）

人物表

2021 年仙游县处级领导干部一览表

表 24

姓名	现任职务	任现职务时间
吴文恩	县委书记	2021 年 6 月
吴海端	县委副书记，县政府县长、党组书记	2021 年 1 月
陈志挺	县委副书记	2020 年 12 月
	县委党校（县行政学校）校长	2021 年 2 月
苏劭华	县委常委，县人武部政委	2018 年 3 月
陈　锋	县委常委（正处长级）	2021 年 6 月
	新疆昌吉州玛纳斯县委副书记、福建援疆指挥部莆田分指挥长	2019 年 12 月
吴智群	县委常委、县纪委书记	2020 年 12 月
	县监察委员会主任	2021 年 1 月
黄少敏	县委常委、党组副书记	2021 年 12 月
	县政府副县长	2021 年 7 月
陈剑波	县委常委	2020 年 12 月
	组织部部长	2021 年 1 月
	县直机关党工委书记、县委非公有制企业和社会组织工委书记	2021 年 2 月
	县总工会主席	2021 年 10 月
杨碧静	县委常委、统战部部长，县政协党组副书记	2021 年 7 月
林宗储	县委常委、宣传部部长，县直机关宣传教育系统党委书记	2021 年 7 月
郑秉忠	县委常委、政法委书记，县直机关政法系统党委书记	2021 年 7 月
谈振军	县委常委	2021 年 5 月
	钟山镇党委书记	2021 年 7 月
黄一敏	县人大常委会主任、党组书记	2016 年 1 月
王新奖	县人大常委会副主任、党组成员	2015 年 1 月

续表 24

姓名	现任职务	任现职务时间
张慧敏	县人大常委会副主任、党组成员	2016 年 12 月
陈德建	县人大常委会副主任、党组成员	2021 年 1 月
林敬柏	县人大常委会副主任	2021 年 12 月
潘玉森	县政府副县长	2021 年 12 月
	县政府党组成员，县公安局党委书记	2021 年 7 月
	局长兼督察长	2021 年 8 月
	二级高级警长	2019 年 10 月
李振海	县政府副县长、党组成员	2021 年 8 月
林宇家	县政府副县长、党组成员	2021 年 8 月
蒋庆和	县政府副县长、党组成员	2021 年 10 月
张志东	县政府副县长、党组成员	2021 年 10 月
	枫亭镇党委书记	2021 年 9 月
赖宇贞	县政府副县长	2021 年 12 月
林志良	县政协主席、党组书记	2016 年 12 月
王建煌	县政协副主席	2016 年 12 月
林金涛	县政协副主席	2021 年 12 月
	县政协党组成员	2021 年 7 月
	县发改局党组书记	2018 年 1 月
	县发改局局长	2017 年 2 月
陈　伟	县政协副主席	2021 年 12 月
练光灿	县政协副主席	2021 年 12 月
	县政协党组成员	2021 年 7 月
	县委办主任、县直机关党群系统党委书记	2017 年 2 月
董金勇	县法院党组书记、院长、四级高级法官	2021 年 1 月
陈宗协	县检察院党组书记、检察长、四级高级检察官	2021 年 1 月
卢国贤	台湾农民创业园党工委书记	2011 年 9 月
黄庆舜	仙游经济开发区管委会副主任（主持管委会工作）	2011 年 9 月
林加彪	县公安局政委、党委副书记、四级高级警长	2014 年 1 月
郑亚木	县委原书记（换届待安排）	2021 年 6 月
吴国华	县委原常委、宣传部原部长、二级调研员	2021 年 7 月
赖玉良	县政协原副主席、党组原副书记、三级调研员	2021 年 7 月

2021 年仙游县取得高级职称人员一览表

表 25

姓名	性别	出生年月	籍贯	工作单位	技术职称名称
茅黎丽	女	1976 年 1 月	仙游鲤城	县妇幼保健院	主任医师
郭建瀛	男	1977 年 9 月	仙游鲤城	县妇幼保健院	副主任技师

续表 25

姓名	性别	出生年月	籍贯	工作单位	技术职称名称
杨仁贵	男	1984 年 4 月	湖北枝江	县妇幼保健院	副主任医师
李碧清	女	1981 年 12 月	仙游大济	县妇幼保健院	副主任护师
张志斌	男	1976 年 8 月	仙游龙华	仙游县总医院	副主任技师
戴建添	男	1977 年 10 月	仙游大济	仙游县总医院	副主任医师
林建伟	男	1978 年 7 月	仙游度尾	仙游县总医院	副主任医师
陈喜胜	男	1982 年 10 月	仙游鲤城	仙游县总医院	副主任医师
林　苹	女	1984 年 12 月	仙游龙华	仙游县总医院	副主任医师
时金娇	女	1984 年 4 月	湖北荆州	仙游县总医院	副主任医师
颜辉煌	男	1974 年 6 月	仙游榜头	仙游县总医院	副主任医师
许绍娟	女	1983 年 9 月	仙游枫亭	仙游县总医院	副主任护师
沈阳艳	女	1981 年 10 月	仙游郊尾	仙游县总医院	副主任护师
黄丽娇	女	1980 年 4 月	仙游鲤城	仙游县总医院	副主任护师
黄双萍	女	1980 年 10 月	仙游龙华	仙游县总医院	副主任护师
李丽容	女	1979 年 7 月	仙游鲤南	仙游县总医院	副主任护师
阮丽娟	女	1977 年 12 月	仙游郊尾	榜头镇中心卫生院	副主任医师
杨丽晶	女	1982 年 11 月	仙游榜头	榜头镇中心卫生院	副主任护师
蔡爱芳	女	1977 年 9 月	仙游龙华	枫亭镇中心卫生院	副主任医师
郭雄伟	男	1972 年 3 月	仙游鲤城	鲤城社区卫生服务中心	副主任医师
王少群	女	1978 年 4 月	仙游郊尾	鲤城社区卫生服务中心	副主任医师
李丽红	女	1971 年 12 月	仙游郊尾	郊尾镇卫生院	副主任护师
谢树立	男	1973 年 4 月	仙游游洋	榜头镇中心卫生院	副主任医师（基层）
杨慧敏	女	1974 年 6 月	仙游枫亭	枫亭镇中心卫生院	副主任医师（基层）
吴涌先	男	1973 年 7 月	仙游度尾	仙游县总医院	主任医师
欧凡杰	男	1977 年 3 月	仙游郊尾	仙游县总医院	主任医师
杨金桂	男	1977 年 4 月	仙游榜头	仙游县总医院	主任医师
杨德清	男	1976 年 8 月	仙游园庄	仙游县总医院	副主任药师
曾剑华	男	1978 年 11 月	涵江区 白塘镇	莆田滨海医院	副主任医师
蔡文杰	男	1982 年 8 月	泉州市永春县 桃城镇	莆田滨海医院	副主任医师
蔡福水	男	1981 年 7 月	城厢区 东海镇	莆田滨海医院	副主任医师
徐　菲	女	1981 年 11 月	吉林市 丰满区	莆田滨海医院	副主任医师
吴丕圳	男	1979 年 12 月	仙游大济	县疾病预防控制中心	副主任医师（基层）
杨明蓉	女	1976 年 9 月	重庆忠县	县德安医院	副主任护师
杨龙芳	女	1971 年 1 月	仙游榜头	仙游职专	高级讲师
郑美芹	女	1975 年 6 月	仙游鲤城	仙游职专	高级讲师
陈章毅	男	1979 年 2 月	仙游赖店	仙游职专	高级讲师

续表 25

姓名	性别	出生年月	籍贯	工作单位	技术职称名称
苏雪花	女	1979 年 7 月	仙游龙华	仙游职专	高级讲师
曾朝昀	女	1979 年 3 月	仙游度尾	仙游职专	高级讲师
林申升	男	1977 年 8 月	仙游度尾	县水政监察大队	高级工程师
陈义辉	男	1987 年 4 月	仙游榜头	县不动产登记中心	高级工程师
陈丽丽	女	1988 年 2 月	仙游菜溪	县自然资源局	高级工程师
陈晨静	女	1984 年 1 月	仙游游洋	县委党校	高级讲师
张建和	男	1973 年 12 月	仙游大济	县林业局	高级工程师
陈雪来	男	1976 年 8 月	仙游度尾	县林业局	高级工程师
郑瑞椿	男	1973 年 9 月	仙游大济	县生态国有林场	高级工程师
郭宗宝	男	1976 年 7 月	仙游榜头	县生态国有林场	高级工程师
王汉卿	男	1969 年 11 月	仙游书峰	书峰乡所属事业单位	高级农艺师
林彦振	男	1971 年 6 月	仙游盖尾	盖尾镇所属事业单位	高级农艺师
林梅娥	女	1977 年 11 月	仙游鲤城	县光荣院	副研究馆员
李明辉	男	1972 年 2 月	仙游鲤城	县城乡居民社会养老保险管理中心	副研究馆员
周　萍	女	1971 年 5 月	仙游鲤城	仙游县总医院	副研究馆员
林志权	男	1971 年 4 月	仙游鲤城	仙游怀古木业有限公司	非公高级工艺美术师
张仁华	男	1969 年 10 月	仙游大济	仙游县景仁堂古典家具有限公司	非公高级工艺美术师
陈智矿	男	1980 年 2 月	仙游赖店	仙游县兴泰工艺有限公司	非公高级工艺美术师
颜育田	男	1963 年 7 月	仙游大济	仙游县鲤城曰田木雕厂	非公高级工艺美术师
黄永志	男	1976 年 2 月	仙游鲤城	莆仙戏鲤声艺术传承保护中心	二级演员
吴永德	男	1966 年 10 月	仙游鲤城	莆仙戏鲤声艺术传承保护中心	二级演奏员
朱麒靖	男	1986 年 2 月	仙游鲤城	县农产品检验检测中心	高级农艺师
郑丽芳	女	1972 年 8 月	仙游赖店	县农村合作经济经营管理站	高级农艺师
郑少玲	女	1969 年 3 月	仙游榜头	县农业信息中心	高级农艺师
茅剑英	女	1987 年 4 月	仙游大济	县村镇规划建设管理中心站	高级工程师
陈　锋	男	1986 年 12 月	仙游枫亭	县人防工程维护管理中心	高级工程师
黄丽珊	女	1980 年 8 月	仙游鲤城	县教师进修学校	高级教师
陈建双	女	1978 年 4 月	仙游郊尾	仙游一中	高级教师
陈群锋	男	1975 年 12 月	仙游石苍	仙游一中	高级教师
张金标	男	1974 年 8 月	仙游度尾	仙游一中	高级教师
张志欣	男	1974 年 12 月	仙游大济	仙游一中	高级教师
史剑新	男	1975 年 5 月	仙游盖尾	仙游一中	高级教师
史世雄	男	1975 年 1 月	仙游盖尾	仙游一中	高级教师
陈素烟	女	1973 年 10 月	仙游鲤城	仙游一中	高级教师
戴金姐	女	1979 年 2 月	仙游郊尾	仙游一中	高级教师
李忠来	男	1971 年 10 月	仙游盖尾	仙游一中	高级教师
黄雪雅	女	1973 年 2 月	仙游大济	仙游一中	高级教师

续表 25

姓名	性别	出生年月	籍贯	工作单位	技术职称名称
曾琴英	女	1970 年 11 月	仙游园庄	仙游一中	高级教师
苏风贵	男	1975 年 8 月	仙游鲤城	仙游二中	高级教师
林俊明	男	1971 年 5 月	仙游鲤城	仙游二中	高级教师
朱丽锋	女	1974 年 9 月	仙游大济	仙游二中	高级教师
林　群	女	1976 年 3 月	仙游鲤城	仙游二中	高级教师
林添荣	男	1978 年 7 月	仙游鲤城	仙游二中	高级教师
张慧儿	女	1974 年 10 月	仙游鲤城	仙游二中	高级教师
陈震辉	男	1973 年 9 月	仙游龙华	华侨中学	高级教师
戴金哥	女	1968 年 5 月	仙游西苑	华侨中学	高级教师
郑美林	女	1971 年 1 月	仙游郊尾	华侨中学	高级教师
陈黎晖	女	1975 年 1 月	仙游度尾	华侨中学	高级教师
连雪晞	女	1975 年 3 月	仙游盖尾	盖尾中学	高级教师
林再余	男	1973 年 1 月	仙游榜头	盖尾中学	高级教师
傅志朋	男	1975 年 10 月	仙游赖店	盖尾中学	高级教师
李剑洪	男	1974 年 1 月	仙游龙华	龙华中学	高级教师
黄建地	男	1971 年 12 月	仙游书峰	龙华中学	高级教师
温萍仙	女	1968 年 11 月	仙游龙华	龙华中学	高级教师
陈佩婷	女	1977 年 4 月	仙游榜头	龙华中学	高级教师
肖新群	女	1975 年 3 月	仙游鲤城	仙游三中	高级教师
陈福喜	男	1967 年 6 月	仙游榜头	第一道德中学	高级教师
张喜梅	女	1969 年 2 月	仙游鲤城	第一道德中学	高级教师
王珠钦	女	1970 年 9 月	仙游鲤城	城东初级中学	高级教师
程黎清	女	1972 年 4 月	仙游鲤城	城东初级中学	高级教师
阮玉盛	男	1975 年 4 月	仙游郊尾	第四道德中学	高级教师
陈丽芳	女	1976 年 11 月	仙游园庄	第四道德中学	高级教师
陈秀华	女	1976 年 9 月	仙游郊尾	第四道德中学	高级教师
林恩川	男	1969 年 8 月	仙游石苍	度峰初级中学	高级教师
王硅敏	男	1972 年 11 月	仙游鲤城	仙游一中永鸿分校	高级教师
黄潮金	男	1975 年 2 月	仙游度尾	仙游一中永鸿分校	高级教师
杨开新	男	1978 年 7 月	仙游园庄	仙游一中永鸿分校	高级教师
张明杰	男	1976 年 1 月	仙游鲤城	仙游一中永鸿分校	高级教师
胡和气	男	1983 年 7 月	九江市德安县	私立一中	高级教师
欧阳华奇	男	1984 年 1 月	赣州市安远县	私立一中	高级教师
吴莉莉	女	1986 年 3 月	仙游龙华	私立一中	高级教师
杨宇红	女	1984 年 12 月	仙游郊尾	私立一中	高级教师
余平辉	男	1981 年 11 月	仙游园庄	私立一中	高级教师
陈剑涵	女	1977 年 7 月	仙游鲤城	仙游金石中学	高级教师

续表 25

姓名	性别	出生年月	籍贯	工作单位	技术职称名称
黄志权	男	1983 年 5 月	仙游书峰	金石中学	高级教师
邱吉丰	男	1983 年 8 月	仙游鲤城	金石中学	高级教师
陈　剑	男	1984 年 4 月	仙游鲤城	现代中学	高级教师
严伯芳	男	1980 年 3 月	仙游鲤城	现代中学	高级教师
杨宇航	女	1984 年 8 月	仙游鲤城	现代中学	高级教师
谢美雪	女	1978 年 11 月	仙游鲤城	现代中学	高级教师
刘鲤梅	女	1972 年 3 月	仙游郊尾	郊尾中学	高级教师
黄源清	男	1963 年 5 月	仙游郊尾	郊尾中学	高级教师
朱爱群	女	1969 年 5 月	仙游鲤城	郊尾中学	高级教师
杨梅红	女	1967 年 6 月	仙游郊尾	郊尾中学	高级教师
许新兴	男	1970 年 6 月	仙游郊尾	郊尾中学	高级教师
赵凤岚	女	1968 年 1 月	仙游郊尾	郊尾中学	高级教师
黄玉奇	男	1967 年 11 月	仙游园庄	园庄中学	高级教师
吴素霞	女	1968 年 1 月	仙游度尾	度尾中学	高级教师
阮晶萍	女	1975 年 9 月	仙游郊尾	榜头中学	高级教师
张叶青	男	1973 年 2 月	仙游赖店	榜头中学	高级教师
陈建仙	男	1970 年 7 月	仙游菜溪	榜头中学	高级教师
杨丽妃	女	1980 年 10 月	仙游鲤南	榜头中学	高级教师
黄志强	男	1962 年 11 月	仙游度尾	第三华侨中学	高级教师
吴德加	男	1968 年 7 月	仙游龙华	第三华侨中学	高级教师
陈志忠	男	1969 年 12 月	仙游榜头	第二华侨中学	高级教师
叶　剑	男	1968 年 3 月	仙游鲤城	第二华侨中学	高级教师
陈金仁	男	1970 年 9 月	仙游盖尾	石马初级中学	高级教师
陈毅斌	男	1966 年 8 月	仙游赖店	石马初级中学	高级教师
林毓连	女	1973 年 1 月	仙游枫亭	枫江初级中学	高级教师
魏建斌	男	1971 年 8 月	仙游园庄	枫江初级中学	高级教师
郑龙泽	男	1973 年 9 月	仙游榜头	坝下初级中学	高级教师
陈建斌	男	1973 年 4 月	仙游榜头	坝下初级中学	高级教师
陈金星	男	1971 年 1 月	仙游榜头	坝下初级中学	高级教师
黄炳新	男	1969 年 1 月	仙游榜头	坝下初级中学	高级教师
李明其	男	1967 年 10 月	仙游榜头	坝下初级中学	高级教师
余雪梅	女	1968 年 2 月	仙游鲤城	坝下初级中学	高级教师
蔡志叶	男	1974 年 8 月	仙游龙华	第二道德中学	高级教师
李德忠	男	1970 年 6 月	仙游书峰	书峰学校	高级教师
黄光荣	男	1976 年 8 月	仙游西苑	西苑学校	高级教师
纪国英	男	1976 年 7 月	仙游度尾	西苑学校	高级教师
欧丽贞	女	1985 年 9 月	仙游榜头	山立学校	高级教师

续表 25

姓名	性别	出生年月	籍贯	工作单位	技术职称名称
吴丽群	女	1983 年 7 月	仙游钟山	山立学校	高级教师
林梅香	女	1983 年 10 月	仙游榜头	山立学校	高级教师
陈庆星	男	1974 年 4 月	仙游郊尾	山立学校	高级教师
蔡惠娟	女	1984 年 4 月	仙游枫亭	山立学校	高级教师
刘丽华	女	1980 年 9 月	莆田市秀屿区	山立学校	高级教师
张　颖	女	1979 年 5 月	仙游鲤城	县教师进修学校	高级教师
黄元火	男	1970 年 7 月	仙游社硎	社硎学校	高级教师
王金湧	男	1975 年 10 月	仙游菜溪	承璜第二学校	高级教师
柯元龙	男	1970 年 5 月	仙游石苍	仙游三中学	高级教师
黄爱丽	女	1979 年 2 月	仙游鲤城	实验小学	高级教师
朱明虹	女	1979 年 7 月	仙游鲤城	实验小学	高级教师
吴奕群	女	1976 年 2 月	仙游龙华	实验小学	高级教师
肖晋渠	男	1980 年 6 月	仙游鲤城	蜚山第一小学	高级教师
林丽敏	女	1978 年 12 月	仙游榜头	城西中心小学	高级教师
陈成清	男	1973 年 3 月	仙游西苑	城西中心小学	高级教师
陈　锋	男	1975 年 10 月	仙游榜头	城西中心小学	高级教师
张爱琴	女	1979 年 5 月	仙游石苍	城东中心小学	高级教师
黄志威	男	1972 年 6 月	仙游度尾	鲤南中心小学	高级教师
尤燕飞	女	1975 年 7 月	仙游鲤南	鲤南中心小学	高级教师
林建芳	女	1973 年 3 月	仙游鲤城	鲤南中心小学	高级教师
张湘红	女	1974 年 5 月	仙游鲤城	鲤南中心小学	高级教师
黄　红	女	1979 年 5 月	仙游鲤城	鲤南中心小学	高级教师
林庆堂	男	1977 年 2 月	仙游社硎	赖店中心小学	高级教师
郑秀林	女	1971 年 3 月	仙游度尾	赖店中心小学	高级教师
傅丽清	女	1973 年 10 月	仙游赖店	赖店中心幼儿园	高级教师
黄凤华	女	1970 年 2 月	仙游赖店	赖店坂头小学	高级教师
陈惠珊	女	1980 年 6 月	仙游郊尾	郊尾中心小学	高级教师
徐庆发	男	1970 年 4 月	仙游枫亭	枫亭开发区中心小学	高级教师
薛小锋	女	1973 年 12 月	仙游枫亭	枫亭龚山小学	高级教师
黄丽钦	女	1979 年 10 月	仙游枫亭	枫亭和平小学	高级教师
庄林城	男	1982 年 11 月	仙游枫亭	枫亭辉煌小学	高级教师
蔡榕芳	女	1980 年 3 月	仙游枫亭	枫亭开发区中心幼儿园	高级教师
林丽臻	女	1981 年 2 月	仙游鲤城	枫亭开发区中心幼儿园	高级教师
曾丽英	女	1968 年 7 月	仙游园庄	园庄中心小学	高级教师
郑嫦烟	女	1970 年 1 月	仙游园庄	园庄中心小学	高级教师
曾建亮	男	1979 年 4 月	仙游园庄	园庄六户小学	高级教师
黄宇凡	女	1984 年 12 月	泉州石狮市	园庄中心小学	高级教师

续表 25

姓名	性别	出生年月	籍贯	工作单位	技术职称名称
郑世琴	女	1977 年 7 月	仙游园庄	园庄中心幼儿园	高级教师
赵平凡	男	1967 年 8 月	仙游鲤城	龙华红星小学	高级教师
纪丽萍	女	1975 年 1 月	仙游龙华	龙华金沙小学	高级教师
陈益娜	女	1980 年 11 月	仙游龙华	龙华金山小学	高级教师
林飞雪	女	1974 年 7 月	仙游龙华	龙华爱和小学	高级教师
林　和	女	1978 年 6 月	仙游鲤南	龙华新峰小学	高级教师
李明锦	男	1972 年 8 月	仙游鲤南	大济中心小学	高级教师
童丽珊	女	1980 年 5 月	仙游鲤城	大济中心小学	高级教师
黄碧珍	女	1970 年 9 月	仙游鲤城	大济坑北小学	高级教师
李仁明	男	1977 年 2 月	仙游度尾	度尾霞溪小学	高级教师
李丽春	女	1973 年 3 月	仙游鲤城	度尾中心小学	高级教师
林凌信	女	1973 年 9 月	仙游鲤城	度尾中心小学	高级教师
郑金霞	女	1980 年 1 月	仙游西苑	度尾圣山小学	高级教师
林珍娟	女	1978 年 6 月	仙游度尾	度尾潭边小学	高级教师
陈　萍	女	1979 年 1 月	仙游鲤城	榜头中心幼儿园	高级教师
陈丽霞	女	1974 年 6 月	仙游榜头	榜头莲墘小学	高级教师
林玉攀	男	1975 年 2 月	仙游榜头	坝下中心于洁小学	高级教师
李明宣	男	1967 年 8 月	仙游游洋	坝下中心小学	高级教师
陈琦钦	女	1974 年 4 月	仙游榜头	坝下中心幼儿园	高级教师
杨秋松	男	1968 年 8 月	仙游榜头	县特殊教育学校	高级教师
陈益琴	女	1978 年 10 月	仙游鲤城	第二实验幼儿园	高级教师
徐航云	女	1970 年 11 月	仙游鲤城	第二实验幼儿园	高级教师
杨丽霜	女	1969 年 8 月	仙游郊尾	城东幼儿园	高级教师
林海霞	女	1975 年 3 月	仙游鲤城	城西幼儿园	高级教师

人物录

张志东

张志东，男，汉族，1976 年 7 月出生，中共党员，石苍乡石苍村人。大济镇党委书记。2016 年 8 月，在2014—2015 年度政法综治（平安建设）工作中成绩突出，被市政府嘉奖表彰；2017 年 1 月，在全省“两违”综合治理专项行动工作中（2014—2016 年度）表现突出，被省“两违”综合治理专项行动领导小组表彰；2017 年 3 月，在全市“两违”综合治理专项行动工作中（2014—2016 年度）表现突出，被市清理整治“两违”建设工作领导小组表彰；2017 年 9 月，在建设美丽莆田专项行动计划中表现突出，被市委、市政府嘉奖表彰；2018 年 5 月，在厦门金砖会晤和党的十九大期间为莆田市社会安定稳定工作作出较大贡献，被市委、市政府记个人三等功；2019 年 9 月，被市委、市政府评为“莆田市十佳担当作为好干部”；2021 年 1 月，被市委实施乡村振兴战略领导小组评为“懂农业、爱农村、爱农民”好书记；2021 年 6 月，被省委授予“全省优秀共产党员”称号。

“说实话，有时候白天连轴转忙活了一天，夜深人静独处时，倍感疲惫，可想想在自己的辛勤努力下干好一件又一件为民实事，都能会心一笑，收获满满的自豪和快乐。”张志东经常这样教导镇村干部，并以实际行动与镇村干部共勉。他将坚持好、发展好、维护好人民群众的根本利益作为一切工作的出发点和落脚点，在工作上担当尽责、务实创新，破解农村党员管理难、发挥作用难的“两难”问题，使“党建引领、支部带头、领导担当、党员表率”成为大济镇最强的工作保障，对上能为上级党委、政府负责，对下能为大济人民解难，用自己的实际行动诠释新时代新担当新作为。

作为党委书记，首要就是对党忠诚，履行党要管党主体责任。张志东分析当前农村党员的结构状况，创新开展“五个党小组在行动”活动，为农村无职党员设岗定责，使每一位党员都能为乡村振兴贡献力量；他充分结合人居环境整治，将各村古树名木周边的环境整治干净，赋予党建文化元素，把党建阵地拓展延伸到党员群众身边，让乡亲有地方学习、休闲、娱乐，大家亲切地称之为“树下党建”；根据农村党员流动较大的实际，搭建“家乡党建”这个充满乡土味的平台，调动在家在外农村党员参与党委政府中心工作的积极性；巧妙盘活高架桥下闲置空间，通过人居环境整治，基层治理效能和党建文化阵地建设“三个结合”，修建“桥下党建”文化广场。通过打造“党建 +”乡村邻里中心、树下党建、桥下党建、家乡党建、五个党小组等充满乡土味的党建项目，构建乡村振兴“五个台”：为群众构建乡村振兴“五个台”：邻里交流的“平台”、政策宣传的“讲台”、党建文化的“展台”、乡风文明的“舞台”、村民风采的“擂台”，不断增强农村党员群众的参与感、获得感和幸福感。

当选为大济镇党委书记，张志东向全镇党员群众承诺“每周至少加班一天”，他是这么说的，更是这样做的。推进项目建设，亲力亲为深入项目现场，协调解决存在问题，推动仙书路征地拆迁、木兰生态防洪景观带、钟峰党员创业小区等重点项目建设，凝聚“大济力量”，创造“大济速度”。亲自挂帅总牵头，推动总投资 30 亿元的大济镇正邦现代生态循环产业链项目建设，多次实地走访征求群众意见，取得群众的认同和支持，确保项目无障碍施工。践行习近平生态文明思想和治理木兰溪重要理念，组织开展“家乡党建系列之整治木兰溪”专项行动，实现木兰溪水质大济段稳定达标。在应对疫情防控的复杂局势中，组织党员干部成立工作专班，蹲点开展“你专心生产经营，我专注疫情防控”活动，推动全镇 132 家企业和项目复工复产。在对待百姓办事、矛盾纠纷的信访诉求中，要求干部换位思考，在精准分析信访诉求的基础上，第一时间给予化解。在这种办事理念的指引下，大济镇完成从“信访大镇”到“平安乡镇”的华丽转身。

“作为干部，要时刻记住自己是什么人？要不忘设身处地、换位思考的为民情怀”，张志东经常对身边的干部讲。镇党委会议室里挂着一幅锦旗：“情系大济大爱无疆，铺路助学造福一方”，这幅锦旗是他坚守为民初心的见证。原先，大济食品站与派出所之间道路十分狭窄，给中心校师生和附近的住户造成极大不便，因为涉及拆迁和资金等问题修路迟迟未能如愿。了解群众诉求，张志东当场召集有关部门研究，并将扩宽道路列入民心工程，2018 年 9 月道路实现拓宽，16 户群众送来这副对联。他不断发动社会力量参与扶贫工作，牵线爱心企业家帮扶建档立卡贫困户在校大学生，资助每名大学生每学年 1 万元，举办 5 届对接仪式，发放补助金 176 万元。全镇 532 户建档立卡贫困户 1645 人全部脱贫，贫困村古濑村成功摘帽。

面对“白色”新冠疫情，张志东带头冲锋在前，创新“支部 +”举措，推行“N123456”工作法，建立督查、消杀、保洁、测量体温、摸排、党员先锋队 6 支队伍，奔赴全镇 33 个疫情防控点，开展 24 小时值班轮守，进行 N 次宣传，开展全方位、立体化动态监管。主动担当，成立大济卫生院集中医学观察点临时党支部，做好仙游县第一个集中医学观察点工作，创新“小举动”化解被隔离对象焦虑情绪，获得群众“大称赞”，坚定干群众志成城抗疫的信心。以行动诠释党员干部的初心使命，勇敢带领全镇党员干部筑起镇村防控的“铜墙铁壁”，取得疫情防控和经济发展双胜利。2020 年，大济镇党委获评福建省“先进基层党组织”和福建省“抗击新冠肺炎疫情先进集体”称号。

张志东经常与党政班子成员一起共勉：“我们要始终清醒你该怎么做？树立廉洁自律，晒一晒自己的良心，干成事不出事，超常规不违规，坚守‘常在河边走，就是不湿鞋’的坦荡情怀。”带头执行廉洁自律的各项规定，不以权谋私，不贪图享受，不奢侈浪费，严于律己，勤政廉洁。坚持把党员的组织生活、主题党日活动开在“基层”和“一线”。挖掘大济本土历史廉政典型，打造明代“廉官第一”郑照、宋朝宰相叶颙两个大济镇人民口口相传、喜闻乐见的廉政教育基地，让广大党员干部身临其境受教育、争当先锋作表率。在选人用人、项目建设、木兰溪全流域综合治理等工作中，他始终秉持不搞特权、不谋私利、不徇私情，把腰板挺直，赢得群众的掌声。

吕清水

吕清水，男，汉族，1966 年 1 月出生，中共党员，盖尾镇南宝峰村人。县农业农村局党组书记、局长。2019 年 6 月，被市委授予“全市优秀共产党员”称号；2019 年 12 月，被市委、市政府评为“莆田市 2017-2018 年度建设美丽莆田先进工作者”；2021 年 6 月，被省委授予“全省优秀共产党员”称号。

吕清水团结带领农业系统干部职工贯彻落实党中央决策部署和省委、市委、县委关于做好“三农”工作的要求，坚持农业农村优先发展。2020 年，仙游县完成农林牧渔业产值 42.08 亿元，比上年增长 4%，增幅居全市第二位；农村居民人均可支配收入比上年增长 4.9%，达到 1.88 万元。2020 年 11 月，仙游县被农业农村部评为“全国农业综合行政执法示范单位”；12 月，被中央农办、农业农村部评为“全国农村承包地确权登记颁证工作典型地区”；2021 年 6 月，被全国农技中心评为“国家农作物品种展示评价基地”。2020 年 12 月，县农业农村局被省人社厅、农业农村厅评为“全省农业农村系统先进集体”；12 月，被农业农村厅评为“福建省 2020 年中国农民丰收节组织实施单位”；12 月，被农业农村厅评为“全省农业农村系统先进集体”；2021 年 1 月，被省农业农村厅评为“2020 年度全省农村系统绩效评估优秀单位”；1 月，被省农业农村厅评为“2020 年度工作创新‘十佳’单位（稳产保供‘十佳’单位）”；1 月，被福建省农村人居环境整治领导小组评为“全省农村人居环境整治三年行动考核验收优秀等次”；5 月，被省委、省政府评为“福建省脱贫攻坚先进集体”。

吕清水注重加强党的政治建设，重视领导班子队伍建设，带领系统党委及局班子成员以身作则。班子成员各司其职，通力协作，提升班子决策水平和领导本领。开展党史学习教育，引导广大党员深刻铭记中国共产党百年奋斗的光辉历程，认识中国共产党为国家和民族作出的伟大贡献，感悟中国共产党始终不渝为人民的初心宗旨。他谨记意识形态工作第一责任人身份，带头抓意识形态工作，带头管阵地、把导向、强队伍，带头批评错误观点和错误倾向，重要工作亲自部署、重要问题亲自过问、重大事件亲自处置，落实意识形态工作。参加十九届五中全会精神县委宣传团奔赴各乡镇开展专题宣讲，带头组建系统宣讲小分队，深入基层支部、田间地头、工厂车间等开展宣讲 17 次，推动习近平新时代中国特色社会主义思想厚植基层、深入人心。

作为“一把手”，吕清水有着勇于承担的勇气，直面矛盾的魄力，解决问题的决心。2019 年，他初任县农业农村局局长，就遇到非洲猪瘟重大疫情防控的严峻工作，带领农业领导干部日夜轮岗坚守在县非洲猪瘟应急指挥部，深入各乡镇生猪养殖场第一线排查疫情，带领相关部门联防联控，紧密配合，通力合作，严防死守，阻击非洲猪瘟疫情蔓延。仙游县是全省扶贫任务最重的县，身兼扶贫办主任的他牢记脱贫攻坚是“一把手”工程和“一号民生”任务，任职伊始便着手遍访全县贫困村、贫困户的调研活动，一年有三百多天奔波于上山下乡途中，察民情、解民意，推进脱贫攻坚工作落地。2020 年，全县 38 个贫困村全部摘帽，5880 户 1.94 万人建档立卡贫困户全部实现脱贫，脱贫人口数量居全省第二。2021 年 3 月，由于过度劳累，腰疾复发不能行走，他丝毫没有歇一歇的念头，在家养病期间也时常回办公室批阅文件，以实际行动践行中国共产党人的初心使命。他时刻谨记乡村振兴战略总要求“产业兴旺、生态宜居、乡风文明、治理有效、生活富裕”，时常深入各山区、平原、沿海调研特色农业建设，指导各地区结合各自的优势，发展特色农业，抓好乡村振兴工作。仙游县建成全国最大的台湾甜柿基地（面积 400 公顷）、全国品质一流的度尾文旦柚基地（面积 666.67 公顷）、全省设施最为先进的温室大棚蔬菜基地（面积 900 公顷）、莆田面积最大的金沙薏米基地（面积 533.33 公顷）。

吕清水坚持党建引领，把解决好“三农”问题作为重中之重，主动联络各责任单位，动员各方力量，整合各种资源，着力破解难题，确保疫情期间贫困户“两不愁三保障”和饮水安全不受影响，脱贫攻坚圆满收官。发动全系统 347 名党员干部与 387 户贫困户结对帮扶，主动作为做表率，出资、出力、出智、出技。疫情期间，抓好“米袋子”“菜篮子”，以春耕备耕为契机，带领 77 名党员干部分成 3 个工作组赴各乡镇（街道）开展农业技术服务。多次下乡调研，倾听农业企业心声，协助企业获得银行贷款 3470 万元，缓解农业企业融资难、融资贵问题，加快推进复工复产。为畅通蔬菜及重要农产品流通运输绿色通道，保障供给，多次组织协调超市、蔬菜种植大户、储存大户，为供需双方搭建平台。联合县供销社打造农产品生活馆平台和仙游县供销田园农产品配送平台，及时解决产品对接不畅、交通运输受阻等问题。组织开展形式多样的助农活动 4 期，助农推销农产品 16.3 万斤，销售额 108 多万元。保障常态化疫情期间的粮食安全和重要农副产品有效供给，抗疫生产两手抓、两不误。2020 年，仙游县粮食种植面积 1.36 万公顷，比上年增长 1.8%，总产 8.41 万吨，比上年增长 1.4%。累计建成高标准农田 1.77 万公顷，建成面积占耕地面积 63%，高标准农田建设工作成为仙游农业工作攻坚克难的一张名片。

陈铭洲

陈铭洲，男，汉族，1994 年 11 月出生，大济镇山岑村人，大专学历，中共党员。仙游县铭天下红木家具有限公司创始人、总经理。2012 年 3 月，创立仙游县铭天下红木家具有限公司，并创立“艺铭天下”家具品牌。他始终坚持认真负责、严谨细致、精益求精的作风，践行“工匠精神”，以履职尽责、甘于奉献、无怨无悔的态度和决心，彰显着年轻党员的匠心品质与忠诚担当。2019 年 12 月，被团省委授予“福建省青年岗位能手标兵”称号；2020 年 5 月，被团市委、市青年联合会授予第六届“莆田青年五四奖章”；2020 年 12 月，被团省委、福建日报、省教育厅、科技厅、工信厅等 13 个部门联合授予“十佳最具潜力青年创业新人”称号；2020 年 12 月，被市委、市政府授予“莆田市劳动模范”称号等。2021 年 6 月，被省委授予“全省优秀共产党员”称号。

企业最缺什么，党建工作就抓什么，这是陈铭洲抓党建工作的“初心”。作为一家互联网企业，他结合公司年轻人多的特点，探索“青春 e 家”党建工作模式。引导党支部当“伯乐”，把党管人才作为企业发展的第一要义，坚持用服务吸引人才、用平台造就人才、用政策激励人才的方式，开展“青春党建·人才季”行动，开展“三培”工程（把青年员工培育成经营骨干、把经营骨干培育成党员、把党员培育成管理人才），推动非公党建人才队伍建设，把党组织打造成企业发展的“红色引擎”，推动企业健康发展。2012—2021 年，他培养沉淀一支 80 余人的专业电商运营技术团队，引进创业导师 5 名，累计获得由福建省版权局认定的家具及工艺品作品登记证书 653 款，产品外观设计专利 264 件。此外，他深蕴企业发展不是“一家独大”而是“和衷共济”的党性观念，在 2018 年创新家具产业互联网 B2P 平台模式，结合线上平台大数据，为县域内 800 多家小微红木厂商提供包含原料木材、生产加工配套服务，播、电商多平台销售、仓储物流一站式服务，进一步整合红木家具产业链资源，推动产业供给侧结构性改革，解决家具市场高库存滞销等情况，带动红木生产商上下游1万余人就业致富。铭天下红木家具有限公司从原本的红木家具销售网店成功转型成为一家集原料贸易、产品设计、生产加工、销售服务、仓储物流于一体的综合型互联网企业，2020年双十一线上销售gmv比上年增长2.2倍，连续9年持续稳坐的天猫双十一的红木家具类冠军，公司销售额1亿多元，公司员工从原来70名增加到200多名，党员从最初的4名发展到21名，铭天下党支部也先后获得“全市基层党建工作示范点”“全县先进基层党组织”等称号。

担任县人大代表期间，陈铭洲牢记党员身份，学习人大代表履职相关业务知识，了解人大代表的权利和义务，增强做好代表工作的责任感和使命感，提高依法履行代表职务的综合素质和能力水平。作为身在基层的人大代表，又是在本土红木产业领域探索发展的企业家，可以说是作为乡村振兴最后一公里的推动者，他向政府部门提交建议意见，当好党委、政府和人民群众沟通交流的桥梁，力所能及地为群众多办实事好事。在应对新冠肺炎疫情中，他义不容辞第一时间投身抗疫，带头捐款5万元和医疗物资，并发挥党支部的号召力，在公司内部组织发起爱心捐款，短短两天时间募捐2.66万元捐赠给仙游县红十字会。此外，他在线上联动齐发力，旗下天猫艺铭天下旗舰店每售出一单捐赠99元用于疫情防控，销售811单，提取8.03万元抗疫基金。他写下《致艺铭人的一封信》、发出红色动员令，组织引导公司职工人才骨干，投入疫情防控、复工复产中，面向员工和上下游合作伙伴做到“4个承诺”（不裁员、不降薪、不涨价、不拖欠），稳定就业和公司运营，展现企业的社会责任和担当。

陈铭洲的电商之路是实实在在地自主创业。没有高人指导、没有成型经验，下一步怎么走、每一天干什么，以哪里为起点、具体怎么操作，都要由他自己独立思考和设计，全靠他自己研究和摸索。靠着诚实守信的经营理念和干净利落的工作方式他获得许多客户的认可，公司业务蒸蒸日上，他本人也慢慢地积累一定的财富。拼搏近10年的他，总想为生他养他的家乡做点事情，更梦想着有朝一日能够带领家乡的父老乡亲共同致富。在他的主持下，公司搭建铭天下创新创业平台，按照“党建+共建”模式，牵头为50多家崖柏行业协会会员企业提供知识产权保护、金融、快递、物流等方面便利，携手京东（仙游）数字经济产业园打造铭天下红木共享直播基地，为返乡创业的优秀青年，提供“0租金”入驻、一对一保姆式的孵化服务以及办公场所和多平台资源共享，节省创业者时间和资金成本，实现快速创业。此外，他针对创业者的个人成长经历、岗位实际、特长爱好等制定个性化培育方案，亲力亲为为创业青年提供有“温度”的培训和锻炼，将创业者培育成为具有一定红木家具工艺知识的能手。2019年12月，铭天下众创空间获评省级众创空间。截至2021年底，累计引进25个创业团队及企业，孵化成功8家，带动就业人数200余人。

经历过苦难，陈铭洲更希望能为贫困人群多做一些事，能带动他们一起走上共同富裕的道路。他牵头开展贫困助学、困难帮扶等系列活动，用爱心去传递更多的正能量。通过“互联网+精准扶贫”模式在旗下天猫商城店铺开展“你做公益，我买单”活动，提取两款热销产品销售额的3%用于助力精准扶贫，实现捐赠100余万元。与大济镇古濑村（贫困村）签订帮扶协议，每年帮其增收集体收入6万元，为东井村贫困户提供就业岗位，成立党员志愿者爱心基金协会，开展“关爱空巢老人”“心手相牵公益行”等多项慈善公益活动。他为仙游县组织部承办“初心课堂”、与大济镇党委共建“树下党建”，助力基层组织建设。

陈铭洲一直关心家乡教育事业并一直默默无闻地给予一些家贫却勤奋好学的学生帮助。捐资大济中学教育发展基金10万元，连续4年精准资助2名贫困大学生每年1万元求学基金。每年走进一所偏远山区学校捐资助学，关爱慰问留守儿童和贫困学生。他还组织公司党员与贫困户建立“1+1”“1+N”结对帮扶，定期走访慰问公司周边的贫困户，通过入户走访的方式，详细了解贫困户住房保障、生活状况等，结合实际帮他们出点子，谋路子。对有意愿从事电商、设计工作的贫困群众提供进行岗前培训并在安排在公司就职，累计帮扶慰问160多个贫困户。

陈铭洲在深耕电商的同时，“因企制宜”推动“党建+互联网+公益”做法，让党建为企业赋能，实现党建工作与企业发展同频共振、互动共赢，取得经济效益、社会效益的双丰收。

张金国

张金国，男，汉族，1964 年 10 月出生，大济镇尾坂村人，大学本科。县委政法委副书记、县扫黑办常务副主任。1988 年 7 月，加入中国共产党；1988 年 7 月，兴化职业大学毕业；1988 年 10 月，参加工作；2001 年 12 月，中央党校函授学院本科班行政管理专业毕业。1990 年 12 月，被评为第四次全国人口普查省级先进个人；2004 年 12 月，被市委、市政府评为就业再就业先进工作者；2006 年 11 月，被市委、市政府评为平安建设先进工作者；2015 年 2 月，被县政府授予“2014 年度全县信访维稳工作个人三等功”称号；2018 年 5 月，被市委、市政府授予“厦门金砖会晤和党的十九大期间社会安定稳定工作个人三等功”；2019 年 8 月，被县政府授予三等功；2021 年 1 月，被全国扫黑除恶专项斗争领导小组评为“全国扫黑除恶专项斗争先进工作者”；2021 年 8 月，被市委、市政府评为“莆田市政法先进典型”；2021 年 10 月，当选中国共产党莆田市第八次代表大会代表。

2018—2020 年，三年专项斗争，张金国主动作为、统筹谋划，制定实施仙游县扫黑除恶专项斗争“1568”工程，全力做好扫黑除恶各项工作会议的方案制定、材料撰写、组织实施、情况总结等工作，保障县委常委会 30 次、县政府常务会议 13 次，实现办会“零失误”的工作目标。先后组织召开工作部署推进会 12 次、“一办五组”工作会议 16 次，交流经验做法，分析总结存在问题，研究工作对策措施，指导全县扫黑除恶专项斗争工作开展。

三年专项斗争，他能够学习上级文件精神，深入钻研思考，主动探索创新，紧扣扫黑除恶“长效常治”的目标要求，从组织领导、依法严惩、行业监管、执纪监督等重点环节入手，谋划打好“八大战役”，攻坚克难深化“六清”行动，优化提升并建立完善仙游县扫黑除恶专项斗争“六全”（全过程协调推进机制、全环节司法衔接机制、全领域协同作战机制、全方位打伞破网机制、全覆盖强基固本机制、全范围提质增效机制）20 余项工作机制，先后牵头制定出台通报约谈、协作联动等文件 104 份，接待处理群众来信来访 310 件次，发出工作交办函 194 份。特别在“行业清源”上，在全市率先探索建立《仙游县重点行业领域乱点乱象排查治理积分评估管理制度》和出台《进一步加强“三书一函”办理工作的意见》；在依法严惩上，会同公安机关谋划建立“五中心融合，多警种联动”协同作战机制，经验做法得到中央扫黑除恶督导组的肯定，并在全市推广交流，推动扫黑除恶治乱制度化、长效化。仙游县 2019 年、2020 年仙游县连续两年扫黑除恶专项斗争和 2021 年常态化斗争年度综合考评位居全市各县（区）第一名。

三年专项斗争，他工作兢兢业业、任劳任怨，坚持爱岗敬业、在岗尽责。为全力做好中央、省、市各级督导迎检各项准备工作，扭转仙游县被列入全省 10 个扫黑除恶治乱任务较重地区之一的被动局面，经常带头加班加点、通宵熬夜，制定迎督方案，撰写汇报材料，全方位做好上级督导组后勤保障服务。先后迎接中央、省、市各级督导检查、蹲点调研 30 余次，特别是较好完成中央扫黑除恶专项斗争三轮的督导检查，整改成果和斗争成效得到中央、省、市扫黑除恶专项斗争督导组的肯定，并在《八闽快讯》上刊登推广，摘掉全省 10 个扫黑除恶治乱任务较重地区之一“帽子”。由于长期辛劳工作，原本自己患有胆囊息肉、左膝盖骨质增生等疾病日益加重，一直忍痛拖到 2020 年 11 月 5 日全国扫黑办特派员督导任务完成后才去医院做手术治疗。

朱贞丽

朱贞丽，女，汉族，1966 年 5 月出生，鲤城街道洪桥社区人。原仙游县食品药品监督管理局药师（已退休）。2021 年 3 月，被公安部、全国妇联评为全国“爱警母亲”。

朱贞丽，她是一名警嫂，也是一名警察的母亲。在过去的二十几年中，生活紧紧地与警察联系在一起。她用付出诠释什么是警察背后的力量，谁是这群逆行者们背后的坚守者。

朱贞丽的丈夫生前是县公安局龙华派出所的一名民警，1999 年参加扑救山火因公殉职。丈夫刚刚离开的那段日子她一度想过跟随着丈夫的脚步去，但是看到年仅 10 岁的女儿，她还那么小，强烈的母爱使她顿时明白坚强的含义，决心用自己柔弱的肩膀，撑起这个家，抚养孩子长大。

作为单亲妈妈，在培养教育孩子成长的漫长道路上，相信都会有说不尽的酸甜苦辣。2011 年，她女儿陈婧揣着对人民警察的热爱考入仙游县公安局，和父亲陈美愉一样，成为一名人民警察。

“当一名警察的家属，就要全力支持公安工作，这不仅是责任，更是义务。”女儿成为一名人民警察，她依然选择在背后，照顾女儿的饮食起居，支持女儿的工作。2014 年，女儿被抽调至福州封闭工作 2 个月。期间，朱贞丽因日夜操劳导致腰椎间盘突出，连走路都直不起腰。为了不让女儿担心，她瞒着女儿硬是自己咬着牙，扶着墙壁一个人来去医院治疗。当女儿从福州回来，无意中听到邻居谈起母亲一个人去医院治疗的事情，心疼地问妈妈为什么不把生病的事情告诉自己。朱贞丽说：“组织选择你去福州工作，是信任你。你一定要圆满完成任务。我怎么能因为自己这点小事，让你操心、分心呢？”在朱贞丽的支持下，女儿在单位表现突出，多次被评为优秀公务员，获得多次个人嘉奖，荣立过一次个人三等功。女儿每一次工作中进步和变化，无不凝聚着母亲朱贞丽的奉献和引导。女儿说：“妈妈一个人为我撑起一片天，我的军功章有她的一半！”

虽然丈夫早早离去，但是朱贞丽一直没有忘记丈夫年迈的父亲。由于公公远在农村老家，不能时常探望，朱贞丽便经常打电话给公公，了解老人身体情况，陪老人唠唠嗑。每逢节日都给老人汇钱寄物，尽儿媳的一份孝心。公公生病住院，朱贞丽请假在医院和妯娌一起，侍奉在公公左右。朱贞丽说：“我能成为美愉的妻子很自豪，尽管他没有按照承诺陪我一辈子到老，但我从不后悔自己的选择。所以我愿意替我丈夫尽这份孝心。”

在照顾好家庭的同时，朱贞丽没有忘记自己的工作，“业精于勤荒于嬉”一直是她的座右铭，在工作岗位上严格要求自己，尽职尽责做好本职工作，凭着强烈的责任感和事业心，她的工作受到领导同事们的一致好评。

如今朱贞丽又有一个新的身份——人民警察的岳母，她承担起帮女儿这对双警夫妻照顾孩子的任务。“哎，我这辈子，看来真的就逃不过警察家属这个称号啦”朱贞丽一边笑着一边逗着怀里的外孙说道。

朱贞丽，一位普普通通的妇女，她却有着不同常人的人生经历和坚强，她与家人聚少离多，还常常为他们“刀光剑影”的生活牵肠挂肚，她不是人民警察，同样感受着时时有牺牲、时时在流血的警察生活。因为对家人的爱，她无悔付出，用自己的一言一行默默为公安工作助力。她是一位好妻子，一位伟大的母亲，更是千千万万个公安人背后力量的缩影。

黄志强

黄志强，男，汉族，1963 年 7 月出生，度尾镇湘溪村人。1984 年 7 月，毕业于集美大学美术学院美术学中国画专业；2001—2004 年，在福建师范大学美术学院进修学习；2007 年 6 月，福建师范大学美术学院美术学专业写意人物画方向研究生毕业，并获美术学硕士学位。研究生期间，师从中国美术家协会中国画艺委会委员、博士生导师、著名写意人物画家翁振新教授。泉州师范学院美术与设计学院教授、硕士研究生导师，中国美术家协会会员，中国文艺评论家协会会员，（全国）教育书画协会高等书法教育分会会员，全国艺术科学规划项目专家库专家。

黄志强长期来从事美术学教学、创作和理论研究，在书画领域有自己明确的学术理念和艺术追求，治学态度严谨，视野开阔，创作经验丰富，理论功底扎实，出版学术专著并发表论文。1999 年，《李耕人物画技法》专著获莆田市人民政府第三届优秀社会科学成果二等奖。2003 年，参与编著《中国传统艺术论》一书。2014 年，出版《李耕古典人物画艺术》《逸笔人物画构成》专著 2 部；2015 年，编著《李耕国画研究》出版。黄志强对李耕国画研究系统全面和时间较早，为李耕古典人物画理论研究的第一人；他提出的逸笔人物画学科建构，取代人们熟知的写意形式，从理论上摆脱形而上的空中楼阁，使中国人物画的创作实践关系回归到传统文化之中。2017 年，《逸笔人物画构成》获批福建省第二届本科优秀特色教材。

黄志强贵有学术担当精神，独立主持完成福建省社会科学基金规划项目《论民族风情人物画多维的文化视域》（结项号 2018293）、福建省教育科学“十二五”规划社会科学基金项目《南宗花鸟画嬗变》（结项号 2013028）、泉州市社会科学基金规划重点项目《逸笔人物画构成》（结项号 2015626）、泉州师范学院国家级和各部委项目预研基金《中国画文化与审美创作》

（结项号 2016XJKT23）研究 4 项。在《美术》《人民音乐》《中华书画家》《东南学术》《福建论坛》《解放军艺术学院学报》《新疆艺术学院学报》《福建师范大学学报》和《华侨大学学报》等一些权威期刊或本科学报上发表论文 70 余篇，研究的范畴涉及创作实践、学术创见、理论思考、艺术评论等。他研究和评论的书画家有王羲之、蔡襄、苏轼、李霞、李耕、郑乃珖、丁仃、翁振新、林容生等 30 多位，贵在有自己的学术观点和见解，能深入他们的艺术之三昧。黄志强的李耕研究论文《入妙鬼王一笔成——李耕古典人物画审美与创作探究》参与 2016 年 6 月举办的首届海峡两岸闽派书画学术研讨会；书法研究论文《高等教育中草书研习与创作》入选《书法身份与文化立场——2019 中国高等书法教育论坛论汇编》，并参加其学术交流。

黄志强，笔耕不辍。逸笔人物画作品《一笑入悟》获20世纪现代美术作品竞赛铜奖，并收入大型画集《20世纪现代美术作品精粹》；《祈愿》获福建师范大学首届科技节二等奖，《雨后》获福建师范大学美术学院第八届作品展一等奖，《曙光在前》入选福建省庆祝建党 80 周年展览，《操场上的呐喊》入选福建省纪念延安文艺座谈会讲话发表 70 周年展览，《恰同学少年》获福建省教师优秀作品展二等奖，另有同名作品《恰同学少年》入选福建省第二届写意画大展；《画家李霞》《雨后》《春韵》暨书法篆刻作品先后发表在《福建日报》《艺术探索》等报纸杂志，以及《福建省教师优秀作品展画集》中。

黄志强工于书法和篆刻。其书通于画意，讲究章法布局，从颜楷入，上溯秦篆汉隶，下及宋元、明清和现代，近喜作草书，有朴、拙、狂、野、辣的艺术追求。篆刻作品讲究疏密对比，强调书写性和笔意，方圆结合，印风洒脱清新。1986 年，隶书《天下为公》入选福建省民革举办的纪念孙中山先生诞辰 100 周年展览，行书《枫桥夜泊》参加福建省第二届书画摄影艺术节展览；2020 年，草书楹联《白日地中出，黄河天外来》参加“溢彩江南”首届全国名家邀请展。其导师翁振新誉之曰：“评论和创作两丰收！”黄志强的个人传略收入《福建省文艺家辞典》和《国际现代书画篆刻家大辞典》。

黄志强的人生旅程从中学至大学教师，从教 38 年，坚持教学第一线，桃李满园。他的学术研究和艺术创作与他的教学实践是同步的。

吴志兴

吴志兴，男，汉族，1993 年 6 月出生于榜头镇莲垅村。中国美术家协会会员、中华妈祖书画院副秘书长兼办公室主任、福建省书法家协会会员、莆田市美术家协会理事、莆田市书法家协会理事。2011 年 9 月至 2015 年 7 月，莆田学院美术学本科专业学习。2016 年 10 月，加入福建省美术家协会、福建省书法家协会。2016 年 9 月至 2017 年 7 月，在福建省画院进修学习，师从福建省画院院长郭东健。2017 年 9 月至 2018 年 7 月，在中国国家画院进修学习，师从中国国家画院副院长张江舟。2018 年 12 月至 2019 年 5 月，在广州美术学院参加中国国家艺术基金“国际青年美术人才培养项目”培训学习；2019 年 9—12 月，在中国国家画院参加文化和旅游部举办的全国画院创作人才培训班学习；2020 年 5 月起，在北京宋庄从事艺术创作与研究。2021 年 7 月，加入中国美术家协会。

2017 年 10 月，作品《八闽曲艺传天下》获福建省文化和旅游厅主办的“福建省第七届艺术节 • 改革开放 40 周年美术书法作品展”优秀奖（最高奖）；2018 年 9 月，作品《围城》获中国美术家协会主办的 2018“翰墨青州•全国中国画大展”入会资格（最高奖）；2018 年 9 月，入选国家艺术基金会、广州美术学院主办的国家艺术基金 2018 国际青年美术人才培养项目；2018 年 10 月，作品《你好 • 中国》获中国美术家协会主办的 2018“伯年国艺 • 全国写意人物画大展”入会资格（最高奖）；2019 年 9 月，作品《兄弟》入选中国美术家协会、福建省美术家协会主办的 2019 全国第 13 届美术作品展福建展区；2020 年 9 月，作品《塞上江南》获 2020“江山如此多娇 • 新余傅抱石”中国美术家协会主办的全国中国画作品展入会资格（最高奖）；2020 年 9 月，作品《岁月流金》入选中国文化和旅游部艺术司、江苏省文化厅主办的 2020（昆山）戏曲百人百画作品展。

黄福忠

黄福忠，男，汉族，1966 年 7 月出生，榜头坝下社区人。三福艺术家具创始人之一，福建省三福古典家具有限公司总设计师、总厂长。2012 年 3 月，被福建省经济贸易委员会评为“福建省工艺美术名人”；2013 年 7 月，被评为福建省古典工艺家具协会第二届理事会理事；2014 年 11 月，被评为“福建省雕刻艺术大师”；2018 年 2 月，被福建省人社厅评为福建省第四批非物质文化遗产保护项目《家具制作艺〈仙游古典家具制作技艺〉》代表性传承人；2019 年 10 月，被湖南中南林业科技大学家具与艺术设计学院聘为客座教授；2021 年 4 月，被评为福建省五一劳动奖章。

黄福忠深耕红木家具行业，一直勇于开拓进取，宣传仙作古典家具技艺，为仙作古典家具技艺的发展贡献力量。他擅长工笔画和木雕技艺，在雕刻技法上擅长浮雕和平雕，在雕刻技法上传承坝下当地的“粗茶派”技法。创作作品获外观专利 29 件，获版权保护 386 件，在各类大赛中获金奖 8 项，银奖 4 项，发表论文 4 篇。2008 年 7 月，作品《琴棋书画架子床》获“第六届中国工艺美术博览会暨古典家具、收藏品博览会”“中艺杯”金奖；2011 年 5 月，作品《越黄竹节沙发十件套》获第六届中国（莆田）海峡工艺品博览会金奖；2012 年 5 月，作品《满雕云龙纹宝座（二件套）》获年中国工艺美术“百花奖”金奖；2013 年 11 月，作品《雕龙宝座三件套》获首届中国（仙游）古典工艺精品博览会金奖；2015 年 6 月，作品《三阳开泰》获中国（仙游）红木艺雕精品博览会金奖；2015 年 12 月，作品《带托泥如意纹花鸟沙发》获中国工艺美术百花奖银奖；2016 年 10 月，作品《如意圆鼓桌七件套》获中国（仙游）红木艺雕精品博览会金奖；2018 年 7 月，作品《雕龙画案》获全国手工艺产业博览会暨非物质文化遗产传统技艺展“国匠杯”金项奖；2018 年 4 月，作品《水龙纹宝座》获第三届中国（潍坊）民间艺术博览会金奖；2018 年 11 月，作品《水龙纹宝座三件套》获上海国际红木文化博览会“红顶杯”奖项评选金奖；2019 年 5 月，古典家具作品《带托泥梅花形如意花架》获福建省第十届争艳杯优秀奖；2019 年 11 月，古典家具作品《小叶檀三门一抽雕龙画柜》获首届“百鹤杯”工艺美术设计创新大赛百鹤奖。2021 年 6 月，黄福忠编著《古风今韵　仙作艺术》出版发行。

黄福忠注重传统技艺人才培养，十几年来一直在授徒传艺。近年来，国家大力复兴传统文化，作为传统家具行业的龙头企业，三福古典家具有限公司发展紧跟国家步伐。2020 年，人力资源社会保障部授牌成立“黄福华国家级技能大师工作室”，旨在深入推进国家高技能人才的培养，发挥高技能领军人才在带徒方面发挥更好的促进作用。作为工作室主要带头人之一，黄福忠十分专注于仙作技艺的保护、传承和发展，专门负责技艺传承和人才培训工作，以培养年青传承人为主体。他通过大师工作室、学校传承、社会传承、工厂传承的方式先后传授徒弟 19 位，在工厂和大师技能工作室，以口传心授和亲身示范的方式，通过家族传承、学校传承、企业传承和社会传承形式，培训专业技师和雕刻爱好者，工艺界专家认可这种传承模式。

黄福忠带领三福工匠精益求精，为中华传统文化走向世界做出贡献。三福出品的明式交椅、皇宫椅、官帽椅、圈椅等先后成为国礼，被国家领导人赠与外国元首。2014 年，三福工艺精品亮相北京 APEC 领导人峰会，为主会场增加中国元素；2015 年，三福艺术家具远赴米兰世博会，向世界传播中华文化；2017 年，三福成为厦门金砖会晤红木艺术家具特供单位；2018 年，三福艺术家具结缘第五届世界佛教论坛，为论坛主会场增添风采；2019 年，三福助力北京大兴国际机场，魅力“中国风”点亮“新国门”；2020 年，三福产业园被评为“福建省工业旅游示范基地”。

黄福忠不忘回报社会，一直支持社会公益慈善事业，个人和企业累计捐赠近 1000 万元。2018 年，向仙游扶贫促进会捐款 50 万元；2016 年 12 月，精准扶贫游洋镇沽山村、兴山村，捐款 10 万元；2015 年 8 月，向曾德梅爱心助学基金会捐款 3 万元；2015 年 8 月，向黄氏爱心慈善基金会，捐款 3 万元；2015 年 6 月，向榜头镇溪东村、莲墘社区开展精准扶贫捐款 20 万元；2014 年 8 月，向 2014 芭莎明星慈善夜捐款 150 万元；2014 年 6 月，向曾德梅爱心助学基金会捐款 5 万元；2014 年 2 月，向 2014 成龙公益慈善晚宴捐款 360 万元，及 600 件红木工艺品；2013 年 12 月，向榜头中学捐款 20 万；2012 年 12 月，向仙游县慈善总会捐款 60 万元；2012 年 9 月，向仙游县消防大队捐款 10 万元；2012 年 5 月，通过仙游县企业家联合会向灾区捐款 10 万元。

2020 年初，得知疫情严重，医用口罩等抗击疫情的医疗物资紧缺，黄福忠通过莆田市红十字会、仙游县工商联捐款 20 万元，用于购买口罩等医疗防护物资，并为三福集团旗下三福艺术馆二楼门店的工艺品商户减免一个月租金，金额 50 多万元。

武奇静

武奇静，女，汉族，1986年11月出生于大济镇尾坂村，中共党员，中级工艺美术师。莆田市第六次妇女代表会代表，市妇联执委，省第十一次党代会代表。福建省工艺美术名人，国家级非物质文化遗产保护项目《莆田木雕》市级代表性传承人，中国工艺美术学会会员，福建省洪英工艺有限公司艺术指导。2016年3月，被评为莆田市三八红旗手；2021年4月，被评为福建省五一劳动奖章。

武奇静出生在工艺世家，其父武加波是从事红木家具制作的名匠，因为家具上许多装饰都是采用平雕雕花的形式来加以体现的，所以对于工艺雕刻她从小就耳濡目染。学校毕业后她又师从工艺美术大师林洪英，潜心研习木雕技艺，经过多年的刻苦学习，熟练掌握透雕、镂雕、浮雕、线雕等雕刻技法，还能将自己的灵感与刀法巧妙地结合起来，推陈出新，所创作的作品别具一格，让人耳目一新，深受业界内外的好评和广大收藏家的喜爱。2015年5月，作品《花好月圆》获第十届中国（莆田）海峡工艺品博览会优秀作品评比金奖；2016年5月，作品《琴棋书画》获第十一届中国（莆田）海峡工艺品博览会优秀作品评比金奖；2016年7月，作品《凤凰牡丹》获第十四届中国工艺美术暨古典家具、收藏品博览会“中艺杯”优秀工艺美术作品评比金奖；《观音》获第十四届中国工艺美术暨古典家具、收藏品博览会“中艺杯”优秀工艺美术作品评比银奖；2017年11月，作品《平步青云》获2017中国（惠安）国际雕刻艺术品博览会“雕艺杯”艺术品评比大赛金奖；2018年5月，作品《家园》获第十三届中国（莆田）海峡工艺品博览会优秀作品评比银奖。代表作品《知书达理》《美人照镜》收藏于中国工艺美术馆，作品《采莲》收藏于福建省工艺美术珍品馆。

武奇静钻研木雕技艺，提升自己的工艺理论水平。2015年起，每年都参加莆田市二轻工业联社举办的工艺美术继续教育培训班学习，以丰富自己的理论认知。2016年11月，在《艺术科技》杂志上发表个人论文《试论中国画艺术对木雕创作的审美观照》。她每年会抽空去全国各地的博物馆和艺术馆参观学习，多走多看，比较各个历史时期艺术品的不同特点，提高自己的艺术阅历和审美水平。

在平时的工作中，武奇静总是勤勤恳恳，以身作则。对公司刚刚招收的雕刻学员，她总是悉心教导，言传身教，把自己的心得体会耐心与大家分享，新手学员很快地适应工作。她恪尽职守，做好“传帮带”，将雕刻技术无偿地传授给学员们，将传统雕刻技艺发扬光大，起到模范带头作用。多年来，培养学员36名，其中获得中初级工艺美术师职称6人，为工艺美术行业人才的培养做出贡献。公司员工在她的感召和带动下，团结一心，取得优异成绩。公司曾先后获福建省著名商标、福建名牌产品称号；公司的《仙游东乡林氏古典家具制作技艺》被市政府确定为莆田市非物质文化遗产项目。2016年12月，公司被福建省版权局授予福建省版权示范单位；2018年3月，被市政府列为国家级非物质文化遗产保护项目《莆田木雕》市级保护单位；2019年5月，被市文旅局授予莆田市非物质文化遗产《莆田木雕》及《家具制作技艺（仙游古典家具制作技艺）》传承基地。

武奇静作为一名中共党员，时刻以一名优秀党员的标准来要求自己。2020年初，新冠疫情突袭而至，她主动捐款5000元用于抗疫，并动员公司全体员工参与捐款捐物，做出应有的表率作用，被授予“爱心大使”称号。她关心员工，乐于助人。遇到员工家里有困难的，她都会给予力所能及的帮助和支持。公司一名员工生病住院，急需五万元手术费用，该员工家庭条件不好，一时凑不齐费用。武奇静得知后当即捐助3000元，并向公司反映相关情况，筹措不足的费用由公司先行垫付，解决这名员工的燃眉之急。该员工住院治疗期间，武奇静自发组织公司员工前去医院探望，使他感受到公司大家庭的温暖和关爱。

武奇静作为一名工艺美术师，淡泊名利，甘于奉献。时刻坚持以传统手工技艺的传承和作品题材的创新为己任。坚定信念，重实干、善管理、精业务。她以不甘平庸的钻劲和默默奉献的精神，在木雕岗位上实现自己的人生价值；同时，以她的实际行动诠释一名工艺美术从业者的高尚情怀。

郑志镇

郑志镇，男，汉族，1985年6月出生于榜头镇，一级／高级技师、工艺美术师，福建省金牌工人，莆田市工艺美术大师，莆田市第六批市级非物质文化遗产“莆田木雕”代表性传承人。福建省工艺美术协会理事、仙游县工艺美术学会副会长，仙游县榜头镇六月雕刻工作室设计总监。2017 年 2 月，经过中国轻工业职业技能鉴定指导中心鉴定考核，被人社部批准为国家一级／高级技师。2018 年 1 月，经市人社局组织的评审委员会考核，被确认为工艺美术师。2018 年 4 月，被福建省总工会授予“福建省金牌工人”称号；2018 年 11 月，被县工艺办、人社局、经信局、市场监管局、商务局联合授予 2018 年度“十佳仙作工匠”称号；2020 年 1 月，被市政府授予“莆田市工艺美术大师”称号；2020 年 12 月，被市文旅局命名为莆田市第六批非物质文化遗产代表性项目“莆田木雕”传承人。2021 年 4 月，被评为福建省五一劳动奖章。

2001 年，先跟随父亲郑灼为学习莆田木雕技艺，之后跟随仙游民间名艺人王福森进修莆田木雕技艺。2014 年，创办仙游县榜头镇六月雕刻工作室，勤于钻研雕刻技艺，多件作品在国内展会上获奖，受国内外收藏爱好者的好评。2016 年 9 月至 2017 年 2 月，在福州大学厦门工艺美术学院进修本科雕塑专业，学习雕塑的理论知识、创作技能；2018 年 11-12 月，在福建师范大学美术学院参加由文化和旅游部、教育部、人力资源和社会保障部主办的“2018 年中国非物质文化遗产传承人群研修研习培训计划·福建传统雕刻技艺研修班”，进修提升雕刻创作水准；2018 年 9 月 25 日至 10 月 25 日，在福州大学参加由文旅部、教育部、人社部主办的“2018 年中国非物质文化遗产传承人群研修研习培训计划”传统木雕及建筑雕刻技艺培训班学习。2019 年 9 月，进入东北师范大学，进修美术教育专业课程；2021 年 3 月，大专毕业。

郑志镇擅长采用立体圆雕、浮雕、镂空雕等雕刻技法，雕刻塑造的形象逼真、生动可爱、色泽鲜艳，表现的题材、内容广泛，有人物动物、山水花鸟、历史典故、神兽等，擅以写意传神来表达，通过从外在形象所引出的感觉和意境。在莆田木雕的艺术创作上，擅以写意传神来表达，通过从外在形象所引出的感觉和意境，从而让人产生遐想的空间，把人们引向一个木雕艺术世界。

从艺二十多年，郑志镇一直潜心钻研莆田木雕雕刻技艺的传承与发展，成立个人木雕工作室，带徒授艺 20 多人，多位高徒成为莆田木雕设计、雕刻的佼佼者，技艺精湛，为莆田木雕雕刻技艺的传承和发展不断注入新的力量。2015 年 12 月，作品《老来得福》《福运当头》分别获第十七届中国工艺美术大师精品博览会金奖、铜奖；2016 年 10 月，作品《艺术》系列获 2016 中国（仙游）红木艺雕精品博览会金奖；2017 年 11 月，作品《千年遗现》获首届福建省手工艺现场创作技能竞赛一等奖；2017 年 11 月，作品《闲趣岁月》获 2017 年中国（惠安）国际雕刻艺术品博览会“雕艺杯”评比银奖；2017 年 12 月，作品《慈》获第一届“万清堂”杯木雕艺术大赛银奖；2018 年 8 月，作品《不动明王》《骏马奔腾》分别获第十六届中国工艺美术暨古典家具、珠宝玉石博览会“中艺杯”金奖、银奖；2018 年 12 月，作品《盼盼乐居》获第五届“醉根杯”中国根雕现场创作大赛铜奖；2018 年 12 月，作品《长眉罗汉》获 2018 福建省工艺美术“百花奖”优秀奖；2019 年 5 月，作品《菩提达摩》获第十届福建省工艺美术精品”争艳杯”大赛优秀奖。

郑志镇坚信没有文化积淀成不了传世的“大工匠”，特别注重创意文化理论的探索和学习，坚持撰写创作手记。2017 年 4 月，撰写论文《现代木雕艺术中弥勒佛题材的创作感悟》在《牡丹》杂志第 360 期发表。2017 年 8 月，撰写论文《从罗汉题材的木雕谈中国雕塑艺术特点》在《明日风尚》杂志 2017 年第 15 期发表。2017 年 8 月，撰写论文《探析意境美在木雕艺术造型设计中的应用》在《明日风尚》杂志 2017 年第 16 期发表。

林梅治

林梅治，女，汉族，1968 年 6 月出生，中共党员，榜头镇溪尾社区人，中专学历。榜头镇溪尾社区党支部书记。1997 年 2 月至 2000 年 8 月，任榜头镇溪尾村妇代会主任；2000 年 9 月至 2009 年 8 月，任榜头镇溪尾村党支部委员、妇代会主任；2009 年 9 月至 2012 年 6 月，任榜头镇溪尾村党支部委员、妇代会主任（2009 年 9 月至 2012 年 7 月就读于福建省仙游职业中专学校，农村经济管理专业）；2012 年 7 月至 2018 年 9 月，任榜头镇溪尾社区党支部副书记、妇联主席；2018 年 10 月起，任榜头镇溪尾社区党支部书记。1997 年，林梅治在溪尾村参加工作以来，热爱社区，扎根社区，认真履职，有所作为，满腔热忱服务居民，为溪尾社区发展贡献巾帼力量，实现自己的人生价值。2003 年 3 月，被评为莆田市“三八”红旗手；2021 年 3 月，被评为福建省“三八”红旗手。

林梅治以社区为家，注重民生福祉。上任社区党支部书记之后大刀阔斧，带领社区两委想方设法建设民生工程。新建 2 个老人活动健身场所，3 座卫生公共厕所，新建一座便民服务中心大楼综合服务站。完成社区养老院“日间照料中心”配套设备项目。拓宽下张路段，铺设社区至坝下交界处的水泥主干道；实现电缆下地和电信分接箱迁移，为社区节约经济支出 30 多万元。筹资 900 多万元，在原溪尾小学旧校址，建设一座中心幼儿园，方便本社区和周边群众的幼儿入学。

2020 年春节，为保障全体社区居民的身体健康，坚决打赢疫情防控阻击战，林梅治以高度的责任感和使命感，第一时间投入到社区的疫情防控工作中。大年初一，迅速集合社区全体干部召开专题会议，传达上级党委关于疫情防控的指示，分析社区实际情况，部署制定防控措施。联系各社区小组代表，开展返乡人员排查登记，动用巡逻车装上“小喇叭”每天走村串庄滚动播放，并组织多支巡逻队到每家每户宣传，提醒并督促居民多居家、不聚会。在她的努力下，社区防疫工作稳妥有序推进。作为社区党员干部“领头羊”，不畏艰险，以身作则，充分发挥基层共产党员的先锋模范带头作用，恪尽职守，践行着共产党员的初心和使命。

林梅治注重社区的家庭建设。关心关爱社区的妇女儿童，筹资 3 万元建设儿童之家，为社区妇女儿童构成一个温馨和谐的活动场所。组建文明劝导队，开展家风家教宣传，开展好媳妇、好婆婆、最美家庭、平安家庭星级户等评选活动，在社区弘扬文明新风，全面提升溪尾居民的文明程度，为建设美丽溪尾贡献力量。牢记使命勇担当，她用自己的实际行动向社区居民传递这“溪尾温度”。

荣誉榜

2021 年获得市级及以上表彰先进集体一览表

表 26

单位名称	荣誉称号	授奖单位	授予时间
鲤南镇玉塔村	2018—2020 年度全国级文明村	中央文明办	2021 年 1 月
大济镇尾坂村	2018—2020 年度全国级文明村	中央文明办	2021 年 1 月
龙华镇金溪村	2018—2020 年度全国级文明村	中央文明办	2021 年 1 月
县烟草局	2018—2020 年度全国级文明单位	中央文明办	2021 年 1 月
县公安局国保大队	记集体一等功	公安部	2021 年 1 月
县税务局	全国税务系统文明单位	国家税务总局	2021 年 1 月
钟山湖亭村	第八批“全国民主法治示范村（社区）”	司法部、民政部	2021 年 1 月
县检察院	2018—2020 年度全省检察机关“文明接待室”	省检察院	2021 年 1 月
县委党史方志办	《仙游年鉴（2020）》获福建省精品年鉴	省委党史方志办	2021 年 1 月
县委党史方志办	《仙游年鉴（2019）》获福建省年鉴二等奖	省委党史方志办	2021 年 1 月
县供销合作社	全省供销合作社系统先进集体	省人社厅、供销合作社	2021 年 1 月
林玉镇劳模工作室	福建省示范性劳模工作室	省总工会	2021 年 1 月
县城市管理局	2020 年度“强基础、转作风、树形象”专项行动表现突出单位	住建部	2021 年 1 月
县侨联	全国侨联系统助力脱贫攻坚先进集体	中国侨联	2021 年 1 月
县教育局	2020 年国家义务质量监测实施“县级优秀组织单位”	教育部基础教育质量监测中心	2021 年 1 月
仙游县	“全省农村人居环境整治三年行动考核验收情况优秀”等次	福建省人居环境整治领导小组	2021 年 1 月
县农业农村局	“2020 年度全省农业农村系统绩效评估优秀单位”	省农业农村厅	2021 年 1 月
县农业农村局	“2020 年度工作创新‘十佳’单位”	省农业农村厅	2021 年 1 月
仙游经济开发区管委会	2021 年“三看两评”中被评为好的等次	市委、市政府	2021 年 1 月
县统计局	莆田市第四次全国经济普查集体嘉奖	市政府	2021 年 1 月
鲤城街道办事处	莆田市第四次全国经济普查集体通报表扬	市政府	2021 年 1 月
枫亭镇政府	莆田市第四次全国经济普查集体通报表扬	市政府	2021 年 1 月
鲤南镇政府	莆田市第四次全国经济普查集体通报表扬	市政府	2021 年 1 月
郊尾镇政府	莆田市第四次全国经济普查集体通报表扬	市政府	2021 年 1 月
盖尾镇政府	莆田市第四次全国经济普查集体通报表扬	市政府	2021 年 1 月

续表 26

单位名称	荣誉称号	授奖单位	授予时间
大济镇政府	莆田市第四次全国经济普查集体通报表扬	市政府	2021 年 1 月
书峰兰石村	省级文旅功能融合试点单位	福建省文化和旅游厅	2021 年 2 月
仙水洋风景区	福建省体育旅游休闲基地	福建省“旅游 +”质量评定委员会	2021 年 2 月
榜头镇妇联	全省“三百四有”达标乡镇（街道）妇联	省妇联	2021 年 2 月
鲤南镇妇联	全省“三百四有”达标乡镇（街道）妇联	省妇联	2021 年 2 月
枫亭镇妇联	全省“三百四有”达标乡镇（街道）妇联	省妇联	2021 年 2 月
大济镇妇联	全省“三百四有”达标乡镇（街道）妇联	省妇联	2021 年 2 月
鲤城街道西城片区项目征迁指挥部	莆田市“双轮”驱动项目攻坚先进集体	市委、市政府	2021 年 2 月
鲤南镇金凤片区指挥部	莆田市“双轮”驱动项目攻坚先进集体	市委、市政府	2021 年 2 月
鲤南镇玉田社区党支部	莆田市“双轮”驱动项目攻坚先进集体	市委、市政府	2021 年 2 月
滨海新城高铁片区征迁建设指挥部	莆田市“双轮”驱动项目攻坚先进集体	市委、市政府	2021 年 2 月
仙港工业园瑞峰片区征迁指挥部临时党支部	莆田市“双轮”驱动项目攻坚先进集体	市委、市政府	2021 年 2 月
仙港工业园赖店组团征迁指挥部	莆田市“双轮”驱动项目攻坚先进集体	市委、市政府	2021 年 2 月
大济镇正邦现代农业生态循环产业链项目建设指挥部	莆田市“双轮”驱动项目攻坚先进集体	市委、市政府	2021 年 3 月
书峰四黄村	2020 年度福建省乡村振兴实绩突出村	省委实施乡村振兴战略领导小组办公室	2021 年 3 月
县卫健局	福建省三八红旗手集体	省妇联	2021 年 3 月
鲤中实验幼儿园教研组	福建省巾帼文明岗	省妇联	2021 年 3 月
仙游农商行拱桥头支行	福建省巾帼文明岗	省妇联	2021 年 3 月
石苍乡济川村	新时代农村社区	省住建厅	2021 年 3 月
一鼎（福建）生态园林建设有限公司	福建省五一劳动奖状	省总工会	2021 年 4 月
晔晨集团（福建）有限公司	全国五一劳动奖状	中华全国总工会	2021 年 4 月
钟山镇	2020 年度福建省乡村振兴重点特色乡（镇）	省委实施乡村振兴战略领导小组办公室	2021 年 4 月
仙游县	2018—2020 年度省级文明县城	省委、省政府	2021 年 4 月
赖店镇赖店村	2018—2020 年度省级文明单位	省委、省政府	2021 年 4 月
大济镇乌石村	2018—2020 年度省级文明单位	省委、省政府	2021 年 4 月
郊尾镇阮庄村	2018—2020 年度省级文明单位	省委、省政府	2021 年 4 月
枫亭镇建国村	2018—2020 年度省级文明单位	省委、省政府	2021 年 4 月
社硎乡白洋村	2018—2020 年度省级文明单位	省委、省政府	2021 年 4 月
菜溪乡	2018—2020 年度省级文明单位	省委、省政府	2021 年 4 月

续表 26

单位名称	荣誉称号	授奖单位	授予时间
县市场监督管理局	2018—2020 年度省级文明单位	省委、省政府	2021 年 4 月
国网仙游县供电公司	2018—2020 年度省级文明单位	省委、省政府	2021 年 4 月
县税务局	2018—2020 年度省级文明单位	省委、省政府	2021 年 4 月
县委组织部	2018—2020 年度省级文明单位	省委、省政府	2021 年 4 月
县委宣传部（县委文明办、县文联、县社科联、县委报道组）	2018—2020 年度省级文明单位	省委、省政府	2021 年 4 月
县公安局	2018—2020 年度省级文明单位	省委、省政府	2021 年 4 月
县检察院	2018—2020 年度省级文明单位	省委、省政府	2021 年 4 月
县纪委（县监委、县委巡察办）	2018—2020 年度省级文明单位	省委、省政府	2021 年 4 月
中国邮政仙游县分公司	2018—2020 年度省级文明单位	省委、省政府	2021 年 4 月
鲤城街道	2018—2020 年度省级文明单位	省委、省政府	2021 年 4 月
县委办公室（县委党史方志办）	2018—2020 年度省级文明单位	省委、省政府	2021 年 4 月
县法院	2018—2020 年度省级文明单位	省委、省政府	2021 年 4 月
县政协机关	2018—2020 年度省级文明单位	省委、省政府	2021 年 4 月
仙游抽水蓄能公司	2018—2020 年度省级文明单位	省委、省政府	2021 年 4 月
中国电信仙游分公司	2018—2020 年度省级文明单位	省委、省政府	2021 年 4 月
县审计局	2018—2020 年度省级文明单位	省委、省政府	2021 年 4 月
市公路局仙游分局	2018—2020 年度省级文明单位	省委、省政府	2021 年 4 月
仙游农商银行	2018—2020 年度省级文明单位	省委、省政府	2021 年 4 月
九仙溪水电开发总公司	2018—2020 年度省级文明单位	省委、省政府	2021 年 4 月
鲤城街道木兰社区	2018—2020 年度省级文明单位	省委、省政府	2021 年 4 月
鲤城街道南桥社区	2018—2020 年度省级文明单位	省委、省政府	2021 年 4 月
榜头镇下明社区	2018—2020 年度省级文明单位	省委、省政府	2021 年 4 月
鲤城街道洪桥社区	2018—2020 年度省级文明单位	省委、省政府	2021 年 4 月
仙游二中	2018—2020 年度省级文明单位	省委、省政府	2021 年 4 月
榜头于洁小学	2018—2020 年度省级文明单位	省委、省政府	2021 年 4 月
县实验幼儿园	2018—2020 年度省级文明单位	省委、省政府	2021 年 4 月
度尾中心小学	2018—2020 年度省级文明单位	省委、省政府	2021 年 4 月
第一道德中学	2018—2020 年度省级文明单位	省委、省政府	2021 年 4 月
县公安局	扫黑除恶专项斗争成绩突出集体	公安部	2021 年 4 月
县公安局	2020 年度全省公安机关执法质量优秀单位	省公安厅	2021 年 4 月
县纪委监委党风政风监督室	全省扫黑除恶专项斗争先进集体	福建省扫黑除恶专项斗争领导小组	2021 年 5 月
赖店镇党委	全省扫黑除恶专项斗争先进集体	福建省扫黑除恶专项斗争领导小组	2021 年 5 月
县农业农村局	福建省脱贫攻坚先进集体	省委、省政府	2021 年 5 月

续表 26

单位名称	荣誉称号	授奖单位	授予时间
县退役服务中心	全省退役军人服务保障体系建设“五有”先进单位	省退役军人军务工作领导小组办公室	2021 年 5 月
鲤城街道木兰社区党委	全国先进基层党组织	中组部	2021 年 6 月
度尾镇屏山村党支部	全省先进基层党组织	省委	2021 年 6 月
福建省三福古典家具公司党支部	全省先进基层党组织	省委	2021 年 6 月
郊尾镇阮庄村党支部	全省先进基层党组织	省委	2021 年 6 月
郊尾镇伍狮村党支部	全市先进基层党组织	市委	2021 年 6 月
钟山镇临水村党支部	全市先进基层党组织	市委	2021 年 6 月
社硎乡田利村党支部	全市先进基层党组织	市委	2021 年 6 月
游洋镇石山村党支部	全市先进基层党组织	市委	2021 年 6 月
书峰乡四黄村党支部	全市先进基层党组织	市委	2021 年 6 月
县总工会	2020 年度福建省“安康杯”竞赛组织工作优秀单位	省总工会、应急管理厅、卫健委	2021 年 6 月
移动仙游分公司	2020 年度安康杯竞赛先进单位	省总工会、应急管理厅、卫健委	2021 年 6 月
西苑乡	“清新福建 气候福地”首批气候康养福地	省气象学会、省旅游协会	2021 年 7 月
农行仙游县支行	2019—2020 年度市级文明单位	市委、市政府	2021 年 7 月
县政府办	2019—2020 年度市级文明单位	市委、市政府	2021 年 7 月
县人大常委会机关	2019—2020 年度市级文明单位	市委、市政府	2021 年 7 月
中国人保仙游支公司	2019—2020 年度市级文明单位	市委、市政府	2021 年 7 月
县司法局	2019—2020 年度市级文明单位	市委、市政府	2021 年 7 月
县公交公司	2019—2020 年度市级文明单位	市委、市政府	2021 年 7 月
县生态环境局（县环境监察大队）	2019—2020 年度市级文明单位	市委、市政府	2021 年 7 月
县商务局（县招商局）	2019—2020 年度市级文明单位	市委、市政府	2021 年 7 月
县档案局（馆）	2019—2020 年度市级文明单位	市委、市政府	2021 年 7 月
县教育局（县政府教育督导室）	2019—2020 年度市级文明单位	市委、市政府	2021 年 7 月
鲤南镇卫生院	2019—2020 年度市级文明单位	市委、市政府	2021 年 7 月
莆田市阿雄果业有限公司	2019—2020 年度市级文明单位	市委、市政府	2021 年 7 月
县妇幼保健院	2019—2020 年度市级文明单位	市委、市政府	2021 年 7 月
县农业农村局（县委农办）	2019—2020 年度市级文明单位	市委、市政府	2021 年 7 月
县教师进修学校	2019—2020 年度市级文明单位	市委、市政府	2021 年 7 月
县妇联（县关工委）	2019—2020 年度市级文明单位	市委、市政府	2021 年 7 月
县林业局（县生态国有林场）	2019—2020 年度市级文明单位	市委、市政府	2021 年 7 月
县财政局	2019—2020 年度市级文明单位	市委、市政府	2021 年 7 月

续表 26

单位名称	荣誉称号	授奖单位	授予时间
县发改局（县粮食局、数字办）	2019—2020 年度市级文明单位	市委、市政府	2021 年 7 月
县残联	2019—2020 年度市级文明单位	市委、市政府	2021 年 7 月
县文化体育和旅游局	2019—2020 年度市级文明单位	市委、市政府	2021 年 7 月
县文化市场综合执法大队	2019—2020 年度市级文明单位	市委、市政府	2021 年 7 月
县行政服务中心管委会	2019—2020 年度市级文明单位	市委、市政府	2021 年 7 月
县卫健局（县计生协会、县爱卫办、县红十字会、县老龄办）	2019—2020 年度市级文明单位	市委、市政府	2021 年 7 月
县交通综合行政执法大队	2019—2020 年度市级文明单位	市委、市政府	2021 年 7 月
团县委	2019—2020 年度市级文明单位	市委、市政府	2021 年 7 月
县水利局（县库区移民开发局）	2019—2020 年度市级文明单位	市委、市政府	2021 年 7 月
县委党校	2019—2020 年度市级文明单位	市委、市政府	2021 年 7 月
县社会福利中心	2019—2020 年度市级文明单位	市委、市政府	2021 年 7 月
县总工会（县工人俱乐部）	2019—2020 年度市级文明单位	市委、市政府	2021 年 7 月
县人社局（县退管办）	2019—2020 年度市级文明单位	市委、市政府	2021 年 7 月
县交通运输局（县运输管理所）	2019—2020 年度市级文明单位	市委、市政府	2021 年 7 月
县地震办	2019—2020 年度市级文明单位	市委、市政府	2021 年 7 月
移动仙游分公司	2019—2020 年度市级文明单位	市委、市政府	2021 年 7 月
县供销联合社	2019—2020 年度市级文明单位	市委、市政府	2021 年 7 月
县工信局	2019—2020 年度市级文明单位	市委、市政府	2021 年 7 月
县环卫所	2019—2020 年度市级文明单位	市委、市政府	2021 年 7 月
县城市管理局	2019—2020 年度市级文明单位	市委、市政府	2021 年 7 月
县民政局	2019—2020 年度市级文明单位	市委、市政府	2021 年 7 月
县委统战部（县工商联、县台联）	2019—2020 年度市级文明单位	市委、市政府	2021 年 7 月
县博物馆	2019—2020 年度市级文明单位	市委、市政府	2021 年 7 月
县委政法委（综治协会、网格化中心）	2019—2020 年度市级文明单位	市委、市政府	2021 年 7 月
县统计局	2019—2020 年度市级文明单位	市委、市政府	2021 年 7 月
大蜚山管委会	2019—2020 年度市级文明单位	市委、市政府	2021 年 7 月
建行仙游县支行	2019—2020 年度市级文明单位	市委、市政府	2021 年 7 月
县直机关工委	2019—2020 年度市级文明单位	市委、市政府	2021 年 7 月
度尾镇中心卫生院	2019—2020 年度市级文明单位	市委、市政府	2021 年 7 月
菜溪乡卫生院	2019—2020 年度市级文明单位	市委、市政府	2021 年 7 月
县青少年宫	2019—2020 年度市级文明单位	市委、市政府	2021 年 7 月
仙游调查队	2019—2020 年度市级文明单位	市委、市政府	2021 年 7 月

续表 26

单位名称	荣誉称号	授奖单位	授予时间
仙游经济开发区管委会（仙游火车站广场管理处）	2019—2020 年度市级文明单位	市委、市政府	2021 年 7 月
县委编办	2019—2020 年度市级文明单位	市委、市政府	2021 年 7 月
县工艺产业园管委会	2019—2020 年度市级文明单位	市委、市政府	2021 年 7 月
金钟水利枢纽管理局	2019—2020 年度市级文明单位	市委、市政府	2021 年 7 月
县市政管理中心	2019—2020 年度市级文明单位	市委、市政府	2021 年 7 月
县信访局	2019—2020 年度市级文明单位	市委、市政府	2021 年 7 月
县德安医院	2019—2020 年度市级文明单位	市委、市政府	2021 年 7 月
县科技局	2019—2020 年度市级文明单位	市委、市政府	2021 年 7 月
县台创园管委会	2019—2020 年度市级文明单位	市委、市政府	2021 年 7 月
县气象局	2019—2020 年度市级文明单位	市委、市政府	2021 年 7 月
县工艺办	2019—2020 年度市级文明单位	市委、市政府	2021 年 7 月
县旅游局	2019—2020 年度市级文明单位	市委、市政府	2021 年 7 月
县侨联	2019—2020 年度市级文明单位	市委、市政府	2021 年 7 月
枫亭镇中心卫生院	2019—2020 年度市级文明单位	市委、市政府	2021 年 7 月
县总医院	2019—2020 年度市级文明单位	市委、市政府	2021 年 7 月
县房地产管理中心	2019—2020 年度市级文明单位	市委、市政府	2021 年 7 月
鲤城社区卫生服务中心	2019—2020 年度市级文明单位	市委、市政府	2021 年 7 月
仙港工业园管委会	2019—2020 年度市级文明单位	市委、市政府	2021 年 7 月
县疾控中心	2019—2020 年度市级文明单位	市委、市政府	2021 年 7 月
县流动人口计生管理站	2019—2020 年度市级文明单位	市委、市政府	2021 年 7 月
钟山镇中心卫生院	2019—2020 年度市级文明单位	市委、市政府	2021 年 7 月
县军休所	2019—2020 年度市级文明单位	市委、市政府	2021 年 7 月
九鲤湖风景区管委会（县旅游开发总公司）	2019—2020 年度市级文明单位	市委、市政府	2021 年 7 月
县二建公司	2019—2020 年度市级文明单位	市委、市政府	2021 年 7 月
钟山镇	2019—2020 年度市级文明村镇	市委、市政府	2021 年 7 月
书峰乡	2019—2020 年度市级文明村镇	市委、市政府	2021 年 7 月
游洋镇	2019—2020 年度市级文明村镇	市委、市政府	2021 年 7 月
赖店镇	2019—2020 年度市级文明村镇	市委、市政府	2021 年 7 月
盖尾镇	2019—2020 年度市级文明村镇	市委、市政府	2021 年 7 月
度尾镇	2019—2020 年度市级文明村镇	市委、市政府	2021 年 7 月
社硎乡	2019—2020 年度市级文明村镇	市委、市政府	2021 年 7 月
钟山镇东溪村	2019—2020 年度市级文明村镇	市委、市政府	2021 年 7 月
榜头镇光埔村	2019—2020 年度市级文明村镇	市委、市政府	2021 年 7 月
钟山镇钟山村	2019—2020 年度市级文明村镇	市委、市政府	2021 年 7 月
钟山镇临水村	2019—2020 年度市级文明村镇	市委、市政府	2021 年 7 月
菜溪乡石峰村	2019—2020 年度市级文明村镇	市委、市政府	2021 年 7 月

续表 26

单位名称	荣誉称号	授奖单位	授予时间
大济镇蒲山村	2019—2020 年度市级文明村镇	市委、市政府	2021 年 7 月
西苑乡凤山村	2019—2020 年度市级文明村镇	市委、市政府	2021 年 7 月
赖店镇罗峰村	2019—2020 年度市级文明村镇	市委、市政府	2021 年 7 月
钟山镇南兴村	2019—2020 年度市级文明村镇	市委、市政府	2021 年 7 月
钟山镇朗桥村	2019—2020 年度市级文明村镇	市委、市政府	2021 年 7 月
书峰乡兰石村	2019—2020 年度市级文明村镇	市委、市政府	2021 年 7 月
大济镇龙坂村	2019—2020 年度市级文明村镇	市委、市政府	2021 年 7 月
西苑乡凤顶村	2019—2020 年度市级文明村镇	市委、市政府	2021 年 7 月
赖店镇锦田村	2019—2020 年度市级文明村镇	市委、市政府	2021 年 7 月
菜溪乡菜溪村	2019—2020 年度市级文明村镇	市委、市政府	2021 年 7 月
榜头镇后坂村	2019—2020 年度市级文明村镇	市委、市政府	2021 年 7 月
西苑乡西苑村	2019—2020 年度市级文明村镇	市委、市政府	2021 年 7 月
书峰乡书峰村	2019—2020 年度市级文明村镇	市委、市政府	2021 年 7 月
西苑乡前洋村	2019—2020 年度市级文明村镇	市委、市政府	2021 年 7 月
枫亭镇沧溪村	2019—2020 年度市级文明村镇	市委、市政府	2021 年 7 月
园庄镇宫兜村	2019—2020 年度市级文明村镇	市委、市政府	2021 年 7 月
郊尾镇伍狮村	2019—2020 年度市级文明村镇	市委、市政府	2021 年 7 月
大济镇溪车村	2019—2020 年度市级文明村镇	市委、市政府	2021 年 7 月
盖尾镇前连村	2019—2020 年度市级文明村镇	市委、市政府	2021 年 7 月
园庄镇霞山村	2019—2020 年度市级文明村镇	市委、市政府	2021 年 7 月
枫亭镇耕丰村	2019—2020 年度市级文明村镇	市委、市政府	2021 年 7 月
石苍乡济川村	2019—2020 年度市级文明村镇	市委、市政府	2021 年 7 月
西苑乡仙西村	2019—2020 年度市级文明村镇	市委、市政府	2021 年 7 月
鲤南镇涵井村	2019—2020 年度市级文明村镇	市委、市政府	2021 年 7 月
郊尾镇东湖村	2019—2020 年度市级文明村镇	市委、市政府	2021 年 7 月
游洋镇龙山村	2019—2020 年度市级文明村镇	市委、市政府	2021 年 7 月
游洋镇游洋村	2019—2020 年度市级文明村镇	市委、市政府	2021 年 7 月
枫亭镇东宅村	2019—2020 年度市级文明村镇	市委、市政府	2021 年 7 月
枫亭镇九社村	2019—2020 年度市级文明村镇	市委、市政府	2021 年 7 月
盖尾镇瑞沟村	2019—2020 年度市级文明村镇	市委、市政府	2021 年 7 月
枫亭镇锦湖村	2019—2020 年度市级文明村镇	市委、市政府	2021 年 7 月
游洋镇石山村	2019—2020 年度市级文明村镇	市委、市政府	2021 年 7 月
榜头镇仙水村	2019—2020 年度市级文明村镇	市委、市政府	2021 年 7 月
盖尾镇斜尾村	2019—2020 年度市级文明村镇	市委、市政府	2021 年 7 月
石苍乡高阳村	2019—2020 年度市级文明村镇	市委、市政府	2021 年 7 月
郊尾镇后溪村	2019—2020 年度市级文明村镇	市委、市政府	2021 年 7 月
园庄镇云峰村	2019—2020 年度市级文明村镇	市委、市政府	2021 年 7 月

续表 26

单位名称	荣誉称号	授奖单位	授予时间
盖尾镇芹林村	2019—2020年度市级文明村镇	市委、市政府	2021年7月
园庄镇泗洋村	2019—2020年度市级文明村镇	市委、市政府	2021年7月
游洋镇桥光村	2019—2020年度市级文明村镇	市委、市政府	2021年7月
度尾镇洋坂村	2019—2020年度市级文明村镇	市委、市政府	2021年7月
游洋镇霞峰村	2019—2020年度市级文明村镇	市委、市政府	2021年7月
榜头镇桃源村	2019—2020年度市级文明村镇	市委、市政府	2021年7月
游洋镇金石村	2019—2020年度市级文明村镇	市委、市政府	2021年7月
游洋镇鲁头村	2019—2020年度市级文明村镇	市委、市政府	2021年7月
龙华镇貂峰村	2019—2020年度市级文明村镇	市委、市政府	2021年7月
度尾镇湘溪村	2019—2020年度市级文明村镇	市委、市政府	2021年7月
郊尾镇长安村	2019—2020年度市级文明村镇	市委、市政府	2021年7月
榜头镇昆仑村	2019—2020年度市级文明村镇	市委、市政府	2021年7月
盖尾镇仙华村	2019—2020年度市级文明村镇	市委、市政府	2021年7月
度尾镇埔尾村	2019—2020年度市级文明村镇	市委、市政府	2021年7月
盖尾镇莲井村	2019—2020年度市级文明村镇	市委、市政府	2021年7月
石苍乡石阳村	2019—2020年度市级文明村镇	市委、市政府	2021年7月
榜头镇何麓村	2019—2020年度市级文明村镇	市委、市政府	2021年7月
社硎乡社硎村	2019—2020年度市级文明村镇	市委、市政府	2021年7月
社硎乡半岭村	2019—2020年度市级文明村镇	市委、市政府	2021年7月
社硎乡湖洋村	2019—2020年度市级文明村镇	市委、市政府	2021年7月
度尾镇潭边社区	2019—2020年度市级文明社区	市委、市政府	2021年7月
枫亭镇学士社区	2019—2020年度市级文明社区	市委、市政府	2021年7月
度尾镇度峰社区	2019—2020年度市级文明社区	市委、市政府	2021年7月
枫亭镇兰友社区	2019—2020年度市级文明社区	市委、市政府	2021年7月
榜头镇上垅社区	2019—2020年度市级文明社区	市委、市政府	2021年7月
赖店镇土山社区	2019—2020年度市级文明社区	市委、市政府	2021年7月
榜头镇上昆社区	2019—2020年度市级文明社区	市委、市政府	2021年7月
枫亭镇铺头社区	2019—2020年度市级文明社区	市委、市政府	2021年7月
鲤中实验幼儿园	2019—2020年度市级文明校园	市委、市政府	2021年7月
儿童活动中心幼儿园	2019 2020年度市级文明校园	市委、市政府	2021年7月
鲤南中心小学	2019—2020年度市级文明校园	市委、市政府	2021年7月
城西中心小学	2019—2020年度市级文明校园	市委、市政府	2021年7月
仙游职业中专学校	2019—2020年度市级文明校园	市委、市政府	2021年7月
金石中学	2019—2020年度市级文明校园	市委、市政府	2021年7月
实验小学	2019—2020年度市级文明校园	市委、市政府	2021年7月
枫亭开发区中心小学	2019—2020年度市级文明校园	市委、市政府	2021年7月
枫亭和平小学	2019—2020年度市级文明校园	市委、市政府	2021年7月

续表 26

单位名称	荣誉称号	授奖单位	授予时间
榜头中学	2019—2020 年度市级文明校园	市委、市政府	2021 年 7 月
仙游一中	2019—2020 年度市级文明校园	市委、市政府	2021 年 7 月
枫江初级中学	2019—2020 年度市级文明校园	市委、市政府	2021 年 7 月
枫亭建国小学	2019—2020 年度市级文明校园	市委、市政府	2021 年 7 月
昌山初级中学	2019—2020 年度市级文明校园	市委、市政府	2021 年 7 月
枫亭海安小学	2019—2020 年度市级文明校园	市委、市政府	2021 年 7 月
度尾中学	2019—2020 年度市级文明校园	市委、市政府	2021 年 7 月
枫亭中学	2019—2020 年度市级文明校园	市委、市政府	2021 年 7 月
现代中学	2019—2020 年度市级文明校园	市委、市政府	2021 年 7 月
承璜第二学校	2019—2020 年度市级文明校园	市委、市政府	2021 年 7 月
第二实验小学	2019—2020 年度市级文明校园	市委、市政府	2021 年 7 月
石马初级中学	2019—2020 年度市级文明校园	市委、市政府	2021 年 7 月
东屏初级中学	2019—2020 年度市级文明校园	市委、市政府	2021 年 7 月
枫亭辉煌小学	2019—2020 年度市级文明校园	市委、市政府	2021 年 7 月
第三华侨中学	2019—2020 年度市级文明校园	市委、市政府	2021 年 7 月
鲤南大坂小学	2019—2020 年度市级文明校园	市委、市政府	2021 年 7 月
书峰学校	2019—2020 年度市级文明校园	市委、市政府	2021 年 7 月
仙游一中永鸿分校	2019—2020 年度市级文明校园	市委、市政府	2021 年 7 月
园庄中心小学	2019—2020 年度市级文明校园	市委、市政府	2021 年 7 月
游洋中心小学	2019—2020 年度市级文明校园	市委、市政府	2021 年 7 月
凤山学校	2019—2020 年度市级文明校园	市委、市政府	2021 年 7 月
麦斜岩风景区	2019—2020 年度市级文明景区	市委、市政府	2021 年 7 月
菜溪岩风景区	2019—2020 年度市级文明景区	市委、市政府	2021 年 7 月
仙水洋风景区	2019—2020 年度市级文明景区	市委、市政府	2021 年 7 月
仙游县	电子商务进农村示范县	商务部	2021 年 7 月
县农业农村局	福建省脱贫攻坚先进集体	省委、省政府	2021 年 7 月
钟山镇	福建省脱贫攻坚先进集体	省委、省政府	2021 年 7 月
县公安局经侦大队	2020 年度查处重大侵权盗版案件（第三批）有功单位	国家版权局	2021 年 7 月
县检察院	2020 年度查处重大侵权盗版案件（第三批）有功单位	国家版权局	2021 年 7 月
县计生协会	宣传教育工作及庆祝建党 100 周年演讲比赛先进单位	省计生协会	2021 年 7 月
京东(仙游)数字产业园(福建)	福建省级科技企业孵化器、众创空间	省科技厅	2021 年 8 月
县委党史方志办	全省党史系统先进集体	省人社厅、省委党史方志办	2021 年 8 月
县工信局	全省工信系统先进集体	省人社厅、工信厅	2021 年 8 月
县委报道组	2020 年度十佳报道组	福建日报社	2021 年 8 月

续表 26

单位名称	荣誉称号	授奖单位	授予时间
县检察院	省检察机关扫黑除恶专项斗争（2018—2020）先进集体	省检察院	2021 年 8 月
榜头镇退役军人服务站	退役军人服务保障体系建设“五有”先进单位	省委退役军人事务工作领导小组办公室	2021 年 8 月
县检察院	2021 年度全国检察宣传先进单位	最高人民检察院、检察日报社	2021 年 9 月
县财政局	全国财政系统庆祝中国共产党成立 100 周年主题征文活动一等奖	财政部	2021 年 9 月
县台创园管委会	全国台湾农民创业园发展建设第三方评价优秀等次	农业农村部办公厅、国务院台办秘书局	2021 年 9 月
京东(仙游)数字产业园(福建)	国家电子商务示范基地	商务部电子商务和信息化司	2021 年 9 月
仙游县	“十三五”期间计生家庭意外伤害保险工作先进单位	省计生协会、人保公司福建省分公司	2021 年 9 月
钟山镇	第二批全国乡村治理示范乡镇	中央农村工作领导小组办公室、农业农村部、中央宣传部、民政部、司法部、国家乡村振兴局	2021 年 10 月
县司法局赖店司法所	全国模范司法所	司法部	2021 年 10 月
县检察院	全国检察机关“文明接待室”	最高人民检察院政治部	2021 年 10 月
石苍乡济川村	2021 年中国美丽休闲乡村	农业农村部乡村产业发展司	2021 年 10 月
县双拥办	《初心不改，逐梦前行》获得双拥主题微电影、微视频、公益广告类二等奖	全国双拥工作领导小组办公室	2021 年 10 月
度尾镇砺山村民委员会	福建省民族团结进步模范集体	省政府	2021 年 10 月
度尾镇	2021 年福建省全域生态旅游小镇	省文旅厅	2021 年 10 月
榜头镇溪尾社区	2021 年全国示范性老年友好型社区	国家卫生健康委、全国老龄办	2021 年 10 月
县信访局	涉疫信访事项办理工作成绩突出集体	福建省信访工作联席办公室	2021 年 10 月
度尾镇	涉疫信访事项办理工作成绩突出集体	福建省信访工作联席办公室	2021 年 10 月
县教育局	2021 年度空军招收飞行员工作先进单位	东部战区空军政治工作部	2021 年 10 月
县审计局	节约型机关	国家机关事务管理局、中央直属机关事务管理局、国家发改委、财政部	2021 年 10 月
书峰兰石村	入选第十一批全国“一村一品”示范村镇	农业农村部办公厅	2021 年 10 月
书峰四黄村	福建省乡村振兴成绩突出村	福建省乡村振兴办公室	2021 年 10 月
县司法局赖店司法所	全国模范司法所	司法部	2021 年 11 月
第二实验小学	第三批全国中小学中华传统文化传承学校	教育部体育卫生与艺术教育司	2021 年 11 月
鲤南中心小学	第三批全国中小学中华传统文化传承学校	教育部体育卫生与艺术教育司	2021 年 11 月

续表 26

单位名称	荣誉称号	授奖单位	授予时间
县委政法委	2021 年度《长安》杂志宣传通联工作先进单位	中央政法委办公厅	2021 年 11 月
第二实验小学	第三批全国中小学中华优秀传统文化传承学校	教育部体育卫生与艺术教育司	2021 年 11 月
鲤南中心小学	第三批全国中小学中华优秀传统文化传承学校	教育部体育卫生与艺术教育司	2021 年 11 月
县文联	全省文联系统先进集体	省人社厅、文联	2021 年 11 月
县工艺办	仙作入编《中华人民共和国年鉴（2020 年度）》	新华通讯社	2021 年 11 月
钟山镇	省级乡村治理示范乡镇	省委农村工作领导小组办公室、组织部、宣传部、省农业农村厅、民政厅、司法厅	2021 年 12 月
大济镇龙坂村	2021 年度“全国民主法治示范村（社区）”	司法部	2021 年 12 月
大济镇蒲山村	2021 年度“全国民主法治示范村（社区）”	司法部	2021 年 12 月
钟山镇湖亭村	2021 年度“全国民主法治示范村（社区）”	司法部	2021 年 12 月
榜头于洁小学	第二批乡村温馨校园建设典型案例学校	省教育厅	2021 年 12 月
鲤城街道办事处	第五批全国“扫黄打非”进基层示范点	全国“扫黄打非”工作小组办公室	2021 年 12 月
县教育局	关心下一代工作成绩突出先进集体	教育部关工委	2021 年 12 月
第一道德中学	第一批省级平安校园	省教育厅	2021 年 12 月
石马中学	第一批省级平安校园	省教育厅	2021 年 12 月
实验小学	第一批省级平安校园	省教育厅	2021 年 12 月
第三实验小学	第一批省级平安校园	省教育厅	2021 年 12 月
城西中心小学	第一批省级平安校园	省教育厅	2021 年 12 月
城东中心小学	第一批省级平安校园	省教育厅	2021 年 12 月
度尾中心小学	第一批省级平安校园	省教育厅	2021 年 12 月
大济中心小学	第一批省级平安校园	省教育厅	2021 年 12 月
实验幼儿园	第一批省级平安校园	省教育厅	2021 年 12 月
第二实验幼儿园	第一批省级平安校园	省教育厅	2021 年 12 月
鲤中实验幼儿园	第一批省级平安校园	省教育厅	2021 年 12 月
鲤南幼儿园	第一批省级平安校园	省教育厅	2021 年 12 月
仙游县金湖格生态茶庄园	2021 年福建省休闲农业示范点	省农业农村厅	2021 年 12 月
榜头镇	仙游仙作工艺特色小镇被列入福建省特色小镇	省发改委	2021 年 12 月
度尾镇	仙游艺雕特色小镇被列入福建省特色小镇	省发改委	2021 年 12 月
仙游鲤声剧团	莆仙戏《借新娘》获第八届福建省艺术节“优秀剧目奖”	省文化厅	2021 年 12 月
鲤城街道办事处	第五批全国“扫黄打非”先进基层示范点	全国“扫黄打非”工作小组办公室	2021 年 12 月

续表 26

单位名称	荣誉称号	授奖单位	授予时间
县公安局扫黑办	全市扫黑除恶专项斗争成绩突出集体三等功	市扫黑除恶专项斗争领导小组	2021 年 12 月
县法院执行局	全市扫黑除恶专项斗争成绩突出集体嘉奖	市扫黑除恶专项斗争领导小组	2021 年 12 月
县扫黑办	全市扫黑除恶专项斗争成绩突出集体嘉奖	市扫黑除恶专项斗争领导小组	2021 年 12 月
鲤城街道党工委	全市扫黑除恶专项斗争成绩突出集体嘉奖	市扫黑除恶专项斗争领导小组	2021 年 12 月
县公安局	全省优秀公安局	省公安厅、人社厅	2021 年 12 月
县科协	2021 年全国科普日优秀活动	中国科协办公厅	2021 年 12 月
西苑乡	作品《源头守望 仙水长流》获第三届“守护美丽河湖——共建共享幸福河湖”全国短视频公益大赛优秀奖	中国水利水电出版传媒集团有限公司、水利部宣传教育中心、中国宋庆龄青少年科技文化交流中心	2021 年 12 月
移动公司仙游分市场部	2022 年 -2024 年福建省直青年文明号	团省委、省直机关工委	2021 年 12 月
钟山镇香山村	2021 年度福建省森林村庄	省绿化委员会、省林业局	2021 年 12 月
钟山镇南兴村	2021 年度福建省森林村庄	省绿化委员会、省林业局	2021 年 12 月
榜头镇望厝社区	2021 年度福建省“老年人健身康乐家园”称号	省体育局、省委文明办、省卫健委、民政厅、老年与体育协会	2021 年 12 月
书峰村	省级乡村治理示范村	省委农村工作领导小组	2021 年 12 月
县司法局	2016—2020 年全国普法工作先进单位	中央宣传部、司法部、全国普法办	2021 年 12 月
县工商联	2020—2021 年度全国“五好”县级工商联	中华全国工商联	2021 年 12 月
县委党史方志办	《仙游年鉴（2020）》获第八届全国地方志优秀成果（年鉴类）评选二等奖	中国地方志指导小组	2021 年 12 月

2021 年获得市级及以上表彰先进个人一览表

表 27

姓名	工作单位	荣誉称号	授奖单位	授予时间
张金国	县委政法委	全国扫黑除恶专项斗争先进工作者	全国扫黑除恶专项斗争领导小组	2021 年 1 月
林洪英家庭	榜头镇	2018 2020 年度全国文明家庭	省委文明办	2021 年 1 月
陈晗丹	县统计局	莆田市第四次全国经济普查三等功	市政府	2021 年 1 月
连晨烨	县统计局	莆田市第四次全国经济普查三等功	市政府	2021 年 1 月
陈琳梅	度尾镇	全省优秀妇联主席	省妇联	2021 年 2 月
卓一萍	鲤城东门社区	全省优秀妇联主席	省妇联	2021 年 2 月
林丽霞	仙游县农商银行	全省优秀妇联主席	省妇联	2021 年 2 月

续表 27

姓名	工作单位	荣誉称号	授奖单位	授予时间
郑志伟	鲤南镇	莆田市“双轮”驱动项目攻坚先进个人	市委、市政府	2021 年 2 月
黄源堤	鲤南镇	莆田市“双轮”驱动项目攻坚先进个人	市委、市政府	2021 年 2 月
王　琪	鲤南镇	莆田市“双轮”驱动项目攻坚先进个人	市委、市政府	2021 年 2 月
傅俊忠	鲤城街道	莆田市“双轮”驱动项目攻坚先进个人	市委、市政府	2021 年 2 月
吴泽旭	鲤城街道	莆田市“双轮”驱动项目攻坚先进个人	市委、市政府	2021 年 2 月
王　杰	鲤城街道	莆田市“双轮”驱动项目攻坚先进个人	市委、市政府	2021 年 2 月
朱贞丽	鲤城街道洪桥社区	全国“爱警母亲”	公安部、全国妇联	2021 年 3 月
黄萍萍	县总医院	福建省“三八”红旗手	省妇联	2021 年 3 月
林梅治	榜头镇溪尾社区	福建省“三八”红旗手	省妇联	2021 年 3 月
黄萍萍	县总医院	福建省岗位学雷锋标兵	省妇联	2021 年 3 月
林庆元	县司法局	全国 5 月份平安之星	中央政法委长安剑	2021 年 5 月
翁建河	县公安局菜溪派出所	福建省扫黑除恶成绩突出个人	福建省扫黑除恶专项斗争领导小组	2021 年 5 月
黄智君	榜头镇	福建省脱贫攻坚先进个人	省委、省政府	2021 年 5 月
张春志	榜头镇	福建省脱贫攻坚先进个人	省委、省政府	2021 年 5 月
陈国成	榜头镇上昆社区	福建省脱贫攻坚先进个人	省委、省政府	2021 年 5 月
李元权家庭	书峰乡兰石村	全国五好家庭	中华妇女儿童联合会	2021 年 5 月
郑鸿高家庭	社硎乡湖洋村村民	福建省“最美家庭”	省妇联	2021 年 5 月
张光伟家庭	仙县公安局交警大队	福建省“最美家庭”	省妇联	2021 年 5 月
林　颖家庭	县直机关农办系统	福建省“最美家庭”	省妇联	2021 年 5 月
郑鸿高家庭	社硎乡湖洋村	福建省“最美家庭”	省妇联	2021 年 5 月
张光伟家庭	县公安局交警大队	福建省“最美家庭”	省妇联	2021 年 5 月
林　颖家庭	县直机关农办系统	福建省“最美家庭”	省妇联	2021 年 5 月
傅俊忠	鲤城街道	全市优秀党务工作者	市委	2021 年 6 月
林　鑫	度尾镇	全市优秀党务工作者	市委	2021 年 6 月
林恒翔	钟山镇	全市优秀党务工作者	市委	2021 年 6 月
郑鹏镍	游洋镇	全市优秀党务工作者	市委	2021 年 6 月
余沐雨	钟山镇	全市优秀共产党员	市委	2021 年 6 月
蒋锋隆	钟山镇南兴村	全市优秀共产党员	市委	2021 年 6 月
陈伟锋	社硎乡	全市优秀共产党员	市委	2021 年 6 月
叶　娜	西苑乡	全市优秀共产党员	市委	2021 年 6 月
连秀珍	县司法局	全市优秀共产党员	市委	2021 年 6 月
魏冬梅	县司法局	“法援惠民生 扶贫奔小康”品牌活动表现突出个人	司法部	2021 年 6 月

续表 27

姓名	工作单位	荣誉称号	授奖单位	授予时间
吕清水	县农业农村局	全省优秀共产党员	省委	2021 年 7 月
张志东	大济镇党委	全省优秀共产党员	省委	2021 年 7 月
陈铭洲	仙游县铭天下红木家具公司	全省优秀共产党员	省委	2021 年 7 月
姚婷婷家庭	县检察院	2019—2020 年度市级文明家庭	市委、市政府	2021 年 7 月
杨宇斌家庭	县直机关农办系统	2019—2020 年度市级文明家庭	市委、市政府	2021 年 7 月
蒋锋隆家庭	钟山镇南兴村	2019—2020 年度市级文明家庭	市委、市政府	2021 年 7 月
翁贞贞家庭	县委办党群系统	2019—2020 年度市级文明家庭	市委、市政府	2021 年 7 月
吴京宾家庭	县公安局	2019—2020 年度市级文明家庭	市委、市政府	2021 年 7 月
黄萍萍家庭	县总医院	2019—2020 年度市级文明家庭	市委、市政府	2021 年 7 月
陈黄建家庭	九仙溪水电开发总公司	2019—2020 年度市级文明家庭	市委、市政府	2021 年 7 月
董章华家庭	钟山镇朗桥村	2019—2020 年度市级文明家庭	市委、市政府	2021 年 7 月
严雪贞家庭	盖尾镇昌山村	2019—2020 年度市级文明家庭	市委、市政府	2021 年 7 月
陈泽楠家庭	县农商银行	2019—2020 年度市级文明家庭	市委、市政府	2021 年 7 月
俞奇清家庭	厦门市同安区成方圆教育	2019—2020 年度市级文明家庭	市委、市政府	2021 年 7 月
郑秋祥家庭	陕西省日兴能源有限公司	2019—2020 年度市级文明家庭	市委、市政府	2021 年 7 月
黄文钗家庭	县财政局	2019—2020 年度市级文明家庭	市委、市政府	2021 年 7 月
傅雨娟	榜头镇	“启航新征程·开创新辉煌”庆祝建党 100 周年演讲比赛优秀奖	省计生协会	2021 年 7 月
张金国	县委政法委	莆田市政法先进典型	市委、市政府	2021 年 8 月
郑志忠	县委报道组	福建日报 2020 年度优秀通讯员	福建日报社	2021 年 8 月
陈国孟	县委报道组	福建日报 2020 年度优秀通讯员	福建日报社	2021 年 8 月
郑武进	县司法局	最美劳动者	省总工会	2021 年 9 月
朱开付	枫亭镇沧溪村	福建省民族团结进步模范个人	省政府	2021 年 10 月
黄碧红	书峰乡	福建省文化和旅游厅能人	省文化和旅游厅	2021 年 10 月
岳婷婷	县司法局	2016-2020 年全省普法工作先进个人	省委宣传部、省司法厅	2021 年 10 月
黄加成	大济蒲山村	2016-2020 年全国普法工作先进个人	中央宣传部、司法部、全国普法办	2021 年 11 月
陈苍森	县检察院	全省检察机关先进个人	省人社厅、省检察院	2021 年 11 月

续表 27

姓名	工作单位	荣誉称号	授奖单位	授予时间
郑中武	榜头镇	福建省十大“最美基层河长”	福建省河长制办公室、海峡都市报社	2021 年 11 月
黄碧红	书峰乡	2021 年乡村和旅游能人支持项目	文化和旅游部	2021 年 11 月
曾朝霞	县档案局（馆）	福建省档案工匠	福建省档案局	2021 年 11 月
邱宗灿	县档案局（馆）	福建省档案专家	福建省档案局	2021 年 11 月
林丽霞	鲤城东门社区	全国妇联系统劳动模范	人社部、全国妇联	2021 年 12 月
郑武进	县司法局	平安中国建设先进个人	中央政法委	2021 年 12 月
郑武进	县司法局	福建省第四届“十大法治人物”	省委全面治省委员会办公室等六部门	2021 年 12 月
郑武进	县司法局	2017—2020 年度平安中国建设先进个人	平安中国建设协调小组、人社部	2021 年 12 月
郑武进	县司法局	福建好人榜“敬业奉献”类好人	省委文明办	2021 年 12 月
游文晃	鲤城北宝峰社区	2021 年度福建省“最美退役军人”	省委宣传部、省退役军人事务厅、省军区政治工作局	2021 年 12 月
黄镇华	仙游县	2021 年度福建省“最美退役军人”	省委宣传部、省退役军人事务厅、省军区政治工作局	2021 年 12 月
陈志挺	县委	全市扫黑除恶专项斗争成绩突出个人二等功	市扫黑除恶专项斗争领导小组	2021 年 12 月
吕全锦	县检察院	全市扫黑除恶专项斗争成绩突出个人三等功	市扫黑除恶专项斗争领导小组	2021 年 12 月
陈益鹏	县法院	全市扫黑除恶专项斗争成绩突出个人三等功	市扫黑除恶专项斗争领导小组	2021 年 12 月
林文辉	县法院执行局	全市扫黑除恶专项斗争成绩突出个人嘉奖	市扫黑除恶专项斗争领导小组	2021 年 12 月
李宋飞	县公安局刑侦大队	全市扫黑除恶专项斗争成绩突出个人嘉奖	市扫黑除恶专项斗争领导小组	2021 年 12 月
陈建清	县纪委监委党风政风监督室	全市扫黑除恶专项斗争成绩突出个人嘉奖	市扫黑除恶专项斗争领导小组	2021 年 12 月
林玉镇	晔晨集团（福建）有限公司	入选“中国好人榜”	中央文明办	2021 年 12 月

附录

中央（国家级）媒体报道选录

桂花香远溢　仙游新跨越

“漫漫时光，悠悠岁月。木兰溪经历了从屡屡成灾、水害人躲，到溪流安澜、人水和谐的巨变，以不同时段的拼图，演绎着欢歌和沧桑。一部光辉灿烂的木兰溪文明史，在一定意义上，就是与水患灾害持续不断斗争的历史。”4月20日，在福建省仙游县水文化展厅，解说员向参观群众介绍。

1999年，是改变莆田“母亲河”——木兰溪的历史性一年。时任福建省委副书记、代省长的习近平同志亲自擘画并启动了木兰溪整治工程。区域人口、面积均占莆田市三分之一的仙游县，深入贯彻落实习近平总书记治理木兰溪的重要理念，主动作为，走好“生态立县”发展战略引领经济社会与生态共赢发展之路，山清水秀美丽仙游基本建成。

仙游县水务局退休总工程师蔡永仁回忆，上世纪90年代以前，由于没有经费用鹅卵石筑坝，一遇洪水就被冲毁，真是年年修年年毁。2011年8月木兰溪防洪工程被再度列入全国244条重点中小河流治理计划，建设后的木兰溪提高防洪标准，提高城市品位，实现人水和谐，仙游县通过做足“一溪两岸”山水文章，让木兰溪沿岸成为城区市民亲近自然、休闲娱乐的中心场所。

谷雨刚过，傍晚时分，记者一行沿着木兰溪景观带仙游城区段行走，和风习习，风光如画的生态水文景观让人陶醉。而今木兰溪全流域水质明显提升，创造了以水定城、以水兴城的基础条件，生态优势成为仙游县最大的发展优势所在，也是最大的发展潜力所在。

那么，仙游县是如何走“生态立县”发展战略引领经济社会与生态共赢发展之路？如何在发展经济的同时，保护好绿水青山、蓝天白云，生态文明建设的木兰溪样本进一步巩固提升，生态文明建设走在全省乃至全国前列？

“三区三带”

因地制宜实施生态立县

“仙游区位优势独显，自然禀赋突出，进一步优化生活、生产和生态空间布局，着力构建‘三区三带’发展格局，推动全方位高质量发展超越，打造东南部沿海经济带的重要战略支点、建设宜居宜业宜游的现代化县域，打造湄洲湾都市区的重要一极。”时任仙游县委书记郑亚木说。

何为“三区三带”？仙游县“十四五”规划是这样表述的：南部的滨海新城，以仙游经济开发区为载体，利用湄洲湾港口、动车站、高速路等交通和腹地广阔平坦的优势，构建滨海新城产城融合发展带，形成县域经济发展的重要增长极和强劲动力源。

中部的中心城区，坚持“东拓南进西扩北兴中修”的城市发展战略，拉开城市框架，丰富城市功能，重点发展商贸服务业，打造集商业、商务、行政、金融、研发、教育、文化、会展、旅游等为一体的综合服务中心，构建集特色产业、综合服务、现代商贸、宜居生活为一体的木兰溪沿岸特色产业发展带。

北部的生态旅游经济区依靠生态资源、自然风光、历史文化优势，集中发展生态观光旅游、休闲旅游、康养旅游、文化旅游、红色旅游、乡村旅游等旅游业态，建设生态文旅康养示范区，推动文化、体育、旅游、康养产业深度融合的大景区建设，打造北部山区乡村振兴发展带。

顶层设计

为“三区三带”发展保驾护航

为了确保“三区三带”落实到位，仙游实行了差异化的要素配套和政策导向。

产业导向上，以产业规划为引领，聚力土地集约利用，挖潜增效盘活发展空间，优化“三区协同”的生产空间布局，加快形成特色鲜明、支撑力强的产业集群。南部仙游经济开发以创建国家级开发区为目标，推动仙游经济开发区和仙港工业园区整合，打造成为层次高、规模强、带动强、效益好的专业园区和改革试验区、开放先行区、创新引领区、合作示范区。中部中心城区以木兰溪流域为中心，以工艺美术产业为抓手，重点发展生产性服务业、文化创意产业、休闲度假产业，建设“有文化底蕴、有独特魅力、有产业动力、有创新活力”的新型城镇。

仙游工艺产业园管委会主任王志峰说，面对新门市场环境，仙游县积极引导“仙作”企业巩固高端市场，抢占中低端市场，开发利用新木种，生产适应大众审美的新中式、新古典家具产品，提高市场占有率，把产业做出特色，带动全县工艺美术产业迅猛发展。

北部的生态旅游经济区实施乡村振兴战略，打造成生态良好的集文旅、康养、现代农业于一体的福建东南部休闲观光后花园、都市型特色农业示范区。

财政投向上，南部仙游经济开发区重点投向工业园区及与工业发展相配套的基础设施建设，进一步拓展产业承载空间，推进产业综合体、创新综合体、生活邻里中心、园区服务中心建设；中部中心城区重点投向城市配套设施和公共服务设施建设，高水平、精细化推进县城中心区新城建设和旧城更新，推动基础设施和公共服务向木兰溪沿岸乡镇拓展延伸。北部生态旅游经济区重点投向农村基础设施以及生态环境保护和建设，优化整合农村居民点，保护农村田园景观，提升生态空间活力。同时还建立生态补偿机制，实行财政转移支付。2012 年以来仙游每年安排近 3000 万元专项资金用于山区乡镇的污水治理、垃圾整治、生态林建设等项目。

绩效考评上，将资源消耗、环境损害和生态效益等生态标准纳入经济社会发展评价体系，逐年提高绿色 GDP 指标占 GDP 总指标比例，保证生态文明建设工作占党政实际考核的比例不少于 20%；健全河（湖、林）长制，基于自然资源负债表制度，全面推行领导干部自然资源资产离任审计制度，建立完备的责任台账制度、责任追踪溯源制度和责任追究的启动机制，构建具有仙游特色的“1+1+N”生态环境保护工作责任体系，落实生态环境损害责任终身追究制。

仙游县发改局局长林金涛介绍，“十三五”规划主要目标任务基本完成，仙游县入选“省级乡村振兴重点县”，乡村振兴战略规划完成编制并全面实施，重点培育 2 个省级乡村振兴特色镇、22 个试点村，新建提升 99 个美丽乡村；建成 7 个国家森林乡村、6 个福建省森林村庄，124 个村被命名为“省级生态村”。

同步打造

“八位一体”的生态名片

新仙游，新作为。厚积薄发的仙游吹响了冲刺全省县域经济十强的集结号，打好项目落地战役、生态宜居战役、文教强县战役等“四大战役”，同步推进“八城同创”，驶入了全方位推动高质量发展超越的快车道。

郑亚木介绍，仙游县提出“八位一体”打造生态名片，在“十三五”期间，县里同步创建国家级生态县、国家园林县城、国家农产品质量安全县、国家全域旅游示范区，建设创建省级卫生城市、省级文明县城、省级乡村振兴重点县、省级森林县城，为“十四五”发展奠定坚实基础。

首要的是创建国家级生态县，围绕“美丽仙游、宜居仙游”建设，以增绿量、提档次、出精品为主线，坚持开发与保护并举，加强林业资源、海洋资源、水资源等自然生态资源保护管理，建设“山、水、绿、城”和谐的生态宜居城市，初步显现出水在溪中流、鸟在林中飞、车在绿中行、人在景中游的和谐图景。

仙游县住建局局长柯新建说，创建国家园林县城过程中，通过两年时间，城区绿地面积 720.43 公顷、绿化覆盖面积 742.72 公顷、公园绿地面积 207.38 公顷、道路绿地面积 88.15 公顷，绿地率 38.73%、绿化覆盖率39.93%，人均公园中心区公共绿地12.2平方米。这是一项造福当代、惠及子孙的民心工程，不仅为市民创造了宜居、宜游、宜商、宜学、宜业的环境，也为后世子孙积累了巨大的财富和资源。

素有“七山二水一分田”之称的仙游县，生态环境优美，农业资源丰富，主产水稻、蔬果、食用菌、茶叶等，主要特色农产品有度尾文旦柚、金沙薏米、仙游甜柿、书峰枇杷、郑宅茶等。仙游突出抓住农业生产“源头”的“牛鼻子”，大力推进标准化农田建设，全面推进农业标准化生产，按照“一乡一业、一村一品”精心培育“三品一标”农产品（无公害、绿色、有机和地理标志农产品），使得仙游成为莆田市唯一获“国家农产品质量安全县”的县区。

“山水就是宝藏，生态就是财富。仙游生态环境优美，全县森林覆盖率高达71.35%，居莆田市之冠。生态立县是具有后发优势的仙游推进发展超越的不二选择。”历任县委、县政府秉持生态文明理念，打开了一条既有绿水青山又有金山银山的仙游县域经济又快又好发展之路。

为了把生态旅游产业真正培育成为新的经济增长点，仙游县实施“三线一单”生态环境分区管控，持续保持生态环境质量，推进木兰溪全流域综合治理，深化大气、土地污染综合治理，推广循环经济模式，引导生活绿色转型，建立绿色金融保障机制，推进经济生态化、生态经济化，构建绿色制造体系。仙游县文旅局局长胡建新说，目前县里利用各种平台积极招商引资，吸引资本投入到生态旅游区的菜溪岩、麦斜岩等景点建设，同时鼓励农民以自己的生态林产、生态农业入股，共同开发乡村生态游，做大生态旅游“蛋糕”，促进仙游的自然生态资源优势逐步转化为经济优势，带动县域经济持续发展。

（《中国县域经济报》 记者 黄长秋 通讯员 郑志忠）

2021年仙游县“文化和自然遗产日”系列活动于书峰乡启动

中新网福建新闻6月11日电（记者 林玲）11日，全福游·有全福·书峰拾“遗”暨2021年仙游县“文化和自然遗产日”系列活动在书峰乡兰石村的绿源名贵植物园内拉开帷幕。

仙游县县长吴海端宣布活动开幕。仙游县副县长吴兰芳作开幕致辞。活动现场还举行了书峰乡文旅产业重点项目签约仪式。

吴兰芳表示，近年来，在仙游县委县政府高度重视下，在全县的文化部门和社会各界的共同努力下，仙游的文化遗产保护创新性地发展取得了可喜成绩。目前，全县共有国家级非遗项目2项，省级非遗项目12项，市级非遗项目52项，县级非遗项目117项。

“保护文化遗产、传承文明是功在当代、利在千秋的事业。我们将把珍贵的文化遗产保护好、传承好、利用好，为建设文化强县作出更大贡献。”吴兰芳如是说。

记者在现场看到，仙游县以自然舞台为基础，采用吹拉弹唱、琴棋书画、闻香品茗及南拳表演等文艺演出的形式，精心展示仙游“非遗＋旅游”项目，上演了莆仙戏《引路人》、旗袍走秀《兰溪情·红木韵》、溪讲坛：《郑纪故事》《青黛与扎染》等精彩节目，令现场观众大呼过瘾。

仙游县县长吴海端宣布活动开幕 （主办方 供图）

图为书峰乡文旅产业重点项目签约仪式（主办方 供图）

此外，活动现场还举办了仙游“非遗 + 旅游”项目图片展，并展示了许多仙游当地的特色产品，吸引了众多游客的目光。

值得一提的是，近年来，书峰乡立足于乡域特色，以发展乡村旅游为抓手，以引进文旅产业重点项目为依托，引进了莆田市光蒲旅游开发有限公司，进一步探索“乡村振兴与旅游有机结合”的模式。

据悉，该重点项目计划投资旅游运营项目三期共6800万元，让绿源名贵植物园成为青少年社会教育学习互动实践型的成长营地，以自然、人文、运动为主题，编制一个涵盖认知、探索、讲演、游学、拓展等活动的五彩世界，打造未来少年俱乐部。

书峰乡文旅产业重点项目签约仪式　（主办方　供图）

仙游当地的特色产品吸引了众多游客的目光（林　玲　摄）

新华指数 | 新华·仙游仙作产业发展指数 2020 年总体呈现持续上升态势

新华社北京 3 月 25 日电（周晓苗、丁雅雯）《新华·仙游仙作产业发展指数报告（2020 年第四季度）》25 日在线上发布。报告从产业、品牌、潜力三个方面，量化评估了疫情防控常态化背景下福建省莆田市仙游县产业发展水平，旨在为各方提供价值参考。

报告显示，新华·仙游仙作产业发展指数 2020 年总体呈现持续上升态势。其中，产业实力指数保持恢复性增长。仙游县各项利好政策措施持续释放，在数字经济产业园平台经济效应显著、供应链配套平台进一步完善、劳动者技能提升等各种因素共同发力下，仙作产业实力指数 2020 年第四季度继续保持增长，报 113.04 点，成为 2018 年以来的第二高点。产业规模和产业效益两个指标均呈现稳步回升态势。

品牌影响力指数保持较高水平。仙游县紧抓电商经济、直播经济、共享经济发展新机遇，吸引人们对仙作品牌的关注，三年来品牌影响力得到大幅提升，2020 年第四季度品牌影响力指数保持较高水平，达到 143.04 点。其中，品牌知名度指数位居较高水平，仙作品牌公信度指数保持稳定增长态势。

发展潜力指数再创新高。仙作发展潜力指数在 2018、2019 年连续两年保持了持续快速增长势头，2020 年初虽经历了与疫情的遭遇战，但在仙游注重增强创新潜力、挖掘市场潜力、提升发展质量等一系列努力下，仙作发展潜力进一步提升，指数再创新高，取得了显著成绩。2020 年第四季度产业发展潜力指数超越第三季度，成为基期以来的最高点，达 171.62 点。影响仙作发展潜力指数的创新潜力指数、市场潜力指数、发展质量指数三项分指数，在 2020 年第四季度保持了继续增长的势头，市场潜力指数增长相对更高。

工业和信息化部工业文化发展中心政策规划部副主任付向核认为，指数以仙作产业实力、品牌影响力、发展潜力等监测指标和先行指标动态评估为抓手，已持续发布 6 期指数报告分析成果，这对传承创新古典工艺家具文化、激发仙游创新创业活力、引领仙作产业高质量发展具有重要现实意义。

第九届中国（仙游）红木艺雕精品博览会开幕

12 月 18 日，第九届中国（仙游）红木艺雕精品博览会在福建仙游抖音电商直播基地开幕。本届博览会以“云享仙作 乐购仙游”为主题，通过线上线下深度融合，宣传“仙作”品牌、推广“仙作”精品、促进“仙作”产业发展。

开幕式上，中国家具协会理事长徐祥楠在视频致辞中谈到，仙游“仙作”源于唐宋，兴于明清，盛于当代，历经千年的传承创新，诠释着中华民族兼容并蓄、开拓进取的文化自信，承载着博采众长、百花齐放的中国精神，为满足人民美好生活需要做出了重要贡献。

国务院参事室特邀研究员、中国劳动学会会长杨志明在视频致辞中谈到，面对新冠疫情冲击和红木市场疲软的双重压力，红木产业特别需要创新发展。仙游作为我国主要的红木家具制作基地，仙游家具的创新发展对全国具有引领作用。要用数字化带动产业升级，加快智能制造和精打细磨融合的技术创新，加快线上线下融合的营销创新，加快技能密集与技工提升的人力资源创新，加快营造宽松的环境，让人流、物流、技术流、资金流、数据流源源不断地流入仙游。

本届仙游红博会呈现三大亮点：一是多平台协同，利用疫情影响下“宅经济”“线上经济”迅速升温的红利，抖音、京东等多平台协同，上百家工艺龙头企业提供第一手货源，打造仙游工艺的“五星直播”；二是突出文化、工艺，本届红博会特设仙作文化工艺主题展，现场直播木雕、油画、陶瓷创作等，以直观形式展现仙作精湛技艺；三是跨界融合，以“红木”为主题，汇聚上千件工艺美术精品展示，涵盖木雕、油画、香道、陶瓷、茶道、花卉等艺术领域，借助跨界融合场景展示实现“仙作 +”，为参观者献上一场文化盛宴。

主播正在抖音平台推销仙作工艺品

12 月 18 日，2021 年第九届中国（仙游）红木艺雕精品博览会在仙游抖音电商直播基地开幕

仙游副县长蒋庆和介绍，仙游已经成功举办了八届红木博览会。以本届博览会为起点，仙游将致力于创新驱动、数字赋能，推动仙作特色产业与互联网、大数据、人工智能、区块链深入融合发展。

据了解，本届博览会由中国家具协会主办，福建省古典工艺家具协会、福建莆田市天映商务服务有限公司承办。博览会期间还将举办福建省“仙艺杯”手工木工职业技能竞赛、仙作文化工艺主题展、仙作好物集货市场、抖音好物 • 仙作直播挑战赛、仙作京东品销专场等多项线上线下活动。

驶往春天的列车——福建仙游高铁冠名列车正式首发

12 月 31 日，福建省仙游县高铁冠名列车仙游至北京站正式首发。该冠名活动以“心动仙游～仙作 • 仙境 • 仙韵”为主题，由新华社民族品牌工程办公室和仙游县委县政府联合发起，全面展示仙游的工艺美术、山水旅游和红色文化。

本次列车主轴覆盖京沪高铁、合福高铁、沪昆高铁等优质线路，贯穿东部沿海、长三角、川渝经济圈直达北京、上海等一线城市，蔓延内陆大部分经济发达省会城市。列车从车身到车厢内部，实现了全方位沉浸式场景化体验，车身冠名、头枕巾、小桌板、行李架、车门贴、海报、LED 屏、播音等全媒体形式展现仙游形象。首发后，沿线直接触达高铁出行人群日均 3200 人次，间接覆盖超 3 万人次；全年直接触达约 120 万人次，间接覆盖超 1000 万人次。

仙游县地处福建东南沿海中部，是中国古典工艺家具之都和中国仙作红木家具产业基地，当地生态环境优美，文化底蕴深厚，国画、油画、戏剧、武术、古玩等历史源远流长。

诞生于仙游县的仙作古典工艺家具制作技艺被列入国家非物质文化遗产保护名录，入选第一批国家传统工艺振兴名录。据了解，仙作源于唐宋、兴于明清、盛于当代，是传统国画艺术、雕刻艺术与家具制作技艺的巧妙融合，是明清家具经典款式的传承和创新，被称为“东方艺术家具”，与京作、苏作、广作家具并称为中国古典家具“四大流派”，是莆田市一张亮丽的文化名片，仙作产业是仙游县特色、优势的富民产业、支柱产业和文化创意产业。

目前，仙作古典工艺高端家具占全国 70% 以上，

莆田市政府副市长祝海辉（后排左八），新华社福建分社副社长梅永存（后排右七），仙游县委书记吴文恩（后排左七）、县政府县长吴海端（后排右六）、县人大常委会主任黄一敏（后排左六）、县政协主席林志良（后排右五）等嘉宾出席首发仪式

大众化和新中式家具占全国 30% 以上，是引领我国古典工艺家具市场重要的风向标和晴雨表。

2022 年，仙游县将着力打造产业跨界融合的品质仙游、城乡互动融合的活力仙游、改革开放融合的创新仙游、人文生态融合的文明仙游、民生平安融合的和谐仙游，坚持以高质量发展为主线，打好产业经济组合拳。

（来源《新华社》客户端）

仙游县高铁冠名列车车厢内部展示

仙游县高铁冠名列车外景展示

践初心行稳致远 担使命谱写新篇——福建仙游推动党史学习教育走深走实

从百年党史中汲取宝贵经验，福建省仙游县有效搭建党史学习教育载体，广泛开展内容丰富、主题鲜明、形式多样的庆祝活动和为民办实事实践活动，推动党史学习教育走深走实，激发全县党员干部以更加饱满的热情听党话、感党恩、跟党走，汇聚起实施兴城市、强产业“双轮”驱动，全方位推动高质量发展超越的强劲力量。

一心向党唱响革命旋律

追寻红色文化的来踪去路，彰显党在革命历史实

践中创造的精神价值。7月2日，仙游县鲤声剧团推出红色题材现代莆仙戏《闽中英烈传》，献礼建党100周年。连日来通过戏剧进社区、进校园，为更多的人带来一场精神上的红色洗礼。

《闽中英烈传》根据史实改编，生动演绎了1937年郭永华、王于洁等闽中革命先烈的英雄形象，彰显共产党人坚定的理想信念、崇高的价值追求、不惧牺牲的精神品质，为广大党员干部上了一堂了解莆仙地区革命历史的文艺党课。

仙游县方志办编发《仙游英烈》，通过讲好英烈的故事，传播党的光荣传统和优良作风，引导广大党员不忘初心、牢记使命。

红色基地赓续精神血脉

一个个红色地标亮起来，一段段红色历史活起来。一个红色基地就是一座革命丰碑。

2021年来，仙游县1025个党支部来到了红色基地，开展主题党日活动，重温入党誓词，体验身边看得见、摸得着、能感触的鲜活历史，以实际行动传承红色基因、彰显红色文化、弘扬红色精神。

2021年，上宫支部旧址被省委党史学习教育领导小组办公室确定为全省100个党史学习教育参观学习点之一，成为仙游县唯一上榜教育基地。自开展党史学习教育以来，共有近800个单位、1万多名党员前往参观学习。

为了满足全县45776名党员接受革命传统教育和思想洗礼的需要，仙游县广泛开展革命遗址普查与保护工作，深入走访当事人、知情人，采用实地调查和档案核查相结合的方式，逐一审核革命遗址的真实性、价值性和可利用性，最终确定县域革命遗址80处，选择35个革命遗址，辑录成《初心地图》一书，把党的故事、革命故事、英雄故事诠释得更生动鲜活，为赓续红色资源精神血脉夯实基础。

截至目前，仙游县党史学习教育学习点共接待党员干部群众1117批次、约4.5万人次，推动党史学习教育走深走实。

办好实事诠释责任担当

从细处着手，办好为民实事。仙游县大力开展棚户区改造，优化人居环境。6月29日万福乾顶洋二期9栋安置房交付给441户拆迁户，仙游县县长吴海端向回迁居民代表交付新居钥匙，表示将全力以赴打造精品社区，努力改善民生。

吴海端坚持每月到“12345”便民服务平台，接听群众来电，回应群众关切，截至7月20日累计接线182件，已经办理169件，正在跟踪13件，做到高效对接，逐个解决，妥善处理各类问题，不断提升群众的幸福指数。

宋桥花园小区安置房 （郑志忠 摄）

石苍高阳村省委旧址 （郑志忠 摄）

更可喜的是，仙游县帮助老区人民深入挖掘革命文物价值内涵和文化元素，开发文化创意产品，打造“红色＋乡村”“红色＋文创”“红色＋民俗”等红色旅游复合型产品，譬如临水村建成了集农产品展销、电商物流、特色民宿、乡食餐饮为一体的新社区；高阳村推进“红色旅游＋”融合，使村民种的乌笋干、高坪茶，酿的蜂蜜成了抢手货，促进农民增收；田利村推出“走红军路、唱红军歌、品红军饭”红色研学线路，把山里的茶油、土鸡蛋、生态米、苦笋等“绿色产品”卖到山外；眼下很多老区村基本形成“有得看、留得下、待得住、带得走、想再来”的旅游新业态，实现兴村富民。

（记者 黄长秋 通讯员 郑志忠）

（来源：中国县域经济报）

莆仙戏《闽中英烈传》剧照　（谢凌帆 摄）

福建仙游创新“直播＋”模式推动电商产业发展

12 月 14 日，从福建省仙游县商务局获悉，仙游县自 2016 年 2 月 5 日与阿里巴巴集团合作农村淘宝“千县万村计划”，已经连续 6 年位列全国“电商百强县”。据浪潮企业数据显示，截至今年 11 月底，仙游县限上电商企业 101 家，电商店铺数 16567 家，预计全年网络零售额超过 100 亿元。

2021 年以来，仙游县立足工艺美术、鞋服、农特产品等优势产业，发挥京东（仙游）数字经济产业园、仙游抖音直播电商基地、淘宝（仙游）艺雕智慧产业园直播基地、莆田仙游快手直播基地的示范带动效应，加快实施县域产业带直播三年行动方案，发展产业直播新模式，培育直播产业集群，通过直播带货、网红带货，畅通销售渠道，促进全县传统产业品牌化、大众化、智能化转型，助力乡村全面振兴。

仙游县创新“直播＋”模式，目前已形成以抖音、京东、淘宝、快手等大平台为主，结合斗鱼、微拍堂等中小平台在仙游共同发展的直播生态体系。其中，2018 年 12 月与京东集团共建京东（仙游）数字经济产业产业园，2021 年成功获批国家级电子商务示范基地；2020 年 10 月与抖音共建仙游抖音电商直播基地，目前成为全国十大抖音产业带直播基地之一，位居全国第六大抖音珠宝文玩直播基地，预计全年度总销售将突破 30 亿元。

直播产业的迅猛发展，推动仙游县不断提升乡（镇）村终端服务网点服务水平，推进智慧乡村服务应用，支持邮政企业、快递企业、物流、商贸流通等企业开展市场化合作，发展农村物流共同配送，建设县级电商物流分拣中心、升级乡（镇）级物流站点、优化村级快递服务网点、鼓励发展跨境电商物流；同时创新质检制度维护产业口碑，建设农村产品品牌、产品质量追溯体系、产品标准化、质量监督监管体系，及时在网络上发布商品质量监测信息，引导消费者理性消费。

据介绍，仙游通过各大电商平台基地入驻本地，有针对性地对返乡农民工、大学生、退伍军人、合作社社员等开展电子商务培训，创造新业态就业岗位，充分带动全县就业人数增长，其中抖音电商直播基地上半年累计培训超 4000 人次，带动就业人数超 20000 人，涌现出鲁艺红木、铭天下、九刨先生、本木工艺品、唐工巧匠等一大批本土品牌头部商家；京东直播基地上半年开展 36 场人才培训交流相关活动，辐射 3000 人次，创造就业岗位约为 2500 个。

眼下，仙游县依托国家级跨境电商综合试验区政策优势，鼓励 3C 智慧产业园创建中国（莆田）跨境电子商务综合试验区仙游园区；依托本地油画、工艺品、鞋服等特色产业，鼓励企业拓展跨境电商业务，支持引进跨境电商专业服务团队，引进一批具有一定业务规模、示范带动作用强的电商企业，培育本地跨境电商企业，积极探索基地跨境电商发展模式，带动仙游县跨境产业发展。

（记者 黄长秋 通讯员 郑志忠）

（来源：中国县域经济报）

索 引

说 明

一、本索引采用主题词分析法，按主题词首字汉语拼音字母顺序排列。
二、栏目、分目标题用黑体字。“特载”“大事记”“人物 荣誉”“附录”文件夹内容不作索引。
三、索引主题词后的数字表示页码，数字后的 a、b、c 表示栏别左中右。
四、空一字起排的款目为上一主题的“附见”。
五、涉及本县名称的主题词，不会引起歧义的，一般省去“仙游”和“仙游县”。

D

H

K

L

M

N

P

Q

R

S

T

W

Y